MUḤAMMAD

CB019744

محمد عليه السلام

ابو بكر سراج الدين

Martin Lings

صلى الله عليه وسلم

Muḥammad

a vida do Profeta do Islām
segundo as fontes mais antigas

Attar Editorial
2010

Copyright © Martin Lings, 1983, 1991
Copyright © Attar Editorial, 2010

Título original: *Muhammad: his life based on the earliest sources*

Edição
Sergio Rizek

Tradução
Cléris Nogueira, Luiz Pontual, Sergio Rizek

Revisão
Alexandre Barbosa de Souza

Capa e diagramação
Silvana Panzoldo

DADOS INTERNACIONAIS DE CATALOGAÇÃO NA PUBLICAÇÃO (CIP)
(CÂMARA BRASILEIRA DO LIVRO, SP, BRASIL)

Lings, Martin
Muhammad : a vida do Profeta do Islam segundo as fontes mais antigas / Martin Lings ; tradução Cléris Nogueira, Luiz Pontual, Sergio Rizek. - São Paulo : Attar, 2010.

ISBN 978-85-85115-43-2

Título original : Muhammad : his life based on earliest sources
Bibliografia

1. Maomé, Profeta, m.632 - Biografia. 2. Religião - História I. Título

10-06765 CDD-297.63

Índices para catálogo sistemático:
1. Muhammad, Profeta : Islamismo : Biografia
297.63

É vedada, nos termos da lei, a reprodução de qualquer parte
deste livro sem a expressa autorização da editora.

Este livro atende às normas do acordo ortográfico em vigor desde janeiro de 2009.

1ª edição: julho de 2010

ATTAR EDITORIAL
Rua Madre Mazzarello, 336 - 05454-040 - São Paulo SP - tel./fax: (11) 3021 2199
attar@attar.com.br
www.attar.com.br

A biografia do Profeta Muḥammad escrita por Martin Lings é reconhecidamente a mais detalhada e completa já publicada no Ocidente. Baseada em fontes árabes dos séculos VIII e IX, das quais algumas importantes passagens foram aqui traduzidas pela primeira vez, a narrativa nos transmite a vitalidade e a clareza das relatos dos homens e mulheres que ouviram as palavras Muḥammad e que testemunharam os acontecimentos de sua vida.

Com um estilo que reflete ao mesmo tempo a simplicidade e a grandeza da história, esta obra que pode ser lida com igual prazer e interesse tanto pelos que estão familiarizados com a mensagem corânica e com a vida de Muḥammad como pelos que delas se aproximam pela primeira vez.

Publicado em 1983, o livro foi premiado e eleito a melhor biografia do Profeta em inglês na *National Seerat Conference*, em Islamabad. Desde então, foi publicado em francês, italiano, espanhol, turco, holandês, malaio, tamil, árabe, alemão, urdu, sindi e cingalês. Em 1990, o livro foi premiado pela Universidade al-Azhar do Cairo.

Sumário

1 A casa de Deus 13
2 Uma grande perda 17
3 Os Quraysh do vale. 19
4 Tesouro reencontrado 24
5 A promessa de sacrificar um filho 27
6 A necessidade de um profeta 31
7 O ano do elefante 36
8 O deserto 41
9 Duplo luto 46
10 O monge Baḥīrà 48
11 Um pacto de cavalaria 51
12 Questões matrimoniais 54
13 O lar 58
14 A reconstrução da Caaba 64
15 As primeiras revelações 67
16 Adoração 71
17 "Admoesta tua família" 77
18 Os Quraysh reagem. 80
19 Os Aws e os Khazraj 85
20 Abū Jahl e Ḥamzah. 88
21 Os Quraysh fazem ofertas e exigências 91
22 Os chefes dos Quraysh 96
23 Deslumbramento e esperança 100
24 Desavenças familiares 104

25 A hora 110
26 Três perguntas 113
27 Abissínia 119
28 'Umar 125
29 O banimento e sua posterior revogação 129
30 O Paraíso e a Eternidade 136
31 O ano da tristeza 140
32 "A luz de tua face" 147
33 Após o ano da tristeza 152
34 Yathrib responde favoravelmente 155
35 As emigrações se multiplicam 162
36 Uma conspiração 166
37 A Hégira 169
38 A entrada em Medina 176
39 Harmonia e discórdia 179
40 O novo lar 188
41 No limiar da guerra 192
42 A marcha para Baḍr 196
43 A batalha de Baḍr 206
44 O retorno dos vencidos 216
45 Os cativos 219
46 Os Bani Qaynuqā' 225
47 Mortes e matrimônios 229
48 A gente do banco 234
49 Guerras esporádicas 238
50 Preparativos de guerra 241
51 A marcha para Uḥud 247
52 A batalha de Uḥud 251
53 Vingança 263
54 O sepultamento dos mártires 266
55 Após Uḥud 271
56 Vítimas da vingança 276
57 Bani Naḍīr 282
58 Paz e guerra 286

59 A trincheira. 299
60 O cerco. 306
61 Bani Qurayẓah 318
62 Após o cerco 325
63 Os hipócritas 328
64 O colar 332
65 A mentira. 336
66 O dilema dos Qurayshi 341
67 "Uma evidente vitória" 348
68 Após Ḥudaybiyah 354
69 Khaybar 362
70 "A quem tu amas mais?" 372
71 Após Khaybar. 377
72 A Pequena Peregrinação e suas consequências . . . 385
73 Síria 394
74 A violação do armistício 403
75 A conquista de Meca 411
76 A batalha de Ḥunayn e o cerco de Ṭā'if 421
77 Reconciliações 427
78 Após a vitória. 433
79 Tabūk 438
80 Após Tabūk. 443
81 Os graus 452
82 O futuro 457
83 A Peregrinação da despedida 461
84 A escolha. 468
85 A sucessão e o enterro 475

Nota sobre a pronúncia e a transliteração
dos nomes árabes 481
Fontes consultadas 486
Índice onomástico e de citações 488
Os Quraysh do Vale (árvore genealógica) 504
Sobre o autor 508

Nota editorial

A presente tradução baseou-se na edição inglesa da *The Islamic Texts Society*, de 1991, corrigida e ampliada pelo autor, e foi cotejada com a versão francesa de Jean-Louis Michon (Éditions du Seuil, 1986), da qual incorporamos algumas soluções e notas que estão devidamente identificadas. Foram mantidas as transliterações do original em inglês para a quase totalidade dos nomes próprios, e incluída uma "Nota sobre a pronúncia e a transliteração dos nomes árabes", elaborada por Cléris Nogueira para o leitor de língua portuguesa. Optou-se, ainda, pela forma transliterada do nome "Muḥammad", e não "Maomé", para preservar a raiz do étimo árabe do qual deriva: o verbo "ḥamd", que significa "louvar", "glorificar". Somente desse modo pode-se compreender por que "Muḥammad", particípio passivo que significa "o louvado", "o glorificado", é também nomeado no texto como "Aḥmad", que significa "o mais glorificado", a forma superlativa derivada da mesma raiz. Pela mesma razão, preferiu-se a grafia transliterada "Islām" (submissão), em vez de "Islã" ou "Islão", ao menos para indiciar sua conformidade com termos correlatos de mesma raiz, como "salām" (paz) e "muslim" (muçulmano). Também optou-se pela forma "Corão", sem o artigo definido *al-*, em vez de "Alcorão", por ser mais sintética. As citações corânicas do original em inglês, vertidas diretamente do árabe por Martin Lings, foram, nesta edição, cotejadas com outras traduções do Corão ao português, especialmente a recente edição bilíngue da *Tradução do sentido do Nobre Alcorão*, de Helmi Nasr, publicado com a colaboração da Liga Islâmica Mundial, Meca. As notas desta tradução estão marcadas com asterisco, as do autor estão numeradas, e os termos entre os colchetes são variantes da tradução.

Por fim, o índice onomastico foi reestruturado e refeito para melhor indentificar as relações de parentesco e distinguir, tanto quanto possivel, os personagens homônimos.

1 A casa de Deus

O Livro do Gênesis conta-nos que Abraão não tinha filhos nem mais nutria esperança de tê-los. Certa noite, Deus ordenou-lhe que saísse de sua tenda, e lhe disse: "Levanta teus olhos aos céus e conta as estrelas, se és capaz". E enquanto Abraão as contemplava, ouviu a voz lhe dizer: "Assim numerosa será a tua descendência".[1]

Na época, Abraão contava oitenta e cinco anos, e sua esposa, Sara, com setenta e seis, havia muito passara da idade de gerar filhos. Ela, então, entregou ao marido sua serva Agar, uma egípcia, para que a tomasse como segunda esposa. Ressentimentos, porém, afloraram entre senhora e serva, e Agar fugiu, temendo a cólera de Sara. Em seu infortúnio, a serva orou a Deus, que lhe enviou um anjo com a mensagem: "Multiplicarei tua descendência, e ela será tão numerosa que ninguém poderá contá-la", e acrescentou: "Estás grávida, darás à luz um menino de nome Ismael, pois o Senhor escutou-te em tua aflição".[2] Então, Agar retornou para junto de Abraão e de Sara e lhes relatou as palavras do anjo. Quando se deu o nascimento, Abraão chamou-o Ismael, que significa "Deus ouvirá".

Quando Ismael chegou à idade de treze anos, Abraão contava cem anos e Sara noventa; Deus, então, falou novamente ao patriarca, prometendo que Sara também lhe daria um descendente, que deveria receber o nome de Isaac. Temendo que o filho mais velho doravante perdesse a mercê de Deus, Abraão suplicou: "Ó Senhor, possa Ismael viver na Tua presença!". E Deus respondeu: "Também te escutei quanto a Ismael. Vê: Eu o abençoo, e dele

[1] Gênesis 15:5. [2] Gênesis 16:10-11.

farei uma grande nação. Minha aliança, porém, estabelecerei com Isaac, que será gerado por Sara, no próximo ano, nesta mesma estação".[1]

Sara deu à luz Isaac, e ela mesma o nutriu, e, quando o menino foi desmamado, ela disse a Abraão que Agar e seu filho não mais deveriam permanecer em sua casa. Isto entristeceu Abraão profundamente, pois amava Ismael; Deus, porém, falou-lhe novamente, ordenando que seguisse o conselho de Sara e que não se afligisse, e renovou Sua promessa de que Ismael seria abençoado.

Não uma, mas duas grandes nações teriam Abraão como pai. Duas grandes nações, duas potências divinamente guiadas, dois instrumentos que fariam a Vontade do Céu, pois Deus não promete bênçãos ao que é profano, nem existe grandeza diante d'Ele, exceto a grandeza do Espírito. Assim, Abraão tornou-se a fonte de duas correntes espirituais, que não mais deveriam seguir juntas, mas cada uma seu próprio curso; ele confiou Agar e Ismael à bênção de Deus e aos cuidados de Seus anjos, certo de que tudo lhes correria bem.

Duas correntes espirituais, duas religiões, dois mundos consagrados a Deus; dois círculos e, consequentemente, dois centros. Um lugar nunca é sagrado por escolha do homem, mas porque foi eleito no Céu. Doravante, existiriam dois centros sagrados na órbita de Abraão: um lhe era próximo, enquanto o outro possivelmente ainda não lhe era conhecido; e foi para este outro centro que Agar e Ismael foram guiados, um vale desértico da Arábia, a quarenta dias de camelo ao sul de Canaã. O vale era chamado Beca em razão, dizem alguns, de sua estreiteza e esterilidade:* cercado por colinas de todos os lados, exceto por três passagens – uma ao norte, outra ao sul e a outra que dá acesso ao Mar Vermelho, distante cerca de oitenta quilômetros a oeste. As Escrituras não nos dizem como Agar e seu filho chegaram a Beca.[2] Talvez viajantes os tenham conduzido até lá, pois o vale

---

[1] Gênesis 17:20-21.

* O nome *Beca* ou *Biqā* (também transliterado como *Baca*, *Becca* ou *Beka'a* em algumas traduções) foi dado ao vale em razão da sua esterilidade (*baqa'*, em árabe clássico, é como se denomina um poço que tem pouca água), ou pelos arbustos balsâmicos de mesmo nome que ali se encontram, ou ainda por associação com lágrimas (*bakà*, "chorar", em árabe). Daí as expressões "vale embalsamado" ou "vale das lágrimas" que aparecem em certas traduções do Salmo 84 citado adiante. (N.T. francês)

[2] Segundo a tradição árabe pré-islâmica, aceita por muitos muçulmanos, Ismael era ainda bebê de colo quando Agar levou-o para o vale de Beca.

ficava na rota das grandes caravanas, chamada "rota do incenso", por onde se transportavam perfumes, entre outras mercadorias, do sul da Arábia ao Mediterrâneo. Uma vez alcançado o vale, Agar recebeu a inspiração de deixar a caravana. Porém, em pouco tempo, mãe e filho estavam sedentos, a ponto de Agar temer pela vida de Ismael. Segundo as tradições conservadas por seus descendentes, Ismael, prostrado na areia, suplicou a Deus, enquanto sua mãe ergueu-se sobre um rochedo ao pé de um promontório próximo, à procura de socorro. Não avistando ninguém, ela escalou uma escarpa ainda mais alta, de onde seus olhos também não divisaram viva alma. Em desespero, por sete vezes, ela percorreu a extensão que separava estes dois pontos, antes de sentar-se para descansar sobre uma rocha mais afastada. Foi então que ouviu o anjo lhe falar. Diz o Livro do Gênesis: "Deus escutou a voz da criança e, do Céu, o anjo de Deus chamou Agar e lhe disse: 'Que fazes, Agar? Não temas, pois Deus ouviu a voz do menino, desde onde está. Ergue-te, reanima-o e toma-o pela mão, pois Eu farei dele uma grande nação'. Então Deus abriu-lhe os olhos, e ela viu uma mina d'água".[1]

A água era de uma fonte que Deus fez brotar da areia sob os calcanhares de Ismael; desde então a fonte não mais parou de jorrar, e não tardou a que o vale se tornasse parada obrigatória das caravanas em razão da excelência e abundância de sua água, e a fonte foi chamada Zamzam.

O Gênesis é o livro de Isaac e de sua descendência, e não da outra linhagem de Abraão. Sobre Ismael, o livro relata: "E Deus acompanhou o menino, que cresceu, habitou o deserto e se tornou arqueiro".[2] Afora isso, raramente faz menção a seu nome, a não ser para nos informar de que os dois irmãos, Isaac e Ismael, juntos sepultaram seu pai em Hebron, e que, anos mais tarde, Esaú casou-se com uma prima, que era filha de Ismael. Mas os louvores a Ismael e sua mãe são ainda cantados de forma indireta no Salmo "Quão amáveis são os Teus tabernáculos, Senhor dos Exércitos!", que conta que o milagre de Zamzam se deve à sua passagem pelo vale, começando com as palavras: "Bem-aventurado aquele cuja força está em Ti, em cujo coração se encontram os caminhos aplanados, e que, passando pelo vale árido de Beca, faz dele um manancial, e de bênçãos o cobre a primeira chuva".[3]

---

[1] Gênesis 21:17-20. [2] Gênesis 21:20. [3] Salmo 84:5-6.

Quando Agar e Ismael chegaram a seu destino, Abraão tinha ainda setenta e cinco anos de vida pela frente, ao longo dos quais visitou muitas vezes o filho no lugar sagrado ao qual Agar fora guiada. O Corão relata que Deus lhe mostrou o local exato, perto do poço de Zamzam, onde ele e Ismael deveriam construir um santuário,[1] e que também os instruiu sobre como edificá-lo. O seu nome, Caaba (*Ka'bah*), "cubo" em árabe, referia-se à sua forma aproximada, cujos cantos são orientados na direção dos quatro pontos cardeais. Porém, o objeto mais sublime deste lugar sagrado é uma pedra celeste que, conta-se, foi entregue a Abraão por um anjo que a trouxe das proximidades da colina de Abū Qubays, onde fora preservada desde sua descida à Terra. "Ela desceu do Paraíso mais branca que o leite, mas os pecados dos filhos de Adão a enegreceram".[2] Foi esta pedra negra que eles engastaram no canto oriental da Caaba. Quando o santuário foi terminado, Deus falou novamente a Abraão e ordenou-lhe que instituísse o rito da Peregrinação a Beca ou, como passou a ser chamada, Meca: "Purifica Minha Casa para aqueles que ao seu redor fazem as circunvoluções e que nela oram de pé, que se inclinam e se prosternam. Proclama a peregrinação aos homens, para que venham a ti, a pé ou sobre qualquer montaria, dos lugares mais longínquos".[3]

Agar relatou a Abraão a sua busca por socorro, e ele, então, instituiu aos peregrinos, como parte do Rito da Peregrinação, que percorressem sete vezes a distância entre Ṣafā e Marwah, como vieram a ser chamados os dois promontórios entre os quais Agar caminhara em busca de socorro.

Mais tarde, Abraão orou, talvez em Canaã, contemplando as ricas pastagens e os campos de cereais e de trigo que se estendiam ao seu redor: "Por certo, fiz parte de minha descendência habitar um vale árido e sem searas, aos pés de Tua Mansão Sagrada – ó Senhor –, para que cumpram a oração. Faz que os corações dos homens a eles se inclinem com fervor; e sustenta-os com frutos, na esperança de Te serem agradecidos".[4]

---

[1] Corão, 22:26.

[2] Dito do Profeta, At-Tirmidhī VII, 49. Ver fontes consultadas, p. 486.

[3] Corão, 22:26-27. [4] Corão, 14:37.

2 Uma grande perda

A prece de Abraão foi atendida, e preciosos presentes chegavam copiosamente a Meca, trazidos por peregrinos vindos de todas as partes da Arábia e de terras distantes para visitar a Casa Sagrada. A Peregrinação Maior [ou Grande Peregrinação – *al-Ḥajj*) ocorria uma vez por ano, mas podia-se prestar culto à Caaba a qualquer momento com a Peregrinação Menor [ou Pequena Peregrinação – *'al-Umrah*]; por muito tempo, os ritos foram cumpridos com fervor e devoção, de acordo com as normas estabelecidas por Abraão e Ismael. Os descendentes de Isaac também veneravam a Caaba, por ser, então, o templo erguido por Abraão, considerado, a seus olhos, um dos tabernáculos consagrados ao Senhor; porém, no decorrer dos séculos, o culto ao Deus Único perdeu pouco a pouco sua pureza. Os descendentes de Ismael tornaram-se numerosos demais para viverem todos no vale de Meca, e alguns migraram para outras regiões, carregando consigo pedras tomadas do recinto sagrado, em honra das quais cumpriam ritos. Mais tarde, sob a influência das tribos pagãs vizinhas, juntaram ídolos às pedras, e, por fim, os peregrinos começaram a levar os próprios ídolos a Meca, que foram colocados nas proximidades da Caaba. Foi naquele tempo que os judeus deixaram de visitar o templo de Abraão.[1]

Os idólatras afirmavam que seus ídolos eram potências que atuavam como intermediárias entre Deus e os homens. Como resultado, a aproximação que tinham de Deus se tornou cada vez menos direta, e quanto mais o divino lhes parecia distante, mais se lhes embotava o senso da realidade do mundo vindouro, a ponto de muitos deixarem de crer completamente

---

[1] Ibn Isḥāq 15.

em uma vida após a morte. Porém, havia entre os idólatras, para quem soubesse interpretar, um claro sinal de que a comunidade se afastara da verdade: não tinham mais acesso ao poço de Zamzam, e até sua localização fora esquecida. Os responsáveis diretos por esta situação foram os jurhumitas, provenientes do Iêmen, que haviam estabelecido seu controle sobre Meca. Devido ao parentesco da segunda esposa de Ismael com os Jurhum, os descendentes de Abraão toleraram as vicissitudes; até que os jurhumitas passaram a cometer todo tipo de iniquidade, e, por fim, foram expulsos de Meca. Porém, antes de abandonar a cidade, eles enterraram Zamzam – por vingança, decerto –, e também porque ainda esperavam retornar e enriquecer com sua água. Eles atulharam a fonte com uma parte do tesouro do Santuário, constituído pelas oferendas que os peregrinos depositaram na Caaba durante anos, e depois o recobriram com areia.

O posto de senhores de Meca foi ocupado pela tribo dos Khuzā'ah,[1] árabes que descendiam de Ismael e que haviam emigrado para o Iêmen antes de retornarem para o norte. Mas os Khuzā'ah não fizeram qualquer esforço para redescobrir as águas dadas miraculosamente ao seu ancestral; ademais, outros poços haviam sido escavados em Meca. O presente de Deus não era mais indispensável, e o Poço Sagrado tornou-se apenas uma lembrança.

Assim, os Khuzā'ah compartilharam da culpa dos Jurhum. Seriam culpados também por outros aspectos: um de seus chefes, ao retornar de uma viagem à Síria, pediu aos moabitas que lhe presenteassem com um de seus ídolos. Foi-lhe dado Ḥubal, que ele levou ao Santuário e colocou no interior da Caaba. Foi assim que Ḥubal se tornou o principal ídolo de Meca.

---

[1] Ver nota de pronúncia dos nomes árabes, p. 481.

3 Os Quraysh do vale

Outra poderosa tribo árabe da linhagem abraâmica era a dos Quraysh. Por volta de quatrocentos anos depois de Cristo, um qurayshita de nome Quṣayy desposou a filha de Ḥulayl, então chefe dos Khuzā'ah. Quṣayy destacava-se entre os árabes de seu tempo, e Ḥulayl preferia o genro aos próprios filhos. Com o falecimento de Ḥulayl, após uma batalha sangrenta que só terminou pela intercessão de terceiros, ficou estabelecido que Quṣayy governaria Meca e seria o guardião da Caaba.

Quṣayy tratou imediatamente de trazer para Meca seus parentes mais próximos dentre os Quraysh – seu irmão Zuhrah, seu tio Taym, Makhzūm, filho de seu outro tio, e mais um ou dois primos distantes – e instalou-os no vale próximo ao Santuário. Estes e também seus descendentes ficaram conhecidos como os "Quraysh do Vale", enquanto os outros parentes de Quṣayy, que se estabeleceram nas encostas das colinas circundantes e nas planícies que se estendiam além da cidade, ficaram conhecidos como os "Quraysh dos Arredores". Quṣayy governou a todos como um rei, sem ser contestado. A cada ano eles lhe pagavam um imposto sobre os rebanhos para que ele pudesse alimentar os peregrinos muito pobres, que não tinham meios de suprir as próprias necessidades. Até então, os encarregados da guarda do Santuário haviam morado em tendas; porém, Quṣayy ordenou-lhes que construíssem casas, tendo ele mesmo edificado uma espaçosa morada, que ficou conhecida como a Casa da Assembleia.

Reinava a harmonia, mas a semente da discórdia estava a ponto de ser semeada. Uma característica da linhagem de Quṣayy era que, a cada geração, nascia um homem que se destacava dos demais. Entre os quatro filhos de Quṣayy, este homem era 'Abdu Manāf, já tratado com deferência ainda durante a vida de seu pai. Quṣayy, no entanto, preferia claramente o primogênito ʻAbd ad-Dār, a despeito de ser o menos dotado dentre os quatro. Pouco antes de morrer, Quṣayy lhe disse: "Meu filho, eu te elevarei ao patamar de teus irmãos, ainda que os homens os honrem mais que a ti. Ninguém entrará na Caaba a não ser que tu abras as portas. Nenhuma mão exceto a tua empunhará o estandarte de guerra dos Quraysh; nenhum peregrino tirará água para beber a não ser que tu permitas, e comerá apenas daquilo que tu forneceres; e os Quraysh só tomarão decisões em tua casa".[1] Tendo assim investido o filho de seus poderes e direitos, o patriarca transferiu-lhe a propriedade da Casa da Assembleia.

Por piedade filial, ʻAbdu Manāf acatou sem discussão o desejo do pai; mas, na geração seguinte, metade dos Quraysh se congregou em torno do filho de ʻAbdu Manāf, Hāshim, manifestamente o homem mais notável de seu tempo, e exigiram que os direitos fossem transferidos do clã ʻAbd ad-Dār para o clã Hāshim. Os descendentes de Zuhrah e de Taym, assim como todos os de Quṣayy, com exceção do ramo do primogênito, eram partidários de Hāshim e de seus irmãos. Os descendentes de Makhzūm e de outros primos distantes sustentavam que os direitos deviam permanecer com a família de ʻAbd ad-Dār. Os ânimos se acirraram, e as mulheres do clã ʻAbdu Manāf providenciaram uma taça cheia de um precioso perfume e colocaram-na junto à Caaba para que Hāshim, seus irmãos e todos seus partidários molhassem as mãos e jurassem solenemente nunca abandonar uns aos outros, esfregando as mãos perfumadas sobre as pedras da Caaba em confirmação ao pacto. Foi assim que este grupo de clãs recebeu o nome de "Povo do Perfume". Os aliados de ʻAbd ad-Dār fizeram igualmente um juramento de união, e foram chamados de "Confederados". A violência era estritamente proibida não apenas no Santuário, mas também nos limites de um vasto círculo ao redor de Meca, cujo diâmetro era de muitas e muitas léguas. Quando as duas facções estavam a ponto de deixar o território sagrado para travar uma luta mortal, foi sugerido que ambas fizessem concessões, e chegou-se a um acordo: os filhos de ʻAbdu Manāf passariam a ter o direito de cobrar, antecipadamente, parte dos impostos para dar de comer e beber aos peregrinos, enquanto os filhos de ʻAbd ad-Dār guardariam

---

[1] Ibn Isḥāq 83. Ao longo do livro, todas as citações marcadas entre aspas foram traduzidas de fontes tradicionais (N.A.).

as chaves da Caaba e manteriam os outros direitos previamente adquiridos. Além disso, a Casa da Assembleia continuaria sendo sua morada.

Os irmãos de Hāshim concordaram em confiar-lhe a tarefa de alimentar os peregrinos. A cada ano, quando se aproximava a época da Peregrinação, Hāshim costumava levantar-se e declarar à assembleia: "Ó qurayshitas, sois os vizinhos de Deus, o povo da Sua Casa; os visitantes virão a vós, em peregrinação à Casa Sagrada. Eles são hóspedes de Deus e ninguém tem mais direito à vossa generosidade que Seus hóspedes. Se minha própria riqueza bastasse para provê-los, eu vos pouparia deste fardo".[1]

Hāshim gozava de grande respeito, tanto em Meca como nos arredores. Foi ele quem estabeleceu os dois grandes itinerários das caravanas que partiam de Meca: a "caravana de inverno", com destino ao Iêmen, e a "caravana de verão", que se dirigia ao noroeste da Arábia e seguia até a Palestina e a Síria, que integravam o Império Romano, então sob governo bizantino. Os dois itinerários ladeavam a antiga "rota do incenso", e o oásis de Yathrib, situado a onze dias de camelo ao norte de Meca, era uma das principais pousadas das caravanas de verão. Este oásis já fora habitado principalmente por judeus, mas era agora controlado por uma tribo árabe originária da Arábia Meridional. Porém, os judeus continuaram a viver por lá de forma muito próspera e a participar da vida pública, sempre praticando sua própria religião. Quanto aos árabes de Yathrib, possuíam algumas tradições matriarcais, e eram designados coletivamente como "os filhos de Qaylah", nome de uma de suas ancestrais. Todavia, em certa época, eles acabaram por se dividir em duas tribos distintas: os Aws e os Khazraj, descendentes de dois filhos de Qaylah.

Uma das mulheres mais influentes entre os Khazraj era Salmà, filha de 'Amr, do clã Najjār. Hāshim pediu Salmà em casamento, e ela aceitou, desde que pudesse manter integralmente o controle de seus próprios negócios, e que, quando tivesse um filho, este fosse mantido junto de si, em Yathrib, no mínimo até os catorze anos. Hāshim não se opôs às exigências, pois, apesar das frequentes epidemias de febre que assolavam o oásis – que, aliás, representava perigo maior aos recém-chegados que aos habitantes nativos –, o clima era mais saudável em Yathrib do que em Meca. Além disso, como viajava frequentemente à Síria, poderia passar algum tempo

---

[1] Ibn Isḥāq 87.

em companhia de Salmà e de seu filho nas idas e vindas de suas expedições. No entanto, Hāshim não estava destinado a viver muito: no decorrer de uma de suas viagens, ele adoeceu em Gaza, na Palestina, e ali morreu.

Hāshim tinha dois irmãos, 'Abdu Shams e Muṭṭalib,[1] e um meio-irmão, Nawfal. Ora, 'Abdu Shams estava muito ocupado com seus negócios no Iêmen e na Síria; Nawfal, por sua vez, comerciava ativamente com o Iraque, de modo que ambos se ausentavam de Meca por longos períodos. Por tais razões, e talvez por outras ainda, foi o irmão mais jovem de Hāshim, Muṭṭalib, quem ficou encarregado de dar de beber aos peregrinos e receber parte dos impostos para subvencionar sua alimentação. Em razão disso, Muṭṭalib sentiu que era seu dever pensar na escolha de seu sucessor. Hāshim tivera três filhos de suas outras esposas além de Salmà. Porém, se tudo o que se dizia era verdade, nenhum deles – e nenhum dos próprios filhos de Muṭṭalib – podia comparar-se ao filho da mulher de Yathrib. Apesar de jovem, Shaybah – este era seu nome – já manifestava qualidades excepcionais de liderança, e os viajantes que chegavam do oásis não cessavam de exaltar seu nome em Meca. Desejoso de conhecer pessoalmente o rapaz, Muṭṭalib foi a Yathrib, decidido a pedir a Salmà que confiasse o sobrinho a seus cuidados. Salmà não estava disposta a afastar-se do filho, e o menino, por sua vez, recusava-se a partir sem o consentimento materno. Muṭṭalib, entretanto, não se deixou desencorajar e fez ver à mãe que as possibilidades encontradas em Yathrib não se comparavam às oferecidas em Meca. Como guardiões da Casa Sagrada, o maior centro de peregrinação de toda a Arábia, os Quraysh ultrapassavam em prestígio e dignidade as outras tribos árabes, e tudo levava a crer que um dia Shaybah retomaria a posição de seu pai e se tornaria um dos chefes dos Quraysh. Para tanto, ele precisava reintegrar-se a seu povo, pois nenhum exilado recém-chegado poderia obter tal honra. Salmà acabou por render-se aos argumentos. Além do mais, com seu filho em Meca, seria fácil para ambos se visitarem. Enfim, ela consentiu que o filho partisse. Muṭṭalib colocou-o na garupa de seu camelo e juntos cavalgaram para Meca. Adentrando os limites da cidade, Muṭṭalib ouviu alguns curiosos exclamarem, ao ver o jovem desconhecido

[1] O nome completo é "al-Muṭṭalib", exceto no caso vocativo, quando o artigo "al-" é omitido. No entanto, uma vez que este prefixo (o artigo definido) soa pesado na transcrição, estendeu-se a forma vocativa ao longo do texto à maior parte dos casos de nomes próprios que começam com o artigo (N.A.).

em sua garupa: "'Abd al-Muṭṭalib!" (que em árabe significa "o servo de Muṭṭalib"). – "Estais enganados!", respondeu-lhes Muṭṭalib, "este não é ninguém menos que o filho de meu irmão Hāshim!" Os risos que acolheram estas palavras foram apenas o prelúdio das alegres brincadeiras que rapidamente tomaram a cidade, à medida que o relato do equívoco era repetido de boca em boca. Depois deste dia, o jovem ficou conhecido pelo afetuoso apelido de 'Abd al-Muṭṭalib.

Pouco tempo após sua chegada, o jovem envolveu-se numa contenda com seu tio Nawfal, a propósito das propriedades de seu pai. Graças ao apoio do tio e tutor, e também às intervenções vindas de Yathrib, 'Abd al-Muṭṭalib pôde fazer valer seus direitos, confirmando as esperanças outrora suscitadas por seus dons precoces. Ademais, quando Muṭṭalib morreu, anos mais tarde, ninguém ousou contestar a capacidade do sobrinho de sucedê-lo no encargo de alimentar e dar de beber aos peregrinos. Dizia-se mesmo que ele superara tanto o pai quanto o tio pela excelência no cumprimento da função.

4 Tesouro reencontrado

No prolongamento da face noroeste da Caaba há um pequeno recinto delimitado por uma mureta disposta em semicírculo. Em suas duas extremidades, a mureta termina a uma pequena distância dos ângulos norte e oeste da Casa Sagrada, deixando uma passagem aberta aos peregrinos. Muitos deles, no entanto, não usavam essa passagem, mas, contornando a mureta pelo exterior, incluíam o recinto nas circunvoluções. O espaço assim circunscrito é chamado *Ḥijr Ismā'īl*, pois sob as lajes que pavimentam o solo estão os túmulos de Ismael e Agar.

'Abd al-Muṭṭalib gostava tanto de ficar na Caaba que às vezes preparava seu leito no Ḥijr. Uma noite, enquanto ali dormia, uma silhueta sombria apareceu-lhe em sonho e lhe disse: "Desenterra a doce claridade!". – "O que é a doce claridade?", ele perguntou, mas a silhueta desvaneceu. Ele, entretanto, experimentou tal sensação de paz e felicidade que decidiu passar ali também a noite seguinte. O visitante voltou e lhe disse: "Desenterra a beneficência!", mas, novamente, a pergunta feita não obteve qualquer resposta. Na terceira noite, ele escutou: "Desenterra o precioso tesouro!", e mais uma vez, a figura que lhe falava desapareceu quando inquirida. Na quarta noite, porém, a ordem foi: "Desenterra Zamzam!", e, desta vez, ante a pergunta – "O que é Zamzam?", a voz lhe disse:

> Desenterra o poço, e não te arrependerás,
> Pois é a herança de teu mais nobre ancestral.
> Ela jamais secará, e de água sempre saciará
> A sede da multidão de peregrinos.

Depois, a voz lhe disse que procurasse o local onde encontraria sangue e excrementos, um formigueiro e corvos crocitando. Finalmente, foi-lhe ordenado que orasse e suplicasse "por água clara, viva e abundante que saciasse os peregrinos durante toda a peregrinação".[1]

Ao romper da aurora, ʿAbd al-Muṭṭalib levantou-se e saiu do Ḥijr pelo canto norte da Casa Sagrada, que é chamado canto iraquiano. Ele seguiu ao longo do muro nordeste, em cujo extremo está a porta da Caaba. Após ultrapassá-la, deu mais alguns passos e parou, junto ao canto leste, ou oriental, onde beijou a Pedra Negra em reverência. Neste ponto, ele iniciou o rito das circunvoluções, tomando a direção da qual viera, voltando a passar diante da porta até o canto iraquiano, atravessando o Ḥijr até o canto ocidental – o canto sírio – e daí para o canto iemenita, que é orientado para o sul. Os filhos de Abraão, tanto da linhagem de Ismael quanto da de Isaac, circundam ritualmente seus santuários em movimento contrário ao do sol. Enquanto caminhava do canto iemenita até a Pedra Negra, ʿAbd al-Muṭṭalib contemplava a sombra na encosta oeste do Monte Abū Qubays e, mais além, as colinas orientais mais distantes, cujos contornos destacavam-se do fundo de luz dourada da manhã. Ele deu sete voltas em torno da Caaba, e a cada vez a luz tornava-se mais brilhante, pois as auroras e os ocasos são breves na Arábia. Terminado o rito, ele andou da Pedra Negra até a porta, segurou a argola de metal presa ao ferrolho e recitou a prece que lhe fora prescrita.

Um bater de asas fez-se ouvir e um pássaro pousou na areia atrás de ʿAbd al-Muṭṭalib, e logo foi seguido por outro. Terminada a prece, ele voltou-se e viu dois corvos dirigindo-se como que em procissão às duas rochas em forma de estátua, que ficavam a menos de cem metros do Santuário, quase em frente à porta. As rochas haviam sido adotadas como ídolos, e era entre elas que os qurayshitas imolavam suas vítimas. Como os corvos, ʿAbd al-Muṭṭalib também sabia que havia sangue na areia daquele lugar; havia também excrementos, e, ao se aproximar, encontrou ali um formigueiro.

Ele foi até sua casa buscar duas enxadas, uma delas para seu filho Ḥārith, que o ajudou a cavar no local indicado. O baque surdo das ferramentas na areia e a cena insólita, à vista de todos, logo atraíram uma multidão de curiosos. Apesar do respeito que ʿAbd al-Muṭṭalib inspirava a todos, alguns

---

[1] Ibn Isḥāq 93.

não tardaram a protestar, dizendo que era sacrilégio cavar o lugar de sacrifício aos ídolos, e que ele deveria parar imediatamente. 'Abd al-Muṭṭalib retorquiu que não pararia, e disse a Ḥārith para ficar a seu lado, impedindo que qualquer um interferisse na escavação. Foi um momento tenso, que poderia ter desfecho infausto. Os dois hāshimitas, no entanto, estavam unidos e resolutos, e os espectadores foram surpreendidos por sua disposição irredutível. Além do mais, estes ídolos, Isāf e Nā'ilah, não desfrutavam de posição de prestígio entre os ídolos de Meca, e alguns chegavam a dizer que as estátuas não eram verdadeiros ídolos, mas um homem e uma mulher jurhumitas, transformados em pedra por profanar a Caaba. Assim, 'Abd al-Muṭṭalib continuou a escavar sem que ninguém realmente ousasse detê-lo. Alguns já se preparavam para deixar o Santuário quando a enxada golpeou a pedra que cobria o poço, e 'Abd al-Muṭṭalib elevou aos céus clamores de louvor a Deus. Uma multidão ainda maior reuniu-se em torno da escavação, e, quando começaram a desenterrar o tesouro escondido pelos jurhumitas, todos reclamaram seu quinhão. 'Abd al-Muṭṭalib concordou, mas estabeleceu que cada peça fosse sorteada para determinar se pertenceria ao Santuário, se a ele pessoalmente, ou se seria dividida entre os membros da tribo. Tal era o procedimento consensual para resolver casos duvidosos, e para isso flechas divinatórias eram sorteadas no interior da Caaba diante do ídolo moabita Ḥubal. Pelo sorteio, parte do tesouro voltou à Caaba e outra foi para 'Abd al-Muṭṭalib, mas aos Quraysh não coube uma peça sequer. Ficou ainda estabelecido que o clã dos Hāshim seria o guardião do poço de Zamzam, pois já era sua função dar de beber aos peregrinos.

5 A promessa de sacrificar um filho

Os Quraysh respeitavam 'Abd al-Muṭṭalib por sua generosidade, lealdade e sabedoria. Era um homem de belas feições e presença imponente, e o destino também o agraciara com riquezas materiais. Agora, além de todos esses favores, ele fora coroado pela honra de ser escolhido como instrumento da Providência na redescoberta de Zamzam. 'Abd al-Muṭṭalib era profundamente grato a Deus por todas essas bênçãos, mas sua alma ainda se afligia pelos pensamentos que lhe ocorreram no momento em que lhe ordenaram que parasse a escavação, quando toda sua vida pareceu estar por um fio. Tudo terminara bem, graças a Deus! Mas nunca, como naquele instante, ele sentira de forma tão aguda sua pobreza – este era seu sentimento – de ter apenas um filho varão. Seu primo Umayyah, por exemplo, que comandava o clã dos 'Abdu Shams, fora abençoado com muitos; quanto a Mughīrah, o chefe dos Makhzūm, fosse ele a estar naquela situação, poderia formar a seu redor um grande e poderoso círculo apenas com seus filhos. 'Abd al-Muṭṭalib, porém, apesar de possuir mais de uma esposa, tinha um único filho para apoiá-lo. Ele já estava quase resignado, mas Deus, que lhe confiara Zamzam, poderia também enriquecê-lo em outros domínios; encorajado pelo favor que acabara de receber, orou a Deus para que Ele lhe desse outros filhos, prometendo que, caso fosse abençoado com dez varões que atingissem a idade adulta, ele sacrificaria um deles na Caaba.

Sua prece foi atendida: no correr dos anos, nove varões nasceram em sua casa. Quando 'Abd al-Muṭṭalib pronunciara seu voto, este parecia dizer respeito a uma possibilidade remota. Mas, agora, chegado o momento em que todos os filhos, à exceção do mais jovem, o ainda imberbe 'Abd Allāh, haviam atingido a idade adulta, a lembrança da promessa passou a dominar o pensamento do pai. Ele tinha grande orgulho dos filhos, mas nunca dedicara a todos a mesma afeição. Desde cedo estava claro que ʿAbd Allāh era seu dileto. Não era improvável que Deus também tivesse preferência pelo menino, a quem dotara com notável beleza, e talvez Ele o escolhesse como sacrifício. Mas, quaisquer que fossem os acontecimentos, ʿAbd al-Muṭṭalib era um homem de palavra, e sequer lhe ocorria deixar de cumpri-la. Era também um homem justo, dotado de profundo senso de responsabilidade, e sabia qual das opções deveria ser evitada: não iria de modo algum tomar para si a pesada tarefa de escolher qual de seus filhos seria sacrificado. Então, quando ʿAbd Allāh não podia mais ser considerado apenas um rapaz imberbe, ele reuniu seus dez filhos e contou-lhes do pacto que firmara com Deus, e pediu-lhes que o ajudassem a manter a palavra dada. Eles não tinham escolha – a promessa do pai era também a sua – e se limitaram a perguntar-lhe o que deveriam fazer. ʿAbd al-Muṭṭalib disse-lhes que cada um deveria tomar uma flecha e nela colocar sua marca. Ao mesmo tempo, enviou mensagem ao adivinho oficial dos Quraysh, pedindo-lhe que o encontrasse na Caaba. Depois, ele conduziu seus filhos ao Santuário e os fez entrar na Casa Sagrada, onde já estava o adivinho. Cada um dos filhos apresentou sua flecha, e o pai, colocando-se ao lado da estátua de Ḥubal, desembainhou um longo punhal e dirigiu uma prece a Deus. Procederam ao sorteio e a flecha de ʿAbd Allāh foi a escolhida. O pai tomou-o pela mão e, com o punhal na outra, conduziu-o à porta, decidido a cumprir imediatamente o sacrifício, como se temesse ter mais tempo para refletir.

Mas ʿAbd al-Muṭṭalib não contava com a iniciativa das mulheres de sua casa, sobretudo de Fāṭimah, mãe de ʿAbd Allāh. Enquanto suas outras esposas, originárias de tribos distantes, não tinham qualquer influência em Meca, o mesmo não acontecia com Fāṭimah, mulher da tribo Quraysh, oriunda do poderoso clã dos Makhzūm e, por parte de mãe, descendente de ʿAbd, um dos filhos de Quṣayy. Toda a família residia nas proximidades, sendo fácil reuni-la em caso de necessidade. Ela dera a ʿAbd al-Muṭṭalib três de seus dez filhos: Zubayr, Abū Ṭālib e ʿAbd Allāh, e também cinco filhas, que eram extremamente devotadas aos irmãos. Certamente, estas mulheres não permaneceriam de braços cruzados, e tampouco as outras esposas que buscaram a ajuda de Fāṭimah, uma vez que o perigo pairava sobre a cabeça dos dez filhos, um dos quais seria necessariamente o dono da flecha do sacrifício.

Enquanto ocorria o sorteio, uma pequena multidão formou-se no pátio do Santuário. Quando ʻAbd al-Muṭṭalib e ʻAbd Allāh apareceram no umbral da Caaba, ambos pálidos como a morte, um murmúrio surgiu entre os makhzūmitas, que compreenderam que um dos filhos de sua irmã era a vítima designada. "Para que este punhal?", alguém perguntou na multidão, pergunta logo repetida por outros, apesar de todos saberem a resposta. ʻAbd al-Muṭṭalib começou a falar da promessa que fizera, mas foi interrompido por Mughīrah, o chefe dos Makhzūm: "Não deves sacrificá-lo; oferece outro sacrifício em lugar de teu filho; pois ainda que seu resgate fosse todas as propriedades dos filhos de Makhzūm, nós o pagaríamos". Nesse meio-tempo, os irmãos de ʻAbd Allāh, que até então permaneciam calados, saíram da Casa Sagrada e suplicaram ao pai pela vida do irmão, dizendo-lhe que oferecesse qualquer outro sacrifício como expiação. De todos os presentes, não havia quem não apoiasse a ideia, mas ʻAbd al-Muṭṭalib, mesmo tentado a deixar-se convencer, conservava seus escrúpulos. Finalmente, ele aceitou consultar certa mulher de Yathrib, respeitada por sua sabedoria, que lhe poderia dizer se uma expiação seria possível neste caso, e a forma como deveria ser feita.

Acompanhado de ʻAbd Allāh e um ou dois outros filhos, ʻAbd al-Muṭṭalib voltou à sua cidade natal, onde ficou sabendo que a sábia mulher que procurava partira para Khaybar, uma próspera colônia judaica situada em um vale fértil, cerca de cento e cinquenta quilômetros ao norte de Yathrib. Os viajantes prosseguiram até encontrar a mulher e lhe explicaram os fatos. Ela lhes prometeu consultar seu espírito familiar e marcou novo encontro para o dia seguinte. Por toda a noite, ʻAbd al-Muṭṭalib orou a Deus, e, pela manhã, a mulher lhes disse: "Uma mensagem me foi dada. Qual é o preço de sangue entre vós?". Eles responderam que era de dez camelos. "Retornai à vossa cidade", ela disse, "e colocai lado a lado vosso homem e os dez camelos, depois tirai a sorte entre eles. Se a flecha escolhida for desfavorável ao homem, acrescentai dez camelos aos outros dez, e tirai a sorte mais uma vez; juntai camelos até que vosso Senhor os aceite, e que a flecha se volte contra os animais. Sacrificai os camelos e salvai a vida do homem".

Retornando a Meca imediatamente, eles conduziram solenemente ʻAbd Allāh e dez camelos ao pátio da Caaba. ʻAbd al-Muṭṭalib entrou na Casa Sagrada, colocou-se ao lado de Ḥubal, e orou a Deus para que Ele aceitasse sua conduta. Em seguida, tiraram a sorte, e a flecha confirmou o sacrifício de 'Abd Allāh. Dez novos camelos foram trazidos, mas a flecha continuou indicando que os animais deveriam viver e o homem morrer. Lotes de dez camelos foram progressivamente acrescentados, sempre com o mesmo resultado, até que o número de camelos chegou a cem. Somente então a flecha tirada foi favorável ao homem. Mas 'Abd al-Muṭṭalib era verdadeiramente escrupuloso: para ele, uma única flecha não era suficiente para decidir assunto tão importante. Ele insistiu para que a sorte fosse tirada uma segunda vez, e depois uma terceira, e a flecha indicou sucessivamente o sacrifício dos camelos. Por fim, ele teve certeza de que Deus aceitara a expiação, e os camelos foram devidamente imolados.

6 A necessidade de um profeta

'Abd al-Muṭṭalib, em suas preces, nunca se dirigiu a Ḥubal. Ele orava sempre a Deus – *Allāh*. Contudo, para os Quraysh, o ídolo moabita, após gerações no interior da Casa de Deus, tornara-se uma personificação da *barakah*, isto é, da bênção, ou influência espiritual, que impregnava o maior de todos os santuários. Havia outros santuários menores espalhados pela Arábia, dos quais os mais importantes, no Ḥijāz, eram os templos das três "filhas de Deus", como alguns adoradores os chamavam: al-Lāt, al-'Uzzah e Manāt. Desde sua primeira infância, aliás como todos os árabes de Yathrib, 'Abd al-Muṭṭalib fora incentivado a venerar Manāt, cujo templo situava-se em Qudayd, às margens do Mar Vermelho, praticamente na mesma latitude do oásis. Mais importante ainda para os Quraysh era o santuário de al-'Uzzah, no vale de Nakhlah, distante um dia de camelo ao sul de Meca. De lá, era preciso apenas mais um dia de viagem na mesma direção para alcançar Ṭā'if, uma cidade rodeada por muralhas, erguida sobre uma planície fértil e verdejante, cujos habitantes, os Thaqīf, eram um ramo da grande tribo árabe dos Hawāzin. Al-Lāt, chamada a "dama de Ṭā'if", tinha seu ídolo abrigado num rico santuário. Os Thaqīf, como guardiões deste templo, gostavam de se considerar equivalentes aos Quraysh, e já se haviam acostumado a falar das "duas cidades" para designar Meca e Ṭā'if. Malgrado o clima maravilhoso e a fertilidade do "Jardim do Ḥijāz", como Ṭā'if era conhecida, seus habitantes não deixavam de sentir certa inveja do vale árido ocupado pelos rivais do norte, pois sabiam em seus corações que, por mais que promovessem sua importância, seu templo jamais poderia comparar-se à Casa de Deus. Não que eles desejassem que a situação fosse diferente, pois também descendiam de Ismael e tinham raízes em Meca. Assim, seus sentimentos eram confusos, às vezes contraditórios. Por seu lado, os Quraysh não invejavam ninguém; estavam conscientes de viver no centro do mundo e de possuir um ímã capaz de atrair peregrinos de todas as direções do globo. Ademais, cabia-lhes não provocar nada que abalasse as boas relações estabelecidas entre Meca e as tribos distantes.

Encarregado de hospedar os peregrinos que vinham visitar a Caaba, 'Abd al-Muṭṭalib tinha profunda consciência destas relações. Tratava-se de uma função intertribal, que, de certo modo, recaía sobre cada um dos Quraysh; todos deviam dar boas-vindas e cuidar dos peregrinos em Meca de modo que se sentissem em seu próprio lar, o que significava acolher e render homenagem aos ídolos que traziam consigo. A justificativa e a autoridade tanto para a aceitação dos ídolos quanto para a crença em sua eficácia baseavam-se na tradição, pois assim tinham agido os pais, avós e tataravós dos Quraysh. Apesar de tudo, para 'Abd al-Muṭṭalib a realidade última era Deus, o que sem dúvida o tornava mais próximo da religião de Abraão que a maior parte de seus contemporâneos Quraysh, Khuzā'ah e Hawāzin, entre outras tribos árabes.

No entanto, havia – como sempre houvera – uns poucos crentes que mantinham o culto abraâmico em sua pureza original; eram os únicos a compreender que o culto aos ídolos, longe de pertencer à tradição, era, de fato, uma invenção, um perigo do qual deviam afastar-se. Bastava uma visão histórica um pouco mais ampla para dar-se conta de que Ḥubal não valia mais que o bezerro de ouro dos filhos de Israel.* Os *Ḥunafā'*,[1] como se autodenominavam, guardavam-se de qualquer relação com os ídolos, cuja presença em Meca consideravam profanação e corrupção. A recusa em fazer concessões e a franqueza com que frequentemente expunham suas opiniões marginalizava-os da sociedade mequense, que os respeitava, tolerava ou maltratava, de acordo com a personalidade de cada um deles, ou na medida em que seu clã estava disposto ou não a protegê-los.

'Abd al-Muṭṭalib conhecia quatro dos Ḥunafā', dentre os quais um dos mais respeitados, chamado Waraqah, era filho de Nawfal,[2] do clã Asad, seu

* Êxodo 32 a 34. (N.T.)

[1] A palavra *ḥanīf*, cujo plural é *ḥunafā'*, tem o sentido de "ortodoxo". Ver Corão, 6:161.

[2] Este Nawfal não deve ser confundido com o outro de mesmo nome, irmão de Hāshim, fundador do clã hāshimita.

primo em segundo grau. Waraqah tornara-se cristão, e havia, entre os cristãos da região, a crença de que a vinda de um profeta era iminente. Mesmo não sendo muito difundida, tal crença tinha o aval de um ou dois veneráveis dignitários das Igrejas orientais, assim como de astrólogos e videntes. Quanto aos judeus, para quem essa crença era natural, pois entre eles a linhagem dos profetas só terminaria com a vinda do Messias, eram quase unânimes na expectativa de um profeta. Rabinos e outros sábios asseguravam que essa vinda estava próxima, pois muitos sinais anunciadores de seu advento já se haviam realizado, e só poderia tratar-se, evidentemente, de um judeu, por eles serem o povo eleito. Os cristãos, e entre eles Waraqah, tinham dúvidas a respeito deste último ponto, pois não viam razão para que não pudesse ser um árabe. Afinal, os árabes tinham mais necessidade de um profeta que os judeus, que ao menos não eram idólatras, pois seguiam a religião de Abraão e adoravam o Deus Único. E quem, senão um profeta, poderia libertar os árabes do culto aos falsos deuses? Dispostos em círculo ao redor da Caaba, a certa distância dela, o número de ídolos chegava a trezentos e sessenta. Além disso, como cada casa em Meca possuía sua divindade, um ídolo pequeno ou grande estava sempre no centro da vida doméstica. Cada vez que alguém saía de casa, sobretudo em viagem, e cada vez que voltava, esfregava a mão no ídolo para obter suas graças. Na verdade, nesse aspecto, Meca nada tinha de excepcional, pois estas práticas estavam disseminadas por toda a Arábia. Apesar de haver algumas comunidades árabes cristãs bem arraigadas ao sul, em Najrān e no Iêmen, assim como ao norte, junto à fronteira da Síria, a última intervenção de Deus, que operara a grande transformação na costa mediterrânea e em vastas regiões da Europa, não tivera, no correr de seiscentos anos, praticamente nenhum impacto sobre a sociedade pagã que gravitava ao redor do santuário de Meca. Os árabes que povoavam o Ḥijāz e a grande planície de Najd, a leste, pareciam totalmente indiferentes à mensagem do Evangelho.

Não que os Quraysh e as tribos pagãs fossem hostis ao cristianismo; ao contrário, quando os cristãos vinham prestar homenagem ao Santuário de Abraão, eram tão bem acolhidos quanto os outros visitantes. Além do mais, certa vez, um cristão fora autorizado, e mesmo encorajado, a pintar uma imagem da Virgem Maria e do Menino Jesus em uma parede interior da Caaba, que contrastava muito com as outras pinturas. Os Quraysh, porém, eram bastante insensíveis a esse contraste: para eles tratava-se, sobretudo, de acrescentar dois novos ídolos à multidão dos já ali existentes, e foi em parte por causa desta tolerância que acabaram por se tornar espiritualmente insensíveis.

Diferentemente da maioria dos homens de sua tribo, Waraqah sabia ler, e estudara teologia e as Escrituras. Assim, ele pôde perceber que dentre as promessas de Cristo havia uma que os cristãos geralmente interpretavam como uma referência ao milagre de Pentecostes. Porém, muitos elementos dessa passagem não pareciam corresponder a tal milagre; para ele, a promessa crística certamente referia-se a algo diferente, algo que ainda não fora cumprido. Em linguagem cifrada, o texto permanecia obscuro; afinal, o que poderiam significar as palavras: "quando vier, porém, o Espírito da verdade, ele vos guiará a toda a verdade; porque não falará por si mesmo, mas dirá tudo o que tiver ouvido e vos anunciará as coisas que hão de vir"?*

Waraqah tinha uma irmã muito íntima chamada Qutaylah, com quem conversava frequentemente sobre esse tema; as palavras do irmão causaram-lhe tão forte impressão que pensamentos sobre o aguardado profeta passaram a ocupar a mente da mulher. Seria possível que já estivesse entre eles?

Depois que o sacrifício dos camelos foi aceito pela vida de 'Abd Allāh, 'Abd al-Muṭṭalib decidiu procurar uma esposa para o filho poupado, e, após alguma reflexão, sua escolha recaiu sobre Āminah, filha de Wahb, um dos netos de Zuhrah, irmão de Quṣayy.

Wahb fora chefe dos Zuhrah, mas com sua morte, ocorrida alguns anos antes, Āminah ficara sob a tutela do tio paterno, Wuhayb, que sucedera o irmão no comando do clã. Wuhayb tinha também uma filha em idade de casar, de nome Hālah. Assim, 'Abd al-Muṭṭalib, depois de arranjar o matrimônio do filho com Āminah, pediu que Hālah lhe fosse dada em casamento. Wuhayb consentiu, e logo se iniciaram os preparativos para que as duas núpcias fossem celebradas no mesmo dia. Na data marcada, 'Abd al-Muṭṭalib tomou o filho pela mão e os dois partiram para a morada dos Bani Zuhrah.[1] No caminho, passaram em frente à entrada da casa dos Bani Asad, onde estava Qutaylah, a irmã de Waraqah, possivelmente para ver tudo o que pudesse do grande casamento, que era o assunto em Meca. 'Abd

---

* João 16:13. (N.T.)

[1] Em árabe, *bani*, ou *banu*, é o plural de *ibn*, "filho"; logo "Bani Zuhrah" significa "filhos" ou "descendentes" de Zuhrah.

al-Muṭṭalib tinha então mais de setenta anos, mas permanecia notavelmente jovem. Conta-se que todos ficaram impressionados ao ver a graça natural com que os noivos caminhavam em cortejo, acentuando ainda mais a solenidade da ocasião. Mas, à medida que eles se aproximavam de sua casa, Qutaylah só tinha olhos para 'Abd Allāh. O jovem era, por sua beleza, o José* de sua época. Mesmo os homens e mulheres mais velhos do clã dos Quraysh não se lembravam de ter visto alguém que a ele se igualasse; com vinte e cinco anos, estava na flor da idade. Qutaylah ficou maravilhada – como já ficara em outras circunstâncias, mas nunca tão intensamente – pela luz que resplandecia em seu rosto e que parecia vir de outro mundo. Seria 'Abd Allāh o profeta esperado? Ou seria ele o pai do futuro profeta?

Os dois haviam acabado de passar por ela quando, tomada por um súbito e irresistível impulso, Qutaylah exclamou: "Oh! 'Abd Allāh!". 'Abd al-Muṭṭalib soltou a mão do filho, como em sinal para que o rapaz falasse com a prima. 'Abd Allāh voltou-se para ela, que lhe perguntou o destino dos dois. "Vou com meu pai", ele respondeu com simplicidade, não por querer esconder-lhe alguma coisa, mas porque tinha certeza de que ela sabia que se encaminhava ao seu casamento. "Toma-me como esposa, aqui e agora", ela lhe disse, "e receberás tantos camelos quantos foram sacrificados em teu lugar." – "Estou com meu pai", respondeu 'Abd Allāh, "não posso deixá-lo, nem agir contra sua vontade."[1]

As núpcias ocorreram como previsto, e os dois casais ficaram alguns dias hospedados na casa de Wuhayb. No dia seguinte, 'Abd Allāh precisou buscar algumas coisas em sua própria casa e reencontrou Qutaylah, a irmã de Waraqah; os olhos da jovem o fitavam tão intensamente que ele parou diante da prima, esperando que ela lhe dissesse algo. Como a moça permaneceu em silêncio, ele perguntou por que não repetia o que dissera no dia anterior. Qutaylah lhe respondeu: "A luz que ontem estava contigo te deixou. Hoje, não podes mais satisfazer a necessidade que tive de ti".[3]

Os casamentos aconteceram no ano 569 da era cristã. O ano seguinte entraria para a história sob o nome de "o Ano do Elefante", que teve importância capital por mais de um motivo.

---

* Trata-se de José do Egito (Sayyid Yūsuf, em árabe), o profeta bíblico citado como modelo de beleza física e espiritual. (N.T.)

[1] Ibn Isḥāq 100. [3] Ibn Isḥāq 101.

7 O ano do elefante

Naquela época, o Iêmen estava sob domínio da Abissínia, e Abrahah era o seu vice-regente. Ele mandou construir uma suntuosa catedral em Ṣan'ā', na esperança de que a cidade tomasse o lugar de Meca como o centro de peregrinação mais frequentado da Arábia. Na construção, ele utilizou o mármore de um palácio em ruínas que fora da rainha de Sabá e, no interior do templo, colocou cruzes de ouro e prata, e púlpitos de marfim e ébano. Ao escrever ao imperador, o Negus, anunciou: "Majestade, em vosso nome construí uma igreja como jamais foi erguida por outro monarca; não descansarei até torná-la o centro de peregrinação dos árabes". Abrahah não fez segredo do plano, o que despertou a cólera de todas as tribos do Ḥijāz e do Najd. Por fim, um homem dos Kinānah, tribo aparentada aos Quraysh, dirigiu-se a Ṣan'ā' com o deliberado propósito de profanar a igreja, o que fez durante uma noite, antes de retornar são e salvo para junto dos seus.

Ao saber do ocorrido, Abrahah jurou que, em represália, arrasaria completamente a Caaba. Após os preparativos, pôs-se em marcha para Meca com um grande exército, em cuja vanguarda posicionou um elefante. Algumas tribos árabes ao norte de Ṣan'ā' tentaram impedir seu avanço mas foram derrotados e se puseram em fuga; e os abissínios capturaram seu líder, Nufayl, o chefe da tribo de Khath'am, que, para salvar a própria vida, ofereceu-se como guia da expedição.

Quando o exército chegou a Ṭā'if, os homens dos Thaqīf foram ao encontro de Abrahah, pois temiam que ele confundisse o templo de al-Lāt com a Caaba e o destruísse por engano. Apressaram-se em mostrar ao chefe da expedição que ainda faltava muito para alcançar o destino almejado, e ofereceram-lhe um guia para o resto do percurso. Apesar de já contar com Nufayl, Abrahah aceitou a oferta, mas o homem morreu no caminho, a uma légua e meia de Meca, em um lugar chamado Mughammis, e ali foi enterrado. Mais tarde, os árabes adquiriram o hábito de atirar pedras em sua tumba e, ainda hoje, os moradores da região costumam apedrejá-la.

Abrahah parou em Mughammis e enviou um destacamento de cavaleiros aos limites de Meca. Eles pilharam tudo o que encontraram ao longo do caminho e enviaram a Abrahah o butim, que incluía duzentos camelos de 'Abd al-Muṭṭalib. Os Quraysh e demais tribos vizinhas formaram um conselho de guerra, que logo concluiu ser inútil tentar resistir ao poderio do inimigo. Nesse meio-tempo, Abrahah enviou a Meca um emissário para encontrar o chefe da cidade e notificá-lo de que o exército não viera a combate, mas somente para destruir o Templo, e que, se quisesse evitar o derramamento de sangue, fosse imediatamente ao acampamento abissínio.

Não havia um chefe oficial dos Quraysh desde a época em que os privilégios e as responsabilidades foram divididos entre as casas de 'Abd ad-Dār e 'Abdu Manāf. No entanto, a maioria das pessoas sabia muito bem quem era, de fato, se não de direito, o líder de Meca. Logo, o emissário foi conduzido à casa de 'Abd al-Muṭṭalib, que, acompanhado de um de seus filhos, retornou com o mensageiro ao acampamento abissínio. Quando Abrahah avistou o ancião, ficou tão impressionado com seu porte e presença que se levantou do assento real para saudá-lo; depois, sentou-se a seu lado no tapete e ordenou ao intérprete que lhe perguntasse o que poderia fazer por ele. 'Abd al-Muṭṭalib respondeu que as tropas haviam tomado duzentos de seus camelos e pediu que lhe fossem restituídos. Abrahah ficou surpreso com tal pedido e declarou-se decepcionado por 'Abd al-Muṭṭalib preocupar-se mais com seus camelos do que com sua religião, cujo templo ele, Abrahah, viera destruir. 'Abd al-Muṭṭalib respondeu: "Eu sou o dono dos camelos; quanto ao templo, tem igualmente um dono, e Ele o defenderá". – "Ele não poderá defendê-lo de mim", disse Abrahah. "Isso nós veremos" – retorquiu 'Abd al-Muṭṭalib – "mas devolve meus camelos". E Abrahah ordenou que os camelos lhe fossem devolvidos.

'Abd al-Muṭṭalib voltou para junto dos Quraysh e aconselhou que se retirassem para as colinas que cercavam a cidade. Depois, dirigiu-se ao Santuário acompanhado de alguns parentes e familiares, e juntos suplicaram a Deus que os socorresse contra Abrahah e seu exército. Ele mesmo tomou nas mãos a aldraba da porta da Caaba e orou: "Ó Deus, Teu servo protege a própria casa, protege Tu a Tua". Então, ele e os demais foram juntar-se ao resto dos Quraysh nas colinas, em lugares de onde pudessem observar o que aconteceria no vale abaixo.

Na manhã seguinte, Abrahah preparou-se para invadir a cidade, com a intenção de destruir a Caaba e retornar a Ṣan'ā' pelo mesmo caminho que viera. O elefante ricamente ajaezado foi conduzido à vanguarda do exército, pronto para o ataque. Quando o portentoso animal chegou à sua posição, seu condutor, Unays, fê-lo apontar a cabeça e as presas em direção a Meca, com as tropas abissínias atrás de si. Mesmo a contragosto, Nufayl cumprira sua função de guia, marchando todo o tempo à frente do exército e ao lado de Unays, com quem aprendera algumas palavras que comandavam o elefante. Aproveitando que Unays olhava para trás, à espera do sinal de avanço, Nufayl levantou a orelha do elefante e ordenou-lhe, em voz baixa, mas energicamente, que se ajoelhasse. Então, para surpresa e consternação de Abrahah e seus soldados, o elefante dobrou lenta e firmemente os joelhos até tocar o solo. Unays ordenou que o animal se levantasse, mas o comando de Nufayl coincidira com uma ordem mais imperiosa do que qualquer homem poderia dar, e o elefante não se moveu. Tudo fizeram para obrigá-lo a ficar de pé, até mesmo bateram-lhe na cabeça com barras de ferro e cravaram ganchos no ventre do pobre animal; mas de nada adiantou, ele permaneceu imóvel como uma rocha. Tentaram, então, um estratagema: fizeram o exército inteiro dar meia-volta e avançar alguns passos na direção do Iêmen. No mesmo instante, o elefante levantou-se, voltou-se para a direção dos soldados e seguiu-os em marcha. Então, confiantes, deram meia-volta; o elefante fez o mesmo, mas ao voltar-se para Meca ajoelhou-se novamente.

Não poderia haver sinal mais claro para não se seguir adiante. Abrahah, no entanto, estava cego pela ambição pessoal, tanto em relação ao santuário que construíra quanto pela determinação de destruir o grande santuário rival. Se, naquele momento, ele tivesse dado a ordem de retirada, talvez pudessem ter escapado ao desastre. Mas, repentinamente, já era tarde demais: a oeste, o céu enegreceu e um estranho ruído fez-se ouvir; o som foi aumentando à medida que uma grande onda de escuridão vinda do mar os envolvia, enquanto o céu sobre suas cabeças enchia-se de pássaros até onde a vista podia alcançar. Os sobreviventes disseram que a revoada assemelhava-se à de andorinhas, e que cada uma delas carregava três seixos, do tamanho de uma ervilha seca, um no bico e dois outros nas garras. Por todos os lados, os pássaros lançaram-se sobre os soldados, crivando-os com seixos que, tão duros e lançados com tal velocidade, transpassavam até mesmo as cotas de metal. Cada pedra atingiu seu alvo e matou seu homem, pois a cada ferida infligida ao corpo, a carne logo começava a apodrecer, mais rápida ou mais lentamente, de modo que nenhum ferido sobreviveu. No entanto, nem todos foram atingidos e tiveram suas vidas poupadas, como Unays e o elefante, mas não houve quem não fosse tomado pelo terror. Um punhado de soldados ficou no Ḥijāz, onde passaram a trabalhar como pastores ou serviçais, mas a maioria dos sobreviventes da expedição retornou a Ṣan'ā' em grande desordem. Muitos morreram no caminho, e muitos outros, como Abrahah, morreram pouco tempo após o retorno. Quanto a Nufayl, afastou-se sorrateiramente do exército, enquanto as atenções estavam concentradas no elefante, e alcançou sem dificuldade as colinas em torno de Meca.

Depois desse dia, os Quraysh passaram a ser chamados pelos árabes de "o povo de Deus", e ainda mais respeitados e temidos, pois Ele atendera suas preces e salvara a Caaba da destruição. Ainda hoje, eles são honrados, mas em razão de um segundo evento – sem dúvida, relacionado ao primeiro – que se deu durante o mesmo "Ano do Elefante".

* * *

'Abd Allāh, o filho de 'Abd al-Muṭṭalib, não se encontrava em Meca no momento do milagre dos pássaros. Havia partido a negócios em caravana à Palestina e à Síria, e, no caminho de volta, parou em Yathrib, onde se hospedou com a família de sua avó. Lá, ele adoeceu, e a caravana teve de partir sem ele na viagem de volta a Meca. Ao saber da doença do filho, 'Abd al-Muṭṭalib incumbiu Ḥārith de ir a Yathrib para que acompanhasse o irmão de volta ao lar tão logo estivesse restabelecido para poder viajar. Contudo, quando Ḥārith chegou à casa de seus primos em Yathrib, suas saudações foram recebidas com condolências, e ele soube que seu irmão havia falecido.

Grande foi o pesar em Meca quando Ḥārith retornou. O único consolo de Āminah era a criança que esperava do falecido esposo, e a dor da perda foi atenuando à proporção que a hora do parto se aproximava. Ela tinha consciência de estar carregando uma luz e, certo dia, esta luz brilhou com tal resplendor que Āminah pôde ver os castelos de Bostra, na Síria. E ela ouviu uma voz que lhe disse: "Tu carregas no ventre o senhor deste povo; quando ele nascer, tu dirás 'Eu te coloco sob a proteção do Único, contra a perfídia dos invejosos'; e lhe darás o nome de Muḥammad".[1]

Algumas semanas mais tarde, a criança veio ao mundo. Āminah estava na casa de seu tio e mandou chamar 'Abd al-Muṭṭalib para ver o neto. Ele tomou o menino em seus braços e levou-o ao Santuário; entrou com ele na Casa Sagrada e dirigiu uma prece de louvor e graças a Deus. Depois devolveu a criança à mãe, não sem antes passar em sua própria casa para apresentá-la ao clã. 'Abd al-Muṭṭalib estava a ponto de ter outro filho, este de Hālah, prima de Āminah. Por enquanto, o mais jovem de seus filhos era 'Abbās, de três anos de idade, que veio ao seu encontro na porta da casa: "Eis aqui teu irmão; beija-o!", disse-lhe 'Abd al-Muṭṭalib, estendendo-lhe o recém-nascido. E 'Abbās o beijou com ternura.

---

[1] Ibn Isḥāq 102.

8 O deserto

Era costume de todas as grandes famílias das cidades árabes enviar os filhos para o deserto, pouco tempo após o nascimento, para que, depois de nutridos e desmamados, passassem parte da infância entre os beduínos. Em Meca não era diferente, pois as epidemias e a mortalidade infantil eram frequentes. Mas não era somente a pureza do ar do deserto que os árabes sabiam ser benéfico aos seus filhos: se o deserto era salutar para o corpo, também o era para a alma. Os Quraysh só haviam adotado recentemente a vida sedentária; viveram como nômades, até o dia em que Quṣayy lhes dissera que construíssem casas ao redor do Santuário. As moradas permanentes eram talvez inevitáveis, mas acarretavam seus perigos. O modo de vida dos ancestrais era o mais nobre: o dos habitantes das tendas, em constante movimento. Nobreza e liberdade eram indissociáveis, e o nômade é livre! No deserto, um homem tem a consciência de ser senhor do espaço, o que, de certo modo, o faz escapar ao domínio do tempo. A cada vez que levanta acampamento, ele se despoja de seu passado, e o amanhã parece perder a fatalidade se seu onde e seu quando ainda lhe são desconhecidos. O citadino, ao contrário, é um prisioneiro; permanece – ontem, hoje e amanhã – fixo, no mesmo lugar, oferecendo-se como alvo para o tempo, o destruidor de todas as coisas. As cidades são centros de corrupção; indolência e negligência esgueiram-se à sombra de suas muralhas, corroendo a atenção e a vigilância dos homens. Ali, tudo se degrada, até mesmo a linguagem, um dos mais preciosos tesouros do homem. Embora poucos árabes soubessem ler, a beleza da fala era uma virtude que todos os pais desejavam para os filhos. Em grande medida, o valor de um homem era julgado por sua eloquência, e a coroa da eloquência era a poesia. Ter um poeta na família era motivo de grande orgulho, e a maioria dos poetas árabes vinha quase sempre das tribos do deserto, onde a língua falada é mais próxima da poesia.

Assim, o vínculo com o deserto tinha de ser renovado a cada geração – ar puro para o peito, árabe puro para a língua e liberdade para a alma. Muitos filhos dos qurayshitas viviam no deserto até os oito anos, o que lhes deixava uma marca profunda e duradoura, mesmo que bastasse um período mais curto para se criar um forte vínculo.

Algumas tribos gozavam de grande reputação por amamentar e educar as crianças, como os Bani Sa'd ibn Bakr, um ramo periférico dos Hawāzin, cujo território se estendia a sudeste de Meca. Āminah tinha esperança de confiar seu filho aos cuidados de uma mulher desta tribo. Elas costumavam visitar periodicamente os Quraysh em Meca, em busca de crianças para cuidar, e eram esperadas para breve. A viagem dos beduínos feita nessa ocasião foi narrada, alguns anos mais tarde, por uma das integrantes da tribo, Ḥalīmah, filha de Abū Dhu'ayb, que era acompanhada por seu marido Ḥārith e seu filho recém-nascido, que ela amamentava. "Era um ano de seca", ela conta, "e não nos restava mais nada. Coloquei-me a caminho, montada numa jumenta cinza que me pertencia, e levamos conosco uma camela velha, da qual já não se podia tirar nem uma gota de leite. A noite toda, nosso filho nos mantivera acordados com seus gemidos de fome, e meus seios não davam conta de nutri-lo; minha jumenta era tão fraca e esquálida que, seguidamente, nossos companheiros tinham de deter suas montarias até que eu os pudesse alcançar."

Ḥalīmah narra como eles seguiram viagem, sem outra esperança senão a chuva, que haveria de dar à jumenta e à camela alguma pastagem que enchesse um pouco seus úberes; mas nenhuma chuva caiu até a chegada a Meca, ou mesmo depois. Uma vez na cidade, as famílias dos Bani Sa'd puseram-se em busca de bebês para criar, e Āminah ofereceu seu filho a todas as amas-de-leite, mas nenhuma se dispôs a acolhê-lo. "A causa da recusa", relata Ḥalīmah, "é que todas esperávamos receber algum favor do pai da criança. 'Um órfão?!', dizíamos. 'Que bem poderá fazer por nós sua mãe e seu avô?'" Não que estas famílias beduínas desejassem pagamento direto como remuneração por seus serviços, pois seria desonroso uma mulher receber dinheiro para aleitar uma criança. A recompensa esperada, bem menos direta e imediata, era mais ampla e profunda. Essa troca de benefícios entre citadinos e nômades estava enraizada na própria natureza das coisas, pois uns eram pobres naquilo em que os outros eram ricos, e vice-versa. Os nômades tinham a oferecer o modo de vida que Deus legara à humanidade desde tempos imemoriais, o modo de vida de Abel. Os filhos de Caim – pois fora ele o construtor das primeiras cidades – acumularam bens e poder. Para os beduínos, era vantajoso criar laços duradouros com uma das grandes famílias. A ama-de-leite ganharia um novo filho, e por ele seria considerada uma segunda mãe, por quem nutriria afeto e dever filial durante toda a vida; e este filho se tornaria também irmão de seus filhos naturais. Não se tratava de modo algum de uma relação puramente formal: entre os árabes, o seio é um dos canais da hereditariedade, pois a criança, ao mamar, assimila as qualidades daquela que a amamenta. Entretanto, não se podia esperar nada, ou quase nada, da criança enquanto não se tornasse adulta e, nesse ínterim, era sobre o pai que recaíam os deveres do filho. Um avô era muito distante e, no caso, percebia-se claramente que 'Abd al-Muṭṭalib era um homem já idoso, de quem não se esperava muito mais tempo de vida. Com sua morte, seriam seus filhos, e não seus netos, os herdeiros. Āminah, a mãe, era pobre; quanto ao menino, o pai não vivera tempo suficiente para acumular quaisquer bens: deixara ao filho não mais de cinco camelos, um pequeno rebanho de carneiros e cabras e uma jovem escrava. Sem dúvida, o filho de 'Abd Allāh pertencia a uma família nobre, mas era o mais pobre entre os lactentes oferecidos aos beduínos naquele ano.

Quanto aos pais adotivos, não era preciso que fossem ricos, mas era conveniente que não estivessem na miséria; e era evidente que Ḥalīmah e seu marido eram mais pobres do que todos os seus companheiros. Assim, sempre que se podia escolher entre Ḥalīmah e outra nutriz, a esta era dada a preferência. Foi assim que, rapidamente, um bebê foi confiado a todas as mulheres dos Bani Sa'd, com exceção de Ḥalīmah: a mais pobre das amas-de-leite ficou sem lactente, e o mais pobre dos bebês ficou sem nutriz.

"Quando decidimos deixar Meca", prosseguiu Ḥalīmah, "eu disse a meu marido: 'Estou inconformada de voltar ao convívio de minhas companheiras sem uma criança para amamentar. Voltarei até aquele órfãozinho e o adotarei'. – 'Faz como quiseres', ele disse, 'talvez Deus nos abençoe por isso'. Tomei então o bebê, pela única razão de não haver encontrado outro. Levei-o ao lugar onde havíamos deixado nossas montarias, e tão logo o pus no colo, meus seios encheram-se de leite; alimentei-o à saciedade, assim como a meu filho, seu irmão de leite, que estava ao seu lado. Depois de mamar, os dois adormeceram. Então, meu marido foi até a nossa velha camela e – oh, prodígio! – viu que suas tetas estavam inchadas. Ele a ordenhou e ambos bebemos seu leite até que nossa fome foi totalmente saciada, a ponto de nos ser impossível beber uma gota mais. Passamos uma noite excelente e, de manhã, meu marido me disse: 'Por Deus, Ḥalīmah, é uma criatura abençoada esta que tomaste a teu encargo'. – 'É o que espero', respondi-lhe. Retomamos então o caminho, com o bebê na garupa. Eu cavalgava minha jumenta quando, de repente, ela começou a apressar o trote e a ultrapassar os outros jumentos, que não conseguiam mais segui-la. 'O que fizeste?', todos se admiravam. 'Espera-nos! Esta jumenta não é a mesma que montavas na vinda?'. – 'Sim, por Deus! É a mesma'. – 'Então aconteceu algum milagre.'"

"Finalmente, chegamos ao acampamento no território dos Bani Sa'd; região mais árida que aquela não poderia existir sobre a face da terra de Deus. Porém, desde que tomamos o menino para viver conosco, a cada entardecer meu rebanho retornava descansado e com os úberes cheios. Ordenhávamos nossos animais e tomávamos de seu leite, enquanto os animais dos outros membros da tribo não davam sequer uma gota. Nossos vizinhos davam a ordem aos pastores: 'Levai nossos rebanhos para pastar no mesmo local que o deles!', e apesar disso, seus animais voltavam famintos e sem leite, enquanto os nossos, bem cevados e com leite em quantidade. E não deixamos de desfrutar da abundância e da generosidade de Deus, até o menino completar dois anos, quando eu o desmamei."[1]

"Ele cresceu bastante", continua o relato de Ḥalīmah, "incomparavelmente mais que todas as outras crianças. Aos dois anos, já era um menino de boa compleição, e nós o levamos de volta à mãe, desejando, entretanto, que ele permanecesse entre nós, pelas bênçãos que nos trouxera. Então, eu disse à sua mãe: 'Deixa o pequeno comigo até que fique mais robusto, pois temo que seja tocado pela peste em Meca'. Insistimos até que ela o confiasse novamente a nós, e o levamos de volta para casa."

"Um dia, muitos meses após nosso retorno, ele e seu irmão estavam com alguns cordeiros atrás de nossas tendas, quando nosso filho veio a nós

---

[1] Ibn Isḥāq 105

correndo, e nos disse: 'Meu irmão, o qurayshita! Dois homens vestidos de branco o apanharam e o jogaram por terra; depois abriram seu peito e ali mergulharam as mãos!'. Eu e meu marido corremos até o menino. Ele estava de pé, mas muito pálido. Trazendo-o para junto de nós, perguntamos: 'O que tens, meu filho?', e ele respondeu: 'Dois homens de branco se aproximaram de mim, jogaram-me na terra, abriram meu peito e o examinaram buscando não sei o quê'."[1]

Ḥalīmah e seu marido Ḥārith procuraram por toda parte, sem encontrar vestígio dos dois homens; tampouco havia sangue ou ferida visível que corroborasse o relato dos meninos. Por mais que os interrogassem, nada os fazia mudar o que disseram, nem modificar qualquer detalhe da história. Contudo, o peito do filho adotivo não apresentava qualquer arranhão ou cicatriz, e nada de anormal alterara a perfeição do seu pequeno corpo. Um único traço insólito podia ser encontrado no meio de suas costas, entre as espáduas: uma marca de forma oval, pequena mas muito nítida, onde a pele ficara ligeiramente inchada, como que produzida por uma ventosa, mas esta marca existia desde o seu nascimento.

Anos depois, Muḥammad pôde descrever o evento com mais detalhes: "Dois homens vieram ao meu encontro, estavam vestidos de branco e traziam uma bacia de ouro cheia de neve. Assim que me dominaram, abriram meu peito e de lá tiraram meu coração; depois, também abriram meu coração e dele extraíram um coágulo negro e o atiraram longe. Então, lavaram meu coração e meu peito com a neve".[2] Ele ainda acrescentou estas palavras: "Satanás toca todos os filhos de Adão no momento em que suas mães os põem no mundo, com exceção de Maria e seu filho".[3]

---

[1] Ibidem. [2] Ibn Sa'd I/1, 96. [3] al-Bukhārī LX, 54.

9 Duplo luto

Ḥalīmah e Ḥārith perceberam que os meninos estavam profundamente perturbados e foram convencidos da veracidade da história que contaram. Ḥārith acreditou que o filho adotivo fora possuído por um espírito maligno, ou tocado por algum sortilégio, e disse à esposa que deviam devolver o menino à mãe imediatamente, antes que o dano sofrido se manifestasse de forma visível. Mais uma vez, Ḥalīmah levou-o a Meca, sem intenção de revelar a razão da mudança de atitude. No entanto, a mudança fora brusca demais; Āminah não se deixou enganar e conseguiu que toda a história lhe fosse revelada. Após escutá-la, a mãe dissipou os temores de Ḥalīmah, dizendo: "Grandes coisas estão sendo preparadas para meu filho", e então contou-lhe de sua gravidez e da consciência que tinha de carregar uma luz dentro de si. Ḥalīmah foi tranquilizada, mas desta vez Āminah decidiu ficar com seu filho. "Deixa-o comigo", ela disse, "e volta em paz para os teus."

Durante três anos, o menino viveu feliz em Meca com sua mãe, cercado do afeto do avô, dos tios e das tias, e dos numerosos primos com quem brincava. Entre eles, dois eram-lhe especialmente queridos: Ḥamzah e Ṣafiyyah, as crianças nascidas do último casamento de 'Abd al-Muṭṭalib, que fora celebrado no mesmo dia que o de seus pais. Ḥamzah e Muḥammad tinham praticamente a mesma idade, enquanto Ṣafiyyah era um pouco mais jovem; eram, respectivamente, seu tio e sua tia por parte de pai, e seus primos por parte de mãe, e entre os três criaram-se laços ainda mais fortes e duradouros.

Quando Muḥammad completou seis anos, sua mãe decidiu levá-lo para visitar seus parentes em Yathrib. Eles se juntaram a uma das caravanas que seguiam para o norte: Āminah montava um camelo e o menino, outro, acompanhado de sua escrava Barakah, que lhe era totalmente devotada. Já na maturidade, ele contaria como aprendera a nadar numa cisterna de seus parentes khazrajitas, que os hospedaram na ocasião, e como os meninos o ensinaram a empinar pipas. Pouco depois de tomarem o caminho de volta a Meca, Āminah caiu doente, o que os obrigou a parar e acampar, deixando que a caravana seguisse sem eles. Alguns dias mais tarde, Āminah morreu. O lugar, perto de Yathrib, chamava-se Abwā', e lá ela foi sepultada. Barakah esforçou-se em consolar o menino, agora órfão de pai e mãe, e, em companhia de alguns viajantes, levou-o de volta a Meca.

O avô tomou Muḥammad inteiramente a seus cuidados, e ficou evidente que o amor dedicado a 'Abd Allāh fora transferido ao neto. 'Abd al-Muṭṭalib adorava ficar próximo da Caaba, como na época em que tinha o costume de dormir no Ḥijr, onde recebera a ordem de desenterrar Zamzam. Todos os dias, sua família preparava-lhe um leito à sombra da Casa Sagrada; por respeito ao pai, nenhum dos filhos, nem mesmo Ḥamzah, tinha permissão de sequer sentar nesse leito, mas seu neto Muḥammad não tinha tais escrúpulos, e quando os tios diziam-lhe que sentasse em outro lugar, 'Abd al-Muṭṭalib os interrompia: "Deixai estar, meus filhos; pois, por Deus, um grande futuro o espera". Ele se sentava ao seu lado no leito e coçava suas costas, nunca deixando de observar o que o menino fazia. Eram vistos juntos praticamente todos os dias, de mãos dadas, na Caaba ou em algum outro canto de Meca. 'Abd al-Muṭṭalib levava Muḥammad consigo até quando comparecia à assembleia, onde os quarenta líderes da cidade reuniam-se para tratar de diversas questões. O octogenário não temia perguntar à criança de sete anos sua opinião sobre um ou outro tema, e quando os outros dignitários se surpreendiam, ele sempre dizia: "Um grande futuro espera meu filho".

Dois anos após a morte da mãe, o órfão teve a tristeza de perder também o avô. Quando estava à beira da morte, 'Abd al-Muṭṭalib confiou o neto a Abū Ṭālib, que era irmão uterino de 'Abd Allāh, o pai de Muḥammad. Abū Ṭālib soube dar ao sobrinho a mesma afeição e ternura dedicadas antes pelo avô; tratava-o como filho, e sua esposa Fāṭimah[1] tudo fez para substituir a mãe do menino. Alguns anos mais tarde, Muḥammad diria que ela deixaria seus próprios filhos sem comer antes de vê-lo passar fome.

---

[1] Como Abū Ṭālib, Fāṭimah era neta de Hāshim, por parte de seu pai, Asad, que era meio-irmão de 'Abd al-Muṭṭalib.

10 O monge Baḥīrà

A fortuna de 'Abd al-Muṭṭalib fora consumida durante a última parte de sua vida, restando-lhe, no momento da morte, uma pequena herança para ser dividida entre seus filhos. Alguns dentre eles, sobretudo 'Abd al-'Uzzah, conhecido pelo nome de Abū Lahab, adquirira fortuna própria. Mas Abū Ṭālib era pobre, e seu sobrinho sentia-se no dever de suprir o próprio sustento; para isso, ele pastoreava carneiros e cabras, passando assim muitos dias na solidão das montanhas que dominavam Meca e das ermas encostas dos vales mais distantes. Seu tio também costumava levá-lo consigo em viagens; foi assim que, certa vez, quando Muḥammad tinha cerca de nove anos – segundo outros, doze anos – eles partiram para a Síria com uma caravana de mercadores. Em Bostra, perto de onde as caravanas mequenses costumavam fazer suas paradas, havia uma ermida que, geração após geração, era habitada por um monge cristão. Quando um morria, outro tomava seu lugar, herdando encargos e posses, o que incluía alguns manuscritos antigos. Entre estes manuscritos, havia um que predizia o advento de um Profeta aos árabes, pelo qual Baḥīrà, o monge que então ocupava a ermida, nutria especial interesse, pois, como Waraqah, intuía que a vinda do Profeta se daria durante seu tempo de vida.

Ele já vira muitas caravanas mequenses se aproximarem para acampar perto da ermida; mas quando esta última apareceu, sua atenção foi despertada para algo nunca antes visto: uma pequena nuvem deslizava suavemente a baixa altitude sobre a caravana, dando sombra a um ou dois viajantes. Muito intrigado, Baḥīrà esperou que se aproximassem, até que seu interesse transformou-se em estupefação: assim que pararam, a nuvem fez o mesmo e permaneceu imóvel sobre uma árvore sob a qual os dois viajantes se abrigaram. A árvore, por sua vez, inclinou sua ramagem sobre eles para melhor acolhê-los à sombra. Baḥīrà soube reconhecer que tal prodígio, apesar de ser uma circunstância modesta, revelava um sentido elevado: somente uma grande presença espiritual poderia explicá-lo, e logo pensou no profeta aguardado. Seria possível que, por fim, ele tivesse chegado, e entre os viajantes se encontrasse?

As reservas de víveres da ermida haviam sido recentemente renovadas. Juntando todas as provisões, Baḥīrà mandou uma mensagem aos homens da caravana: "Ó homens dos Quraysh, eu vos preparei uma refeição e gostaria que viessem até mim, todos vós, jovens e velhos, homens livres e escravos". Eles se dirigiram então à ermida, mas, a despeito do que fora dito expressamente no convite, deixaram Muḥammad para vigiar camelos e bagagens. Conforme se aproximavam, Baḥīrà examinava seus rostos, um a um, mas não viu ninguém que correspondesse à descrição do livro, e não reconheceu entre eles aquele cuja presença evocasse a grandeza dos dois milagres. Talvez nem todos estivessem presentes. "Homens dos Quraysh", ele insistiu, "que nenhum dentre vós fique no acampamento". – "Não deixamos ninguém", responderam-lhe, "salvo um menino, o mais jovem de nós". – "Não o trateis assim", pediu Baḥīrà, "chamai-o para tomar parte em nosso repasto". Abū Ṭālib e os outros se arrependeram de seu descuido: "Erramos em deixar para trás o filho de 'Abd Allāh, e não tê-lo trazido para compartilhar deste banquete", disse um deles, e saiu para buscar o menino, e, abraçando-o, trouxe-o para junto dos demais.

Um simples olhar para Muḥammad foi suficiente para Baḥīrà entender os prodígios que presenciara; observando-o atentamente durante toda a refeição, ele pôde notar no rosto e no corpo do menino numerosos traços que correspondiam aos descritos em seu manuscrito. Terminada a refeição, o monge dirigiu-se ao hóspede mais jovem e perguntou-lhe sobre sua vida e seus sonhos, e também sobre seus afazeres e outros assuntos. Muḥammad respondeu com boa vontade a todas as perguntas, pois era um homem venerável e suas perguntas, feitas de modo cortês e benevolente. Ele também não hesitou em tirar seu manto quando, por fim, o monge pediu-lhe para ver suas costas. Baḥīrà já tinha certeza, mas ficou duplamente convencido quando, entre as espáduas, viu a marca que procurava – o selo da profecia tal qual descrito em seu livro, e exatamente no local indicado. Ele voltou-se então para Abū Ṭālib: "Que laço de parentesco há entre este menino e tu?" – "É meu filho", respondeu Abū Ṭālib. "Ele não é teu filho", retorquiu o monge, "é impossível que o pai deste menino ainda viva entre nós". – "É o filho de meu irmão", confessou Abū Ṭālib. "O que aconteceu com o pai?" – "Ele morreu quando a criança ainda estava no ventre de sua mãe". – "Eis a verdade", disse Baḥīrà. "Reconduz o filho de teu irmão ao vosso país e guarda-o dos judeus, pois, pelo céu, se souberem o que agora sei, tramarão contra ele." E concluiu: "Grandes coisas estão preparadas para o filho de teu irmão".

11 Um pacto de cavalaria

Concluídos seus negócios na Síria, Abū Ṭālib retornou a Meca com o sobrinho, que retomou a vida solitária de antes. Seus tios, no entanto, cuidaram que Muḥammad, assim como 'Abbās e Ḥamzah, fosse instruído no manejo das armas de guerra. Era evidente que Ḥamzah se tornaria um homem de grande estatura e força física, e já era um bom espadachim e lutador. Quanto a Muḥammad, era de talhe e força medianos; especialmente dotado para o tiro de arco, prometia tornar-se um excelente arqueiro, a exemplo de seus eminentes ancestrais Abraão e Ismael. Para isso, ele contava com uma notável acuidade visual, que lhe permitia, diziam, contar não menos do que doze estrelas na constelação das Plêiades.

Nos últimos anos, os Quraysh não se haviam envolvido em guerras, salvo um conflito esporádico e intermitente que veio a ser chamado de "guerra sacrílega", por ter sido iniciada num dos meses sagrados. Um libertino da tribo de Kinānah matara por traição um homem dos 'Āmir, uma das tribos Hawāzin do Najd, e refugiara-se na inexpugnável cidadela de Khaybar. Os acontecimentos seguiram o curso habitual entre os povos do deserto: a honra reclamou vingança, e a tribo da vítima atacou Kinānah, a tribo do assassino. Como aliados dos Kinānah, os Quraysh foram envolvidos nesse conflito sem glória, que durou três ou quatro anos, no decorrer dos quais não houve mais que cinco dias de verdadeiro combate. O clã dos Hāshim tinha então como chefe Zubayr, que, como Abū Ṭālib, era irmão uterino do pai de Muḥammad. Zubayr e Abū Ṭālib levaram consigo seu sobrinho Muḥammad a uma das primeiras batalhas, embora o achassem muito jovem para lutar; mas permitiram que ele ajudasse recolhendo as flechas inimigas que haviam errado o alvo, levando-as a seus tios para que fossem reutilizadas contra os adversários.[1] Porém, no decorrer das batalhas subsequentes, em que os Quraysh e seus aliados estavam em franca desvantagem, ele pôde demonstrar sua habilidade como arqueiro, e foi louvado por sua destreza e bravura.[2]

A guerra contribuiu para aumentar o crescente descontentamento que as comunidades sedentárias frequentemente experimentavam quanto à lei do deserto. A maior parte dos chefes qurayshitas havia viajado à Síria e puderam ver por si mesmos a relativa equidade que reinava sob o Império Romano. Na Abissínia, igualmente, era possível obter justiça sem ter de recorrer à luta armada. Mas não existia na Arábia um sistema de leis comparável que permitisse à vítima de um crime, ou sua família, obter reparação. Era natural que a guerra sacrílega, assim como os conflitos que a precederam, levasse muitos a refletir sobre os meios de evitar a repetição de eventos semelhantes. Dessa vez, porém, o resultado foi além de meros pensamentos e palavras: do lado dos Quraysh, todos estavam decididos a agir, e seu senso de justiça foi colocado à prova por um escandaloso incidente ocorrido em Meca, nas semanas que se seguiram ao fim das hostilidades.

Um mercador do porto iemenita de Zabīd vendera mercadorias de valor considerável a um eminente membro do clã dos Saḥm, que, após tomar posse da mercadoria, recusou-se a pagar o preço combinado. O mercador lesado era desconhecido em Meca, o que o saḥmita bem sabia, e não tinha em toda a cidade qualquer associado ou protetor que viesse em seu socorro. Ainda assim, o homem não se deixou intimidar pela insolente confiança do mequense e, postando-se numa elevação do Monte Abū Qubays, apelou com veemência e eloquência por justiça à coletividade qurayshita. Ele obteve resposta imediata da parte dos clãs que não tinham aliança tradicional com os Saḥm. Os Quraysh procuravam manter-se unidos, sem distinção de clã, mas no interior dessa união persistia a aguda consciência da desavença quanto ao legado de Quṣayy, que os havia dividido em dois grupos: o Povo do Perfume e os Confederados, sendo o clã dos Saḥm um Confederado; do outro lado, estava um dos homens mais ricos de Meca, ʿAbd Allāh ibn Judʿān, chefe dos Taym, que colocou sua casa à disposição para que todos os amantes da justiça se reunissem. Todos do Povo do Perfume aceitaram o convite, com exceção dos clãs ʿAbdu Shams e Nawfal.

---

[1] Ibn Hishām 119.   [2] Ibn Saʿd I/1, 81.

Os clãs Hāshim, Muṭṭalib, Zuhrah, Asad e Taym estavam bem representados, e a estes juntou-se o de ‘Adī, que era um Confederado. Após ardoroso debate, decidiram que era imperativo fundar uma ordem de cavalaria destinada a promover a justiça e a proteger os fracos; e juntos se dirigiram à Caaba, onde verteram água sobre a Pedra Negra e a recolheram de novo num recipiente. Cada um bebeu da água consagrada e, com a mão direita erguida acima das cabeças, juraram que doravante toda vez que um abuso de poder fosse cometido em Meca, eles cerrariam fileiras ao lado dos oprimidos contra o opressor até obterem justiça, não importando quem estivesse envolvido, Quraysh ou estrangeiro. Assim o saḥmita foi obrigado a quitar sua dívida, e nenhum dos clãs que se colocaram à parte do pacto lhe ofereceu ajuda.

Zubayr, do clã Hāshim, junto com o chefe dos Taym, foi um dos fundadores desta ordem e levou consigo seu sobrinho Muḥammad, que tomou parte no juramento. Muitos anos mais tarde ele contou: “Estive presente na casa de ‘Abd Allāh ibn Jud‘ān quando fizemos o pacto de excelência; não trocaria minha participação em tal pacto por uma tropa de camelos vermelhos; e se hoje, no Islām, fosse chamado a participar dele, eu o faria com satisfação”.[1] Também estava presente no juramento o primo-irmão de ‘Abd Allāh ibn Jud‘ān, Abū Quḥāfah, do clã Taym, acompanhado de seu filho Abū Bakr, um ano mais jovem que Muḥammad, que se tornaria seu amigo mais íntimo.

---

[1] Ibn Isḥāq 86

12 Questões matrimoniais

Muḥammad já completara vinte anos de idade e, conforme o tempo passava, recebia mais convites de seus parentes para acompanhá-los em viagens a outros países. Um dia, pediram-lhe que se encarregasse das mercadorias de um comerciante incapacitado de viajar, e a competência que demonstrou nesta missão lhe valeu outros compromissos. Gradualmente, sua situação material melhorou, de modo que um matrimônio se tornou possível.

Seu tio e tutor Abū Ṭālib tinha, nessa época, três filhos: o mais velho, Ṭālib, com quase a mesma idade de Muḥammad; 'Aqīl, de treze ou catorze anos; e Ja'far, uma criança de apenas quatro anos, dotada de rara beleza e inteligência. Muḥammad amava as crianças e se divertia brincando com elas, especialmente com Ja'far, que respondia ao afeto do primo com uma devoção que se revelaria inabalável. Abū Ṭālib tinha também várias filhas, uma das quais estava em idade de casar. Chamava-se Fākhitah, mas posteriormente seria conhecida como Umm Hāni' (mãe de Hāni'). Uma grande afeição nasceu entre ela e Muḥammad, que pediu ao tio autorização para desposá-la. Mas Abū Ṭālib tinha outros planos para a filha: seu primo Hubayrah, filho de um irmão de sua mãe, do clã Makhzūm, também a pedira em casamento. Ora, Hubayrah era não somente um homem de posses, mas também, como o próprio Abū Ṭālib, um poeta de talento. Além disso, o poder dos Makhzūm em Meca crescia à medida que o dos Hāshim declinava. Portanto, foi a Hubayrah que Umm Hāni' foi dada em casamento; e quando o sobrinho reprovou a escolha do tio com delicadeza, ele simplesmente respondeu: "Eles nos deram suas filhas em casamento" – provavelmente referindo-se à sua própria mãe – "e um homem generoso deve retribuir a generosidade".[1] A resposta não foi inteiramente convincente, pois 'Abd al-Muṭṭalib já havia quitado a dívida em questão, casando duas de suas filhas, 'Ātikah e Barrah, com homens dos Makhzūm. Para Muḥammad ficou claro que seu tio lhe demonstrara, de forma gentil e cortês, que ainda não tinha condições de se casar. Ao menos foi essa a conclusão que, de início, ele tirou da recusa; mas circunstâncias imprevistas logo o levariam a rever seu julgamento.

Entre os mais ricos comerciantes de Meca havia uma mulher, Khadījah, filha de Khuwaylid, do clã Asad. Era prima-irmã de Waraqah, o cristão, e de Qutaylah, sua irmã, e, como eles, prima distante dos filhos de Hāshim. Ela já se casara duas vezes, e desde a morte do segundo esposo, contratara os serviços de um homem para cuidar dos negócios em seu lugar. A fama que Muḥammad adquirira como comerciante enfim lhe valera; por toda a cidade, era conhecido pelo epíteto de *al-Amīn*, "o Justo", "o Honesto", "o Digno de Confiança", graças ao testemunho daqueles que primeiro lhe confiaram mercadorias em diversas ocasiões. Khadījah também ouvira falar bem dele em sua própria família. Um dia, ela pediu a Muḥammad que encaminhasse algumas de suas mercadorias à Síria, prometendo-lhe o dobro do salário que já pagara a qualquer homem dos Quraysh. Além disso, ofereceu-lhe, para a viagem, os serviços de Maysarah, um jovem servo de sua casa. Muḥammad aceitou a proposta e, em companhia do rapaz, partiu na rota para o norte.

Quando alcançaram Bostra, no sul da Síria, Muḥammad abrigou-se à sombra de uma árvore, perto da ermida de um monge cristão chamado Nestor. Considerando que os pontos de descanso dos viajantes pouco mudavam, é possível que esta fosse a mesma árvore sob a qual Muḥammad se detivera havia cerca de quinze anos, quando fizera a rota para Bostra com seu tio. Provavelmente, Baḥīrà falecera, e Nestor o substituíra. Seja como for – pois apenas sabemos deste incidente pelo que Maysarah relatou – o monge saiu de seu retiro e perguntou ao jovem servo: "Quem é este homem repousando sob a árvore?" – "É um homem dos Quraysh", disse Maysarah, e acrescentou, "do povo que guarda o Santuário." – "Aquele que está sob a árvore não é nada menos que um profeta", exclamou Nestor.[2]

---

[1] Ibn Sa'd VIII, 108.

[2] Ibn Sa'd I/1, 83. Segundo a tradição islâmica, Muḥammad é o misterioso Shiloh, a quem deve ser transferida, "nos últimos dias", a autoridade espiritual que até então havia permanecido como prerrogativa dos judeus, sendo Jesus o último Profeta da linha de Judá.

Enquanto se dirigiam para o centro da Síria, as palavras de Nestor, embora não o tivessem surpreendido, ressoavam cada vez mais fundo na alma de Maysarah. No decorrer da viagem, ele já se dera conta de que o companheiro de viagem era diferente de todos os homens que encontrara. Esta impressão foi reforçada por um fato insólito que ele observou no caminho de volta: ele já havia reparado em oportunidades anteriores que curiosamente o calor não os afetava; certa vez, ao meio-dia, foi-lhe permitido ver, por breves instantes, mas com grande clareza, dois anjos protegendo Muḥammad dos raios do sol.

No retorno a Meca, Muḥammad dirigiu-se a Khadījah, levando as mercadorias que comprara na Síria com o produto de suas vendas. Atenta, Khadījah escutou Muḥammad descrever-lhe a viagem e prestar contas das transações, que se revelaram muito rendosas, pois Khadījah pôde vender as mercadorias recém-adquiridas por quase o dobro do preço da compra. Não eram essas considerações, porém, que absorviam a atenção da mulher, mas sim aquele que lhe falava. Muḥammad tinha vinte e cinco anos; de estatura mediana, de talhe delgado, mas de costas largas, e corpo perfeitamente proporcionado. Sua cabeleira e sua barba eram negras, densas e ligeiramente aneladas: os cabelos estavam cortados a meio caminho entre os lóbulos da orelha e os ombros, e a barba aparada no mesmo comprimento dos cabelos. Sua fronte larga emanava nobreza, e seus olhos grandes e amendoados eram protegidos por cílios excepcionalmente longos e sobrancelhas que não se juntavam, bem desenhadas e ligeiramente arqueadas. Na maior parte das primeiras descrições que temos dele, diz-se que seus olhos eram negros, mas um ou dois autores mencionam olhos castanhos, e até castanho-claros. Tinha nariz aquilino e boca larga finamente delineada, bem visível apesar do bigode, que ele nunca deixava encobrir o lábio superior. Sua tez era branca, mas queimada pelo sol. Mais do que beleza natural, havia uma luz em sua figura – a mesma que emanava de seu pai, mas ainda mais forte no filho – que podia ser vista principalmente em seu rosto, assim como nos olhos, de uma luminosidade marcante. Khadījah sabia-se ainda bela, mas tinha quinze anos a mais que ele. Estaria Muḥammad disposto a desposá-la?

A profecia em questão foi feita por Jacó imediatamente antes de sua morte: "Reuni-vos para que eu vos possa dizer o que vos acontecerá nos últimos dias... O cetro não se afastará de Judá, e todo legislador virá nas suas pegadas, até a vinda de Shiloh; e será em torno dele que o povo se reunirá" (Gênesis 49:1,10) [N.A.].

Assim que ele saiu, ela foi consultar uma amiga, chamada Nufaysah, que se ofereceu para falar com Muḥammad em seu nome e, se possível, arranjar o casamento. Nesse meio-tempo, Maysarah foi ver sua senhora e falou-lhe dos dois anjos e das palavras do monge. Khadījah foi imediatamente ao encontro de seu primo Waraqah e relatou-lhe os mesmos fatos. "Se isso for verdade, Khadījah", ele lhe disse, "Muḥammad é o Profeta do nosso povo. Há muito tempo sei que um profeta estava por vir, e o momento finalmente chegou".[1]

Enquanto isso, Nufaysah encontrou Muḥammad e perguntou-lhe por que ainda não casara. "Não tenho meios para tanto", ele respondeu. "Mas e se os meios te fossem dados?", perguntou ela. "Se te oferecessem uma união em que encontrasses beleza, patrimônio, nobreza e bem-estar, não consentirias?" – "De quem se trata?", ele perguntou. "De Khadījah", foi a resposta. "Como poderia eu pretender tal casamento? Mas, de minha parte, aceito", ele disse.[2] Nufaysah retornou à casa de Khadījah com as novidades, que chamou Muḥammad ao seu encontro, e lhe disse: "Ó filho de meu tio, eu te amo pelo parentesco que tens comigo, e porque permaneceste sempre no centro da justiça, evitando tomar partido nas discussões dos homens; e te amo também por tua equidade, pela beleza de teu caráter e pela veracidade de tuas palavras".[3] Depois, ela se ofereceu em casamento a ele, e combinaram que ele falaria com os próprios tios, enquanto ela conversaria com seu tio 'Amr, filho de Asad, pois seu pai Khuwaylid já havia falecido. Apesar de ser relativamente jovem, foi Ḥamzah que os hāshimitas escolheram para representá-los nessa ocasião, sem dúvida porque ele era, entre eles, o que tinha laços de parentesco mais estreitos com o clã Asad, pois sua irmã Ṣafiyyah desposara, havia pouco tempo, 'Awwām, irmão de Khadījah. Assim, Ḥamzah foi com seu sobrinho pedir a 'Amr a mão de Khadījah; e foi acertado que Muḥammad ofereceria um dote de vinte camelos à esposa.

---

[1] Ibn Isḥāq 121. [2] Ibn Sa'd I/1, 84. [3] Ibn Isḥāq 120.

13 O lar

O jovem noivo deixou a casa do tio para viver com sua mulher. Khadījah não era apenas uma esposa, mas também uma amiga para o marido, compartilhando suas aspirações e seu ideal de modo incomum. Sua união foi maravilhosamente abençoada e feliz, ainda que com seus momentos de aflição e luto. Khadījah deu-lhe seis filhos: dois meninos e quatro meninas. O primogênito foi chamado Qāsim, motivo pelo qual Muḥammad também ficou conhecido como Abu l-Qāsim, o "pai de Qāsim", mas o garoto morreu antes de seu segundo aniversário. Em seguida, veio uma menina chamada Zaynab. Depois dela, outras três filhas: Ruqayyah, Umm Kulthūm e Fāṭimah. E, então, um segundo filho que pouco tempo viveu.

No dia do casamento, Muḥammad libertou Barakah, a fiel escrava herdada de seu pai, e no mesmo dia Khadījah presenteou-lhe com um dos seus próprios servos, um adolescente de quinze anos de nome Zayd. Eles casaram Barakah com um habitante de Yathrib, de quem ela concebeu um filho, Ayman, motivo pelo qual passou a ser chamada de Umm Ayman, "mãe de Ayman". Zayd fora recém-comprado por Ḥakīm, sobrinho de Khadījah – filho de seu irmão Ḥizām – na feira de 'Ukāẓ, juntamente com outros jovens cativos. Quando sua tia foi visitá-lo, pouco tempo após a compra, Ḥakīm ordenou que os escravos se apresentassem, e convidou-a a escolher um deles como presente, e sua escolha recaiu sobre Zayd.

Zayd era orgulhoso de sua linhagem: seu pai chamava-se Ḥārithah e pertencia à grande tribo setentrional de Kalb, cujo território estendia-se pelas planícies entre a Síria e o Iraque. Sua mãe era da tribo vizinha de Ṭayy, não menos ilustre, da qual um dos chefes nessa época era o poeta-cavaleiro

Ḥātim, célebre por toda a Arábia pelo espírito cavalheiresco e pela fabulosa generosidade. Muitos anos se haviam passado desde que Zayd, acompanhado pela mãe, fora visitar sua família, ocasião em que a vila na qual descansavam foi atacada pelos cavaleiros dos Bani Qayn, que capturaram o menino e o venderam como escravo.

Ḥārithah, seu pai, procurou-o em vão, e Zayd nunca mais reencontrou viajantes vindos de Kalb, a quem pudesse confiar uma mensagem para seus parentes. Mas a Caaba atraía peregrinos de todos os cantos da Arábia e, um dia, durante o mês sagrado, muitos meses depois de ter-se tornado escravo de Muḥammad, Zayd viu um grupo de homens e de mulheres de sua própria tribo e de seu clã nas ruas de Meca. Se o encontro tivesse ocorrido um ano antes, sua reação teria sido muito diferente: esperara ansiosamente por ele, mas no momento em que ocorreu, viu-se num dilema. Não podia deixar deliberadamente a própria família na ignorância de seu paradeiro. Mas que mensagem poderia enviar aos pais? Qualquer que fosse o conteúdo, ele sabia, como verdadeiro filho do deserto, que somente um poema seria adequado a tal circunstância. Ele compôs, então, alguns versos que exprimiam em parte seu estado de espírito, mas que, implicitamente, diziam muito mais. Abordou, então, os peregrinos kalbitas e, após revelar sua identidade, disse: "Transmiti estes versos à minha família, pois bem sei o quanto eles prantearam por mim". E recitou:

> Como estou distante, levai estas palavras
> ao meu povo: junto da Casa Sagrada,
> habito os lugares que Deus santificou.
> Deixai então os pesares que vos afligem
> descansai os camelos que cruzavam a terra atrás de mim,
> Pois, louvado seja Deus, estou na melhor
> das nobres famílias, da mais alta linhagem.

Assim que os peregrinos retornaram com as notícias, Ḥārithah pôs-se a caminho de Meca com seu irmão Ka'b. Após encontrarem Muḥammad, pediram-lhe que os deixassem resgatar Zayd, qualquer que fosse o preço. "Deixai-o escolher", disse Muḥammad. "Se ele decidir partir convosco, vosso será sem qualquer resgate; mas se me escolher, não sou homem de colocar outro acima daquele que me escolheu". Chamou então Zayd e perguntou-lhe se conhecia os dois homens. "Este é o meu pai", disse o rapaz, "e aquele é meu tio". – "Tu me conheces", disse Muḥammad, "e provaste da minha companhia; escolhe, então, entre mim e eles". Ora, a escolha de Zayd já estava feita. O rapaz respondeu no mesmo instante: "Eu não poderia dar a nenhum homem a preferência sobre ti; és para mim como meu pai e minha mãe". – "Como podes, ó Zayd?", lamentaram-se os homens de Kalb, "preferes a escravidão à liberdade, e a rejeitas junto com teu pai, teu tio e toda tua família?" – "Assim será", disse Zayd, "pois as coisas que vi deste homem não me permitem escolher outro senão ele."

Muḥammad interrompeu a discussão e pediu aos homens que o acompanhassem até a Caaba. Lá, detendo-se no Ḥijr, ele proclamou com voz troante: "Ó vós que estais presentes, sois testemunhas de que Zayd é meu filho: sou seu herdeiro e ele é o meu".[1]

O pai e o tio tiveram de resignar-se, e tomaram o caminho de volta sem alcançar o objetivo da viagem. No entanto, o que tinham a relatar à sua tribo sobre a profunda e mútua afeição daquela adoção era grandioso. Ao ver que Zayd estava livre, que sua posição era honrosa, que estava destinado a uma elevada posição entre os dignitários do Santuário e que a situação poderia ser proveitosa aos seus irmãos e parentes no futuro, tranquilizaram-se e partiram sem amargura. Desde aquele dia, o novo hāshimita ficou conhecido em Meca como Zayd ibn Muḥammad.

Entre os frequentadores mais assíduos da casa estava Ṣafiyyah – que se tornara cunhada de Khadījah – a mais jovem das tias de Muḥammad, mais jovem que ele mesmo; ela tinha o costume de trazer consigo seu filho, o pequeno Zubayr, que recebera o nome do irmão mais velho de sua mãe. Zubayr conheceu assim suas primas, as filhas de Muḥammad, desde a primeira infância. Ṣafiyyah também se fazia acompanhar de Salmà, sua fiel serva, que ajudara Khadījah a dar à luz todos os seus filhos e já era considerada membro da família.

Ao longo dos anos, a casa recebeu a visita ocasional de Ḥalīmah, a mãe-de-leite de Muḥammad, a quem Khadījah sempre se mostrou generosa. Uma dessas visitas ocorreu durante um período de extrema seca, que maltratou e dizimou os rebanhos de Ḥalīmah. Khadījah, então, presenteou-a com quarenta carneiros e um camelo com liteira.[2] Foi por causa dessa seca, que causou a fome em todo o Ḥijāz, que alguém de grande importância foi agregado à casa de Muḥammad.

---

[1] Ibn Sa'd III/1, 28. [2] Ibn Sa'd I/1, 71.

Abū Ṭālib tinha mais filhos do que podia sustentar, e a escassez pesava sobre seus ombros. Muḥammad percebeu suas dificuldades e soube que algo deveria ser feito. O mais rico dentre seus tios era Abū Lahab, mas ele se distaciara do resto da família, em parte, talvez, por ser o único filho de sua mãe e não ter irmãos e irmãs de sangue. Muḥammad preferiu pedir ajuda a 'Abbās, mercador cujos negócios prosperavam, com quem tinha proximidade, pois haviam crescido juntos. Igualmente próxima, talvez mais ainda, era a esposa de 'Abbās, Umm al-Faḍl, que tinha por ele profunda afeição e sempre o acolhia com grande alegria em sua casa. Foi assim que eles se reuniram, e Muḥammad sugeriu que cada uma das famílias tomasse conta de um dos filhos de Abū Ṭālib até que a situação melhorasse. 'Abbās e a esposa aceitaram de bom grado, e os dois homens saíram para encontrar Abū Ṭālib, que, depois de ouvir a proposta, disse-lhes: "Fazei como quiserdes, mas deixai comigo 'Aqīl e Ṭālib". Ja'far tinha então quinze anos e não era mais o caçula da família. Sua mãe, Fāṭimah, dera a Abū Ṭālib outro filho, cerca de dez anos depois de Ja'far, que recebeu o nome 'Alī. 'Abbās declarou que se encarregaria de Ja'far, e Muḥammad aceitou fazer o mesmo por 'Alī. Foi nesta época que Khadījah deu à luz seu último filho, 'Abd Allāh, que morreu prematuramente, ainda mais novo que Qāsim. De certa forma, ele foi substituído por 'Alī, que foi tomado como irmão por suas quatro primas; ele era quase da mesma idade que Ruqayyah e Umm Kulthūm, pouco mais jovem que Zaynab e pouco mais velho que Fāṭimah. Estas cinco crianças e Zayd formavam o núcleo familiar de Muḥammad e Khadījah. Havia, no entanto, muitos outros parentes próximos, pelos quais Muḥammad sentia uma profunda ligação; mais tarde, eles seriam chamados a desempenhar um papel importante nos eventos aqui relatados.

O mais velho de seus tios, Ḥārith, já havia falecido, deixando muitos filhos; um deles era Abū Sufyān, primo de Muḥammad e também seu irmão de leite, pois vivera entre os Bani Sa'd e fora aleitado por Ḥalīmah, alguns anos depois de Muḥammad. As pessoas sempre diziam que Abū Sufyān, dentre todos os familiares, era quem mais tinha semelhanças com Muḥammad: além de quase a mesma idade, tinham em comum a eloquência. Abū Sufyān, porém, era um poeta de grande talento, talvez ainda mais dotado que seus tios Zubayr e Abū Ṭālib, enquanto Muḥammad jamais mostrara inclinação para compor um poema, apesar de ser insuperável em sua maestria no árabe e na beleza de seus discursos.

Muḥammad tinha em Abū Sufyān um amigo e companheiro. Também próximos a ele por laços de sangue eram os muitos filhos das irmãs de seu pai, as cinco filhas mais velhas de ʿAbd al-Muṭṭalib. Entre seus primos mais velhos estavam as crianças de sua tia Umaymah, que se casara com um homem chamado Jaḥsh, da tribo árabe setentrional dos Asad,[1] que constituíra sua casa em Meca. Ora, era possível a um homem viver em uma tribo que não a sua e se tornar, por aliança, um "confederado" de algum membro desta tribo, passando a integrá-la parcialmente e a dividir, em certa medida, suas responsabilidades e privilégios. Ḥarb, então chefe do ramo Umayyad[2] do clã ʿAbdu Shams, fizera de Jaḥsh seu confederado. Podia-se dizer que Umaymah, ao desposar Jaḥsh, tomara um shamsita como marido. Seu filho mais velho, a quem ela deu o nome do irmão, ʿAbd Allāh, era uns doze anos mais jovem que Muḥammad, e os dois primos sentiam grande e mútua afeição, que era partilhada por Zaynab, filha de Umaymah, moça de excepcional beleza, alguns anos mais jovem que seu irmão. Muḥammad conhecia e estimava os dois primos desde a mais tenra infância, e também outros primos, como Abū Salamah, o filho de sua tia Barrah.

A poderosa atração que al-Amīn ("o Justo") – nome pelo qual Muḥammad era muitas vezes chamado – exercia ao seu redor ultrapassava em muito o âmbito familiar, e Khadījah, que compartilhava com o marido este centro de influência, era também amada e respeitada por todos que adentravam o vasto círculo de relações, que englobava muitos de seus próximos, em especial sua irmã Hālah, cujo filho Abu-l'Āṣ era íntimo da casa. Khadījah amava o sobrinho como a um filho e, chegado o momento, Hālah recorreu à irmã para encontrar uma esposa para ele, pois a ajuda e o conselho de Khadījah eram sempre solicitados. Quando Khadījah falou sobre isso com o marido, ele sugeriu como noiva sua filha Zaynab, que estava em idade de casar. No momento apropriado, as bodas foram celebradas.

As esperanças dos clãs Hāshim e Muṭṭalib – politicamente contados como um só – recaíam sobre Muḥammad para o restabelecimento de sua autoridade em declínio. Mesmo para além da questão dos clãs, os chefes

---

[1] Trata-se da tribo dos Asad ibn Khuzaymah, do nordeste de Meca, cujo território estendia-se até o extremo norte da planície do Najd, que não deve ser confundida com o clã qurayshita de Asad.

[2] Ou omíada, segundo a transliteração mais usual, assim nomeado por causa do pai de Ḥarb, Umayyah, filho de ʿAbdu Shams.

dos Quraysh consideravam Muḥammad um dos homens mais capazes de sua geração, que muito provavelmente os sucederia e assumiria a tarefa de sustentar a honra e o poder da tribo por toda a Arábia. Louvores a al-Amīn estavam em todas as bocas, e talvez tenha sido isso o que levou Abū Lahab a visitar o sobrinho e propor-lhe que Ruqayyah e Umm Kulthūm se tornassem noivas de seus filhos ‘Utbah e ‘Utaybah; Muḥammad assentiu, pois tinha-os em bom conceito, e os noivados foram selados.

Foi também nessa época que Umm Ayman, antes chamada Barakah, a escrava liberta, juntou-se novamente à casa de Muḥammad. A história não nos diz se ela voltou após ter perdido o marido, ou se foi por ele repudiada. No entanto, ela não tinha dúvidas de que ali era seu lugar; Muḥammad às vezes a chamava de mãe, e sempre dizia: “Ela é tudo que me resta da gente de minha casa”.[1]

---

[1] Ibn Sa‘d VIII, 162.

14 A reconstrução da Caaba

Algum tempo antes dos últimos acontecimentos relatados, por volta da época em que 'Alī foi integrado ao lar de Muḥammad, então com trinta e cinco anos de idade, os Quraysh decidiram reconstruir a Caaba. Tal como estava, seus muros mal ultrapassavam a altura de um homem e não havia teto, de modo que, mesmo com a porta fechada à chave, podia-se facilmente transpô-la; e foi assim que, certa vez, um ladrão roubou parte do tesouro que estava escondido numa câmara especialmente cavada no interior da construção. Eles já contavam com a madeira necessária para fazer o telhado: o navio de um mercador grego havia encalhado na costa, perto de Jedá, e os costados da embarcação foram recuperados para servirem de vigas; na mesma época, também se encontrava em Meca um copta que era um habilidoso carpinteiro.

No entanto, o temor reverencial que a Caaba lhes inspirava era tamanho que os Quraysh hesitavam em tocá-la. Haviam planejado demolir seus muros, feitos de pedras soltas, e reconstruí-los inteiramente, mas temiam cometer algum sacrilégio. A hesitação aumentou quando uma grande serpente apareceu no interior da Casa Sagrada, que saía todos os dias de um nicho para aquecer-se ao sol junto a um dos muros da Caaba. Se alguém se aproximava, ela lhe voltava a cabeça, sibilando de goela aberta, aterrorizando os que passavam. Um dia, porém, enquanto o réptil tomava sol, Deus enviou uma águia, que a tomou em suas garras e a levou. Os Quraysh disseram, então: "Agora sim podemos ver que Deus está de acordo com nosso projeto. Dispomos de um artesão com o qual já temos um trato, possuímos a madeira e Deus nos livrou da serpente".

O primeiro homem a retirar uma pedra do topo de um dos muros foi o makhzūmita Abū Wahb, irmão de Fāṭimah, a avó de Muḥammad; mas assim que ele levantou a pedra, ela lhe escapou das mãos e retornou sozinha ao seu lugar. Os que presenciaram o fato se afastaram da Caaba, assustados demais para continuar o trabalho. O chefe do clã Makhzūm, Walīd, filho do falecido Mughīrah, pegou um enxadão e anunciou: "Começarei a demolição por vós!", e, aproximando-se da Caaba, acrescentou: "Ó Deus! Não nos atemorize, ó Deus, só queremos fazer algo bom". E a seguir fez cair uma parte do muro situada entre a Pedra Negra e o canto iemenita, ou seja, o muro orientado para sudeste. Mas o resto dos assistentes insistiu em esperar: "Aguardaremos para ver", disseram. "Se um castigo o atingir, não demoliremos mais parede alguma e recolocaremos as pedras como estavam; mas se nada lhe acontecer, significa que Deus está satisfeito com o trabalho, e então demoliremos a Casa até o chão". A noite transcorreu sem incidentes e Walīd retomou o trabalho na madrugada do dia seguinte, e os outros vieram juntar-se a ele. Quando os muros haviam sido desmanchados até as fundações construídas por Abraão, descobriram no solo grandes pedras arredondadas esverdeadas, parecidas com corcovas de camelos, grudadas umas nas outras. Um homem inseriu uma barra na fresta entre duas destas pedras e, empurrando-as como uma alavanca, tentou retirar uma delas; mas no exato momento em que a pedra começou a se soltar, a terra tremeu por toda Meca, o que foi interpretado como um sinal de que não se devia tocar nas fundações.

No ângulo onde estava inserida a Pedra Negra, os Quraysh encontraram um fragmento com inscrições em siríaco. Eles o guardaram, não sabendo o que significava, até que um dos judeus leu as inscrições para eles: "Eu sou Deus, o Senhor de Beca. Eu a criei no mesmo dia em que criei os céus e a terra, no dia em que Eu formei o sol e a lua, e ao seu redor dispus sete anjos íntegros. Ela subsistirá enquanto restarem erguidas suas duas colinas, e será uma fonte abençoada de leite e água para seu povo". Outro fragmento foi encontrado sob a Estação de Abraão – uma pequena pedra situada próxima à porta da Caaba, que exibe, miraculosamente, a marca do Patriarca – com as palavras: "Meca é a casa sagrada de Deus. Sua subsistência lhe chega de três direções. Que seu povo não seja o primeiro a profaná-la!".

Os Quraysh saíram à procura de novas pedras que se juntassem às que já tinham para reerguer os muros do edifício. O trabalho era feito em grupos separados, clã por clã, até que as paredes alcançaram altura suficiente para que a Pedra Negra pudesse ser incrustada no ângulo que ela ocupara anteriormente. Neste momento, uma exaltada discussão surgiu entre os clãs, cada um reivindicando para si a honra de erguer a Pedra e colocá-la no seu lugar. O impasse durou quatro ou cinco dias, e a tensão chegou a ponto de já se acertarem alianças e de se polirem as armas para o combate. Foi então que o mais velho dentre os presentes propôs uma solução. "Ó Quraysh", disse Walīd, "tomai para arbitrar vosso litígio o primeiro homem que transpuser o umbral da Mesquita."[1] O recinto que cercava a Caaba era chamado, em árabe, de *masjid*, "mesquita" – um local de prostração, porque o rito de se prostrar diante de Deus na direção da Casa Sagrada vinha sendo ali cumprido desde os tempos de Abraão e Ismael. Os Quraysh aceitaram prontamente o conselho do ancião. O primeiro homem a adentrar a Mesquita foi Muḥammad, que acabara de voltar a Meca, depois de um tempo ausente da cidade. Ao vê-lo, todos reconheceram imediata e espontaneamente que Muḥammad era a pessoa certa para a tarefa, e sua chegada foi saudada com alegres exclamações e murmúrios de satisfação. "É al-Amīn", disseram alguns. "É Muḥammad, aceitaremos seu julgamento", exclamaram outros. Ao tomar ciência do litígio, Muḥammad pediu: "Trazei-me um manto", e assim foi feito. E estendendo o manto sobre a terra, tomou a Pedra Negra e pousou-a no centro do pano: "Que cada clã pegue nas mãos uma borda do manto", ele disse, "e que todos levem juntos a Pedra". Quando ela foi erguida à altura certa, ele a apanhou com as próprias mãos e encaixou-a no ângulo do muro. O trabalho de reconstrução foi então recomeçado, e completaram o muro acima do nível da Pedra, até a altura planejada.

---

[1] Ibn Isḥāq 125.

15 As primeiras revelações

Pouco tempo depois de receber esse sinal exterior de sua autoridade e de sua missão, Muḥammad começou a tomar consciência de poderosos sinais interiores, que se somaram aos anteriores, dos quais já tinha conhecimento. Quando perguntado a respeito destes sinais, falava de "visões autênticas" vindas durante o sono que, segundo suas palavras, eram "semelhantes à tênue luz da aurora que desfaz a escuridão".[1] Em consequência imediata dessas visões, a solidão passou a lhe ser aprazível: ele partia para uma caverna do Monte Ḥirā', nas cercanias de Meca, para fazer retiros espirituais. Nisso não havia nada particularmente que surpreendesse aos Quraysh, pois o retiro era prática tradicional entre os descendentes de Ismael: a cada geração havia sempre um ou dois homens que, de tempos em tempos, retiravam-se para um lugar solitário, onde não estariam contaminados pela vida mundana. Seguindo o costume ancestral, Muḥammad levava consigo algumas provisões e consagrava certo número de noites à adoração de Deus. Depois, retornava para junto de sua família; mas, por vezes, ele apenas se reabastecia para partir novamente para a montanha. Durante estes anos, aconteceu diversas vezes, depois de deixar a cidade e aproximar-se de sua ermida, de ouvir claramente uma voz lhe dizer: "Que a paz esteja convosco, ó Mensageiro de Deus".[2] Ele se virava, procurando por quem lhe dirigia aquelas palavras, mas não encontrava ninguém; era como se tivessem saído de uma árvore ou de uma pedra.

O Ramadã era o mês tradicionalmente consagrado ao retiro. Foi durante uma noite no final deste mês, em seu quadragésimo ano de vida, em que

[1] al-Bukhārī I, 3.

[1] Ibn Isḥāq 151.

Muḥammad se encontrava sozinho na caverna, que um anjo sob a forma humana veio para junto dele. "Lê!", ordenou-lhe o anjo; ao que ele respondeu: "Eu não sei ler". O relato segue nas palavras de Muḥammad: "O anjo agarrou-me e apertou-me entre seus braços até o limite que eu podia suportar. Depois ele relaxou seu abraço e ordenou novamente: 'Lê!', e eu lhe respondi: 'Não sei ler'. Ele mais uma vez me abraçou, até que cheguei ao limite da minha resistência; nesse ponto, ele me largou e ordenou uma terceira vez: 'Lê!', e eu reiterei a minha resposta: 'Não sei ler'. Desta vez, também, ele me abraçou como antes, depois me libertou e disse:

> Lê, em Nome do teu Senhor, que te criou!
> Ele criou o homem de um coágulo.
> Lê! Que teu Senhor é O mais Generoso,
> Ele, que ensinou pelo cálamo,
> Ensinou ao homem o que ele não sabia.[1, 2]

Muḥammad recitou estas palavras logo após o anjo, que o deixou em seguida. "Era como se as palavras tivessem sido escritas em meu coração",[3] diria depois Muḥammad. Ele temia, no entanto, ter-se tornado um poeta "inspirado", ou que tivesse sido possuído. Assim, ele escapou rapidamente da caverna em direção ao vale. Quando estava no meio da encosta, ouviu uma voz acima dele, que disse: "Ó Muḥammad, tu és o Mensageiro de Deus, e eu sou Gabriel". Levantando os olhos ao céu, lá estava seu visitante, agora ainda mais reconhecível por sua natureza angélica claramente manifesta: sua figura cobria todo o horizonte. O anjo disse mais uma vez: "Ó Muḥammad, tu és o Mensageiro de Deus, e eu sou Gabriel". O Profeta permaneceu imóvel com o olhar fixo no anjo; depois, virou o rosto, mas para qualquer direção que se voltasse, norte, sul, leste ou oeste, lá estava o anjo. Finalmente o anjo desapareceu, e o Profeta desceu a montanha e voltou para casa. "Cobre-me! Cobre-me!",[4] pediu a Khadījah enquanto, com o coração ainda disparado, deitava-se em seu leito. Inquieta, mas não ousando interrogá-lo, Khadījah pegou um manto e estendeu-o sobre o marido. Quando seu pavor diminuiu, Muḥammad relatou à esposa o que havia visto e ouvido; após dirigir-lhe palavras de conforto, ela foi buscar

---

[1] Corão, 96:1-5. [2] al-Bukhārī I, 3. [3] Ibn Isḥāq 153.
[4] al-Bukhārī I, 3.

seu primo Waraqah, que era então um homem velho e cego, e repetiu-lhe o que escutara: "Santo! Santo!", ele exclamou. "Por Aquele que tem em Suas mãos a alma de Waraqah, foi o sublime Nāmūs[1] que veio a Muḥammad, o mesmo que foi a Moisés. Em verdade, Muḥammad é o Profeta deste povo. Dize-lhe que não tenha medo". Khadījah voltou para casa e repetiu estas palavras ao Profeta que, com a mente tranquilizada, retornou à caverna a fim de completar o número de dias de retiro que prometera consagrar a Deus. Terminado o retiro, ele foi diretamente para a Caaba, como era seu hábito, e cumpriu o rito das circunvoluções.

Depois, foi saudar Waraqah, cuja presença notara entre os que estavam na Mesquita. "Conta de novo, filho de meu irmão, o que viste e escutaste", pediu-lhe o ancião. O Profeta repetiu-lhe os eventos e Waraqah reafirmou o que dissera a Khadījah, mas acrescentou: "Serás chamado de mentiroso, serás maltratado e banido, e guerrearão contra ti; se eu alcançar estes dias, Deus sabe que servirei à Sua causa".[2] E inclinando-se para Muḥammad, beijou-lhe a fronte e o Profeta acompanhou-o na volta para casa.

As palavras de conforto de Khadījah e Waraqah foram seguidas de um consolo vindo do Céu, sob a forma de uma segunda Revelação: a forma como se deu não foi relatada, mas sabe-se pelo próprio Profeta, ao ser perguntado como a Revelação lhe chegava, que podia revestir-se de duas formas diferentes: "Algumas vezes, ela me vem semelhante às ressonâncias de um sino, e este modo é para mim o mais penoso; as ressonâncias se atenuam quando eu consigo entender a mensagem. Outras vezes, o anjo toma a forma de um homem e me fala, e eu compreendo o que diz".[3]

A Revelação, desta segunda vez, começou por uma simples letra, o que inaugurou a enunciação das letras misteriosas, que abrem muitas das mensagens corânicas. Após a letra, seguiu-se um juramento que Deus fez "pelo cálamo", o instrumento que a primeira Revelação havia citado como o meio primário empregado por Deus para ensinar aos homens Sua Sabedoria. Quando alguém o interrogou sobre o cálamo, o Profeta respondeu: "A primeira coisa que Deus criou foi o cálamo. Então criou a tábua e ordenou ao cálamo: 'Escreve!'. O cálamo perguntou: 'O que devo escrever?'. Deus

---

[1] Do grego *nomos*, que designa Lei Divina ou Escritura, aqui identificada com o Anjo da Revelação.

[2] Ibn Isḥāq 153-4.

[3] al-Bukhārī I, 3.

respondeu: 'Escreve o conhecimento que Eu tenho de Minha criação até o Dia da Ressurreição'. O cálamo escreveu, então, o que lhe havia sido ordenado".[1] O juramento "pelo cálamo" é seguido por um segundo juramento, "pelo que eles escrevem". Entre as coisas que "eles" – ou seja, os anjos – escrevem nos Céus com cálamos e tábuas menores, está o arquétipo celeste do Corão, referido nas Revelações subsequentes como "uma gloriosa recitação (*Qur'ān*),[2] inscrita sobre uma tábua inviolável",[3] e também como "a Mãe do Livro" (*ummu-l-kitāb*).[4] Aos dois juramentos, seguia-se uma mensagem divina apaziguadora:

> *Nūn*. Pelo cálamo e pelo que eles escrevem, graças ao favor de teu Senhor,
> tu não és um possesso!
> Em verdade, uma recompensa incessante te está destinada;
> pois tu és de uma natureza eminente.[5]

Depois das primeiras mensagens, veio um período de silêncio, que se prolongou a ponto de o Profeta temer ter de algum modo incorrido no descontentamento do Céu, apesar de Khadījah afirmar-lhe que tal coisa era impossível. Enfim, o silêncio foi rompido por uma nova mensagem de confiança no Profeta, cuja primeira instrução estava diretamente relacionada à sua missão:

> Pela luz matinal! E pela noite, quando serena. Teu Senhor não te abandonou nem te despreza! Com certeza, o que vem por último é melhor para ti do que o que vem primeiro. Teu Senhor te concederá Seus dons e tu serás satisfeito. Porventura não te encontrou órfão e não te amparou? Não te encontrou extraviado e não te encaminhou? Não te achou necessitado e não te enriqueceu? Portanto, não maltrates o órfão, tampouco repudies o mendigo. E quanto à mercê do teu Senhor, proclama-a![6]

---

[1] At-Tirmidhī 44.

[2] É a partir dessa "gloriosa recitação" que a Revelação Divina na qual o Islām se baseia recebe seu nome, [isto é, "o Glorioso Corão" (*al-Qur'ān al-Karīm*)].

[3] Corão, 85:21-2.

[4] Corão, 13:39.

[5] Corão, 68:1-4.

[6] Corão, 93.

16 Adoração

Seguindo a última palavra da Revelação, Muḥammad começou a falar sobre o Anjo e as Revelações àqueles que, além de sua esposa, eram seus entes mais próximos e queridos. Até então, ele não lhes fizera nenhum pedido senão o de que não divulgassem seu segredo. Esta situação, entretanto, não durou muito tempo: um dia Gabriel apareceu a Muḥammad sobre uma das colinas que circunda Meca e, arrancando um tufo de erva que recobria o solo, fez ali brotar uma fonte de água pura. Em seguida, cumpriu a ablução ritual para mostrar ao Profeta como purificar-se para a oração, e o Profeta seguiu seu exemplo. Depois, ensinou-lhe as posturas e os movimentos da prece: a postura inicial ereta, a inclinação, a prostração e a postura sentada, com a fórmula de glorificação [*takbīr*] que se deve repetir, ou seja, as palavras *Allāhu Akbar* – "Deus é [incomparavelmente] Grande" [ou "Deus é Maior"]–, e a saudação final: *as-Salāmu 'alaykum* – "que a Paz esteja convosco" –, e o Profeta fez como lhe foi mostrado. Quando o Anjo terminou, o Profeta retornou para casa; então, ensinou a Khadījah tudo o que havia aprendido, e juntos cumpriram a prece.

A religião estava agora estabelecida sobre a base da purificação e da prece. Depois de Khadījah, os primeiros a abraçar o Islām foram 'Alī e Zayd, assim como o amigo do Profeta, Abū Bakr, do clã Taym. 'Alī tinha apenas dez anos, e Zayd não possuía ainda qualquer influência em Meca, mas Abū Bakr era amado e respeitado por ser um homem de grande sabedoria, de maneiras afáveis e de agradável companhia. Frequentemente, vinham consultá-lo a propósito de um ou outro caso, e ele, em segredo, começou a contar sobre a Revelação a todos que considerava dignos de confiança, exortando-os a seguir o Profeta. Muitos vieram para a religião por seu intermédio: os dois primeiros a responder a seu apelo foram um homem de Zuhrah, 'Abdu 'Amr, filho de 'Awf, parente distante da mãe do Profeta, e Abū 'Ubaydah, o filho de al-Jarrāḥ, dos Bani l-Ḥārith.[1]

Foi com relação ao primeiro destes convertidos, 'Abdu 'Amr, que foi estabelecido um precedente notável. Entre outros traços marcantes, a nova Revelação distinguia-se pelo importante lugar que nela ocupavam os dois Nomes Divinos *ar-Raḥmān* e *ar-Raḥīm*. Ora, a palavra *raḥīm*, forma intensiva de *rāḥim*, "misericordioso", era empregada no sentido de "muito misericordioso", ou "de misericórdia infinita". A forma mais intensiva ainda, *raḥmān*, que não correspondia a uma noção precisa, caíra em desuso. A Revelação atualizou-a, conforme a vocação fundamental da nova religião, que era a de situar-se sobre os cimos da Transcendência. Com mais força ainda que *ar-Raḥīm* ("o Todo-Misericordioso"), o nome *ar-Raḥmān* se refere à essência mesma, ou à raiz da Misericórdia, ou seja, à Infinita Beneficência ou Bondade de Deus, e o Corão o faz expressamente equivalente a *Allāh* (Deus): "Invocai a Deus (*Allāh*), ou invocai ao Infinitamente Bom (*ar-Raḥmān*): qualquer que seja aquele que invocais, é a Ele que pertencem os mais belos Nomes".[2] * Este Nome de Bondade Infinita era muito

---

[1] Ver árvore genealógica, p. 504.

[2] Corão, 17:110. Na sequência do texto, os Nomes de Misericórdia serão traduzidos, às vezes, como "o Bom [ou Beneficente], o Misericordioso", constando somente de uma palavra, como na língua árabe, na qual o artigo definido é usado para denotar o Absoluto. A mesma prática será adotada em relação a outros Nomes Divinos (N.A.).

* A forma referida por Martin Lings para "denotar o Absoluto" do atributo ou Nome divino também costuma ser traduzida pela forma superlativa sintética como, por exemplo, "o Misericordiosíssimo", ou ainda pela forma composta "o Todo-Misericordioso", ou "Onimisericordioso". No mais das vezes, optamos por manter a tradução do Autor; porém, permitimo-nos também adotar, conforme o contexto, a tradução proposta por Helmi Nasr em sua *Tradução do sentido do Nobre Alcorão para a língua portuguesa*, que reelabora os epítetos *ar-Raḥmān* e *ar-Raḥīm*, integrantes da fórmula invocativa fundamental da tradição islâmica (*Al Basmalah*), usualmente traduzidos como "o Beneficente" (ou Compassivo, ou Clemente) e "o Misericordioso". Estes atributos têm como raiz básica o substantivo *raḥmah*, "misericórdia", e o verbo *raḥima*, "conceder misericórdia", o que levou o prof. Nasr a adotar as formas etimológicas latinas *Misericors et Miserator* como contraponto equivalente para designar Deus por Sua misericórdia, mas estabelecendo a diferença na tradução destas ao português por meio de dois sufixos: *-oso*, com o sentido de "pleno", "cheio de", e de *-dor*, com o sentido agentivo de "o que faz", "o que dá". Assim, s expressão "o Misericordioso" traduz *ar-Raḥmān*, que encerra a ideia de "possuidor de plena misericórdia", e "o Misericordiador" traduz *ar-Raḥīm*, "o que concede misericórdia", sem fugir, assim, à noção de raiz etimológica fundada em "misericórdia", que caracteriza o original árabe. Ademais, como

estimado pelo Profeta, e como o nome "'Abdu 'Amr", "servo de 'Amr", tinha uma conotação pagã, ele mudou o nome do novo crente para 'Abd ar-Raḥmān, "servo do Infinitamente Bom". Depois do filho de 'Awf, outros crentes tiveram seus nomes também mudados para 'Abd ar-Raḥmān.

Entre os primeiros que responderam ao apelo, muitos o fizeram sem que fosse feita qualquer tentativa de origem humana para persuadi-los. Abū Bakr havia muito adquirira em Meca a reputação de intérprete de sonhos. Ora, uma manhã, ele recebeu a visita inesperada de Khālid, filho de um poderoso shamsita, Sa'īd ibn al-'Āṣ. A expressão do jovem ainda guardava as marcas do terror que sentira na noite anterior, quando tivera um sonho que se apressou em contar, pois, mesmo sabendo tratar-se de algo importante, não compreendera nada de seu significado. Poderia Abū Bakr interpretá-lo? No sonho, ele estava à beira de um grande fosso, no qual queimava um fogo tão intenso que não se podia discernir seus limites. Seu pai surgiu repentinamente e tentou jogá-lo às chamas; eles se engalfinharam à beira do abismo, e, quando havia atingido o ápice do terror, sentiu que duas mãos agarravam seu tronco e o puxavam para trás vigorosamente, malgrado todos os esforços de seu pai. Voltando-se, viu que seu salvador não era outro que al-Amīn, Muḥammad, o filho de 'Abd Allāh, e foi então que despertou. "Regozija-te", disse-lhe Abū Bakr; "o homem que te salvou é o Mensageiro de Deus. Segue-o então; e, em verdade, tu o seguirás, e através dele tu entrarás no Islām, e serás assim impedido de cair no fogo." Khālid foi no mesmo instante ao encontro do Profeta e, depois de lhe contar seu sonho, perguntou-lhe sobre sua mensagem, e o que deveria fazer. O Profeta o instruiu e Khālid entrou para o Islām, sem nada revelar para sua família.[1]

Isso ocorreu na mesma época em que outro membro dos 'Abdu Shams, um mercador que retornava da Síria, foi acordado à noite por uma voz que clamava no deserto: "Aqueles de vós que dormem, despertai, pois, em verdade, Aḥmad surgiu em Meca".[2] Este mercador era 'Uthmān, filho de Umayyad 'Affān, e neto, por parte de mãe, de uma das filhas de 'Abd al-Muṭṭalib, Umm Ḥakīm al-Bayḍā', a tia do Profeta. Tais palavras marcaram-no

---

Nasr faz notar, o epíteto *ar-Raḥmān* é intrínseco e exclusivo de Deus, fonte única e incomparável de plena misericórdia, atributo particularmente repugnante aos árabes idólatras da época. Eis a razão da importância fundamental do nome *ar-Raḥmān* no Corão, que inclusive dá nome à sura 55. (N.T.)

[1] Ibn Sa'd IV/1, 68.

[2] Ibn Sa'd III/1, 37.

profundamente, apesar de não compreender o significado da palavra "surgiu" e não reconhecer nesse momento a forma superlativa Aḥmad "o mais glorificado", atribuído a Muḥammad, "o glorificado". Antes de chegar a Meca, ele foi alcançado por um homem do clã Taym, chamado Ṭalḥah, que era primo de Abū Bakr. Ṭalḥah passara por Bostra, onde um monge lhe perguntara se Aḥmad já havia aparecido entre o povo do Santuário. "Quem é Aḥmad?", indagou Ṭalḥah. "O filho de 'Abd Allāh, filho de 'Abd al-Muṭṭalib", respondeu o monge. "Este é o seu mês, no qual deverá aparecer; e ele é o último dos profetas." Ṭalḥah repetiu essa conversa para 'Uthmān, que, por sua vez, contou o que ouvira à noite. Ṭalḥah propôs que, ao chegarem a Meca, fossem juntos até seu primo Abū Bakr, que diziam ser o amigo mais íntimo de Muḥammad, o homem que ocupava seus pensamentos. Eles foram então ao encontro de Abū Bakr e relataram o que haviam escutado. Abū Bakr conduziu-os ao Profeta, para quem repetiram as palavras do monge e as proferidas pela voz do deserto. Então, ambos fizeram sua profissão de fé.

Uma quarta conversão, cuja forma não foi menos notável que as anteriores, aconteceu a 'Abd Allāh ibn Mas'ūd, um jovem confederado do clã Zuhrah. Ele a relatou nestes termos: "Eu acabara de chegar à maturidade e pastoreava os rebanhos de 'Uqbah ibn Abī Mu'ayt, quando o Profeta e Abū Bakr se aproximaram. O Profeta perguntou-me se eu não teria um pouco de leite para lhe dar de beber. Respondi que o rebanho não me pertencia, que fora apenas confiado à minha guarda e que, por isso, não lhe podia oferecer. O Profeta disse: 'Não terias uma ovelha jovem, que nunca tenha parido?'. Respondi afirmativamente e fui buscá-la. Segurando-a, o Profeta recitou uma prece com a mão sobre seu úbere, que se encheu de leite. Abū Bakr pegou uma pedra escavada em forma de tigela, e o Profeta tirou o leite e o recolheu neste recipiente, do qual nós três bebemos. Depois ele disse ao úbere: 'Seca', e ele voltou ao que era antes".[1] Alguns dias mais tarde, 'Abd Allāh ibn Mas'ūd procurou o Profeta e entrou para o Islām. Em pouco tempo ele recitava de cor setenta suras do Corão[2] e era tão hábil que se tornou um dos melhores recitadores do Livro Sagrado e uma autoridade na matéria.

---

[1] Ibn Sa'd III/ 1, 107.

[2] O Corão compreende 114 suras de tamanhos diversos, cujo número de versículos varia de 3, a sura mais curta, até 285, a mais longa.

O Profeta sofrera muito durante o período em que o Céu permaneceu em silêncio; no entanto, sua alma sentia sempre temor ao receber o poderoso ímpeto da Palavra Celeste, a Palavra mesma, por si afirmada num versículo revelado mais tarde: "Se Nós houvéssemos feito descer o Corão sobre uma montanha, tu verias a montanha prosternar-se com humildade e fender-se sob o efeito do temor a Deus".[1] O impulso que o fizera gritar "cobre-me, cobre-me!" retornava em algumas oportunidades. Certa noite, estando deitado e enrolado em seu manto, em total privacidade, um Comando Divino mais firme e incisivo que todos aqueles recebidos antes ordenou-lhe que advertisse os homens sobre o Dia do Juízo: "Ó tu que estás envolto num manto! Levanta-te e admoesta os homens! Glorifica teu Senhor! Purifica tuas vestes! Evita a abominação! E nada mais esperes receber, e sê paciente quanto à deteminação de teu Senhor. Quando soarem as trombetas, será um dia terrível, um dia de angústia, não de tranquilidade, para os renegadores da Fé".[2] Outra noite depois desta, ele foi novamente despertado por exortações que insistiam sobre a intensidade da devoção dele esperada bem como da de seus companheiros, o que veio confirmar suas apreensões sobre as responsabilidades que teria de assumir: "Ó tu que te cobres com um manto! Levanta-te à noite e fica em vigília a maior parte dela, a metade, um pouco menos ou um pouco mais, e recita o Corão com fervor. Em verdade, nós te encarregamos de uma palavra de grande poder".[3] Na mesma passagem encontra-se igualmente a ordem: "E invoca o Nome de teu Senhor em recordação e consagra-te inteiramente a Ele, com devoção. Ele é o Senhor do Oriente e do Ocidente. Não há divindade além d'Ele. Toma-O, pois, por Guardião!".[4] Outras Revelações vieram, em tom mais ameno, que confirmavam e reforçavam as promessas já feitas. Uma vez, visível apenas a Muḥammad, como acontecia normalmente, o Anjo disse ao Profeta: "Transmite a Khadījah os votos de Paz da parte de seu Senhor". O Profeta obedeceu: "Ó Khadījah, Gabriel te transmite os votos de Paz enviados por teu Senhor". E quando Khadījah pôde encontrar as palavras para responder à mensagem, ela disse: "Deus é Paz, e a Paz vem d'Ele; que a Paz esteja sobre Gabriel!".[5]

---

[1] Corão, 59:21. É frequente, no Corão, que o sujeito passe subitamente da primeira para a terceira pessoa, como aqui: "Nós... Deus".

[2] Corão, 74:1-10. [3] Corão, 73:1-5. [4] Corão, 73:8-9.

[5] Ibn Hishām 156.

Os primeiros fiéis da nova religião tomavam os comandos dados ao Profeta como também dirigidos a eles, e, assim, faziam longas vigílias. No que concerne à prece ritual, eles atentavam para que não apenas a ablução fosse sempre cumprida, mas também que as vestimentas usadas estivessem livres de toda sujeira; e se esforçavam para aprender de cor tudo o que já havia sido revelado do Corão, a fim de poderem recitar seus versículos como parte da adoração. As Revelações, naquele momento, começaram a chegar em abundância: eram transmitidas imediatamente pelo Profeta àqueles ao seu redor, e depois passadas de boca em boca, memorizadas e recitadas, formando uma longa litania que recordava a natureza efêmera de todas as coisas terrestres, e evocava a morte, a certeza da Ressurreição e do Julgamento Final, seguido da retribuição no Inferno ou no Paraíso. Mas, sobretudo, falavam da Glória de Deus, de Sua Unidade Indivisível, de Sua Verdade e Sabedoria, Sua Bondade e Misericórdia, Sua Generosidade e Seu Poder Absoluto. Por extensão, as Revelações faziam constantemente referência aos Seus Sinais, às maravilhas da natureza que, em plena harmonia, atestavam de modo eloquente a Unicidade d'Aquele que as originara. Sendo a harmonia a marca da Unidade na multiplicidade, o Corão relembra-a com insistência para que o homem medite sobre isso.

Quando não eram impedidos pela presença de descrentes hostis, os crentes se saudavam com as palavras que Gabriel dirigira ao Profeta, que são as mesmas com que as pessoas se saúdam no Paraíso: "Que a Paz esteja sobre vós!", cuja saudação em resposta é: "E sobre vós esteja a Paz!", o plural sendo utilizado para incluir os dois anjos guardiões da pessoa saudada. Os versículos de consagração e de ação de graças ocupavam também lugar da mais alta importância na vida dos muçulmanos e na sua forma de ver as coisas. O Corão insiste na necessidade de dar graças a Deus, e a fórmula pela qual se exprime gratidão é: "Louvado seja Deus, o Senhor dos Mundos", enquanto a fórmula de consagração é: "Em Nome de Deus, o Infinitamente Bom, o Todo-Misericordioso". É com ela que se abre cada sura do Corão.[1] Assim, por insistência do Profeta, os crentes utilizavam-na cada vez que cumpriam um ato ritual, e, depois, cada vez que tinham de tomar uma iniciativa ou começar uma ação qualquer. A nova religião nada cedia ao domínio profano.

[1] Somente a sura 9 (ver nota 1, p. 448), que ainda não havia sido revelada, não é aberta por este versículo.

17 "Admoesta tua família"

Apesar do Islām ainda não ser pregado em público, o número de crentes e devotos fervorosos crescia tanto entre homens quanto mulheres, mas, principalmente, em meio aos mais jovens. Entre os primeiros a se converter, além dos mencionados até aqui, estavam Ja'far e Zubayr, primos do Profeta, aos quais outros primos viriam juntar-se: os dois filhos de sua tia Umaymah, 'Abd Allāh ibn Jaḥsh e 'Ubayd Allāh, e o filho de sua tia Barrah, Abū Salamah. Havia também dois primos do lado materno: Sa'd, filho de Abū Waqqāṣ, dos Zuhrah, e seu irmão caçula 'Umayr. Dos quatro tios do Profeta, porém, nenhum se mostrou inclinado a segui-lo: Abū Ṭālib não se opôs a que seus dois filhos, Ja'far e 'Alī, fossem muçulmanos, mas, de sua parte, dizia ele, não estava disposto a abandonar a religião de seus ancestrais; 'Abbās foi evasivo, enquanto Ḥamzah não dava mostras de ter compreendido a Revelação, ainda que ambos assegurassem a Muḥammad que jamais deixariam de ter por ele a mais profunda afeição. Somente Abū Lahab não escondia sua convicção de que seu sobrinho iludia a si mesmo, e certamente aos outros também.

Após a Revelação do versículo "Admoesta àqueles de tua família que te são mais próximos pelo sangue",[1] o Profeta chamou 'Alī e lhe disse: "Deus ordenou-me advertir meus familiares próximos, e a tarefa está além das minhas forças. Mas prepara uma refeição, com um pernil de carneiro, enche uma tigela de leite e reúne os Bani 'Abd al-Muṭṭalib para que eu possa dizer-lhes o que me foi ordenado". 'Alī fez exatamente como o Profeta dissera, e a maioria dos membros do clã Hāshim, uns quarenta homens ao

[1] Corão, 26:214.

todo, compareceu ao banquete: "Quando estavam reunidos", relata ʿAlī, "o Profeta me disse para trazer o alimento que eu preparara. Depois, ele tomou um pedaço de carne, mordeu um bocado, e o recolocou no prato dizendo: 'Comei, em Nome de Deus'. Os homens comeram, revezando o prato até que todos estivessem saciados! E, no entanto", acrescenta ʿAlī, "não pude notar nenhuma mudança na comida do prato, senão que tinha sido manuseada pelos homens e, por minha vida, um único homem seria capaz de comer sozinho tudo o que servi. Em seguida, o Profeta pediu-me que lhes desse de beber. Eu trouxe leite numa tigela e cada um bebeu à saciedade, ainda que um homem pudesse sozinho sorver de uma vez todo o seu conteúdo. Mas, no momento em que o Profeta ia se dirigir aos comensais, Abū Lahab se adiantou e declarou: 'Vosso anfitrião vos jogou um feitiço!' Ao ouvir estas palavras, todos se dispersaram, antes que o Profeta pudesse falar".

No dia seguinte, o Profeta disse a ʿAlī que fizesse os mesmos preparativos da noite anterior. A mesma refeição foi preparada, e tudo se passou da mesma forma, salvo que, desta vez, o Profeta fez que o ouvissem: "Ó filhos de ʿAbd al-Muṭṭalib", disse-lhes, "não conheço um árabe que tenha vindo a seu povo com uma mensagem mais nobre que a minha. Eu vos trago o melhor deste mundo e do mundo vindouro. Deus ordenou-me que vos chamasse para Ele. Quem dentre vós me auxiliará, agora, nesta tarefa, para ser meu irmão, meu mandatário e meu sucessor?". De todo o clã, ninguém se manifestou. Jaʿfar e Zayd estiveram a ponto de responder, mas sabiam que sua submissão ao Islām não estava em causa e que a meta deste encontro era trazer outros além deles para a religião. No entanto, como ninguém rompeu o silêncio, foi ʿAlī quem, com a impetuosidade de seus treze anos, gritou: "Ó Profeta de Deus, eu te auxiliarei!". O Profeta colocou a mão sobre a sua nuca e disse: "Eis aqui meu irmão, meu mandatário e meu sucessor entre vós. Escutai-o e obedecei-lhe". Os homens se levantaram e, rindo, disseram a Abū Ṭālib: "Ele ordenou que escutes teu filho e lhe obedeças!".[1]

Dentre as tias do Profeta, Ṣafiyyah seguiu-o sem hesitação, como fizera seu filho Zubayr; porém, de suas cinco irmãs, nenhuma pôde tomar uma decisão. A atitude de Arwà era típica de todas elas: "Preciso ver o que farão

---

[1] Aṭ-Ṭabarī 1171.

minhas irmãs...". Em compensação, sua tia por casamento, Umm al-Faḍl, esposa do hesitante 'Abbās, foi a primeira mulher a entrar para o Islām após Khadījah; e, em pouco tempo, conseguiu convencer três de suas irmãs a reconhecer o Profeta – Maymūnah, sua irmã por parte de pai e de mãe, e suas duas meio-irmãs Salmà e Asmā'. Foi na casa de Umm al-Faḍl que Ja'far fora educado, onde conheceu e se apaixonou por Asmā', a quem veio desposar; em seguida, Ḥamzah casou-se com Salmà. Umm Ayman foi igualmente uma das primeiras a responder ao apelo do Profeta, que havia declarado: "Se alguém quiser desposar uma mulher do povo do Paraíso, que se case com Umm Ayman".[1] Estas palavras chegaram aos ouvidos de Zayd e lhe causaram forte impressão. Ainda que Umm Ayman fosse muito mais velha que ele, o rapaz a desejou como esposa e declarou sua intenção ao Profeta, que não teve qualquer dificuldade em convencê-la a aceitar a proposta de casamento. Ela deu a Zayd um filho, que recebeu o nome de Usāmah. O menino foi criado como neto do Profeta, que por ele nutria um grande amor.

---

[1] Ibn Sa'd VIII, 162.

18 Os Quraysh reagem

Nestes primeiros tempos do Islām, os Companheiros do Profeta frequentemente se reuniam em pequenos grupos e se dirigiam aos estreitos vales nas proximidades de Meca, onde podiam realizar em congregação a prece ritual sem serem vistos. Um dia, no entanto, alguns idólatras os surpreenderam enquanto oravam e dirigiram-lhes tantas zombarias que foram obrigados a interromper a prece. Por fim, chegaram ao confronto físico, e Sa'd dos Zuhrah golpeou e feriu um dos incrédulos com o osso de uma queixada de camelo; foi o primeiro derramamento de sangue no Islām. Logo após o incidente, os crentes resolveram evitar a violência enquanto Deus não decidisse de outro modo. A Revelação, de fato, não cessava de exortar o Profeta à paciência, portanto a exortação valia também para eles: "E tolera tudo quanto te digam, e afasta-te deles saudando-os cortesmente",[1] e ainda: "Age cortesmente para com os incrédulos, dá-lhes momentaneamente uma trégua".[2]

Esse episódio de violência teve um caráter excepcional para ambas as partes, pois os Quraysh estavam, em seu conjunto, dispostos a tolerar a nova religião, mesmo depois que o Profeta passou a pregar abertamente. As coisas se deterioraram somente quando eles se aperceberam de que a nova mensagem atacava diretamente seus deuses, princípios e práticas ancestrais. Nesse momento, alguns membros eminentes da comunidade se dirigiram em grupo a Abū Ṭālib, insistindo para que ele coibisse as atividades do sobrinho. Ele os dispensou com palavras conciliatórias, mas quando os Quraysh se deram conta, algum tempo depois, do que Abū Ṭālib fizera, voltaram a

[1] Corão, 73:10. [2] Corão, 86:17.

procurá-lo e disseram: "Ó Abū Ṭālib, tu deténs entre nós elevada e honorável posição; nós pedimos que refreasses as ações de teu sobrinho, mas nada fizeste. Por Deus, não permitiremos que nossos pais sejam insultados, que nossos costumes sejam motivo de zombaria e que nossos deuses sejam ultrajados. Obriga-o a desistir, ou lutaremos contra vós". Profundamente aflito, Abū Ṭālib mandou chamar o sobrinho e, depois de colocá-lo a par das ameaças, disse: "Filho de meu irmão, poupa a mim e a ti também. Não coloques sobre meus ombros um fardo que não posso suportar". O Profeta lhe respondeu: "Juro por Deus, ainda que pusessem o sol na minha mão direita e a lua na minha mão esquerda para que eu abandonasse esta missão, não a abandonaria antes que Ele a fizesse triunfar, ou que eu fosse morto em seu nome".[1] Com lágrimas nos olhos, o Profeta se preparava para partir quando seu tio o chamou e lhe disse: "Filho de meu irmão, vai e fala o que quiseres, pois, por Deus, jamais e por preço algum eu te abandonarei!"

Mesmo depois de constatarem que seus avisos não tinham surtido qualquer efeito sobre Abū Ṭālib, os Quraysh ainda hesitavam em atacar diretamente seu sobrinho, pois, como chefe de clã, Abū Ṭālib tinha o poder de conferir proteção inviolável. Era do interesse de todos os outros chefes que os direitos associados à sua autoridade fossem plenamente respeitados. Eles se contentaram momentaneamente em organizar uma vasta perseguição contra os adeptos da nova religião que não tinham ninguém para assegurar sua proteção.

Nesse meio-tempo, eles se reuniram em conselho para determinar uma política comum para a causa de seus problemas. A situação era extremamente grave: em breve chegaria a época da Peregrinação, e árabes vindos de todos os cantos da Arábia rumavam para Meca. Eles, os Quraysh, tinham reputação de hospitaleiros, não só pela qualidade de sua comida e bebida, mas, principalmente, por saber acolher cada visitante e seus deuses. Entretanto, neste ano, os peregrinos teriam de escutar Muḥammad e seus adeptos insultarem seus deuses e os conclamarem a abandonar a religião de seus ancestrais para adotar uma nova religião que, ao que tudo indicava, trazia inúmeros inconvenientes. Sem dúvida, muitos deles jamais voltariam a Meca, o que, além de prejudicar o comércio, diminuiria o prestígio dos guardiões do Santuário. Quem sabe os árabes não vinham se unindo para expulsá-los de

[1] Ibn Isḥāq 168.

Meca e instalar em seu lugar outra tribo ou grupo de tribos, como os próprios Quraysh haviam feito outrora com os Khuzā'ah, e como estes haviam feito com os Jurhum? Era absolutamente necessário fazer saber aos peregrinos que Muḥammad não representava o conjunto dos Quraysh. No entanto, mesmo sendo fácil negar sua qualidade profética, isto não passava de uma opinião, que, ademais, era quase um convite para que os outros decidissem julgar por si mesmos as palavras que geraram tanta controvérsia. Era preciso dizer algo mais sobre Muḥammad, e este era o ponto fraco dos acusadores. Alguns declaravam que Muḥammad era um adivinho; outros, um possesso; outros, ainda, um poeta; e alguns mais, um feiticeiro. Pediram conselho a Walīd, filho de Mughīrah, sem dúvida o homem mais influente da tribo naquela época, para saber qual das acusações poderia ter maior força de persuasão. De início, Walīd rejeitou todas as acusações, dizendo que elas não conseguiriam atingir seu alvo; depois, após refletir, declarou que, apesar de o homem em questão certamente não ser um feiticeiro, tinha ao menos um ponto em comum com os adeptos da feitiçaria: possuía o poder de separar um homem de seu pai, de seu irmão, de sua mulher, ou de toda sua família. Walīd os aconselhou a basear suas acusações no fato de Muḥammad ser um perigoso feiticeiro, que devia ser evitado a todo custo.

Eles aceitaram de bom grado o conselho, e decidiram que todas as estradas que conduziam a Meca deveriam ser vigiadas, e todos os visitantes advertidos contra Muḥammad, pois sabiam por experiência própria quão hábil ele era em conquistar adeptos à sua causa. Não era ele, antes de começar a pregação, um dos homens mais amados de Meca? Mesmo agora, sua língua nada perdera da eloquência e nem sua presença da imponente majestade.

O plano foi levado a cabo com zelo e minúcia. No entanto, ao menos num caso, os esforços dos Quraysh estavam de antemão fadados ao fracasso. Havia entre os Bani Ghifār, tribo situada ao noroeste de Meca, perto do Mar Vermelho, um homem chamado Abū Dharr, que já ouvira falar do Profeta e da oposição que se formava contra ele. Como a maior parte das pessoas de sua tribo, Abū Dharr era um salteador, mas acreditava firmemente na Unidade de Deus e recusava-se a prestar homenagem aos ídolos. Seu irmão Unays fora a Meca para alguns negócios e, ao voltar, contou-lhe que um homem na cidade declarava ser profeta e pregava que "não há divindade senão Deus", e seu povo o renegava por isso. Abū Dharr pôs-se a caminho, certo de que se tratava de um verdadeiro profeta. Ao chegar às proximidades de Meca, os homens postados nos seus limites disseram-lhe tudo o que ele desejava saber antes mesmo que tivesse tempo de interrogá-los. Ele descobriu sem dificuldade o caminho da casa do Profeta, e o encontrou adormecido sobre um banco no pátio, os olhos cobertos por uma ponta de seu manto. Abū Dharr o despertou e lhe desejou bom dia. "Que a Paz esteja convosco!", disse o Profeta. "Declama tuas palavras para mim", pediu o beduíno. "Eu não sou um poeta", replicou o Profeta, "mas o que proclamo é o Corão, e não sou eu quem fala, mas Deus". – "Recita-o para mim", insistiu Abū Dharr, e o Profeta recitou uma sura. Depois disso, Abū Dharr declarou: "Dou testemunho de que não há divindade senão Deus, e de que Muḥammad é o Mensageiro de Deus". – "A que povo tu pertences?", perguntou-lhe o Profeta, e, escutando a resposta do homem, pôs-se a examiná-lo da cabeça aos pés. "Em verdade, Deus guia quem lhe apraz",[1] disse com assombro. Era notório que os Bani Ghifār se distinguiam por ser sobretudo ladrões. Após instruí-lo no Islām, o Profeta lhe disse para retornar ao seu povo e aguardar seu chamado. E assim ele fez, e foram inúmeros os que, entre os Bani Ghifār, entraram no Islām graças a ele. Ele continuou a atacar caravanas, ocupando-se com particular desvelo dos qurayshitas; e sempre que pilhava uma caravana, propunha às suas vítimas restituir-lhes o que roubara, com a condição de que reconhecessem a Unidade de Deus e a missão profética de Muḥammad.

Outro encontro com o Profeta levou o Islām aos Bani Daws que, como os Ghifār, ocupavam uma região a oeste de Meca. Ṭufayl, um membro desta tribo, relatou mais tarde como o alertaram, desde sua chegada a Meca, contra o perigo de dirigir a palavra ao feiticeiro Muḥammad, ou mesmo escutá-lo, o que poderia resultar na segregação de seu povo. Ṭufayl era poeta e figura de certa proeminência em sua tribo, razão pela qual os Quraysh insistiram particularmente em preveni-lo contra Muḥammad. Depois disso, ele ficou com tanto medo de ser enfeitiçado que entrou na Mesquita com os ouvidos tampados com algodão. O Profeta lá estava, e acabara de assumir a postura para a prece, entre o ângulo iemenita e a Pedra Negra, como era seu hábito, com o rosto voltado em direção a Jerusalém, tendo à sua frente o muro sudeste da Caaba. Ele recitou versículos do Corão e,

---

[1] Ibn Sa'd IV, 164.

ainda que sua recitação não fosse feita em voz alta, parte dela chegou aos ouvidos de Ṭufayl. "Foi a vontade de Deus", disse o poeta, "que me fez escutar um pouco do que era recitado e me fez ouvir palavras de grande beleza. Então, fiz a seguinte reflexão: sou poeta, capaz de discernimento, e não ignoro a diferença entre beleza e fealdade. Por que então não escutarei o que diz este homem? Se o que ele diz é belo, eu o aceitarei, e se o que diz é feio, eu o rejeitarei. Permaneci ali até que o Profeta se levantou; eu o segui e, quando ele entrava em sua casa, corri em seu encalço e o interpelei: 'Ó Muḥammad, teu povo me disse isto e aquilo, e tanto me atemorizaram a teu respeito que tampei os ouvidos para não ouvir o que dizias. Mas Deus quis que eu entendesse tuas palavras. Dize-me então, em verdade, quem és?'"

O Profeta explicou-lhe o Islām, recitou-lhe o Corão e Ṭufayl fez sua profissão de fé. Depois retornou para junto de seu povo, decidido a convertê-lo. Seu pai e sua mulher o seguiram no Islām, mas o resto dos Daws mostrou-se reticente. Decepcionado e irritado, ele voltou a Meca e pediu ao Profeta que lançasse uma maldição sobre eles. Ao invés disso, o Profeta formulou uma prece para que os Daws fossem bem guiados, e disse a Ṭufayl: "Retorna a teu povo, chama-o para o Islām e trata-o com benevolência".[1] Ṭufayl seguiu fielmente as instruções e, no correr dos anos, o número de famílias Daws convertidas ao Islām não parou de crescer.

Ao contrário do que acontecera a Ṭufayl, que antes do Profeta só encontrou seus inimigos, outros peregrinos entraram em contato também com seguidores de Muḥammad, dos quais ouviram palavras bem diferentes das proferidas por seus desafetos. Assim, cada um fazia uma ideia do assunto, conforme sua natureza o dispunha a crer. Em todo caso, bem ou mal, falava-se muito da nova religião por toda a Arábia; mas em nenhuma outra parte ela era o centro de tantas conversas quanto no oásis de Yathrib.

---

[1] Ibn Isḥāq 252-4.

19 Os Aws e os Khazraj

As tribos dos Aws e dos Khazraj tinham alianças com algumas tribos judias que viviam nas proximidades de Yathrib, mas suas relações eram carregadas de ressentimento e seguidamente abaladas. Um dos motivos mais sérios para desavenças vinha do desprezo que os judeus monoteístas, conscientes de serem o povo eleito de Deus, tinham pelos árabes politeístas, a quem, no entanto, tinham de prestar certo respeito, por serem a comunidade mais forte.

Nesses momentos de acrimônia e frustração, podia-se escutar os judeus exclamarem: "Aproxima-se o tempo em que um profeta virá; então, nós vos exterminaremos, como foram exterminados 'Ād e 'Iram".[1] Quando se perguntava a seus rabinos e adivinhos de onde viria o profeta, eles sempre apontavam o dedo em direção ao Iêmen, que, desde Yathrib, também era a direção de Meca. É por isso que, quando escutaram que um homem de Meca declarara efetivamente ser um profeta, os árabes de Yathrib prestaram atenção. Eles ficaram ainda mais interessados quando souberam parte do conteúdo de sua mensagem, pois reconheceram alguns ensinamentos da religião que se dizia ortodoxa e que já lhes era familiar: durante os períodos de relações mais amistosas, os judeus lhes falavam frequentemente da Unidade de Deus e dos fins últimos do homem, ocasiões em que juntos discutiam tais questões. Para tais politeístas, a ideia de que se ergueriam dentre os mortos era particularmente difícil de admitir, e, depois de havê-la mencionado, um rabino indicou-lhes o sul, em direção ao Iêmen e Meca,

---

[1] Antigas tribos árabes destruídas subitamente por haverem se recusado a obedecer aos profetas que lhes foram enviados.

e declarou que dali logo viria um profeta que confirmaria a verdade da Ressurreição.

Foi, porém, um judeu chamado Ibn al-Hayyabān, originário da Síria, que preparou mais profundamente os espíritos para as notícias que chegavam de Meca naqueles dias. Mais de uma vez esse santo homem salvara o oásis da seca, rezando para que a chuva caísse. Ele morrera mais ou menos na época em que o Profeta recebeu sua primeira Revelação. Sentindo a morte se aproximar, ele disse aos que o rodeavam, conforme os Aws e Khazraj relataram mais tarde: "Ó judeus, por que pensais que deixei um país em que o pão e o vinho são abundantes por este dominado pela miséria e pela fome?" – "Tu o sabes melhor", responderam. "Vim a este país", prosseguiu, "para aguardar a vinda de um profeta, cujo advento está próximo. É para esta região que ele emigrará. Eu esperava que ele viesse a tempo de poder segui-lo. Sua hora é iminente para vós."[1] Estas palavras causaram forte impressão sobre alguns jovens judeus que lá estavam e que, chegado o momento, mostraram-se dispostos a aceitar o Profeta, mesmo não sendo ele de seu povo.

De modo geral, enquanto os árabes eram favoráveis ao homem e hostis à mensagem, os judeus eram favoráveis à mensagem e hostis ao homem. Como Deus poderia enviar um Profeta que não pertencesse ao povo eleito? No entanto, quando os peregrinos levaram a Yathrib as novas do Profeta, os judeus ficaram intrigados, e, mesmo a contragosto, não se furtaram de pedir todos os detalhes do caso. Essas demonstrações de interesse, somadas ao fato de o caráter monoteísta da mensagem parecer aumentar em dez vezes a atenção dos rabinos, impressionaram muito tanto os portadores das notícias quanto os árabes do oásis.

Além disso, a tribo dos Khazraj estava bem consciente dos sólidos laços de parentesco que a uniam àquele que se declarava profeta: criança, ele viera a Yathrib com sua mãe e, depois disso, passara mais de uma vez pelo oásis a caminho da Síria. Quanto aos Aws, um de seus chefes, Abū Qays, havia desposado uma mulher de Meca, que era ao mesmo tempo tia de Waraqah e de Khadījah. Abū Qays frequentemente se hospedava com a família da esposa e respeitava a opinião de Waraqah sobre o novo profeta.

---

[1] Ibn Isḥāq 136.

Todos esses elementos, somados aos constantes relatos dos peregrinos e de outros visitantes de Meca, começaram a ter efeito sobre os habitantes de Yathrib. No momento, porém, seus espíritos estavam ocupados, sobretudo, pelos problemas urgentes de sua própria política interna. Uma briga entre um awsita e um khazrajita havia terminado em sangue e, pouco a pouco, acabou envolvendo mais e mais clãs das duas tribos. Até mesmo os judeus tomaram partido no caso. Já haviam ocorrido três desavenças que, ao invés de encerrarem o conflito, atiçaram e multiplicaram os anseios de vingança. Uma quarta batalha de maior envergadura parecia inevitável, e foi em vista desse confronto que os chefes dos Aws tiveram a ideia de enviar uma delegação a Meca para pedir aos Quraysh que os apoiassem contra os Khazraj.

Enquanto esperavam uma resposta, o Profeta foi encontrá-los e perguntou-lhes se não estavam dispostos a receber outra ajuda, muito melhor do que aquilo que buscavam. Eles quiseram saber do que se tratava, e o Profeta lhes falou de sua missão e da religião que lhe fora ordenado pregar. Em seguida, recitou para eles trechos do Corão e, quando terminou, um rapaz chamado Iyās, filho de Muʿādh, exclamou: "Por Deus, eis algo melhor do que o que viemos buscar!". Mas o chefe da delegação tomou um punhado de terra e jogou na face do jovem, dizendo: "Basta, cala-te! Por minha vida, viemos por outro motivo!". O Profeta já se afastara, e Iyās se calou. Os Quraysh recusaram o pedido de apoio, e os Aws voltaram a Yathrib. Pouco tempo depois, Iyās veio a falecer, e aqueles que estavam presentes no momento de sua morte escutaram-no testemunhar continuamente a Unidade de Deus, e a exaltá-Lo, louvá-Lo e glorificá-Lo até o último alento. Assim, Iyās é considerado o primeiro homem de Yathrib a entrar para o Islām.

20 Abū Jahl e Ḥamzah

Em Meca, o crescimento constante do número de crentes exacerbava ainda mais a hostilidade dos descrentes. Um dia, alguns chefes qurayshitas estavam reunidos no Ḥijr, insuflando uns aos outros o ódio contra Muḥammad, quando o Profeta entrou no Santuário. Ele se dirigiu ao canto oriental da Caaba, beijou a Pedra Negra e iniciou a sequência de sete circunvoluções. Quando passou diante do Ḥijr, os Quraysh elevaram o tom de voz e lançaram em sua direção palavras injuriosas que chegaram a seus ouvidos, o que ficou claro pela expressão do rosto de Muḥammad. Quando passou diante deles uma segunda vez, novamente o insultaram. Mas quando, na sua terceira passagem, voltaram a ofendê-lo, o Profeta se deteve e os interpelou: "Ó Quraysh, não me escutais? Em verdade, por Aquele que tem minha alma em Suas mãos, eu vos trago a morte!".[1] Estas palavras, e a forma como foram ditas, soaram como uma fórmula mágica. Nenhum deles se mexeu e todos permaneceram quietos, até que um deles, que até então se mostrara o mais agressivo, rompeu o silêncio, esforçando-se, porém, em parecer gentil: "Segue teu caminho, ó Abu l-Qāsim (pai de Qāsim), pois, por Deus, não és um tolo ignorante". Mas a trégua foi curta, pois os Quraysh começaram a se recriminar por se deixar intimidar de modo inexplicável, prometendo que futuramente repararim essa fraqueza momentânea.

Um dos piores inimigos do Islām era um homem dos Makhzūm chamado 'Amr, que sua família e seus amigos alcunharam Abu l-Ḥakam ["pai da sabedoria"], mas que os muçulmanos não tardaram em mudar-lhe o nome para Abū Jahl, "o pai da ignorância". Ele era neto de Mughīrah e sobrinho

---

[1] Ibn Isḥāq 183.

de Walīd, o já idoso chefe do clã. Abū Jahl estava seguro de que iria sucedê-lo, pois já tinha consolidado certa posição em Meca, tanto por sua fortuna quanto por sua ostensiva hospitalidade. Era também temido, graças à natureza impiedosa de seu caráter, sempre pronto a vingar-se de quem quer que a ele se opusesse; era um dos mais ferrenhos entre os que postaram guardas nas proximidades de Meca quando da recente Peregrinação, e dos mais atrevidos difamadores do Profeta como perigoso feiticeiro. Além disso, aplicava-se em perseguir os crentes mais vulneráveis de seu próprio clã e a incitar os chefes dos outros clãs a fazerem o mesmo. Mas um dia, sem querer e indiretamente, ele prestou um grande serviço à nova religião.

O Profeta estava sentado fora da Mesquita, junto à porta de Ṣafā, assim chamada porque os peregrinos começavam a cumprir ali o rito das sete passagens entre a colina de Ṣafā, situada perto da porta, e a colina de Marwah, distante cerca de quatrocentos e cinquenta metros ao norte. Ao pé da colina de Ṣafā, uma pedra marca o ponto de partida do antigo rito. Abū Jahl ia passando por ali quando viu o Profeta sozinho naquele lugar sagrado: era a oportunidade para o makhzūmita mostrar que, ao menos ele, não o temia. Colocou-se diante do Profeta, e começou a lançar contra ele todas as injúrias de que pôde se lembrar. O Profeta contentou-se em observá-lo sem nada dizer. Tendo esgotado todo seu repertório de insultos, Abū Jahl entrou na Mesquita para juntar-se aos Quraysh, que estavam reunidos no Ḥijr. Entristecido, o Profeta levantou-se e voltou para casa.

Mal ele partiu, chegou Ḥamzah, que, vindo da direção oposta, voltava de uma caçada, carregando seu arco a tiracolo. Ele tinha por hábito, cada vez que voltava da caça, prestar homenagem à Casa Sagrada antes de reunir-se à família. Vendo-o aproximar-se, uma mulher saiu de uma casa próxima da porta de Ṣafā e lhe dirigiu a palavra. Ela era uma liberta da família do já falecido ʻAbd Allāh ibn Judʻān, do clã Taym, o homem que vinte anos antes fora um dos principais promotores do pacto de cavalaria, *Ḥilf al-Fuḍūl*. Os Judʻān eram primos de Abū Bakr e a tal mulher, favorável ao Profeta e à sua mensagem, ficara escandalizada com os insultos de Abū Jahl, dos quais nenhuma palavra lhe escapou. "Abū ʻUmārah",[1] ela disse a

[1] ʻUmārah era a filha de Ḥamzah. A forma mais polida de abordar um interlocutor, entre os árabes, é a de chamá-lo "pai (*Abū*) de tal pessoa", caso se trate de um homem, ou "mãe (*Umm*) de tal pessoa", caso se trate de uma mulher.

Ḥamzah, "se tivesses visto como Muḥammad, o filho de teu irmão, acabou de ser destratado por Abu l-Ḥakam, o filho de Hishām! Ele o encontrou bem ali e o insultou e injuriou da forma mais odiosa, depois partiu", e, apontando a Mesquita para indicar a direção que Abu l-Ḥakam tomara, acrescentou, "e Muḥammad nada respondeu". Ḥamzah era bom e amável por natureza, e também o mais vigoroso dos Quraysh, mas quando enfurecido, podia ser o mais temível e inflexível entre eles. Ao ouvir o relato da mulher, uma cólera que jamais sentira dele se apossou, fazendo seu corpo tremer. Esta cólera liberou algo em sua alma, que acabou dando a forma final a uma resolução que ainda estava por ser completada. Entrando a passadas largas na Mesquita, foi na direção de Abū Jahl e, de pé, por cima dele, pegou o arco e jogou-o com força nas costas do Pai da Ignorância. "Ainda o insultarás", disse ele, "agora que eu sou de sua religião e professo o que ele professa? Devolve-me golpe por golpe, se puderes." Não faltava coragem a Abū Jahl, mas nessa ocasião ele sentiu que valia a pena encerrar o caso. Assim, quando alguns makhzūmitas presentes se levantaram para ajudá-lo, ele lhes fez sinal para que tornassem a sentar, dizendo: "Fica tranquilo, Abū 'Umārah, pois, por Deus, eu insultei o filho de teu irmão de modo verdadeiramente ultrajante".

21 Os Quraysh fazem ofertas e exigências

Desde então, Ḥamzah manteve-se fiel ao Islām e seguiu tudo o que era prescrito pelo Profeta. Sua conversão evidentemente teve influência sobre os Quraysh, que passaram a hesitar em ofender o Profeta diretamente, sabendo que Ḥamzah lhe oferecia proteção. Por outro lado, esse evento totalmente inesperado os fez perceber a gravidade da situação: tinham de encontrar urgentemente uma solução para conter o movimento que, a seu ver, só poderia arruinar a posição de eminência da tribo entre os árabes. Face ao perigo, concordaram em mudar de tática e seguiram a sugestão feita na assembleia por um dos chefes do clã dos ʻAbdu Shams, ʻUtbah ibn Rabīʻah: "Por que não vamos ao encontro de Muḥammad e lhe fazemos algumas ofertas? Algumas talvez sejam aceitas. O que ele quiser lhe será dado, desde que nos deixe em paz". Ao saber que o Profeta estava sentado sozinho ao lado da Caaba, ʻUtbah deixou imediatamente a assembleia e dirigiu-se à Mesquita. Ele se propusera a intermediar a negociação, pois era neto de ʻAbdu Shams, irmão de Hāshim; e por mais que os clãs houvessem seguido caminhos divergentes, ambos levavam os nomes de dois filhos de ʻAbdu Manāf, filho do grande Quṣayy, e quaisquer diferenças poderiam ser facilmente relevadas em virtude do ancestral comum. Além disso, ʻUtbah era de natureza menos violenta e mais conciliadora que a maioria dos Quraysh, e era também mais inteligente que o comum.

"Ó filho de meu irmão", disse ele ao Profeta, "tu és, como sabes muito bem, um nobre da tribo, e tua linhagem te garante um lugar de honra. Deste ao teu povo motivo de grave preocupação; dividiste a comunidade, declaraste insensato seu modo de viver, difamaste seus deuses e sua religião, e chamaste seus ancestrais de infiéis. Agora, escuta as propostas que tenho a te fazer. Vê se há alguma que te pareça aceitável. Se é riqueza o que procuras, reuniremos de nossas diversas posses tal fortuna para ti que serás o mais rico dentre nós; se queres honrarias e autoridade, com elas te cobriremos e nenhuma decisão será tomada sem tua aprovação; se é à realeza que aspiras, nós te faremos nosso rei; e se não consegues livrar-te, por teus próprios meios, desse espírito que te aparece, procuraremos um médico e pagaremos seus serviços até que estejas completamente curado". Quando 'Utbah terminou de falar, o Profeta lhe disse: "Agora é a tua vez de me escutar, ó Pai de Walīd". – "Eu te escuto", assentiu 'Utbah. Então, o Profeta recitou alguns versículos que lhe haviam sido revelados recentemente.

'Utbah estava preparado a dar ao menos uma mostra exterior de interesse ao que o Profeta tinha a dizer, por mera convenção, pois tinha esperança de vencer suas resistências. Porém, após escutar alguns versículos, todos os seus pensamentos deram lugar à admiração pelas palavras em si mesmas. Ele permaneceu sentado, apoiado sobre os braços estendidos para trás, estupefato pela beleza da linguagem que chegava aos seus ouvidos. Os sinais[1] que o Profeta recitava falavam da Revelação, da Criação, da terra e do firmamento; mais adiante, mencionavam os profetas e os povos antigos que, tendo se oposto aos Mensageiros de Deus, foram destruídos e condenados ao inferno. Em seguida, foi recitada uma passagem a respeito dos crentes, a quem estava prometida a proteção dos anjos neste mundo e a satisfação de todos os desejos no outro. O Profeta concluiu a recitação com estas palavras: "Dentre Seus sinais estão a noite e o dia, o sol e a lua. Não vos prosterneis em adoração diante do sol nem da lua; prosternai-vos diante de Deus, que vos criou, se é verdadeiramente a Ele que adorais".[2] A seguir, o Profeta prostrou-se, colocando a testa no chão, e acrescentou: "Tu escutaste o que escutaste, ó Abu l-Walīd, e agora tudo está entre ti e estas palavras".

Quando 'Utbah voltou para junto de seus companheiros, eles ficaram tão surpresos pela mudança na expressão de seu rosto que exclamaram: "O que te aconteceu, Abu l-Walīd?". Ele lhes respondeu: "Escutei palavras que jamais havia escutado. Não se trata de poesia, por Deus!, muito menos de feitiçaria ou adivinhação. Ó homens de Quraysh, escutai e fazei como vos

---

[1] Cada versículo do Corão é chamado de "sinal", ou seja, um milagre, em virtude da sua revelação direta.

[2] Corão, 41:37.

digo. Não vos oponhais mais a este homem, deixai-o agir, pois, por Deus!, as palavras que acabei de escutar serão recebidas como grandes novas. Se os árabes o combaterem e derrotarem, vos livrareis dele pelas mãos de outros, e se ele subjugá-los, então a realeza dele será também a vossa, e seu poder será o vosso, e sereis os mais afortunados dos homens". Os Quraysh riram, dizendo: "Ele te enfeitiçou com a língua". – "Eu vos dei minha opinião", respondeu 'Utbah, "agora façais como achardes melhor", e não mais se opôs ao grupo. Contudo, o impacto causado pelos versos corânicos foi pouco mais que uma impressão passageira. Como 'Utbah voltara do encontro com o Profeta sem resposta às suas perguntas, um dos Quraysh propôs: "Vamos encontrar Muḥammad para lhe falar e discutir, de modo que ninguém possa censurar-nos de não havermos tentado todas as alternativas". Então, enviaram uma mensagem ao Profeta: "Os nobres de teu povo estão reunidos para conversar contigo". Ele acorreu prontamente, pensando que uma mudança de atitude tivesse prevalecido entre eles; aspirava a guiá-los à verdade, mas suas esperanças esmoreceram assim que os escutou repetirem as mesmas ofertas. Quando terminaram, o Profeta lhes disse: "Não sou um possesso, e não busco honrarias entre vós, nem o poder sobre vós. Deus enviou-me como mensageiro e revelou-me um Livro, ordenando que eu fosse para vós o portador das boas-novas e também da admoestação. Eu vos transmiti a mensagem do meu Senhor e tenho sido bom conselheiro para vós. Se aceitardes o que vos trago, sereis felizes neste mundo e no outro; mas se o rejeitardes, então aguardarei pacientemente o julgamento de Deus".[1]

Como resposta, eles voltaram à posição anterior e disseram que, se ele não aceitasse suas ofertas, deveria ao menos realizar alguma coisa que provasse, de fato, sua condição de Mensageiro de Deus, o que tornaria a vida mais fácil para todos. "Pede a teu Senhor que remova as montanhas que nos cercam e aplaine esta terra para nós, e que faça correr rios como os da Síria e do Iraque; pede-Lhe também que ressuscite alguns de nossos ancestrais, como Quṣayy, a quem possamos perguntar se tuas palavras são verdadeiras ou mentirosas. Ou, se não quiseres fazer tais coisas para nós, pede favores para ti mesmo. Pede a Deus que te envie um anjo que confirme tua mensagem e nos desminta. E pede-Lhe para conceder-te jardins, palácios e tesouros de ouro e prata para que saibamos a posição elevada que ocupas

[1] Ibn Isḥāq 188.

junto ao teu Senhor." O Profeta lhes respondeu: "Não é de minha natureza pedir esse gênero de coisas ao meu Deus, não fui enviado para isso; mas Ele ordenou-me que vos advirtisse e anunciasse as boas-novas". Surdos a tais argumentos, eles prosseguiram: "Então, faz tombar o céu em pedaços sobre nossas cabeças", o que era uma alusão desdenhosa ao versículo já revelado: "Se Nós quiséssemos, faríamos a terra fender-se para engoli-los, e o firmamento ruir em pedaços sobre eles".[1] – "É a Deus que cabe decidir", asseverou o Profeta, "se assim Ele o desejar, Ele o fará".

Sem qualquer resposta por parte deles, exceto alguns olhares e insinuações de escárnio, abordaram, em seguida, outro ponto. Um dos traços que mais os intrigava na nova mensagem era a frequente menção ao estranho nome *Raḥmān*,[2] que parecia ter relação com a fonte de inspiração do Profeta. Uma das revelações começava pelas palavras: "O Infinitamente Bom (*ar-Raḥmān*) ensinou o Corão",[3] e como eles aceitavam de bom grado o rumor segundo o qual um homem em Yamāmah havia inculcado em Muḥammad as palavras de suas mensagens, eles acabaram por replicar: "Ouvimos dizer que todas estas coisas te são dadas por um certo Raḥmān, de Yamāmah; mas nós jamais acreditaremos em Raḥmān!". Como o Profeta permaneceu em silêncio, eles continuaram: "Agora, nós nos justificamos diante de ti, Muḥammad, e juramos por Deus que não te deixaremos em paz e não desistiremos de agir contra ti até que te tenhamos destruído, ou tu a nós". E um deles acrescentou: "Não te daremos crédito enquanto não trouxeres Deus e os anjos como garantia". Ao ouvir estas palavras, o Profeta levantou-se e, estando prestes a deixá-los, ouviu de 'Abd Allāh, filho de Abū Umayyah, dos Makhzūm: "Eu jamais crerei em ti, Muḥammad, ao menos enquanto não apanhares uma escada para que eu possa ver-te escalar aos céus, de onde deves trazer quatro anjos que deem testemunho do que afirmas ser; ainda assim, julgo que seguirei não crendo". Este 'Abd Allāh era primo em primeiro grau de Abū Jahl pelo lado paterno, mas sua mãe era 'Ātikah, filha de 'Abd al-Muṭṭalib e irmã de 'Abd Allāh, o pai do Profeta, em cuja homenagem dera o nome ao filho. Assim, o Profeta voltou ao seu lar com a tristeza de ouvir um parente tão próximo dirigir-lhe tais palavras, infortúnio que aumentaria a distância que já agora o separava dos líderes de seu povo.

---

[1] Corão, 34:9. [2] Ver notas da p. 72. [3] Corão, 55:1.

No entanto, mesmo no clã Makhzūm, onde tanto ódio parecia ter-se concentrado, ele tinha ao menos a devoção de Abū Salamah, o filho de sua tia Barrah; e foi por esse lado que surgiu uma ajuda inesperada, que veio fortalecer a nova religião. Abū Salamah tinha por parte de pai um primo rico chamado Arqam – seus avós makhzūmitas eram irmãos –, que foi ao encontro do Profeta e pronunciou o duplo testemunho: *lā ilāha illā Llāh*, "não existe divindade senão Deus", e *Muḥammadun rasūlu Llāh* "Muḥammad é o Mensageiro de Deus". Em seguida, ele colocou a serviço do Islām a enorme morada que possuía ao pé do Monte Ṣafā. Desde então, os crentes tiveram no centro de Meca um refúgio para se encontrar e orar juntos, sem temerem ser vistos nem incomodados.

22 Os chefes dos Quraysh

O número de discípulos do Profeta aumentava sem cessar; entretanto, os novos convertidos, homens ou mulheres, que a ele vinham jurar lealdade, eram na grande maioria escravos ou recém-libertos, ou um Quraysh dos Arredores, ou ainda um rapaz ou moça dos Quraysh do Vale, filhos de famílias influentes, embora sem qualquer poder, cuja conversão só fazia aumentar a hostilidade de seus parentes e dos membros mais velhos das nobres famílias em relação ao Islām. 'Abd ar-Raḥmān, Ḥamzah e Arqam eram sem dúvida exceções e, mesmo assim, estavam longe de ocupar lugar de destaque entre os Quraysh; e o Profeta desejava conquistar alguns dos chefes de clã, os quais, no entanto, não mostravam inclinação alguma a juntar-se a ele, nem mesmo seu tio Abū Ṭālib. Que ajuda preciosa seria, para a difusão de sua mensagem, o apoio de um homem como Walīd, tio de Abū Jahl, que era não somente o chefe do clã Makhzūm, mas, por assim dizer, o chefe extra-oficial dos Quraysh. Era, além disso, um homem aparentemente mais aberto à discussão do que a maioria. Um dia, surgiu a oportunidade que o Profeta esperava para conversar sozinho com Walīd. No entanto, quando a conversa já estava bem encaminhada, passou por ali um cego recém-convertido que, reconhecendo o Profeta pela voz, pediu-lhe que recitasse algumas passagens do Corão. O Profeta respondeu-lhe que tivesse paciência e que aguardasse momento mais oportuno. O cego, porém, insistiu e mostrou-se tão inconveniente que, no fim, o Profeta franziu o cenho e se afastou. A conversa fora arruinada, mas não pela interrupção, pois Walīd estava tão surdo à Mensagem quanto aqueles cujo caso parecia sem esperança.

Uma nova sura foi revelada quase imediatamente, começando com as palavras: "Ele franziu o cenho e se afastou, pois o cego dele se acercou".

E a Revelação continua: "Quanto àquele que se crê autossuficiente [e prescinde de ajuda], tu o ouves atentamente, embora não sejas responsável se ele se purificar ou não. Mas aquele que vem a ti cheio de zelo e temor a Deus, tu o negligencias".[1]

Pouco tempo depois, Walīd traiu a própria autossuficiência ao dizer: "Como as Revelações podem ser enviadas a Muḥammad e não a mim, quando sou eu o chefe dos Quraysh e seu senhor? Como não seriam enviadas a mim ou a Abū Mas'ūd, o senhor de Thaqīf, já que somos os dois grandes das duas cidades?".[2] A reação de Abū Jahl mostrou-se mais exaltada do que cautelosa: para ele, a possibilidade de Muḥammad ser um profeta era por demais intolerável para ser considerada sequer por um instante. "Nós e os filhos de 'Abdu Manāf", disse ele, "fizemos um pacto de honra. Eles nos deram de comer e nós lhes demos de comer. Eles carregaram nossos fardos e nós carregamos os deles. Eles nos presentearam e nós os presenteamos, e eis que, afinal, ainda que estivéssemos em igualdade no caminho, como dois jumentos que viajam emparelhados, ousam dizer-nos: 'Um de nossos homens é um profeta; ele recebe Revelações do Céu!' E quando nós iremos alcançar algo parecido a isto? Jamais, por Deus, acreditaremos nele, jamais o aceitaremos como verdadeiro portador da verdade". Quanto ao shamsita 'Utbah, sua reação, ainda que menos negativa, mostrava a falta de senso de proporções: seu primeiro pensamento, de fato, não foi sobre a necessidade de seguir Muḥammad, ou sobre a veracidade da asserção de ele ser um Mensageiro de Deus, mas sim que sua qualidade profética seria uma fonte de prestígio para os filhos de 'Abdu Manāf. Portanto, certo dia, quando Abū Jahl apontou com zombaria para aquele que tanto odiava, dizendo a 'Utbah: "Lá vai o vosso profeta, ó filhos de 'Abdu Manāf", o shamsita replicou veementemente: "E por que te desagrada que tenhamos um profeta, ou um rei?". Esta última palavra fazia alusão a Quṣayy, lembrando sutilmente ao makhzūmita que 'Abdu Manāf era filho de Quṣayy, enquanto Makhzūm era apenas seu primo. O Profeta, que se encontrava suficientemente próximo para escutar a contenda, aproximou-se e disse: "Ó 'Utbah, não foi por amor a Deus que ficaste irritado, nem por amor ao Seu Mensageiro, mas por amor-próprio. E sobre ti, Abū Jahl, uma desgraça se abaterá; terás pouco pelo que rir e muito pelo que chorar".[3]

---

[1] Corão, 80:5-10. [2] Ibn Isḥāq 238; ver Corão, 43:31. [3] Aṭ-Ṭabarī 1203, 3.

A fortuna e o poder se alternavam constantemente entre os vários clãs qurayshitas; e, naquele momento, os de 'Abdu Shams e Makhzūm eram os dois mais poderosos. 'Utbah e seu irmão Shaybah comandavam um ramo do clã shamsita. Seu primo Ḥarb, antigo chefe do ramo Umayyad do mesmo clã, morrera e fora sucedido por seu filho Abū Sufyān, que era casado com Hind, filha de 'Utbah. O sucesso de Abū Sufyān, tanto na política quanto nos negócios, devia-se notoriamente à prudência de julgamento, à fria capacidade de reflexão e à paciência que demonstrava quando seu senso de oportunidade indicava-lhe que algo seria vantajoso. A serenidade do marido frequentemente exasperava sua esposa Hind, impetuosa e de temperamento explosivo. Mas, uma vez que sua opinião estivesse formada, ele raramente se deixava influenciar por ela. E, devido a seu caráter, Abū Sufyān mostrava-se menos hostil ao Profeta que Abū Jahl.

Se os chefes Quraysh diferiam um pouco na atitude quanto ao Mensageiro, eram unânimes na rejeição da Mensagem em si. Todos eles já haviam alcançado certo êxito na vida – apesar de os mais jovens dentre eles esperarem que este fosse apenas o início de algo maior – e haviam realizado, este era o consenso, ao menos parcialmente, o ideal de grandeza humana, tal como era visto na Arábia. A riqueza não fazia parte deste ideal, mas era sem dúvida um instrumento praticamente indispensável para alcançá-lo. A grandeza de um homem era medida necessariamente conforme fosse requisitado como aliado e protetor, o que implicava possuir aliados de confiança. Uma das formas de ensejar tais alianças era tecer uma formidável rede de laços de matrimônio com membros de outros clãs. A riqueza aumentava a capacidade do homem poderoso de pagar dotes e ser melhor anfitrião. Afinal, as virtudes constituíam um aspecto essencial do ideal em questão, em particular a generosidade, mas sem a perspectiva de uma recompensa celeste. Ser exaltado pelos homens da Arábia, e além de suas fronteiras, pela generosidade sem limites, por sua coragem de leão, pela indefectível fidelidade à palavra dada – fosse com a finalidade de selar uma aliança, por proteção, segurança, ou de qualquer outra espécie – enfim, ser exaltado pelas virtudes demonstradas durante a vida e após a morte traduzia-se pela honra e pela imortalidade que, aos olhos dos árabes, davam sentido à vida. Homens como Walīd estavam tão convencidos de que possuíam tal grandeza que, satisfeitos consigo mesmos, ficavam surdos à mensagem que denunciava a vaidade sobre a qual se edificava o próprio sucesso.

Para assegurar esta imortalidade, era preciso que a Arábia permanecesse a mesma, que os ideais árabes se perpetuassem de geração a geração. Em variados graus, todos eram sensíveis à beleza da linguagem da Revelação; mas quanto ao significado da Mensagem, seus corações se recusavam a recebê-lo espontaneamente – não queriam compreender os versículos que lhes informavam que eles próprios e seus venerados ancestrais nada haviam realizado, e que todos os seus esforços haviam sido mal orientados: "E esta vida terrena é apenas entretenimento e distração; em verdade, a Derradeira Morada é que é a Vida; se ao menos soubessem!".[1]

[1] Corão, 29:64.

23 Deslumbramento e esperança

Mesmo entre os jovens e os menos favorecidos, havia aqueles que não aceitaram de imediato a Mensagem Divina. Mas ao menos não carregavam o sentimento egotista de autossatisfação que poderia torná-los surdos à intensidade e à veemência do chamado celeste que irrompera em seu pequeno mundo como o poderoso som da trombeta. A voz ouvida por ‘Uthmān que clamava no deserto – “Adormecidos, despertai!” – era da mesma natureza da Mensagem em si, e aqueles que a aceitaram pareciam ter sido verdadeiramente arrancados do sono e entrado na nova vida.

A atitude dos descrentes, tanto no passado quanto no presente, resumia-se às palavras: “Não há senão nossa vida terrena, e não seremos ressuscitados”.[1] A elas vieram as respostas divinas: “Não foi por acaso ou diversão que criamos os céus e a terra e o que há entre ambos”,[2] e “supusestes que vos criamos em vão e que não retornaríeis a Nós?”.[3] Para aqueles nos quais a descrença não estava cristalizada, estas palavras soavam verdadeiras, e o mesmo se dava com a Revelação como um todo, descrita como uma luz intrinsecamente dotada do poder de guiar a humanidade. Uma razão paralela e imperiosa para aceitar a Mensagem era o próprio Mensageiro que, ninguém duvidava, era tão fidedigno à verdade que não podia enganar, e sábio demais para deixar-se enganar. A Mensagem continha uma advertência e uma promessa: a advertência incentivava-os a agir, enquanto a promessa enchia-os de alegria.

---

[1] Corão, 6:29. [2] Corão, 21:16; 44:38. [3] Corão, 23:115.

Em verdade, aqueles que dizem "Nosso Senhor é Deus" e perseveram na retidão, sobre eles os anjos descerão dizendo: Não temais, nem vos aflijais; exultai com a boa-nova do Paraíso que vos foi prometido. Somos vossos protetores, na vida terrena e na Derradeira Vida, na qual encontrareis aquilo que apetece a vossas almas, e obtereis o que pedirdes como dom concedido por Aquele que tudo perdoa, que é o Todo-Misericordioso.[1]

Dentre os versículos até então revelados sobre o Paraíso, havia um que falava do "Jardim da Imortalidade prometido aos piedosos, onde estes eternamente encontrarão o que desejam", e afirmava que esta "era uma promessa que o seu Senhor se obriga a cumprir".[2]

O verdadeiro crente é "aquele que coloca sua esperança no reencontro com seu Senhor", enquanto os descrentes, ao contrário, são "aqueles que não esperam o reencontro Conosco e que se agradam da vida terrena, nela encontrando perfeita tranquilidade, e são indiferentes aos Nossos sinais".[3] A atitude do crente deve ser oposta, em todos os sentidos, à atitude do descrente. Um dos aspectos da ilusão onírica na qual os infiéis estão mergulhados é o de tomar como fortuitas as bênçãos da natureza; ser despertado para a realidade não significa somente transferir as esperanças deste para o outro mundo, mas também aqui maravilhar-se com os sinais manifestos de Deus. "Bendito Aquele que fez constelações no céu, e nele pôs um sol radiante e uma lua luminosa. É Ele que fez a noite e o dia alternados, como sinal para aquele que deseja meditar e agradecer".[4]

Com um tom de desafio, os chefes Quraysh haviam pedido sinais: que um anjo descesse do céu e confirmasse a missão profética de Muḥammad, ou que o Profeta subisse aos céus. Ora, ocorreu que, numa noite de lua cheia, quando o astro acabara de elevar-se e estava suspenso sobre o Monte Ḥirā', um grupo de infiéis aproximou-se do Profeta e lhe pediu para fender a lua em duas, a fim de mostrar que ele era verdadeiramente o Mensageiro de Deus. Muitos outros lá se encontravam, crentes e indecisos, e, quando a demanda foi feita, todos os olhares elevaram-se em direção ao disco luminoso; foi grande a estupefação quando viram a lua cindir-se em duas metades, que lentamente se afastaram uma da outra, até que se via uma metade resplandecer à direita e outra à esquerda da montanha. "Declarai vosso

[1] Corão, 41:30-2. [2] Corão, 25:15-16. [3] Corão, 10:7.
[4] Corão, 25:61-2.

testemunho!", disse o Profeta.[1] Mas aqueles que haviam formulado o pedido rejeitaram o milagre, dizendo ser pura magia[2] e que o Profeta lhes havia enfeitiçado. Já os crentes exultaram. Alguns que até então hesitavam entraram para o Islām, outros se aproximaram da conversão.

Esta resposta imediata do Céu a um desafio zombeteiro foi uma exceção. Outros sinais pedidos pelos Quraysh foram efetivamente dados, mas não exatamente como esperado, mas apenas no momento em que Deus o quis. Ocorreram igualmente numerosos milagres menores, testemunhados somente pelos crentes. Mas o Céu jamais permitiu que tais prodígios ocupassem o primeiro plano, pois o Livro revelado é, em si, o milagre central da Intervenção Divina, que então se realizava, assim como Cristo o é da Intervenção anterior. Segundo o Corão, Jesus, o Messias, é, ao mesmo tempo, "Mensageiro de Deus" e "Seu Verbo gerado em Maria, e um Espírito d'Ele procedente".[3] De modo análogo ao Verbo-feito-carne, agora o Verbo-feito-livro, Presença Divina neste mundo, fazia do Islām uma religião no verdadeiro senso de religação com o mundo vindouro. Uma das funções do Verbo-feito-livro, além de um retorno à religião primordial, como o Islām afirma ser,[4] era a de reavivar no homem sua aptidão primordial de se maravilhar, o que, com a passagem do tempo, foi embotado ou mal direcionado. Portanto, quando os Quraysh pediam prodígios, a resposta principal do Corão era a de apontar os sinais que sempre estiveram ante seus olhos, sem que o homem percebesse seu aspecto maravilhoso:

> Eles não consideram como os camelos foram criados?
> E como os céus foram elevados?
> E como as montanhas foram erigidas?
> E como a terra foi distendida?[5]

O maravilhamento e a esperança exigidos do crente são ambas atitudes de retorno a Deus. O sacramento de ação de graças, que consiste em pronunciar a fórmula sagrada "Louvado seja Deus, o Senhor dos mundos", inclui uma atitude de deslumbramento e assombro, e remete tanto ao louvado, quanto àquele que o louva, de volta à Origem Transcendente de todo o Bem. O sacramento da consagração, que consiste em dizer "Em Nome

---

[1] al-Bukhārī LXI, 24. [2] Corão, 54:1-2. [3] Corão, 4:171.
[4] Corão, 30:30. [5] Corão, 88:17-20.

de Deus, o Infinitamente Bom, o Todo-Misericordioso", encaminha a alma na mesma direção, pela corrente da esperança. A prece fundamental do Islām, *al-Fātiḥah* ("a que abre"), está centrada nesta via de retorno, e é assim chamada por ser a primeira sura do Corão:[1]

> Louvado seja Deus, o Senhor dos mundos,
> o Infinitamente Bom, o Todo-Misericordioso,
> o Soberano do Dia do Juízo.
> Só a Ti adoramos e a Ti imploramos refúgio.
> Guia-nos à senda reta,
> à senda daqueles que agraciaste,
> não à daqueles que incorrem em Tua ira,
> nem à dos desencaminhados.[2]

Também simples como expressão concentrada e perfeita da doutrina do Islām é a *Sūrat al-Ikhlāṣ*, ou "Capítulo da Sinceridade", que figura ao fim do Corão (é a antepenúltima sura) e que foi revelada no momento em que um idólatra pediu ao Profeta que descrevesse seu Senhor:

> Diz: "Ele é Deus, o Único;
> Deus, Aquele que basta a Si mesmo;
> Não engendra nem foi engendrado;
> Nada existe igual a Ele".[3]

---

[1] Primeira na ordem adotada quando da organização final do Corão, não segundo a ordem de Revelação. O seu lugar na liturgia islâmica assegura que ela seja recitada todos os dias ao menos dezessete vezes.

[2] Corão, 1:2-7.

[3] Corão, 112.

24 Desavenças familiares

Ṭālib e ʻAqīl, os primogênitos de Abū Ṭālib, não seguiram o exemplo de seus irmãos mais jovens Jaʻfar e ʻAlī: a exemplo de seu pai, não abraçaram o Islām, apesar de serem tolerantes com os convertidos. Muito diferente era a atitude de Abū Lahab e sua esposa, Umm Jamīl, irmã de Abū Sufyān, chefe do clã shamsita, que, após o recente confronto entre o Profeta e os chefes Quraysh, tornaram-se abertamente hostis a todos os muçulmanos, tanto que obrigaram seus dois filhos a repudiar Ruqayyah e Umm Kulthūm – não se sabe ao certo se os casamentos já haviam sido consumados, ou se os jovens estavam somente noivos. Contudo, a satisfação de Umm Jamīl com o rompimento logo minguou ao saber que seu rico primo umayyada [omíada], ʻUthmān ibn ʻAffān, pedira e tomara Ruqayyah como esposa. Já para o Profeta e Khadījah, o casamento foi uma grande alegria, pois sua filha estava muito feliz e o novo genro demonstrava grande respeito e devoção à esposa e aos sogros. Havia também outro motivo de contentamento: Ruqayyah era a mais bela de suas filhas e uma das mais belas mulheres de sua geração em toda Meca, bem como ʻUthmān, que fora agraciado com notável beleza. "Deus é Belo e ama a beleza!"[1] A visão do casal, pois, era em si uma bênção. Pouco tempo depois do casamento, estando o casal ausente de Meca, o Profeta enviou-lhes um mensageiro que só retornou muito mais tarde que o previsto; e antes que começasse a apresentar suas desculpas pelo atraso, o Profeta o interrompeu com estas palavras: "Vou dizer-te, com a tua permissão, por que demoraste: ficaste pasmo, contemplando ʻUthmān e Ruqayyah, admirado de tanta beleza".[2]

---

[1] Dito do Profeta, Ibn Ḥanbal IV, 133-4.

[2] As-Suhaylī 205.

Nessa época, Arwà, tia do Profeta, converteu-se ao Islām. A causa imediata de sua decisão foi seu filho de quinze anos de idade, Ṭulayb, que fez a profissão de fé na casa de Arqam. Quando Ṭulayb anunciou sua converção à mãe, ela lhe disse: "Ah, se pudéssemos fazer o mesmo que os homens fazem, protegeríamos o filho de nosso irmão". No entanto, Ṭulayb recusou-se a aceitar tal evasiva: "O que te impede de abraçar o Islām e segui-lo?" – exclamou. "Teu irmão Ḥamzah já o fez." E quando ela quis invocar sua habitual desculpa, a de que tinha de consultar e ver o que fariam suas irmãs, ele a interrompeu dizendo: "Por Deus, eu te ordeno; vai saudar o Profeta, dize-lhe que nele depositas tua confiança, e dá testemunho de que não há divindade senão Deus". E ela se submeteu, e, em seguida, tomou coragem para repreender seu irmão Abū Lahab pela forma como tratava o sobrinho.

Quanto à família de Khadījah, seu meio-irmão Nawfal tornou-se um dos inimigos mais determinados e violentos do Islām, tão logo a Mensagem ficou conhecida em Meca. Isso, porém, não impediu que o próprio filho de Nawfal, Aswad, abraçasse a nova religião, o que serviu de consolo à esposa do Profeta pela inimizade do pai. Khadījah sofreu, ainda, a decepção de ver seu sobrinho preferido, o shamsita Abu l-'Āṣ, que anos antes se tornara seu genro, recusar o Islām, ao contrário do que fez sua esposa Zaynab; por isso, os chefes de seu clã fizeram forte pressão para que ele a repudiasse, chegando mesmo a prometer-lhe que a noiva mais rica, mais bela e bem relacionada que pudessem encontrar em Meca lhe seria destinada, caso se divorciasse. Mas Zaynab e Abu l-'Āṣ se amavam: a mulher não cessava de rezar para que o esposo se juntasse a ela no Islām, enquanto ele declarava com firmeza aos homens de seu clã que já tinha a esposa de sua escolha e que não queria outra senão ela. Ḥakīm, outro sobrinho de Khadījah, filho de seu irmão Ḥizām (que lhe havia presenteado o servo Zayd vinte anos atrás), conservava, como Abu l-'Āṣ, toda a afeição pela tia e pelos membros de sua casa, sem, no entanto, renunciar aos deuses dos Quraysh; contudo, Khālid, irmão de Ḥakīm, entrou para o Islām.

"Por certo, Muḥammad, não podes guiar quem quer que ames, mas Deus guia a quem Ele quer".[1] A verdade expressa neste versículo é repetida constantemente ao longo do Corão. Se, todavia, tais Revelações mitigavam o sentimento de responsabilidade que pesava sobre o Profeta, não diminuía

[1] Corão, 28:56.

sua tristeza ante a hostilidade de seu primo makhzūmita 'Abd Allāh. Outro caso que o entristeceu talvez ainda mais foi o de seu sobrinho, o filho de seu tio Ḥārith, Abū Sufyān, que era ao mesmo tempo seu irmão de leite, primo e amigo de infância. O Profeta esperava que ele atendesse à Mensagem, mas, com o passar do tempo, o desdém e a frieza de Abū Sufyān só faziam aumentar a barreira entre eles, talvez por influência de seu tio Abū Lahab. Outros além do Profeta experimentaram a veracidade do versículo citado: Abū Bakr foi seguido na conversão ao Islām por sua esposa Umm Rūmān e por 'Abd Allāh e Asmā', os filhos e a filha que ele tivera com outra esposa, que provavelmente já havia falecido àquela época. Umm Rūmān deu-lhe uma segunda filha, que eles chamaram 'Ā'ishah, e que foi, como Usāmah, filho de Zayd, uma das primeiras crianças nascidas no Islām. Mas apesar de ter sido o artífice de tantas conversões, Abū Bakr não conseguiu converter seu primogênito, 'Abd al-Ka'bah, que resistiu a todas as tentativas tanto do pai quanto da mãe, Umm Rūmān, para que abraçasse a religião.

Se os crentes conheceram decepções, seus adversários, por sua vez, ficaram indignados ao serem confrontados, em Meca, por uma nova e imprevisível presença, que ameaçava transtornar seu modo de vida e malograr seus projetos para o futuro, sobretudo aos arranjos de casamento entre seus filhos. Os Bani Makhzūm haviam ficado satisfeitos quando 'Abd Allāh, membro de seu clã, manifestou vivamente sua oposição a seu primo Muḥammad ante a assembleia. Zuhayr, irmão de 'Abd Allāh, ainda que menos hostil à nova religião, igualmente se recusara ao Islām. Como 'Abd Allāh, ele era filho de 'Ātikah, filha de 'Abd al-Muṭṭalib, mas seu falecido pai tinha uma segunda esposa, também chamada 'Ātikah, que lhe dera uma filha. Esta, de nome Hind, era uma mulher de grande beleza, que, pouco depois de completar dezenove anos, casou-se com Abū Salamah, um primo de seus dois meio-irmãos, pertencente a outro ramo dos Makhzūm. O conjunto do clã regozijou-se com o laço que se estabeleceu entre seus dois ramos. Por isso, a consternação foi grande quando souberam que Abū Salamah entrara no Islām, e maior ainda quando Hind – ou Umm Salamah, como a chamavam – em vez de deixar o marido, tornou-se, como ele, uma das mais fiéis discípulas do Profeta.

Após a morte do pai de Abū Salamah, sua mãe, Barrah, casou-se com um homem do clã qurayshita de 'Āmir, com quem teve um segundo filho conhecido pelo nome de Abū Ṣabrah. Suhayl, chefe do clã de 'Āmir, dera recentemente em matrimônio sua filha Umm Kulthūm a Abū Ṣabrah. Barrah, ao contrário de sua irmã Arwà, ainda não tinha entrado para o Islām, mas Abū Ṣabrah já estava sob a influência da nova religião, não somente por intermédio de seu meio-irmão Abū Salamah, mas também por sua madrasta Maymūnah, a segunda esposa de seu pai. Foi a Maymūnah e suas três irmãs, esposas de 'Abbās, Ḥamzah e Ja'far, a quem o Profeta se referiu ao dizer: "Certamente, as irmãs são verdadeiras crentes".[1] O casamento de Maymūnah levou ao clã de 'Āmir uma poderosa presença da fé.

Suhayl tinha outra filha, Sahlah, que fora dada em matrimônio a Abū Hudhayfah, filho do chefe shamsita 'Utbah. O poder do clã de 'Āmir vinha crescendo e este casamento pareceu vantajoso aos dois clãs. No entanto, o jovem casal não tardou a entrar para o Islām, seguindo, ou talvez precedendo, outro casal, Abū Ṣabrah e Umm Kulthūm. Assim, Suhayl perdeu duas filhas para a nova religião, e os dois genros que escolhera com tanto cuidado. Ele viu também seus três irmãos, Ḥāṭib, Salīṭ e Sakrān, e a esposa deste último, sua prima Sawdah, aderirem ao Islām. E, pior ainda, viu seu filho mais velho, 'Abd Allāh, tornar-se um devotado discípulo do Profeta. 'Abd Allāh esperava que seu pai viesse um dia juntar-se aos outros membros da família, e esta esperança era partilhada pelo Profeta, pois sabia-se que Suhayl era mais sábio e piedoso do que a maioria dos outros chefes, e afeito aos retiros espirituais. No entanto, Suhayl não parava de se mostrar hostil à nova fé, sem violência, mas com uma obstinação que não abrandava, e que a desobediência de seus filhos parecia ter recrudescido.

No clã dos 'Abdu Shams, Abū Hudhayfah não era o único filho de chefe a desafiar a autoridade paterna. Khālid, que sonhara que o Profeta o salvava do fogo, manteve sua conversão em segredo, mas seu pai acabou descobrindo e ordenou-lhe que abjurasse. Khālid replicou: "Eu morrerei antes de abandonar a religião de Muḥammad";[2] e logo depois foi impiedosamente espancado e aprisionado, privado do que comer ou beber. Após três dias, ele conseguiu escapar, e seu pai o renegou. De outra parte, 'Utbah foi notadamente menos violento e mais paciente com Abū Hudhayfah, que era apegado ao pai e esperava que, afinal, ele reconhecesse os erros da idolatria.

---

[1] Ibn Sa'd VIII, 203.

[1] Ibn Sa'd IV 1, 68.

Quanto ao ramo Umayyad do clã 'Abdu Shams, houve outras adesões ao Islām, sobretudo após a conversão de 'Uthmān e do casamento com Ruqayyah. Entre os confederados dos Bani Asad ibn Khuzaymah, catorze membros professaram sua fé na nova religião, incluindo os da família Jaḥsh que, como primos do Profeta, tomaram a frente do movimento. Junto com estes importantes confederados, Abū Sufyān, o chefe umayyada, foi desertado pela própria filha, Umm Ḥabībah, que ele mesmo dera em matrimônio a 'Ubayd Allāh ibn Jaḥsh, o irmão mais jovem de 'Abd Allāh.

No clã dos 'Adī, numa de suas famílias principais, já houvera o exemplo, na geração precedente, de como a verdade tem o poder de desfazer outros laços. Nufayl tinha dois filhos, Khaṭṭāb e 'Amr, nascidos de mães diferentes. Com a morte de Nufayl, a mãe de Khaṭṭāb casou-se com seu enteado, 'Amr, e deu-lhe um filho, que recebeu o nome de Zayd. Assim, Khaṭṭāb e Zayd eram meio-irmãos por parte de mãe. Ora, Zayd fora um dos raros homens que, como Waraqah, julgava as práticas idólatras dos Quraysh pelo que realmente valiam; não apenas se recusava a participar como repelia qualquer alimento que houvesse sido sacrificado aos ídolos. Ele se proclamava adorador do Deus de Abraão e não hesitava em repreender publicamente a gente de sua tribo. Khaṭṭāb, por sua vez, era adepto incondicional das práticas qurayshitas e se chocava com o desprezo de Zayd pelos deuses e deusas dos Quraysh. Por isso, Khaṭṭāb perseguiu Zayd e, obrigando-o a abandonar o vale de Meca para viver nas colinas dos arredores, organizou um bando de jovens que tinha por tarefa impedi-lo de se aproximar do Santuário. O exilado deixou então o Ḥijāz e foi a Mosul, ao norte do Iraque, e, em seguida, à Síria, sempre perguntando aos monges e rabinos sobre a religião de Abraão. Foi assim que encontrou um monge que lhe contou que se aproximava o dia em que um profeta surgiria em Meca para pregar a religião que ele buscava. Zayd fez então o caminho de volta, mas, ao atravessar o território de Lakhm, nos confins da Síria, foi emboscado e assassinado. Quando Waraqah soube de sua morte, escreveu uma elegia em seu louvor. Sobre ele, também o Profeta pronunciou palavras elogiosas e declarou que, no Dia da Ressurreição, "ele se erguerá como um homem que possuiu em si mesmo o valor de um povo inteiro".[1]

---

[1] Ibn Isḥāq 145.

Muitos anos se passaram desde a morte de Zayd; Khaṭṭāb também já havia morrido, e seu filho ‘Umar estabelecera laços amigáveis com o filho de Zayd, Sa‘īd, que desposara Fāṭimah, irmã de ‘Umar. A antiga querela entre os dois ramos da família chegara ao fim. Contudo, com o advento do Islām, Sa‘īd foi um dos primeiros a aderir à nova religião, enquanto ‘Umar, que era filho da irmã de Abū Jahl, tornou-se um de seus mais ferrenhos inimigos. Fāṭimah seguiu seu marido, mas nenhum dos dois ousou dizer nada a seu irmão, pois conheciam seu gênio violento. ‘Umar tinha também uma outra razão para odiar o Islām: sua esposa Zaynab era irmã de ‘Uthmān, filho de Maẓ‘ūn, do clã Jumaḥ; este ‘Uthmān tinha a natureza de um asceta, devotado ao monoteísmo desde antes da descida da Revelação. Ele e seus dois irmãos estavam entre os primeiros a responder à nova mensagem, junto com três de seus sobrinhos. Da própria Zaynab, a esposa de ‘Umar, não há registro até este ponto da história, sem dúvida porque, quaisquer que fossem suas simpatias, ela tinha fortes razões para mantê-las secretas. Seu irmão ‘Uthmān, apesar de ser de natureza menos violenta que ‘Umar, tinha um caráter ainda mais intransigente.

Zaynab e seus irmãos eram os primos mais jovens do chefe de seu clã, Umayyah ibn Khalaf, que se tornara, assim como os membros mais próximos de sua família, um dos mais implacáveis inimigos do Islām. Foi seu irmão Ubayy quem, certo dia, ergueu um osso oco diante do Profeta e lhe perguntou: “Pretendes, ó Muḥammad, que Deus possa reviver isto?”. E, em seguida, com um sorriso desdenhoso, esmagou o osso nas mãos, soprando os fragmentos nos olhos do Profeta, que pronunciou as palavras: “Mesmo quanto a isto, eu afirmo: Ele o ressuscitará e a ti também, quando estiveres no mesmo estado; depois, ele te fará entrar no fogo”.[1] É a Ubayy que a seguinte Revelação se refere: “Esqueceu-se de ser ele mesmo criatura e perguntou: ‘Quem fará viver os ossos quando eles virarem pó?’. Diz: ‘Aquele mesmo que lhes deu existência uma primeira vez lhes dará de novo a vida’”.[2]

---

[1] Ibn Isḥāq 239. [2] Corão, 36:78.

25 A hora

Um dos argumentos mais frequentemente invocados pelos descrentes era que, se Deus tivesse realmente uma mensagem para eles, teria enviado um anjo. A isto o Corão replica: "Se os anjos andassem em paz sobre a terra, Nós certamente teríamos feito descer do céu um anjo como Mensageiro".[1] A descida de Gabriel de tempos em tempos não fazia dele um Mensageiro no sentido corânico do termo, pois tal enviado devia estar estabelecido na terra, no seio do povo ao qual a Mensagem foi destinada. A Revelação diz também: "Aqueles que não esperam o reencontro Conosco dizem: 'Por que não fazes descer os anjos sobre nós, ou que vejamos nosso Senhor!'. Mas eles estão cheios de orgulho e dão provas de grande arrogância. O dia em que virem os anjos, tal dia não trará a boa-nova para os pecadores, e os anjos dirão: 'É terminantemente vedado o acesso ao Paraíso [não escapareis ao julgamento e ao castigo]!'".[2] Eles pedirão que uma barreira seja recolocada entre o Céu e a terra, mas em vão. Será então o fim, pois o contato direto entre o Céu e a terra leva à extinção das condições terrestres de tempo e de espaço, e, portanto, à desintegração da terra. "O Dia em que os humanos serão dispersados como frágeis borboletas e as montanhas desintegradas como flocos de lã ao vento."[3] "Esse Dia fará das crianças anciãs encanecidas."[4] Em todo o Corão o fim é continuamente anunciado. É denominado "a Hora", tão próxima, ao alcance da mão, "que pesa sobre os que estão nos céus e na terra".[5] Seu momento ainda não chegou, e quando as Escrituras dizem que está próxima é preciso lembrar que

[1] Corão, 17:95.
[2] Corão, 25:21-2.
[3] Corão, 101:4-5.
[4] Corão, 73:17.
[5] Corão, 7:187.
[6] Corão, 22:47

"por certo, um dia, junto de teu Senhor, é como mil anos dos que contais".[6] Porém, o período durante o qual a Mensagem é revelada não é senão a antecipação da Hora.

Isto se dá segundo a natureza das coisas; não das coisas terrenas em si mesmas, mas num contexto mais amplo. Quando há uma intervenção divina para instituir uma nova religião, abre-se necessariamente uma brecha na barreira que separa o Céu e a terra, uma abertura não tão grande a ponto de transformar radicalmente as condições terrenas, mas o suficiente para tornar o tempo da missão profética uma época excepcional, como foram as de Jesus, Moisés, Abraão e Noé. O Corão diz, a respeito da "Noite do Decreto" (*Laylat al-Qadr*), a noite em que Gabriel foi a Muḥammad na caverna do Monte Ḥirā': "A Noite do Decreto [ou da Revelação, ou do Poder] é melhor que mil meses. Nela os anjos desceram, e também o Espírito".[1] Algo desta qualidade incomparável certamente marcou todo o período dos contatos entre o Profeta e o Arcanjo.

Antecipar a Hora é antecipar o Juízo, e o Corão tinha então declarado ser ele mesmo *al-Furqān*,[2] "o Critério", "o Discernimento" [ou "a Separação"]. A mesma qualidade se aplica necessariamente a toda Escritura, pois uma Revelação é uma presença do Eterno no efêmero, e a presença do outro mundo é uma forma de antecipação do julgamento final. Isto quer dizer que, em muitos casos, independentemente do que o próprio Profeta anunciasse, o destino último do Paraíso ou Inferno deixava-se entrever com evidente clareza. O bem e o mal escondidos nas profundezas recebiam a ordem de subir à superfície. A presença do Mensageiro não podia deixar de produzir um efeito paralelo, pois a poderosa atração exercida por sua direção dava a plena medida da perversidade daqueles que lhe opunham resistência e, ao mesmo tempo, atraía aqueles que o aceitaram na órbita de sua própria perfeição.

Era imediatamente compreensível que a Revelação incitasse os bons a se superarem. Por outro lado, aos crentes, causou não apenas aflição mas também perplexidade ver alguns daqueles que jamais foram considerados maus se revelarem, de súbito, incontestavelmente perversos. O Corão indica que tal mudança nada tinha de surpreendente, uma vez que seus versículos tendem a exacerbar a hostilidade de seus piores inimigos:

---

[1] Corão, 97:3-4.

[2] Este é o título da sura 25.

> Certamente nós lhes demos [aos descrentes], no Corão, grandes exemplos para meditarem, mas isso só lhes aumentou a repulsa à verdade.[1]
>
> Nós lhes demos as razões para crer [lhes inspiramos temor], mas isso não lhes acrescenta senão grande transgressão.[2]

Ninguém anteriormente havia percebido o caráter fundamental de Abū Lahab, e, para citar outro exemplo, o do perverso Umayyah ibn Khalaf, o chefe dos Jumaḥ, que mantivera, até recentemente, relações de amizade com 'Abd ar-Raḥmān ibn 'Awf. O Corão apresenta um paralelo ilustre ao recordar como Noé queixou-se a Deus de que sua mensagem só servia para alargar o fosso que o separava da maior parte de seu povo, extraviando-os ainda mais.[3]

[1] Corão, 17:41. [2] Corão, 17:60. [3] Corão, 71:6.

26 Três perguntas

Em cada assembleia Quraysh, sempre aflorava alguma discussão sobre o que consideravam ser seu maior problema, e foi assim que eles decidiram enviar uma delegação a Yathrib para consultar os rabinos: "Interrogai-os a respeito de Muḥammad", disseram aos emissários. "Descrevei-o e contai-lhes o que ele tem dito; pois eles são o povo da primeira Escritura e possuem um conhecimento dos profetas que nós não temos." Os rabinos enviaram esta resposta: "Perguntai-lhe sobre três coisas, que vos serão instruídas. Se ele as responder, é de fato um profeta enviado por Deus, se não, não passa de um forjador da falsidade. Perguntai sobre alguns rapazes que outrora abandonaram seu povo, e sobre o que lhes aconteceu, pois sua história é prodigiosa; pedi-lhe notícias de um grande viajante que alcançou os confins da terra, de Oriente a Ocidente; finalmente, interrogai-o sobre o que é o Espírito. Se ele vos falar destas coisas, então deveis segui-lo, pois é de fato um profeta".

Quando os emissários voltaram a Meca com as novidades, os chefes dos Quraysh chamaram o Profeta e lhe fizeram as três perguntas. Ele disse: "Amanhã eu vos responderei", mas sem acrescentar "se Deus quiser". Quando vieram em busca da resposta, ele teve de adiar o encontro, o que se repetiu dia após dia até que quinze noites se passassem sem que recebesse uma única Revelação, ou que Gabriel o visitasse. O povo de Meca escarnecia de Muḥammad, que se afligia, entristecido por não receber a ajuda esperada. Enfim, Gabriel trouxe-lhe uma Revelação, repreendendo-o por afligir-se com as palavras de seu povo e dando-lhe respostas para as três questões. A longa espera que teve de suportar foi explicada nestas palavras:

"E não digas jamais: 'Certamente, eu o farei amanhã', sem acrescentar: 'se Deus quiser'".[1]

O atraso desta Revelação, por mais penoso que tenha sido para o Profeta e seus seguidores, acabou servindo de fonte suplementar de força. Os piores inimigos do Profeta se recusaram a tirar conclusões de seu silêncio; mas a grande maioria dos qurayshitas, cujos sentimentos estavam até então divididos, consideraram que o longo silêncio corroborava a afirmação de Muḥammad de que a Revelação vinha do Céu, sem que dela ele tomasse parte ou pudesse controlar. Como conceber que, se Muḥammad houvesse inventado as primeiras Revelações, ele demorasse tanto tempo para forjar a última, sobretudo em momento tão importante?

Aos crentes, essa Revelação inspirou, como sempre, força renovada. Ao pedir a Muḥammad que falasse dos jovens que em tempos remotos abandonaram seu povo – história que ninguém em Meca jamais ouvira – os Quraysh não sabiam das semelhanças que tal relato guardava com sua presente situação, para sua própria vergonha e louvor dos crentes. Conhecida como "a história dos adormecidos de Éfeso", pois foi nesta ilha, em meados do século III da era cristã, contava como alguns rapazes foram perseguidos por seus concidadãos caídos na idolatria, por se manterem fiéis ao culto do Deus Único. Para escapar da morte, eles se refugiaram numa caverna, onde foram miraculosamente induzidos ao sono, do qual só despertaram mais de trezentos anos depois.

Além das circunstâncias já conhecidas dos judeus, a narrativa corânica[2] continha detalhes que nenhum olho humano poderia ter observado, como a aparência dos adormecidos durante seu longo sono, ou o modo como seu fiel cão permaneceu deitado ao seu lado, com as patas dianteiras estendidas no umbral da caverna.

No que concerne à segunda questão, o grande viajante mencionado é *Dhu l-Qarnayn*, "o Bicorne".* A Revelação fala de seu périplo do Extremo

[1] Corão, 18:23-4. [2] Corão, 18:9-25.

* O epíteto *Dhu'l-Qarnayn* (ou *Zul Qarnain*) significa "o Bicorne" ou "o de Duas Épocas", uma vez que *qarn* significa tanto "corno" como "geração", "época", "era" ou "século". Comentaristas clássicos costumam optar pelo primero destes significados ("o Bicorne"), possivelmente devido à influência do antigo simbolismo dos "cornos", entendido no Oriente Medio como sinal de poder e grandeza, ainda que o próprio Corão não confirme esta interpretação. O termo *qarn* (e seu plural *qurún*) aparece no Corão vinte vezes, sem contar a expressão

Ocidente ao Extremo Oriente e, em seguida, indo além da resposta à questão colocada, o Profeta menciona uma terceira viagem misteriosa para um lugar situado entre duas montanhas, onde os habitantes pediram-lhe para construir uma muralha que os protegesse de Gog e Magog e de outros *jinn** que devastavam seu país; e Deus lhe deu o poder para confinar esses maus espíritos num espaço, do qual só sairão no dia designado.[1] Nesse dia, segundo a Revelação ao Profeta, eles provocarão terrível destruição na superfície da terra. Sua saída terá lugar antes da Hora derradeira, mas será um dos sinais de que o fim está próximo.

Em resposta à terceira questão, a Revelação afirmou a transcendência do Espírito em relação à mente do homem, que é incapaz de compreender Sua natureza: "Eles irão interrogar-te a respeito do Espírito. Diz: 'o Espírito procede do comando de meu Senhor; e vós só recebestes um pouco de conhecimento'".**

Os judeus estavam ansiosos para escutar as respostas que Muḥammad daria às suas perguntas; a propósito da última frase sobre o conhecimento, aproveitaram a primeira ocasião para perguntar se ela se referia ao seu próprio povo, os árabes, ou se a eles, os judeus. "Refere-se a ambos", respondeu o Profeta, diante do que retorquiram que haviam recebido o conhecimento de todas as coisas por terem a Torá, livro no qual, segundo afirmação do próprio Corão, "todas as coisas estão expostas".[2] O Profeta respondeu:

Du'l-Qarnain nos versículos 83, 86 e 94 da sura 18, e em todas tem o significado de "geração", no sentido de "pertencente a uma época, ou civilização". A alegoria de *Du'l-Qarnain* ilustra as qualidades de um governante poderoso e justo, designação que remonta ao período pré-islâmico. No contexto corânico, os "dois cornos" podem designar as "duas fontes de poder", a saber: o poder mundano da realeza e a força espiritual, fruto de sua fé em Deus. É precisamente este aspecto que contradiz os comentaristas que identificam *Du'l-Qarnain* com Alexandre Magno, cuja efígie aparece em algumas moedas com uma coroa de dois cornos, assim como alguns reis himiaritas do Iêmen pré-islâmico. Todos estes personagens históricos, ao que consta, eram pagãos e adoravam uma pluralidade de divindades, enquanto que o Corão representa *Du'l-Qarnain* como um firme crente no Deus Único. (N.T.)

* Os *jinn* (ou *djinn*), termo geralmente traduzido como "gênios" e "espíritos", são referidos no Corão como seres invisíveis, benfazejos ou malfazejos, que foram criados do fogo, diferentemente dos homens, que foram criados do barro, mas também semelhantes a estes pela existência, entre eles, dos crentes e dos descrentes. (N.T.)

[1] Corão, 18:93-9.

** Corão, 17:85. A tradução de Helmi Nasr traz "alma" em lugar de "Espírito". (N.T.)

[2] Corão, 6:154.

"Tudo isso é ainda pouco em relação ao próprio Conhecimento de Deus; ainda que lá exista mais que o necessário para responder às vossas necessidades, se ao menos procurásseis colocá-lo em prática...".[1] Foi nesse momento que lhe desceu o versículo relativo às "Palavras de Deus", que exprimem somente uma parte de Seu Saber: "Se todas as árvores da terra fossem cálamos, e o mar, junto a outros sete mares, fosse tinta, não conseguiriam transcrever todas as Palavras de Deus".[2]

Os chefes dos Quraysh não se sentiram inclinados a seguir o conselho dos rabinos, que, por sua vez, não reconheceram em Muḥammad a qualidade profética, apesar de suas respostas terem superado todas as expectativas. As respostas dadas, porém, serviram para converter outros, e, na medida em que os seguidores da nova religião cresciam em número, os opositores do Profeta sentiam que tanto a sua comunidade quanto seu modo de vida estavam ameaçados, e se mostravam ainda mais resolutos na perseguição a todo convertido que pudesse ser maltratado impunemente. Cada clã se ocupava de seus próprios convertidos: aprisionavam os crentes, torturavam-nos com espancamentos, fome e sede, e mantinham-nos estendidos sob o sol escaldante de Meca para que renunciassem à sua religião.

Umayyah, chefe dos Jumaḥ, possuía um escravo africano chamado Bilāl, que era um crente convicto. Todos os dias, seu dono o amarrava ao chão com uma grande pedra sobre o peito, a céu aberto, em pleno sol do meio-dia, jurando que ali o deixaria até a morte, ou até que renunciasse a Muḥammad e adorasse al-Lāt e al-'Uzzah. Apesar de todo o sofrimento, Bilāl não cessava de repetir: "Uno, Uno". Certo dia, o velho Waraqah passou perto do lugar de suplício onde Bilāl repetia sua invocação e o encorajou: "É sim o Uno, o Uno, ó Bilāl", e, virando-se para Umayyah, declarou: "Eu juro por Deus, se tu o matares desta maneira, farei de sua tumba um santuário".

Entre os Quraysh havia membros que já não viviam junto ao seu clã, e foi assim que Abū Bakr adquiriu uma casa entre os Bani Jumaḥ, que, consequentemente, passaram a ter mais oportunidade de ver o Profeta que os outros clãs, pois Muḥammad mantinha o hábito de visitar Abū Bakr todas as tardes. Diz-se que parte da mensagem de um Profeta está inscrita em seu rosto, e o rosto de Abū Bakr era também como um livro. Sua presença

---

[1] Ibn Isḥāq 198. [2] Corão, 31:27.

naquele quarteirão de Meca foi recebida como uma honraria para todo o clã; no entanto, ao mesmo tempo, era fonte de preocupação para seus dirigentes. Foi por intermédio de Abū Bakr que Bilāl entrara para o Islām; assim, vendo-o ser torturado, Abū Bakr se dirigiu a Umayyah: "Não tens qualquer crença em Deus, para tratares assim este pobre homem?" – "Foste tu que o corrompeste", replicou Umayyah, "então, a ti cabe salvá-lo, desde que o tomes para ti." – "É o que farei", disse Abū Bakr; "tenho um jovem negro mais robusto e mais forte que ele, idólatra como tu, que te darei em troca de Bilāl." Umayyah aceitou a oferta e Abū Bakr partiu com Bilāl, que em seguida foi libertado.

Abū Bakr já havia libertado mais outros seis escravos; o primeiro foi 'Āmir ibn Fuhayrah, homem de grande força espiritual e um dos primeiros convertidos ao Islām. 'Āmir era pastor e, depois de livre, passou a encarregar-se dos rebanhos de Abū Bakr. Dentre os libertos, estava também uma jovem escrava pertencente a 'Umar, convertida ao Islām, e por isso maltratada por seu dono para que renunciasse à nova fé. Certo dia, Abū Bakr encontrou 'Umar e perguntou-lhe se queria vender-lhe a escrava. 'Umar concordou e foi assim que Abū Bakr a levou consigo e a libertou.

Um dos perseguidores mais sangrentos do Islām era Abū Jahl. Quando um convertido pertencia a uma família poderosa, capaz de se defender, Abū Jahl contentava-se em insultá-lo, prometendo arruinar sua reputação e até torná-lo objeto de riso público; caso fosse de um comerciante, ameaçava arruinar seu negócio, afastando todos os seus compradores; e se fosse pobre e sem proteção de seu próprio clã, não escaparia da tortura ou até mesmo da morte. Havia também muitos outros clãs de poderosos aliados que ele convenceu a agirem da mesma forma para com seus membros convertidos e indefesos. De fato, foi por sua sugestão que membros de seu clã torturaram três de seus confederados mais pobres: Yāsir, sua esposa Sumayyah e seu filho 'Ammār. Os três se recusaram a renegar o Islām, e foi em consequência dos maus-tratos infligidos que Sumayyah veio a morrer. Entre os perseguidos dos Makhzūm e dos outros clãs, no entanto, houve aqueles que não suportaram os sofrimentos e foram submetidos a tal estado por seus carrascos que passaram a aceitar tudo o que diziam. Se lhes perguntavam: "Al-Lāt e al-'Uzzah não são para vós deuses como Allāh?", eles respondiam: "Sim"; e se uma barata passava perto de onde estavam, e alguém lhes perguntava: "E esta barata não é vosso deus assim como Allāh?"

Eles respondiam "Sim", apenas para escapar a um sofrimento que se tornara insuportável.

As línguas renunciavam à fé, mas não os corações; muitos só podiam praticar o Islām em segredo e numa intimidade que poucos possuíam. Mas havia agora, para eles, um exemplo na história recentemente revelada dos jovens que haviam abandonado seu povo e se refugiado em Deus para não incorrer na idolatria. Quando o Profeta viu que ele mesmo escapava às perseguições que vitimavam muitos de seus discípulos, ele lhes disse: "Se fordes ao país dos abissínios, encontrareis um rei sob cuja tutela ninguém sofre injustiça, pois é um país de sinceridade na religião. Descansai lá até que Deus vos liberte do que sofreis atualmente".[1] Foi assim que alguns de seus Companheiros se puseram a caminho da Abissínia. Esta foi a primeira emigração no Islām.

---

[1] Ibn Isḥāq 208.

27 Abissínia

Os emigrantes foram bem recebidos na Abissínia e lhes foi concedida completa liberdade de culto. Eram cerca de oitenta pessoas, sem contar as crianças pequenas. Não foram todas ao mesmo tempo; suas fugas eram preparadas em segredo e realizadas discretamente, em pequenos grupos. Suas famílias, de fato, não tolerariam tal êxodo e certamente se oporiam se tivessem conhecimento do plano; as partidas eram inesperadas e ninguém se dava conta até que os crentes chegassem ao seu destino. A hostilidade dos chefes Quraysh arrefeceu; eles continuaram a perseguir seus compatriotas, determinados a impedir que se estabelecessem ao sul, longe de seu controle, formando uma comunidade de convertidos que poderia crescer e ameaçar sua hegemonia. Os chefes qurayshitas conceberam rapidamente um estratagema: reuniram os mais preciosos presentes, objetos escolhidos que os abissínios tinham a reputação de mais valorizar; sabiam que seus vizinhos apreciavam particularmente as peles de cabra, e reuniram as melhores e mais finamente curtidas em número suficiente para comprar os favores de cada um dos generais do reino. Dois presentes de grande valor foram reservados para o próprio Negus. Depois disso, escolheram dois embaixadores – um dos quais era 'Amr ibn al-'Āṣ, um saḥmita – e os instruíram a abordar cada general separadamente, dar o presente que lhe era destinado e dirigir-lhe esta mensagem: "Alguns jovens levianos, homens e mulheres, abandonaram nosso povo e estão refugiados neste reino; abandonaram nossa religião, não para adotar a vossa, mas para adotar uma outra que eles inventaram, que é desconhecida por nós e por vós. Os nobres de nosso povo nos mandaram ao encontro de vosso rei a fim de que ele os repatrie. Assim, aconselhai-o para que os entregue em nossas mãos e não lhes dê abrigo, pois nosso próprio povo sabe melhor o que fazer com seus insurgentes". Todos os generais concordaram, e os dois qurayshitas foram levar seus presentes ao Negus, pedindo-lhe que lhes entregasse os emigrantes, expondo seus motivos como haviam feito com os generais, concluindo seus discursos com estas palavras: "Os nobres de nosso povo, que são seus pais, seus tios e seus parentes próximos, rogam-vos que os restituais". Os generais estavam presentes à audiência e, a uma só voz, pediram insistentemente ao Negus que entregasse os refugiados aos cuidados dos emissários, pois os parentes próximos são os melhores juízes das questões familiares. O Negus, no entanto, discordou e declarou: "Não, por Deus, eles não serão traídos, essa gente buscou minha proteção, fez de meu país sua morada e me escolheu como soberano entre todos os outros reinos! Não os abandonarei sem convocá-los e interrogá-los sobre o que estes homens disseram. Se for verdadeiro o que me foi contado, eu os entregarei ao seu próprio povo. Caso contrário, permanecerei seu defensor e benfeitor enquanto procurarem minha proteção".

O Negus mandou chamar os Companheiros do Profeta e convocou seus próprios bispos em assembleia. Os clérigos chegaram com seus livros sagrados e, abrindo-os, dispuseram-nos ao redor do trono real. 'Amr e o emissário que o acompanhava haviam tentado evitar esse encontro entre o Negus e os refugiados, pois tal encontro, mais do que conseguiam prever, poderia tornar-se desvantajoso para eles. O que não sabiam, de fato, é que os abissínios os toleravam por razões comerciais e políticas, mas desaprovavam seu paganismo e não sentiam qualquer afinidade com eles e suas práticas. Os abissínios eram cristãos e piedosos: haviam sido batizados, adoravam o Deus Único e levavam na carne o sacramento da Eucaristia. Consequentemente, eram sensíveis à diferença entre o sagrado e o profano, e percebiam com agudeza a mundanidade de um homem como 'Amr. Eles foram mais sensíveis ainda – e o Negus mais do que qualquer outro – à sinceridade e à profundidade espiritual que emanavam do grupo de crentes quando adentraram a sala do trono. Naquele instante, um murmúrio de admiração elevou-se dentre os bispos e os outros assistentes que, espontaneamente, reconheceram os recém-chegados como homens e mulheres mais próximos deles que todos os Quraysh que haviam encontrado até então. E mais, a maior parte dos crentes eram jovens, cuja atitude transparecia a mais pura devoção, aliada ao viço e beleza naturais.

A emigração, contudo, não foi necessária para todos. A família de ‘Uthmān, notoriamente, havia muito abandonara toda tentativa para fazê-lo renegar sua fé, mas o Profeta lhe havia dado permissão de partir e levar consigo Ruqayyah. Sua presença era uma fonte de força para a comunidade de exilados. Outro casal exemplar pela conduta e plena felicidade eram Ja‘far e sua esposa Asmā’. Em Meca, sua proteção estava garantida por Abū Ṭālib, mas os refugiados tinham necessidade de um porta-voz, e Ja‘far era um orador eloquente. Sua personalidade exercia forte atração, a ponto de o Profeta lhe dizer: “Tu te pareces comigo na aparência e no caráter”.[1] Por seu carisma e inteligência, Ja‘far foi o eleito para ser o lider da comunidade de exilados, função na qual era auxiliado por Muṣ‘ab, dos ‘Abd ad-Dār, um jovem de grandes qualidades, a quem mais tarde o Profeta confiaria missão de importância capital. Igualmente notável era o jovem makhzūmita chamado Shammās, cuja mãe era irmã de ‘Utbah. Seu nome, que significa “diácono”, ou “servidor”, fora-lhe dado por ocasião da visita de um clérigo cristão a Meca, um homem de beleza excepcional que suscitava a admiração geral. Conta-se que, ao ver a reação de seus concidadãos, ‘Utbah exclamou: “Eu vos mostrarei um *shammās* mais belo do que este”, e foi buscar o filho de sua irmã para o deleite de todos. Entre os emigrados estava também Zubayr, filho de Ṣafiyyah, bem como os primos do Profeta: Ṭulayb, filho de Arwà; os dois filhos de Umaymah: ‘Abd Allāh ibn Jaḥsh e ‘Ubayd Allāh, e a esposa umayyada de ‘Ubayd Allāh, Umm Ḥabībah; e os dois filhos de Barrah, Abū Salamah e Abū Ṣabrah, ambos acompanhados de suas esposas. Foi pela bela Umm Salamah que nos foi transmitida a maioria dos relatos dessa primeira emigração.

Quando estavam todos reunidos, o Negus dirigiu-lhes estas palavras: “Qual é essa religião que vos levou ao exílio de vosso povo, já que não adotastes minha religião nem qualquer outra dos povos que vos cercam?”. Ao que Ja‘far respondeu: “Ó nobre rei, éramos um povo mergulhado na ignorância. Adorávamos ídolos, comíamos da carne não consagrada, cometíamos todo tipo de abominações, sempre com o forte devorando o fraco. Assim éramos nós, até que Deus nos enviou um Mensageiro, escolhido dentre nós, de quem conhecemos a linhagem, a veracidade, a fidelidade e a integridade. Ele nos chamou à presença de Deus, para que pudéssemos

[1] Ibn Sa‘d IV/1, 24.

atestar Sua Unidade, adorá-Lo e renunciar às pedras e aos ídolos que nós e nossos pais adorávamos. Ele nos instruiu a dizer a verdade, manter nossas promessas, respeitar os laços de parentesco e os direitos de nossos vizinhos, e de nos abster de cometer crimes e derramar sangue. Assim, adoramos somente Deus, sem nada Lhe associar, tomando por proibido o que Ele proibiu, e por lícito o que Ele tornou lícito. Foi por essa razão que nossa gente se voltou contra nós, que nos perseguiram para nos obrigar a renegar nossa fé e a abandonar a adoração de Deus para nos submeter aos ídolos. Foi por isso que viemos ao vosso país, preferindo-o a todos os outros; temos sido felizes sob tua proteção e temos a esperança, ó rei, de que aqui, contigo, não sofreremos injustiça".

Os intérpretes reais traduziram tudo o que foi dito. Então o Negus perguntou se eles possuíam trechos da Revelação que seu Profeta lhes trouxera da parte de Deus. Ja'far respondeu afirmativamente e o Negus pediu-lhe que recitasse algumas passagens. Ja'far obedeceu recitando vários versículos da sura de Maria, que fora revelada pouco antes de sua partida:

> E [Muḥammad] menciona, neste Livro, Maria, quando abandonou sua família e retirou-se para um lugar a Oriente, colocando um véu entre ela e os seus. Nós lhe enviamos Nosso Espírito que se apresentou a ela sob a forma de um homem perfeito. Ela disse: "Peço refúgio contra ti junto ao Misericordioso; se és piedoso, não te aproximes". Ele disse: "Sou o enviado de teu Senhor, para trazer-lhe um filho puro". Ela disse: "Como terei um filho se nenhum homem me tocou e se não sou uma mulher mundana?". Ele respondeu: "Teu Senhor disse: 'Isso é fácil para Mim. Nós faremos dele um sinal para os homens e uma misericórdia vinda de Nós'. E este é um decreto irrevogável".[1]

Ouvindo a recitação destes versículos, o Negus chorou, assim como seus bispos; e todos choraram novamente quando lhes foi traduzida a passagem. "Em verdade", disse o Negus, "isso veio da mesma fonte que nos trouxe Jesus." Em seguida, ele se voltou aos dois emissários dos Quraysh e lhes disse: "Por Deus, retirai-vos, não os entregarei a vós e eles não serão traídos".

Quando estavam longe da presença real, 'Amr confidenciou ao seu companheiro: "Amanhã, cortarei pela raiz a prosperidade e amizade de que desfrutam; direi ao Negus que eles afirmam que Jesus, o filho de Maria, é um escravo". E assim, na manhã do dia seguinte, ele foi ao encontro do Negus

---

[1] Corão, 19:16-21.

e lhe disse: "Ó rei, eles proferem uma enorme blasfêmia relativa a Jesus, filho de Maria. Chama-os e pergunta-lhes o que dele dizem". O Negus convocou-os para que lhe viessem falar de Jesus, o que os deixou perturbados, pois era a primeira vez que eles enfrentavam tal situação. Eles se reuniram para confabular sobre o que deveriam responder quando fossem interpelados, sabendo que não havia outra escolha senão repetir o que Deus mesmo havia dito. Assim, quando o rei lhes perguntou – "O que professais a respeito de Jesus, o filho de Maria?" – Ja'far respondeu: "Dele dizemos aquilo que o Profeta nos disse: que é servidor de Deus, Seu Enviado, Seu Espírito e Seu Verbo, que Ele verteu em Maria, a Santa Virgem". Pegando uma vareta, o Negus declarou: "A distância entre Jesus, o filho de Maria, e o que acabastes de dizer não ultrapassa a espessura desta vareta". E, quando os generais que o cercavam começaram a bufar e pigarrear, ele bradou: "Vós podeis até mesmo grunhir!". Depois ele se dirigiu a Ja'far e seus companheiros, dizendo-lhes: "Segui à vontade, pois estais em segurança em meu país. Nem por montanhas de ouro, faria mal a qualquer um de vós". E, apontando para os emissários dos Quraysh, disse aos servos: "Devolvei a estes homens seus presentes, pois não me têm serventia!". E foi assim que 'Amr e os outros emissários voltaram cobertos de vergonha a Meca.

Entretanto, a notícia do que o Negus ouvira e dissera a respeito de Jesus espalhou-se pelo povo. As pessoas ficaram confusas e foram ao seu encontro para pedir uma explicação, acusando-o de ter abandonado sua religião. O Negus ordenou que fossem preparados barcos para Ja'far e seus companheiros e avisou-os de que deveriam embarcar e estar praparados para alçar velas, se necessário. Depois, tomou um pergaminho sobre o qual escreveu estas palavras: "Dou testemunho de que não há outra divindade senão Deus e de que Muḥammad é Seu Servo e Seu Enviado; e que Jesus, filho de Maria, é Seu Servo, Seu Enviado, Seu Espírito e Seu Verbo, que Ele depositou em Maria". Em seguida, colocou o pergaminho sob sua túnica e dirigiu-se ao povo que estava reunido para encontrá-lo, nestes termos: "Abissínios, não tenho eu o direito de ser vosso rei?". Eles responderam afirmativamente. "O que pensais de minha vida entre vós?" – "Ela tem sido a melhor das vidas", eles responderam. "Qual é então a causa de vossa preocupação?", ele perguntou. "Tu abandonaste nossa religião", eles disseram, "e afirmas que Jesus é um servo." – "O que dizeis vós, então, a respeito de Jesus?", ele perguntou. "Dizemos que ele é filho de Deus", responderam-lhe. Após ouvir essas palavras, o Negus colocou a mão sobre o peito e apontando o dedo para o lugar onde estava guardado o pergaminho, ele atestou que acreditava "nisto", o que o povo entendeu como referência às suas próprias palavras.[1] Assim, eles ficaram satisfeitos e se foram, pois estavam felizes sob o governo do Negus e só precisavam ser tranquilizados. O Negus avisou a Ja'far e a seus companheiros que podiam deixar os navios e retornar às suas habitações, onde continuariam a viver em paz e segurança.

[1] Ibn Isḥāq 224.

28 ‘Umar

Quando os dois emissários recém-chegados a Meca anunciaram que haviam sido praticamente escorraçados e que os muçulmanos estavam sob o favor e a proteção do Negus, a indignação se apoderou dos Quraysh; a perseguição e a repressão aos crentes foi imediatamente intensificada, particularmente as ações sob o comando de Abū Jahl, cujo sobrinho, ‘Umar, mostrava-se um dos mais diligentes em executar as ordens do tio. ‘Umar tinha então cerca de vinte e seis anos e era conhecido pelo caráter resoluto e inflexível. Mas, ao contrário de seu tio, ele era piedoso, e esse era, de fato, o principal motivo de sua oposição à nova religião. Khaṭṭāb, seu pai, criara-o na veneração à Caaba e no respeito a tudo o que estava indissoluvelmente ligado a esse lugar sagrado, inclusive deuses e deusas. Para ele, todas essas coisas formavam uma unidade, cujo caráter sacrossanto não podia ser posto em dúvida e, menos ainda, alterado. Até recentemente, os Quraysh estavam unidos, mas Meca era agora uma cidade dividida em duas religiões e duas comunidades. ‘Umar via claramente que toda a desordem só tinha uma causa. Bastaria eliminar o homem responsável para que tudo voltasse ao que era antes. Para ele, não havia outro remédio, um remédio de efeito cabal e imediato. Tais eram os pensamentos que continuamente ocupavam seu espírito, até o dia em que, pouco tempo após o retorno dos emissários da Abissínia, um súbito lampejo de cólera o pôs em ação. Cingiu sua espada, desembainhou-a e saiu; havia dado poucos passos quando se encontrou face a face com Nu‘aym ibn ‘Abd Allāh, um homem de seu clã. Nu‘aym abraçara o Islām, mas guardava segredo por causa de ‘Umar e outros membros de seu povo. Vendo a expressão feroz que se estampava no rosto de ‘Umar, Nu‘aym perguntou-lhe aonde ia.

“Vou encontrar Muḥammad, aquele renegado, que dividiu os Quraysh”, respondeu ‘Umar, “e o matarei.” De início, Nu‘aym tentou detê-lo, fazendo-o ver que seria muito arriscado, que poderia ele mesmo perder a vida. Depois, vendo que ‘Umar permanecia surdo a tal argumento, concebeu um plano capaz de ao menos retardá-lo tempo suficiente para poder alertar os crentes. Mas sua manobra o obrigava a trair o segredo de alguns companheiros que, como ele, escondiam sua condição de muçulmanos; sabia que o perdoariam, e mesmo aprovariam ante as circunstâncias. “Ó ‘Umar”, ele disse, “por que não capturas antes os de tua própria casa e com eles não acertas as contas?” – “Quais pessoas de minha casa?”, perguntou ‘Umar. “Teu cunhado Sa‘īd e tua irmã Fāṭimah”, respondeu Nu‘aym; “ambos seguem a religião de Muḥammad. É tua a responsabilidade quanto a eles.” Sem mais uma palavra, ‘Umar deu meia-volta e dirigiu-se à casa de sua irmã. Um pobre confederado Zuhrah, de nome Khabbāb, que frequentemente vinha recitar o Corão a Sa‘īd e Fāṭimah, estava com o casal naquele momento; juntos liam as páginas que ele tinha nas mãos, nas quais estava transcrita a sura intitulada *Ṭā-Hā*, que acabara de ser revelada. Quando escutaram a voz de ‘Umar, que, aproximando-se da casa e chamando com cólera o nome de sua irmã, Fāṭimah tomou o manuscrito e ocultou-o sob seu manto, e Khabbāb se escondeu num canto. Mas ‘Umar havia escutado sua recitação e, ao entrar, disse-lhes: “O que estáveis resmungando?”. Eles tentaram fazê-lo crer que estava enganado. “Escutei perfeitamente”, ele protestou, “e contaram-me que vos tornastes discípulos de Muḥammad.” Então, ‘Umar se lançou sobre seu cunhado Sa‘īd e começou a surrá-lo, e, quando Fāṭimah avançou para defender o marido, golpeou-a com tanta força que ela sangrou. “Está bem, então”, eles declararam, “somos muçulmanos e cremos em Deus e em Seu Mensageiro. Faz agora o que quiseres.” Vendo o sangue da irmã, ‘Umar sentiu grande remorso e mudou de atitude. “Dá-me então o texto que recitáveis para que eu possa conhecer o que Muḥammad trouxe”, ele pediu à irmã. Como eles, ‘Umar também sabia ler, mas sua irmã lhe respondeu: “Tememos entregá-lo a ti”. – “Nada temais”, ele disse, desafivelando o cinto e deixando cair o sabre, e jurou pelos seus deuses que o devolveria após tê-lo lido. Fāṭimah podia ver que ele se acalmara e sentiu grande desejo de trazê-lo para o Islām. “Meu irmão”, ela disse, “estás maculado por tua idolatria e somente aqueles que são puros podem tocar o texto.” Ao ouvir estas palavras, ‘Umar deixou-se lavar e só então ela lhe entregou a página que continha os primeiros versículos da sura *Ṭā-Hā*. 'Umar começou a ler e, após terminar a passagem, exclamou: "Que beleza, quanta nobreza há nestas palavras!". Ao escutá-lo falar assim, Khabbāb saiu de seu esconderijo e lhe disse: "'Umar, tenho a esperança de que Deus te tenha escolhido pela graça da prece de Seu Profeta, de quem ontem mesmo escutei pronunciar este pedido: 'Ó Deus, reforça o Islām pela conversão de Abu l-Ḥakam, filho de Hishām, e de 'Umar, filho de Khaṭṭāb!'." – "Dize-me, Khabbāb", perguntou 'Umar, "onde está neste momento Muḥammad para que eu possa ir ao seu encontro e do Islām?" Khabbāb informou-lhe de que o Profeta estava na casa de Arqam, perto da porta de Ṣafā, com muitos de seus companheiros. 'Umar cingiu novamente sua espada e se dirigiu a Ṣafā, bateu à porta da casa e se identificou. Avisados por Nu'aym, os muçulmanos já o esperavam, mas ficaram surpresos com o tom sereno de sua voz. Um dos crentes foi à porta, olhou por uma fresta e voltou inquieto. "Ó Mensageiro de Deus", ele disse, "é realmente 'Umar, e está portando sua espada". – "Faze-o entrar", disse Ḥamzah, "se veio com boa intenção, nós o cumularemos de gentilezas; e se não, nós o mataremos com a própria espada". O Profeta aprovou sua entrada e, indo ao seu encontro, abraçou-o e levou-o até o meio da sala. "O que te traz aqui, ó filho de Khaṭṭāb? Não consigo imaginar algo que te fizesse mudar de conduta, a não ser que Deus te tenha enviado alguma calamidade", disse-lhe o Profeta. "Ó Mensageiro de Deus", disse 'Umar, "venho a ti para declarar minha fé em Deus, no Seu Mensageiro e naquilo que nos trouxe da parte de Deus." – "*Allāhu Akbar*! (Deus é Maior!)", exclamou o Profeta em alto tom de voz, de modo que todos que estavam na casa souberam que 'Umar entrara para o Islām; e regozijaram.[1]

Para 'Umar não havia possibilidade de guardar segredo de sua conversão. Ele tinha de contar tudo a todos, em particular àqueles que eram os mais hostis ao Profeta. Alguns anos mais tarde, escutaram-no dizer muitas vezes: "Quando entrei para o Islām, naquela mesma noite, pensei: quem é, dentre os de Meca, o mais aguerrido em sua hostilidade ao Mensageiro de Deus, para que eu possa ir ao seu encontro e dizer-lhe que me tornei muçulmano? Abū Jahl!, foi a resposta. Assim, na manhã seguinte, fui bater à porta de Abū Jahl, que me recebeu, saudando-me: 'Boas-vindas ao filho de

[1] Ibn Isḥāq 227.

minha irmã. O que te traz aqui?'. Respondi: 'Vim dizer-te que creio em Deus e em Seu Mensageiro, Muḥammad; sou testemunha da verdade que ele traz'. – 'Amaldiçoado sejas!', gritou Abū Jahl, 'e também a notícia que trouxeste!' Depois disso, ele bateu a porta em minha cara".[1]

[1] Ibn Isḥāq 230

29 O banimento e sua posterior revogação

Para ‘Umar, o fato de os Quraysh poderem cultuar seus ídolos abertamente na Caaba enquanto os crentes eram obrigados a adorar Deus em segredo era intolerável. Por isso, tinha o costume de orar diante da Caaba e de encorajar outros muçulmanos a se unirem a ele. Algumas vezes, ele e Ḥamzah reuniam um grupo de crentes e se dirigiam ao Santuário. Em tais ocasiões, os chefes Quraysh não interferiam. Por um lado, feria-lhes a dignidade permanecerem passivos, por outro, se manifestassem qualquer oposição, ‘Umar não deixaria de confrontá-los. No entanto, para mostrar ao rapaz que ele não os intimidava, decidiram, por instigação de Abū Jahl, proclamar a interdição sobre a totalidade do clã Hāshim, do qual todos os membros, à exceção de Abū Lahab, estavam determinados a proteger seu parente, estivessem ou não convictos da qualidade profética de Muḥammad. Foi redigido, então, um documento que estabelecia que daquele momento em diante ninguém mais deveria desposar uma mulher dos Hāshim, nem dar a filha em casamento a um homem deste clã; além disso, nenhum Quraysh deveria vender ou comprar qualquer coisa de um hāshimita. Essa interdição vigoraria enquanto os Hāshim não declarassem Muḥammad um fora da lei, ou que ele próprio renunciasse à condição de profeta. Pelo menos quarenta chefes qurayshitas colocaram seu selo neste acordo, ainda que alguns deles o fizessem sem convicção, ou simplesmente por coação. O clã de Muṭṭalib recusou-se a abandonar seus primos hāshimitas, e por isso também foi incluído no banimento proclamado solenemente no interior da Caaba.

Preocupados em garantir mutuamente sua segurança, os Bani Hāshim começaram a mudar para o mesmo setor do vale de Meca em que Abū Ṭālib morava, agora com a maior parte do clã. Quando o Profeta e Khadījah chegaram com seus familiares, Abū Lahab e sua mulher deixaram sua casa em sinal de solidariedade ao conjunto dos Quraysh para instalar-se na moradia que possuíam em outra vizinhança.

O banimento não pôde ser aplicado com rigor; era muito difícil assegurar um bloqueio completo, pois laços familiares eram mais fortes que qualquer édito, e uma mulher continuava a pertencer à sua família de origem, mesmo depois de casada com um homem de outro clã. Assim, Abū Jahl, por vários motivos, nem sempre conseguia impor sua vontade. Um dia, Ḥakīm, sobrinho de Khadījah, ia em direção às moradas dos Bani Hāshim, acompanhado de um escravo que carregava um saco de farinha, quando encontrou Abū Jahl, que os acusou de levar alimento aos renegados e ameaçou denunciá-los aos Quraysh. No decorrer da discussão, por ali passou Abu l-Bakhtarī, outro membro do clã Asad, e perguntou qual era o motivo da altercação. Ao ser informado do caso, ele disse a Abū Jahl: "Essa farinha pertence a nossa tia e foi ela quem mandou buscá-la. Deixa-o ir!". Nem Ḥakīm, nem Abu l-Bakhtarī eram muçulmanos, mas o transporte de um saco de farinha entre dois membros do clã Asad não dizia respeito a ninguém que não pertencesse ao clã. A intromissão do makhzūmita Abū Jahl era, portanto, ofensiva e intolerável. Como Abū Jahl continuava a mostrar-se insistente, Abu l-Bakhtarī pegou um osso de camelo e golpeou-lhe a cabeça com tanta força que ele caiu ao chão, semiconsciente, e, em seguida, os outros surraram-no sem piedade, para satisfação de Ḥamzah, que presenciou o ocorrido.

Neste caso, Ḥakīm estava em seu direito, mas outros violaram a restrição por simples simpatia aos degredados. Hishām ibn 'Amr, dos 'Āmir, não tinha sangue hāshimita, mas sua família estabelecera laços matrimoniais com o clã. Muitas vezes, no meio da noite, ele levava um camelo carregado de mantimentos até a entrada da área em que vivia Abū Ṭālib, tirava os arreios do animal e, com um tapa, mandava-o em direção às casas; às vezes, carregava o camelo com roupas e outros víveres.

Além da ajuda dos descrentes, os proscritos eram auxiliados pelos muçulmanos de outros clãs, em particular por Abū Bakr e 'Umar, que encontravam diversos meios de contornar a interdição. Ao fim de dois anos, Abū Bakr havia gasto grande parte de sua fortuna. No entanto, apesar da assistência, os dois clãs banidos estavam sempre racionando víveres ou mesmo passando por privações.

Nos meses sagrados, os exilados podiam deixar seu refúgio e transitar livremente pela cidade, sem medo de serem molestados. Durante este período, o Profeta ia frequentemente ao Santuário, e os chefes dos Quraysh aproveitavam sua presença para insultá-lo com zombarias. Uma vez, quando o Profeta recitava os versículos revelados que advertiam os Quraysh com as mesmas calamidades que se haviam abatido sobre os povos do passado, Naḍr, do clã ʻAbd ad-Dār, caminhou resolutamente até o meio do recinto e declarou: "Por Deus, Muḥammad não é melhor orador do que eu. Ele só faz recontar histórias dos tempos antigos, que foram escritas por ele, assim como as minhas o foram por mim", e pôs-se a relembrar as histórias de Rustum, de Isfandiyār e dos reis da Pérsia. Foi para este propósito que foi revelado um dos muitos versículos em que o coração é apresentado como uma faculdade pela qual o homem pode ter a visão das realidades sobrenaturais. O olho do coração, ainda que esteja cerrado no homem decaído, é capaz de captar um vislumbre da Luz, e isso é a fé. Mas, naquele que vive no pecado, produz-se uma camada de ferrugem ao redor do coração que o incapacita de perceber a origem divina da Mensagem: "Quando lhe são recitados Nossos versículos, ele diz: 'São fábulas dos antigos'. De modo algum! Seus corações estão enferrujados pelos atos que praticaram".[1] O oposto desse estado é representado pelo Profeta – a personificação da possibilidade suprema de intuição das realidades celestes –, que declarou que, mesmo durante o sono, o olho de seu coração estava desperto: "Meu olho dorme, mas meu coração vela".[2]

Outra Revelação, uma das poucas em que um contemporâneo do Profeta é mencionado pelo nome, veio afirmar que Abū Lahab e sua esposa estavam destinados ao inferno.* Umm Jamīl tomou conhecimento disto e dirigiu-se à Mesquita com um pilão de pedra nas mãos, procurando o Profeta, que estava em companhia de Abū Bakr, a quem perguntou: "Onde está teu companheiro?". Ele sabia que ela se referia ao Profeta, que estava ali, em pé, diante dela, e a estupefação o impediu de responder. "Ouvi dizer que ele me caluniou e, por Deus, se o encontro, esmago-lhe a boca com este pilão!" E então, Umm Jamīl acrescentou: "Quanto

---

[1] Corão, 83:13-14. [2] Ibn Isḥāq 375; al-Bukhārī XIX, 16 *et passim.*

* Embora o Autor mencione Corão, 91, não há nenhuma menção a Abū Lahab ou sua esposa, mas ao "povo de Thamūd", citado também em Corão, 7:73. (N.T.)

a mim, sou uma verdadeira poetisa", e recitou alguns versos que compusera sobre o Profeta:

Ao réprobo, desprezamos,
de seu comando, escarnecemos,
e sua religião, odiamos.

Quando ela partiu, Abū Bakr perguntou ao Profeta se verdadeiramente ela não o havia visto. "Ela não me viu", disse ele, "Deus afastou de mim sua mirada." Intencionalmente, o termo "réprobo" ou "condenado", em árabe *mudhammam*, foi usado como o oposto exato de *muḥammad*, que significa "glorificado", "louvado", e é por isso que os Quraysh frequentemente o utilizavam com sarcasmo para insultar o Profeta. E ele dizia aos seus Companheiros: "Não é maravilhosa a maneira como Deus afasta de mim as injúrias dos Quraysh? Eles insultam Mudhammam, enquanto eu sou Muḥammad".[1]

Dois anos se haviam passado desde o banimento dos clãs Hāshim e Muṭṭalib sem que houvesse qualquer sinal dos resultados esperados. Pelo contrário, pois o banimento tivera como consequência imprevista chamar as atenções sobre o Profeta, fazendo a nova religião ser cada vez mais comentada por toda a Arábia. Independentemente dessas considerações, muitos qurayshitas começaram a ver esse exílio sob outro ângulo, em particular aqueles que tinham parentes próximos entre os banidos. O momento resultou em uma mudança de atitude, e o primeiro a reagir foi aquele mesmo Hishām, que muitas vezes enviara camelos carregados de víveres aos hāshimitas. Sabendo que nada poderia fazer sozinho, ele foi ao encontro do makhzūmita Zuhayr, um dos filhos de 'Ātikah, tia do Profeta, e lhe disse: "Estás feliz de ter o que comer, o que vestir e de poder casar-te, mesmo sabendo do estado em que se encontram os parentes de tua mãe? Eles não podem comprar, nem vender, nem se casar; e juro por Deus que se ordenassem a Abu l-Ḥakam [Abū Jahl] que fizesse a seu clã o que fez com as famílias dos outros, ele próprio jamais teria aceito". – "Falaste bem, Hishām", disse Zuhayr, "mas o que posso fazer? Estou sozinho. Houvesse alguém comigo, não descansaria até obter a revogação do banimento." – "Já encontraste um aliado", disse Hishām. "Quem?", perguntou Zuhayr.

[1] Ibn Isḥāq 234.

"Eu mesmo", respondeu Hishām. "Então, busquemos um terceiro", disse Zuhayr. Hishām foi encontrar Muṭ'im ibn 'Adī, um dos notáveis do clã Nawfal, que era neto do próprio Nawfal e irmão de Hāshim e de Muṭṭalib. "Queres que dois dos filhos de 'Abdu Manāf pereçam enquanto tu aprovas a conduta dos Quraysh?", perguntou-lhe Hishām. "Por Deus, se permitires que eles façam isso, logo será a ti que perseguirão." Muṭ'im pediu o apoio de um quarto homem, e Hishām foi atrás de Abu l-Bakhtarī, do clã Asad, aquele mesmo que surrara Abū Jahl a propósito do saco de farinha de Khadījah. Abu l-Bakhtarī também pediu mais apoio, de um quinto homem, e Hishām dirigiu-se a outro asadita, Zam'ah ibn al-Aswad, que se prontificou a ajudar, sem exigir um sexto. Eles combinaram encontrar-se naquela mesma noite, no Monte Hajūn, acima de Meca, e foi lá que acertaram seu plano de ação e declararam seu compromisso recíproco de não abandonar o caso até que o banimento fosse anulado. "O maior interesse é o meu", disse Zuhayr, "e por isso falarei primeiro."

No dia seguinte, no momento combinado, eles se juntaram ao povo reunido na Mesquita, e Zuhayr, vestindo uma longa túnica, andou sete vezes ao redor da Caaba. Depois, voltou-se para a multidão e disse: "Povo de Meca, vamos continuar a comer e a nos vestir enquanto os filhos de Hāshim estão a ponto de perecer sem poder comprar ou vender víveres para subsistir? Por Deus, não darei trégua enquanto não for rasgada essa injusta declaração de banimento". – "Tu mentes! Ela não será rasgada", gritou seu primo Abū Jahl. "Tu que és o mentiroso", retrucou Zam'ah, "nós não éramos favoráveis a esse documento quando ele foi redigido." – "Zam'ah tem razão", declarou Abu l-Bakhtarī, "nós não estamos de acordo com o que nele está escrito e o desaprovamos." – "Vós dois tendes razão", confirmou Muṭ'im, "e aquele que disser o contrário é o enganador. Deus é testemunha de que não somos responsáveis pelo documento nem pelo que ali está escrito." Hishām usou quase a mesma linguagem, e quando Abū Jahl começou a acusá-los de terem tramado tudo na calada da noite, Muṭ'im cortou-lhe a palavra e entrou na Caaba para resgatar o documento, e, algum tempo depois, ressurgiu triunfante, empunhando um pequeno pedaço de pergaminho roto: os vermes haviam roído inteiramente a proclamação de banimento, com exceção das primeiras palavras: "Em Teu nome, ó Deus!".

A maioria dos Quraysh fora praticamente conquistada para a revogação do banimento, e o presságio irrefutável que presenciaram acabou por firmar sua decisão. Abū Jahl e um ou dois irredutíveis compreenderam que seria inútil resistir. Revogada a proscrição, um grupo de qurayshitas foi dar as boas-novas aos Bani Hāshim e aos Bani Muṭṭalib.

O fim do banimento trouxe grande alívio para todos em Meca e atenuou, ainda que temporariamente, a hostilidade contra os muçulmanos. A boa notícia chegou à Abissínia, porém de modo exagerado, o que levou alguns exilados a fazer preparativos para voltar imediatamente à terra natal. Outros como Ja'far, no entanto, decidiram permanecer mais algum tempo.

Enquanto isso, os chefes Quraysh intensificaram seus esforços para convencer o Profeta a aceitar um compromisso; até então, eles jamais haviam tentado uma reaproximação. Walīd e outros chefes propuseram que todos praticassem as duas religiões simultaneamente. O Profeta não teve sequer o trabalho de formular uma recusa, pois o Céu enviou-lhe uma resposta imediata sob a forma de uma sura de seis versículos:

> Diz: "Ó renegadores da Fé! Não adoro o que adorais, nem adorais o que adoro; não adorarei o que adorais, nem adorareis o que adoro. A vós, vossa religião, e a mim, a minha religião".[1]

A momentânea boa vontade, já efêmera e frágil, ficou ainda mais combalida quando os exilados da Abissínia chegaram aos limites do recinto sagrado.

Com exceção de Ja'far e de 'Ubayd Allāh ibn Jaḥsh, todos os primos do Profeta haviam retornado a Meca, e com eles também 'Uthmān e Ruqayyah. Outro shamsita, Abū Hudhayfah, retornou com 'Uthmān, pois assim ele poderia gozar da proteção de seu pai 'Utbah. Quanto a Abū Salamah e à Umm Salamah, nada podiam esperar de seu próprio clã senão a perseguição. Foi por isso que, antes mesmo de entrar em Meca, Abū Salamah enviou uma mensagem a seu tio hāshimita Abū Ṭālib pedindo proteção, no que foi prontamente atendido, para grande indignação do clã Makhzūm. "Tu tens protegido teu sobrinho Muḥammad", vieram dizer-lhe, "mas por que proteges um homem do nosso clã?" – "Ele é filho de minha irmã", respondeu Abū Ṭālib, "se não proteger o filho de minha irmã, não poderei proteger o filho de meu irmão." Diante dos direitos de um chefe de clã, nada lhes restava senão conformar-se. Além disso, dessa vez, Abū Lahab

---

[1] Corão, 109.

estava do lado de seu irmão e, sabendo que ele era um dos mais poderosos aliados de oposição ao Profeta, os makhzūmitas não quiseram ofendê-lo. Talvez Abū Lahab tivesse evitado manifestar mais claramente, na época do banimento, o ódio implacável que nutria em relação a seu sobrinho. Não que este ódio houvesse diminuído, mas ele desejava manter os melhores termos com sua família, pois esperava tomar seu lugar como chefe do clã depois da morte de seu irmão mais velho, Abū Ṭālib; afinal, já eram visíveis os sinais de que não lhe restava muito tempo pela frente.

30 O Paraíso e a Eternidade

Outro emigrante que voltou da Abissínia e precisou ser protegido de sua própria família foi o cunhado de ʻUmar, ʻUthmān ibn Maẓʻūn, do clã Jumaḥ. Ele sabia que seus primos Umayyah e Ubayy iriam persegui-lo. Desta vez, foi o clã Makhzūm que garantiu a segurança de um homem de outro clã, e foi Walīd quem tomou ʻUthmān sob sua proteção pessoal. No entanto, ao ver que seus irmãos muçulmanos eram perseguidos enquanto ele próprio não era importunado, ʻUthmān foi ao encontro de Walīd e renunciou à sua proteção. "Filho de meu irmão", disse-lhe o velho Walīd, "alguém de meu povo te importunou?" – "Claro que não", declarou ʻUthmān, "mas sei que Deus me protege, e não desejo outra proteção senão a d'Ele". Os dois, então, dirigiram-se à Mesquita e Walīd retirou publicamente sua proteção.

Dias mais tarde, o poeta Labīd recitou seus versos numa grande assembleia dos Quraysh em que ʻUthmān estava presente. Os árabes em geral eram especialmente afeitos à poesia, e entre eles havia poetas de talento, tais como Abū Ṭālib, Hubayrah e Abū Sufyān, filho de Ḥārith; porém, acima destes, havia raros indivíduos considerados grandes poetas, e Labīd, na opinião de todos, era um deles. Talvez fosse o maior poeta árabe vivo, e os Quraysh estavam orgulhosos em recebê-lo. Eis, então, que ele recita seus versos que começavam assim:

"Vê: tudo, exceto Deus, é nada".

"Tu dizes a verdade", exclamou ʻUthmān. E Labīd continuou:

"E todas as delícias estão fadadas a desaparecer".

"Tu mentes", exclamou ʻUthmān. "Os deleites do Paraíso jamais desaparecerão!"

Labīd não estava habituado a ser interrompido enquanto declamava; quanto aos Quraysh, além de estupefatos e ultrajados, ficaram constrangidos, pois o poeta era seu hóspede. "Ó Quraysh, aqueles que se sentam entre vós com amizade não estão acostumados a tratamento tão indigno. O que está acontecendo?", perguntou Labīd. Um homem da plateia levantou-se para oferecer desculpas por parte da tribo: "Este homem não passa de um tolo", disse, "faz parte de um bando de tolos que abandonaram nossa religião. Que teu coração, ó Labīd, não seja perturbado por suas palavras!". 'Uthmān replicou com tal veemência que seu detrator acabou avançando sobre ele, acertando-o no olho com tanta força que num instante sua fronte ficou roxa. Walīd, sentado ali perto, comentou com 'Uthmān que seu olho jamais seria ferido se ele ainda estivesse sob sua proteção. "Pois bem", retorquiu 'Uthmān, "meu olho são é como um mendigo perto de seu irmão ferido, invejando sua sorte na via de Deus; estou sob a Sua proteção, que é mais poderosa e mais garantida que a tua." – "Vem, filho de meu irmão, renova o pacto comigo", insistiu Walīd. Porém, 'Uthmān recusou.

O Profeta não estava presente a essa reunião, mas ouviu falar do poema de Labīd e do incidente que se seguira. Sabe-se somente que ele fez o seguinte comentário: "As palavras mais verídicas que qualquer poeta jamais pronunciou foram: 'Tudo, exceto Deus, é nada'".[1] Ele não fez nenhuma crítica a respeito dos versos. Labīd, de fato, talvez quisesse dizer apenas que "todas as delícias terrestres estão fadadas a desaparecer"; quanto aos paraísos e às delícias eternas, pode-se considerar que estão incluídos em Deus ou na "Face de Deus". Foi aproximadamente nessa época que uma nova Revelação desceu dos céus: "Tudo perece, exceto Sua Face".[2] Um verso revelado anteriormente já dizia: "Eterna é a Face de teu Senhor, em Sua Majestade e Sua Generosidade".[3] Lá, onde reside a Generosidade eterna, devem igualmente residir aqueles que a recebem, como também os deleites recebidos.

Em seguida uma nova Revelação ainda mais explícita foi enviada, cujo primeiro verso refere-se ao Julgamento: "Quando este [o Julgamento] chegar, nenhuma alma falará senão com a permissão de Deus; e haverá entre eles infelizes e bem-aventurados. Os infelizes estarão no Fogo, e seu destino será suspirar e gemer; e lá eles ficarão perpetuamente, enquanto durarem os céus e a terra, a menos que teu Senhor queira de outro modo, pois Ele é

---

[1] al-Bukhārī LXIII, 26. [2] Corão, 28:88. [3] Corão, 55:27.

o realizador do quanto deseja. Quanto aos bem-aventurados, estarão no Jardim, e lá habitarão perpetuamente, enquanto durarem os céus e a terra, a menos que teu Senhor queira de outro modo – e essa dádiva é inalienável".[1]

Por estas últimas palavras, parece não ser a Vontade divina retirar do homem o dom do Paraíso que lhe será dado após o Julgamento, como lhe foi tirado o primeiro Paraíso. Outras questões relativas aos versos receberam respostas da boca do próprio Profeta, que não cessava de falar a seus discípulos da Ressurreição, do Julgamento, do Inferno e do Paraíso. Ele lhes disse certa vez: "Deus, que acolhe quem Ele quer em Sua Misericórdia, fará entrar no Paraíso o povo do Paraíso, e no Inferno o povo do Inferno. Então Ele dirá (aos anjos): 'Ide procurar aquele que carrega em seu coração um grão de mostarda de fé, e retirai-o do Inferno'. Eles retirarão, então, uma multidão de homens e dirão: 'Senhor, nós não deixamos nenhum daqueles que Tu nos ordenaste retirar'; e Deus lhes dirá: 'Retornai e retirai aqueles em cujos corações encontrardes um átomo de bem'. Então, eles retirarão do fogo uma multidão de homens e dirão: 'Senhor, não há nenhuma bondade que não tenhamos resgatado'. Os anjos, então, intercederão, depois os Profetas, e depois os crentes. E Deus dirá: 'Os anjos intercederam, e também os profetas e os crentes; só falta a intercessão d'O mais Misericordioso dos misericordiosos'. E Ele mesmo resgatará do Fogo aqueles que não fizeram nenhum bem, e os lançará no rio situado na entrada do Paraíso, cujo nome é Rio da Vida".[2]

A propósito da gente do Paraíso, o Profeta disse: "Deus perguntará ao povo do Paraíso: 'Estais plenamente satisfeitos?', e eles responderão: 'Como não estaríamos, Senhor, quando Tu nos tem dado o que não deste a qualquer outra de Tuas criaturas?' Deus dirá então: 'Não vos posso dar algo ainda melhor que isso?'; ao que o povo responderá: 'O que pode haver, Senhor, de melhor?' E o Senhor responderá: 'Derramarei sobre vós Meu *Riḍwān*'".[3] A última beatitude, *Riḍwān*, termo algumas vezes traduzido por "Complacência", é interpretado como a aceitação final e absoluta de uma alma por Deus e a posse dessa alma por Ele mesmo, para nela infundir Sua eterna Complacência e Felicidade. Este Paraíso supremo não exclui de

---

[1] Corão, 11:105-8.
[2] al-Qushayrī I, 79; al-Bukhārī XCVII, 24.
[3] al-Qushayrī LI, 2.

modo algum aquilo que se chama Paraíso no sentido comum, pois o Corão promete que, para cada alma abençoada, haverá dois Jardins [Paraísos]".[1] E ao falar de seu próprio estado no Além-Mundo, o Profeta o descreveu como uma dupla bênção: "O reencontro com meu Senhor e com o Paraíso".[2]

[1] Corão, 55:46. [2] Ibn Isḥāq 1000

31 O ano da tristeza

No ano 619 da era cristã, pouco após a revogação da declaração de banimento dos muçulmanos, o Profeta sofreu a imensa dor de perder sua esposa Khadījah. Ela completara sessenta e cinco anos de idade, e ele se aproximava dos cinquenta. Os dois tinham vivido juntos em profunda harmonia durante vinte e cinco anos, e ela fora para ele não somente uma esposa, mas também amiga íntima, conselheira plena de sabedoria e mãe para todos de seu lar, inclusive para 'Alī e Zayd. Suas quatro filhas ficaram abatidas pela dor, mas seu pai procurou consolá-las, lembrando-lhes de que, certa vez, Gabriel viera a ele e pedira que transmitisse a Khadījah as saudações de Paz da parte de seu Senhor, e lhe dissesse que Ele lhe preparara uma morada no Paraíso.

Outra morte ocorreu logo depois da de Khadījah, sem dúvida menos dolorosa, mas para o qual não houve os mesmos consolos espirituais. Além disso, suas repercussões exteriores seriam graves. Abū Ṭālib caiu doente e logo ficou evidente que não tardaria neste mundo. Em seu leito de morte, ele recebeu a visita de um grupo de chefes qurayshitas – 'Utbah, Shaybah e Abū Sufyān do clã 'Abdu Shams, Umayyah dos Jumaḥ, Abū Jahl dos Makhzūm, entre outros – que lhe disseram: "Abū Ṭālib, tu sabes quanta estima temos por ti; sabes também o que está para acontecer contigo e nós tememos por ti. Não ignoras a desavença que reina entre nós e o filho de teu irmão. Faze-o vir diante de ti, dá um presente de nossa parte a ele e pede um presente dele para nós, de modo a selarmos a paz. Que ele nos deixe em paz, assim como à nossa religião, e nós o deixaremos em paz". Abū Ṭālib mandou então buscar seu sobrinho e, face a face, dirigiu-lhe estas palavras: "Filho de meu irmão, os nobres de teu povo vieram e estão reunidos por tua causa, para dar e receber". – "Assim seja", disse o Profeta; "daí-me, então, uma palavra, e por esta palavra reinareis sobre os árabes, e também os persas se submeterão." – "Sim, por teu pai", disse Abū Jahl, "em troca disso nós te daremos não uma palavra, mas dez palavras mais." – "Vós só tendes de dizer", continuou o Profeta, 'não há divindidade senão Deus', e renunciar à adoração de outros que não Ele." Aturdidos, os homens dos Quraysh bateram as mãos e exclamaram: "Assim, Muḥammad, queres que todos os deuses tornem-se um só Deus? Que estranho desígnio!"; e depois falaram entre si: "Este homem não nos dará nada do que pedimos; sigamos, pois, nosso caminho e sejamos fiéis à religião de nossos pais, até que Deus julgue entre nós e ele".

Quando eles partiram, Abū Ṭālib disse ao Profeta: "Filho de meu irmão, da maneira que vejo e entendo, não lhes pediste nada despropositado". Estas palavras encheram o coração do Profeta do desejo de ver seu tio abraçar o Islām. "Meu tio", ele disse, "diz as palavras, para que eu possa interceder por ti no dia da Ressurreição." – "Filho de meu irmão", declarou Abū Ṭālib, "se não temesse que os Quraysh pensassem que o fiz unicamente por medo da morte, faria agora mesmo meu testemunho de fé. Ainda assim, eu diria as palavras apenas para agradar-te." Conta-se que no momento em que a morte se aproximou de Abū Ṭālib, 'Abbās viu-o mover os lábios e inclinou-se para perto de seu rosto, escutando com atenção. "Meu irmão pronunciou as palavras que tu ordenaste", ele disse ao Profeta, que respondeu: "Eu não ouvi".

Desse dia em diante, viver em Meca tornou-se muito difícil para a maioria dos que não gozavam de alguma proteção oficial. Antes de juntar-se ao Profeta, Abū Bakr fora um homem muito influente na tribo, mas, diferentemente de 'Umar e Ḥamzah, não era perigoso, e talvez por isso não inspirava ainda mais temor ou respeito, exceto entre aqueles que aprenderam a estimá-lo por razões espirituais. Porém, quando se tornou muçulmano, uma barreira ergueu-se entre ele e os chefes Quraysh, o que fez sua influência diminuir até tornar-se quase insignificante; no entanto, na comunidade da nova religião, seu prestígio e autoridade cresciam cada vez mais. Para Abū Bakr, a situação era agravada pelo fato de ter sido ele o responsável por numerosas conversões. Foi, sem dúvida, em parte para vingar-se da conversão de seu filho Aswad ao Islām que Nawfal, o meio-irmão de Khadījah, organizou um ataque contra Abū Bakr e Ṭalḥah, que foram humilhados e largados estirados na via pública, pés e punhos amarrados e atados um ao outro. Nenhum dos Taym interveio para defendê-los do clã Asad, levando-os a crer que os homens de seu clã os haviam renegado.

Houve ainda outros incidentes. As relações de Abū Bakr com os Quraysh ficavam cada vez mais tensas, especialmente com o antigo senhor de Bilāl, Umayyah, chefe do clã Jumaḥ, entre os quais vivia. Assim, chegou o momento em que ele sentiu não haver outra escolha senão emigrar, e, após obter a autorização do Profeta, pôs-se a caminho da Abissínia, para juntar-se aos muçulmanos que lá permaneceram. Porém, antes de alcançar o Mar Vermelho, reencontrou Ibn ad-Dughunnah, o líder de um pequeno grupo de tribos confederadas, aliadas dos Quraysh, que residiam perto de Meca. Este chefe beduíno conhecera Abū Bakr nos tempos de prosperidade e influência, e agora o reencontrava com a aparência de um eremita errante. Surpreso com a mudança, quis saber o que ocorrera. "Meu povo me tem maltratado", respondeu Abū Bakr, "eles me escorraçaram, e nada mais desejo além de viajar pela face da terra, em adoração a Deus." – "Por que eles se comportam assim?", perguntou Ibn ad-Dughunnah, "tu és a joia de teu clã, o socorro dos desafortunados, um homem de bem, sempre pronto a ajudar os outros em suas necessidades. Retorna pelo caminho que vieste, pois estás sob minha proteção". Então, ele reconduziu Abū Bakr a Meca e declarou publicamente: "Homens dos Quraysh, dou minha proteção ao filho de Abū Quḥāfah. Que ninguém o maltrate". Os Quraysh acataram essa proteção e prometeram que Abū Bakr estaria em segurança, mas, instigados pelos Bani Jumaḥ, pediram ao protetor: "Dize-lhe para adorar seu Senhor privadamente, dentro de sua casa, que ore e recite o que quiser, mas que não nos cause problemas deixando-se ver e ouvir, pois sua aparência tem algo de impressionante e há nele uma atração pessoal capaz talvez de seduzir nossos filhos e nossas mulheres". Ibn ad-Dughunnah transmitiu a mensagem a Abū Bakr, que, durante algum tempo, só orou e recitou o Corão entre os seus, de modo que a tensão se atenuou entre ele e os chefes dos Bani Jumaḥ.

Abū Lahab sucedeu a Abū Ṭālib à frente do clã Hāshim; mas a proteção a seu sobrinho era puramente nominal, e mais do que nunca o Profeta foi alvo de maus-tratos. Em certa ocasião, um passante se inclinou por cima de seu portão e lançou em seu prato um pedaço de carne podre; em outra, quando Muḥammad estava em postura de oração no pátio de sua casa, um homem jogou-lhe um útero de ovelha com sangue e excrementos. Antes de jogá-lo fora, o Profeta apanhou o objeto do insulto com a ponta de um bastão e, colocando-se diante de sua porta, gritou: "Ó filhos de 'Abdu Manāf, que proteção é esta?". Ele havia reconhecido o homem que o atacara, o shamsita 'Uqbah,[1] padrasto de 'Uthmān, marido de Ruqayyah. Ainda outra vez, quando o Profeta voltava da Caaba, um idólatra lançou um punhado de lama em seu rosto e seus olhos. Ao entrar em casa, uma de suas filhas lavou-lhe olhos, enquanto as lágrimas corriam dos seus. "Não chores, filhinha", disse-lhe o Profeta, "Deus protegerá teu pai."

Foi então que ele decidiu pedir ajuda à tribo dos Thaqīf, ou seja, aos habitantes de Ṭā'if, o que refletia a gravidade da situação em Meca. Afinal, o que se poderia esperar dos Thaqīf, os guardiões do templo da deusa al-Lāt, os idólatras que consideravam seu santuário comparável à Casa de Deus? Qualquer coisa, exceto a verdade, que tudo pode conquistar! Como em Meca, deveriam existir exceções em Ṭā'if, e o Profeta nutria alguma esperança ao deixar o deserto e adentrar os pomares acolhedores, jardins e campos de trigo que circundavam a cidade fortificada. Ao chegar, ele se dirigiu diretamente à casa dos chefes dos Thaqīf, três irmãos que eram filhos de 'Amr ibn Umayyah, o homem que Walīd julgava ser seu equivalente em Ṭā'if, também conhecido como o segundo dos "dois grandes homens das duas cidades". Mas quando o Profeta pediu-lhes que aceitassem o Islām e o ajudassem contra seus inimigos, o primeiro deles replicou de imediato: "Se Deus te enviou, arrancarei as fundações da Caaba". O segundo disse: "Deus só pôde encontrar a ti como enviado?". E o terceiro declarou: "Nada tenho a dizer! Pois se tu és, como dizes, o Mensageiro de Deus, não sou digno de dirigir-me a ti; e se tu mentes, não és digno de que eu me dirija a ti". O Profeta então se levantou e pediu licença para retirar-se, talvez com a intenção de falar a outros habitantes do lugar. Porém, mal se havia afastado, os três irmãos incitaram seus escravos e cortesãos a atacar o Profeta com gritos e injúrias. Em pouco tempo, uma horda de perseguidores obrigou o viajante a buscar refúgio num pomar privado. Aos poucos, a multidão se dispersou, e o Profeta, prendendo seu camelo a uma palmeira, sentou-se à sombra de uma videira.

[1] Era o segundo marido da mãe de 'Uthmān, Arwà, a prima do Profeta, que assim era chamada em homenagem à sua tia Arwà, a mãe de Ṭulayb.

Estando em paz e em segurança, pôs-se a orar: "Ó Deus, a Ti confesso e lastimo minha fraqueza, minha impotência e minha miserável condição diante dos homens. Ó mais Misericordioso dos misericordiosos, Tu és o Senhor dos fracos e Tu és o meu Senhor. Às mãos de quem Tu queres enviar-me? A algum estrangeiro distante que me maltratará? Ou a um inimigo a quem Tu darás o poder contra mim? Eu não me importo, desde que Tu não Te encolerizes contra mim. Mas Tua ajuda graciosa me abriria um caminho mais vasto e um horizonte mais largo. Busco refúgio na Luz de Tua Face, pela qual todas as trevas são dissipadas e as coisas deste mundo e do outro são justamente ordenadas, para que Tu não faças descer sobre mim Tua cólera, e que Tua ira não me atinja mais. No entanto, a Ti cabe repreender quando não estás satisfeito. Não existe poder nem força além de Ti".[1]

O lugar em que o Profeta encontrara abrigo não estava vazio como parecia. Cada qurayshita esperava ser, um dia, rico suficiente para possuir um jardim e uma casa sobre a verde colina de Ṭā'if, para ali abrigar-se do calor que fazia em Meca nas épocas em que este a tornava insuportável. O pomar em questão não era a propriedade de um dos Thaqīf, mas de dois chefes shamsitas, 'Utbah e Shaybah, que se preparavam para uma sesta num recanto de seu jardim junto ao vinhedo. Eles presenciaram o que se passara e ficaram indignados pelo modo como os Thaqīf ousaram tratar um homem dos Quraysh e, mais ainda, um dos filhos de 'Abdu Manāf, como eles próprios. Sem dúvida que havia entre eles algumas divergências, mas não estavam praticamente resolvidas? A última vez que haviam visto Muḥammad fora à cabeceira do agonizante Abū Ṭālib, e o reencontraram agora sem protetor e evidentemente enfrentando as maiores adversidades. Achando que poderiam mostrar-se generosos, chamaram um de seus jovens escravos, um cristão chamado 'Addās, e lhe disseram: "Toma um cacho de passas, coloca-o neste prato e oferece-o ao homem que está orando". 'Addās fez o que lhe ordenaram e, quando o Profeta colocou suas mãos sobre as passas e pronunciou a fórmula "Em Nome de Deus", 'Addās olhou-o diretamente no rosto e lhe disse: "Estas palavras não são pronunciadas pela gente deste país". – "De que país tu és? E qual é a tua religião?", perguntou o Profeta. "Sou cristão", ele disse, "originário de Nínive". – "Da vila de Jonas, o Justo, filho de Matta", observou o Profeta. "Como podes

[1] Ibn Isḥāq 280.

saber algo de Jonas, filho de Matta?", perguntou-lhe 'Addās. "Porque ele é meu irmão", respondeu Muḥammad, "ele é profeta e eu sou profeta." Após estas palavras, 'Addās prostrou-se e beijou-lhe a testa, as mãos e os pés.

Ao ver isso, os dois irmãos exclamaram ao mesmo tempo, a uma só voz, cada um dirigindo as palavras ao outro: "Até teu escravo ele já corrompeu!". E quando 'Addās voltou para junto deles, deixando o Profeta comer em paz, eles vociferaram: "Que vergonha, 'Addās! Por que beijaste a testa, as mãos e os pés deste homem?". – "Patrão", ele respondeu, "não existe sobre a terra nada melhor que este homem. Ele me falou de coisas que somente um profeta poderia conhecer." – "Que vergonha, 'Addās!", repetiram, "não te deixes desviar de tua religião, pois ela é melhor que a dele."

Vendo que nada conseguiria da tribo dos Thaqīf, o Profeta deixou Ṭā'if e retomou o caminho de Meca. Tarde da noite, ele alcançou o vale de Nakhlah, a meio caminho das duas cidades que o repudiaram. No momento em que a rejeição era sentida da forma mais aguda, sua qualidade profética fora reconhecida por um homem da distante Nínive; agora, enquanto orava em Nakhlah, um grupo de sete "gênios" (*jinns*) que por ali passava, provenientes de Naṣībīn, detiveram-se fascinados pelas palavras que ouviam, enquanto o Profeta recitava o Corão. Muḥammad sabia que não fora enviado unicamente para o mundo dos homens; a Revelação pouco tempo antes anunciara: "Nós te enviamos como uma misericórdia para os mundos";[1] e uma das primeiras suras[2] dirigia-se tanto aos *jinns* como aos homens, advertindo estes e aqueles sobre o Inferno como punição aos pecados e prometendo-lhes o Paraíso em recompensa pela piedade. Agora, a Revelação anunciou: "Dize: foi-me revelado que um grupo de *jinns* ouviu minha recitação e disseram: 'Por certo, ouvimos um Corão maravilhoso que guia para a retidão e nele nós cremos'".[3] Outra Revelação[4] diz ainda como, em seguida, os *jinns* voltaram para seu povo, exortando-os a seguir o "arauto de Deus", [ou "o convocador"] como eles designaram o Profeta.

O Profeta não queria voltar nas mesmas condições que há apenas dois dias fizeram-no deixar seu lar. No entanto, ele precisava de um protetor para poder cumprir sua missão. Os Bani Hāshim haviam-no abandonado, restando-lhe apenas o clã de sua mãe. A situação dos Hāshim era incomum,

---

[1] Corão, 21:107. [2] Corão, 55. [3] Corão, 72:1-2.
[4] Corão, 46:30-1.

pois eram comandados a distância por um homem dos Zuhrah, de forte personalidade e grande influência, chamado Akhnas ibn Sharīq, que não pertencia ao clã, nem mesmo aos Quraysh. Com efeito, ele era originário dos Thaqīf, mas, sendo há muito tempo um confederado dos Zuhrah, a gente do clã acabou por considerá-lo seu chefe. O Profeta já havia decidido pedir-lhe ajuda quando foi surpreendido por um cavaleiro que também seguia para Meca, mas cujo galope era mais rápido que o seu. O Profeta pediu-lhe que encontrasse Akhnas quando chegasse e lhe transmitisse estas palavras: "Muḥammad pediu-me que te perguntasse: 'tu me concederás proteção para que eu possa divulgar a mensagem de meu Senhor?'". O cavaleiro aceitou a tarefa e prometeu que ele mesmo lhe traria a resposta. Esta foi negativa, tendo Akhnas simplesmente comentado que um confederado não tinha o poder de falar em nome do clã ao qual se unira, nem de conceder uma proteção que envolvesse todo o clã. O Profeta, que neste momento se encontrava bem próximo de Meca, enviou a mesma solicitação a Suhayl. Sua resposta foi igualmente decepcionante, mesmo que o motivo invocado nada tivesse a ver com sua oposição ao Islām. Uma vez mais, tratava-se de uma questão de lei tribal. No vale de Meca, seu clã se distinguia de todos os outros pelo fato de descender de 'Āmir, filho de Lu'ayy,[1] enquanto todos os outros descendiam de Ka'b, irmão de 'Āmir. Suhayl, então, alegou que os filhos de 'Āmir não podiam conceder proteção em nome dos filhos de Ka'b. O Profeta deixou o caminho que levava à cidade e foi refugiar-se na caverna do Monte Ḥirā', onde havia recebido a primeira Revelação. De lá, enviou seu pedido a um dignitário ligado a um parente próximo: Muṭ'im, chefe dos Nawfal, um dos cinco que se haviam unido para revogar a declaração de banimento. Muṭ'im aceitou imediatamente: "Que ele entre na cidade!", respondeu; e na manhã seguinte, armado dos pés à cabeça, acompanhado de seus filhos e seus sobrinhos, ele acompanhou o Profeta até a Caaba. Abū Jahl perguntou-lhe se eles se haviam tornado discípulos de Muḥammad. "Nós lhe concedemos nossa proteção", responderam; e o makhzūmita só pôde dizer: "Aquele que vós protegeis, nós também protegemos".

---

[1] Ver árvore genealógica, p. 504.

32 “A luz de tua face”

Fāṭimah, a viúva de Abū Ṭālib, entrara para o Islām pouco antes ou pouco depois da morte de seu marido; sua filha Umm Hāni’, irmã de ‘Alī e de Ja‘far, fez o mesmo, ao contrário de seu marido, Hubayrah, que era totalmente insensível à mensagem da Unidade Divina. Mas nem por isso ele deixava de acolher bem ao Profeta quando este vinha à sua casa; e se a hora da prece chegava durante uma de suas visitas, os muçulmanos da família oravam juntos. Uma vez, depois de fazerem as preces noturnas, Umm Hāni’ convidou o Profeta para o pernoite, que aceitou o convite. Após um sono curto, ele se levantou e foi à Mesquita, pois gostava de visitar a Caaba durante a noite. E enquanto lá estava, o sono novamente tocou seus olhos e ele se deitou no Ḥijr.

“Enquanto eu dormia no Ḥijr”, ele contou mais tarde, “Gabriel veio e me cutucou com seu pé. Eu me levantei num sobressalto; mas como nada vi, deitei-me novamente. Ele veio uma segunda vez, depois uma terceira e pegou-me pelo braço. Eu me levantei e fiquei ao seu lado. Então, Gabriel conduziu-me à porta da Mesquita. Lá estava um animal branco, parte mula, parte asno e alado. Com suas asas, numa única passada, podia cobrir a distância que o olho é capaz de alcançar”.[1]

O Profeta contou em seguida como montou Burāq – o nome pelo qual a besta era chamada – e, com o Arcanjo a seu lado, mostrando o caminho e marcando o passo do corcel celeste, rumaram para o norte, ultrapassando Yathrib e Khaybar, até chegarem a Jerusalém. Lá, um grupo de profetas – Abraão, Moisés, Jesus e outros – veio a seu encontro e, quando Muḥammad

---

[1] Ibn Isḥāq 264.

pôs-se a orar no recinto do templo, eles se enfileiraram atrás dele para a prece. Em seguida, trouxeram-lhe duas vasilhas, uma contendo vinho e a outra, leite. Da vasilha com leite, ele bebeu, deixando de lado a de vinho. E Gabriel lhe disse: "Tu foste guiado na via primordial, e nesta via guias teu povo, ó Muḥammad; e o vinho te é proibido".

Então, como já havia acontecido com outros antes dele – como Enoch, Elias, Jesus e Maria –, Muḥammad foi elevado para fora deste mundo, em direção ao Céu. Sobre o rochedo que se encontrava no meio do recinto do Templo, ele montou novamente Burāq, e o animal retomou seu voo, elevando-se verticalmente, conduzindo seu cavaleiro tal como a carruagem de fogo conduzira Elias. Guiados pelo Arcanjo, que agora revelava sua forma celestial, os dois se elevaram além do domínio do espaço e do tempo terrestres e das formas corpóreas, e, enquanto atravessavam os sete Céus, reencontravam os profetas com os quais haviam orado em Jerusalém. Antes eles haviam aparecido na forma que os revestira durante sua existência terrestre, agora, porém, o Profeta os via em sua realidade celeste – do mesmo modo que eles o viam – e se maravilhava com sua transfiguração. De José, podia dizer que seu rosto tinha o brilho da lua cheia[1] e que fora presenteado com, no mínimo, metade de toda a beleza existente.[2] Mas nem por isso essa visão fez empalidecer a admiração que Muḥammad sentiu ante os outros profetas, e ele mencionou particularmente a grande beleza de Aarão.[3] Quanto aos jardins que visitou nos diferentes Céus, ele disse depois: "Uma parcela do Paraíso do tamanho de um arco é melhor do que tudo o que se encontra sob o sol, desde onde se eleva até onde se põe; e se uma mulher do Paraíso aparecesse ao povo da terra, ela preencheria com sua luz e seu perfume o espaço entre o Céu e a terra".[4] Tudo o que ele viu, então, viu com os olhos do Espírito; e sobre sua natureza espiritual e sua anterioridade em relação ao início da natureza terrestre, ele disse: "Eu já era profeta quando Adão ainda estava entre a água e a argila".[5]

O ápice da ascensão foi marcado pela chegada à Árvore de Lótus do Limite Final, *Sidrat al-Muntahā*. É assim que o Corão designa este ponto extremo, e diz-se em um dos comentários mais antigos, baseado nas palavras do Profeta: "O Lótus está enraizado no Trono, e marca o fim do

---

[1] Ibn Isḥāq 270.
[2] Ibn Ḥanbal III, 286.
[3] Ibn Isḥāq 270.
[4] al-Bukhārī LVI, 6.
[5] At-Tirmidhī XLVI, 1; Ibn Ḥanbal IV, 66.

conhecimento de todo conhecedor, seja arcanjo ou profeta. Tudo que está além é um mistério oculto, desconhecido de todos, exceto de Deus".[1] Neste cume do universo, Gabriel apareceu-lhe em todo seu esplendor de Arcanjo, tal como fora criado na origem.[2] Depois, nos próprios termos da Revelação: "Quando o Lótus envolveu o esplendor que o envolve, sua vista não se desviou nem foi além. Com efeito, ele pôde contemplar algo do maior dos sinais de seu Senhor".[3] Segundo o comentário, a Luz divina desceu sobre o Lótus e o recobriu, como a tudo que se encontrava ao redor, e o olho do Profeta a contemplou sem pestanejar ou desviar-se.[4] Tal foi a resposta, ou uma das respostas, à súplica implicitamente contida nas palavras do Profeta: "Eu me refugio na Luz de Tua Face".

Junto ao Lótus, o Profeta recebeu para seu povo a ordem de cumprir cinquenta preces ao dia; e foi então que lhe foi revelado[5] o versículo que contém o credo do Islām: "O Mensageiro crê, assim como os crentes, no que lhe foi revelado por seu Senhor. Crê em Deus, em Seus anjos, em Seus Livros e Seus Enviados. Nós não fazemos qualquer distinção entre Seus Mensageiros. E eles disseram: 'Ouvimos e obedecemos; concede-nos Teu perdão, nosso Senhor; é em Ti que se cumpre o destino de tudo'".[6]

Eles desceram através dos sete Céus do mesmo modo que haviam subido. O Profeta relata o que se seguiu: "No caminho de volta, quando eu passava diante de Moisés – e que amigo excelente ele foi para vós! – ele me perguntou: 'Quantas preces te foram impostas?'; e eu lhe respondi que haviam sido cinquenta por dia, ao que ele declarou: 'A prece canônica é um pesado fardo e teu povo é fraco. Retorna a teu Senhor e pede-lhe que torne o fardo mais leve para vós'. Então, voltei e pedi ao Senhor um abrandamento, e Ele retirou dez preces. Tornei a passar diante de Moisés, que mais uma vez me colocou a mesma questão e fez a mesma observação que antes; desse modo, retornei à presença do Senhor, e dez outras preces me foram retiradas. E cada vez que eu voltava a passar por Moisés, ele me fazia retornar no caminho, até que todas as preces me haviam sido retiradas, à exceção de cinco para cada período de um dia e uma noite. Passei novamente por Moisés, e mais uma vez ele me apresentou a mesma questão, e eu respondi:

---

[1] Aṭ-Ṭabarī, *Tafsīr*, LIII. [2] al-Qushayrī I, 280; al-Bukhārī LIX, 7.
[3] Corão, 53:16-18. [4] Aṭ-Ṭabarī, *Tafsīr*, LIII. [5] al-Qushayrī I, 280.
[6] Corão, 2:285.

'Já retornei tantas vezes à presença de meu Senhor e Lhe fiz tantos pedidos que estou envergonhado. Não mais voltarei'. E é por isso que aquele que cumpre as cinco preces com fé e confiança na bondade de Deus receberá a recompensa de cinquenta preces".[1]

Quando o Profeta e o Arcanjo estavam de volta ao rochedo de Jerusalém, retornaram a Meca pelo mesmo caminho da ida, passando por numerosas caravanas que faziam a rota para o sul. Era ainda noite quando eles chegaram à Caaba. De lá, o Profeta voltou à casa de sua prima. Ela relembra: "Pouco antes da aurora, o Profeta nos acordou e, quando terminamos a prece, declarou: 'Ó Umm Hānī', neste vale, orei contigo a última prece da noite, como testemunhaste. Depois, fui a Jerusalém, e lá orei; e viste agora que orei contigo a prece da manhã'. Ele se levantou para partir, mas eu puxei sua túnica com tanta força que ela colou em seu corpo, deixando seu ventre à mostra, de pele tão fina e transparente como gaze de algodão. 'Ó Profeta', exclamei, 'não contes às pessoas o que acabas de nos falar, pois dirão que é mentira e te insultarão.' – 'Por Deus, eu lhes contarei', ele respondeu".[2]

O Profeta foi à Mesquita e relatou sua viagem a Jerusalém àqueles que lá estavam. Imediatamente, seus inimigos sentiram-se triunfantes, pois acharam que o Profeta lhes dera excelente pretexto para o escárnio; afinal, qualquer criança Quraysh sabia que era preciso um mês para uma caravana ir de Meca à Síria, e mais um mês para voltar. Ora, como queria Muḥammad convencê-los de que fora e voltara em uma noite? Um grupo de homens foi ao encontro de Abū Bakr e lhe disse: "E agora, o que pensas de teu amigo? Ele nos disse que, na noite passada, esteve em Jerusalém, e que por lá orou, e agora está de volta a Meca". Abū Bakr achou que eles mentiam, mas lhe asseguraram de que Muḥammad estava naquele mesmo momento na Mesquita narrando sua viagem. "Se ele disse tal coisa", respondeu Abū Bakr, "então só pode ser verdade! E o que isso tem de tão surpreendente? Ele me fala da Mensagem que lhe chega do Céu a qualquer hora do dia ou da noite, e eu sei que diz a verdade; verdade que está muito acima das vossas reles objeções."[3] Depois disso, Abū Bakr foi à Mesquita, onde confirmou seu testemunho: "se ele disse tal coisa, é a verdade"; e foi nessa ocasião que o Profeta lhe deu o nome de *aṣ-Ṣiddīq*, que significa "a grande testemunha

[1] Ibn Isḥāq 271. [2] Ibn Isḥāq 267. [3] Ibn Isḥāq 265.

da verdade", ou "o grande confirmador da verdade". Aliás, mesmo entre aqueles a quem o relato despertara incredulidade, alguns começaram a hesitar, pois o Profeta descreveu as caravanas que encontrara no caminho de volta, indicando o lugar em que estavam e o momento em que seriam vistas chegando a Meca; e cada uma chegou na hora prevista, confirmando todos os detalhes, conforme dissera Muḥammad. Àqueles que se encontravam na Mesquita ele falou unicamente de sua viagem a Jerusalém, mas quando se viu a sós com Abū Bakr e outros Companheiros, ele lhes falou de sua ascensão através dos sete Céus, relatando parte do que vira. Quanto ao resto da viagem, sabe-se que foi relatado aos poucos, no correr dos anos, muitas vezes em resposta às questões que lhe eram colocadas.

33 Após o ano da tristeza

No ano que se seguiu ao "ano da tristeza", a Peregrinação teve início nos primeiros dias do mês de junho, e, para a Festa dos Sacrifícios, o Profeta se dirigiu ao vale de Mina, onde os peregrinos acampavam por três dias. Há muitos anos ele tinha o hábito de visitar os diversos agrupamentos de tendas para levar sua mensagem a qualquer um que tivesse boa vontade para escutar, recitando os versículos da Revelação que chegavam a seu coração e a seus lábios. O ponto mais próximo de Mina no caminho para Meca é 'Aqabah, onde a rota se afasta do vale para subir abruptamente as colinas vizinhas em direção à Cidade Santa. Ora, foi naquele ano, em 'Aqabah, que o Profeta encontrou seis homens da tribo Khazraj, originários de Yathrib. Ele mesmo não conhecia nenhum deles, mas todos haviam ouvido falar do Mensageiro e de sua missão profética. Assim, quando ele lhes declarou quem era, seus rostos refletiram um imediato interesse e seus ouvidos escutaram atentamente aquelas palavras. Cada membro de sua tribo sabia da ameaça seguidamente proferida por seus vizinhos, os judeus de Yathrib: "Um profeta será enviado em breve. Nós o acossaremos e o exterminaremos, como 'Ād e 'Iram foram exterminados". Quando o Profeta terminou de falar ao grupo, eles comentaram entre si: "Com certeza trata-se do profeta cuja vinda foi anunciada pelos judeus. Que não sejam eles os primeiros a reconhecê-lo!". Em seguida, fizeram-lhe uma ou duas perguntas, e o Profeta lhes respondeu. Então, cada um dos seis homens atestou a veracidade de sua mensagem e prometeu cumprir os preceitos do Islām, tal como lhes foram expostos. "Nós deixamos nosso povo", disseram-lhe, "pois é um povo tão dilacerado pelo mal e pela inimizade quanto o teu; talvez Deus o unifique novamente por teu intermédio. Agora, vamos voltar para junto deles e convencê-los a aceitar tua religião como nós mesmos a aceitamos; e se Deus reuni-los ao redor de ti, nenhum homem será mais poderoso que tu".[1]

O Profeta continuou a visitar regularmente Abū Bakr na casa que ele ocupava entre as moradas dos Bani Jumaḥ. Estas visitas marcaram profundamente a infância de 'Ā'ishah, a mais jovem das filhas de Abū Bakr, de tal modo que, mais tarde, ela não conseguia lembrar-se do tempo em que seus pais ainda não eram muçulmanos, em que o Profeta não lhes fazia visitas quotidianas.

Nesse mesmo ano que se seguiu à morte de Khadījah, o Profeta viu em sonho um homem conduzindo alguém envolto num véu de seda. O homem lhe disse: "Eis aqui tua esposa, remove, pois, o véu!". Muḥammad ergueu o véu e descobriu 'Ā'ishah. Naquela época, porém, ela tinha apenas seis anos, enquanto ele já passara dos cinquenta. Além disso, Abū Bakr já havia prometido sua filha a Jubayr, filho de Muṭ'im. O Profeta pensou: "Se isso procede de Deus, Ele fará que se cumpra".[2] Noites mais tarde, durante o sono, ele viu um anjo conduzindo uma mulher envolta em seda, e desta vez foi o Profeta que ordenou ao anjo: "Mostra-me!". O anjo ergueu o véu e, novamente, lá estava 'Ā'ishah, e o Profeta repetiu: "Se procede de Deus, Ele fará que se cumpra".[3]

Ele não havia ainda mencionado seus sonhos a ninguém, nem mesmo a Abū Bakr, quando veio uma terceira confirmação, de outra natureza. Após a morte de Khadījah, Khawlah, a esposa de 'Uthmān ibn Maẓ'ūn, mostrara-se muito atenta às necessidades da família do Profeta. Um dia, em visita à casa de Muḥammad, Khawlah sugeriu-lhe que tomasse uma nova esposa. Quando ele perguntou quem deveria desposar, ela lhe disse: "Pode ser 'Ā'ishah, a filha de Abū Bakr, ou Sawdah, a filha de Zam'ah". Sawdah, prima e cunhada de Suhayl,[4] era viúva e tinha cerca de trinta anos. Seu marido, Sakrān, irmão de Suhayl, acompanhara-o à Abissínia, e eles estavam entre os primeiros a voltar para Meca. Pouco tempo após seu retorno, Sakrān morreu. O Profeta pediu a Khawlah que arranjasse o casamento com as esposas que ela havia sugerido. Sawdah respondeu: "Estou a teu serviço, ó Mensageiro de Deus!". E o Profeta fez-lhe, então, a seguinte

---

[1] Ibn Isḥāq 287. [2] al-Bukhārī XCI, 20. [3] Ibidem.

[4] Ver cap. 24, p. 107.

recomendação: "Pede a um homem de tua tribo que me dê tua mão em casamento"; e Sawdah escolheu seu cunhado Ḥāṭib, que também voltara havia pouco da Abissínia, para dá-la em casamento.

Enquanto isso, Abū Bakr foi ao encontro de Muṭ'im, que aceitou renunciar ao casamento de seu filho com 'Ā'ishah; foi assim que, alguns meses após o casamento com Sawdah, 'Ā'ishah tornou-se esposa do Mensageiro de Deus, por um contrato celebrado entre o Profeta e Abū Bakr, que ela mesma não presenciou. Segundo o relato que ela fez mais tarde, sua primeira intuição sobre a mudança de sua condição deu-se no dia em que, quando saía para brincar perto de casa, a mãe tomou-a pela mão e disse-lhe que doravante suas amigas é que viriam à sua casa para brincar. 'Ā'ishah percebeu confusamente a razão da mudança, ainda que sua mãe não lhe dissesse imediatamente que ela estava casada. De resto, além do fato de passar a brincar no pátio de sua casa e não mais na rua, sua vida em nada mudou.

Durante essa época, Abū Bakr decidiu construir uma pequena mesquita no pátio em frente à sua casa; era cercada por muros, mas a céu aberto, e lá ele recitava o Corão. No entanto, como os muros não eram suficientemente altos para deter o som ou impedir a visão dos passantes, frequentemente pequenos grupos se formavam para ouvir a recitação, e ficavam profundamente comovidos com sua reverência pelo Livro revelado, cujos versículos ressoavam no âmago de seu ser. Umayyah passou a temer que o número de convertidos por Abū Bakr continuasse aumentando, e, por sua insistência, os chefes Quraysh enviaram uma delegação a Ibn ad-Dughunnah para cobrar-lhe o que fora combinado quando aceitaram seu voto de proteção, argumentando que os muros da mesquita de Abū Bakr eram muito baixos para que fosse considerada parte de sua casa. "Se lhe apraz adorar seu Senhor dentro de sua casa, que ele o faça", disseram, "mas se quer fazê-lo em público, que te dispense do voto de proteção." Abū Bakr recusou-se a renunciar à mesquita e liberou oficialmente Ibn ad-Dughunnah de seu compromisso, dizendo: "Basta-me proteção de Deus!".

Foi nesse mesmo dia que o Profeta anunciou a Abū Bakr e a outros Companheiros: "O local de vossa emigração me foi mostrado: vi uma terra rica em água e tamareiras, situado entre duas fileiras de pedras negras".[1]

---

[1] al-Bukhārī XXXVII, 7.

34 Yathrib responde favoravelmente

"Um povo dilacerado pela inimizade e pelo mal!". Assim os seis recém-convertidos de Yathrib descreviam seus compatriotas, e tais palavras não eram desmedidas. A batalha de Bu'āth, a quarta e a mais feroz da guerra civil, não resultara decisiva, nem gerara uma paz digna de assim ser chamada, apenas um acordo que punha fim temporário aos combates. Com o estado de animosidade crônica que perigosamente se prolongava, e com a multiplicação de episódios violentos, os mais moderados dos dois lados reuniam-se em torno da necessidade de um chefe reconhecido por todos, capaz de unificá-los, como Quṣayy fizera com os Quraysh. Era a única solução que lhes parecia possível, e muitos consideravam que 'Abd Allāh ibn Ubayy, um dos notáveis do oásis, poderia ser seu rei. Tinha a seu favor o fato de não ter travado combate contra os Aws durante o recente conflito, ordenando a retirada de seus homens na véspera da batalha. Mas ele não deixava de ser um dos Khazraj, e parecia pouco provável que os Aws pudessem aceitar um rei que não fosse de seu clã.

Os seis khazrajitas transmitiam a mensagem do Islām a todos aqueles de seu clã que quisessem escutá-la; e, no verão seguinte, em 621 da era cristã, cinco deles fizeram a Peregrinação, levando consigo outros sete convertidos, dois dos quais pertenciam à tribo dos Aws. Em 'Aqabah, os doze homens juraram fidelidade ao Profeta e selaram um pacto que ficou conhecido como "Primeiro 'Aqabah". Um deles relatou: "Nós prestamos juramento de fidelidade ao Mensageiro de Deus na noite do Primeiro 'Aqabah; juramos não associar coisa alguma a Deus, não roubar, não cometer fornicação, não matar nossa descendência,[1] não proferir calúnias e não lhe desobedecer em tudo que for justo. O Profeta nos disse então: 'Se honrardes este juramento, o Paraíso será vossa recompensa; se cometerdes um desses pecados e em seguida submeter-vos ao castigo neste mundo, isso vos servirá de expiação; e se esconderdes o pecado até o Dia da Ressurreição, então caberá a Deus punir-vos ou perdoar-vos, segundo Sua Vontade'".[2]

Quando eles retomaram o caminho para Yathrib, o Profeta enviou com eles Muṣʿab, do clã ʿAbd ad-Dār, que acabara de regressar da Abissínia. Muṣʿab deveria recitar-lhes o Corão e instruí-los na religião. Ele foi hospedado por Asʿad ibn Zurārah, um dos seis que haviam ingressado no Islām no ano anterior. Muṣʿab deveria também dirigir a prece, pois, ainda que fossem todos muçulmanos, nem os Aws nem os Khazraj podiam aceitar a ideia de precedência de um membro da tribo adversária.

A rivalidade entre os descendentes dos dois filhos de Qaylah era antiga, mas não impedia os frequentes casamentos entre os membros das duas tribos. Asʿad, o anfitrião khazrajita de Muṣʿab, era primo-irmão de Saʿd ibn Muʿādh, chefe de um clã dos Aws. Saʿd opunha-se firmemente à nova religião, e ficou, ao mesmo tempo, muito irritado e embaraçado ao encontrar seu primo Asʿad em companhia de Muṣʿab e de outros muçulmanos recém-convertidos, conversando diligentemente com vários membros de seu clã num jardim situado bem no meio de seu território. Resolvido a pôr fim a tais atividades, mas evitando envolver-se em discussões, Saʿd foi em busca de Usayd, o homem que, abaixo dele, tinha mais autoridade no clã. "Vai ao encontro desses dois homens que vieram às nossas terras para enganar os mais fracos dentre nossos irmãos", disse Saʿd, sem dúvida pensando em seu irmão mais novo, Iyās, já falecido, que fora o primeiro habitante de Yathrib a entrar para o Islām.[3] "Expulsa-os e proíbe-os de voltar. Se Asʿad não fosse meu parente, eu mesmo o faria e te pouparia desse trabalho, mas ele é sobrinho de minha mãe e nada posso fazer contra ele." Usayd tomou sua lança e foi ao encontro do grupo. Intimidando-os com sua grande estatura e uma expressão feroz, ele lhes disse: "Por que vós dois viestes aqui, abusar de nossos irmãos mais fracos? Saí daqui, se tendes algum amor à

---

[1] Este juramento refere-se à prática difundida na Arábia entre os beduínos indigentes que, sobretudo no período da seca, enterravam, ao nascerem, as filhas indesejáveis.

[2] Ibn Isḥāq 289. [3] Ver p. 87.

vida!". Muṣ'ab olhou-o e disse pausada e tranquilamente: "Por que não te sentas para escutar o que tenho a dizer? Depois, se meu discurso te agradar, aceita-o; se não, não te aborrecerei mais". – "Isso é falar honestamente", replicou Usayd, bem impressionado com o aspecto e as maneiras do emissário do Profeta, e, espetando sua lança no chão, sentou-se junto a eles. Muṣ'ab falou do Islām e recitou o Corão. A expressão de Usayd se transformou: pela luz que o iluminava e a serenidade que o envolvia, os presentes podiam ver o Islām em seu rosto. "Essas palavras são tão excelentes quanto belas!", ele exclamou. Em seguida perguntou: "O que é preciso fazer para entrar nesta religião?". E responderam-lhe que deveria lavar-se da cabeça aos pés para purificar-se, e igualmente purificar suas vestes para fazer a prece. Como havia um poço no jardim onde estavam, ele se lavou e às suas vestes, e depois testemunhou: "Não há outro deus senão Deus, e Muḥammad é Seu Mensageiro"; em seguida, ensinaram-lhe como fazer a prece, e ele cumpriu todos os procedimentos. Então, ele declarou: "Há um homem que, caso se converta, certamente será seguido por todos os membros de seu grupo; vou trazê-lo agora mesmo".

Ele retornou aos homens de seu clã e, antes mesmo que estivessem todos reunidos, estava claro para os homens de sua tribo que Usayd não era mais o mesmo. "O que fizeste?", perguntou-lhe Sa'd. "Eu falei com os dois homens", disse Usayd, "e, por Deus, não encontrei nenhum mal neles. Mesmo assim, eu os proibi de continuar o que faziam, e eles me responderam: "Faremos como tu desejas". – "Já percebi que tu não me serviste de nada", disse Sa'd e, tomando-lhe a lança das mãos, dirigiu-se ao canto no jardim onde os crentes se assentavam tranquilamente. Ele fez, então, severas advertências a seu primo As'ad, acusando-o de tirar vantagem de seu laço de parentesco. Depois disso, Muṣ'ab interveio e falou-lhe do mesmo modo que fizera com Usayd. Sa'd aceitou escutar, e as coisas se desenrolaram da mesma maneira que com Usayd.

Quando Sa'd terminou a prece, ele voltou a reunir-se com Usayd e os outros membros do clã, e, juntos, todos se dirigiram à assembleia da tribo. Sa'd tomou a palavra: "Sabeis que lugar eu ocupo entre vós?" – "Tu és nosso legítimo senhor", eles responderam, "aquele que possui o melhor julgamento e cuja autoridade é o melhor augúrio." – "Então, eu declaro: juro não dirigir mais a palavra nem a vossos homens ou a vossas mulheres enquanto não tiverdes fé em Deus e em Seu Mensageiro." Ao cair da noite, não restava ninguém de seu clã, homem ou mulher, que não houvesse entrado para o Islām.

Muṣ'ab ficou com As'ad por aproximadamente onze meses, e muitos foram os que se converteram ao Islām durante esse período. Quando o mês da Peregrinação seguinte se aproximava, ele voltou a Meca para informar ao Profeta os resultados de sua missão entre os diversos clãs dos Aws e dos Khazraj.

O Profeta sabia que o país de muitos rios, situado entre duas fileiras de pedras negras, que ele vira em sonhos, era Yathrib, e sabia também que desta vez ele estaria entre os emigrantes, de modo que restaria pouca gente em Meca em quem ele poderia confiar. Além de Umm al-Faḍl, sua tia por casamento, havia ainda seu tio 'Abbās, que, embora não tivesse abraçado o Islām, jamais o trairia, nem divulgaria um segredo que lhe fosse confiado. Assim, o Profeta contou aos dois que esperava poder viver em Yathrib e que tal decisão dependeria, sobretudo, da delegação do oásis que ele aguardava para a próxima Peregrinação. Ao ouvir tais palavras, 'Abbās declarou que considerava seu dever ir com o sobrinho ao encontro da delegação e lhes falar, com o que o Profeta assentiu.

Pouco tempo após a partida de Muṣ'ab, alguns muçulmanos de Yathrib puseram-se a caminho para a Peregrinação, como fora combinado: eram ao todo setenta e três homens e duas mulheres, que esperavam poder falar com o Profeta. Um de seus chefes era um eminente khazrajita chamado Barā' que, durante os primeiros dias da viagem, esteve constantemente ocupado com um pensamento: seu grupo dirigia-se a Meca, cidade em que se encontrava a Casa de Deus, a Caaba, o maior centro de peregrinação de toda a Arábia; lá estava também o Profeta, com quem desejavam falar; lá o Corão fora revelado, e para lá se inclinavam ardentemente suas almas. Barā' perguntava-se se seria justo ou razoável que, chegado o momento da prece, eles dessem as costas a Meca e se voltassem em direção ao norte, à Síria. Talvez não fosse um simples pensamento, mas algo mais profundo, pois restava a Barā' apenas alguns meses de vida, e não é raro que, com a proximidade da morte, um homem receba premonições. Barā' não hesitou em confiar a seus companheiros o que se passava em seu coração, ao que eles lhe responderam que o Profeta orava sempre voltado para a Síria, ou seja, em direção a Jerusalém, e eles não desejavam agir de modo diferente. "Eu rezarei voltado para a Caaba", disse Barā', e assim fez durante toda a viagem, enquanto os outros continuaram a orar voltados para Jerusalém. Ainda que as censuras de seus companheiros não o fizessem mudar de ideia, ele também não tinha a consciência tranquila ao chegar a Meca, e disse a Ka'b ibn Mālik, um de seus mais jovens companheiros de clã e um dos poetas mais inspirados de Yathrib: "Filho de meu irmão, vamos encontrar o Mensageiro de Deus e interrogá-lo sobre o que fiz durante a viagem, pois, ao vê-los todos contra mim, a dúvida entrou em minha alma". Eles se dirigiram, então, a Meca para saber onde poderiam encontrar o Profeta, que eles não conheciam nem mesmo de vista. "Conhecem seu tio 'Abbās?", disse-lhes um homem, ao que eles responderam afirmativamente, pois 'Abbās ia frequentemente a Yathrib. "Quando entrardes na Mesquita", continuou o homem, "encontrareis quem procurais ao lado de 'Abbās". Foi assim que eles chegaram ao Profeta, que, em resposta a Barā', replicou nestes termos: "Tu terias uma direção, se tivesses permanecido com ela!". Barā' voltou a orar em direção a Jerusalém, como fazia o Profeta, ainda que a resposta que ele recebera pudesse ser interpretada de diferentes formas.

Na caravana em que viajaram a Meca, os peregrinos misturavam-se aos politeístas de Yathrib, e um destes converteu-se ao Islām no vale de Mina. Tratava-se de outro eminente khazrajita, Abū Jābir 'Abd Allāh ibn 'Amr, chefe dos Bani Salimah, que gozavam de grande influência entre os outros clãs. Estava combinado que eles reencontrariam o Profeta em segredo, como da primeira vez, em 'Aqabah, na segunda noite imediatamente após a Peregrinação. Segundo o relato de um deles, foi assim que se deu o encontro: "Na noite marcada, dormimos na caravana com a gente de nosso clã. Quando um terço da noite se passara, dirigimo-nos ao lugar que fora combinado com o Mensageiro de Deus, esgueirando-nos furtivamente por entre os que dormiam, com a prudência dos lagartos da areia, até estarmos todos reunidos na ravina próxima a 'Aqabah, onde esperamos a chegada do Mensageiro de Deus. Ele chegou na companhia de seu tio 'Abbās, que, apesar de ainda praticar a religião de seu povo, quis assistir ao tratado que seria estabelecido com seu sobrinho para assegurar-se de que não lhe fariam promessas que não fossem dignas de fé. Quando o Profeta se sentou, foi 'Abbās o primeiro a tomar a palavra: "Gente de Khazraj" – assim os árabes se dirigiam à coletividade dos Khazraj e dos Aws – "sabeis quanta estima temos por Muḥammad, e o temos protegido contra os de seu próprio povo, de modo que ele é honrado em seu clã e está seguro em sua terra natal. No entanto, ele decidiu recorrer e unir-se a vós. Se pensais em manter a promessa que fizestes de protegê-lo contra todos seus opositores, que repouse sobre vós a carga que assumistes! Mas se pensais que podereis traí-lo e abandoná-lo assim que estiver sozinho entre vós, é agora mesmo que deveis deixá-lo." – "Nós escutamos o que disse 'Abbās", responderam, "mas és tu, ó Mensageiro de Deus, que deves falar; escolhe o que queres por ti mesmo e por teu Senhor".

Após recitar alguns versículos do Corão e lançar um apelo para que todos se voltassem a Deus e ao Islām, o Profeta declarou: "Concluo este pacto convosco, com a condição de que, no cumprimento do juramento de proteção e aliança, vos empenheis em proteger-me como protegeis vossas mulheres e crianças". Barā' levantou-se e, segurando a mão do Profeta, disse-lhe: "Por Aquele que te enviou com a verdade, nós te protegeremos como os protegemos. Aceita nosso juramento de aliança, ó Mensageiro de Deus, pois somos guerreiros e possuímos armas que nos foram legadas de pai para filho". Então, um homem dos Aws tomou a palavra: "Ó Mensageiro de Deus, existem laços entre nós e outros homens", – referindo-se aos judeus – "e esses laços nós aceitamos romper. Mas se assim agirmos e se Deus lhe der a vitória, não há o risco de que retornes para junto de teu povo e nos abandones?". O Profeta sorriu e respondeu: "Não! Eu sou vosso e vós sois meus. Aquele que combaterdes, eu combaterei; com aqueles que fizerdes a paz, eu farei a paz".

Depois, acrescentou: "Trazei-me doze de vossos homens para que sejam nomeados chefes e possam cuidar dos interesses de vosso povo". Eles escolheram, então, doze notáveis, nove da tribo dos Khazraj e três dentre os Aws, pois sessenta e dois homens e duas mulheres pertenciam aos Khazraj, enquanto apenas onze eram dos Aws. Entre os nove chefes dos Khazraj figuravam As'ad e Barā', e entre os três chefes dos Aws estava Usayd, que Sa'd ibn Mu'ādh enviara como seu representante.

No momento em que todos os presentes estavam a ponto de fazer, um a um, o juramento ao Profeta, um khazrajita, um dos doze que haviam jurado no ano precedente, fez sinal para que esperassem e dirigiu-se a eles nestes termos: "Homens de Khazraj, sabeis o que significa fazer um pacto de aliança com este homem?". – "Nós o sabemos", responderam-lhe. Mas ele fingiu não escutar e continuou: "Estais assumindo o compromisso de combater todos os homens, os vermelhos e os negros.[1] Se pensais que podereis abandoná-lo quando vossos bens forem tomados e quando alguns de vossos nobres forem mortos, abandonai-o agora, pois se o abandonardes depois, sereis cobertos de vergonha neste mundo e no outro". Eles disseram: "Mesmo que tenhamos de perder nossos bens e que nossos nobres tenham de morrer, prestaremos juramento. E qual será nossa parte, Mensageiro de Deus, se nos juntarmos a ti?". – "O Paraíso", ele lhes respondeu. "Erguei, pois, vossa mão", e todos ele ergueram a mão e prestaram juramento.

Satanás os observava e escutava do alto de 'Aqabah. Quando ele não pôde se conter mais, gritou com todas as suas forças: "Mudhammam!", que significa "o réprobo". O Profeta sabia bem quem gritara assim, e em resposta lançou-lhe estas palavras: "Ó inimigo de Deus, não te darei qualquer descanso!".

[1] Ou seja, todos os homens, sem distinção. Após esse segundo juramento proferido em 'Aqabah, criou-se o costume de chamar o primeiro juramento de 'Aqabah de "Juramento das mulheres". Ainda se continuou a empregar a fórmula da aliança (fórmula do primeiro juramento de 'Aqabah), mas somente para as mulheres, porque não menciona os deveres de guerra.

35 As emigrações se multiplicam

Daquele momento em diante, o Profeta passou a encorajar os muçulmanos de Meca a emigrarem para Yathrib. Aliás, um deles já havia emigrado. A morte de Abū Ṭālib deixara sem protetor seu sobrinho Abū Salamah, que se viu obrigado a buscar refúgio contra seu próprio clã. Ele se dirigiu para o norte, conduzindo um camelo em que montavam sua esposa e seu filho de colo, Salamah. A esposa, Umm Salamah, pertencia ao outro ramo dos Makhzūm, os Bani l-Mughīrah, e era prima-irmã de Abū Jahl; por isso, muitos membros de sua família saíram em seu encalço. Ao encontrarem o casal, tomaram as rédeas do camelo das mãos de Abū Salamah. Superado em número, ele viu que era inútil resistir e aconselhou sua esposa a voltar com os parentes, esperando encontrar um meio de reunir-se a ela futuramente. Quando seus parentes do clã Makhzūm souberam do incidente, a reação foi de cólera contra os Bani l-Mughīrah, dos quais tomaram a guarda da criança; o que só agravou a situação, pois os três membros da família separaram-se ainda mais um do outro. Finalmente, o conjunto do clã apiedou-se de Umm Salamah e permitiu que ela retomasse o filho e se reunisse ao marido. Ela partiu sozinha com o menino, montada num camelo; não havia ainda percorrido quinze quilômetros quando encontrou um homem dos 'Abd ad-Dār, chamado 'Uthmān ibn Ṭalḥah, que, embora ainda não fosse muçulmano, insistiu em acompanhá-la até o fim da jornada. Tanto um quanto o outro haviam escutado rumores de que Abū Salamah se encontrava em Qubā', uma vila situada no ponto mais meridional de Yathrib, onde o oásis se encontrava com a corrente de lava endurecida, uma das "duas fileiras de pedras negras". Quando avistaram as palmeiras do oásis, 'Uthmān despediu-se com estas palavras: "Encontrarás teu marido nesta vila. Vai, com a bênção de Deus", e retomou seu caminho para Meca. Umm Salamah jamais esqueceu a bondade daquele homem, de quem sempre recordava a nobreza de caráter.

Após o Segundo Juramento de 'Aqabah, os muçulmanos qurayshitas começaram a emigrar em grande número. Entre os primeiros a partir estavam os outros primos do Profeta, filhos e filhas de Jaḥsh e Umaymah, 'Abd Allāh e seu irmão Abū Aḥmad, assim como de suas duas irmãs Zaynab e Ḥamnah. Com eles, partiram ainda muitos membros dos Bani Asad, que já havia muito eram confederados do clã 'Abdu Shams. Ḥamzah e Zayd também partiram, deixando suas esposas temporariamente em Meca. 'Uthmān levou Ruqayyah consigo, e 'Umar partiu acompanhado de sua esposa Zaynab, sua filha Ḥafṣah e seu filho 'Abd Allāh; com eles, também foi o marido de Ḥafṣah, Khunays, do clã de Saḥm. Abū Ṣabrah, o meio-irmão de Abū Salamah, também emigrou levando a esposa, Umm Kulthūm, filha de Suhayl. Dois outros jovens primos do Profeta, Zubayr e Ṭulayb, partiram no mesmo momento.

Em pouco tempo, todos os companheiros mais próximos do Profeta haviam deixado Meca, com exceção de Abū Bakr e 'Alī. Abū Bakr pedira ao Profeta permissão para emigrar, mas ele lhe respondeu: "Não te apresses em partir, pois Deus poderá dar-te uma companhia". Abū Bakr compreendeu que deveria esperar o Profeta, e deu ordens para que dois de seus camelos fossem alimentados com goma de folhas de acácia e preparados para o momento de sua partida para Yathrib.

Os Quraysh fizeram o possível para impedir as emigrações. A segunda filha de Suhayl partira para Yathrib com Abū Hudhayfah, seu marido, como haviam feito anteriormente ao irem à Abissínia. Dessa vez, porém, Suhayl estava resolvido a não deixar escapar seu filho 'Abd Allāh, sobre quem passou a exercer severa vigilância. Um caso semelhante foi o de Hishām, filho de 'Āṣ, chefe dos saḥmitas, que também havia participado da emigração para a Abissínia. Seu meio-irmão 'Amr fora o enviado dos Quraysh para instigar o Negus contra os refugiados muçulmanos, ocasião em que Hishām foi testemunha do fracasso de seu meio-irmão. 'Umar, que era primo de Hishām (suas mães eram irmãs), fizera os preparativos para viajar a Yathrib com ele, cada um deixando Meca separadamente, para reunir-se a uns vinte quilômetros ao norte da cidade, num lugar coberto por árvores espinhosas chamado Aḍāt. 'Ayyāsh, do clã Makhzūm, também deveria viajar com eles. Porém, Hishām não apareceu no lugar e hora combinados, e 'Umar e sua família prosseguiram com 'Ayyāsh, pois os três amigos haviam combinado que não esperariam uns aos outros. De fato, o pai e o irmão de Hishām haviam frustrado seus planos, retendo-o à força. E foi tão grande a pressão da família que, ao final de alguns dias, persuadiram-no a renunciar ao Islām.

'Ayyāsh chegou a Yathrib com 'Umar; seus dois meio-irmãos por parte de mãe, Abū Jahl e Ḥārith, seguiram-no, e, ao encontrá-lo, contaram-lhe que sua mãe jurara não pentear os cabelos e nem se abrigar do sol enquanto não voltasse a vê-lo. 'Ayyāsh ficou muito perturbado com a notícia; 'Umar, porém, disse-lhe: "Eles só querem afastar-te de tua religião; por Deus, se os piolhos incomodarem sua mãe, ela usará o pente, e se o calor de Meca a abater, ela procurará abrigo". 'Ayyāsh, todavia, não quis escutar 'Umar e insistiu em voltar a Meca para libertar a mãe do juramento; tinha também a intenção de recuperar algum dinheiro que deixara para trás. Mas, antes de chegar à metade do caminho, Abū Jahl e Ḥārith o agarraram, amarraram seus pés e mãos, e o levaram a Meca como prisioneiro, clamando ao entrar na cidade: "Habitantes de Meca, fazei com os vossos néscios como fazemos com o nosso!". Como Hishām, 'Ayyāsh foi persuadido a renunciar ao Islām, mas em nenhum dos casos, nem no outro, esta renúncia foi definitiva. Após algum tempo, os dois experimentaram tal remorso que a abjuração lhes pareceu um pecado demasiado grave para poder ser expiado, opinião também partilhada por 'Umar. Mas logo desceu esta Revelação: "Ó Meus servidores, que vos excedestes em vosso próprio prejuízo, não vos desespereis da Misericórdia de Deus. Certamente Deus perdoa todos os pecados. Certamente Ele é O Perdoador, O Misericordioso. Voltai-vos novamente para vosso Senhor e submetei-vos a Ele [islamizai-vos] antes que o castigo vos alcance, pois depois não sereis mais socorridos".[1] 'Umar transcreveu estes versículos e encontrou um meio de fazê-los chegar a Hishām, que depois relatou: "Quando a mensagem chegou, eu a aproximei de meus olhos, pois me parecia distante, mas só consegui compreendê-la no momento em que disse: 'Ó Deus, faze-me compreender estas palavras!'. Foi então que Deus colocou em meu coração a verdade, que aquelas palavras haviam sido reveladas para o nosso caso, em

[1] Corão, 39:53-54.

relação ao que dissemos de nós mesmos e ao que os outros falaram de nós". Hishām mostrou a mensagem a 'Ayyāsh, e os dois renovaram seu juramento ao Islām e esperaram uma ocasião propícia para escapar.

36 Uma conspiração

As aparentes apostasias de Hishām e ʿAyyāsh representavam magras vitórias para os Quraysh, pois, do outro lado, o fluxo de emigrantes continuava a aumentar sem que fosse possível represá-lo. Algumas das maiores casas de Meca estavam totalmente vazias, enquanto outras, antes repletas, agora só abrigavam um ou dois anciões. Nesta cidade em que, apenas dez anos antes, tudo parecia tão próspero e harmonioso, as coisas haviam mudado por causa de um único homem. Além dos sentimentos de tristeza e melancolia que muitos carregavam, uma apreensão permanente era suscitada pelo crescente perigo que pairava sobre Meca, vindo da cidade do norte, Yathrib, onde tantos inimigos potenciais se mantinham reunidos, homens e mulheres que não levavam em conta laços de parentesco ou de clã, quando em conflito com sua religião. Aqueles que haviam escutado o Profeta dizer "Quraysh, eu vos trago o massacre!" não esqueceram estas palavras, mesmo que na época nada desse motivo ao temor. Se o Profeta conseguisse escapar-lhes e chegasse a Yathrib, apesar da vigilância constante exercida sobre seus passos, sua declaração talvez não ficasse apenas no terreno das palavras.

A morte de Muṭʿim, o protetor do Profeta, parecia deixar o campo livre para a retaliação; e Abū Lahab, para que todos se sentissem ainda mais à vontade para agir, decidiu não participar da assembleia convocada pelos chefes Quraysh. Após longo debate em que várias sugestões foram formuladas e rejeitadas, os participantes por fim aceitaram, ainda que alguns com certa reticência, o plano proposto por Abū Jahl, que lhes parecia a única solução eficaz para o problema: cada clã deveria designar um homem jovem e forte, digno de confiança e com sólido apoio de seu clã, para que, no momento combinado, todos se juntassem contra Muḥammad, cada um desferindo-lhe um golpe mortal, de modo que seu sangue recaísse sobre todos os clãs. Os Bani Hāshim não poderiam voltar-se contra toda tribo dos Quraysh, e teriam de aceitar o preço do sangue que lhe ofereceriam para que renunciassem à vingança; desse modo, a comunidade estaria enfim livre de um homem que, enquanto vivesse, não a deixaria em paz.

Então, Gabriel foi ao encontro do Profeta e disse-lhe o que deveria fazer. Era meio-dia, hora não habitual para visitas, mas o Profeta dirigiu-se à casa de Abū Bakr que, ao vê-lo chegar, compreendeu que algo de importante iria acontecer. 'Ā'ishah e sua irmã mais velha Asmā' estavam com seu pai quando o Profeta entrou. "Deus autorizou-me a deixar a cidade e emigrar." – "Comigo?", perguntou Abū Bakr. "Contigo", respondeu o Profeta. 'Ā'ishah tinha então sete anos. Mais tarde, ela contaria muitas vezes: "Eu não sabia que era possível alguém chorar de alegria até esse dia, quando vi meu pai chorar ao escutar essas palavras".

Quando terminaram de acertar os detalhes do plano, o Profeta voltou à sua casa e contou a 'Alī que partiria para Yathrib, acrescentando que ele deveria permanecer em Meca, até que tivesse restituído todas as mercadorias depositadas em confiança aos respectivos proprietários. O Profeta jamais deixara de ser para seus compatriotas o confiável *al-Amīn*, o Justo, e os descrentes ainda lhe confiavam seus bens como não confiariam a nenhuma outra pessoa. E, então, ele relatou a 'Alī o que Gabriel lhe dissera a respeito do complô que os Quraysh haviam tramado.

Os varões designados para matar Muḥammad combinaram de encontrar-se ao anoitecer diante da porta de sua casa. Enquanto conferiam entre si a presença de todos, passaram a escutar as vozes das mulheres no interior, Sawdah, Umm Kulthūm, Fāṭimah e Umm Ayman. Isso os fez refletir um pouco mais. Um deles disse que, se escalassem o muro e adentrassem a casa, seus nomes estariam para sempre marcados pela desonra entre os árabes, por terem violado a intimidade das mulheres. Decidiram, então, esperar até que o homem visado saísse, como sempre fazia, no alvorecer ou mesmo mais cedo.

O Profeta e 'Alī haviam percebido a presença do grupo, e, tirando o manto verde com o qual costumava de dormir, o Profeta deu-o a 'Alī, dizendo-lhe: "Vai dormir em meu leito, envolto neste meu manto haḍramī verde. Dentro de casa, eles não te farão mal". Em seguida, recitou a sura

Yā-Sīn, assim chamada por começar por estas duas letras; e ao chegar ao versículo "E Nós o recobrimos, de modo que ninguém pudesse vê-lo",[1] Muḥammad saiu da casa. Deus afastou dele todos os olhares, fazendo-o passar no meio do grupo sem ser percebido, seguindo seu caminho sem ser perturbado.

Um homem que vinha na direção oposta cruzou com o Profeta e o reconheceu. Algum tempo mais tarde, ao passar perto da casa guardada pelo grupo de homens, informou-lhes de que, se buscavam Muḥammad, não o achariam, pois acabara de encontrá-lo longe dali. "Como isso é possível?", pensaram. Um deles estivera vigiando a casa, e vira o Profeta entrar antes mesmo da chegada dos outros conspiradores. Ademais, todos tinham certeza de que ninguém entrara na casa desde o início da tocaia. Porém, estando inquietos, era necessário certificar-se, e um deles, que sabia exatamente onde o Profeta costumava deitar-se, esgueirou-se até um lugar de onde pudesse ver, pela janela, o seu leito. Alguém ali repousava, envolto num manto. Ele então assegurou aos seus companheiros que a vítima ainda estava na casa. Ao amanhecer, 'Alī levantou-se e, ainda envolto no manto, saiu à porta da casa. Só então eles perceberam de quem se tratava e que seu complô fracassara. Apesar disso, ali permaneceram. No céu, o tênue crescente lunar do mês de Ṣafar elevava-se sobre as colinas do leste, e já empalidecia com a claridade da aurora. Os conspiradores não viram qualquer vestígio do Profeta e, movidos por súbito impulso, decidiram deixar o local, e cada um correu para dar o alarme ao chefe de seu clã.

---

[1] Corão, 36:9.

37 A Hégira

O Profeta foi ao encontro de Abū Bakr e, sem perda de tempo, saíram juntos por uma janela nos fundos da casa, onde dois camelos já selados os esperavam. O Profeta montou um e Abū Bakr o outro, com seu filho ʻAbd Allāh na garupa. Como haviam combinado, dirigiram-se a uma caverna da montanha de Thawr, ao sul de Meca, na rota do Iêmen. Sabiam que, tão logo a ausência do Profeta fosse notada, grupos seriam enviados para esquadrinhar os arredores ao norte da cidade. Quando deixaram os limites de Meca, o Profeta parou seu camelo e, olhando para trás, pronunciou estas palavras: "Tu és, em toda a terra de Deus, o lugar mais querido para mim e mais querido para Ele, e se meu povo não me houvesse acossado, jamais me teria afastado".

ʻĀmir ibn Fuhayrah, o pastor que Abū Bakr comprara como escravo e depois libertara, dando-lhe alguns carneiros como sustento, seguiu os dois homens com o rebanho para apagar seus rastros. Quando chegaram à caverna, Abū Bakr mandou seu filho de volta a Meca com os camelos, pedindo-lhe que escutasse o que diriam na cidade, quando descobrissem a fuga do Profeta, e que voltasse com notícias na noite seguinte. Durante o dia, ʻĀmir deveria pastorear seu rebanho como sempre, com os outros pastores, e depois reconduzir os animais até a caverna, para encobrirem as pegadas de ʻAbd Allāh entre Thawr e Meca.

Conforme combinado, ʻAbd Allāh voltou à caverna na noite seguinte, acompanhado da irmã Asmā', tranzendo-lhes provisões. Eles contaram que os Quraysh haviam oferecido uma recompensa de cem camelos para quem encontrasse Muḥammad e o levasse a Meca. Vários cavaleiros já percorriam todos os itinerários habituais entre Meca e Yathrib, na esperança de recapturar os dois fugitivos, pois já sabiam que Abū Bakr estava com o Profeta.

No entanto, outros cavaleiros, fato talvez despercebido por 'Abd Allāh, imaginaram com razão que os dois homens poderiam estar escondidos em uma das numerosas cavernas encravadas nas colinas ao redor de Meca. Além disso, os árabes do deserto eram rastreadores formidáveis, e, mesmo semi-apagadas por um rebanho de carneiros, as pegadas dos grandes cascos de dois ou três camelos podiam ser rastreadas por um beduíno. Parecia pouco provável que os fugitivos tivessem seguido para o sul da cidade, porém a generosa recompensa oferecida bem valia que as investigações se estendessem para esse lado; e era certo que dois camelos haviam seguido, antes dos rebanhos de carneiros, na direção de Thawr.

No terceiro dia, o silêncio do refúgio na montanha foi rompido pelo som de pássaros – o arrulhar de um casal de pombos na entrada da caverna, pensaram eles. Momentos depois, Abū Bakr e o Profeta escutaram um murmúrio de vozes vindo do vale, que pouco a pouco se amplificava, como se um grupo houvesse começado a escalar o flanco da montanha. Os dois fugitivos não esperavam outra pessoa que não 'Abd Allāh, e somente ao cair da noite; mas o sol ainda estava alto, apesar dae a luz que penetrava na caverna estar estranhamente mortiça para aquele momento do dia. As vozes, que denunciavam a presença de no mínimo cinco ou seis homens, não estavam muito distantes e continuavam a se aproximar. Fitando Abū Bakr, o Profeta lhe disse: "Não te inquietes, pois certamente Deus está conosco".[1] Depois acrescentou: "O que dizes tu de dois homens quando Deus, entre eles, é o seu terceiro?".[2] Eles podiam escutar os passos que se aproximavam, até que subitamente cessaram: os homens estavam agora diante da caverna. Os restreadores trocaram alguns comentários, todos concordando que não era preciso entrar na caverna, pois ninguém poderia estar ali escondido, e voltaram por onde tinham vindo.

Quando o ruído dos passos e das vozes não era mais que um eco longínquo, o Profeta e Abū Bakr se aproximaram da abertura da caverna. E lá estava, obstruindo quase completamente a entrada, uma acácia quase da altura de um homem, que não se encontrava ali na manhã anterior; e no espaço entre a árvore e a parede da caverna uma aranha tecera uma densa teia.

---

[1] Corão, 9:40. [2] al-Bukhārī LVII, 5.

Quando eles olharam através da teia, perceberam que, na reentrância da rocha, sobre a entrada da caverna, uma pomba fizera seu ninho e chocava seus ovos, enquanto o macho se empoleirava numa saliência próxima.

Quando escutaram 'Abd Allāh e sua irmã se aproximarem na hora prevista, afastaram delicadamente a teia de aranha que os salvaguardara e, tomando cuidado para não incomodar os pombos, saíram ao seu encontro. 'Āmir estava com eles, mas desta vez sem o rebanho, trazendo com ele o beduíno a quem Abū Bakr confiara os dois camelos escolhidos para a viagem. O homem não era ainda um crente, mas podia-se confiar nele para guardar segredo e para guiar os viajantes até seu destino, pelos caminhos que somente um filho do deserto podia conhecer. Ele trouxe do vale duas montarias, e uma terceira para si. Abū Bakr levaria 'Āmir, que cuidaria para que nada faltasse aos fugitivos. Eles deixaram a caverna e desceram em direção do vale. Asmā' trouxera provisões, mas se esquecera de pegar uma corda; então, desatando a faixa amarrada em sua cintura, dividiu-a em duas partes, utilizando metade para prender firmemente o saco de provisões à sela do pai e guardando a outra para si. Foi por isso que lhe deram o apelido de "a mulher das duas cintas".

Quando Abū Bakr ofereceu ao Profeta o melhor dos dois camelos, este lhe respondeu: "Não montarei um camelo que não me pertence!". – "Mas então é teu, ó Profeta de Deus!" – "Não desse modo!", retorquiu o Profeta. "Qual o preço que te devo pagar?" Abū Bakr deu, então, um preço à montaria, e o Profeta concluiu: "Aceito-o por esse preço". Abū Bakr não ousou insistir em presenteá-lo, apesar de o Profeta ter aceitado muitos presentes do amigo no passado. É que se tratava de uma ocasião solene, a Hégira – *Hijrah* – do Profeta, a ruptura com todos os laços com seu lar e sua pátria pela causa de Deus. Sua oferenda, o ato de emigrar, devia ser completamente sua, não compartida de nenhum modo com mais ninguém. Era preciso, então, que o camelo no qual montasse para cumprir este ato fosse inteiramente seu. O camelo, uma fêmea, recebeu o nome de Qaṣwā' e foi para sempre o animal favorito do Profeta.

Apesar de Yathrib ficar diretamente ao norte, seu guia levou-os para longe de Meca em direção ao oeste; depois, seguiram para o sul, até alcançarem as margens do Mar Vermelho. Somente então rumaram para o norte, ladeando a costa pela rota noroeste. Durante as primeiras noites, seus olhos voltavam-se para além das águas, em direção ao deserto da Núbia, contemplando a lua crescente do mês de Rabīʿ al-Awwal que se elevava das dunas. "Ó crescente do bem e da orientação, minha fé está n'Aquele que te criou!",[1] repetia o Profeta a cada noite, toda vez que despontava o crescente.

Certa manhã, eles ficaram inquietos ao ver uma pequena caravana que avançava em sua direção; mas os temores deram lugar à alegria ao reconhecerem Ṭalḥah, o primo de Abū Bakr, que voltava da Síria, com seus camelos carregados de tecidos e outras mercadorias. No caminho, parara em Yathrib, para onde planejava voltar assim que vendesse sua carga em Meca. A chegada do Profeta ao oásis – contou Ṭalḥah – era aguardada com grande impaciência. Antes de despedir-se do grupo de fugitivos, ele deu a cada viajante uma muda de roupa de um fino tecido branco da Síria, que pretendia vender aos mais ricos dos Quraysh.

Pouco tempo após seu encontro com Ṭalḥah, os viajantes rumaram para o norte, afastando-se ligeiramente da costa, depois obliquamente para nordeste, alcançando finalmente a rota direta para Yathrib. Durante essa parte da viagem, o Profeta recebeu uma Revelação que dizia: "Certamente, Aquele que te prescreveu o Corão te reconduzirá ao lar [*Maʿād*] outra vez".[2]

Pouco antes da aurora do vigésimo dia após deixarem a caverna, eles chegaram à cidade de ʿAqīq, e logo a deixaram para trás, escalando as escarpas negras e acidentadas que despontavam do outro lado da cidade. Não haviam chegado a seu cume e o sol já estava alto no céu, e o calor era intenso. Nos dias anteriores, eles pararam para repousar até que as horas mais quentes do dia tivessem passado; mas, desta vez, decidiram prosseguir a subida e, quando finalmente chegaram ao cume, avistaram a planície que se estendia a seus pés. Assim, a ideia de fazer uma pausa foi descartada. O lugar com o qual o Profeta sonhara, "o país pleno de rios entre duas fileiras de pedras negras", oásis onde se mesclavam o verde-cinzento dos bosques de palmeiras e o verde mais tenro dos pomares e dos jardins, estava a uma légua do pé da montanha que deveriam descer.

O ponto mais avançado do oásis era Qubāʾ, onde a maior parte dos emigrantes vindos de Meca havia habitado no início do exílio e onde muitos ainda habitavam. O Profeta disse a seu guia: "Conduze-nos diretamente para os Bani ʿAmr, em Qubāʾ, sem te aproximares ainda da cidade", pois

---

[1] Ibn Ḥanbal V, 329. [2] *Maʿād*: "lugar de retorno", isto é, Meca. Corão, 28:85.

era assim que se denominava a parte mais densamente povoada do oásis. Esta mesma cidade tornou-se bem conhecida, primeiro por toda a Arábia e, depois, muito além, como "a Cidade" – em árabe, *al-Madīnah*, ou simplesmente Medina.

Dias antes, notícias vindas de Meca sobre o desaparecimento do Profeta e a recompensa oferecida a quem o capturasse já haviam chegado a Medina. Por isso, o povo de Qubā' esperava-o com ansiedade, aflito pela demora. A cada manhã, após a prece da aurora, alguns membros dos Bani 'Amr saíam para procurá-lo, acompanhados de homens de outros clãs que viviam na cidade e também de qurayshitas emigrados que não haviam ainda deixado Qubā' para se instalar na cidade. Eles avançavam para além dos campos e das palmeiras e, após terem percorrido certa distância nas escarpas de lava, acampavam e aguardavam que o ardor do sol se abrandasse, para então retornar às suas casas. Naquela manhã, eles esperaram no lugar de sempre, mas já haviam partido quando os viajantes começaram a descer o longo caminho de rochas. Não restara ninguém para avistar o sol refulgindo nas vestes novas do Profeta e de Abū Bakr, cuja brancura se destacava no azul-escuro das rochas vulcânicas. Foi um judeu que por acaso estava no telhado de sua casa quem primeiro os viu, e soube logo de quem se tratava, pois ele e seus correligionários de Qubā' não ignoravam os motivos que levavam tantos de seus vizinhos a sair em grupos, todas as manhãs, para as montanhas. Ele gritou o mais forte que pôde: "Filhos de Qaylah, ele chegou, ele chegou!". O apelo foi ouvido e repetido, enquanto homens, mulheres e crianças saíam precipitadamente de suas casas e atravessavam o oásis em direção às rochas. Foi um momento de alegre exultação para todos, e o Profeta assim falou à multidão: "Ó meu povo, saudai-vos uns aos outros com votos de paz; dai de comer a quem tem fome; honrai os laços de parentesco; orai enquanto os outros dormem. E assim entrareis em paz no Paraíso".[1]

Ficou decidido que o Profeta se hospedaria com Kulthūm, um ancião de Qubā' que já acolhera em sua casa Ḥamzah e Zayd quando chegaram de Meca. Os Bani 'Amr, clã ao qual pertencia Kulthūm, era um ramo dos Aws, e sem dúvida foi para partilhar a honra da hospedagem entre as duas tribos de Yathrib que Abū Bakr ficou na casa de um khazrajita da vila de

[1] Ibn Sa'd I/1, 159.

Sunḥ, um pouco mais próxima de Medina. Após um dia ou dois, 'Alī chegou de Meca e ficou na mesma casa onde estava o Profeta. Ele demorara três dias para devolver aos proprietários todos os bens que foram confiados a Muḥammad.

Durante esses dias, inúmeros visitantes vieram saudar o Profeta, inclusive alguns judeus de Medina, movidos mais pela curiosidade que pela boa vontade. Na segunda ou terceira noite, um homem se apresentou e, segundo aparentava, não era nem árabe nem judeu. Dizia chamar-se Salmān e ter nascido na Pérsia, na vila de Jayy, perto de Isfahan; filho de zoroastristas, tornara-se cristão e, ainda jovem, fora morar na Síria. Lá, um santo bispo, no seu leito de morte, recomendou-lhe que fosse ao encontro do bispo de Mosul, dizendo-lhe que era um ancião como ele e o melhor homem que conhecia. Salmān tomara, então, a rota para o norte do Iraque e, desde então, fora sucessivamente discípulo de muitos sábios cristãos, até que o último deles, também em seu leito de morte, declarou-lhe que se aproximava o momento em que um profeta surgiria: "Ele será enviado com a religião de Abraão e se manifestará na Arábia, e emigrará de sua terra natal para um lugar situado entre duas correntes de lava, um país de palmeiras. Seus sinais são evidentes: ele comerá do que lhe for dado, mas não se o alimento for ofertado como esmola; e entre suas espáduas se verá o selo da profecia". Salmān resolveu ir em busca do Profeta e pagou a um grupo de mercadores da tribo de Kalb para que o deixassem acompanhá-los até a Arábia. No entanto, quando o grupo chegou a Wādi l-Qurà, perto do golfo de 'Aqabah, ao norte do Mar Vermelho, os mercadores venderam-no como escravo a um judeu. Ao ver as palmeiras de Wādi l-Qurà, ele se perguntou, cheio de dúvidas, se seria aquele o lugar que procurava; mas, pouco tempo depois, o judeu o revendeu a um de seus primos da tribo dos Bani Qurayẓah de Medina. Desde que viu a região de seu novo cativeiro, teve certeza de que aquele era o lugar.

O novo dono de Salmān tinha outro primo que vivia em Qubā' e que foi a Medina levando a notícia da chegada do Profeta. Ele encontrou seu primo sentado sob uma palmeira enquanto Salmān trabalhava na copa de uma árvore. Salmān escutou o judeu de Qubā' dizer: "Que Deus amaldiçoe os filhos de Qaylah! Neste momento, eles estão reunidos ao redor de um homem que chegou hoje de Meca e que creem ser um profeta". Ao ouvir estas palavras, Salmān foi tomado pela certeza de que suas esperanças se haviam realizado, e sua emoção foi tão grande que todo seu corpo começou a tremer. Com medo de cair da árvore, ele desceu e, ao tocar o solo, começou a interrogar insistentemente o judeu de Qubā'; mas seu mestre irritou-se e ordenou que voltasse ao trabalho. Contudo, naquela mesma noite, Salmān saiu sorrateiramente, levando consigo um pouco de alimento que separara, e dirigiu-se a Qubā'. Lá chegando, encontrou o Profeta sentado entre seus companheiros, novos e antigos. Apesar de sua convicção já estar formada, aproximou-se do Profeta e ofereceu-lhe o alimento que trouxera, assinalando que o dava como esmola. O Profeta disse aos seus companheiros que comessem, mas ele mesmo não tocou em nada. Salmān teria ainda de esperar para ver o sinal da profecia, mas, por hora, bastava-lhe, neste primeiro encontro, a presença do Profeta e suas palavras. Assim, retornou a Medina com o coração repleto de contentamento e reconhecimento.

38 A entrada em Medina

O Profeta chegou ao oásis numa segunda-feira, 27 de setembro do ano 622 da era cristã. Os vários mensageiros que chegavam de Medina deixaram claro que também lá ele era aguardado com impaciência. Assim, ele ficou em Qubā' apenas três dias inteiros, durante os quais assentou as fundações de uma mesquita que viria a ser a primeira do Islām. Na manhã de sexta-feira, ele e seus companheiros deixaram Qubā' e, ao meio-dia, pararam no vale de Rānūnā' para fazer as orações com os membros do clã khazrajita dos Bani Sālim, que lá os esperavam. Esta foi a primeira oração de sexta-feira realizada naquele país que, dali em diante, seria seu lar. Alguns de seus parentes dos Bani an-Najjār vieram recebê-lo, e os Bani 'Amr o escoltavam desde Qubā', o que elevava o número de fiéis presentes naquele momento a aproximadamente uma centena. Após a prece, o Profeta montou sua camela Qaṣwā', e, seguido por Abū Bakr e outros qurayshitas, dirigiram-se juntos para "a Cidade". À sua direita e à sua esquerda, vestidos com armaduras e com os sabres desembainhados, os cavaleiros dos Aws e dos Khazraj formavam a guarda de honra, o que demonstrava que o juramento de proteger o Profeta não fora selado com palavras vãs, apesar de não haver nenhuma evidência de que a proteção fosse necessária no momento. Nunca houve um dia de maior júbilo naquela cidade. "O Profeta de Deus chegou! Ele chegou!", era o grito de alegria repetido pela multidão de homens, mulheres e crianças, que, em número crescente, reuniam-se ao longo do caminho. Com seu passo lento e majestoso, Qaṣwā' marcava o ritmo da procissão pelos jardins e bosques de palmeiras ao sul de Medina. À entrada da cidade, as casas eram poucas e distantes umas das outras, mas, conforme avançavam, tornavam-se mais numerosas, e foram muitos os convites feitos insistentemente aos recém-chegados: "Desmonta e fica conosco, ó Mensageiro de Deus, para ti temos força, proteção e abundância". Mais de uma vez um homem ou um grupo de membros do mesmo clã tomou a brida de Qaṣwā'. Mas a cada tentativa, o Profeta lhes dirigia uma bênção e acrescentava: "Deixai-a seguir seu caminho, ela está sob o comando de Deus".

Em certo momento, parecia que a camela iria parar entre as casas dos parentes mais próximos do Profeta, pertencentes ao ramo 'Adī do grande clã khazrajita dos Najjār, que se concentravam na parte oriental da cidade. No entanto, ela passou sem se deter no lugar onde Muḥammad morara quando criança com sua mãe. Depois, seguiu por todo o quarteirão onde habitavam seus parentes mais próximos, que, em vão, dirigiam-lhe insistentes pedidos para que ele ali se estabelecesse. Para cada um, o Profeta tinha a mesma resposta, a mesma dada aos primeiros habitantes da cidade, e eles nada podiam fazer senão resignar-se. Em seguida, o Profeta chegou às casas dos Bani Mālik, outro ramo dos Najjār. A este subclã pertenciam As'ad e 'Awf, dois dos seis homens que a ele se aliaram um ano antes do primeiro pacto de 'Aqabah. Lá, Qaṣwā' saiu do caminho e entrou num grande pátio, cercado por um muro, ocupado apenas por algumas palmeiras e uma construção em ruínas. Um canto da ruína fora usado outrora como cemitério, e outro era utilizado para a secagem de tâmaras. Qaṣwā' avançou lentamente e ajoelhou-se na entrada de uma espécie de cercado que As'ad erguera para a prece. O Profeta deixou as rédeas soltas, mas não desceu da montaria; ao fim de um instante, a camela ergueu-se e retomou a marcha em passo lento. Mas não foi longe, logo se deteve e voltou para o lugar em que havia parado da primeira vez. Ajoelhou-se novamente e, desta vez, descansou o ventre no chão. O Profeta desmontou e disse: "Aqui, se Deus quiser, será nossa morada".[1]

Ele perguntou a quem pertencia o terreno, e Mu'ādh, irmão de 'Awf, respondeu que era propriedade de dois órfãos, Sahl e Suhayl, que estavam sob a tutela de As'ad. O Profeta pediu que os encontrassem, mas, antes que pudessem fazê-lo, os irmãos se apresentaram espontaneamente e se colocaram diante dele. O Profeta lhes perguntou se aceitavam vender o terreno e qual seria o preço. "Nós te presenteamos, ó Mensageiro de Deus", declararam.

---

[1] al-Bukhārī LXIII.

O Profeta de modo algum quis aceitar tal oferta, e um preço foi fixado com a ajuda de As'ad. Nesse meio-tempo, Abū Ayyūb Khālid, que morava na vizinhança, desatou a bagagem da camela e levou-a para sua casa. Quando outros membros do clã chegaram ao local, pediram ao Profeta que aceitasse ser seu hóspede, mas ele respondeu: "Um homem deve ficar com sua bagagem". Abū Ayyūb fora o primeiro de seu clã a prestar-lhe juramento no segundo pacto de 'Aqabah. Ele e sua mulher se retiraram para a parte superior da casa, deixando o térreo à disposição do Profeta. Quanto à Qaṣwā', As'ad conduziu-a ao pátio de sua própria casa, que ficava bem perto dali.

39 Harmonia e discórdia

O Profeta deu instruções para que o terreno recém-adquirido fosse transformado em mesquita e, como em Qubā', todos puseram-se a trabalhar na construção. A maior parte do edifício foi feita com tijolos, exceto a parte intermediária do muro norte, voltado para Jerusalém, onde foram colocadas pedras, emoldurando o nicho de orações. As palmeiras que ali cresciam foram cortadas e seus troncos serviram de pilares para sustentar o telhado de folhas, deixando a maior parte do pátio a céu aberto.

Os muçulmanos de Medina haviam recebido do Profeta o título de *Anṣār*, "Auxiliares", ou "Ajudantes", enquanto os muçulmanos pertencentes aos Quraysh e às outras tribos e que haviam deixado seus lares para emigrar ao oásis foram denominados *Muhājirah*, "Emigrantes". Todos tomaram parte na construção, inclusive o próprio Profeta, e ritmavam seu trabalho com dois versos que um deles compusera para a ocasião:

> Ó Deus, não há bem senão aquele do Além-Mundo,
> Ajuda, pois, Auxiliares e Emigrantes!

E outras vezes cantavam assim:

> Não há vida senão a Derradeira Vida.
> Misericórdia, ó Deus!, com Emigrantes e Auxiliares!

Esperava-se que os dois grupos fossem reforçados por um terceiro, e o Profeta firmou um pacto de compromisso mútuo entre seus discípulos e os judeus que habitavam o oásis, reunindo-os numa única comunidade de crentes, respeitadas as diferenças entre as duas religiões. Muçulmanos e judeus deviam ter idêntica condição. Se qualquer mal fosse feito a um judeu, muçulmanos e judeus deveriam agir juntos para proteger seus direitos, e o mesmo se daria se o prejudicado fosse muçulmano. Na eventualidade de uma guerra contra politeístas, uns e outros combateriam como um único povo, e nem judeus nem muçulmanos firmariam qualquer pacto de paz separadamente, mas unicamente uma paz conjunta. Se sobreviessem divergências de opinião, litígios ou conflitos, o caso seria reportado a Deus por intermédio de Seu Mensageiro. No entanto, não havia qualquer cláusula estipulando que os judeus deveriam formalmente reconhecer Muḥammad como Mensageiro e Profeta de Deus, ainda que fosse este o título que o designava em todo o documento.

Os judeus aceitaram o pacto por razões políticas. O Profeta era, naquele momento, o homem mais poderoso de Medina, e seu poder só tendia a aumentar. Não havia, portanto, outra solução senão aceitá-lo, ainda que poucos dentre eles estivessem dispostos a aceitar que Deus poderia enviar um Profeta que não fosse judeu. No início, eles se mostraram cordiais, já que poderiam falar o que quisessem quando estivessem reunidos e também por terem tanta certeza da própria superioridade, a absoluta e incomparável superioridade de povo eleito em relação a todos os demais. E mesmo que, em circunstâncias normais, o ceticismo que experimentavam ante a nova religião não se manifestasse abertamente, eles estavam sempre prontos a partilhá-lo com todos os árabes que tinham dúvidas quanto à origem divina da Revelação.

O Islām continuou a propagar-se rapidamente nos clãs dos Aws e dos Khazraj, e muitos fiéis acreditavam já ter chegado o dia em que, graças ao pacto com os judeus, o oásis formaria uma só unidade harmoniosa. No entanto, não tardaram a aparecer na Revelação avisos contra elementos ocultos de discórdia. Foi nessa época que começou a ser revelado o mais longo capítulo do Corão, a sura *al-Baqarah* (a Vaca), que figura no Livro Sagrado imediatamente após os sete versículos da sura *al-Fātiḥah*, "Aquela que abre". Aquele capítulo começa por definir quais são os bem guiados: "*Alif-Lām-Mīm*. Este é o Livro. Nele não há dúvida alguma. É orientação para que os que creem em Deus, que creem no Oculto [Invisível], que cumprem a prece e dispendem [em esmolas] o que lhes damos por sustento; aqueles que creem no que te foi revelado e no que foi revelado antes de ti e que têm como certo a Derradeira Vida. Estes são bem-aventurados e orientados pelo Senhor".[1]

---

[1] Corão, 2:2-5.

O Corão menciona, em seguida, os descrentes, que são cegos e surdos à Verdade, e depois faz menção a uma terceira categoria de pessoas: "E entre os homens há os que diem: 'cremos em Deus e no Derradeiro Dia', e, todavia, não são crentes. Procuram enganar a Deus e aos crentes, dizendo: 'nós cremos!'. Mas só enganam a si mesmos e não percebem. (...) E quando estão a sós com seus demônios, dizem: 'certamente estamos convosco, estávamos apenas zombando'".[1] Estes são os hesitantes, os céticos e os hipócritas entre os Aws e os Khazraj, com todos os seus variados graus de insinceridade; quanto aos seus demônios, ou seja, aqueles que lhes inspiram o mal, estes são os homens e mulheres descrentes que fazem todo o possível para sempre semear a dúvida. Assim, o Profeta foi avisado de um problema que jamais conhecera em Meca. Lá, a sinceridade dos que abraçaram o Islām não podia ser posta em dúvida: as conversões só podiam ter motivação espiritual, pois, no que concerne aos interesses mundanos, os convertidos nada tinham a ganhar e, na maioria dos casos, muito a perder. A partir de agora, existiam razões mundanas para se adotar a nova religião, e estas razões não cessariam de ganhar importância. Os dias em que as fileiras de muçulmanos não contavam com nenhum hipócrita nunca mais voltariam.

Alguns dos demônios mencionados estavam entre os judeus. Na mesma Revelação diz-se: "Numerosos seguidores do Livro[2] desejaram, pela inveja entranhada em suas almas – após haver-se tornado evidente, para eles, a Verdade – reconduzir-vos à descrença, depois de haverdes crido".[3] Com impaciência, os judeus haviam esperado a vinda do profeta anunciado, não porque estivessem ávidos por receber o ensinamento espiritual, mas porque desejavam reencontrar a supremacia que tinham até recentemente em Yathrib. Ora, para sua grande consternação, era um descendente de Ismael, e não de Isaac, que proclamava a Verdade do Deus Único, com um êxito cuja explicação só poderia ser a ajuda divina. Divididos entre a crença de que ele era, de fato, o profeta anunciado – o que os fazia invejar o povo ao qual ele fora enviado – e a esperança de que tal crença não fosse verdadeira, não cessavam de tentar convencer a si mesmos e aos outros de que Muḥammad não apresentava as características de um verdadeiro mensageiro de Deus: "Ele afirma receber mensagens do Céu mas não sabe onde está sua própria camela?", exclamou um judeu certo dia em que uma de seu

---

[1] Corão, 2:8-14. [2] A Torá, a Bíblia. [3] Corão, 2:109.

rebanho se extraviara. "Só sei o que Deus me dá a conhecer", declarou o Profeta quando lhe contaram da observação do judeu, "e só vejo o que Ele me mostra: a camela se encontra no desfiladeiro que eu vos indicarei, presa a uma árvore pela brida".[1] Alguns Auxiliares se dirigiram ao local descrito pelo Profeta e lá encontraram o animal.

De início, muitos judeus acolheram com satisfação o que parecia pôr fim ao perigo de uma nova guerra civil no oásis. No entanto, não deixavam de se ressentir de haverem perdido algumas vantagens advindas do perigo. A divisão que reinara entre os árabes fortalecia consideravelmente a condição dos não-árabes, antes cobiçados para a formação de alianças. Agora a união dos Aws e dos Khazraj tornava inúteis as antigas alianças, dando aos árabes de Yathrib um poder temível. Graças ao seu pacto com o Profeta, os judeus podiam participar desse poder, mas disso derivavam obrigações, como a de tomar parte numa eventual guerra contra as tribos árabes, muito mais fortes, que viviam fora do oásis. Por tratar-se de uma situação nova e desconhecida, havia o temor de sérios inconvenientes, e por isso muitos sonhavam com o restabelecimento da situação anterior, da qual conheciam todas as veredas e desvios. Havia na tribo judia dos Bani Qaynuqā' um velho político que sabia explorar com maestria a discódia entre as tribos árabes e que se sentia particularmente frustrado pela nova amizade entre os Aws e os Khazraj. Ele convenceu um rapaz de sua tribo, que possuía uma bela voz, a sentar-se entre os Auxiliares quando eles estivessem reunidos. Deveria então recitar-lhes os versos que os poetas das duas tribos haviam composto imediatamente antes e após a batalha de Bu'āth, da guerra civil mais recente entre os dois clãs, versos que humilhavam os inimigos, glorificando as proezas dos guerreiros e louvando os mortos, versos repletos de invectivas contra os rivais e de ameaças de vingança. O jovem obedeceu e não tardou a prender a atenção de todos, arrancando-os do presente para transportá-los ao passado. Os homens dos Aws aplaudiram calorosamente os versos compostos por seus poetas, enquanto os Khazraj faziam o mesmo pelos poemas compostos nas suas fileiras; em pouco tempo os dois grupos começaram a irritar-se um com o outro, depois a se vangloriar e a proferir insultos e ameaças. Por fim, alguém pôs-se a gritar: "Às armas! Às armas!", com o que todos se dirigiram à região de pedras negras, prontos para reto-

[1] Ibn Isḥāq 361.

mar o combate. Ao saber do tumulto, o Profeta reuniu os Emigrantes que estavam por perto e, com eles, foi ao local em que as duas facções já se enfileiravam para a batalha. "Ó muçulmanos!", ele gritou; depois invocou duas vezes o Nome divino: "*Allāh*! *Allāh*!", e continuou: "Voltareis a agir como na época da ignorância, agora que estou convosco e que Deus vos guiou e vos honrou com o Islām? Agora que Ele vos permitiu romper com os hábitos pagãos, salvou-vos da descrença e uniu vossos corações?". No mesmo instante, eles compreenderam que haviam sido induzidos ao erro. Entreolharam-se em lágrimas, abraçaram-se uns aos outros e voltaram para a cidade com o Profeta, atentos e submissos às suas palavras.[1]

Para fortalecer os laços da comunidade de crentes, o Profeta instituiu naquele momento um pacto de fraternidade entre Auxiliares e Emigrantes, de tal modo que cada Auxiliar teria por irmão um Emigrante, que lhe seria mais próximo que qualquer outro Auxiliar, e cada Emigrante teria por irmão um Auxiliar, que lhe seria mais próximo que qualquer outro Emigrante. Ele abriu uma exceção para si mesmo e sua família, temendo suscitar inveja ao escolher um Auxiliar em detrimento de outro. Por isso tomou 'Alī pela mão e declarou: "Tu és meu irmão!", e fez de Ḥamzah o irmão de Zayd.

Dentre os principais adversários do Islām, havia dois primos, filhos de duas irmãs, um que tinha por pai um Aws e o outro um Khazraj. Esses primos gozavam de grande influência em suas respectivas tribos. O homem dos Aws, Abū 'Āmir, era conhecido como "o Monge", pois durante muito tempo levara uma vida ascética e vestira um manto tecido de cabelos. Ele pretendia pertencer à religião de Abraão e conquistara certa autoridade religiosa entre os habitantes de Yathrib. Pouco tempo após a chegada do Profeta, ele o procurou para perguntar sobre a nova religião. O Profeta lhe respondeu citando as palavras da Revelação que, mais de uma vez, definem o Islām como "a religião de Abraão".[2] – "Mas esta é a minha religião!", exclamou Abū 'Āmir, e, obstinado pela negação, acusou o Profeta de ter falsificado a fé abraâmica. "Eu não a falsifiquei", declarou o Profeta, "mas a trouxe branca e pura." – "Que Deus faça o mentiroso morrer exilado e solitário!", disse Abū 'Āmir. "Que assim seja", concordou o Profeta, "Que Deus assim puna o mentiroso!"[3]

---

[1] Ibn Isḥāq 386. [2] Corão, 2:135. [3] Ibn Isḥāq 411-2.

Abū ʿĀmir logo percebeu que sua autoridade estava diminuindo, e ficou ainda mais amargurado ao ver que seu filho Ḥanẓalah se tornara um fervoroso devoto do Profeta. Após algum tempo, ele decidiu deixar Meca com os seguidores que ainda lhe restavam, não mais de uma dezena, sem perceber que partia para o exílio ao qual ele mesmo se condenara.

Seu primo khazrajita era ʿAbd Allāh ibn Ubayy, que também se sentia lesado pela vinda do Profeta, não pela perda de alguma autoridade espiritual, da qual não era possuidor, mas pelo poder temporal, do qual, até então, era o maior detentor no oásis de Yathrib. Ele também estava cheio de ressentimento de ver seu filho ʿAbd Allāh e sua filha Jamīlah conquistados pela mensagem do Profeta. Mas, ao contrário de Abū ʿĀmir, Ibn Ubayy estava disposto a esperar, acreditando que cedo ou tarde a influência do recém-chegado começaria a declinar. Nesse meio-tempo, estava decidido a não manifestar abertamente sua contrariedade, ainda que seus próprios sentimentos às vezes o traíssem.

Aliás, foi o que aconteceu, quando outro chefe khazrajita, Saʿd ibn ʿUbādah, caiu doente e o Profeta foi visitá-lo. Todas as famílias ricas do oásis possuíam casas construídas como fortalezas e, no seu caminho, o Profeta passou diante de Muzāḥam, a fortaleza de Ibn Ubayy, que estava sentado à sombra das muralhas, cercado por alguns homens de seu clã e de outros khazrajitas. Por respeito à sua condição de chefe, o Profeta desceu de seu asno e, após saudá-lo, sentou-se um momento em sua companhia e recitou-lhe o Corão, convidando-o ao Islām. Quando acabou sua mensagem, Ibn Ubayy lhe disse: "Nada poderia ser melhor que teu discurso, se fosse verdade. Senta-te, então, em tua casa, em tua própria casa, e prega aos que forem visitar-te, mas não aborreças com tua conversa os que não te procuram, nem te intrometas na reunião dos que não te desejam". – "Ao contrário", protestou uma voz, "vem a nós com estas palavras, visita-nos em nossas assembleias, lares e casas, pois amamos o que nos trazes e o que Deus nos concede em Sua bondade, e para o que Ele nos tem guiado." Quem assim falou foi ʿAbd Allāh ibn Rawāḥah, um dos homens em quem Ibn Ubayy acreditava poder confiar em qualquer circunstância. Decepcionado, o chefe declamou em tom lamuriento um verso que dizia que aquele que é abandonado por seus amigos está marcado para conhecer a derrota. Naquele momento, ele percebeu, mais claramente que nunca, que qualquer resistência seria inútil. Quanto ao Profeta, apesar da vibrante reverência prestada por 'Abd Allāh, afastou-se com tristeza no coração; e ao adentrar a casa do enfermo que fora visitar, a consternação estava ainda estampada em seu rosto. Logo Sa'd perguntou-lhe o que o aborrecia e, quando o Profeta relatou-lhe como a incredulidade endurecera o coração de Ibn Ubayy, ele lhe disse: "Trata-o com doçura, ó Mensageiro de Deus, pois quando Ele te enviou a nós, estávamos forjando um diadema para coroá-lo; a seus olhos, tua chegada despojou-o de um reino".

O Profeta jamais esqueceu estas palavras. Ibn Ubayy, por sua vez, compreendeu que sua influência, ainda forte, declinava rapidamente, e que se não entrasse para o Islām ela desapareceria por completo. Por outro lado, sabia que se aceitasse formalmente o Islām, sua autoridade estaria confirmada, pois os árabes repugnavam desfazer antigas alianças, a não ser por uma forte razão. Por isso, algum tempo depois, ele decidiu aderir ao Islām, e apresentou-se ao Profeta para prestar-lhe juramento. A despeito de sua submissão exterior, ainda que cumprindo regularmente as preces, os crentes jamais confiaram totalmente nele. E ele não era o único cuja sinceridade parecia duvidosa, mas seu caso diferia do da maior parte dos crentes pouco entusiastas ou mesmo hipócritas, pois sua grande influência o tornava muito mais perigoso.

Durante os primeiros meses, enquanto a mesquita ainda estava em construção, a comunidade sofreu uma grande perda com a morte de As'ad, o primeiro dos habitantes do oásis que prestara juramento ao Profeta, e que hospedara Muṣ'ab e com ele colaborara intensamente durante o ano de intervalo entre os dois pactos de 'Aqabah. Nesta ocasião de luto, o Profeta declarou: "Os hipócritas – judeus e árabes – não deixarão de dizer: 'Fosse ele um profeta, seu companheiro não estaria morto'. Por certo, minha vontade não pode prevalecer sobre a Vontade de Deus, seja por mim, seja por meu companheiro".[1]

Foi talvez durante o funeral de As'ad que teve lugar o segundo encontro entre Salmān, o Persa, e o Profeta. O próprio Salmān, alguns anos mais tarde, relatou este reencontro ao filho de 'Abbās: "Fui ao encontro do Mensageiro de Deus quando ele estava no Baqī' al-Gharqad,[2] onde acontecia o funeral de um de seus Companheiros. Sabia que o Profeta lá estaria e consegui livrar-me das obrigações a tempo de chegar ao sepulcrário após

[1] Ibn Isḥāq 346.

[2] O cemitério situado a sudeste de Medina.

o enterro, onde encontrei o Profeta sentado com alguns Emigrantes e Auxiliares. 'Eu te saúdo', disse-lhe, e sentei-me no círculo atrás dele na esperança de conseguir ver-lhe o Sinal, o Selo. Antevendo o que eu desejava, o Profeta tirou a túnica e descobriu as costas, para que eu pudesse contemplar o Selo da Profecia que meu mestre havia descrito; então, inclinei-me até que meus lábios o tocassem, e chorei. Em seguida, o Mensageiro de Deus me disse para ficar diante dele; sentei-me à sua frente e contei-lhe minha história, e ele fez questão que seus Companheiros a escutassem. Foi assim que abracei o Islām".[1] Contudo, Salmān seguiu trabalhando arduamente por mais quatro anos como escravo entre os Bani Qurayẓah, e por isso não pôde ter muito contato com seus companhiros muçulmanos.

Outro homem do Povo do Livro que abraçou o Islām nessa mesma época foi o rabino Ḥuṣayn ibn Sallām, dos Bani Qaynuqā'. Ele foi ao Profeta em segredo e prestou-lhe juramento, e recebeu o nome de 'Abd Allāh. O novo convertido sugeriu que, antes de tornar pública sua conversão, perguntassem ao povo judeu sobre sua posição entre eles. O Profeta escondeu-o em sua casa e mandou buscar alguns notáveis dos Qaynuqā'. "Ele é nosso chefe", responderam quando perguntados, "e filho de nosso chefe; é nosso rabino e homem de ciência." Após estas palavras, 'Abd Allāh saiu de seu esconderijo e lhes falou assim: "Ó judeus, crede em Deus e aceitai quem Ele enviou, pois este homem é o Mensageiro de Deus". E então proclamou seu próprio Islām e o de sua família. Os Qaynuqā' puseram-se a insultá-lo, negando o que haviam dito antes sobre sua nobre posição entre eles.

O Islām já estava firmemente estabelecido no oásis. A Revelação prescrevia a prática da esmola e o jejum no mês de Ramadã e, de modo geral, estabelecia o que era lícito e o que era ilícito. As cinco preces rituais eram cumpridas todos os dias comunitariamente, e quando o momento da prece chegava, todos se reuniam na mesquita em construção. Cada um estipulava o momento do rito segundo a posição ocupada pelo sol, ou segundo as primeiras luzes no horizonte oriental, ou pela diminuição da luz ao cair do dia; mas por vezes os sinais diferiam, e o Profeta buscava um modo de convocar todos os fiéis no mesmo momento. Pensou, de início, em designar alguém para soprar um corno, a exemplo dos judeus; depois decidiu

[1] Ibn Isḥāq 141; Ibn Sa'd IV, 56.

adotar o *nāqūs*, uma matraca de madeira, como usavam os cristãos do Oriente, e ordenou fazer o instrumento com dois pedaços de madeira. No entanto, ele jamais foi usado porque, certa noite, o khazrajita chamado 'Abd Allāh ibn Zayd, que participara do segundo 'Aqabah, teve um sonho que relatou no dia seguinte ao Profeta: "Perto de mim passou um homem usando duas túnicas verdes e tinha nas mãos um *nāqūs*. Eu lhe dirigi estas palavras: 'Ó servo de Deus, queres vender-me este *nāqūs*?' – 'Para que o queres?', perguntou-me. 'Para chamar todos à prece', respondi. 'Não desejas que eu te mostre uma forma melhor?', ele replicou. 'Que forma é essa?', indaguei; e ele me respondeu: 'Que tu digas: Deus é Maior! – *Allāhu Akbar*! – O homem de verde pronunciou quatro vezes essa fórmula e depois repetiu duas vezes cada uma das frases seguintes: 'Eu testemunho que não há divindade senão Deus; eu testemunho que Muḥammad é o Mensageiro de Deus; vinde à prece, vinde ao louvor; Deus é Maior'; e uma vez mais: 'Não há divindade senão Deus'".

O Profeta declarou que essa visão era autêntica e pediu ao khazrajita que encontrasse Bilāl, que tinha uma belíssima voz, e lhe ensinasse as palavras que escutara em seu sonho. A casa mais alta na vizinhança da mesquita pertencia a uma mulher do clã Najjār, e Bilāl habituou-se a acordar todos os dias antes do romper da aurora e sentar-se no telhado até o raiar do sol. No momento em que a primeira luz aparecia a leste, ele erguia os braços ao céu e pronunciava esta súplica: "Ó Deus, louvo-Te e peço-Te auxílio para os Quraysh, para que eles aceitem Tua religião". E então começava o chamado à prece.

40 O novo lar

A construção da mesquita estava quase terminada quando o Profeta ordenou que fossem acrescentadas duas pequenas habitações junto ao muro oriental – uma para sua esposa Sawdah, e outra para sua noiva 'Ā'ishah. A construção durara sete meses, durante os quais o Profeta se hospedou com Abū Ayyūb. Quando a morada de Sawdah estava quase pronta, ele encarregou Zayd de trazê-la para Medina, juntamente com Umm Kulthūm e Fāṭimah. Abū Bakr, por sua vez, mandou uma mensagem para que seu filho 'Abd Allāh viesse com Umm Rūmān, Asmā' e 'Ā'ishah. Zayd aproveitou para trazer também sua esposa, Umm Ayman, e seu pequeno filho Usāmah. Ṭalḥah vendera todas as suas propriedades e juntara-se a eles na viagem que se tornou sua *Hijrah* pessoal. Pouco tempo depois da chegada do grupo, Abū Bakr deu Asmā' em matrimônio a Zubayr, que chegara a Medina com sua mãe Ṣafiyyah alguns meses antes. A irmã de Abū Bakr, Qaraybah, permaneceu em Meca para cuidar de seu pai, Abū Quḥāfah, que além de muito velho estava cego, e que, ao contrário da filha, não abraçara o Islām.

O Profeta recomendou a Zayd que, além de Umm Ayman, ele deveria ter uma segunda esposa, de idade mais próxima da sua, e pediu a seu primo 'Abd Allāh, filho de Jaḥsh, a mão de sua irmã, a bela Zaynab. De início, Zaynab não aceitou, e tinha suas razões, como demonstrariam os acontecimentos que se seguiram. O motivo alegado para a recusa – o fato de ela ser da tribo dos Quraysh – não foi convincente. Sua própria mãe, Umaymah, de pura ascendência qurayshita, desposara um homem dos Asad; ora, além de Zayd ter sido adotado pela tribo dos Quraysh, não se podia depreender que as tribos de seu pai e de sua mãe, os Bani Kalb e os Bani Ṭayy, fossem de nível inferior aos Bani Asad. Porém, ao saber que era desejo do próprio Profeta que se unisse a Zayd, Zaynab aceitou, e a cerimônia foi realizada; mais ou menos na mesma época, também sua irmã Ḥamnah casou-se com Muṣ'ab. Pouco tempo depois, Umaymah foi a Medina e fez seu juramento ao Profeta.

O Profeta e suas filhas foram morar com Sawdah na nova casa. Após um mês ou dois, foi decidido que seu casamento com 'Ā'ishah seria celebrado. Ela tinha então nove anos e, graças à linhagem da qual descendia, sua beleza era excepcional: entre os Quraysh, seu pai recebera o nome de 'Atīq, em razão, diziam, de sua beleza;[1] e sobre sua mãe, o Profeta dizia: "Se alguém quiser saber como se parecem as huris do Paraíso, que contemple os grandes olhos de Umm Rūmān".[2] Para 'Ā'ishah, o Profeta já era, havia bastante tempo, muito próximo e querido. Ela se acostumara a vê-lo todos os dias, salvo naqueles meses em que ele e seu próprio pai emigraram, deixando-a em Meca com sua mãe. Desde a mais tenra infância, pudera ver os pais tratarem o Profeta com um amor e um respeito que não devotavam a mais ninguém. Eles lhe explicaram a razão de tal afeição: 'Ā'ishah sabia que ele era o Mensageiro de Deus, que recebia regularmente a visita do arcanjo Gabriel, e que com ele conversava. Sabia que o Profeta era único entre os vivos, pois ascendera ao céu e regressara à terra; e sua mera presença dava testemunho dessa ascensão, pois comunicava a quem dele se aproximasse algo da felicidade do Paraíso. O toque de sua mão era miraculoso, tornando ainda mais tangível essa felicidade: enquanto as mãos de algumas pessoas são desagradáveis pelo calor e pelo suor, as suas permaneciam "mais frescas que a neve e mais perfumadas que o almíscar".[3] De fisionamia, parecia não ter idade, como se fosse desde sempre imortal. Seus olhos nada haviam perdido de sua luz; a barba e os cabelos negros conservavam o brilho e a juventude e, ao contemplar o talhe esbelto de seu corpo, qualquer um lhe daria a metade dos cinquenta e três anos que haviam decorrido desde o Ano do Elefante.

Os preparativos para o casamento eram tão modestos que a própria 'Ā'ishah não se deu conta da magnitude do evento que estava por acontecer. Ela havia saído ao pátio para brincar com uma amiga que por ali passava, quando foram buscá-la para que se arrumasse para a celebração. Anos mais tarde, ela relatou como aconteceu: "Eu estava indo brincar no balanço,

---

[1] Ibn Hishām 161. [2] Ibn Sa'd VIII, 202. [3] al-Bukhārī LXI, 22.

e minha longa cabeleira estava toda despenteada. Vieram então à minha procura e me levaram para os preparativos".[1]

Abū Bakr havia comprado um belo tecido do Bahrain com listas vermelhas, com o qual mandara confeccionar um manto de casamento para a filha. Já vestida, sua mãe conduziu-a à casa recém-construída, onde algumas Auxiliares esperavam diante da porta. Elas saudaram 'Ā'ishah, desejando-lhe felicidade e prosperidade, e depois conduziram-na à presença do Profeta. Ele permaneceu com ela, sorrindo, enquanto a penteavam e adornavam. Não houve festa nupcial, como nos outros casamentos do Profeta. A celebração foi o mais simples possível. Trouxeram uma tigela de leite, e o Profeta, após beber, ofereceu a 'Ā'ishah, que recusou timidamente. Quando ele insistiu que bebesse, ela o fêz, e em seguida passou-a à sua irmã Asmā', que estava sentada perto dela. Todos os presentes beberam e depois partiram, deixando os noivos a sós.

Ao longo dos três anos anteriores, nem um só dia se passou sem que uma ou muitas amigas de 'Ā'ishah viessem brincar com ela no pátio da casa de seu pai. Sua mudança para a casa do Profeta em nada alterou essa rotina. Suas amigas continuaram a visitá-la a cada dia em sua nova morada, fossem as novas amigas de Medina, fossem as antigas de Meca, cujos pais, como os seus, haviam emigrado. "Muitas vezes, eu estava entretida com minhas bonecas", ela contava, "em companhia de minhas amigas, quando o Profeta entrava. Elas escapuliam para fora de casa, mas ele as reunia novamente e as chamava para que entrassem, alegrando-se com o meu contentamento de tê-las por companhia."[2] Outras vezes, ele lhes dizia, antes de terem tempo de escapar: "Permanecei onde estais!".[3] Em muitas ocasiões, ele chegava a participar de seus jogos, pois amava as crianças e costumava brincar com as próprias filhas. As bonecas e fantoches assumiam vários papéis. "Um dia", 'Ā'ishah relata, "o Profeta entrou enquanto eu brincava com minhas bonecas e me perguntou: 'Que jogo é este, 'Ā'ishah?' – 'Estes são os cavalos de Salomão', respondi, e ele se pôs a rir."[4] Outras vezes, contudo, ele se cobria com o manto para passar sem ser notado pelas meninas, a fim de não interromper a brincadeira.

---

[1] Ibn Sa'd VIII, 40-1. [2] Ibn Sa'd VIII, 42. [3] Ibidem, 41.
[4] Ibidem, 42.

A vida de 'Ā'ishah tinha também aspectos mais sérios. Yathrib era conhecida em toda a Arábia por estar sujeita, em certos períodos, a febres muito perigosas, sobretudo para os não nascidos no oásis. O Profeta mesmo nunca foi acometido pela febre, mas numerosos Companheiros ficaram seriamente doentes, dentre os quais Abū Bakr e os dois libertos, 'Āmir e Bilāl, que, naquela época, moravam em sua casa. Uma manhã, 'Ā'ishah foi visitar seu pai e ficou assustada ao encontrar os três homens prostrados, em estado de extrema fraqueza. "Como tem passado, papai?", ela lhe perguntou. Doente demais para formular uma resposta adequada para uma criança de nove anos, Abū Bakr lhe respondeu com dois versos:

Cada homem, a cada manhã, é saudado com "bom dia" por seus parentes;
no entanto, a morte está mais próxima dele que a correia de suas sandálias.

'Ā'ishah pensou que seu pai delirava e não sabia o que dizia. Voltou-se então para 'Āmir, que também lhe respondeu com versos de mesmo teor, dizendo que mesmo sem ter conhecido verdadeiramente a morte, ela estava tão próxima dele que agora sabia como ela se parecia. Nesse meio-tempo, a febre havia debilitado Bilāl, a ponto de não conseguir fazer nada, a não ser ficar deitado no pátio da casa. Sua voz, no entanto, era forte o suficiente para que ele pudesse cantar:

Ah, será que nunca mais poderei dormir à noite
entre o tomilho e o nardo que crescem em Meca?
Tornarei a beber das águas de *Majannah*,[1]
ou a contemplar Shāmah e Ṭafīl?[2]

'Ā'ishah voltou para sua casa profundamente aflita. "Eles deliram", ela disse, "e o calor da febre os privou do juízo." No entanto, o Profeta sentiu-se mais tranquilo quando, graças à sua boa memória de criança, ela lhe repetiu palavra por palavra os versos que os enfermos recitaram, dos quais ela não pôde captar plenamente o sentido. Foi nessa ocasião que o Profeta fez esta prece: "Ó Deus! Faz que Medina seja tão querida para nós quanto Meca, ou mais ainda. Abençoa, por nós, suas águas e searas, e afasta dela a febre, para tão longe quanto Mahya'ah[3]".[4] E a prece foi atendida.

---

[1] Localidade próxima de Meca. [2] Duas colinas de Meca.
[3] Localidade a sete dias de camelo ao sul de Medina. [4] Ibn Isḥāq 414.

41 No limiar da guerra

"Aqueles que são atacados têm permissão de combater, pois sofreram injustiça; e certamente Deus dará a vitória aos que foram injustamente expulsos de seus lares apenas porque disseram: nosso Senhor é Deus."[1] O Profeta recebera esta Revelação logo após sua chegada a Medina. A autorização dada, ele sabia, tinha o valor de uma ordem, e as obrigações relativas à guerra haviam sido claramente inscritas no pacto concluído com os judeus. Um versículo revelado anteriormente havia estabelecido: "Agi com cortesia para com os descrentes; deixai-os momentaneamente em paz".* Estas três últimas palavras vinham carregadas de presságios. Chegara a hora de Deus declarar guerra aos Quraysh, e Seu Enviado teria de atacá-los com todos os meios a seu alcance, tornando claro aos incrédulos que eles não estariam seguros em lugar algum da Arábia até que se submetessem à Vontade Divina. A guerra aos Quraysh significava, bem sabia o Profeta, que nem ele nem seus companheiros teriam paz. Pouco tempo depois, aquilo que o Profeta pressentira foi confirmado por uma nova Revelação: "Combatei-os até que não haja mais perseguição da idolatria, e que a religião seja inteira para Deus".[2]

Naquele momento, só era possível combatê-los com ataques surpresa. Os Quraysh eram particularmente vulneráveis por suas caravanas, principalmente na primavera e nos primeiros meses do verão, quando o comércio com a Síria era mais ativo e eles ficavam expostos aos ataques vindos de Medina. Já no outono e no inverno, a maioria de suas caravanas ia para o sul, principalmente para o Iêmen e a Abissínia. As informações que chegavam a

---

[1] Corão, 22:39-40. * Ver nota 1, p. 80. (N.T.) [2] Corão, 8:39.

Medina sobre as caravanas raramente eram precisas, e os planos sempre sofreriam alterações de última hora. As caravanas mequenses tiveram êxito em evitar completamente os primeiros ataques lançados por Medina, mas os muçulmanos logo firmaram alianças com muitas tribos nômades que ocupavam pontos estratégicos ao longo da costa do Mar Vermelho.

Quando o Profeta partia pessoalmente em expedição, designava um dos Companheiros para assumir suas responsabilidades em Medina, e o primeiro a quem coube tal honra foi o chefe khazrajita Sa'd ibn 'Ubādah, o que aconteceu onze meses após a Hégira. Até então, o Profeta não havia tomado parte nas expedições, mas a cada tropa que partia ele entregava ao comandante uma bandeira branca amarrada numa lança. Durante o primeiro ano, os Companheiros que tomaram parte nessas incursões eram todos Emigrantes; mas, em setembro de 623, chegou a Medina a notícia de que uma rica caravana mequense voltava do norte, escoltada por Umayyah, o chefe dos Jumaḥ, e por uma centena de homens armados. Umayyah sempre fora um dos inimigos mais ferozes do Islām, e suas mercadorias eram transportadas por mais de dois mil e quinhentos camelos. Todavia, os Emigrantes sozinhos não poderiam vencer uma centena de qurayshitas, e por isso, nesta ocasião, o Profeta partiu com duas centenas de homens, metade dos quais fora recrutada entre os Auxiliares. Uma vez mais, no entanto, as informações foram insuficientes e eles não chegaram a tempo de detê-la. O mesmo ocorreu três meses depois, quando outra caravana ricamente carregada e não tão bem guardada, que se dirigia para a Síria sob a proteção do shamsita Abū Sufyān, escapou aos muçulmanos. As informações chegaram tarde demais e, quando o Profeta e seus homens chegaram a 'Ushayrah, no vale de Yanbū', o rio que deságua no Mar Vermelho, a sudoeste de Medina, a caravana já havia partido. Decidiram, então, esperar a volta de Abū Sufyān da Síria, talvez com um carregamento ainda mais valioso, quando talvez pudessem, com a ajuda de Deus, interceptar a caravana.

Ainda que nenhum combate houvesse realmente ocorrido, os Quraysh já tinham consciência do perigo que era ter um inimigo estabelecido em Yathrib. Parecia-lhes, no entanto, que essa presença em nada poderia ameaçar seu comércio com o sul. A ilusão logo se desfez, pois o Profeta, havendo recebido a informação de que uma caravana fazia o caminho de volta do Iêmen, enviou seu primo 'Abd Allāh ibn Jaḥsh com oito Emigrantes para alcançar o comboio na proximidade de Nakhlah, entre Ṭā'if e Meca. Isso se passou no mês de Rajab, um dos quatro meses sagrados do ano; por isso, o Profeta não deu ordem a 'Abd Allāh de atacar a caravana, pedindo-lhe apenas que trouxesse informações do que observasse. Certamente ele queria saber em que medida as caravanas para o sul eram guardadas, para surpreendê-las no futuro.

Mal o grupo de muçulmanos havia chegado ao seu destino e acampado em local estratégico, perto da rota principal, uma pequena caravana qurayshita se aproximou e acampou a pouca distância, sem neles reparar. Os camelos estavam carregados de passas, couro e outras mercadorias. Para 'Abd Allāh e seus companheiros surgiu então um dilema: o Profeta lhe dera como missão apenas colher informações; por outro lado, tampouco lhe havia proibido combater – e sequer mencionara o mês sagrado. Tratando-se de convenções estabelecidas antes do Islām, elas ainda vigorariam e deveriam ser obedecidas? Eles pensaram nos versículos corânicos: "A autorização para combater é dada àqueles que lutam porque lhes fizeram injustiça... àqueles que foram injustamente expulsos de seus lares".[1] Ora, eles estavam em guerra com os Quraysh e haviam reconhecido entre os mercadores ao menos dois membros do clã dos Makhzūm, o clã de Meca que se mostrara mais hostil ao Islām. Aquela manhã era a última do mês de Rajab e, ao anoitecer, começaria o mês de Sha'bān, que não era um mês sagrado; ora, ao fim do dia, apesar de não estarem mais protegidos pelo calendário, seus inimigos estariam protegidos pela distância, já dentro do território sagrado de Meca. Após alguma hesitação, os Emigrantes decidiram atacar. A primeira flecha matou um homem dos Kindah, um confederado do clã 'Abdu Shams. Logo, 'Uthmān, um dos homens dos Makhzūm, e Ḥakam, um escravo liberto, renderam-se, enquanto o irmão de 'Uthmān, Nawfal, conseguiu escapar para Meca.

'Abd Allāh e seus homens levaram os prisioneiros, os camelos e a mercadoria para Medina. Ele separou a quinta parte do butim para o Profeta e repartiu o resto com seus companheiros. No entanto, o Profeta se recusou a aceitar qualquer parte, dizendo: "Não lhes ordenei combater no mês sagrado". Ao escutar tais palavras, os membros da expedição acreditaram estar irremediavelmente condenados. Seus irmãos de Medina os censuraram por violar o mês de Rajab, enquanto os judeus declararam que isso era um

---

[1] Corão, 22:39.

mau presságio, e que os Quraysh logo espalhariam aos ventos que Muḥammad cometera um sacrilégio. Foi então revelado este versículo: "Perguntam-te do combate durante o mês sagrado. Diz: 'combater neste mês é um grande pecado; mas afastar os homens do caminho de Deus, ser ímpio com Ele e com a Mesquita Sagrada, expulsando seus ocupantes, são coisas muito mais graves diante de Deus. E mais grave que matar é perseguir e torturar".[1]

O Profeta interpretou este versículo como uma confirmação da proibição tradicional de se combater durante o mês sagrado, mas também como uma exceção naquele caso em particular. Assim, libertou 'Abd Allāh e seus Companheiros do temor que os oprimia e aceitou um quinto do butim, que foi revertido em favor de toda a comunidade. O clã Makhzūm enviou um resgate pelos dois prisioneiros, mas Ḥakam, o liberto, escolheu entrar para o Islām e permanecer em Medina, de modo que 'Uthmān voltou sozinho para Meca.

Foi neste mesmo mês de Sha'bān que houve uma Revelação muito importante do ponto de vista ritual. Ela começa por fazer alusão ao cuidado extremo que o Profeta tinha em se voltar na direção correta para a prece. Na Mesquita, a direção era dada pelo *miḥrāb*, o nicho de orações colocado na parede voltada para Jerusalém; mas quando a prece era feita fora da cidade, o Profeta se orientava observando o sol durante o dia e as estrelas à noite.

> Nós te vemos voltar a face para o céu; e agora te damos uma direção que te é aprazível.
>
> Volta, pois, a face para a Mesquita Sagrada; e onde quer que estejas, volta-te nesta direção.[2]

Um *miḥrāb* foi logo erguido na parede sul da Mesquita, que é voltada para Meca, e a mudança foi acolhida com muito contentamento pelo Profeta e seus Companheiros. Depois desse dia, os muçulmanos se voltaram em direção à Caaba para o cumprimento da prece ritual e para os outros ritos de devoção.

---

[1] Corão, 2:217. [2] Corão, 2:144.

42 A marcha para Baḍr

Aproximava-se o momento em que Abū Sufyān deveria voltar da Síria com todas as mercadorias adquiridas por ele e seus companheiros. O Profeta enviou Ṭalḥah e o primo de 'Umar, Sa'īd – filho de Zayd e Ḥanīf – para Ḥawrā', uma vila situada na costa do Mar Vermelho, a oeste de Medina, para que o avisassem o mais rapidamente possível da aproximação da caravana. O Profeta pensava poder, com uma marcha rápida em direção a sudoeste, surpreendê-los ao longo do litoral. Seus dois batedores foram bem acolhidos por um chefe dos Juhaynah, que os escondeu em sua casa até que a caravana passasse. Todos esses esforços, no entanto, mostraram-se inúteis, pois um habitante de Medina – sem dúvida um dos hipócritas ou um dos judeus – sabedor dos planos do Profeta, preveniu Abū Sufyān, que imediatamente contratou um membro da tribo dos Ghifār chamado Damdam, para que corresse para Meca e pedisse aos Quraysh que enviassem urgentemente reforços, e o ghifārīta seguiu pela rota do litoral, cavalgando sem parar, dia e noite.

Abū Sufyān não era o único a sentir-se pressionado pelos acontecimentos. O Profeta tinha fortes razões para permanecer em Medina o quanto fosse possível, pois sua querida filha Ruqayyah estava gravemente doente. Mas ele não podia levar em conta nenhuma consideração pessoal e, para não correr o risco de chegar tarde demais, não esperou sequer ter notícias dos batedores que enviara. Quando Ṭalḥah e Sa'īd chegaram a Medina, o Profeta já hava partido com uma tropa armada de Emigrantes e Auxiliares de trezentos e cinco combatentes no total. Medina abrigava na época cerca de sessenta e sete Emigrantes aptos para o combate, e todos participaram dessa expedição, com exceção de três: 'Uthmān, o genro do Profeta, que recebeu ordem de ficar em casa para cuidar de sua esposa doente, e os dois emissários, Ṭalḥah e Sa'īd, que não voltaram do Mar Vermelho a tempo de juntar-se aos demais.

Na primeira parada, ainda na região do oásis, o primo do Profeta, Sa'd, do clã Zuhrah, observou que seu irmão 'Umayr, de quinze anos de idade, parecia preocupado, e perguntou-lhe por que agia daquela maneira. "Temo", respondeu 'Umayr, "que o Mensageiro de Deus não queira levar-me com ele, que diga que sou muito novo e me mande de volta. Mas quero permanecer a seu lado, ainda que Deus queira conceder-me o martírio." De fato, o Profeta, no momento em que reorganizou os combatentes, notou a presença de 'Umayr nas fileiras e, como ele temia, disse-lhe que era muito jovem e que deveria regressar a Medina. 'Umayr pôs-se a chorar, e o Profeta acabou autorizando-o a tomar parte na expedição. "Ele era tão jovem", disse Sa'd, "que tivemos de apertar-lhe o cinturão da espada."

Havia setenta camelos que os homens montavam em revezamento, na proporção de três ou quatro guerreiros por camelo, e ainda três cavalos, um montado por Zubayr. O estandarte branco foi dado a Muṣ'ab, certamente porque ele pertencia ao clã 'Abd ad-Dār, a quem, por direito ancestral, cabia carregar o estandarte dos Quraysh durante as batalhas. Atrás dele, vinha o Profeta, ladeado por duas bandeirolas negras, uma dos Emigrantes e outra dos Auxiliares, levadas respectivamente por 'Alī e por Sa'd ibn Mu'ādh, dos Aws. Durante o período em que o Profeta se ausentou de Medina, as preces foram conduzidas por 'Abd Allāh ibn Umm Maktūm, o ancião referido no versículo: "Ele franziu o cenho e se afastou, pois o cego dele se acercou".[1]

Em Meca, pouco antes da chegada de Damdam, 'Ātikah, a tia do Profeta, teve um sonho aterrorizante que a convenceu de que um grande infortúnio aconteceria aos Quraysh. Mandou chamar seu irmão 'Abbās e contou-lhe o que vira em sonho: "Um homem avançava montado em seu camelo; ele parou no vale e gritou a plenos pulmões: 'Correi, homens pérfidos; em três dias um desastre vos deixará prostrados!' Eu vi as pessoas se reunirem à sua volta. Depois ele entrou na Mesquita, seguido pelo povo. De repente, seu camelo elevou-se acima da multidão; ele apeou sobre o teto da Caaba, de onde gritou as mesmas palavras de antes. Em seguida, o camelo levou-o ao cume do Monte Abū Qubays, de onde ele repetiu as

---

[1] Corão, 80:1-2, cf. nota 1, p. 97.

mesmas palavras para a multidão. Então, ele escolheu um rochedo e o fez desabar aos pés do monte, onde a rocha se estilhaçou em mil pedaços, derrubando todas as casas, e nenhuma moradia de Meca foi poupada".

'Abbās relatou o sonho de sua irmã a seu amigo Walīd, que contou a seu pai, 'Utbah, e a história não tardou a espalhar-se por toda a cidade. No dia seguinte, na presença de 'Abbās, Abū Jahl fez o seguinte comentário, em tom de escárnio: "Ó filhos de 'Abd al-Muṭṭalib, desde quando essa profetiza faz seus oráculos entre vós? Não basta que vossos homens se juntem ao Profeta? É preciso que vossas mulheres os sigam também?". 'Abbās não soube o que replicar; mas Abū Jahl recebeu sua resposta no dia seguinte, quando as escarpas do Monte Abū Qubays ressoaram a poderosa voz de Damdam. Em multidão, as pessoas saíram de suas casas e da Mesquita para se reunirem no ponto do vale onde o emissário se detivera. Abū Sufyān recompensara-o generosamente, e ele estava resolvido a desempenhar bem seu papel. Como sinal de calamidade, rasgara a própria camisa, sentara ao contrário na sela e ferira o focinho do camelo, que sangrava abundantemente. "Homens dos Quraysh", ele gritava, "socorro, socorro! A caravana com vossas mercadorias, trazidas por Abū Sufyān, estão sendo roubadas por Muḥammad e seus seguidores!"

A cidade foi imediatamente tomada pela agitação. "Muḥammad e seu bando pensam que será como foi com a caravana de Ibn al-Ḥaḍramī?", eles comentavam, pensando em 'Amr, o confederado de 'Abdu Shams que fora morto por uma flecha em Nakhlah durante o mês sagrado. A caravana de Abū Sufyān era uma das mais ricas do ano, e muitos tinham razões para temer um grande prejuízo. Uma armada de mil homens foi rapidamente reunida. Somente o clã dos 'Adī não tomou parte na expedição. Todos os outros chefes lideraram seus contingentes, com exceção de Abū Lahab, que enviou em seu lugar um makhzūmita que lhe devia dinheiro. Quanto aos Bani Hāshim e aos Bani al-Muṭṭalib, que tinham investimentos na caravana, sentiam ser seu dever de honra defendê-la, e Ṭālib tomou a frente de uma tropa formada por homens dos dois clãs. 'Abbās juntou-se a ele, e também Ḥakīm, do clã Asad, sobrinho de Khadījah – ambos com intenção de agir como pacificadores. Umayyah, do clã Jumaḥ, a exemplo de Abū Lahab, decidiu ficar, por causa de sua idade avançada e sua obesidade; mas enquanto estava sentado na Mesquita, 'Uqbah foi até ele com um incensário e, agitando-o diante dele, disse-lhe: "Perfuma-te com isto, Abū 'Alī, como fazem as mulheres". Umayyah gritou-lhe: "Que Deus te amaldiçoe!", e partiu com os outros.

Enquanto isso, o Profeta já havia deixado a rota que parte de Medina em direção ao sul e virara a oeste, para alcançar Baḍr, na rota costeira da Síria até Meca. Era em Baḍr que ele esperava interceptar Abū Sufyān, e para lá enviara dois de seus aliados entre os Juhaynah, que conheciam bem a região e poderiam trazer notícias da caravana. Em Baḍr, os dois homens pararam na colina próxima aos poços e, no momento em que iam tirar água, ouviram duas moças do povoado conversando sobre uma dívida: "A caravana chegará amanhã ou depois de amanhã; então, terei trabalho e poderei pagar o que te devo". Mal terminaram de escutar estas palavras, eles retornaram para junto do Profeta com as notícias. Bastaria que tivessem aguardado um pouco mais para terem visto chegar um cavaleiro solitário vindo do oeste: era o próprio Abū Sufyān, que seguira à frente da caravana para saber se a rota direta para Meca, por Baḍr, era segura. Chegando aos poços, ele perguntou a um aldeão se ele havia visto forasteiros. O homem disse que avistara dois cavaleiros na colina próxima aos poços, depois de haverem retirado água. Abū Sufyān foi ao local indicado pelo aldeão e, encontrando um pouco de estrume de camelo, despedaçou-o com os dedos e constatou que continha caroços de tâmaras. "Por Deus!", exclamou, "é a forragem que usam em Yathrib!" Correu a reunir-se à caravana e mudou de rota rapidamente, em direção ao mar, deixando Baḍr à sua esquerda.

Os dois vigias haviam retornado para avisar o Profeta que a caravana chegaria a Baḍr provavelmente no dia seguinte, que era uma das paradas usuais da rota de Meca à Síria, e os muçulmanos teriam muito tempo para surpreendê-la e subjugá-la.

No correr dos acontecimentos, os muçulmanos souberam que os Quraysh haviam formado e enviado um exército para socorrer sua caravana. Tal eventualidade sempre fora considerada, mas agora que se concretizara, o Profeta sentiu-se impelido a consultar os fiéis para que decidissem avançar ou retirar-se. Abū Bakr e ʻUmar, falando em nome dos Emigrantes, declararam-se a favor do avanço; então, um aliado dos Bani Zuhrah, de nome Miqdād, que havia emigrado a Medina recentemente, tomou a palavra para reafirmar tudo o que fora dito: "Ó Mensageiro de Deus, faz o que Ele te indicar. Nós não diremos o que os filhos de Israel disseram a

Moisés: 'Ide, então, tu e teu Senhor, e combatei os dois; quanto a nós, aqui esperaremos';[1] mas sim: 'Ide, então, tu e teu Senhor, e combatei; e convosco nós combateremos, pela direita e pela esquerda, à vossa frente e à vossa retaguarda'". Foi relatado, anos mais tarde, que 'Abd Allāh ibn Mas'ūd frequentemente relembrava o brilho que iluminou o rosto do Profeta ao escutar estas palavras, e que ele abençoou aquele que as disse. O Profeta ficou comovido, mas não surpreso, pois conhecia o apoio sem reservas que lhe dedicavam os Emigrantes. Será que o mesmo se poderia dizer de todos os Auxiliares presentes? A tropa deixara Medina na esperança de subjugar a caravana, mas agora teria de enfrentar um adversário bem mais poderoso. Além disso, quando os Auxiliares prestaram juramento de fidelidade em 'Aqabah, haviam especificado que não seriam responsáveis por sua segurança fora do território de Yathrib, mas que, enquanto estivessem com o Profeta, iriam protegê-lo com o mesmo ardor que dedicariam às próprias mulheres e crianças. Estariam dispostos a ajudá-lo contra o inimigo, agora que se encontravam fora de Yathrib? "Homens, dai-me vossa decisão", declarou, usando uma expressão geral, apesar de dirigir-se especialmente aos Auxiliares. Muitos já se haviam comprometido, mas nenhum tomara ainda a palavra. Foi Sa'd ibn Mu'ādh quem primeiro se manifestou: "Parece que é a nós que tuas palavras se dirigem, ó Mensageiro de Deus". Quando percebeu a concordância do Profeta, ele continuou seu discurso: "Temos fé em ti e cremos no que nos tens dito. Testemunhamos que aquilo que trouxeste é a Verdade e fizemos o juramento solene de escutar-te e obedecer-te. Faz, portanto, o que quiseres e contigo estaremos. Por Aquele que te enviou com a Verdade, se ordenares que atravessemos o mar e tu mesmo ali mergulhares, nós te seguiremos. Nenhum de nós ficará para trás. Não nos opomos a ir amanhã de encontro ao inimigo. Somos bem treinados para a guerra e leais no combate. Que Deus te faça ver nosso valor em batalha que trará frescor a teus olhos.[2] Conduze-nos, então, com a bênção de Deus".

O Profeta alegrou-se, de fato, com estas palavras, e teve então a vidência de que suas tropas confrontariam ou a caravana ou o exército inimigo, mas não as duas forças ao mesmo tempo. "Avante", bradou-lhes, "e regozijai-vos,

[1] Corão, 5:24.

[2] "O frescor dos olhos" é uma da expressão árabe para designar alegria e contentamento.

pois Deus, o Altíssimo, prometeu-me que um dos dois grupos virá ao nosso encontro, e é como se eu já visse os inimigos prostrados na terra."[1]

Mesmo preparados para o pior, tinham a esperança de poder atacar a caravana e retomar o caminho para Medina, levando espólio e prisioneiros, antes de serem alcançados pelo exército Quraysh. No entanto, ao parar para descansar num local a menos de um dia de viagem de Baḍr, o Profeta, que cavalgava em companhia de Abū Bakr, encontrou um ancião que lhes informou que o exército Quraysh não estava distante. Voltando ao acampamento, o Profeta esperou anoitecer e disse a seus três primos – 'Alī, Zubayr e Sa'd – que fossem aos poços de Baḍr com alguns outros Companheiros para verificar se a tropa ou a caravana, ou ambas, já haviam buscado água, ou tentar saber do paradeiro dos dois grupos. Nos poços, eles tiveram a sorte de encontrar dois homens que carregavam seus camelos com água para levá-la às tropas Quraysh; os homens foram capturados e levados ao Profeta, que, naquele momento, estava ocupado em suas orações. Sem esperar que o Profeta terminasse o rito, eles começaram a interrogar os dois homens, que se disseram aguadeiros das tropas inimigas. Entre aqueles que os interrogavam, alguns queriam acreditar que eles mentiam, pois nutriam a esperança de que Abū Sufyān os tivesse enviado para reabastecer a caravana. Por isso, começaram a espancá-los, até ouvir a confissão que queriam: "Sim, nós estávamos com Abū Sufyān"; e depois disso foram deixados em paz. O Profeta terminou as últimas prosternações da prece, pronunciou a saudação final e, então, disse: "Enquanto diziam a verdade, vós os surrastes e, quando mentiram, deixaste-os em paz; certamente eles pertencem às tropas Quraysh!". Depois, dirigindo-se aos prisioneiros: "Dizei-me o que sabeis dos Quraysh e onde se encontram!" – "Estão atrás daquele monte", responderam-lhe, apontando em direção ao 'Aqanqal, "no vale que se estende atrás dele." – "E quantos eles são?" – "Muitos", responderam vagamente, sem precisar o número. O Profeta perguntou-lhes então quantos animais eram abatidos por dia como alimento. "Alguns dias, nove; em outros, dez", foi a resposta. "Isto quer dizer que são de novecentos a mil homens", concluiu o Profeta, e acrescentou: "Quais dentre eles são chefes Quraysh?". E eles nomearam quinze chefes de clã: dos 'Abdu Shams, os irmãos 'Utbah e Shaybah; dos Nawfal, Ḥārith e Ṭu'aymah; dos

---

[1] Ibn Isḥāq 435.

'Abd ad-Dār, Naḍr, que havia contraposto suas histórias dos reis da Pérsia ao Corão; dos Asad, Nawfal, o meio-irmão de Khadījah; dos Makhzūm, Abū Jahl; dos Jumaḥ, Umayyah; e dos 'Āmir, Suhayl. Ao escutar estes nomes eminentes, o Profeta comentou com seus Companheiros: "Meca mandou-nos o que tem de melhor".

A notícia de que uma força de mil homens fora enviada em seu socorro logo chegou aos ouvidos de Abū Sufyān. Naquele momento, as tropas se encontravam a meio caminho do local da caravana e do acampamento muçulmano. Confiando que a caravana estava em segurança, ele enviou uma mensagem aos Quraysh, dizendo-lhes: "Viestes defender vossos camelos, homens e mercadorias; mas Deus já os colocou a salvo. Podeis retornar!". Esta mensagem chegou quando os Quraysh já estavam acampados em Juḥfah, ao sul de Baḍr. Além disso, eles tinham outro motivo para não continuar o avanço: o pessimismo se abatera sobre todos no acampamento por causa de um sonho – quase uma visão – que Juhaym, um dos Muṭṭalib, tivera e relatara deste modo: "Quando estava entre o sono e a vigília, vi aproximar-se alguém montado em um camelo. Depois de apear, ele me disse: 'Foram assassinados 'Utbah, Shaybah, Abu l-Ḥakam e Umayyah'". Juhaym continuou a enumerar outros chefes qurayshitas citados pelo cavaleiro. "Em seguida, eu o vi mergulhar seu punhal no peito de sua montaria e deixar o animal correr pelo acampamento, até que não restasse uma só tenda que não fosse manchada de sangue". Quando ele contou o sonho para Abū Jahl, este gargalhou e disse em tom de deboche: "Temos aqui mais um profeta vindo dos filhos de Muṭṭalib!", usando a expressão "mais um" porque, como era frequente, ele se referia aos clãs Muṭṭalib e Hāshim como um só. Depois, tentando dissipar o temor, dirigiu-se aos guerreiros e bradou: "Por Deus, não voltaremos sem ter alcançado Baḍr. Lá permaneceremos três dias; abateremos alguns camelos, faremos um banquete com muito vinho. Músicos cantarão e tocarão para nós! Os árabes contarão como nós avançamos e quão poderosas são nossas tropas, e o temor que inspiraremos não terá fim. Avante, para Baḍr!".

Akhnas ibn Sharīq, que viajava com membros dos Zuhrah, do qual era confederado, exortou seus companheiros a desconsiderar as palavras de Abū Jahl, de modo que todos de seu grupo, sem exceção, deixaram Juḥfah para retornar a Meca. Ṭālib também tomou o caminho de volta com alguns de seus homens, após uma discussão com outros Quraysh, que lhe disseram: "Ó filhos de Hāshim, embora tenhais vindo conosco, bem sabemos que vossos corações estão com Muḥammad". 'Abbās, no entanto, decidiu ir a Badr com o resto das tropas e manteve consigo seus três sobrinhos, Abū Sufyān e Nawfal, filhos de Ḥārith, e 'Aqīl, filho de Abū Ṭālib.

Do outro lado da colina, a nordeste, os muçulmanos estavam levantando acampamento. O Profeta sabia que precisava alcançar as águas de Badr a qualquer custo, antes do inimigo e, por isso, ordenou o avanço sem demora. Mal sua tropa pôs-se a caminho, começou a chover, e o Profeta regozijou-se, pois viu na chuva um sinal do favor divino, uma bênção e uma promessa. A chuva refresca os olhos e faz assentar a poeira; para os muçulmanos, tornaria mais firme sob os pés dos guerreiros o solo arenoso do vale de Yalyal, mas causaria grande transtorno para o inimigo, que teria ainda de escalar as escarpas do 'Aqanqal, que ladeavam o flanco esquerdo dos muçulmanos, do outro lado do vale de Badr. Todos os poços ficavam do lado do suave declive em direção ao qual avançavam os Emigrantes e os Auxiliares. Assim que chegaram aos primeiros poços, o Profeta ordenou que acampassem. Um khazrajita de nome Ḥubāb ibn al-Mundhir dirigiu-se ao Profeta e lhe perguntou: "Ó Mensageiro de Deus, ficar neste lugar em que estamos, sem avançar ou recuar, é uma revelação divina, ou uma questão de opinião ou estratégia militar?". O Profeta lhe respondeu que se tratava de uma opinião. Ḥubāb continuou: "Então, nesse caso, creio que não devemos parar; manda-nos avançar até os grandes poços que estão mais próximos do inimigo. Devemos obstruir esses poços e fazer para nós uma cisterna. Assim, combateremos o inimigo com toda a água para aplacar nossa sede, sem lhes dar acesso a nenhuma gota". O Profeta aprovou a ideia, e o plano de Ḥubāb foi executado em todos os detalhes: os poços restantes foram obstruídos, a cisterna foi construída e cada homem encheu seu odre.

Foi a vez de Sa'd ibn Mu'ādh aproximar-se do Profeta e lhe dizer: "Ó Profeta de Deus, permita-nos construir um abrigo para ti com camelos prontos para serem cavalgados. Iremos ao encontro do inimigo pedindo a Deus que nos dê forças para a vitória; mas se assim não for, tu poderás tomar uma montaria e voltar para junto dos que ficaram em Medina, pois entre os que não vieram conosco, ó Profeta de Deus, o amor por ti não é menos intenso que o nosso, e eles nem teriam ficado em casa se soubessem que tu enfrentarias uma guerra. Por intermédio deles, Deus te protegerá, eles te darão bons conselhos e combaterão a teu lado". O

Profeta louvou-o por suas palavras e o abençoou. O abrigo foi construído com ramos de palmeiras.

Naquela noite, Deus fez descer sobre os crentes um sono agradável do qual despertaram revigorados.[1] Isto se passou numa sexta-feira, 17 de março de 623 da era cristã, que corresponde ao 17º dia do mês de Ramadã do segundo ano da Hégira.[2] Ao amanhecer, os Quraysh puseram-se em marcha na escalada das escarpas do Monte 'Aqanqal. O sol já estava alto quando alcançaram o cume; logo que o Profeta os viu descer a encosta, com seus cavalos e camelos ricamente adornados, para o vale de Yalyal em direção a Badr, pôs-se a orar: "Ó Deus, eis os Quraysh. Eles vieram arrogantes e vaidosos, opondo-se a Ti e renegando Teu mensageiro. Ó Senhor, dá-nos Teu auxílio como nos prometeste! Ó Senhor, destrói-os nesta manhã!".

Os Quraysh estabeleceram seu acampamento ao pé da montanha e, constatando que os muçulmanos eram bem menos numerosos do que acreditavam, enviaram 'Umayr, do clã Jumaḥ, com a missão de fazer uma estimativa do inimigo e verificar se não havia reforços na retaguarda. 'Umayr retornou dizendo que não encontrara qualquer outra tropa além da que se mantinha à frente deles, do outro lado do vale. "Ó homens de Quraysh", ele acrescentou, "não acho que um deles possa ser morto sem que um de vós também o seja. E se eles matarem dentre vós o mesmo número de homens que se conta entre eles, qual benefício teríeis com isso?" 'Umayr tinha em Meca reputação de adivinho, o que dava força às suas palavras. Mal ele havia terminado seu discurso e Ḥakīm, do clã Asad, sobrinho de Khadījah, aproveitou a ocasião e atravessou o acampamento a pé, indo ao encontro dos homens de 'Abdu Shams. "Pai de Walīd", disse dirigindo-se a 'Utbah, "tu és o maior dentre os Quraysh, és seu senhor, aquele a quem obedecem. Queres ser lembrado por eles com louvores até o fim dos tempos?" – "Como isso poderia acontecer?", perguntou 'Utbah. "Chama teus homens de volta e assume tu mesmo a causa de 'Amr, teu confederado assassinado", disse-lhe Ḥakīm. Com estas palavras ele sugeria a 'Utbah que eliminasse um dos mais fortes motivos para a luta, assumindo o pagamento da dívida de sangue exigida pelos parentes do homem que fora morto em Nakhlah, que levara 'Āmir, irmão da vítima, a juntar-se às

[1] Ver Corão, 8:11.

[2] A era islâmica inicia-se com a Hégira (*Hijrah*).

tropas para cobrar sua vingança no campo de batalha. ‘Utbah aceitou a proposta, mas insistiu que Ḥakīm fosse pessoalmente falar com Abū Jahl, que, sem dúvida, seria quem mais insistiria no combate. Ḥakīm concordou e dirigiu-se aos guerreiros dizendo: “Homens dos Quraysh, não ganhareis nada combatendo Muḥammad e seus Companheiros. Se os vencerdes, cada um de vós olhará para sempre o rosto de seu companheiro de armas com repugnância, pois cada um terá matado um tio, um primo, ou algum parente próximo de outro. Então, retrocedei e deixai que os outros árabes cuidem de Muḥammad. Se o matarem, é porque assim o quiseram; se não, demonstrastes moderação e tolerância para com ele”.

‘Utbah estava decidido a encontrar imediatamente ‘Āmir al-Ḥaḍramī com a intenção de falar-lhe sobre o preço do sangue, mas Abū Jahl encontrou-o antes; censurou ‘Utbah e chamou-o de fraco e covarde, acusando-o em tom sarcástico de ter medo da morte, da sua própria e da de seu filho Abū Hudhayfah, que se aliara ao inimigo. Depois, voltou-se para ‘Āmir e exortou-o a vingar a morte de seu irmão: “Levanta-te e declara teu compromisso de reparar o assassinato de teu irmão!”. ‘Āmir se levantou e, num frenesi, rasgou suas vestes e pôs-se a repetir clamorosas lamentações: “Que desgraça para ‘Amr! Pobre ‘Amr!”. Assim, foi atiçado o fogo da guerra e os ânimos se inflamaram com violência, e nem ‘Utbah nem qualquer outro conseguiria deter aquelas chamas.

Enquanto todos estavam concentrados nos preparativos de batalha, um dos homens de Meca percebeu a oportunidade que há muito esperava. Suhayl, temendo que seu filho ‘Abd Allāh tentasse fugir na sua ausência, levara-o consigo a Baḍr. Umayyah fizera o mesmo com ‘Alī, o filho que obrigara a renunciar ao Islām. Diferentemente de ‘Alī, que ainda se mostrava hesitante, ‘Abd Allāh era inabalável em sua fé; de início, ele se ocultou dos olhares, escondendo-se atrás de uma pequena duna, depois correu através da extensão arenosa até o acampamento muçulmano, indo diretamente saudar o Profeta cuja face, como a sua, ficou radiante. E, em seguida, foi saudar alegremente seus irmãos Abū Ṣabrah e Abū Hudhayfah.

43 A batalha de Baḍr

O próprio Profeta alinhou as tropas para a batalha e passou em revista os guerreiros, encorajando-os e fazendo-os cerrar bem as fileiras; levava na mão uma flecha e dirigia uma palavra de ânimo a cada homem. "Permanece em linha, ó Sawād", disse a um dos Auxiliares que se adiantara, espetando-o ligeiramente com a flecha. "Ó Mensageiro de Deus, tu me feriste", disse Sawād, "Deus enviou-te com a verdade e a justiça; concede-me, então, o direito de revide!" – "Tens o direito", respondeu o Profeta, desnudando o próprio peito e entregando-lhe a flecha. Sawād inclinou-se e beijou o lugar onde deveria espetar. "Por que agiste assim?", perguntou o Profeta. Sawād respondeu: "Ó Mensageiro de Deus, iremos agora nos confrontar com o inimigo, e eu quis, neste momento, que talvez seja o último que passo a teu lado, que a minha pele tocasse a tua". O Profeta, então, orou por ele e o abençoou.

Os Quraysh começaram seu avanço. Visto por entre as dunas ondulantes, o exército de Meca parecia muito menor do que era em realidade. O Profeta, no entanto, conhecia exatamente aqueles efetivos, sabia que eram muito superiores aos seus; voltou com Abū Bakr para o abrigo que lhe ergueram e orou para receber o auxílio que Deus lhe prometera.

Ele foi surpreendido por um sono breve e, ao acordar, pronunciou estas palavras: "Regozija-te, Abū Bakr; a ajuda de Deus chegou! Vi Gabriel segurando as rédeas de um corcel e armado para a guerra".[1]

Na história dos árabes, muitas batalhas foram evitadas no último momento, às vezes quando as duas forças já estavam frente a frente. Mas o

---

[1] al-Bukhārī LXIV, 10; Ibn Isḥāq 444.

Profeta tinha a certeza de que a batalha aconteceria e que o temível exército com que se defrontariam era "um dos dois grupos" que, segundo a promessa de Deus, iria render-se a ele. Os abutres também pareciam saber que a matança era iminente e, enquanto aguardavam as carcaças dos mortos, alguns pairavam acima dos combatentes, outros se empoleiravam nos picos rochosos, à retaguarda dos dois exércitos. Os movimentos dos Quraysh indicavam que estavam prestes a atacar. Já haviam avançado e agora estavam próximos da cisterna que os muçulmanos haviam construído; sem dúvida, tentariam primeiro apossar-se da reserva de água.

Aswad, o makhzūmita, marchou à frente das tropas, decidido a tomar a cisterna. Ḥamzah foi ao seu encontro e desferiu-lhe um golpe na altura do joelho; depois um segundo que lhe ceifou a vida. Em seguida, 'Utbah, incitado pelas provocações de Abū Jahl, saiu das fileiras dos Quraysh e lançou um desafio ao combate individual, logo seguido, à direita e à esquerda, por seu irmão Shaybah e seu filho Walīd, desejosos de recuperar a honra da família. O desafio foi imediatamente aceito por 'Awf, do clã khazrajita dos Najjār, que fora um dos seis primeiros Auxiliares a prestar juramento ao Profeta. Seu irmão Mu'awwidh colocou-se a seu lado. Os dois moravam no quarteirão de Medina onde Qaṣwā', a camela do Profeta, ajoelhara-se para marcar a etapa final da Hégira. O terceiro muçulmano a aceitar o desafio foi 'Abd Allāh ibn Rawāḥah, que, em certa ocasião, desafiara destemidamente seu líder Ibn Ubayy apenas por saudar o Profeta com palavras de respeito e conforto.

"Quem sois vós?", perguntaram os desafiantes. Quando os muçulmanos responderam, 'Utbah lhes disse: "Vós sois nobres e nossos pares, mas nada temos contra vós. Nosso desafio não se dirige senão aos homens de nossa tribo". Em seguida, o arauto dos Quraysh declarou: "Muḥammad, envia contra nós os homens de nossa própria tribo". Na verdade, não era outra a intenção do Profeta, mas o zelo dos Auxiliares foi precipitado. Ele se voltou, então, aos membros de sua própria família, pois cabia aos seus começar a batalha. Entre aqueles que haviam lançado o desafio, havia dois homens maduros e um jovem. "Apresenta-te 'Ubaydah!", clamou o Profeta. "Apresenta-te Ḥamzah! Apresenta-te 'Alī!" 'Ubaydah, neto de Muṭṭalib, era o mais velho e experiente de todos os combatentes, e se colocou à frente de 'Utbah; Ḥamzah enfrentaria Shaybah, e 'Alī, Walīd. Os combates não duraram muito: Shaybah e Walīd logo tombaram mortos, enquanto Ḥamzah e 'Alī saíram ilesos. Quanto a 'Ubaydah, quando estava prestes a jogar 'Utbah por terra, este conseguiu atingi-lo com um golpe de espada que quase lhe decepou a perna; mas, como se tratava de um combate de três contra três, Ḥamzah e 'Alī se voltaram contra 'Utbah, e Ḥamzah desferiu-lhe o golpe mortal. Os dois levaram seu primo gravemente ferido de volta ao acampamento. 'Ubaydah já estava exangue, e a medula já se esvaía do toco da perna, mas tinha um único pensamento. "Eu sou um mártir, ó Mensageiro de Deus?", perguntou ao Profeta que dele se aproximara. "Certamente tu és!", foi a resposta.

O tenso silêncio que reinava entre os dois exércitos foi subitamente rompido pelo som de uma flecha lançada das fileiras Quraysh, e um ex-escravo de 'Umar caiu por terra, mortalmente ferido. Uma segunda flecha atravessou a garganta de Ḥārithah, um jovem khazrajita que bebia água na cisterna. O Profeta pôs-se a exortar seus homens: "Por Aquele que tem em Suas mãos a alma de Muḥammad, quem hoje morrer em batalha, que tenha combatido nas fileiras de frente ou na retaguarda com a firme esperança da recompensa, Deus o fará entrar diretamente em Seu Paraíso!".[1] Estas palavras foram retransmitidas para as fileiras de trás, que estavam longe demais para ouvi-las. 'Umayr, do clã Salimah dos Khazraj, que comia um punhado de tâmaras, exclamou: "Maravilha das Maravilhas! Não há nada entre mim e minha entrada no Paraíso além desses homens que me darão a morte?!". E, assim dizendo, jogou longe as tâmaras e pegou sua espada, pronto para lançar-se ao combate ao primeiro apelo.

'Awf postou-se ao lado do Profeta, decepcionado por ter perdido a honra de responder ao desafio que antes de todos aceitara, e lhe disse: "Ó Mensageiro de Deus, o que posso fazer para que o Senhor sorria e se alegre com Seu servo?". – "Que o servo se lance sem qualquer proteção contra seus inimigos." Ao ouvir estas palavras, 'Awf despiu-se do colete de malha que vestia, enquanto o Profeta tomou um punhado de areia e lançou-a em direção aos rostos dos Quraysh, gritando-lhes: "Que vossos rostos sejam desfigurados!", e ordenou o ataque, sabendo que lançava sobre eles um grande desastre. O grito de guerra que ele próprio forjara para os seus, *Yā manṣūr amit*,[2] saía de

[1] Ibn Isḥāq 445.

[2] Não é possível exprimir a concisão do árabe em português: "Ó tu que Deus tornou vitorioso, mata!"

todas as gargantas enquanto os homens avançavam. 'Awf, sem sua armadura de malha, e 'Umayr foram os primeiros a entrar em contato com o inimigo, e ambos combateram até tombar por terra. Suas mortes, juntamente com aquelas de 'Ubaydah e dos dois que foram flechados, já elevava a cinco o número de mártires. Nove outros crentes ainda encontrariam a morte nesse mesmo dia, entre eles o outro 'Umayr, o irmão mais jovem de Sa'd, aquele que o Profeta quis mandar de volta para casa.

"Não foste tu que atiraste [a areia] quando a atiraste, mas foi Deus que a atirou."[1] Esta frase fazia parte dos versículos revelados imediatamente após a batalha. A areia que o Profeta lançara não foi o único sinal do poder divino que se exprimiu naquele dia por suas mãos. No exato momento em que a resistência dos Quraysh tornara-se mais intensa, uma espada se quebrou nas mãos de um crente, cujo primeiro pensamento foi pedir ao Profeta uma nova arma. Ele se chamava 'Ukkāshah e pertencia à família de Jaḥsh. O Profeta lhe deu uma maça de madeira, dizendo-lhe: "Combate com isto, 'Ukkāshah". Ele a tomou em suas mãos e, ao brandi-la, ela se tornou uma longa espada, poderosa e resplandecente. Ele combateu com esta arma até o fim da batalha de Badr e, posteriormente, em todas as outras batalhas do Profeta; a espada recebeu o nome de *al-'Awn*, que significa "a ajuda divina".

Quando os crentes receberam a ordem de atacar, não estavam sozinhos, e o Profeta o sabia, pois recebera a promessa: "Eu vos auxiliarei com mil anjos, em sucessivas hostes".[2] E também os anjos haviam recebido uma mensagem divina: "Quando teu Senhor inspirou aos anjos: 'Vê, Eu estou convosco, tornai então firmes os que creem. Eu lançarei o terror nos corações dos que renegam a Fé. Golpeai-os nas cabeças e golpeai-os em todos os dedos'".[3]

A presença dos anjos foi sentida por todos, como força para os fiéis e terror para os idólatras, mas essa presença só foi vista e ouvida por uns poucos e em diferentes graus. Dois homens de uma tribo árabe vizinha haviam subido até o cume de uma colina para ver o transcorrer da batalha, esperando poder participar da pilhagem que se seguiria. Subitamente, passou sobre eles uma nuvem que ressoava como um tropel de cavalos, e um dos homens tombou morto: "Seu coração parou de terror!", comentou o sobrevivente, que indiretamente descrevia o que ele próprio sentira.

---

[1] Corão, 8:17. [2] Corão, 8:9. [3] Corão, 8:12.

Assim, enquanto um inimigo fugia de um crente, sua cabeça era arrancada de seu corpo, cortada por uma mão invisível, antes mesmo que o perseguidor o alcançasse. Para outros ocorreram breves visões dos anjos montados em corcéis, cujas patas jamais tocavam o solo. Gabriel os conduzia, usando um turbante amarelo, enquanto os outros anjos usavam turbantes brancos cujas pontas soltas flutuavam atrás deles. Os Quraysh foram logo derrotados e começaram a fugir, com exceção de pequenos grupos por entre os quais os anjos não haviam passado. Em um desses grupos, Abū Jahl continuava a lutar com uma fúria que não arrefecia, até o momento em que Mu'ādh, irmão de 'Awf, desferiu-lhe um golpe que o lançou por terra. 'Ikrimah, o filho de Abū Jahl, atacou então Mu'ādh, cortando-lhe o braço na altura do ombro. Mu'ādh continuou a combater com seu braço sadio, enquanto o outro, ligado ao corpo apenas pela pele, balançava como um trapo. Quando a dor se tornou muito intensa, ele se abaixou, pisou na mão já morta e se levantou bruscamente, arrancando de vez o membro que o estorvava, e pôs-se a perseguir o inimigo. Abū Jahl estava ferido, mas ainda com vida; Mu'awwidh, o segundo irmão de 'Awf, reconheceu-o entre os caídos e golpeou-o mais uma vez com sua espada. Em seguida, Mu'awwidh e o próprio 'Awf encontraram a morte em combate.

A maioria dos Quraysh pôde escapar, mas cerca de cinquenta foram mortos ou feridos mortalmente, no correr da batalha ou ao tentarem fugir. Um número mais ou menos equivalente foi feito prisioneiro. O Profeta dissera aos seus Companheiros: "Eu sei que há dentre os filhos de Hāshim e dos outros clãs homens que foram levados a nos combater contra a vontade", e designou pelos nomes aqueles cujas vidas deveriam ser poupadas se fossem capturados. No mais, a maioria dos combatentes estava muito mais interessada em poupar seus cativos para exigir resgate do que em passá-los pelo fio da espada.

Face à esmagadora superioridade numérica dos Quraysh, os fiéis recearam que eles se reagrupassem e voltassem a atacar, e insistiram para que o Profeta se retirasse ao seu abrigo com Abū Bakr, enquanto alguns Auxiliares montariam guarda. Sa'd ibn Mu'ādh desembainhou a espada e pôs-se de guarda diante da entrada; e ao ver seus companheiros de combate trazerem os prisioneiros, o Profeta surpreendeu-o com uma expressão de desaprovação em seu rosto. "Ó Sa'd, parece que isso te desagrada profundamente." Sa'd assentiu e acrescentou: "Esta foi a primeira derrota que Deus infligiu ao inimigo; e eu preferia ver todos mortos a deixá-los viver". 'Umar manifestou a mesma opinião, mas Abū Bakr disse que preferia poupá-los, na esperança de que cedo ou tarde eles viessem juntar-se às fileiras dos crentes, e o Profeta pareceu partilhar da mesma opinião. No entanto, pouco mais tarde nesse mesmo dia, quando 'Umar voltou ao abrigo, encontrou o Profeta e Abū Bakr em lágrimas por causa de alguns versículos que lhe foram revelados: "Não cabe a um Profeta guardar cativos antes que a terra tenha sido coberta de cadáveres.[1] Tu desejas o bem deste mundo, enquanto Deus quer para ti a Vida Futura; e Deus é o Poderoso, o Sábio". No entanto, a sequência da Revelação mostra com toda clareza que a decisão de poupar os cativos fora aceita por Deus e não deveria ser revogada; e o Profeta recebeu uma mensagem que se dirigia aos próprios prisioneiros: "Ó Profeta, diz aos cativos que estão em tuas mãos: 'Deus conhece o que há de bom em vossos corações e vos dará algo melhor do que o que vos foi tirado, e vos perdoará. Em verdade, Deus é Aquele que perdoa, e Ele é o Misericordioso'".[2]

Havia, no entanto, um homem que não poderia escapar com vida, e este era Abū Jahl. Todos pensavam que já estava morto, e o Profeta ordenou que fossem em busca do corpo. 'Abd Allāh ibn Mas'ūd retornou ao campo de batalha e acabou por encontrar o homem que, mais que qualquer outro, procurara atiçar o ódio dos homens de Meca contra o Islām. Ainda lhe restava vida para reconhecer o inimigo que agora o dominava: 'Abd Allāh fora o primeiro a recitar o Corão em voz alta em frente à Caaba, e Abū Jahl o agredira violentamente, ferindo-lhe o rosto, pois 'Abd Allāh era apenas um confederado do clã Zuhrah, e filho de uma escrava. 'Abd Allāh apoiou seu pé sobre o pescoço de Abū Jahl, que lhe disse com sarcasmo: "Tu verdadeiramente chegaste bem alto, pequeno camponês!". Depois ele lhe perguntou qual fora o resultado da batalha naquele dia, insinuando que haveria uma próxima vez e que o final seria outro. "Deus e Seu Mensageiro venceram", respondeu-lhe 'Abd Allāh. Em seguida, cortou-lhe a cabeça e levou-a ao Profeta.

---

[1] Foi por ter erroneamente poupado um prisioneiro que Saul se viu privado de seu reino (I Samuel 15).

[2] Corão, 8:70.

Abū Jahl não foi o único dos chefes Quraysh a encontrar a morte depois do combate. ʿAbd ar-Raḥmān ibn ʿAwf estava levando muitas cotas de malha que pegara como despojo quando passou pelo corpulento Umayyah, que perdera sua montaria e não tinha como escapar; estava acompanhado de seu filho ʿAlī, que segurava pela mão. Umayyah interpelou aquele que um dia fora seu amigo: "Faze-me prisioneiro, pois valho bem mais do que essas cotas de malha!". ʿAbd ar-Raḥmān concordou e, largando as malhas, tomou os dois pelas mãos, um de cada lado. Quando eles se dirigiam para o acampamento, Bilāl os viu e reconheceu seu antigo dono e torturador. "Umayyah", ele exclamou, "cortai a cabeça do infiel! Que eu morra se ele sobreviver!" ʿAbd ar-Raḥmān protestou com indignação, fazendo ver que eles eram seus prisioneiros, mas Bilāl gritou novamente: "Que eu morra se ele sobreviver!". – "Não me queres escutar, filho de uma mãe negra?", respondeu-lhe ʿAbd ar-Raḥmān, irritado com sua insistência; logo após, Bilāl pôs-se a bradar com todo o poder de sua voz, que lhe valera a função de muezim: "Ó Auxiliares de Deus, eis o chefe dos infiéis, Umayyah! Que eu morra se ele sobreviver". De todo lado os homens acorreram, cercando ʿAbd ar-Raḥmān e seus dois cativos. Uma espada foi desembainhada, e ʿAlī recebeu um golpe que o jogou por terra ainda com vida. ʿAbd ar-Raḥmān largou então a mão do pai e lhe disse: "Escapa se puderes, pois não posso te ajudar. Por Deus, não posso te ajudar!". Afastando ʿAbd ar-Raḥmān, os homens fecharam o círculo em torno dos prisioneiros e os executaram. Muitos anos depois, ʿAbd ar-Raḥmān ainda dizia: "Que Deus seja misericordioso com Bilāl! Minhas cotas de malha foram perdidas e ele ainda me fez perder meus dois prisioneiros!".[1]

O Profeta ordenou que os corpos de todos os infiéis mortos na batalha fossem jogados num fosso. No momento em que trouxeram o corpo de ʿUtbah, o rosto de seu filho Abū Hudhayfah empalideceu e se encheu de tristeza. O Profeta percebeu e olhou-o com compaixão, ao que Abū Hudhayfah lhe disse: "Ó Mensageiro de Deus, não contesto o que ordenaste e o lugar em que meu pai está sendo enterrado. Mas eu o conheci como homem de sábio conselho, paciente e virtuoso, e esperava que estas qualidades o conduzissem ao Islām. Assim, quando vejo a sorte que lhe coube, sabendo que morreu como um infiel, malgrado minhas esperanças,

[1] Ibn Isḥāq 448-9.

sou tomado por grande pesar". Então, o Profeta abençoou Abū Hudhayfah e dirigiu-lhe palavras de amizade.

A paz e a tranquilidade do acampamento foram logo rompidas por exclamações de ira, pois aqueles que ficaram para trás para proteger o Profeta pediam sua parte dos despojos, enquanto aqueles que haviam perseguido e capturado os inimigos, as armaduras e as armas, não estavam dispostos a dividir o que suas próprias mãos haviam conseguido. Antes mesmo que o Profeta tivesse tempo de restabelecer a concórdia, ordenando uma distribuição equitativa de tudo que fora capturado, o efeito desejado foi conseguido de maneira mais simples e rápida por uma Revelação: "Eles o interrogarão a respeito dos espólios. Diz: 'os espólios pertencem a Deus e a Seu Mensageiro'".[1] O Profeta ordenou, então, que tudo que fora tomado, inclusive os prisioneiros, fosse reunido e não mais considerado como propriedade de quem quer que fosse. A ordem foi executada imediatamente e sem o menor protesto.

O mais eminente dos cativos era o chefe dos 'Āmir, Suhayl, primo de Sawdah e irmão de seu primeiro marido. Entre outros mais estreitamente aparentados ao Profeta, estavam seu tio 'Abbās, seu genro Abu l-'Āṣ, marido de Zaynab, e seus primos 'Aqīl e Nawfal. Ele ordenou que todos os cativos, sem exceção, fossem bem tratados, mas que deveriam ser amarrados. Nessa noite, no entanto, o pensamento de que seu tio passaria por tal provação impediu o Profeta de dormir e ele ordenou que o desamarrassem. Os outros cativos foram tratados da mesma forma por seus parentes próximos: Muṣ'ab, que passava perto de seu irmão Abū 'Azīz no momento em que o Auxiliar que o capturara o amarrava, não hesitou em dizer: "Aperta bem os nós, pois sua mãe é rica e, sem dúvida, pagará um bom resgate". – "Meu irmão", disse Abū 'Azīz, "é assim que me recomendas aos outros?" – "É ele que agora, em teu lugar, é meu irmão", replicou Muṣ'ab. Nem por isso Abū 'Azīz deixou de relatar, mais tarde, como fora bem tratado pelos Auxiliares, depois que eles o conduziram a Meca, onde sua mãe pagou o resgate de quatro mil dirrãs.

Quando teve certeza de que os cerca de oitocentos soldados de Meca que haviam escapado estavam derrotados e que não mais poderiam reagrupar-se, o Profeta enviou 'Abd Allāh ibn Rawāḥah à parte alta de Medina,

[1] Corão, 8:1.

ao sul da cidade, e Zayd à parte mais baixa, para que dessem a boa-nova a todos os habitantes. Ele próprio permaneceu com o exército em Badr, e, ao cair da noite, dirigiu-se ao fosso em que haviam sido sepultados os corpos dos inimigos do Islām. "Ó homens do fosso, parentes de vosso Profeta", disse, "ruim é o sentimento familiar que manifestastes. Vós me chamastes de mentiroso, enquanto outros me escutaram; vós me combatestes, enquanto outros me ajudaram a vencer. Achastes que era verdadeiro o que vosso Senhor vos prometeu? Eu acreditei na promessa de meu Senhor." Alguns Companheiros o escutaram e ficaram surpresos vendo-o falar com os cadáveres. "Não escutais o que digo melhor do que eles", disse o Profeta, "mas eles não podem mais responder."[1]

Na manhã seguinte, ele se pôs a caminho de Medina com seus guerreiros e os despojos da batalha. Dentre os cativos mais valiosos – aqueles cuja família tinha condições de pagar o resgate de quatro mil dirrãs –, estavam Naḍr, do clã ʻAbd ad-Dār, e ʻUqbah,[2] do clã ʻAbdu Shams. Eles, no entanto, eram dois dos mais acirrados inimigos do Islām; se os deixasse partir, retomariam imediatamente as hostilidades, a menos que a vitória obtida pelos muçulmanos em Baḍr, naquelas condições em que tudo lhes parecia desfavorável, fizesse-os refletir. O Profeta observava-os constantemente, e neles não via qualquer mudança de atitude, e, enquanto as tropas marchavam, compreendeu que não era vontade de Deus que fossem mantidos vivos. Em uma das primeiras paradas, ordenou que Naḍr fosse executado, e foi ʻAlī quem o decapitou. Na parada seguinte, ʻUqbah teve o mesmo destino pelas mãos de um homem dos Aws. A três dias de marcha de Medina, o Profeta dividiu o que restava dos cativos e do espólio entre as tropas, empenhando-se em distribuí-los o mais equitativamente possível entre todos que haviam tomado parte na expedição.

Naquele momento, Zayd e ʻAbd Allāh ibn Rawāḥah já haviam chegado a Medina, onde as notícias foram recebidas com grande exultação entre todos os habitantes, exceto por alguns judeus e pelos hipócritas. Zayd, contudo, recebera uma notícia muito triste em troca da que levara: Ruqayyah falecera; ʻUthmān e Usāmah haviam acabado de envolvê-la na mortalha. As lamentações nessa parte da cidade se intensificaram quando Zayd anunciou a ʻAfrāʼ a morte de seus dois filhos, ʻAwf e Muʻawwidh.

---

[1] Ibn Isḥāq 454. [2] Ver Cap. 31.

Sawdah participou dos dois velórios, dividindo sua dor entre sua própria casa e a de 'Afrā'. Para 'Afrā', a dor era temperada pelo consolo de saber que seus dois filhos haviam morrido nobremente. Zayd teve ainda de anunciar a Rubayyi' a morte de seu jovem filho Ḥārithah ibn Surāqah, atingido por uma flecha no pescoço quando estava na cisterna. Dias mais tarde, depois que o Profeta já havia retornado a Medina, Rubayyi' foi ao seu encontro e perguntou-lhe sobre seu filho, inquieta pelo fato de ele ter morrido antes do combate, sem poder dar sequer um golpe pelo Islām. "Ó Profeta", disse ela, "fala-me de Ḥārithah: se ele está no Paraíso, poderei então suportar minha dor com resignação; se não for este o caso, farei por ele penitência." O Profeta já dera uma resposta geral a essas questões ao afirmar que o crente é recompensado pelo que teve a intenção de fazer, mesmo que não o tenha realizado: "As ações têm valor pelas intenções".[1] Mas deu à mulher uma resposta particular, dizendo-lhe: "Mãe de Ḥārithah, o Paraíso tem muitos jardins, e em verdade teu filho chegou ao mais elevado deles, ao *Firdaws*".[2]

[1] al-Bukhārī I, 1.

[2] al-Bukhārī LVI, 14.

44 O retorno dos vencidos

O destroçado exército Quraysh regressou a Meca disperso em pequenos grupos, precedidos ou seguidos por homens que chegavam sozinhos e desolados. Um dos primeiros a entrar na cidade foi o hāshimita Abū Sufyān, cujo irmão Nawfal fora feito prisioneiro. A hostilidade de Abū Sufyān era tamanha que compusera versos para vilipendiar a nova religião e também o Profeta, seu primo e irmão de leite. Contudo, a experiência de Baḍr o abalara fortemente. Chegando a Meca, seu primeiro impulso foi visitar a Caaba, e lá encontrou seu tio Abū Lahab sentado sob a "Tenda de Zamzam". Ao ver o sobrinho, Abū Lahab pediu que se aproximasse e lhe contasse o que acontecera. "Encontramos o inimigo", disse-lhe Abū Sufyān, "mas lhes demos as costas e eles nos derrotaram e aprisionaram como quiseram. No entanto, não posso culpar nenhum dos nossos, pois combatemos não somente nossos adversários, mas também homens de branco, cujos cavalos galopavam entre o céu e a terra, que não poupavam nada nem ninguém, e contra os quais nada poderia prevalecer."

Em um canto da tenda estavam Umm al-Faḍl e Abū Rāfi', um dos escravos de 'Abbās, que com ela fazia flechas. Ambos eram muçulmanos, mas guardavam seu Islām em segredo, exceto para alguns íntimos. Abū Rāfi', porém, não pôde conter sua alegria ante a notícia da vitória do Profeta e, ao ouvir sobre os homens de branco pairando entre o céu e a terra, exclamou em tom de assombro e triunfo: "Eram os anjos!". No mesmo momento, Abū Lahab foi tomado por um acesso de cólera e golpeou Abū Rāfi' no rosto com violência, ferindo-o profundamente. Em vão, o escravo tentou defender-se, mas era franzino e fraco, e o forte e corpulento Abū Lahab jogou-o por terra e, ajoelhando-se sobre ele, espancou-o seguidamente.

Ante a covarde agressão, Umm al-Faḍl pegou um pedaço de madeira que servia de reforço para sustentar a tenda e, reunindo todas as forças, desferiu um golpe na testa de seu cunhado, dizendo: "Tu o tratas como um pária apenas porque seu dono não está aqui para protegê-lo!". O golpe abriu-lhe um talho que jamais cicatrizou; a ferida infeccionou e, na semana que se seguiu, o corpo inteiro de Abū Lahab cobriu-se de pústulas, levando-o à morte.

À medida que chegavam notícias da batalha, as famílias pranteavam seus mortos; então uma decisão foi tomada em assembleia, de que as famílias enlutadas não se entregassem às manifestações de dor muito visíveis: "Muḥammad e seus Companheiros", disseram, "poderão saber e regozijar-se!" Quanto aos parentes próximos dos cativos, foi-lhes pedido, insistentemente, que aguardassem algum tempo antes de enviar ofertas de resgate a Yathrib. Com a morte de tantos homens eminentes, o umayyda Abū Sufyān tornara-se o grande chefe dos Quraysh; seus dois filhos, Ḥanẓalah e 'Amr, estiveram na batalha de Badr, o primeiro fora morto e o segundo aprisionado; então, para dar o exemplo, ele declarou: "Deverei sofrer a dupla perda, de meu sangue e de minha riqueza? Eles, que mataram Ḥanẓalah, ainda querem vender-me a liberdade de 'Amr? Que meu filho permaneça com os raptores, que o guardem pelo tempo que quiserem!".

Hind, a impetuosa esposa de Abū Sufyān, não era mãe nem de Ḥanẓalah nem de 'Amr, mas, desde o início do confronto, perdera seu pai 'Utbah, seu tio Shaybah e seu irmão Walīd. Contendo suas lamentações, ela jurou que, quando os Quraysh tivessem sua revanche sobre o exército muçulmano, o que não tardaria a acontecer, comeria cru o fígado de Ḥamzah, que matara seu tio e desferira o golpe fatal em seu pai.

Quanto à rica carga que Abū Sufyān trouxera em segurança para Meca, foi decidido por unanimidade pela assembleia que todos os recursos que ela gerasse seriam usados para formar um exército tão numeroso e equipado ao qual Yathrib (Medina, para os muçulmanos) não teria nenhuma chance de resistir. Desta vez, as mulheres acompanhariam a expedição para estimular os homens e encorajá-los a se superar em atos de bravura. Ficou estabelecido também, no mesmo espírito, que emissários seriam enviados às tribos aliadas de toda a Arábia para incitá-las à participação no combate, expondo-lhes as razões decisivas – ao menos aos olhos dos

Quraysh – pelas quais os adeptos da nova religião deveriam ser considerados o inimigo comum.

Todos acataram a decisão da assembleia de não ceder aos lamentos; porém, a maioria dos Quraysh ignorou a ordem de não resgatar os cativos, e homens dos vários clãs partiram para Yathrib, a fim de negociar com os muçulmanos a libertação de seus parentes e aliados. Abū Sufyān, no entanto, não retrocedeu em sua palavra; mas, por ocasião da Peregrinação seguinte, ele deteve um ancião vindo do oásis de Yathrib, um homem dos Aws, e disse-lhe que não o deixaria partir enquanto seu filho 'Amr não lhe fosse devolvido. Devido aos apelos da família do idoso peregrino, o Profeta consentiu que a troca fosse feita.

45 Os cativos

Os prisioneiros chegaram a Medina com seus captores um dia depois do Profeta. Sawdah fora visitar 'Afrā' e, ao voltar para casa, surpreendeu-se ao ver seu primo e cunhado Suhayl, chefe do clã a que ela pertencia, sentado num canto da sala, com as mãos amarradas ao pescoço. Ao vê-lo assim, ela foi dominada por sentimentos havia muito abandonados, que, por um instante, fizeram-na esquecer de tudo o que mudara desde então. "Ó Abū Yazīd ('pai de Yazīd', referindo-se a Suhayl)", disse ela em tom de reprovação, "tu te entregaste muito facilmente, quando devias ter morrido com dignidade!" – "Sawdah!", exclamou o Profeta, cuja presença ela não havia notado. O tom de reprimenda com que seu nome fora pronunciado a trouxe de seu passado pré-islâmico para seu presente islâmico. Todos os muçulmanos tinham a esperança de que Suhayl entrasse para o Islām, que não poderia deixar de se impressionar, bem como os demais cativos, ante a recém-criada e já tão poderosa teocracia. O Profeta certamente contava que seus discípulos transmitissem aos homens de Meca a mensagem do Islām, e não as ideias pagãs. Ele voltou-se novamente para Sawdah, já arrependida, dizendo-lhe: "Queres fomentar a confusão contra Deus e Seu Mensageiro?".

Suhayl, como Abū Sufyān, tinha posição mais elevada que a de muitos chefes que haviam encontrado a morte em Badr, e podia-se esperar que sua influência trouxesse ao Islām muitos dos hesitantes, tanto de seu como de outros clãs. No entanto, sua permanência em Medina foi abreviada pelo fato de os Bani 'Āmir terem enviado um de seus homens para resgatá-lo, e o emissário aceitou tomar o lugar de Suhayl como garantia, enquanto seu chefe retornava a Meca para conseguir o resgate pactuado.

Foi combinado que o resgate de cada prisioneiro seria repartido entre dois ou mais combatentes, e os Auxiliares, aos quais cabia o resgate de 'Abbās, conduziram-no ao Profeta, dizendo: "Ó Mensageiro de Deus, permite-nos renunciar ao resgate que nos é devido pelo filho de nossa irmã", referindo-se a Salmà, a avó do prisioneiro. Mas o Profeta lhes respondeu: "Não renunciareis a um único dirrã", e, dirigindo-se ao seu tio, disse-lhe: "Ó 'Abbās, tu mesmo fixarás teu resgate e o de teus dois sobrinhos, 'Aqīl e Nawfal, e também o de teu aliado 'Utbah, pois és um homem rico". 'Abbās protestou: "Mas eu já sou muçulmano, os outros me obrigaram a partir com eles". O Profeta respondeu: "No que concerne ao teu Islām, Deus é mais sábio. Se o que dizes é verdade, Ele te recompensará. No entanto, exteriormente, tu te lançaste contra nós, e deves pagar teu resgate". 'Abbās respondeu que não tinha mais dinheiro, o que levou o Profeta a observar: "Onde está o dinheiro que deixaste com Umm al-Faḍl? Quando estavas sozinho com ela, não lhe recomendaste que, no caso de tua morte, deveria dar um tanto para Faḍl, outro para 'Abd Allāh e para Qitham e outro mais para 'Ubayd Allāh?". Foi só nesse momento que a fé verdadeiramente entrou no coração de 'Abbās. "Por Aquele que te enviou com a verdade", ele disse, "não havia ninguém para contar-te o que acabaste de dizer, senão ela e eu. Agora sei que tu és o Mensageiro de Deus."[1] Ele aceitou então pagar por seus dois sobrinhos, por seu confederado e por si mesmo.

Um dos cativos que estava na casa do Profeta era seu genro Abu l-'Āṣ, cujo irmão, 'Amr, chegara de Meca portando uma soma de dinheiro que Zaynab, filha do Profeta, enviara para resgatar o marido. Com o dinheiro, havia também um colar de ônix que sua mãe lhe dera no dia de seu casamento. Quando o Profeta viu o colar, empalideceu, pois reconheceu que pertencera a Khadījah. Sua emoção foi tão intensa que ele se dirigiu aos que detinham o direito sobre o resgate do prisioneiro, dizendo: "Se julgardes certo liberar o marido cativo desta mulher, abdicando do valor do resgate, tendes minha permissão". Eles aceitaram a sugestão, libertando imediatamente Abu l-'Āṣ e devolvendo o dinheiro e o colar. Os muçulmanos esperavam que ele entrasse para o Islām enquanto ainda estivesse em Medina, mas isso não ocorreu; no momento em que ele partia para Meca, o Profeta lhe disse que, quando chegasse à cidade, deveria enviar Zaynab a

[1] Aṭ-Ṭabarī 1344.

Medina, pois a Revelação acabara de declarar categoricamente que uma mulher muçulmana não poderia ser esposa de um pagão. Não sem tristeza, Abu l-'Āṣ prometeu enviar a esposa.

'Abd Allāh ibn Jaḥsh tinha direito a uma parte do resgate sobre Walīd, o filho mais jovem do antigo chefe dos Makhzūm, Walīd ibn Mughīrah, que morrera alguns meses antes da batalha. Os dois irmãos do rapaz, Khālid e Hishām, apresentaram-se para resgatá-lo. 'Abd Allāh pediu que pagassem ao menos quatro mil dirrãs, soma que Walīd, meio-irmão do prisioneiro, achou excessiva. Hishām, irmão de Walīd também por parte de mãe, repreendeu-o, dizendo: "Bem sei que ele não é filho de tua mãe", o que fez Khālid aceitar a transação. Nesse meio-tempo, o Profeta interveio para dizer a 'Abd Allāh que não deveria exigir nada menos que a célebre armadura e as armas que pertenceram ao pai dos três. Novamente, Khālid recusou-se a pagar tal preço, mas Hishām tornou a convencê-lo. Depois de acertar o preço do resgate e libertar seu irmão em troca das armas e da armadura da família, os três tomaram a rota para Meca. No entanto, em uma das primeiras paradas, Walīd escapou dos irmãos e voltou a Medina, onde prestou juramento ao Profeta, entrando formalmente para o Islām. Seus irmãos logo o reencontraram, e, sabendo o que se passara, Khālid lhe disse, indignado: "Por que nos deixaste pagar o resgate, tirando de nossas mãos o precioso legado de nosso pai? Por que não te tornaste logo discípulo de Muḥammad, se tal era tua intenção?". Walīd respondeu que não queria que nenhum Quraysh pudesse dizer: "Ele só seguiu Muḥammad por conveniência, para evitar o pagamento do resgate!". Em seguida, voltou para Meca com seus irmãos para retomar alguns de seus bens, sem pensar no que lhe poderiam fazer. Assim que chegou à cidade, Walīd foi jogado na prisão; lá já estavam 'Ayyāsh e Salamah, os dois meio-irmãos convertidos de Abū Jahl, que 'Ikrimah, seu filho, continuava a manter prisioneiros mesmo após a morte do pai. O Profeta sempre orava para que os três homens conseguissem escapar, assim como Hishām dos Saḥm e outros muçulmanos detidos em Meca.

Jubayr, o filho de Muṭ'im, veio resgatar seu primo e dois de seus confederados, e o Profeta deu-lhe boa acolhida, dizendo-lhe que, se Muṭ'im estivesse vivo e se dirigisse a ele em nome dos prisioneiros, eles seriam libertados, sem pedido de resgate. Jubayr ficou muito impressionado por tudo que viu em Medina. Numa tarde, ao pôr-do-sol, ele se aproximou da

Mesquita e pôs-se a escutar a prece que ecoava de seu interior. O Profeta estava recitando a sura *aṭ-Ṭūr*, "A Montanha", que anuncia o Dia do Julgamento, advertindo sobre o castigo do Inferno e mencionando as maravilhas do Paraíso, e que termina com estas palavras: "Espera com paciência que se cumpra o julgamento de teu Senhor, pois estás sob Nosso olhar; e glorifica teu Senhor com louvor quando te levantas, e glorifica-O durante a noite, e quando se apagam as estrelas".[1]

"Foi nesse momento", explicou mais tarde Jubayr, "que a fé lançou raízes em meu coração."[2] No entanto, ele resistiu ainda a este apelo interior, tão preocupado estava pela morte de seu bem-amado tio paterno Ṭu'aymah, morto em Badr pelas mãos de Ḥamzah. Jubayr sentia-se obrigado a vingá-lo e, com medo de que sua resolução esmorecesse, preferiu deixar Medina tão logo chegaram a um acordo sobre os resgates.

A maioria dos que vieram negociar os resgates mostrou-se ao menos cortês com o Profeta, com exceção de Ubayy, do clã Jumaḥ, irmão de Umayyah e amigo íntimo de 'Uqbah, mortos durante a batalha. No momento em que iria partir com seu filho resgatado, ele disse ao Profeta: "Ó Muḥammad, tenho um cavalo chamado 'Awd, que todos os dias alimento com muitas medidas de aveia. Montado nele, eu te matarei". – "Não", retorquiu o Profeta, "eu que darei fim à tua vida, se Deus assim o quiser."[3]

Em Meca, os dois sobrinhos de Ubayy, Ṣafwān e 'Umayr, evocavam com raiva e amargura o dano irreparável que sobreviera aos Quraysh com a perda dos chefes sepultados no fosso de Badr. Ṣafwān era filho de Umayyah e, com a morte do pai, provavelmente seria o novo líder dos Jumaḥ. Seu primo 'Umayr era o guerreiro que, em Badr, cavalgara ao redor das tropas muçulmanas para estimar suas forças. "Por Deus, a vida não tem mais nada a oferecer, agora que eles partiram", declarou Ṣafwān. 'Umayr tinha um filho entre os cativos, mas estava endividado demais para poder pagar seu resgate; para ele, a vida tornara-se tão penosa que estava disposto a fazer um sacrifício pela causa comum. "Não fosse por essa dívida, que sou incapaz de pagar", declarou com sinceridade, "e por minha família que temo deixar sem recurso e amparo, eu iria até Muḥammad e o mataria!" – "Passa-me tua dívida", disse-lhe Ṣafwān, "e que tua família seja a minha. Eu me encarregarei deles enquanto viverem. Tudo o que é meu te pertence."

---

[1] Corão, 52:48-9. [2] al-Bukhārī LII, 25. [3] al-Wāqidī 251.

'Umayr aceitou prontamente a oferta, e eles juraram guardar segredo até que seu objetivo fosse alcançado. Depois de afiar sua espada, 'Umayr embebeu a lâmina em veneno e partiu para Yathrib sob o pretexto de resgatar o filho.

Quando 'Umayr chegou a Medina, o Profeta estava sentado na Mesquita. Vendo 'Umayr com a espada, 'Umar quis impedir sua entrada, mas o Profeta fez-lhe um sinal para que deixasse o jumaḥita passar. 'Umar disse então a alguns Auxiliares que estavam por perto: "Aproximai-vos do Mensageiro de Deus e sentai-vos perto dele, sem tirar os olhos deste vilão, em quem não se pode confiar". 'Umayr saudou-o com um "bom dia", conforme o costume pagão, ao que o Profeta respondeu: "Deus nos deu uma saudação melhor do que a tua, ó 'Umayr! É 'Paz' (*Salām*), que é a saudação dos habitantes do Paraíso". Em seguida, perguntou-lhe a razão de sua vinda, e 'Umayr falou de seu filho, que queria resgatar. "Por que então esta espada?", indagou o Profeta. "Que Deus amaldiçoe as espadas!", exclamou 'Umayr, "mas elas não têm sido de alguma utilidade?" – "Dize-me a verdade", prosseguiu o Profeta, "por que vieste?" E quando 'Umayr ia dizer pela segunda vez que viera pelo seu filho, o Profeta repetiu-lhe palavra por palavra a conversa que ocorrera no Ḥijr entre ele e Ṣafwān. "E assim, pois, Ṣafwān assumiu tua dívida e tua família", concluiu o Profeta, "a fim de que me mates; mas Deus se interpôs entre ti e teu plano." – "Quem te contou isso?", exclamou 'Umayr, "por Deus, não havia uma terceira pessoa conosco!" – "Foi Gabriel", declarou o Profeta. "Quando nos trouxeste as boas-novas do Céu", disse 'Umayr, "nós te chamamos de mentiroso; mas louvado seja Deus que me guiou para o Islām. Eu testemunho que não há outra divindade senão Deus e que Muḥammad é Seu Profeta." Virando-se para aqueles que os cercavam, o Profeta lhes disse: "Instruí vosso irmão na religião, recitai-lhe o Corão, e libertai seu filho prisioneiro".[1]

Com a permissão do Profeta, 'Umayr quis retornar a Meca para tentar trazer ao Islām alguns Quraysh, como Ṣafwān. De fato, ele fez numerosas conversões, mas Ṣafwān considerou-o um traidor e recusou-se obstinadamente a falar ou ter qualquer contato com ele. Depois de alguns meses, 'Umayr voltou a Medina, agora como Emigrante.

---

[1] Ibn Sa'd IV, 147; Ibn Isḥāq 472-3.

Quando Abu l-'Āṣ chegou a Meca, contou a Zaynab o que ocorrera e da promessa que fizera a seu pai de enviá-la a Medina. De comum acordo, eles decidiram que sua filhinha Umāmah partiria com a mãe. Seu filho 'Alī morrera pouco após o nascimento e Zaynab esperava uma terceira criança. Quando todos os preparativos estavam terminados, Abu l-'Āṣ pediu a seu irmão Kinānah que escoltasse a mulher e a filha. O plano fora mantido em segredo, mas a partida ocorreu em pleno dia, dando motivo a muitos comentários em Meca, até que alguns qurayshitas resolveram buscá-la e trazê-la de volta ao seio do clã 'Abdu Shams, do qual ela era parte por casamento. Quando os perseguidores estavam prestes a alcançar o grupo, um certo Habbār, que pertencia aos Fihr, um clã dos Quraysh dos Arredores, destacou-se dos demais, aproximou-se a galope e pôs-se a dar voltas em torno dos fugitivos, brandindo sua lança em direção ao camelo em que estava a liteira com Zaynab e a criança; em seguida, o cavaleiro voltou para a tropa. Kinānah apeou, sacou o arco, ajoelhou-se à frente do grupo com seu arco e sua aljava. "Que um só se aproxime e, por Deus, eu o derrubarei com minhas flechas!", gritou-lhes, fazendo-os recuar. Após uma breve conferência, Abū Sufyān, que comandava o grupo, e dois outros, desceram dos cavalos e avançaram, pedindo a Kinānah que detivesse seu arco para que conversassem. Kinānah aceitou e Abū Sufyān lhe disse: "Foi um grande erro ajudar esta mulher a escapar publicamente, sob o olhar de todos, quando sabes do desastre por que passamos e o que Muḥammad fez contra nós. Essa partida que nos é infligida será interpretada como mais uma humilhação e sinal de fraqueza. Por minha vida, não desejamos separar Zaynab de seu pai, e isto não nos servirá de vingança. Mas peço que reconduza essa mulher a Meca e, quando as línguas cessarem de falar sobre nossa derrota, quando a notícia de que nós a perseguimos e a resgatamos tiver se espalhado, então poderás fazê-la sair em segredo para reuni-la ao pai". Kinānah aceitou a proposta e, juntos, eles voltaram para Meca. Pouco tempo depois, Zaynab abortou; segundo alguns, pelo medo que lhe causara Habbār. Passado o tempo suficiente para que as coisas se acalmassem e ela se recuperasse, Kinānah ajudou-a a fugir com Umāmah no meio da noite, escoltando-a até o Vale de Yajaj, a cerca de vinte e cinco quilômetros de Meca. Como fora combinado, lá eles se encontraram com Zayd, que conduziu mãe e filha em segurança ao Profeta em Medina.

46 Os Bani Qaynuqā‘

Depois de algum tempo, tornou-se evidente que os judeus não se consideravam ligados ao pacto feito com o Profeta, e que a maioria deles preferia aliar-se politicamente aos idólatras pagãos que aos muçulmanos adoradores do Deus Único. Apesar de afirmar a existência, entre os judeus, de indivíduos piedosos e virtuosos, as Revelações davam muitos avisos contra a maior parte deles, recomendando prudência ao Profeta e a seus discípulos: "Eles farão todo o possível para vos arruinar e vos causarão dificuldades. Seu ódio e aversão transparecem no que sai de suas bocas, e o que encerram no peito é ainda pior".[1]

Não havia dúvida de que os judeus colocavam cada vez mais esperanças nos Quraysh, em quem viam o melhor modo de sufocar a nova religião e de restabelecer a situação que outrora reinara no oásis de Yathrib. Os movimentos do Profeta eram regularmente reportados a Meca, e parecia certo que, caso os Quraysh enviassem uma expedição às fortalezas judias ao sul de Medina, apenas meio dia distantes da Mesquita do Profeta, o exército de Meca teria o reforço de poderosos contingentes judeus.

"Se algo de bom vos toca, isso os aflige, e se algo de mal vos alcança, eles se regozijam."[2] A veracidade deste versículo foi claramente ilustrada pela reação dos judeus após a batalha de Badr. Quando a notícia chegou, as tribos de Qaynuqā‘, dos Naḍīr e dos Qurayẓah foram incapazes de dissimular sua aflição, a exemplo de Ka‘b, filho de Ashraf, um árabe da tribo dos Ṭayy; Ka‘b considerava-se membro dos Bani Naḍīr, o clã de sua mãe, e como tal fora aceito pelo clã, já que sua mãe era judia. De fato, ele se

[1] Corão, 3:118. [2] Corão, 3:120.

tornara um membro muito influente na tribo, por sua riqueza e personalidade, e também por ser um poeta reconhecido. Quando ele recebeu as notícias trazidas por Zayd e 'Abd Allāh, e ao inteirar-se de todos os renomados qurayshitas mortos em combate, exclamou: "Por Deus, se é verdade que Muḥammad matou esses homens, o interior da terra é melhor que seu exterior". Ao confirmar as informações, Ka'b deixou imediatamente o oásis, antes do retorno do Profeta, e partiu para Meca, onde compôs um lamento em homenagem a Abū Jahl, 'Utbah, Shaybah e outros que pereceram em Baḍr, conclamando os Quraysh a formar um exército para buscar vingança contra Yathrib e resgatar a honra da tribo.

A notícia das reações de Ka'b chegou a Medina; porém, uma ação imediata impunha-se antes contra outra tribo judaica. O Profeta estava particularmente bem informado sobre o ódio que lhe tinham os Bani Qaynuqā' e de sua perfídia, pois 'Abd Allāh ibn Sallām fora um de seus chefes e conhecia bem seu modo de agir. Além disso, eles eram aliados do khazrajita Ibn Ubayy, líder dos hipócritas; a influência dos Qaynuqā' também era maior que a de outras tribos judias, pois suas moradias eram contíguas à cidade, enquanto os Bani Naḍīr e os Qurayẓah, aliados dos Aws, habitavam a certa distância dali.

O Profeta recebera recentemente a seguinte Revelação: "Se temes a traição de um povo, rompe o pacto com eles, do mesmo modo que eles o fazem. Por certo Deus não ama os traidores".[1] Mas a Revelação acrescentava: "Se eles se inclinam à paz, inclina-te também a ela, e confia em Deus".[2] Não havia, assim, a intenção de tomar medidas radicais se fosse possível evitá-las, e uma das primeiras ações do Profeta ao voltar de Baḍr foi ir ao encontro dos Bani Qaynuqā' na praça do mercado, ao sul de Medina. Poderia o milagre ocorrido em Baḍr provocar alguma mudança em seus corações? E o Profeta admoestou-os para que não atraíssem sobre si a cólera de Deus que caíra sobre os Quraysh. "Ó Muḥammad", responderam-lhe, "não te deixes iludir por esta batalha, pois ela se deu contra homens que não tinham qualquer treinamento de guerra, e foi por isso que venceste. Mas, por Deus, se nós te combatermos, saberás que somos adversários temíveis." O Profeta então se retirou, e naquele momento eles imaginaram que haviam triunfado.

---

[1] Corão, 8:58. [2] Corão, 8:61.

Alguns dias depois, no mesmo mercado, um incidente levou a tensão ao clímax: uma muçulmana que fora vender e trocar algumas mercadorias foi grosseiramente insultada por um ourives judeu. Um Auxiliar que estava presente foi em seu socorro e seguiu-se um combate em que o ofensor acabou morto. Pouco depois, os judeus se lançaram sobre o muçulmano e também o mataram. Sua família pediu vingança e começou a incitar os Auxiliares contra os Qaynuqā'. Como o sangue fora derramado dos dois lados, o caso poderia ter sido facilmente mediado e reconduzido à suas reais proporções se os judeus pedissem a arbitragem do Profeta, conforme previsto no pacto. Mas não foi assim que agiram e, tendo decidido que chegara a hora de dar uma lição nos estrangeiros, enviaram um pedido de reforços a seus dois antigos aliados Khazraj: Ibn Ubayy e 'Ubādah ibn Ṣāmit. Enquanto aguardavam a chegada de ajuda, os Qaynuqā' se refugiaram temporariamente – assim pensavam – em sua poderosa e bem abastecida fortaleza. Reuniram um exército de setecentos homens, ou seja, um efetivo duas vezes maior que o da tropa muçulmana em Baḍr, e contavam que Ibn Ubayy e 'Ubādah lhes enviariam ao menos o mesmo tanto de guerreiros; assim, no momento certo, os judeus sairiam de sua fortaleza e mostrariam ao Profeta que as recentes ameaças não eram palavras vãs.

Porém, na verdade, a ameaça dos Qaynuqā' selou sua própria condenação. Em algumas horas, estupefatos, eles se viram cercados por um exército mais numeroso que o seu e que lhes ordenava rendição incondicional.

Ibn Ubbay foi consultar 'Ubādah, que sustentou firmemente que nenhum tratado mais antigo poderia sobrepor-se ao pacto com os muçulmanos, e negou apoio à causa dos Qaynuqā'. Ibn Ubbay não queria romper a aliança que firmara pessoalmente com a poderosa tribo dos judeus, mas não lhe era possível ser cego, como os judeus o eram, à afeição que a maior parte dos habitantes da cidade devotava ao Profeta; ademais, ele já provara o gosto amargo de ver uma aliança mais antiga com seus concidadãos dissipar-se ante outra mais forte. Havia apenas dois anos, com a ajuda dos sitiados, ele conseguira destruir um exército ainda mais poderoso que o dos muçulmanos; mas, agora, ele sabia que uma iniciativa tomada pelo Profeta não poderia ser contrariada. Foi assim que os Bani Qaynuqā' esperaram, em vão, dentro de suas muralhas; dia a dia, pouco a pouco, sua esperança desvaneceu até tornar-se desespero, sem que nenhum socorro despontasse no horizonte. Resistiram duas semanas e, então, renderam-se incondicionalmente.

Ibn Ubayy foi ao encontro do Profeta no acampamento e pediu nestes termos: "Ó Muḥammad, trata bem meus confederados". O Profeta lhe fez sinal para que se afastasse, e Ibn Ubayy repetiu seu pedido. Desta vez, Muḥammad deu-lhe as costas e se afastou, mas o khazrajita segurou-o pela malha na altura do pescoço. A face do Profeta cobriu-se de cólera: "Larga-me!", ordenou-lhe. "Por Deus, não o farei enquanto não prometeres que os tratarás bem. São quatrocentos homens sem armadura e trezentos com armadura, que me protegeram contra os vermelhos e os negros.[1] Vais eliminá-los em uma única manhã?" – "Concedo-te suas vidas", disse-lhe o Profeta. No entanto, a propósito dos que romperam o pacto de aliança com os muçulmanos, a Revelação ordenara: "Se com eles tiveres de guerrear, faz dos vencidos um exemplo para atemorizar aqueles que estão por trás deles, para que reflitam".[2] O Profeta decidiu que os Bani Qaynuqāʿ teriam todos seus bens confiscados e partiriam em exílio, e designou ʿUbādah para escoltá-los para fora do oásis. Eles buscaram refúgio em uma colônia judia com a qual tinham laços de parentesco, situada a noroeste de Medina, em Wādi l-Qurà. Algum tempo depois, esses parentes os ajudaram a instalar-se na fronteira com a Síria.

Os Bani Qaynuqāʿ eram especialistas em metalurgia. Assim, os Emigrantes e os Auxiliares repartiram um rico lote de armas e armaduras, depois que o Profeta tomou a quinta parte do espólio, a cota legalmente estabelecida, destinada a si mesmo e ao Estado teocrático.

---

[1] Ou seja, todos os homens, sem distinção (cf. nota 189, Cap. 34).

[2] Corão, 8:57.

47 Mortes e matrimônios

Assim que voltou de Baḍr, o Profeta foi visitar o túmulo de sua filha Ruqayyah. Este era o primeiro luto por um familiar mais próximo, desde a morte de Khadījah. Ele estava acompanhado de Fāṭimah, que ficara muito abalada pela perda da irmã: sentada perto do túmulo, as lágrimas corriam-lhe dos olhos, enquanto o pai tentava confortá-la, secando-lhe o rosto com a ponta de seu manto. Pouco tempo antes, o Profeta censurara a prática das lamentações fúnebres, mas fora mal compreendido. De fato, quando estavam no cemitério, escutaram a voz de 'Umar que, indignado, repreendia as mulheres que choravam por Ruqayyah e pelos mártires de Baḍr. "Deixa-as chorar", disse o Profeta a 'Umar, "o que sai do coração e dos olhos vem de Deus e de Sua Misericórdia, mas o que sai das mãos e da língua vem de Satanás."[1] Com a expressão "das mãos", ele se referia ao costume de bater no peito e ferir as faces, e com "da língua", à gritaria estridente das mulheres em ocasiões públicas de luto.

Fāṭimah era a mais jovem das filhas do Profeta e tinha, na época, cerca de vinte anos. O Profeta já lhe falara de 'Alī como o esposo que mais lhe convinha, mas ainda sem qualquer celebração ou contrato em vista. De seus Companheiros mais próximos, Abū Bakr e 'Umar já haviam pedido a mão de Fāṭimah, mas o Profeta lhes havia recusado, dizendo que era preciso aguardar o momento indicado pelo Céu, mas sem qualquer referência ao fato de já estar prometida ou não. Foi durante as semanas que se seguiram ao seu retorno de Baḍr que ele teve certeza de que chegara o momento de dirigir a 'Alī algumas palavras de encorajamento, na esperança de que

---

[1] Ibn Sa'd VIII, 24.

ele fizesse formalmente o pedido de casamento. De início, ʽAlī hesitou em razão da sua extrema pobreza; ele não tinha herança paterna, pois a lei da nova religião proibia que um crente herdasse os bens de um descrente. No entanto, ele conseguira uma casa modesta perto da Mesquita e, uma vez que não havia qualquer dúvida quanto à aprovação do Mensageiro de Deus, deixou-se convencer facilmente. Firmado o contrato de casamento, o Profeta insistiu que se organizasse um festim. Um carneiro foi abatido e alguns Auxiliares contribuíram com porções de grãos e farinha. Abū Salamah, primo dos dois jovens recém-casados, também quis colaborar, pois era grato a Abū Ṭālib, o pai de ʽAlī, que lhe oferecera proteção contra Abū Jahl e outros membros hostis de seu clã; pediu, então, que sua esposa Umm Salamah ajudasse ʽĀ'ishah na arrumação da casa dos jovens noivos e na preparação do banquete. Foi recolhida areia fresca do rio, e as mulheres espalharam-na sobre o chão de terra batida da casa. O leito nupcial era uma pele de carneiro coberta por uma velha colcha iemenita de tecido listrado de cores já desbotadas; como travesseiro, elas encheram uma almofada de couro com fibras de palmeira; depois, distribuíram odres com água aromatizada e vários pratos com tâmaras e figos pela casa para que os convidados pudessem servir-se à vontade. E todos os relatos concordam que esta foi a mais bela festa nupcial celebrada naquela época em Medina.

No momento em que o Profeta ia retirar-se, indicando aos convidados que chegara o momento de deixar o casal a sós, disse a ʽAlī que não se aproximasse de sua esposa até que ele retornasse, o que fez logo após a partida de último convidado. Apenas Umm Ayman ainda estava lá, para ajudar a colocar a casa em ordem. O Profeta tinha um relacionamento especial com algumas pessoas, e Umm Ayman era uma delas. Quando ele pediu licença para entrar, foi ela quem veio ao seu encontro à porta da casa. "Onde está meu irmão?", ele lhe perguntou. "Por meu pai e minha mãe, ó Mensageiro de Deus!", exclamou Umm Ayman, "quem é teu irmão?" – "ʽAlī, o filho de Abū Ṭālib", respondeu-lhe. "Como pode ser ele teu irmão", replicou Umm Ayman, "se acabaste de dar-lhe tua filha em casamento?" – "É como eu disse", respondeu o Profeta, e pediu que lhe trouxesse um pouco de água, no que foi atendido. Então, ele sorveu um pouco da água, enxaguou a boca e em seguida cuspiu-a de volta na bacia. Quando ʽAlī entrou no recinto, o Profeta o fez sentar-se à sua frente e, tomando um pouco dessa água nas mãos, espargiu-a sobre os ombros, o peito e os braços do genro. Depois, chamou Fāṭimah, que entrou no aposento tremendo sob seu manto, tamanho o temor reverencial que sentia pelo pai, que repetiu o que fizera com 'Alī, abençoando os dois e sua descendência.[1]

No correr do ano que se seguiu ao retorno de Badr, duas mortes atingiram a família de 'Umar. A primeira foi a de seu genro Khunays, que desposara sua filha Ḥafṣah. Ele estivera entre os Emigrantes da Abissínia e o casamento ocorrera na ocasião de seu retorno. Ḥafṣah ainda não completara dezoito anos quando ficou viúva; aprendera com seu pai a ler e a escrever, e se tornara uma mulher completa, tão bela quanto sábia. Vendo o sofrimento de 'Uthmān com a morte de Ruqayyah, 'Umar lhe ofereceu Ḥafṣah como esposa. 'Uthmān respondeu que pensaria no caso, mas, após alguns dias, disse a 'Umar que achava melhor não se casar no momento. 'Umar ficou muito decepcionado e um tanto ofendido pela recusa. Decidido a encontrar um bom marido para a filha, ele foi ver Abū Bakr, a quem considerava seu melhor amigo, e lhe fez a mesma proposta. Abū Bakr foi evasivo, o que o magoou mais ainda que a recusa de 'Uthmān, apesar de a atitude de Abū Bakr justificar-se pelo fato de já ter uma esposa à qual era profundamente devotado, enquanto 'Uthmān se mantinha celibatário. Será que 'Uthmān não poderia mudar de ideia ou ser persuadido por alguém? Assim que se viu sozinho com o Profeta, 'Umar pediu-lhe esse favor. "Eu te mostrarei um genro melhor que 'Uthmān e um sogro melhor que tu", disse-lhe o Profeta. "Que assim seja!", respondeu 'Umar, com um sorriso de felicidade, pois, após um instante de reflexão, adivinhou que o homem aludido era o próprio Profeta, que tomaria Ḥafṣah como esposa, e que se tornaria, pela segunda vez, sogro de 'Uthmān, pois lhe daria em casamento Umm Kulthūm, a irmã de Ruqayyah. Só então Abū Bakr pôde explicar a 'Umar a razão de ter-se mostrado reticente: o Profeta lhe havia confiado, em segredo, sua intenção de tomar Ḥafṣah em matrimônio.

O casamento de Umm Kulthūm e 'Uthmān foi celebrado primeiro; somente quando o luto legal de quatro meses pela morte de Khunays foi completado, e depois que outro aposento junto à Mesquita foi construído ao lado dos de Sawdah e de 'Ā'ishah, deu-se a união do Profeta e de Ḥafṣah, cerca de um ano após a batalha de Badr. A chegada de Ḥafṣah em nada perturbou a harmonia da casa. 'Ā'ishah ficou feliz de ter uma companheira

[1] Ibn Sa'd VIII, 12-5.

com idade mais próxima da sua, e uma sólida e duradoura amizade logo se formou entre as duas mulheres. Sawdah, que fora uma espécie de mãe para 'Ā'ishah, partilhou sua afeição maternal com a recém-chegada, que tinha cerca de vinte anos menos que ela.

Foi nessa época que morreu o cunhado de 'Umar, 'Uthmān ibn Maẓ'ūn, que era tio de Ḥafṣah por parte de mãe. Ele e sua esposa Khawlah eram muito próximos do Profeta. 'Uthmān ibn Maẓ'ūn era o mais afeito ao ascetismo de todos os Companheiros; já era um asceta antes do Islām ser revelado, e após sua emigração para Medina, sentira tal necessidade de suprimir os desejos humanos que pediu permissão ao Profeta para fazer-se eunuco e passar o resto da vida como um mendigo errante. "Tu não tens em mim um bom exemplo?", perguntou-lhe o Profeta; "eu me uno às mulheres, como carne, jejuo e quebro o jejum. Do meu povo não faz parte aquele que faz dos homens eunucos ou faz de si um eunuco." No entanto, o Profeta tinha algumas razões para pensar que 'Uthmān não o compreendera plenamente, e esperou outra ocasião para fazer-lhe a mesma pergunta: "Não tens em mim um exemplo?", e 'Uthmān se apressou a responder afirmativamente, pois temia a reprovação do Profeta. "Tu jejuas todos os dias", disse-lhe o Profeta, "e passas todas as noites em vigília rezando." – "Sim, é assim que ajo", respondeu 'Uthmān, pois ouvira muitas vezes o Profeta falar dos méritos do jejum e da prece noturna. "E não fazes bem em agir assim", disse-lhe o Profeta, "pois, em verdade, teus olhos têm seus direitos sobre ti, e teu corpo tem seus direitos, e tua família tem seus direitos. Então ora e dorme, jejua e quebra o jejum."[1]

Como expressão da religião primordial, a Revelação salienta constantemente o quanto é importante render graças a Deus por todos os benefícios mais elementares da vida.

> Eu vos dou conhecimento pela audição, pela visão e pelo coração, para que possais ser gratos.[2]
>
> E, dentre os Seus sinais, Ele criou para vós mulheres tiradas de vós mesmos para que encontrásseis repouso junto delas, e dispôs entre vós amor e misericórdia. Por certo, esses são sinais para um povo que reflete.[3] Diz: "Refleti!, se Deus estendesse a noite perpétua sobre vós até o Dia da Ressurreição, que deus senão Deus vos traria a luz? Não ouvis?". Diz: "Refleti!, se Deus estendesse o

[1] Ibn Sa'd III/1, 1289. [2] Corão, 16:78. [3] Corão, 30:21.

dia perpétuo sobre vós até o Dia da Ressurreição, que deus senão Deus vos traria a noite para que encontrásseis repouso? Não vedes? Em Sua Misericórdia, Ele fez para vós a noite, para que pudésseis repousar, e o dia, para que pudésseis buscar Seus benefícios e serdes agradecidos".[1]

Para o homem primordial, os deleites naturais, consagrados pela gratidão a Deus, são formas de adoração; e referindo-se à própria experiência o Profeta falou dos prazeres dos sentidos e da prece no mesmo contexto: "Foi-me dado amar o perfume e as mulheres, e o frescor banha os meus olhos na prece".[2]

Logo após a morte de 'Uthmān, e pouco antes de seu funeral, o Profeta foi visitar Khawlah em companhia de 'Ā'ishah, que fez o seguinte relato: "O Profeta deu um beijo no cadáver estendido de 'Uthmān, e vi suas lágrimas caírem na face do morto". No momento do enterro, o Profeta escutou uma anciã dizer ao falecido: "Estás feliz, ó pai de Sā'ib, pois teu é o Paraíso!". Ao que foi interpelada bruscamente pelo Profeta: "Como podes sabê-lo?". – "Mas, Mensageiro de Deus", ela protestou, "é Abū Sā'ib!" – "Por Deus, dele só conhecemos boas coisas!", emendou o Profeta, para deixar claro que sua observação não implicava qualquer restrição a 'Uthmān, mas unicamente à mulher que passara dos limites ao falar do que não tinha conhecimento. Depois voltou a dirigir-se à mulher, acrescentando: "Seria suficiente que dissesses: ele amava Deus e Seu Mensageiro".[3]

Mais tarde, 'Umar confessou que sua estima pelo cunhado fora abalada pelo fato de ele ter morrido sem a honra do martírio. Segundo as palavras do próprio 'Umar: "Quando 'Uthmān ibn Maẓ'ūn morreu sem ter sido em combate, perdi muito de minha estima por ele, e disse: 'Vede este homem! Era o mais rigoroso entre nós para abster-se das coisas deste mundo, e não morreu em combate!'". E 'Umar manteve esta opinião, até o momento em que o Profeta e Abū Bakr morreram, ambos de morte natural. Então, ele repreendeu a si próprio por faltar-lhe o verdadeiro sentido de valor, dizendo-se: "Maldito sejas! Os melhores dentre nós morrem!" – querendo dizer: "morrem de morte natural" – e, desde esse momento, 'Uthmān retomou o lugar elevado que ocupara em sua estima.[4]

[1] Corão, 28:71-73.
[2] Ibn Sa'd I/2, 112, cf. nota 2, p. 200.
[3] Ibn Sa'd III/1, 289-90.
[4] Ibidem.

48 A gente do banco

O vão entre as colunatas da Mesquita estava sempre reservado aos recém-chegados sem teto ou meios de subsistência; eram chamados "a Gente do Banco", *Ahl aṣ-Ṣuffah*, em razão do banco de pedra que costumavam ocupar. Por ser a Mesquita uma extensão da própria casa do Profeta, ele e seus familiares sentiam-se responsáveis pelos refugiados que se abrigavam à sua porta, cuja situação de penúria e indigência estava todos os dias ante seus olhos. Em número crescente, chegavam de todas as direções, sozinhos ou em pequenos grupos, atraídos pela mensagem do Islām e pela reputação do Profeta e de sua comunidade, que já havia alcançado todas as tribos da Arábia. As notícias da batalha de Baḍr também serviram para aumentar o fluxo de convertidos. Raramente as famílias que moravam em casas vizinhas à Mesquita conseguiam comer até ficarem saciadas do que elas próprias cozinhavam. Como o Profeta costumava dizer: "A refeição de uma alimenta duas pessoas, a refeição de duas alimenta quatro e a refeição de quatro alimenta oito".[1]

Conta-se que o Profeta amava os odores agradáveis e os perfumes, e que era extremamente sensível ao menor odor desagradável, em particular no hálito – no seu ou no dos outros. 'Ā'ishah relata que a primeira coisa que ele fazia ao chegar em casa era colher uma pequena haste de palmeira que lhe servia para limpar os dentes. Quando partiam em viagem, 'Abd Allāh ibn Mas'ūd levava sempre uma haste de reserva para ele. Seguindo seu exemplo, os Companheiros também faziam uso destas hastes e lavavam a boca após cada refeição.

---

[1] al-Qushayrī XXXVI, 176.

Mesmo a fome não diminuía a extrema sensibilidade do Profeta a odores, que ele não esperava de modo algum que fosse partilhada pelos demais. Havia alimentos que a lei autorizava e que ele encorajava seus Companheiros a consumir, mas que ele mesmo não tinha vontade de comer. Por exemplo, os grandes lagartos, que não eram encontrados em Meca, mas muito comuns em Yathrib e outras regiões. Algumas vezes, ele deixava de se servir de uma iguaria por consideração aos outros. Em certa ocasião, ofereceram-lhe um guisado que fora preparado por um dos Auxiliares e, no momento em que se servia, sentiu o forte odor de alho que exalava do prato e retirou sua mão. Os comensais imitaram imediatamente seu gesto. "O que é que se passa?", ele perguntou. "Tu retiraste a mão", responderam, "por isso retiramos as nossas." – "Comei, em nome de Deus!", ele lhes disse, "quanto a mim, tenho conversas íntimas com alguém com quem não conversais!",[1] e todos compreenderam que ele fazia alusão ao Arcanjo. Nessa ocasião, o prato estava pronto e não deveria ser desperdiçado; mas, de modo geral, o Profeta aconselhava seus Companheiros a não comer alimentos condimentados com muito alho e cebola, sobretudo antes de ir à Mesquita.[2]

Antes de seu casamento, Fāṭimah costumava ser a "anfitriã" permanente da Gente do Banco. No entanto, apesar dos sacrifícios que tinha de fazer quotidianamente, assim como os outros membros da família do Profeta, sua vida depois do casamento tornou-se ainda mais severa devido a seu relativo isolamento. Até então, nunca lhe faltaram mãos para ajudá-la. Além de sua irmã Umm Kulthūm, Umm Ayman estava sempre por perto, pronta para ser útil. Umm Sulaym dedicara ao Profeta seu filho Anas como serviçal; o jovem de apenas dez anos era dotado de uma vivacidade e inteligência bem acima de sua idade, e a própria Umm Sulaym e seu segundo marido Abū Ṭalḥah estavam sempre por perto, à disposição para qualquer tarefa. Ibn Mas'ūd era muito ligado ao Profeta, sendo praticamente parte da família. Quando voltou para Meca, 'Abbās enviou de presente para o Profeta seu escravo, de nome Abū Rāfi'. Apesar de o Profeta tê-lo libertado imediatamente, ele não diminuiu sua disposição em servi-lo. Havia também Khawlah, a viúva de 'Uthmān ibn Maẓ'ūn, que se considerava já havia muito tempo criada da família. Agora, no entanto, Fāṭimah não tinha mais

[1] Ibn Sa'd I/2, 110. [2] al-Bukhārī XCVI, 24.

ninguém para ajudá-la em casa. Para remediar sua extrema pobreza, 'Alī ganhava algum dinheiro como aguadeiro, e ela, moendo trigo. "Eu moí até minhas mãos ficarem cobertas de bolhas", disse ela um dia a 'Alī. "E eu carreguei água até me doer o peito", respondeu 'Alī; "Deus deu a teu pai alguns cativos; vai até ele e pede-lhe um criado." Não sem hesitação, ela foi ao encontro do Profeta. "O que te trouxe aqui, filhinha?" – "Vim saudar-te, meu pai", ela respondeu, sem fazer o pedido que a movera. "O que fizeste?", perguntou 'Alī quando ela voltou de mãos vazias. "Não ousei pedir-lhe", foi sua resposta. Então, eles foram juntos falar com o Profeta, mas este lhes disse que tinham menos necessidade de ajuda que outros muçulmanos. "Não vos posso dar e deixar a Gente do Banco passar fome. Não tenho o suficiente para suprir suas necessidades, e para eles reverterei o que conseguir com a venda dos cativos."

Eles retornaram um pouco decepcionados; à noite, já recolhidos ao leito, escutaram a voz do Profeta que pedia permissão para entrar. Eles se levantaram para dar-lhe as boas-vindas, mas o Profeta lhes disse que permanecessem onde estavam e sentou-se junto deles. "Quereis que eu vos fale de algo muito melhor do que aquilo que me pedistes?", perguntou; e, após responderem afirmativamente, ele acrescentou: "Estas são as palavras trazidas a mim por Gabriel e que devereis repetir dez vezes após cada prece: 'Glória a Deus', depois 'Louvado seja Deus' e então 'Deus é o mais grandioso'. E quando vos deitardes, deveis repetir cada uma destas fórmulas trinta e três vezes". Muitos anos mais tarde, 'Alī diria: "Depois que o Mensageiro nos ensinou essas palavras, jamais deixamos de recitá-las".[1]

A casa do jovem casal não era distante da Mesquita, mas o Profeta desejava que sua filha fosse morar ainda mais perto dele e, alguns meses após o casamento, Ḥārithah dos Khazraj, um parente distante do Profeta, veio a ele e declarou: "Ó Mensageiro de Deus, ouvi dizer que ficarias feliz de ter Fāṭimah mais perto de ti. Minha casa é a mais próxima de todas as que pertencem aos filhos de Najjār, e ela agora te pertence. Eu e meus bens só podemos pertencer a Deus e a Seu Mensageiro, e o que tu aceitares me será mais querido do que aquilo que deixares comigo". O Profeta o abençoou e aceitou sua oferta e, em seguida, convidou sua filha e seu genro a se instalarem perto dele.

---

[1] Ibn Sa'd VIII, 16.

Atos de generosidade, fossem dirigidos ao Profeta ou a outros muçulmanos, não eram raros em Medina, e o Profeta se alegrava muito com isso. Uma vez, no entanto, essa alegria foi mesclada ao desapontamento. O Profeta tinha em alta conta Abū Lubābah, dos Aws, a ponto de, na marcha para Baḍr, ele o enviar de volta desde Rawḥā' para que guardasse Medina durante sua ausência. Algum tempo mais tarde, no correr do mesmo ano, um órfão que ficara sob a custódia de Abū Lubābah procurou o Profeta para reclamar que seu tutor se apropriara injustamente de uma tamareira que lhe pertencia e que dava frutos em abundância. Ele mandou chamar Abū Lubābah, que, por sua vez, provou, sem sombra de dúvida, que a tamareira lhe pertencia. Havendo escutado o caso, o Profeta deu seu juízo a favor do tutor e contra o órfão, que ficou muito entristecido de ter perdido uma árvore que sempre considerara sua. Vendo isso, o Profeta pediu a Abū Lubābah que lhe presenteasse a árvore, pensando em dá-la ao órfão, mas Abū Lubābah se recusou. "Ó Abū Lubābah", disse-lhe Muḥammad, "dá então tu mesmo a tamareira ao órfão, e outra semelhante será tua no Paraíso." Abū Lubābah se opôs novamente, tão forte era seu apego e o sentimento de seu direito de posse. Então, outro Auxiliar, Thābit ibn ad-Daḥdāḥah, dirigiu-se ao Profeta, dizendo: "Ó Mensageiro de Deus, se eu conseguir essa tamareira e a der ao órfão, encontrarei uma equivalente no Paraíso?". – "Sim, certamente", respondeu o Profeta. Então, Ibn ad-Daḥdāḥah ofereceu a Abū Lubābah um pomar de tamareiras em troca daquela única árvore. A oferta foi aceita, e a tamareira presenteada ao órfão.[1] O Profeta ficou muito satisfeito com o gesto, mas entristecido pelo comportamento de Abū Lubābah.

[1] al-Wāqidī 505.

49 Guerras esporádicas

Uma das repercussões importantes da batalha de Badr e das expedições que a precederam foi o fortalecimento da aliança que Medina selara com os Juhaynah e as outras tribos espalhadas pela costa do Mar Vermelho. Graças a isso, a rota costeira que levava à Síria tornou-se inviável para as caravanas de Meca. Agora, tratava-se de saber se seria possível reduzir ainda mais o poder dos Quraysh, barrando-lhes o caminho para o norte não apenas pelo lado oeste, mas também pelo leste. Tal ameaça não passara despercebida aos Quraysh, que já haviam tomado providências para reforçar suas alianças com as tribos dos Sulaym e dos Ghaṭafān, cujos territórios tinham de ser percorridos para se alcançar os confins do Golfo Pérsico pelo nordeste e, de lá, chegar ao Iraque. Essas tribos ocupavam a grande planície do Najd, a leste de Medina e de Meca. Frequentemente, as caravanas vindas de Meca faziam sua sétima parada no meio das terras férteis ocupadas pelos Sulaym, e era particularmente esta tribo que, por incitação dos Quraysh, sempre atacava as fronteiras de Yathrib toda vez que as vissem vulneráveis.

Nos meses que se seguiram, o Profeta foi avisado de que estavam previstos três ataques rápidos contra o oásis, dois por parte dos Sulaym e um dos Ghaṭafān. Graças às informações, conseguiu frustrar esses planos, enviando imediatamente uma tropa aos territórios destas tribos que, avisadas de sua aproximação, dispersavam-se antes do confronto. Outra expedição do mesmo tipo teve, entretanto, um final bem mais feliz, ocorrida contra as tribos ghaṭafānitas de Thaʿlabah e Muḥārib. Dessa vez, o Profeta decidira perseguir os beduínos até seus refúgios fortificados, camuflados nas colinas do Najd setentrional. Os muçulmanos foram conduzidos por um homem dos Tha'labah que entrara para o Islām e se oferecera como guia. Já haviam deixado a planície e começado a escalar as montanhas dos Muḥārib, quando um aguaceiro caiu sobre eles, molhando-os até os ossos, inclusive o Profeta, antes que pudessem encontrar abrigo. Afastando-se um pouco de seus Companheiros, o Profeta se despiu de suas duas vestimentas molhadas e colocou-as para secar sobre uma árvore, ao pé da qual se deitou e não tardou a adormecer. No entanto, todos os movimentos da tropa, e principalmente do Profeta, não haviam escapado a olhos invisíveis e, ao despertar, o Profeta viu um homem postado ao seu lado, com a espada em punho. Era Du'thur, chefe dos Muḥārib e um dos principais responsáveis pelos planos de ataque sobre os quais o Profeta fora alertado. "Ó Muḥammad", ele disse, "quem te protegerá agora contra mim?" – "Deus!", respondeu o Profeta; e imediatamente Gabriel, todo vestido de branco, apareceu entre eles e, pousando sua mão sobre o peito de Du'thur, fê-lo recuar com ímpeto. Sua espada tombou de suas mãos e o Profeta a tomou. Gabriel desapareceu da visão de Du'thur, que compreendeu que vira um anjo. "Agora, quem te protegerá contra mim?", perguntou o Profeta. "Ninguém!", respondeu Du'thur; e declarou: "Eu testemunho que não existe divindade senão Deus e que Muḥammad é o Seu Mensageiro". Vendo que o homem fora profundamente tocado, o Profeta devolveu-lhe a espada. Então, os dois se dirigiram ao acampamento e Du'thur foi instruído na religião. Depois disso, ele retornou aos seus e começou a chamá-los para o Islām.

Quando a tropa voltou de sua expedição no Najd, Ka'b ibn al-Ashraf já havia deixado Meca e retornado para sua fortaleza entre os Bani Naḍīr, que não ficava longe das imediações de Medina. Além dos poemas com os quais incitara os Quraysh à vingança pela derrota em Badr, ele escrevera versos satíricos contra o Profeta e seus Companheiros. Entre os árabes, um poeta de verve vale uma multidão de homens, pois seus versos se repetem de boca em boca. Se o homem é bom, torna-se instrumento do bem; e se é maligno, torna-se instrumento do mal, e deve, pois, ser eliminado a qualquer custo. O Profeta fez esta prece: "Ó Senhor, livra-me do filho de al-Ashraf, pelo mal que prega e pelos versos que declama". Depois, disse aos presentes: "Quem agirá em meu nome contra o filho de al-Ashraf, que me ataca com grande injúria?". O primeiro voluntário a se apresentar foi um homem dos Aws, Muḥammad ibn Maslamah, do clã dos Sa'd ibn Mu'ādh. O Profeta mandou-o confabular com os Sa'd, e, dentre estes, outros quatro voluntários se apresentaram. Juntos, eles se deram conta de que só atingiriam seu objetivo usando astúcia e falsidade, e, sabedores de que o Profeta tinha horror à falsidade, foram consultá-lo a respeito de seus planos. O Profeta respondeu-lhes que estavam livres para fazer o que fosse necessário para alcançar seu objetivo, pois a astúcia era legítima e fazia parte da estratégia em tempo de guerra, e que, de fato, Ka'b lhes declarara guerra.[1]

Com falsos pretextos, Ka'b foi atraído para fora de sua fortaleza e ali mesmo executado. Os judeus dos Naḍīr, indignados e tomados de pânico, foram ao encontro do Profeta e queixaram-se de que um de seus aliados, um homem eminente, fora morto à traição e sem qualquer razão. Mesmo a contragosto, o Profeta teve de reconhecer que a maioria daqueles judeus era tão hostil ao Islām quanto Ka'b, e que teria de fazê-los saber que ações hostis não seriam aceitas, ainda que ideias contrárias fossem toleradas: "Se ele tivesse mantido a atitude observada por aqueles que partilham suas opiniões", declarou-lhes, "não teria sido morto com astúcia. Mas ele nos injuriou e escreveu com malícia contra nós; e qualquer um dentre vós que agir assim encontrará o fio da espada".[2] Então, convidou-os a firmar um tratado especial que reforçasse o pacto anterior, e assim o fizeram.

[1] Ibn Isḥāq 551; ver também 369.

[2] al-Wāqidī 192.

50 Preparativos de guerra

A perda da rota do Mar Vermelho foi duramente sentida pelos homens de Meca. O único caminho que permanecia aberto às caravanas era o que passava pela planície de Najd, que tinha muitas desvantagens, especialmente pelo fato de os poços serem relativamente distantes uns dos outros. No entanto, como o verão estava chegando ao fim, seria muito fácil para eles empreender a viagem aumentando o número de camelos carregados de água. Decidiram, então, enviar para o Iraque, sob o comando de Ṣafwān, uma rica caravana com barras e objetos de prata, no valor de aproximadamente cem mil dirrãs. Alguns judeus de Medina haviam recebido informações secretas sobre esta caravana, e, por feliz acaso, um dos Auxiliares ouviu uma de suas conversas. Informado sobre os planos, o Profeta reuniu uma centena de cavaleiros e confiou seu comando a Zayd, em quem reconhecia qualidades de liderança, dando-lhe instruções para interceptar a caravana perto de Qaradah, um dos principais pontos de água situados no itinerário. Graças à sua pequena, ágil e aguerrida tropa, Zayd pôde montar uma emboscada eficaz. Completamente desnorteados pelo ataque súbito e implacável da cavalaria muçulmana, Ṣafwān e seus homens não tiveram escolha senão fugir. Zayd e seus companheiros voltaram a Medina em triunfo, escoltando os camelos de Meca repletos da rica carga de prata e outras mercadorias, além de alguns prisioneiros.

Em Meca, o desastre que aconteceu em Qaradah intensificou e acelerou os preparativos que, depois de Badr, já estavam em curso para um poderoso ataque contra Medina. Corria, então, o mês sagrado de Rajab, no coração do inverno do ano 625 da era cristã. Foi no mês seguinte que o Profeta desposou Ḥafṣah. Depois, veio o mês de Ramadã, o mês do jejum, durante o qual, para a alegria de todos os crentes, Fāṭimah deu à luz um filho. O Profeta recitou as palavras de convocação à prece nos ouvidos do recém-nascido e chamou-o al-Ḥasan, que significa "o belo". Depois, veio a lua cheia e, um ou dois dias mais tarde, comemorou-se o aniversário da batalha de Badr. Quando o mês chegou ao fim, um cavaleiro que percorrera o trajeto de Meca a Medina em apenas três dias entregou ao Profeta uma carta lacrada, enviada pelo seu tio 'Abbās, avisando-o de que um exército de três mil homens iniciara a marcha contra Medina. As forças inimigas contavam com setecentos guerreiros de armadura e duzentos cavaleiros, e os camelos eram tão numerosos quanto os homens, sem contar os camelos de carga e aqueles que levavam liteiras para as mulheres.

No momento em que a carta chegou ao destinatário, o exército qurayshita já estava em marcha. Abū Sufyān, seu comandante, levava consigo Hind e uma segunda esposa. Ṣafwān também viajava com duas esposas, enquanto outros chefes dos Quraysh eram acompanhados por apenas uma. Jubayr, o filho de Muṭ'im, permaneceu em Meca, mas enviou com as tropas um escravo abissínio de nome Waḥshī, que, como muitos de seus compatriotas, era exímio lanceiro e, sabia-se, muito raramente seu arremesso errava o alvo. Jubayr lhe disse: "Se matares Ḥamzah, o tio de Muḥammad, para vingar meu tio Ṭu'aymah, ganharás tua liberdade". Hind, que perdera seu pai 'Utbah, seu tio Shaybah e seu irmão Walīd, soube da promessa de Jubayr e, durante as paradas da marcha, a cada vez que via o abissínio passar, dizia-lhe: "Avante, pai da sombra, sopra tua vingança e depois rejubila-te!". Desse modo, fazia-o saber que, assim como seu dono, ela também estava sedenta de vingança e que saberia recompensar aquele que a executasse.

Restava aos Emigrantes e aos Auxiliares uma semana antes que o inimigo chegasse e, durante esse tempo, era preciso organizar o espaço dentro dos muros de Medina para que todos do oásis pudessem refugiar-se com seus rebanhos. Tal plano foi feito, de modo que nem um único camelo, cavalo, boi, ovelha ou cabra foi deixado do lado de fora dos muros. Mas faltava ainda conhecer o plano de ataque dos mequenses. Segundo as notícias que chegavam, eles marchavam para oeste, seguindo a rota do litoral. Em certo momento, dirigiram-se para o interior, com breves paradas em duas localidades a oeste de Medina. Percorreram, ainda, algums quilômetros na direção nordeste e acamparam num trecho de terra cultivada ao pé do Monte Uḥud, ao norte de Medina.

O Profeta enviou batedores que, ao voltarem na manhã seguinte, confirmaram que os efetivos inimigos eram tão numerosos quanto 'Abbās indicara em sua carta. Haviam-se unido aos Quraysh uma centena de Thaqīf e contingentes de Kinānah e de outras tribos aliadas. Os mais de três mil camelos e as duas centenas de cavalos estavam devorando toda a pastagem e todas as plantações não colhidas ao norte da cidade, e não restava uma só folha de grama em toda a região. Embora o exército não parecesse pronto para uma ação imediata, sentinelas foram postadas em torno da cidade naquela noite, e os dois Sa'd, um dos Aws e outro dos Khazraj, a saber, Ibn Mu'ādh e Ibn 'Ubādah, insistiram em montar guarda à porta do Profeta, juntamente com Usayd e uma forte guarda pessoal.

Naquela noite, o Profeta ainda não se armara para a balalha, mas teve um sonho em que vestia uma cota de malha impenetrável e, montando o dorso de um carneiro, brandia uma espada cuja lâmina tinha um pedaço dentado; e também que algumas de suas vacas eram sacrificadas ante seus olhos.

Na manhã seguinte, ele relatou o sonho a seus Companheiros e deu-lhes sua interpretação: "A cota de malha impenetrável é Medina, e o dano em minha espada é um golpe que será desferido contra mim; as vacas sacrificadas são alguns de meus Companheiros que serão mortos; quanto ao carneiro que cavalgo, é o líder do batalhão inimigo, que nós mataremos, se Deus quiser".[1]

Seu primeiro pensamento foi de que não deveriam sair da cidade, mas resistir ao assédio dentro de suas muralhas. Como não se tratava de uma Revelação, o Profeta quis confirmar sua opinião numa assembleia para saber se deviam ou não organizar um ataque com seu exército. Ibn Ubayy foi o primeiro a tomar a palavra: "Nossa cidade", ele disse, "é uma virgem nunca foi nem será deflorada contra sua vontade. Jamais saímos para atacar um inimigo sem termos sofrido grandes perdas; e jamais um inimigo penetrou-a sem ter sofrido grandes perdas. Deixa-os onde estão, ó Mensageiro de Deus. Enquanto eles ali permanecerem, sua situação será miserável, e quando tiverem de voltar para Meca, estarão desencorajados e frustrados, pois não terão atingido seu objetivo nem conseguido nada de bom".

Dentre os mais velhos, muitos Companheiros, tanto Emigrantes quanto Auxiliares, concordavam com a opinião de Ibn Ubayy. O Profeta declarou,

---

[1] al-Wāqidī 209.

então: "Permanecei em Medina e escondei mulheres e crianças nas fortalezas". Foi nesse momento que ele percebeu que os mais jovens ardiam de desejo de ir ao encontro do inimigo. "Ó Mensageiro de Deus, conduze-nos contra o inimigo!", pediu um deles, "não os deixes pensar que os tememos ou que somos fracos demais para combatê-los." Tais palavras fizeram elevar um murmúrio de aprovação em diversos setores da assembleia, e outros falaram no mesmo sentido, acrescentando que, se ficassem passivos e não lançassem represálias por suas plantações devastadas, os muçulmanos estariam encorajando os Quraysh a novos assaltos, sem mencionar as tribos do Najd. Ḥamzah, assim como Sa'd ibn 'Ubādah e outros dos mais experientes, convenceram-se dessa opinião. "Em Baḍr", disse um deles, "não tinhas mais que trezentos homens, e Deus te deu a vitória sobre o inimigo. Agora, somos numerosos; esperamos por esta oportunidade e rezamos para que Deus a enviasse, e Ele quis que a ameaça chegasse à nossa porta."[1] Um dos mais velhos dentre os presentes, um dos Aws chamado Khaythamah, levantou-se e tomou a palavra. De início, ele repetiu os argumentos que já haviam sido formulados contra a tática defensiva, depois continuou num tom mais pessoal. Seu filho Sa'd estava entre os muçulmanos mortos na batalha de Baḍr. "Na noite passada, em meus sonhos", ele relatou, "vi meu filho. A beleza estava estampada em sua face, e pude ver como cada um de seus desejos era satisfeito e ele se servia das frutas e bebidas do Jardim. Ele me disse: 'Junta-te a nós e sê nosso companheiro no Paraíso. Tudo o que meu Senhor prometeu descobri ser verdade'. Agora sou velho e aspiro reencontrar meu Senhor; ora então, ó Mensageiro de Deus, para que Ele me conceda o martírio e a companhia de Sa'd no Paraíso."[2] O Profeta fez uma prece para Khaythamah, prece silenciosa, cujas palavras não foram relatadas. Outro Auxiliar, Mālik ibn Sinān, um khazrajita, tomou por sua vez a palavra: "Ó Mensageiro de Deus", ele disse, "temos diante de nós uma ou outra de duas coisas auspiciosas: ou Deus nos concede a vitória sobre eles, como desejamos; ou Deus nos concede o martírio. Quanto a mim, não me preocupo com o que me couber, pois em verdade ambas são excelentes".[3]

Com esses últimos pronunciamentos e a forma calorosa com que foram acolhidos, ficou claro que a maioria da assembleia não queria permanecer dentro dos muros da cidade, e o Profeta decidiu então pelo ataque.

[1] al-Wāqidī 210-1. [2] al-Wāqidī 212-3. [3] Ibidem.

Os homens se reuniram ao meio-dia para a prece de sexta-feira, e o Profeta proferiu um sermão sobre a Guerra Santa e sobre tudo o que ela exige de esforço e sacrifício, afirmando aos fiéis que a vitória lhes caberia se permanecessem firmes e resolutos. Depois, ordenou que começassem a se preparar para o confronto com o inimigo.

Após a prece, dois homens procuraram o Profeta para lhe falar, cada qual com um conselho urgente para lhe pedir. Um deles era Ḥanẓalah, cujo pai, Abū 'Āmir, autoproclamava-se um autêntico seguidor de Abraão e estava, sem que o filho soubesse, no campo inimigo, ao pé do Monte Uḥud. Naquele dia, Ḥanẓalah deveria desposar sua prima Jamīlah, filha de Ibn Ubayy. A data do casamento fora marcada muitas semanas antes, e Ḥanẓalah não queria adiar a cerimônia, tampouco deixar de lutar. O Profeta lhe disse para celebrar seu casamento e passar a noite em Medina. O combate não começaria antes da aurora e não haveria problema se ele se juntasse aos outros no alvorecer da manhã seguinte.

O segundo a pedir conselho foi 'Abd Allāh ibn 'Amr dos Bani Salimah, um dos clãs Khazraj. Fora ele quem, três anos antes, quando ainda era pagão, partira em peregrinação e entrara para o Islām no vale de Mina, no segundo pacto de 'Aqabah. Duas ou três noites antes, 'Abd Allāh tivera um sonho muito semelhante àquele que Khaythamah relatara diante da assembleia. Um homem lhe apareceu no sonho, e ele o reconheceu: era um dos Auxiliares chamado Mubashshir, que lhe disse: "Mais alguns dias e serás um dos nossos". – "Mas onde estás?", perguntou-lhe 'Abd Allāh. "No Paraíso!", foi a resposta; "aqui nós fazemos tudo o que nos agrada fazer." – "Não foste morto em Baḍr?", perguntou-lhe 'Abd Allāh. "De fato", respondeu Mubashshir, "mas foi só então que fui conduzido para a vida." – "Pai de Jābir", disse o Profeta, dirigindo-se a 'Abd Allāh, quando este terminou de relatar-lhe o sonho, "trata-se do martírio!"[1] 'Abd Allāh já o sabia em seu coração, mas nem por isso deixara de procurar uma confirmação da boca do Profeta. Ele voltou, então, à sua casa para se preparar para o combate e dizer adeus a seus filhos. Sua esposa morrera algum tempo antes, deixando-lhe um único filho, Jābir, que já era adulto, e sete filhas muito mais novas que seu irmão. Jābir acabara de voltar da Mesquita e estava ocupado em lustrar suas armas e armadura. Não participara da batalha de Baḍr, e estava impaciente

---

[1] al-Wāqidī 266.

para, desta vez, acompanhar o Profeta em batalha. Seu pai, no entanto, tinha outros planos. "Meu filho", disse-lhe, "não é conveniente que nós as deixemos" – referindo-se às suas filhas – "sem um homem para protegê-las. Temo por suas irmãs, pois são jovens e indefesas. Partirei com o Mensageiro de Deus para ganhar o martírio, se assim Deus me conceder; então, deixo-as sob tua guarda."

Os muçulmanos se reuniram mais uma vez para a prece do meio da tarde; naquele momento, todos os homens da cidade já estavam prontos e presentes na Mesquita. Concluída a prece, o Profeta voltou para casa com Abū Bakr e ʻUmar, que o ajudaram a vestir sua malha de combate. Lá fora, os homens cerravam fileiras, enquanto Saʻd ibn Muʻādh, juntamente com alguns de seus amigos, repreendia-os: "Convencestes o Mensageiro de Deus a esta empreitada contra a sua vontade, mesmo o Céu fazendo descer sobre ele suas ordens. Recolocai a decisão em suas mãos e fazei-o decidir novamente". Então, o Profeta saiu da casa com seu turbante enrolado sobre o elmo e a armadura, sob a qual vestia a cota de malha ajustada à cintura por uma grossa tira de couro. Cingia a espada e o escudo cruzados nas costas. Dentre os rapazes que o haviam feito mudar de ideia, muitos se haviam arrependido e dele se acercaram: "Ó Mensageiro de Deus, não nos cabe fazer oposição a vós no que quer que seja; agi, então, como achardes melhor". E ele lhes respondeu: "Não cabe a um profeta, depois de ter colocado a armadura, tirá-la antes que Deus faça descer Seu julgamento sobre ele e seus inimigos. Tende em mente e cumpri o que ordenei, e avançai em nome de Deus. A vitória será vossa se fordes firmes".[1] Ele pegou então três lanças nas quais prendeu três bandeiras; entregou a dos Aws a Usayd, a dos Khazraj a Ḥubāb, que em Badr o aconselhara a seguir a estratégia dos poços, e a dos Emigrantes a Muṣʻab. Mais uma vez, confiou ao ancião ʻAbd Allāh ibn Umm Maktūm a tarefa de conduzir as preces na sua ausência. Depois, montou seu cavalo chamado Sakb[2] e pediu que lhe dessem seu arco, que apoiou no ombro, e, com a mão livre, empunhou uma lança. Sozinho, cavalgou à frente de todos, os dois homens de Saʻd marchando depois dele e os outros Companheiros logo atrás. Ao todo, a tropa chegava a mil homens fortemente armados.

---

[1] al-Wāqidī 214.

[2] "Água corrente", assim chamado porque ele podia trotar com grande suavidade.

51 A marcha para Uḥud

O sol estava a ponto de desaparecer no horizonte quando os muçulmanos chegaram a Shaykhayn, a meio caminho entre Medina e Uḥud. Bilāl entoou o chamado à prece e, terminado o rito, o Profeta passou em revista as tropas. Foi quando ele notou a presença de oito garotos que, a despeito da pouca idade, esperavam tomar parte na batalha. Entre eles, estavam o filho de Zayd, Usāmah, e o filho de 'Umar, 'Abd Allāh, ambos com apenas treze anos. O Profeta ordenou aos dois, assim como aos outros seis, que voltassem imediatamente para casa. Eles protestaram, e um dos Auxiliares assegurou ao Profeta que o jovem Rāfi', do clã awsita de Ḥārithah, era, apesar de seus quinze anos de idade, um arqueiro melhor do que muitos adultos. Rāfi', então, recebeu permissão para ficar, ao que Samurah, um órfão vindo de uma das tribos do Najd, cuja mãe desposara um Auxiliar do mesmo clã a que pertencia Rāfi', afirmou ser capaz de derrotá-lo na luta corpo a corpo. O Profeta disse aos garotos para lhe mostrarem do que eram capazes, e eles imediatamente se engalfinharam, cada um tentando derrubar o outro; Samurah provou o que dissera, e também recebeu permissão para permanecer com as tropas, enquanto os demais foram enviados de volta a suas famílias.

Os soldados de Meca esperavam que os muçulmanos viessem ao seu encontro e que, assim, eles poderiam tirar vantagem de sua superioridade numérica, principalmente de sua cavalaria. Consciente desse perigo, mas ainda decidido a travar combate fora da cidade, o Profeta procurou compensar a inferioridade numérica de suas forças ocupando uma posição que lhe fosse vantajosa, inesperada e desnorteante para o inimigo. Para isso, precisava de um guia e, após algumas consultas, tomou os serviços de um membro do clã dos Bani Ḥārithah, que conhecia com perfeição a topografia do território de seu clã, por onde o exército muçulmano deveria passar.

Naquela noite, em Medina, Ḥanẓalah e Jamīlah consumaram seu casamento. No meio da noite, Jamīlah viu em sonho seu marido em pé na entrada do Céu: uma porta se abria à sua frente, ele a transpunha e a porta se fechava. "É o martírio!", ela pensou ao despertar. Pela manhã, eles fizeram suas abluções e, juntos, completaram a prece da aurora. Em seguida, ele quis dizer adeus à sua esposa; pela maneira como se agarrava a ele, não o deixando partir, Ḥanẓalah acabou sabendo do sonho da esposa. Então, desvencilhando-se do abraço, nem mesmo ficou para repetir a ablução; vestiu sua cota de malha, pegou suas armas e deixou a casa a toda pressa.[1]

O Profeta dera instruções para que as tropas deixassem Shaykhayn pouco antes da aurora. Assim que o acampamento foi desmontado, Ibn Ubayy, depois de conferenciar durante a noite com alguns de seus íntimos, retomou o caminho para Medina, levando consigo trezentos hipócritas e hesitantes, para grande horror de seu filho, 'Abd Allāh, que permaneceu com as tropas. Ibn Ubayy nem ao menos foi falar com o Profeta e, ao ser interrogado por alguns Auxiliares sobre a razão de sua atitude, respondeu-lhes: "Ele me desobedeceu para dar ouvido aos fedelhos e aos imprudentes. Não vejo por que perdermos nossas vidas neste malfadado lugar". O outro 'Abd Allāh, o pai de Jābir, correu atrás deles e os exortou: "Peço-vos, por Deus, não deserteis vosso povo e vosso Profeta na presença do inimigo!". Mas eles se contentaram em responder: "Se soubéssemos que iríeis combater, não vos abandonaríamos. Mas não cremos que vá haver uma batalha". – "Inimigos de Deus!", gritou-lhes 'Abd Allāh, "Ele ajudará Seu Profeta sem necessidade de vossa ajuda!"

O exército muçulmano, agora reduzido a setecentos homens, avançou um pouco em direção ao inimigo e, depois, protegido pela escuridão, tomou uma rota oblíqua à direita, através de um caminho de lava endurecida que conduzia à extremidade sudeste da garganta do Monte Uḥud. Traçando uma nova rota oblíqua, eles marcharam para noroeste voltando à garganta do Uḥud no momento em que a claridade do alvorecer tornava visível o acampamento dos mequenses, um pouco à esquerda e abaixo do ponto em que se encontravam. O Profeta fez prosseguir a marcha até colocar seus

[1] al-Wāqidī 273.

homens diretamente entre o inimigo e o Monte Uḥud, usando a encosta a seu favor. Ocupando a posição elevada frente ao inimigo, fez sinal à tropa para parar e descer das montarias. Bilāl fez o chamado para a prece da manhã e, virando as costas para a montanha, os guerreiros se perfilaram para orar. Esta era também a mesma formação que deveriam adotar para a batalha, pois o inimigo se encontrava entre eles e Meca. Após conduzir a prece, o Profeta voltou-se para os muçulmanos e falou-lhes nestes termos: "Em verdade, a posição em que vos encontrais neste dia é rica em recompensas e tesouros para aqueles que estão atentos aos Seus desígnios, e que a eles consagram seus corações com paciência, certeza, zelo e esforço".[1] Quando ele terminou seu discurso, Ḥanẓalah, que acabara de chegar de Medina, avançou para saudá-lo.

O Profeta escolheu alguns de seus melhores arqueiros para ficarem ao seu lado, entre eles Zayd, seu primo Sa'd, do clã Zuhrah, e Sā'ib, filho de 'Uthmān ibn Maẓ'ūn. A cerca de outros cinquenta ele ordenou que tomassem posição sobre um montículo à esquerda do exército, e designou como chefe dessa tropa o awsita 'Abd Allāh ibn Jubayr, dando-lhe as seguintes ordens: "Mantém a cavalaria distante de nós com tuas flechas. Não deixes que nos ataquem pelas costas. Quer o vento da batalha nos seja favorável ou desfavorável, mantém teu posto! Se nos vires a ponto de pilharmos o inimigo, não venhas buscar parte no espólio; e se nos vires a ponto de sermos dizimados, não venhas em nosso socorro!".[2]

Tendo vestido outra cota de malha, o Profeta tomou uma espada e, brandindo-a, clamou: "Quem empunhará esta espada, juntamente com seu direito?". 'Umar avançou imediatamente para pegá-la, mas o Profeta o afastou e repetiu: "Quem empunhará esta espada, juntamente com seu direito?". Zubayr se apresentou, mas, de novo, o Profeta o afastou e repetiu a pergunta pela terceira vez. "Qual é o seu direito, ó Mensageiro de Deus?", perguntou um khazrajita chamado Abū Dujānah. "Seu direito", respondeu o Profeta, "é que a uses para golpear o inimigo até que a lâmina se curve". – "Eu a empunharei, junto com seu direito", ele disse, e o Profeta entregou-lhe a espada. Abū Dujānah era um guerreiro valoroso, célebre por usar um turbante rubro como sangue, a ponto de os khazrajitas o apelidarem de "turbante da morte". Quando ele o colocava, como naquele momento,

---

[1] al-Wāqidī 221. [2] Ibn Isḥāq 560.

enrolando-o ao redor do elmo, todos sabiam que causaria devastação nas fileiras inimigas. E ninguém poderia enganar-se sobre suas intenções ao vê-lo pavonear-se de um lado para o outro, desfilando entre as fileiras de soldados. O Profeta o observava, e comentou: "Deus detesta esse jeito de andar, salvo em momento e local como estes".[1]

[1] Ibn Isḥāq 561.

52 A batalha de Uḥud

O sol estava alto no céu e os Quraysh enfileirados para a batalha, flanqueados por uma centena de cavaleiros de cada lado, os da direita comandados por Khālid, filho de Walīd, e os da esquerda por ‘Ikrimah, filho de Abū Jahl. Ao centro, Abū Sufyān deu a ordem de avançar. Diante dele, Ṭalḥah, do clã ‘Abd ad-Dār, levava o estandarte dos Quraysh, com dois de seus irmãos e mais quatro de seus filhos a seu redor, prontos para tomar seu lugar em caso de necessidade. Ṭalḥah e seus irmãos estavam decididos a tornar seu clã ilustre neste dia. Em Badr, seus dois porta-estandartes se deixaram capturar de modo nada honroso, o que Abū Sufyān não deixou de relembrar a Ṭalḥah enquanto se dirigiam a Uḥud. Do lugar onde estava, marchando ao lado do Profeta, levando o estandarte dos Emigrantes, Muṣ‘ab reconheceu os membros de seu clã.

Quando os dois exércitos estavam à distância da voz um do outro, Abū Sufyān fez sinal para que seus homens parassem e avançou alguns passos em direção ao porta-estandarte: “Homens dos Aws e dos Khazraj”, gritou-lhes, “deixai agora o campo de batalha e enviai-me apenas meu primo, e nós partiremos, pois não temos qualquer motivo para combater-vos”. Os Auxiliares responderam-lhe com uma torrente ensurdecedora de insultos. Então, outro homem saiu das fileiras mequenses, e Ḥanẓalah, para sua grande tristeza, reconheceu-o imediatamente: era seu pai, que não tardou a proclamar sua identidade: “Homens dos Aws, eu sou Abū ‘Āmir!”... Ele não podia acreditar que sua influência, outrora tão forte, estivesse agora reduzida a nada, e garantira aos Quraysh que, assim que o reconhecessem, muitos membros de seu clã viriam reunir-se a ele. Mas, em lugar disso, lançaram-lhe não somente imprecações, como também uma saraivada de pedras que o obrigou a fugir envergonhado.

Os mequenses receberam a ordem de avançar e, a pequena distância da primeira linha, uma tropa de mulheres lideradas por Hind avançou ao som de timbales e tambores, cantando estes versos:

Avante, filhos de 'Abd ad-Dār;
Avante, vós que protegeis a retaguarda;
Atacai com vossas espadas afiadas, atacai!

Quando as mulheres já quase alcançavam as linhas muçulmanas, passaram a marcar o compasso com seus tambores, deixando os guerreiros ultrapassá-las; então, Hind entoou uma canção que uma outra Hind cantara em batalhas passadas.

Avançai e vos abraçaremos
E em leitos macios vos acolheremos;
Mas se recuardes, vos rejeitaremos
E não mais vos amaremos.

Quando os dois exércitos estavam quase se tocando, os arqueiros do Profeta dispararam uma chuva de flechas contra os cavaleiros de Khālid, e os relinchos dos cavalos encobriram as vozes das mulheres e o som de seus tambores. Do meio da armada mequense, Ṭalḥah avançou e lançou um desafio para o combate individual. 'Alī foi ao seu encontrou e logo conseguiu jogá-lo ao chão com um golpe que lhe rompeu o elmo e o crânio. O Profeta soube imediatamente que este era o "líder do batalhão" – o carneiro que cavalgara em sonho – e bradou com voz tonitruante a invocação *Allāhu Akbar*, ("Deus é Maior!"), e sua exaltação ecoou por toda a tropa. O carneiro, no entanto, não representava apenas uma única vítima, pois o irmão de Ṭalḥah tomou seu estandarte e, por sua vez, foi logo abatido por Ḥamzah. Em seguida, uma flecha lançada por Sa'd dos Zuhrah atravessou o pescoço do segundo irmão de Ṭalḥah; e seus quatro filhos caíram sucessivamente mortos pelas mãos de 'Alī, Zubayr e 'Āṣim ibn Thābit (dos Aws). Enquanto agonizavam, dois deles foram transportados para a retaguarda, para junto de sua mãe Sulāfah, que, ao perceber que os ferimentos eram fatais, jurou um dia beber vinho no crânio de 'Āṣim.

Nenhuma mulher havia recebido autorização, no dia anterior, para ir com os muçulmanos. No entanto, uma khazrajita chamada Nusaybah sentia que seu lugar era com as tropas. Seu marido Ghaziyyah e dois de seus filhos estavam entre os combatentes, mas esta não era a verdadeira razão. Afinal, outras mulheres também tinham marido e filhos no exército muçulmano, mas acataram a ordem de ficar em Medina. Para Nusaybah, que fora uma das duas únicas mulheres a acompanhar os setenta homens de Medina no segundo pacto de 'Aqabah, ficar na retaguarda contrariava sua natureza. Naquele dia, ela se levantou muito cedo e, depois de encher um odre com água, rumou para o campo de batalha, certa de que poderia ao menos cuidar dos feridos e dar de beber aos sedentos. Mas também levava uma espada, um arco e uma aljava cheia de flechas. Informando-se sobre o caminho que as tropas haviam seguido, ela chegou logo após o início do combate ao pé da montanha em que estava o Profeta em companhia de Abū Bakr, 'Umar e alguns outros Companheiros mais próximos. Umm Sulaymn, a mãe de Anas, tivera a mesma ideia, e chegou logo depois de Nusaybah, carregando outro odre de água. Com elas, chegaram dois homens dos Muzaynah, uma das tribos beduínas estabelecidas a oeste do oásis. Os dois se haviam convertido recentemente ao Islām e, nada sabendo do ataque mequense, estiveram em Medina naquela mesma manhã, encontrando a cidade quase deserta. Ao saber o motivo, partiram imediatamente para Uḥud e, após saudarem o Profeta, desembainharam suas espadas e se lançaram ao combate.

Abū Dujānah mostrava-se à altura da reputação de seu turbante rubro. Zubayr comentaria mais tarde: "Eu me senti ferido em minha alma quando, tendo pedido ao Mensageiro de Deus que me desse a espada que tinha nas mãos, ele a afastou de mim e a entregou a Abū Dujānah. Pensei, então: 'Sou filho de Ṣafiyyah, a irmã de seu pai ['Abd Allah, o pai do Profeta], e sou um Quraysh; eu a pedi primeiro e no entanto ele a deu a outro e me afastou'. Por Deus, eu queria ver do que Abū Dujānah era capaz e o segui". E Zubayr relatou depois como Abū Dujānah ceifava a vida dos inimigos que passavam à sua frente, com a mesma facilidade que um lavrador ceifa as espigas com sua foice, e teve de admitir que a decisão do Profeta fora justa, reconhecendo: "Deus e Seu Mensageiro sabem mais!".

Hind, a impetuosa mulher de Abū Sufyān, ficava no meio dos guerreiros, incitando-os ao combate; mulher grande e robusta, faltou pouco para que não fosse abatida por Abū Dujānah, que de início a confundiu com um homem. A espada já estava sobre sua cabeça quando ela deu um grito agudo, alertando Abū Dujānah de que era uma mulher, que voltou sua fúria para os homens ao seu redor. Hind foi, então, reunir-se às outras esposas e mães que permaneciam na retaguarda, onde os escravos guardavam o acampamento, e, no caminho, encontrou Waḥshī, o abissínio, que se dirigia à frente de batalha. Ao contrário dos outros guerreiros, ele pensava matar um único homem, e não se deixava agitar por nenhuma paixão. Ḥamzah era facilmente reconhecível por sua excepcional e imponente estatura, sua forma de combater e por uma pena de avestruz presa ao elmo. Waḥshī o avistou de longe e, evitando o centro do conflito, permaneceu no limite da massa de guerreiros, procurando dele se aproximar sem expor-se demais, para alvejá-lo com sua lança. Ḥamzah combatia, corpo a corpo, o último dos porta-estandartes dos ‘Abd ad-Dār e, ao erguer a espada para desferir-lhe o golpe fatal, expôs por um instante uma brecha em sua armadura. Waḥshī prontamente percebeu a oportunidade e cravou sua lança com perfeita precisão. Ḥamzah, que acabara de matar seu adversário, deu alguns passos titubeantes, até cair em convulsões de agonia. Waḥshī esperou que o corpo estivesse imóvel, depois se aproximou e recuperou sua lança antes de voltar ao acampamento. Segundo suas próprias palavras: "Cumpri minha missão, e só o matei para ganhar minha liberdade".

A morte de Ḥamzah não mudou o sentimento de derrota que começava a dominar os mequenses. Outro abissínio, escravo da família dos sete porta-estandartes que haviam encontrado a morte, achou que era sua vez de empunhá-lo, e foi abatido assim que o fez, deixando o estandarte caído no chão, sem ninguém para protegê-lo. Mesmo a pluma de avestruz de Ḥamzah não estando mais a flutuar acima dos guerreiros, Abū Dujānah, Zubayr e os outros Emigrantes e Auxiliares lutavam como a encarnação do brado de guerra entoado pelos muçulmanos naquele dia: *Amit, Amit* ("Matai, Matai!"). Parecia que ninguém lhes poderia resistir: a pluma branca de ‘Alī, o turbante rubro de Abū Dujānah, o turbante amarelo brilhante de Zubayr e o turbante verde de Ḥubāb eram como estandartes de vitória infundindo novas forças nos guerreiros que os seguiam. Em meio à batalha, o valente Ḥanẓalah desferia golpes de espada, e estava a ponto de abater Abū Sufyān, quando um guerreiro dos Layth se aproximou pelo flanco e transpassou-o com sua lança, jogando-o por terra para depois tirar-lhe a vida com mais um golpe.

Pouco a pouco, o combate avançou encosta abaixo, distanciando-se do Profeta, à medida que os mequenses eram empurrados em direção ao próprio acampamento. O Profeta não conseguia distinguir com detalhes o curso das ações, mas podia perceber que seus homens tinham a vantagem no combate. Subitamente, sua atenção afastou-se do campo de batalha e seu olhar elevou-se ao céu, como se observasse o voo de um pássaro. Ao fim de um instante, ele apontou para o céu e disse aos que o cercavam: "Vosso companheiro, Ḥanẓalah, está sendo banhado pelos anjos".[1] Mais tarde, dirigindo-se à Jamīlah, como se dela esperasse obter uma explicação, disse: "Vi Ḥanẓalah entre o Céu e a terra, e os anjos o banhavam com a água espremida das nuvens em bacias de prata".[2] Foi nessa ocasião que ela lhe contou seu sonho e a forma como, temendo chegar tarde à batalha, seu esposo não fizera sequer sua ablução habitual.

Os muçulmanos prosseguiram seu avanço até debelar totalmente as linhas inimigas. O caminho estava, assim, aberto para o acampamento mequense, e, nas tropas dos fiéis, começou um movimento em direção ao cobiçado saque de batalha. Os cinquenta arqueiros especialmente escolhidos para guardar sua posição estavam a certa distância, à esquerda do Profeta, sobre outra elevação de onde avistavam a frente de batalha. Ao ver seus companheiros se aproximarem do acampamento inimigo, pensando em garantir parte do rico espólio, a maioria deles abandonou seu posto. Em vão, 'Abd Allāh ibn Jubayr lembrou-lhes da ordem do Profeta de não deixar seus postos sob nenhuma circunstância, mas eles responderam que o Profeta não dissera que deveriam ficar ali para sempre. A batalha havia terminado, eles disseram, e os infiéis foram derrotados. Cerca de quarenta deles começaram a descer a escarpa em direção ao acampamento, deixando 'Abd Allāh à frente de um punhado de arqueiros resolutos, mas o destacamento estava agora perigosamente desguarnecido.

Até esse momento, a cavalaria mequense não fora de nenhuma valia. Ao centro, as duas tropas estavam tão engalfinhadas que uma carga de cavalaria seria tão perigosa para os aliados quanto para os inimigos; e atacar as forças muçulmanas pela retaguarda era muito arriscado, pois teriam de se

---

[1] Ibn Isḥāq 568. [2] al-Wāqidī 274.

expor às flechas dos arqueiros por uma grande extensão de terreno descoberto. Porém, Khālid percebeu o que estava acontecendo e, ante a oportunidade, atacou rapidamente com seus cavaleiros a elevação em que estavam os arqueiros. 'Abd Allāh e seus companheiros tentaram detê-los com suas flechas; mas, reduzidos em número, logo tiveram de largar seus arcos para combater com lanças e espadas, corpo a corpo, até a morte. Dos dez guerreiros que combatiam a pé, nenhum sobreviveu. Khālid e sua cavalaria se voltaram, então, contra a retaguarda dos muçulmanos. Enquanto os cavaleiros infiéis infligiam grandes danos às fileiras desprotegidas dos crentes, 'Ikrimah reagrupava as tropas mequenses. 'Alī e seus companheiros não tardaram a perceber o novo perigo e apressaram-se a combatê-lo; mas os idólatras, que já começavam a fugir, lançaram-se novamente ao ataque. A face do combate mudara subitamente, e o nome dos ídolos dos Quraysh voltou a ecoar como grito de guerra no campo de batalha: "Ó 'Uzzah! Ó Ḥubal!". Dentre os muçulmanos da retaguarda que haviam escapado aos sabres dos cavaleiros, muitos perderam a coragem e começaram a fugir para a montanha. O Profeta exortava-os ao combate, mas seus ouvidos estavam surdos à sua voz, e seu único pensamento era fugir do perigo. A maioria dos muçulmanos continuava a lutar, mas seu ânimo estava muito abalado, e começavam a sucumbir sob o peso dos números; passo a passo, eles recuavam, e o centro do combate se deslocava progressivamente para o Uḥud, onde estava o Profeta.

Ele e seus Companheiros, incluindo as duas mulheres, disparavam flecha após flecha em direção ao inimigo. O pequeno grupo que formavam aumentava pouco a pouco, engrossado por aqueles guerreiros que, deixando o centro da batalha, estavam preocupados, sobretudo, em proteger o Profeta. Entre os primeiros a se unir ao grupo de resistentes estavam os dois homens da tribo dos Muzaynah, Wahb e Ḥārith. Naquele momento, uma tropa de cavaleiros inimigos se aproximava pela esquerda dos muçulmanos. "Quem irá detê-los?", perguntou o Profeta. "Eu o farei, ó Mensageiro de Deus", respondeu prontamente Wahb, que se pôs a atacá-los com tal destreza e rapidez que suas flechas pareciam lançadas por um batalhão de arqueiros, fazendo o inimigo recuar. Então, outro destacamento de cavaleiros galopou contra eles. "Quem deterá este esquadrão?", perguntou o Profeta. "Eu o farei, ó Mensageiro de Deus", repetiu Wahb, e novamente ele combateu não como um, mas como muitos guerreiros, e o inimigo teve de recuar mais uma vez. Um momento mais tarde, um terceiro grupo de cavaleiros se destacou das fileiras inimigas. "Quem deterá aqueles?", perguntou o Profeta. "Eu o farei", exclamou Wahb. "Avante, então", disse-lhe o Profeta, "e regozija-te, pois o Paraíso te pertence." Wahb se ergueu em júbilo e, desembainhando sua espada, declarou: "Por Deus, não darei trégua e nem pedirei por ela", e lançou-se no meio dos cavaleiros, abrindo caminho entre eles até o outro lado. Por um momento, o Profeta e seus Companheiros detiveram suas flechas, admirando as proezas e a coragem do guerreiro. "Ó Deus, sê Misericordioso com ele!", exclamou o Profeta, enquanto Wahb voltava para o meio da tropa brandindo sua espada, até que, atacado por todos os lados, sucumbiu aos golpes do inimigo. Mais tarde, quando foi possível aproximar-se do corpo, encontraram-no perfurado por vinte golpes de lança – um só seria o suficiente para matá-lo – e inteiramente lacerado por golpes de espada. Aqueles que o viram combater jamais puderam esquecer a cena. Muitos anos depois, 'Umar ainda dizia: "De todas as mortes, a que mais desejei foi a do muzaynita".[1] Dez anos mais tarde, Sa'd dos Zuhrah declarou que seus ouvidos ainda retinham a voz do Profeta anunciando a Wahb a boa-nova do Paraíso.

O centro da batalha aproximava-se do Profeta à medida que os muçulmanos eram forçados a recuar, subindo a encosta da montanha. Em meio aos golpes desferidos pelos guerreiros dos dois lados, ouviam-se os apelos dos combatentes, desafios lançados ao combate individual ou exclamações que reivindicavam o sucesso de um golpe de espada ou de uma flecha que atingira o alvo: "Este golpe é para ti, e eu sou o filho de fulano!". Abū Dujānah se anunciava como filho de Kharashah, que era o nome de seu avô. Algumas vezes, a identidade proclamada era ainda mais imprecisa, como no caso de um dos Anṣār, isto é, dos Auxiliares, que gritou: "Toma isto! Eu sou o jovem anṣārī". Até mesmo o Profeta gritou uma vez nesse dia: "Eu sou Ibn al-'Awātik",[2] que significa: "Eu sou o filho dos 'Ātikah", assim designando os muitos ancestrais dos quais descendia.[3] Entre os que lançavam desafios pessoais, um cavaleiro isolado, saído das fileiras inimigas, fez-se reconhecer sem nenhuma dúvida, dizendo: "Quem se apresenta para lutar comigo? Sou o

---

[1] al-Wāqidī 275.

[2] al-Wāqidī 280.

[3] Ibn Sa'd I/1, 32-4, cita mais de dez de seus avós que tinham este nome, além da mãe de Hāshim e a de Lu'ayy. O nome 'Ātikah tem o mesmo significado que Ṭāhirah, "a Pura".

filho de 'Atīq". Tratava-se de 'Abd al-Ka'bah, o filho mais velho de Abū Bakr, o único irmão por parte de pai e de mãe de 'Ā'ishah, e o único membro da família que não se convertera ao Islām. Abū Bakr deixou cair seu arco e, desembainhando a espada, quis lançar-se ao combate, mas o Profeta se interpôs rapidamente. "Guarda tua espada", ordenou-lhe, "e retoma teu lugar para nos dar o auxílio de tua companhia."[1]

Nesse instante, outro grupo de cavaleiros alcançou a retaguarda dos muçulmanos, ultrapassando o local em que se encontrava 'Abd al-Ka'bah, que se perdeu na multidão. "Quem de vós irá lutar por nós?",[2] perguntou o Profeta. Ao escutar estas palavras, cinco Auxiliares empunharam suas espadas e, lançando-se sobre o inimigo, combateram até encontrar a morte, salvo um, ainda que mortalmente ferido. Imediatamente, 'Alī, Zubayr, Ṭalḥah, Abū Dujānah e alguns outros, que estavam da linha de frente, abriram caminho através das linhas inimigas para juntar-se ao grupo onde se encontrava o Profeta, alcançando-o bem no momento em que ele era atingido por uma pedra afiada que lhe fendera o lábio e quebrara um de seus dentes. Tentando estancar o sangue que corria de seu rosto, o Profeta tranquilizou 'Alī e seus outros Companheiros, dizendo que seu ferimento era sem gravidade, e todos voltaram ao combate, com exceção de Ṭalḥah que desfaleceu pela perda de muito sangue. "Ocupa-te de teu primo", disse o Profeta a Abū Bakr, mas Ṭalḥah logo recuperou os sentidos. Sa'd e Ḥārith ibn as-Simmah ocuparam seu lugar na luta e, com a ajuda de outros recém-chegados, lançaram assalto tão violento que o inimigo teve de recuar por algum tempo, deixando descobertos os corpos dos cinco Auxiliares que haviam sacrificado suas vidas. Vendo-os, o Profeta chamou sobre eles suas bênçãos, e aquele que ainda não estava morto mostrou pela expressão de seu rosto que queria ser levado para junto dele. O Profeta ordenou a dois homens que o trouxessem e, fazendo dos próprios pés um travesseiro para o moribundo, permaneceu imóvel até seu último suspiro.

"Sabei que o Paraíso está à sombra das espadas",[3] disse o Profeta. Passados muitos anos, ele recordou esse episódio da batalha de Uḥud como um tempo e lugar maravilhosamente abençoados, e dizia: "Quisera eu ter sido abandonado com meus Companheiros ao pé daquela montanha!".[4]

[1] al-Wāqidī 257. [2] Ibn Isḥāq 572. [3] al-Bukhārī LII, 22.
[4] al-Wāqidī 256.

Pouco a pouco, o inimigo retomava o terreno perdido. No pequeno grupo que cercava o Profeta, a provisão de flechas se esgotara e, de qualquer modo, não parecia ser mais o momento de fazer os arcos sibilarem. Se o inimigo continuasse a avançar, cada espada deveria ser desembainhada para um último combate corpo a corpo, com quatro idólatras para cada fiel. Subitamente, um cavaleiro avançou pelo flanco, em direção ao ponto em que estava o Profeta. "Onde está Muḥammad?", gritou, "que eu não sobreviva se ele sobreviver!" Era Ibn Qami'ah, membro de um dos clãs periféricos dos Quraysh e que, desde o começo da batalha, semeara a morte entre os muçulmanos. Bastou um olhar para identificar a vítima almejada e, fazendo seu cavalo saltar sobre o grupo, desceu a espada num golpe que nenhum elmo poderia resistir. Mas Ṭalḥah, que estava ao lado do Profeta, jogou-se diante da lâmina e desviou ligeiramente sua trajetória, recebendo um ferimento que o privou pelo resto da vida do uso dos dedos de uma das mãos. Por muito pouco, a lâmina errou o topo da cabeça do Profeta e faiscou na borda de seu elmo, ferindo sua têmpora e rasgando sua face com dois elos da malha que o protegia, para terminar seu curso sobre o ombro protegido pela dupla cota de malha. Atordoado momentaneamente pelo golpe na cabeça, o Profeta caiu ao chão, enquanto seu atacante se retirava tão veloz quanto se aproximara. Outros agressores avançaram, mas tiveram de recuar ante Shammās dos Makhzūm,[1] que se pôs à frente de Muḥammad, lutando como um homem inspirado; segundo a descrição do Profeta, Shammās protegia-o como um escudo vivo, até ser ferido e outro homem tomar seu lugar, ajudado pela valente Nusaybah, que agora combatia com a espada.

De súbito, um grito ressoou, talvez lançado pelo próprio Ibn Qami'ah: "Muḥammad está morto!", e o clamor soou por todo o campo de batalha, misturado às glorificações a al-'Uzzah e Ḥubal. As falésias do Monte Uḥud ecoaram o brado, e os muçulmanos que haviam fugido foram tomados pelo remorso e pelas lágrimas; e muitos dos que ainda combatiam na planície perderam a coragem e buscaram um meio de escapar. Mas houve muitas exceções, como Anas ibn Naḍr (que era tio de outro Anas, o servo do Profeta, que recebera o mesmo nome. Foi para a irmã de Anas ibn Naḍr, Rubayyi', mãe de Ḥārithah, morto por uma flecha nas cisternas de Badr,

[1] Ver p. 121.

que o Profeta afirmara que o filho estava no *Firdaws*, o Paraíso supremo). Este Anas dirigiu-se a dois de seus companheiros, para os quais a vida parecia ter perdido todo o sentido e que não conseguiam decidir se deviam seguir lutando, ou escalar a montanha para buscar segurança. "Por que estais aí parados?", ele lhes perguntou. "O Mensageiro de Deus foi morto!", responderam-lhe. "Então, o que fareis de vossa vida sem ele? Levantai-vos e deixai-vos matar como ele mesmo foi morto!"[1] E Anas dirigiu-se ao lugar em que o combate ainda era intenso, e lá encontrou Sa'd ibn Mu'ādh, que, mais tarde, relatou ao Profeta o que Anas dissera: "O Paraíso! Sinto seu perfume soprando do outro lado do Uḥud". E acrescentou: "Ó Mensageiro de Deus, não fui capaz de combater como ele!". Mais tarde, encontraram Anas morto no campo de batalha: seu corpo tinha mais de oitenta ferimentos, e estava tão desfigurado que ninguém pôde reconhecê-lo senão sua irmã, que o identificou por seus dedos.[2]

Quanto aos crentes que buscavam refúgio nas elevações sobre a planície, sua fuga foi facilitada pelos inimigos quando perceberam que a batalha estava ganha. Os mortos não haviam ainda sido contados, mas era evidente para os Quraysh que conseguiram vingar amplamente seus mortos em Badr; e, agora que o único causador de todo o conflito estava morto, tinham certeza de ter dado fim à nova religião e praticamente restabelecido a antiga ordem. *Yā lal-'Uzzah, yā la-Ḥubal*!

O súbito relaxamento do empenho de luta dos Quraysh foi mais efetivo entre os soldados que cercavam os vinte homens que protegiam o Profeta. Os mequenses tinham certeza de que aqueles homens jamais se deixariam aprisionar e que combateriam até o fim, semeando a morte também entre eles. Portanto, acreditando que o principal objetivo fora atingido, não tinham nada melhor a fazer que viver e deixar viver para, assim, celebrar sua vitória.

O Profeta se recuperou rapidamente de seu aturdimento e, vendo o inimigo retirar-se, levantou e fez sinal a seus companheiros para que o seguissem e os conduziu à entrada de uma ravina de onde poderiam observar em segurança o movimento do inimigo. Porém, os dois anéis de metal cravados em sua face causavam-lhe tamanha dor que foi necessário fazer uma pausa para que Abū 'Ubaydah os retirasse com os próprios dentes. Como o rosto do Profeta recomeçou a sangrar, o khazrajita Mālik ibn

---

[1] al-Wāqidī 280.

[2] al-Bukhārī LVI, 12.

Sinān sugou o ferimento e engoliu o sangue. Fora ele quem, em Medina, insistira para que saíssem a combater os Quraysh, dizendo: "temos diante de nós uma ou outra de duas coisas auspiciosas"; e, à exceção de Shammās, que parecia estar morto, Mālik era o mais gravemente ferido no grupo reunido em torno do Profeta, que declarou: "Quem quiser ver um homem cujo sangue está misturado ao meu que olhe para Mālik, o filho de Sinān". E também Abū 'Ubaydah tivera seu sangue misturado ao do Profeta, pois, em seu esforço para extrair os anéis fincados em seu rosto, perdera dois dentes e sua boca também sangrava. Então, o Profeta disse a ambos: "Aquele cujo sangue tenha tocado o meu, o fogo não poderá atingi-lo".[1]

Enquanto o pequeno grupo dos Companheiros subia a ravina, foram avistados por aqueles que já estavam no Uḥud, que vieram ao seu encontro. Ka'b ibn Mālik, que marchava à frente, ficou surpreso ao ver um homem cuja estatura e atitude pareciam idênticas às do Profeta, ainda que sua marcha fosse mais lenta. Ao se aproximarem, Ka'b pôde distinguir o incomparável e inconfundível brilho de seus olhos através da viseira do elmo, e, voltando-se para os outros, gritou: "Ó muçulmanos, regozijai-vos! Eis aqui o Mensageiro de Deus!". O Profeta lhe fez sinal para que se calasse e ele não repetiu mais o anúncio da boa-nova, mas esta se difundiu de boca em boca e os homens acorreram de todos os lados para assegurar-se de que a notícia era verídica. A alegria foi tamanha que se poderia crer que a derrota se tornara subitamente uma vitória.

A alegre exclamação de Ka'b fora ouvida por um cavaleiro dos Quraysh, que perambulava sozinho pelo lugar que os muçulmanos haviam acabado de deixar. Era Ubayy, irmão de Umayyah, que cavalgava seu cavalo 'Awd, sobre o qual jurara matar o Profeta. Desde que ouvira dizer que aquele que jurara matar fora abatido, pôs-se a procurar o corpo para verificar se lhe sobrara ainda algum sopro de vida; e, ao ouvir a exclamação de Ka'b, cavalgou ao alto da ravina, até alcançar os muçulmanos. "Ó Muḥammad", gritou, "se tu foges, então que eu não fuja!" Alguns dos Companheiros cercaram o Profeta enquanto outros arremeteram contra Ubayy, quando o Profeta ordenou-lhes que baixassem suas armas. Mais tarde, aqueles que cercavam o Profeta relataram que ele os afastou com a mesma facilidade que um camelo afasta moscas. Depois, tomou a lança de Ḥārith ibn as-Simmah e

[1] al-Wāqidī 247.

pôs-se à frente do grupo. Imóveis, sem ousar interferir, seus Companheiros observavam assombrados sua terrível e mortal determinação. Como disse um deles: "Quando o Mensageiro de Deus age deliberadamente para atingir um objetivo, nenhuma determinação pode ser comparada à sua".[1] Ubbay se aproximou com a espada desembainhada, mas antes que pudesse dar um único golpe, o Profeta já o atingira no pescoço. Ele mugiu como um touro, depois cambaleou, quase caindo de seu cavalo, mas, retomando equilíbrio, deu meia-volta e desceu a colina a galope, até chegar ao campo dos mequenses, onde seu sobrinho Ṣafwān e outros de seu clã estavam reunidos. "Muḥammad tomou minha vida", disse numa voz que não podia controlar. Eles examinaram seu ferimento e não lhe deram importância, mas o próprio Ubbay acreditava ser letal, o que mais tarde revelou-se verdade. "Ele disse que me mataria", declarou, "e, por Deus, se tivesse apenas cuspido em mim, ele me teria matado." – "Muḥammad não estaria morto?", os Quraysh começaram a se perguntar. Mas Ubayy parecia não estar lúcido e, de qualquer modo, era fácil confundir um guerreiro com outro quando todos estavam com elmos e armaduras.

Quando o Profeta e seus Companheiros chegaram no alto da ravina, ʻAlī encheu seu escudo com a água retida nas cavidades das rochas e ofereceu-a ao Profeta, mas o odor o desgostou a ponto de ele não a beber, apesar da sede, usando-a apenas para lavar o sangue do rosto. Como seu grupo poderia ser facilmente encontrado pelo inimigo que estava na planície, o Profeta ordenou a seus homens que subissem mais alto, e ele mesmo indicou o caminho tentando subir por um rochedo. Porém, como estava muito fraco, Ṭalḥah, apesar de seus dolorosos ferimentos, agachou-se e tomou o Profeta em suas costas e o ergueu até a altura necessária. Neste dia, o Profeta disse: "Quem quiser contemplar um mártir caminhando na face da terra, que olhe para Ṭalḥah, o filho de ʻUbayd Allāh".[2]

No momento em que encontraram um lugar que lhes podia servir de abrigo, o sol chegou a seu zênite, e eles fizeram a prece do meio-dia. O Profeta conduziu a prece sentado, e todos seguiram seu exemplo. Em seguida, eles se deitaram para repousar, e muitos dormiram um sono reparador enquanto outros se revezaram para vigiar desde a elevação que dominava a planície.

---

[1] al-Wāqidī 251. [2] Ibn Hishām 571.

53 Vingança

Os Quraysh se ocupavam, agora, de seus mortos e feridos. Não haviam sofrido grandes perdas: somente vinte e dois de seus três mil guerreiros haviam perdido a vida. Em seguida, eles contaram as perdas do inimigo e encontraram sessenta e cinco mortos, a maioria dos quais os desconhecia. Somente três eram Emigrantes: Ḥamzah, do clã dos Hāshim, Muṣ'ab, dos 'Abd ad-Dār, e 'Abd Allāh ibn Jaḥsh. Alguns muçulmanos feridos jaziam a alguma distância do centro do campo de batalha e escaparam à sua atenção. Entre eles estava Shammās, que, apesar de vivo, era incapaz de se mover. Eles procuraram em vão o corpo de Muḥammad; enquanto isso, Waḥshī foi até o corpo de Ḥamzah, abriu-lhe o ventre, retirou-lhe o fígado e levou-o a Hind. "O que ganharei por matar o assassino de teu pai?", perguntou-lhe. "Toda a minha parte do espólio", ela respondeu. "Eis aqui o seu fígado", ele lhe disse; tomando-o, ela o mordeu com vontade e, arrancando um pedaço, mastigou-o e engoliu, cumprindo assim sua promessa. "Mostra-me onde ele está!", ordenou a Waḥshī, e, uma vez junto ao corpo, cortou-lhe o nariz, as orelhas e outros pedaços de carne. Em seguida, despiu-se de seus colares, pingentes e pulseiras de calcanhar e os entregou a Waḥshī, incitando as mulheres que a acompanhavam a mutilarem outros cadáveres. Todas confeccionaram adornos de vingança com as partes que cortaram dos corpos dos muçulmanos, e logo após, Hind subiu em uma rocha e pôs-se a entoar uma canção de triunfo. Um ou dois homens dos Quraysh quiseram também saciar sua sede de vingança mutilando os mortos, deixando seus aliados beduínos horrorizados. Com a ponta de sua lança, Abū Sufyān rasgava um lado da boca de Ḥamzah, dizendo: "Engole isto, rebelde!", quando Ḥulays, o chefe de um dos clãs

Kinānah por ali passava, e, em voz alta e clara, para que Abū Sufyān pudesse escutá-lo, disse: "Ó filho de Kinānah, será que é o nobre senhor dos Quraysh aquele que trata assim o corpo de seu primo morto?". – "Maldito sejas!", exclamou Abū Sufyān, ante a provocação, "não passas de um hipócrita!"[1]

Enquanto isso, Abū 'Āmir reconheceu o corpo de seu filho Ḥanẓalah e cobriu-se de lágrimas: "Não te adverti contra esse homem?", lamentava o pai, referindo-se ao Profeta. "Tu foste um filho respeitoso e sempre te comportaste nobremente; agora, em tua morte, que te reúnas à nata de teus companheiros, e, se Deus dá alguma recompensa àquele que está morto, ou àqueles que seguiram Muḥammad", disse, apontando Ḥamzah, "que Ele destine a ti também uma boa recompensa!".[2] E, voltando-se para Hind e às outras mulheres, olhou-as com severidade e declarou: "Ó Quraysh, não mutileis mais Ḥamzah, ainda que ele tenha sido vosso e nosso adversário!"; e seu pedido foi respeitado.

Começava a difundir-se entre os Quraysh a ideia de que Ubayy não estava delirando, e que o Profeta estava vivo e com sua tropa em alguma parte das montanhas que dominavam a planície. No entanto, a batalha terminara e não havia disposição de lançar novo ataque montanha acima; além disso, os escravos já tinham recebido ordens para levantar acampamento. Assim, uma vez que já haviam sepultado seus mortos e saciado sua sede de vingança com os cadáveres do inimigo, os Quraysh carregaram seus camelos com as armaduras e tudo mais que pilharam dos mortos, e se prepararam para partir. Antes, porém, Abū Sufyān montou sua égua castanha e cavalgou até o pé da montanha, o mais perto que podia chegar do local em que o Profeta e seus Companheiros se abrigavam e, com toda a força de sua voz, gritou: "A guerra tem suas vicissitudes, e agora é nossa vez de colher a vitória. Louvado sejas, ó Ḥubal! Faz prevalecer tua religião!". Então, o Profeta orientou 'Umar a dar a seguinte resposta: "Deus é o Altíssimo, e suprema Sua Majestade. Não estamos em pé de igualdade convosco: nossos mortos estão no Paraíso, enquanto os vossos estão no Fogo". E 'Umar avançou até a borda do precipício abaixo do qual estava Abū Sufyān e respondeu-lhe conforme o que o Profeta lhe ordenara. Abū Sufyān reconheceu 'Umar pela voz e lhe perguntou: "Por Deus, responde,

---

[1] Ibn Isḥāq 582. [2] al-Wāqidī 274.

eu imploro, ʻUmar! Nós matamos Muḥammad?". – "Por Deus, não!", respondeu ʻUmar, "e neste mesmo momento ele o escuta falar." – "Eu tenho mais fé em tuas palavras do que nas de Ibn Qami'ah", declarou Abū Sufyān, e já se preparava para partir quando, mudando de ideia, acrescentou: "Alguns de vossos mortos foram mutilados. Por Deus, não me alegrei com isso, tampouco me encolerizei. Eu não o proibi, nem o ordenei". E concluiu: "Que Badr seja nosso lugar de reencontro no próximo ano!". Ao ouvi-lo, o Profeta enviou outro de seus Companheiros para clamar sua resposta: "Está firmado entre nós um pacto solene!".[1]

Abū Sufyān voltou ao lugar em que suas tropas o esperavam, do outro lado da planície, e rumaram em direção ao sul. Eles estavam muito distantes para que ʻUmar pudesse distinguir sua formação; por isso, o Profeta enviou Saʻd dos Zuhrah para segui-los e tentar saber de suas intenções. "Se conduzirem seus cavalos pela brida", explicou-lhe o Profeta, "e cavalgarem seus camelos, é sinal de que retornam para Meca; mas se estiverem montados em seus cavalos, conduzindo seus camelos pela brida, então se dirigem para Medina; e, por Aquele em cujas mãos está minha alma, se tal for sua intenção, eu os perseguirei e combaterei". Saʻd desceu, então, pela garganta onde Sakb, o cavalo do Profeta, descansava amarrado desde a sua chegada ao Uḥud e, cavalgando-o, aproximou-se dos mequenses para vê-los claramente, e galopou de volta para anunciar ao Profeta a boa notícia: os cavaleiros montavam seus camelos e levavam seus cavalos pela brida. Segundo o testemunho dado mais tarde por um de seus guerreiros, que não era outro senão ʻAmr ibn al-ʻĀṣ,[2] que participara com Khālid da carga de cavalaria que decidira a batalha: "Ouvimos dizer que Ibn Ubayy retornara a Medina com um terço do exército, e que alguns awsitas e khazrajitas ficaram na cidade. Não estávamos seguros de que os muçulmanos que se haviam retirado do campo de batalha não voltariam ao ataque. Além disso, havia entre nós numerosos feridos e a quase totalidade de nossos cavalos fora ferida por flechas, de modo que prosseguimos nosso caminho".[3]

---

[1] Ibn Isḥāq 583. [2] Ver p. 119. [3] al-Wāqidī 299.

54 O sepultamento dos mártires

O Profeta e seus Companheiros voltaram à planície. Ḥārith ibn as-Simmah foi enviado antes para procurar o corpo de Ḥamzah; porém, ao encontrá-lo, ficou tão horrorizado que não conseguiu retornar para contar ao Profeta o que vira. 'Alī foi enviado, então, à procura de Ḥārith, e o encontrou pasmo ao lado do corpo mutilado. Juntos, foram ao encontro do Profeta, que, ao saber o que se passara, declarou: "Jamais senti tamanha cólera. Quando Deus me der a vitória sobre os Quraysh, mutilarei trinta de seus mortos".[1] No entanto, pouco tempo depois, ele recebeu a seguinte Revelação: "E, se precisares punir o inimigo, pune-o conforme foste lesado. E, em verdade, se demonstrares paciência, será melhor para os perseverantes".[2] Assim, não somente o Profeta jamais cumpriu tal ameaça, como expressamente proibiu as mutilações após as batalhas. Mais ainda: no desenrolar do combate, ele recomendava aos guerreiros que respeitassem o rosto do inimigo, pois é a parte do corpo do homem que melhor reflete o sinal do Criador: "Quando um dentre vós der um golpe, que evite ferir o rosto; pois Deus criou Adão à Sua imagem".[3] Em seguida, não muito longe de Ḥamzah, encontraram 'Abd Allāh ibn Jaḥsh, e seu corpo também estava mutilado.

Porém, quando o Profeta se afastou para procurar outros corpos, uma visão bem diferente apresentou-se aos seus olhos. Um dos primeiros mortos que ele encontrou foi Ḥanẓalah. Nenhum Quraysh, homem ou mulher, ousara tocá-lo; seu corpo jazia onde os anjos o haviam depositado, no

---

[1] Ibn Isḥāq 584. [2] Corão, 16:126.

[3] Ibn Ḥanbal I, 251; al-Qushayrī XLV, 32.

solo ressecado pelo sol ardente do meio-dia, com a cabeleira ainda úmida da água do céu. Ninguém ao passar perto dele ficaria sem render graças a Deus, tamanha a beleza e a paz que emanava, como um sinal do Céu, para dar a conhecer aos parentes enlutados a situação atual daqueles que haviam conhecido o martírio.

Perto de Ḥanẓalah, estavam estendidos os corpos de Khaythamah – que vira em sonho o filho martirizado, pedindo-lhe que se juntasse a ele sem demora – e de Thābit ibn ad-Daḥdāḥah, que doara a tamareira ao órfão. Ao ver Thābit, o Profeta declarou: "Que as tamareiras sejam abundantes no Paraíso para os filhos de Daḥdāḥah; e que seus frutos pendam em cachos carregados ao alcance de suas mãos!".[1]

Os membros de um dos clãs awsitas buscavam seus mortos e, para sua grande surpresa, encontraram Usayrim, que, até o dia anterior, fora repreendido por não ser muçulmano. Cada vez que ouvia falar do Islām, ele respondia: "Se soubesse que tudo o que dizeis é verdadeiro, eu não mais hesitaria". E, no entanto, ele jazia ainda vivo sobre o campo de batalha, mas mortalmente ferido. "O que te trouxe aqui? Foi a preocupação com os teus ou vieste pelo Islām?", perguntaram-lhe. "Foi pelo Islām. Repentinamente, cri em Deus e em Seu Mensageiro e me converti ao Islām. Tomei minha espada e parti bem cedo esta manhã para estar com o Mensageiro de Deus, e combati até receber o golpe que me deixou aqui prostrado", respondeu-lhes. Ele não pôde dizer mais nada e os homens de seu clã permaneceram ao seu lado até que a vida o deixasse. Ao contar o que acontecera ao Profeta, ele lhes assegurou de que Usayrim estava entre o povo do Paraíso. Mais tarde, quando se referiam a ele, era sempre como o homem que entrou no Paraíso sem jamais ter cumprido qualquer uma das cinco preces cotidianas.

Entre os mortos, encontraram um homem que, de início, tomaram por um estrangeiro; mais tarde, puderam identificá-lo: era Mukhayrīq, um sábio rabino do clã judeu dos Tha'labah. Soube-se depois que, naquela manhã, ele exortara seus correligionários a respeitar o pacto feito com o Profeta e a juntar-se a ele para combater os idólatras. Àqueles que protestaram dizendo que era sabá, ele respondera: "Vós não respeitais o verdadeiro sabá". Perante suas testemunhas, jurando solenemente que Muḥammad seria seu

---

[1] al-Wāqidī 505.

único herdeiro, disse: "Se me matarem hoje, minhas posses ficarão para Muḥammad, para usá-las como Deus bem quiser". E, tomando sua espada e outras armas, foi ao Uḥud e combateu até a morte. Depois disto, e por muito tempo ainda, grande parte das esmolas distribuídas em Medina provinha dos ricos pomares de tamareiras que o Profeta herdara de Mukhayrīq, a quem os muçulmanos passaram a se referir como "o melhor dos judeus".

Assim que ficou evidente que os mequenses tinham a intenção de retornar por onde vieram, passando longe de Medina, as mulheres começaram a sair da cidade para socorrer os feridos e julgar por si mesmas o que era verdadeiro e o que era falso nos rumores que, desde o meio-dia, não cessavam de chegar. Entre as primeiras a encontrar o Profeta e seus familiares estavam Ṣafiyyah, 'Ā'ishah e Umm Ayman. Ao ver Ṣafiyyah aproximar-se, o Profeta, consternado, disse a Zubayr: "Ajuda-me a afastar tua mãe! Vai ao seu encontro e evita que ela veja o que aconteceu ao irmão, enquanto cavam uma tumba de Ḥamzah". Zubayr disse então a Ṣafiyyah: "Minha mãe, o Mensageiro de Deus te implora que voltes". Ṣafiyyah, que já havia escutado as notícias, respondeu-lhe: "Por que deveria voltar? Já ouvi que meu irmão foi mutilado, mas foi pela Glória de Deus, e o que quer que seja por Sua Glória, nós o aceitamos plenamente. Prometo que ficarei calma e serei paciente, se Deus quiser!". Zubayr levou estas palavras ao Profeta, que lhe disse para deixar Ṣafiyyah agir como quisesse. Ela se aproximou de seu irmão, mirou-o, orou sobre ele e recitou o Versículo do Retorno: "Em verdade nós viemos de Deus, e em verdade a Ele retornaremos"; e quem a ouviu sentiu-se reconfortado, lembrando o contexto no qual este versículo fora revelado, logo após a batalha de Badr: "Ó vós que credes, buscai o auxílio de Deus na paciência e na prece. Certamente Ele está com os perseverantes. E não digais 'eles estão mortos', referindo-se aos que foram mortos na senda de Deus; ao contrário, eles estão vivos, mas vós não percebeis. Em verdade, Nós vos provamos pelo medo e pela fome, e pela perda de vossos bens, vossas vidas e vossos frutos. Anunciai a boa-nova àqueles que são perseverantes, àqueles que, quando a provação os atinge, dizem: 'em verdade, somos de Deus e a Ele retornaremos'. Sobre estes se estendem as bênçãos e a misericórdia de seu Senhor, e estes são os bem guiados".[1]

---

[1] Corão, 2:153-157.

Então, Ṣafiyyah foi orar sobre o corpo de 'Abd Allāh ibn Jaḥsh, filho de sua irmã Umaymah, e, em seguida, Fāṭimah veio ficar ao seu lado. As duas mulheres choraram seus mortos, e para o Profeta foi um alívio juntar-se a elas e também chorar. Depois, Fāṭimah pôs-se a cuidar dos ferimentos de seu pai. Sua prima Ḥamnah, irmã de 'Abd Allāh, juntou-se a eles, e sua tristeza foi multiplicada quando soube das mortes de seu marido Muṣ'ab, de seu irmão e de seu tio. No auge da batalha, o Profeta avistara Muṣ'ab, ou pensou tê-lo visto, empunhando o estandarte e o chamou. Mas o homem lhe respondeu: "Eu não sou Muṣ'ab", e o Profeta compreendeu que Muṣ'ab devia estar morto ou gravemente ferido e que um anjo tomara seu lugar. Muḥammad se aproximou do corpo do mártir e recitou o seguinte versículo: "Dentre os crentes, há homens que cumpriram o que pactuaram com Deus. Alguns cumpriram seu voto na morte, enquanto outros ainda esperam, mas sua resolução não se enfraquece nem muda jamais".[1]

O Profeta ordenou que reunissem todos os corpos junto ao de Ḥamzah e que cavassem as sepulturas. Ḥamzah foi envolvido num manto e o Profeta recitou sobre ele a prece dos mortos, o que fez em seguida sobre cada um dos mártires, em número de setenta e dois. Em cada sepultura cavada, dois ou três corpos eram enterrados. Ḥamzah foi colocado com seu sobrinho 'Abd Allāh. O Profeta, que oficiou todos os enterros, ordenou: "Procurai 'Amr, filho de Jamūḥ, e 'Abd Allāh, filho de 'Amr; neste mundo eles eram amigos inseparáveis, que fiquem juntos no túmulo". Ora, Hind, esposa de 'Amr e irmã de 'Abd Allāh, pai de Jābir, já havia reunido os corpos, aos quais juntara o de seu filho Khallād. Bem antes, ela havia tentado transportá-los para Medina, mas, quando seu camelo chegou à orla da planície, recusou-se a prosseguir – por ordem de Deus, segundo lhe explicou depois o Profeta – de modo que teve de voltar com os corpos para o campo de batalha. Foi assim que os três foram colocados em uma única tumba, junto à qual o Profeta permaneceu até o fim do sepultamento: "Ó Hind", declarou, "eles estão todos reunidos no Paraíso: 'Amr, teu filho Khallād e teu irmão 'Abd Allāh". – "Ó Mensageiro de Deus", implorou Hind, "ora a Deus para que Ele me coloque junto deles."

Ao contrário da maioria dos mortos, Wahb dos Muzaynah, que lutara tão valentemente, não tinha parente para assistir ao seu sepultamento, pois

---

[1] Corão, 33:23.

seu sobrinho, Ḥārith, também morrera em combate. Assim, o Profeta ficou ao seu lado e pronunciou estas palavras: "Possa Deus estar tão contente contigo quanto eu estou!".[1] Eles envolveram o corpo de Wahb com a capa de estampa verde que ele vestia e, quando o deitaram em sua cova, o Profeta puxou uma ponta para cobrir seu rosto; porém, seus pés ficaram descobertos, então ele pediu que alguém colhesse um pouco de arruda para cobri-los. Procedeu do mesmo modo com outros corpos, evitando, assim, que rostos e pés ficassem desprotegidos antes de serem cobertos com terra.

Com a última cova fechada, o Profeta montou seu cavalo, e todos refizeram o caminho que haviam percorrido ao alvorecer. Ao chegar ao Uḥud, onde começavam as correntes de lava, o Profeta disse aos seus Companheiros que permanecessem alinhados para louvar e agradecer a Deus. Os homens se dispuseram em duas fileiras com os rostos voltados para Meca, e as mulheres, catorze ao todo, colocaram-se atrás deles. O Profeta rendeu glória a Deus e fez esta prece: "Ó Deus, peço Tua bênção, Tua misericórdia, Tua graça e Tua indulgência; suplico-Te que a bênção eterna jamais se extinga e não tenha fim. Ó Deus, peço-Te proteção no dia do medo e abundância no dia da privação".[2]

[1] al-Wāqidī 277.

[2] al-Wāqidī 315.

55 Após Uḥud

O sol desaparecia no horizonte quando os muçulmanos se aproximavam da cidade, e então fizeram a prece do crepúsculo na Mesquita. O Profeta se deitou para repousar e caiu num sono tão profundo que não escutou o chamado de Bilāl para a prece da noite; assim, ao despertar, ele a cumpriu sozinho em sua casa. Dentre os Auxiliares, os dois Sa'd, com outros chefes dos Aws e dos Khazraj, passaram a noite na porta da Mesquita revezando-se na guarda, temendo um possível retorno dos Quraysh; bem cedo, após a prece da alvorada, o Profeta disse a Bilāl para anunciar aos crentes e aos outros habitantes da cidade que o inimigo deveria ser perseguido e acrescentou: "Ninguém mais irá conosco, além daqueles que estiveram ontem na batalha".

Quando os chefes retornaram a seus clãs, encontraram a maioria dos homens tratando seus ferimentos, ou sendo medicados por suas esposas, pois poucos dos combatentes de Uḥud saíram ilesos, e muitos estavam gravemente feridos. Mas ao ouvir a convocação do Profeta, todos enfaixaram seus ferimentos da melhor forma que puderam e se prepararam para retomar a marcha para a guerra, com exceção de Mālik e Shammās. O primeiro, extremamente debilitado, estava sob os cuidados de sua família; Shammās, que não tinha qualquer parente em Medina, foi transportado desfalecido do campo de batalha aos aposentos de 'Ā'ishah. Umm Salamah insistiu em acolhê-lo, por pertencerem ao mesmo clã, e assim o fez. Como sua morte parecia iminente, o Profeta deixou instruções para que o sepultassem em Uḥud, não em Medina, junto a seus companheiros de martírio.

O Profeta foi um dos primeiros a estar pronto para partir, ainda que mal pudesse mover seu ombro direito, onde recebera o golpe destinado à sua cabeça. Quando Ṭalḥah o procurou para perguntar quando partiriam, ficou surpreso de encontrar o Profeta montado em seu cavalo, junto à porta da Mesquita, com a viseira de seu elmo já abaixada, só com os olhos descobertos. Malgrado seus graves ferimentos, Ṭalḥah correu para se aprontar.

Dentre os guerreiros dos Bani Salimah já prontos para partir, quarenta estavam feridos, alguns haviam recebido mais de uma dezena de ferimentos provocados por golpes de espadas, lanças ou flechas. Quando o Profeta os viu alinhados no local que havia indicado, deu-se conta da provação pela qual haviam passado; regozijou-se por suas almas terem tanto poder sobre seus corpos e exclamou: "Ó Deus, tem piedade dos Bani Salimah!". De todos os clãs, foi permitido apenas a um homem que não lutara em Uḥud juntar-se agora à expedição, e esse foi Jābir, que, pela manhã, ao escutar a convocação do Profeta, foi ao seu encontro e disse: "Ó Mensageiro de Deus, quis participar da batalha, mas meu pai me encarregou de cuidar de minhas sete irmãs, de modo que Deus preferiu conceder o martírio a meu pai, e não a mim, ainda que o desejasse. Permite-me partir contigo". E o Profeta autorizou-o a juntar-se aos outros.

Eles fizeram o primeiro acampamento a menos de vinte quilômetros de Medina. Naquele momento, os inimigos acampavam em Rawḥā', não muito distante dali. Ao saber disso, o Profeta ordenou a seus homens que recolhessem toda lenha que pudessem, e que cada um formasse para si mesmo uma pilha separada. Até o pôr-do-sol, já haviam preparado quinhentas fogueiras que, ao cair da noite, foram acesas. As chamas eram visíveis a grande distância, dando a ilusão de que um grande exército estava ali acampado. Esta impressão foi confirmada a Abū Sufyān por um homem dos Khuzā'ah que, apesar de ainda ser idólatra, tinha relações amigáveis com os muçulmanos e não teve medo de contar, com deliberado exagero, que toda a cidade de Medina estava em perseguição aos mequenses, inclusive aqueles que não haviam combatido em Uḥud e todos os seus confederados, dizendo-lhe: "Por Deus, não espereis ver as crinas de sua cavalaria cair sobre vós para fugir daqui!". Foi assim que os Quraysh, inclusive aqueles que queriam atacar Medina, decidiram voltar para Meca o mais rapidamente possível. Abū Sufyān enviou ao Profeta, por intermédio de alguns cavaleiros que se dirigiam a Medina em busca de provisões, a seguinte mensagem: "Dizei a Muḥammad que estamos decididos a marchar contra ele e seus Companheiros e varrer os que restam da face da terra. Dizei-lhe exatamente isso, e quando voltardes a 'Ukāẓ colocarei um carregamento de passas sobre vossos camelos". Quando os cavaleiros entregaram a mensagem ao Profeta, ele respondeu com as palavras de uma Revelação recente: "Deus nos basta, e que excelente Protetor!".[1]

Muḥammad e seus Companheiros ficaram a segunda, a terça e a quarta-feira no acampamento, acendendo a cada noite as fogueiras, e de dia repousavam para recuperar as forças. No ano anterior, a colheita de frutas fora excelente, e Sa'd ibn 'Ubādah carregara trinta camelos com tâmaras, e trouxera alguns outros para serem sacrificados. Na quinta-feira, todos voltaram para Medina.

Shammās faleceu pouco tempo depois da partida da tropa e já fora sepultado em Uḥud. Mālik também morrera, mas sua família o enterrara em Medina. Mas, ao retornar, o Profeta ordenou que exumassem seu corpo e o levassem para Uḥud.

Em seu regresso da batalha de Uḥud, 'Abd Allāh, o filho de Ibn Ubayy, passara boa parte da noite seguinte cauterizando suas feridas, enquanto seu pai não parava de vociferar contra a estupidez daqueles que quiseram atacar o inimigo: "Por Deus, é como se eu tivesse previsto tudo!", dizia-lhe. "O que Deus fez por seu Mensageiro e pelos muçulmanos foi bom", retorquiu seu filho. Mas Ibn Ubayy estava surdo a todo argumento: "Se os que foram mortos tivessem ficado conosco, não estariam mortos", insistia ele; e não parou de repetir essas considerações a quem quisesse ouvi-las, mesmo durante a ausência de seu filho, que novamente partira de Medina com os combatentes. Enquanto isso, os judeus continuavam afirmando com mais convicção que nunca: "Muḥammad não busca senão poder e realeza. Jamais um profeta experimentou tal derrota; sofreu ferimentos no próprio corpo, ou deixou perecer seus Companheiros!".

Grande parte do que judeus e hipócritas disseram foi repetido a 'Umar quando retornou da expedição dos batedores. Então, ele se aproximou do Profeta e lhe pediu permissão para matar aqueles que haviam proferido tais maledicências, mas o Profeta proibiu-o de agir assim: "Deus fará prevalecer a Sua religião", disse-lhe, "e Ele dará o poder ao Seu profeta". Depois, acrescentou: "Ó filho de Khaṭṭāb, nunca mais os Quraysh terão novamente outra vitória sobre nós, e logo iremos saudar o Ângulo!",[2] isto é, que entrariam em Meca e beijariam a Pedra Negra.

---

[1] Corão, 3:173.

[2] al-Wāqidī 317.

Apesar de 'Umar não poder fazer o que queria, Ibn Ubayy não escapou totalmente ileso de reprovações. Ele se atribuía na Mesquita um lugar de honra durante a prece de sexta-feira, o que ninguém contestou dada sua elevada posição na sociedade de Medina. Quando o Profeta se sentava para pregar, Ibn Ubayy costumava levantar e fazer esta declaração: "Ó povo, eis o Mensageiro de Deus. Possa Deus, por seu intermédio, dar-vos a prosperidade e a força! Então, ajudai-o e honrai-o; escutai-o e obedecei-lhe!". Em seguida, voltava a sentar-se. Porém, na primeira sexta-feira após Uḥud, quando ele quis levantar para dirigir-se à assembleia dos crentes como era seu hábito, dois Auxiliares que estavam mais próximos o seguraram dos dois lados, dizendo-lhe: "Fica sentado, inimigo de Deus. Tu não és digno de ficar à frente, depois do que tens feito!". Depois, ele deixou a reunião, abrindo caminho por entre os fiéis sentados em fileiras cerradas. Um dos Auxiliares o encontrou na porta da Mesquita e deu-lhe este conselho: "Retorna e implora ao Mensageiro de Deus que peça a Ele o perdão para ti". Mas ele respondeu: "Por Deus, não quero que ele peça o perdão para mim".

Durante os dias que se seguiram à batalha de Uḥud, numerosos versículos relativos à batalha foram revelados ao Profeta, dos quais alguns contavam que uma parcela considerável de dois clãs havia pensado seriamente em desertar pouco antes do início do combate, mas Deus os fortalecera em sua fé e resolução. Um dos dois clãs era os Bani Salimah dos Khazraj, cuja conduta alegrara tanto o Profeta quando se lançaram em perseguição ao inimigo. Quando eles mesmos e os Bani Ḥārithah dos Aws escutaram a recitação desses versículos,[1] reconheceram que se referiam a eles mesmos, acrescentando que não se lastimavam por seu momento de fraqueza, pois Deus lhes socorrera com uma força melhor que as suas próprias. Outros versículos se referiam aos sobreviventes que haviam fugido em pânico para a montanha ante o súbito ataque da cavalaria mequense, e particularmente àqueles que um dia antes haviam insistido com o Profeta no combate ao inimigo, para que pudessem ganhar o martírio: "Pensastes que entraríeis no Paraíso antes que Deus conhecesse aqueles de vós que se esforçam verdadeiramente, e antes que Ele conhecesse os perseverantes? Desejáveis a morte até que a encontrastes; agora, vós a vistes face a face!".[2]

---

[1] Corão, 3:122. [2] Corão, 3:142-3

A Revelação declarava, ainda, que aqueles que haviam desobedecido às ordens dadas haviam expiado suas faltas no campo de batalha e portanto estavam perdoados. Uma parte de sua expiação fora ganha pela tristeza que sentiram no momento em que acreditaram que o Profeta morrera.[1] A Revelação declarava também, referindo-se às ruínas ainda visíveis que testemunhavam civilizações precedentes, que a ordem que então prevalecia na Arábia logo desapareceria, e que o Islãm triunfaria: "Outros modos de vida e de expiação passaram antes de vós. Caminhai pela terra e vede o fim que conheceram aqueles que renegaram os profetas. Este [o Corão] é um esclarecimento para os homens, e orientação e exortação para os piedosos. Não desanimeis nem vos entristeçais; decerto, triunfareis se fordes verdadeiros crentes".[2]

Nestas Revelações, havia também outra alusão ao futuro, mas de ordem diferente: "Muḥammad não é senão Mensageiro; de fato, outros Enviados passaram antes dele. Se ele morrer ou for morto, voltareis ao que éreis antes, sobre os calcanhares? Aquele que volta atrás em nada prejudicará a Deus; mas Deus recompensará os agradecidos".[3]

---

[1] Corão, 3:152-5. [2] Corão, 3:137-9. [3] Corão, 3:144.

56 Vítimas da vingança

Durante mais de dois meses, a paz não foi perturbada por nenhum incidente. Porém, um dia chegou a notícia de que os Bani Asad ibn Khuzaymah preparavam um ataque ao oásis. Apesar da família de Jaḥsh ter adotado o Islām, assim como outros asaditas que viveram em Meca em outros tempos, a maior parte dessa grande e poderosa tribo dos Najd estava ainda estreitamente ligada aos Quraysh, que incitavam seus aliados a se aproveitar da suposta debilidade dos muçulmanos após Uḥud. Agora, era preciso provar aos Najd, e a todas as tribos da Arábia que, ao invés de enfraquecidos, os muçulmanos estavam ainda mais fortes com a batalha de Uḥud. O Profeta enviou, então, uma tropa com cento e cinquenta cavaleiros bem armados para o território Najd, ao norte do deserto central. O destacamento era comandado por Abū Salamah, primo do Profeta, com instruções de tomar o campo inimigo de surpresa; e assim foi feito. Após um breve combate com mínimas perdas de ambos os lados, os beduínos se retiraram, dispersando-se em todas as direções; ao fim de onze dias, os muçulmanos voltaram para Medina, trazendo como espólio uma grande cáfila e três pastores. A expedição alcançara seu objetivo principal, a saber, demonstrar que o Islām não perdera sua força.

Na mesma época, chegou a notícia de que uma nova expedição contra Medina estava sendo preparada, vinda do sul. Dessa vez, no entanto, foi revelado ao Profeta que a hostilidade contra o Islām estava inteiramente centrada em um homem de excepcional malevolência, o chefe do ramo liḥyānita da tribo dos Hudhayl, e que se este fosse eliminado, não haveria praticamente mais nenhum perigo por parte daquela tribo. O Profeta enviou, então, ‘Abd Allāh ibn Unays, dos Khazraj, com a missão de matá-lo.

"Ó Mensageiro de Deus, descreve-o para mim, para que eu possa reconhecê-lo", disse-lhe 'Abd Allāh. – "Quando o vires, ele te fará pensar em Satanás. O sinal inequívoco de que é o homem que buscas é que, ao vê-lo, serás sacudido por um arrepio", respondeu-lhe o Profeta. E tudo se passou como fora dito e, tendo eliminado o inimigo, 'Abd Allāh voltou são e salvo de sua missão.

O plano de lançar um ataque direto contra Medina foi completamente abandonado, mas, no mês seguinte, para vingar a morte de um de seus chefes, alguns homens dos Hudhayl atacaram seis muçulmanos que visitavam duas pequenas tribos vizinhas para instruí-las na religião. Um dos encontros se deu em Rajī', uma fonte de água próxima de Meca. Três muçulmanos morreram no combate e três foram feitos prisioneiros, dos quais um foi morto mais tarde, ao tentar escapar. Entre os mortos em combate estava 'Āṣim, o awsita, que matara dois porta-estandartes dos Quraysh em Uḥud. Os hudhaylitas tinham conhecimento de que a mãe dos porta-estandartes jurara beber vinho no crânio do assassino de seus filhos, e eles estavam decididos a vender-lhe a cabeça de 'Āṣim, para que ela pudesse saciar sua sede de vingança. Mas um enxame de abelhas protegeu seu corpo, impedindo qualquer aproximação, até que, ao cair da noite, foi arrastado por uma torrente de água, de modo que o voto da mãe não pôde ser cumprido. Quanto aos dois cativos, Khubayb dos Aws e Zayd dos Khazraj, foram vendidos aos Quraysh, que aproveitavam com satisfação a oportunidade de vingar as mortes em Badr. Khubayb foi arrematado por um confederado dos Bani Nawfal, que o deu de presente a um homem de seu clã para que este o matasse em vingança pela morte de seu pai. Ṣafwān arrematou Zayd para o mesmo fim, e os dois homens foram recolhidos à prisão em Meca, à espera do término dos meses sagrados.

Quando surgiu a lua nova do mês de Ṣafar, os cativos foram conduzidos a Tan'īm, fora das terras sagradas. Foi seu primeiro reencontro desde o encarceramento; com um abraço, eles se exortaram mutuamente à perseverança. Os Bani Nawfal e aqueles que os acompanhavam tomaram Khubayb pelo braço e o afastaram dali. Vendo que seus executores iam amarrá-lo a um poste, pediu-lhes permissão para orar. Ele fez então dois ciclos [*rakat*] da prece ritual. Diz-se que foi Khubayb quem inaugurou o costume de um condenado orar dessa forma antes de morrer. Enquanto o amarravam ao poste, seus executores disseram-lhe: "Renuncia ao Islām e nós te libertaremos". – "Eu não renegaria o Islām", respondeu-lhes, "mesmo se em troca recebesse tudo que se encontra sobre a terra." – "Não desejarias que Muḥammad estivesse em teu lugar", provocaram-no, "e que tu estivesses em tua casa?" – "Eu não desejaria estar em minha casa se, por isso, Muḥammad tivesse de ser ferido por um único espinho", respondeu-lhes. "Renuncia, ó Khubayb", insistiram, "pois se não o fizeres, sem dúvida morrerás em nossas mãos." – "A morte me é insignificante", replicou Khubayb, "se morro em Deus e por Deus!" E continuou: "Quanto à minha face estar voltada para uma direção que não a sagrada" – referindo-se a Meca, pois seus algozes haviam-no virado para outra direção – "em verdade Deus disse: 'Para onde quer que vos volteis, lá está a Face de Deus'".[1] E acrescentou ainda: "Ó Deus, não há nenhum homem aqui que possa levar ao Profeta minha saudação de paz: então, envia-lhe Tu mesmo minha saudação". Naquele instante, o Profeta estava sentado em Medina com Zayd [ibn Muḥammad, antes chamado ibn Ḥārithah] e alguns outros Companheiros, e foi tomado por um estado semelhante àquele que o invadia no momento da Revelação. Aqueles que estavam ao seu redor escutaram-no pronunciar estas palavras: "E que sobre ti estejam a Paz e a Misericórdia de Deus!". Depois ele explicou: "Gabriel trouxe-me a saudação de paz da parte de Khubayb".[2]

Havia entre os Quraysh cerca de quarenta meninos que haviam perdido os pais em Badr, e a cada um foi entregue uma lança, com a sentença: "Eis o homem que matou teu pai". E todos o feriram com suas lanças, sem, no entanto, matá-lo. Então um homem colocou suas mãos sobre as de um deles e infligiu a Khubayb uma ferida mortal, em seguida, um outro fez o mesmo; ainda assim, ele permaneceu vivo durante mais uma hora, repetindo continuamente os dois testemunhos do Islām: "Não há divindade senão Deus, e Muḥammad é Seu Mensageiro".

Então foi a vez de Zayd enfrentar a morte. Ele também completou a prece de dois ciclos antes de ser amarrado ao poste e, às mesmas questões deu as mesmas respostas. Akhnas ibn Sharīq, o confederado do clã Zuhrah que havia seguido os outros até Tan'īm, não pôde deixar de observar: "Não existe pai que ame seu filho tanto quanto os Companheiros de Muḥammad amam Muḥammad".

---

[1] Corão, 2:115. [2] al-Wāqidī 360.

Quando ‘Ubaydah foi morto por ‘Utbah no combate homem a homem, no início da batalha de Badr, deixou uma viúva muito mais jovem que ele, Zaynab, filha de Khuzaymah, da tribo beduína dos ‘Āmir. De índole generosa, ela recebera o epíteto de “a mãe dos pobres”, antes mesmo do advento do Islām. Um ano após enviuvar, ela ainda não se casara, e, quando o Profeta a pediu em matrimônio, ela aceitou com alegria. Um quarto aposento foi preparado para ela na casa junto à Mesquita, e foi certamente na ocasião dessa nova aliança que o Profeta recebeu a visita de Abū Barā’, o velho chefe da tribo de Zaynab. No momento em que o Islām lhe foi apresentado, o ancião deixou claro que não lhe era hostil. No entanto, mesmo sem adotar imediatamente a nova religião, ele pediu que alguns muçulmanos fossem enviados para instruir sua tribo. O Profeta expressou o temor de que eles fossem atacados por outras tribos: os Bani ‘Āmir eram um ramo dos Hawāzin, cujas terras se estendiam ao sul do território dos Sulaym e outras tribos Ghaṭafān, contra as quais o oásis de Yathrib devia estar sempre em alerta. Tendo Abū Barā’ garantido que ninguém violaria a proteção que ele próprio, chefe dos ‘Āmir, concedia aos muçulmanos, o Profeta escolheu quarenta de seus Companheiros, eminentes representantes do Islām por sua piedade e seu conhecimento, sob a liderança de um khazrajita chamado Mundhir ibn ‘Amr. Entre eles estava ‘Āmir ibn Fuhayrah, o escravo liberto que Abū Bakr escolhera para acompanhá-lo e ao Profeta na Hégira.

Entretanto, Medina ignorava que a autoridade de Abū Barā’ era contestada no seio de sua própria tribo por seu sobrinho que, aspirando tomar seu lugar como chefe, assassinou covardemente um dos Companheiros que fora enviado antes dos outros com uma carta do Profeta, conclamando os membros de sua tribo a também matar outros muçulmanos. Porém, ao perceber que a tribo permaneceu quase unanimemente ao lado de Abū Barā’, honrando a proteção que ele prometera, o sobrinho enviou uma mensagem a dois clãs dos Sulaym, recentemente envolvidos em hostilidades contra Medina, para incitá-los a executar seu projeto. Imediatamente, eles enviaram um destacamento de cavaleiros e massacraram toda a delegação dos muçulmanos, enquanto acampavam desprotegidos junto aos poços de Ma‘ūnah. Apenas dois homens escaparam ao morticínio, porque haviam levado os camelos para pastar. Um deles era Ḥārith ibn as-Simmah, que combatera valentemente em Uḥud, o outro era ‘Amr, do clã Damrah dos Kinānah. Ao voltarem das pastagens, avistaram com grande horror os abutres sobrevoando o acampamento, e encontraram seus companheiros que jaziam ensanguentados. Não longe dali, os cavaleiros dos Sulaym discutiam com tanta obstinação que não perceberam sua aproximação. 'Amr era da opinião de que deveriam fugir para levar a notícia a Medina, mas Ḥārith declarou: "Não sou daqueles que se retira do campo de batalha em que Mundhir foi morto", e se lançou sobre os inimigos, matando dois deles antes que ele e 'Amr fossem subjugados e feitos prisioneiros. Estranhamente, os sulaymitas hesitaram em matar os cativos, e perguntaram a Ḥārith, que acabara de matar dois de seus homens, o que deveriam fazer com ele. Ele respondeu que seu único desejo era ser levado para junto do corpo de Mundhir, e que lhe dessem armas e o deixassem combater sozinho contra todos eles. Eles acederam ao seu desejo e mais dois homens foram mortos antes que Ḥārith fosse abatido. Quanto a 'Amr, eles o libertaram e ordenaram-lhe que dissesse o nome de todos os seus companheiros mortos. Ele foi um a um, anunciando o nome e a linhagem. Depois, perguntaram-lhe se o grupo estava completo ou se faltava alguém. "Há um liberto de Abū Bakr, chamado 'Āmir ibn Fuhayrah, que não vejo aqui", disse-lhes. "Qual era sua posição entre vós?", perguntaram-lhe. "Era um dos melhores entre nós", disse 'Amr, "um dos primeiros Companheiros do nosso Profeta." – "Desejas saber o que aconteceu com ele?", indagou seu inquisidor. Então chamou um dos seus, de nome Jabbār, que relatou como atacara 'Āmir pelas costas, transpassando-o com a lança entre suas espáduas, até a ponta sair por seu peito; e que, em seu último alento, 'Āmir pronunciara estas palavras: "Por Deus, triunfei!". – "O que queria ele dizer com isto?", pensou Jabbār, que acreditava ter ele mesmo o direito de clamar o triunfo. Cheio de espanto, ele contou que, ao retirar sua lança do corpo de 'Āmir, sua estupefação foi maior ainda quando mãos invisíveis ergueram o corpo pelo ar até que desaparecesse de vista. Quando foi explicado a Jabbār que o "triunfo" significava o Paraíso, ele converteu-se ao Islām. Ao saber do episódio, o Profeta disse que os anjos vieram levar 'Āmir ao *'Illiyyūn*,[1] um dos Paraísos supremos.[2]

Os sulaymitas retornaram à sua tribo onde o relato do que se passou foi muitas e muitas vezes repetido, marcando o início da conversão da tribo dos Sulaym. Quanto a 'Amr, o sobrevivente libertado, disseram-lhe que o

---

[1] al-Wāqidī 349. [2] Corão, 83:18-19.

massacre fora provocado pelos Bani ʿĀmir. Assim, em seu retorno a Medina, ʿAmr matou dois homens desta tribo, para vingar seus companheiros mortos. Mas, de fato, estes homens eram inteiramente inocentes, pois haviam permanecido fiéis a Abū Barāʾ e respeitado a proteção que ele dera aos crentes, de modo que o Profeta insistiu para que pagassem por eles o preço do sangue a seus parentes próximos.

57 Bani Naḍīr

Os membros da tribo judia dos Naḍīr já eram há muito tempo confederados dos Bani Āmir, e o Profeta decidiu pedir-lhes ajuda para pagar o preço do sangue. Ele foi ao encontro deles com Abū Bakr, 'Umar e outros Companheiros, e lhes expôs a situação. Eles concordaram em ajudar e convidaram os visitantes para uma refeição especialmente preparada em sua homenagem. O Profeta aceitou o convite; mas, ao adentrar o recinto, observou que alguns dos judeus presentes começaram a se retirar, dentre os quais Ḥuyay, um de seus chefes, que, antes de sair, deu instruções quanto à recepção que se seguiria. Enquanto esperavam sentados em frente de uma das fortalezas da cidadela, Gabriel apareceu ao Profeta e lhe fez saber que os judeus planejavam matá-lo e que deveria retornar imediatamente a Medina. Então, o Profeta levantou-se e deixou a assembleia sem dizer palavra, dando a impressão de que voltaria para junto deles a qualquer momento. Passado certo tempo sem que ele retornasse, Abū Bakr falou aos outros Companheiros que seria melhor que também partissem. Pediram licença aos judeus e se dirigiram à casa do Profeta, que lhes explicou o que ocorrera, e ordenou que Muḥammad ibn Maslamah fosse ao encontro dos Bani Naḍīr com instruções precisas do que deveria dizer. Ele chegou rapidamente às fortalezas judias e alguns chefes saíram para ouvi-lo. "O Mensageiro de Deus encarregou-me de lhes dizer isto: 'Ao planejardes assassinar-me, quebrastes o pacto que tínhamos firmado'"; e depois de lhes descrever nos mínimos detalhes o que haviam tramado, Maslamah concluiu a mensagem com as exatas palavras do Profeta: "Eu vos dou dez dias para deixar meu país; além desta data, qualquer um de vós que for encontrado terá a cabeça cortada". – "Ó filho de Maslamah", responderam os judeus, "jamais teríamos imaginado que um homem dos Aws pudesse trazer tal mensagem para nós", ao que Maslamah respondeu: "Os corações mudam".

A maioria dos Naḍīr já se preparava para partir, quando Ibn Ubayy disse-lhes que não deixassem suas terras e lhes prometeu apoio. Ḥuyay, por sua vez, usou toda sua influência para convencê-los, não sem dificuldade, a ficar e não ceder, dando garantia de que seus aliados beduínos não os abandonariam naquela situação crítica, assim como seus poderosos aliados e correligionários, os judeus Bani Qurayẓah. Tendo feito chegar pedidos de ajuda urgente a estas tribos, ele enviou seu irmão ao Profeta com esta mensagem: "Não deixaremos nem nossas casas nem nossas posses; faz então o que bem entenderes!" – "*Allāhu Akbar*! (Deus é Maior!)", exclamou o Profeta, e a exortação foi repetida em coro por todos os Companheiros que o cercavam. "Os judeus nos declararam guerra", comentou o Profeta, e imediatamente organizou um exército, entregou a 'Alī o estandarte e marchou contra as aldeias dos Bani Naḍīr, ao sul da cidade. Os muçulmanos realizaram a oração da tarde num grande pátio há pouco abandonado pelos judeus, porque ficava além de suas muralhas. Terminada a oração, o Profeta liderou suas tropas contra as fortalezas.

As muralhas estavam repletas de arqueiros e fundeiros para repelir os atacantes que tentassem transpor suas defesas. Flechas e pedras foram lançadas dos dois lados até o cair da noite. Os judeus tinham sido surpreendidos pela velocidade do ataque; mas resistiram, acreditando que não tardaria mais de um dia para chegar a prometida ajuda dos Qurayẓah e de Ibn Ubayy, e, de dois a três dias, de seus aliados dos Ghaṭafān. Porém, o exército muçulmano não parou de aumentar, alimentado por um fluxo ininterrupto de habitantes de Medina que, por uma razão ou outra, não puderam atender a tempo a convocação do Profeta. Na hora da oração da noite, o exército era grande o bastante para fazer um cerco completo aos Bani Naḍīr. O Profeta orou com as tropas e depois retornou a Medina com dez de seus Companheiros, deixando 'Alī no comando do acampamento. Durante a noite e até a oração do amanhecer, os muçulmanos cantaram litanias em louvor a Deus, e, na manhã seguinte, o Profeta reuniu-se às tropas.

À medida que os dias passavam, os Bani Naḍīr começaram a perder as esperanças de ajuda. Os Bani Qurayẓah se recusaram a quebrar o pacto firmado com o Profeta, os Bani Ghaṭafān mantiveram obscuro silêncio, e

Ibn Ubayy foi forçado a admitir que nada podia fazer. Quanto menor a esperança dos sitiados, maior a hostilidade entre eles. Por muito tempo, houve rancores e ressentimentos entre os membros da tribo; e agora, completamente isolados do resto do mundo, sem nenhum sinal de ajuda, a situação era intolerável. Dez dias após o cerco, o Profeta ordenou a derrubada de algumas tamareiras avistadas de dentro das muralhas inimigas. Tratava-se de um sacrifício, pois Muḥammad sabia que o território já lhe pertencia; assim foi feito sob permissão divina,[1] que poderia ser interpretada como uma ordem, e teve como efeito imediato minar ainda mais a resistência do inimigo. Os Bani Naḍīr tinham grande orgulho de seu tamaral, uma das suas principais fontes de renda, e embora fossem obrigados a deixar suas terras, continuariam a considerá-las sua propriedade, na esperança de poder recuperá-las em futuro próximo, já que os poderosos Quraysh tinham prometido erradicar o Islām do oásis. Mas se as tamareiras fossem destruídas, seria preciso muitos anos para substituí-las. Os muçulmanos já tinham cortado algumas – quão longe iria esta destruição? – quando Ḥuyay enviou uma mensagem ao Profeta, dizendo que eles deixariam as terras, mas Muḥammad respondeu-lhe que não tinha mais a intenção de deixá-los levar para o exílio a totalidade de seus bens: "Deixai vossas terras, e levai tudo que vossos camelos puderem carregar, exceto suas armas e armaduras".

De início, Ḥuyay recusou a proposta, mas os membros da tribo o obrigaram a aceitar, e retomaram os preparativos interrompidos duas semanas antes. Eles carregaram seus camelos até com os batentes das portas de suas casas, e, quando tudo estava pronto, partiram pela estrada da Síria em direção ao norte. Nunca, até onde alcança a memória dos homens, alguém contemplou caravana tão suntuosa. Enquanto os camelos seguiam em fila através da multidão que se aglomerava no mercado de Medina, todos os olhares se dirigiam a eles, admirando a riqueza dos arreios e da carga. As cortinas descerradas das liteiras deixavam ver mulheres em seus esplêndidos vestidos de seda, brocado e veludo, verdes ou vermelhos, todas ostentando joias de ouro e do mais fino cobre, cravejadas de rubis, esmeraldas e outras pedras preciosas. Todos sabiam que os Bani Naḍīr eram opulentos, mas até então ninguém de fora da comunidade tivera a oportunidade de ver senão

[1] Corão, 59:5.

uma pequena fração de sua riqueza. Avançavam ao som de tímbales e pífaros, proclamando com orgulho que deixavam para trás seus tamarais, mas outros tão férteis os esperavam mais adiante. Grande parte deles povoou terras que já possuíam em Khaybar, outros foram mais para o norte e se estabeleceram em Jericó, e outros rumaram para o sul da Síria. Segundo a Revelação, as terras dos Bani Naḍīr e tudo o que deixaram para trás tornaram-se propriedade do Profeta, e foram destinadas aos pobres e necessitados, notadamente aos "Emigrantes pobres que foram expulsos de seus lares".[1] Somente dois Auxiliares receberam uma parte, devido à sua extrema pobreza. Mas, ao dar a maior parte dessas posses aos Emigrantes, o Profeta tornou-os independentes, aliviando os Auxiliares de seus pesados encargos.

[1] Corão, 59:8.

Durante os meses que se seguiram, no início do ano 626 da era cristã, Fāṭimah deu à luz mais um filho. O nome al-Ḥasan agradava tanto ao Profeta, que seu neto mais novo foi chamado *al-Ḥusayn*, isto é, "o pequeno Ḥasan", ou "criança bonita". Na mesma época, sua esposa Zaynab, "a mãe dos pobres", adoeceu e morreu, menos de oito meses depois de seu casamento. O Profeta recitou a oração fúnebre e a sepultou em Baqī', perto da tumba de sua filha Ruqayyah. No mês seguinte, seu primo, Abū Salamah, morreu devido aos ferimentos recebidos em Uḥud, que não se curavam. O Profeta o assistiu e orou por ele até seu último suspiro, e cerrou-lhe os olhos quando a morte chegou.

Abū Salamah e sua esposa formavam um casal extremamente dedicado, tanto que ela propôs ao marido um juramento de jamais se casarem outra vez se um deles viesse a morrer; o marido, porém, respondeu-lhe que, caso ele partisse, ela deveria casar-se novamente. Assim, pouco antes de morrer, ele orou: "Ó Deus, concede a Umm Salamah um marido melhor que eu, que não lhe cause dor nem tristeza". Quatro meses depois de sua morte, o Profeta foi ao encontro de Umm Salamah e a pediu em matrimônio. Ela lhe respondeu que temia não ser esposa apropriada a ele, dizendo: "Sou uma mulher cujos melhores anos já passaram, e sou mãe de órfãos. Além disso, sou extremamente ciumenta, e tu, Mensageiro de Deus, tens várias esposas". O Profeta respondeu: "Com respeito à idade, sou mais velho que tu; quanto a teu ciúme, pedirei a Deus que te liberte deste mal; e quanto às crianças órfãs, Deus e Seu Mensageiro cuidarão delas". Então eles se casaram e o Profeta deu-lhe a casa que pertencera a Zaynab.

Apesar de dizer-se envelhecida, Umm Salamah desfrutava ainda da juventude, não tinha mais de vinte e nove anos. Ela tinha apenas dezoito anos quando emigrou para a Abissínia com Abū Salamah. Quanto ao ciúme, era certo que o matrimônio iria colocá-la à prova, e ela não era a única a ter tais temores. 'Ā'ishah não teve problemas em aceitar Ḥafṣah, nem Zaynab; mas com esta nova esposa foi diferente, provavelmente porque acabara de completar catorze anos. 'Ā'ishah já convivera com Umm Salamah; juntas, haviam preparado as bodas de Fāṭimah, e ela nunca a vira como rival. Mas agora que todos em Medina falavam do novo casamento do Profeta e da grande beleza de sua nova esposa, 'Ā'ishah ficou apreensiva. "Eu estava muito triste", ela conta, "também por causa do que diziam da beleza da nova esposa; esforcei-me em ser-lhe o mais agradável possível, para poder observá-la de perto, e pessoalmente ela era ainda mais bela do que me haviam descrito. Comentei com Ḥafṣah, que me respondeu: 'Estás enganada, ela não é como dizem, é teu ciúme que te faz vê-la assim'. Então Ḥafṣah procurou Umm Salamah para julgar com seus próprios olhos, e me disse: 'Eu a vi, e embora sua beleza seja inegável, ela não é como disseste'. Depois disso, voltei a vê-la e, por minha vida, era como Ḥafṣah dissera: eu havia sido dominada pelo ciúme".[1]

Aproximava-se o momento do segundo encontro em Badr, conforme o desafio lançado por Abū Sufyān em Uḥud e aceito pelo Profeta. Porém, devido à seca daquele ano, Abū Sufyān percebeu que não haveria pastagem para os camelos e cavalos ao longo do caminho; seria necessário levar toda a forragem de Meca para a expedição, e os celeiros já estavam quase vazios. Ele não queria sofrer a desonra de romper o compromisso e adiar a confrontação que ele mesmo propusera, e teve esperança de que Muḥammad fosse o primeiro a fazê-lo; mas as notícias de Yathrib anunciavam que o Profeta já se preparava para partir. Poderia induzi-lo a mudar de ideia? Abū Sufyān pediu conselho a Suhayl e a um ou dois outros chefes Quraysh, e juntos elaboraram um plano. Havia em Meca um amigo de Suhayl chamado Nu'aym, um eminente membro dos Bani Ashja', um dos clãs Ghaṭafān. Este homem inspirou-lhes confiança e, por não ser um Quraysh, poderia passar por um observador neutro e objetivo. Eles lhe ofereceram vinte camelos caso conseguisse que os muçulmanos desistissem de rumar para

---

[1] Ibn Sa'd VIII, 66.

Baḍr. Nu'aym aceitou a oferta e partiu imediatamente para o oásis. Lá chegando, dirigiu-se aos diferentes grupos que compunham a comunidade dos Emigrantes, Auxiliares, judeus e hipócritas, advertindo-os do perigo que os ameaçava, descrevendo em termos preocupantes e exagerados as forças que Abū Sufyān conduzia para Baḍr, e concluindo cada intriga com a seguinte exortação: "Permanecei onde estais e não confronteis os Quraysh. Por Deus, penso que nenhum de vós escapará com vida". Judeus e hipócritas exultaram com as notícias, e tudo fizeram para que os temores se espalhassem por toda Medina. Nu'aym chegou a impressionar também os muçulmanos, levando muitos a pensar que seria loucura ir para Baḍr. O Profeta soube dessas mudanças de ânimo entre os seus e chegou a temer que não mais o seguissem. Porém, Abū Bakr e 'Umar insistiram em manter a qualquer custo o desafio pelo qual tinham clamado, dizendo. "Deus sustentará Sua religião, e Ele dará forças ao Seu Mensageiro". – "Irei a este encontro, ainda que tenha de ir só", concluiu o Profeta.

Estas poucas palavras custaram a Nu'aym seus camelos e aniquilaram todos os seus esforços. Até então, o emissário dos Quraysh pensava que sua missão teria êxito; ainda assim, ele não pôde deixar de se impressionar com próprio fracasso: era necessário, para explicá-lo, que em Medina estivesse em ação um poder que escapava ao seu controle e que era mais forte que toda sua experiência; e foi assim que as sementes do Islām foram semeadas em seu coração. O Profeta iniciou a marcha, como previsto inicialmente, com mil e quinhentos homens montados em camelos e dez cavaleiros; e muitos levavam mercadorias, para fazer negócios na feira de Baḍr.

Enquanto isso, Abū Sufyān dizia aos Quraysh: "Deixaremos a cidade e passaremos uma ou duas noites no caminho para depois voltarmos. Se Muḥammad não sair em marcha, saberá que nós fomos ao seu encontro e que voltamos para Meca porque ele recuou. Assim, sobre ele recairá a desonra, e a opinião de todas as tribos estará a nosso favor". No entanto, o Profeta e seus Companheiros passaram oito dias na feira de Baḍr, e todos que dela participaram espalharam em todas as direções a notícia de que os Quraysh haviam faltado com a palavra, enquanto Muḥammad e seus Companheiros tinham mantido a sua e se apresentado para lutar com os Quraysh, conforme prometido. Quando a notícia da vitória moral de seu inimigo e de sua própria desonra ante os olhos da Arábia chegou a Meca, Ṣafwān e os demais repreenderam asperamente Abū Sufyān por ter proposto o segundo encontro em Baḍr. Essa derrota humilhante, porém, fez os Quraysh intensificarem os preparativos para a vingança final e definitiva que esperavam infligir ao fundador da nova religião e a seus seguidores.

Após seu retorno de Baḍr, o Profeta desfrutou de um mês de paz em Medina, até que, no início do quinto ano do calendário muçulmano, correspondente a junho de 626 da era cristã, chegou-lhe a notícia de que vários clãs Ghaṭafān se preparavam para lançar um novo ataque contra o oásis. Imediatamente, Muḥammad desceu a planície do Najd com quatrocentos homens, mas, novamente, o inimigo desapareceu pouco antes que os muçulmanos o encontrassem. Foi durante esta expedição, quando estavam bem próximos do inimigo, que a "oração do temor" foi revelada ao Profeta, orientando os guerreiros sobre como deveriam abreviar a oração ritual e modificar seus movimentos na hora do perigo, enquanto alguns deveriam vigiar enquanto seus companheiros fizessem as preces.[1]

Entre os Auxiliares que integraram a tropa estava Jābir, filho de 'Abd Allāh, que anos mais tarde relatou um incidente que teve hora e lugar num dos acampamentos: "Estávamos com o Profeta quando um Companheiro trouxe um filhote de pássaro que acabara de capturar, enquanto o pai ou a mãe do pássaro atacava as mãos que o seguravam. Vendo a admiração estampar-se na face dos homens ante a cena, o Profeta nos falou: 'Estais maravilhados com este pássaro? Pegastes seu filho e ele se lançou das alturas, impulsionado por misericordiosa ternura. E, no entanto, juro por Deus, vosso Senhor é mais misericordioso convosco que este pássaro com sua cria'.[2] E disse ao homem que repusesse o filhote onde o tinha achado".

O Profeta também declarou: "Deus tem cem misericórdias, e fez uma descender entre os *jinn*, os homens, o gado e os animais selvagens. É por isso que todos dão prova de bondade e clemência para com os outros, e é por isso que as criaturas selvagens têm ternura por sua descendência. Quanto às outras noventa e nove misericórdias, Deus reservou-as para Si mesmo, para poder mostrar clemência por Seus servos no Dia da Ressurreição".[3]

Jābir também relatou como, no retorno para Medina, a maioria da tropa tomou a frente do Profeta, que ficou na retaguarda com alguns Companheiros. O próprio Jābir, que montava um camelo velho e fraco, desistiu de manter-se à frente com o exército, de modo que o Profeta logo

[1] Corão, 4:101-102. [2] al-Wāqidī 487. [3] al-Qushayrī XLIX, 4.

o alcançou e perguntou-lhe por que se arrastava assim atrás dos outros. "Ó Mensageiro de Deus", ele disse, "meu camelo não pode ir mais depressa". – "Desmonta e faz o camelo ajoelhar", disse o Profeta, enquanto também colocava seu próprio camelo ajoelhado. E Jābir continuou sua narrativa: "'Dá-me esta vara', ordenou-me o Profeta; eu o atendi, e ele a usou para cutucar meu camelo uma ou duas vezes. Então, voltamos à sela e partimos juntos. E, por Aquele que deu a Seu Mensageiro a mensagem da Verdade, meu camelo começou a ultrapassar o seu.

"No caminho, eu conversava com o Mensageiro de Deus, e ele me perguntou: 'Queres vender-me teu camelo?'. Respondi que lhe daria de bom grado. 'Não', ele disse, 'vende-o para mim!' Pelo seu tom de voz, logo compreendi que ele queria que eu pechinchasse. Pedi-lhe, então, que propusesse um preço, e o Profeta disse: 'Eu o levarei por um dirrã'. – 'Não senhor!', exclamei, 'pois é um preço realmente muito baixo'. – 'Por dois dirrãs', retrucou o Profeta. – 'Não senhor!', repeti, e ele continuou a aumentar o preço até alcançar quarenta dirrãs, o equivalente a uma onça de ouro, e eu aceitei. Então, o Profeta me perguntou: 'Já és casado, Jābir?', e respondi-lhe que sim. 'Com uma mulher que já foi casada ou uma virgem?' – 'Uma que já foi casada', respondi. 'Por que não com uma jovem', ele continuou, 'com quem poderias brincar e que brincaria contigo?' – 'Ó Mensageiro de Deus', respondi, 'meu pai foi morto em Uḥud e deixou suas sete filhas aos meus cuidados, de modo que desposei uma mulher maternal que as reúne ao seu redor, penteia seus cabelos e atende às suas necessidades'. Ele admitiu que fora uma boa escolha; depois disse que quando alcançássemos Ṣirār, que ficava a cerca de três quilometros de Medina, ele sacrificaria alguns camelos e lá passaríamos o dia, para que assim minha esposa tivesse notícia de nossa chegada e começasse a tirar o pó das almofadas. 'Mas não temos almofada alguma!', exclamei. 'Elas virão', disse o Profeta; 'quando entrares em casa, faz o que tem de ser feito'.

"Na manhã que se seguiu ao nosso retorno, levei meu camelo e o fiz ajoelhar-se diante da porta do Profeta. Ele me disse para deixar o camelo e ir cumprir dois ciclos de prosternações na Mesquita, o que fiz. Então, ele pediu que Bilāl pesasse uma onça de ouro e me deu um pouco mais do que a balança indicava. Peguei o ouro, e pedi licença para partir, quando o Profeta me chamou: 'Leva teu camelo, ele é teu, e fica com o que paguei por ele'."[1]

[1] Ibn Isḥāq 664.

Foi durante esses meses, entre uma campanha e outra, que um escravo chamado Salmān, o Persa, foi ao encontro do Profeta para pedir ajuda e conselho. Seu amo, um judeu dos Bani Qurayẓah, fazia-o trabalhar tão arduamente a terra que possuíam ao sul de Medina que ele não conseguia manter contato mais próximo com a comunidade muçulmana. Até então, para ele, fora impossível participar da batalha de Badr, de Uḥud, ou de qualquer uma das pequenas expedições que o Profeta conduzira pessoalmente ou ordenara executar nos quatro últimos anos. Haveria algum meio de escapar da atual condição? Ele havia perguntado a seu amo qual o preço de sua liberdade, mas o valor ultrapassava em muito seus meios, pois precisaria pagar quarenta onças de ouro e plantar trezentas tamareiras. O Profeta lhe disse para escrever ao seu dono dizendo que concordava em pagar as quarenta onças de ouro e plantar as árvores. Em seguida, apelou aos seus Companheiros para que ajudassem Salmān a encontrar as tamareiras; um chegou trazendo trinta mudas, outro trouxe vinte, até todo o lote estar reunido. "Agora, Salmān, vai preparar as covas para plantá-las", disse o Profeta, "e avisa-me quando tiveres terminado, pois será a minha mão que irá assentá-las na terra". Os Companheiros ajudaram Salmān a preparar o solo, e o Profeta plantou-as uma a uma, as trezentas, e todas enraizaram e prosperaram.

Para o resto do preço pedido, o Profeta deu a Salmān uma pepita de ouro do tamanho de um ovo de galinha que lhe fora presenteada, e disse a Salmān para comprar sua liberdade. "Qual parte de minha dívida isto cobrirá?", perguntou Salmān, pensando que o preço pedido por seu resgate tivesse sido subestimado. O Profeta retomou a pepita, colocou-a na boca e a rolou na língua. Em seguida, devolveu-a a Salmān, dizendo: "Toma, paga com isto todo o preço de tua liberdade". Da pepita, Salmān tirou quarenta onças de ouro, que enviou ao seu dono, tornando-se assim um homem livre.[1]

Medina conheceu mais um mês de paz, até que, à frente de mil homens, o Profeta fez um rápido avanço em direção ao norte, percorrendo cerca de oitocentos quilômetros até a borda de Dūmat al-Jandal, um oásis situado na fronteira síria, que se tornara refúgio de saqueadores, a maioria pertencente à tribo dos Bani Kalb. Em várias ocasiões, eles haviam pilhado cargas

---

[1] Ibn Isḥāq 141-2.

de óleo, farinha e outros artigos enviados para Medina. Também havia razões para supor que eles mantinham um acordo com os Quraysh, segundo o qual, quando fosse lançado o ataque geral contra o Islām, seriam eles a cercar e pilhar os muçulmanos pelo norte. O Profeta e seus Companheiros pensavam continuamente nessa possibilidade; embora a incursão não tivesse outro resultado imediato senão dispersar os saqueadores e capturar seus rebanhos que pastavam ao sul do oásis, serviria também – e essa era a intenção dos muçulmanos – para impressionar todas as tribos do norte, reafirmando a existência, na Arábia, de uma nova e crescente força. Os anos de dissensão civil que tinham tornado Yathrib tão vulnerável aos ataques externos pareciam banidos para um passado longínquo; a discórdia dera lugar a uma força unida, que poderia atacar em todas as direções com incrível rapidez, o que a tornava ainda mais temível, pois sabia-se que o ataque era o mais seguro meio de defesa.

Ao menos assim parecia à primeira vista; mas para aqueles capazes de perceber com profundidade sua verdadeira natureza, esta força era muito maior do que aparentava, pois se apoiava numa união que, em si mesma, era milagrosa. A Revelação anunciara ao Profeta: "Mesmo que despendesses tudo o que há na terra, não conseguirias pôr harmonia entre seus corações. Mas Deus uniu seus corações".[1] A presença do Profeta era um dos principais meios para alcançar esta unidade. Providencialmente, a força de atração de sua presença era tão poderosa que nenhum homem de boa vontade lhe poderia resistir. "Nenhum dentre vós terá fé, enquanto eu não me tornar para vós mais querido que vossos filhos e vossos pais, e todos os homens juntos";[2] com estas palavras, o Profeta traduziu menos uma exigência que a confirmação de quão profundo era o amor que seus Companheiros já lhe dedicavam e que frequentemente expressavam com a exclamação: "Que meu pai e minha mãe possam ser o teu resgate!".

Para o Profeta, um período de paz não era um período de descanso. Ele propôs como ideal dedicar, no ciclo de vinte e quatro horas, um terço ao culto divino, um terço ao trabalho e um terço à família, este último incluindo o tempo para dormir e comer. Boa parte do culto divino se realizava durante a noite. Além das preces prescritas da noite e do amanhecer, os fiéis cumpriam dois ciclos de prosternações voluntárias semelhantes aos das

---

[1] Corão, 8:63. [2] al-Qushayrī I, 16.

cinco orações.* O Corão também prescrevia longas recitações de seus versículos, e o Profeta, por sua vez, recomendava diversas litanias de arrependimento e louvor. As prolongadas vigílias de adoração noturna haviam sido estabelecidas como prática normal nas primeiras Revelações, mas a comunidade à qual se destinava era formada por uma elite espiritual. Medina também abrigava seu próprio núcleo inicial de crentes, mas com a rápida propagação do Islām, em poucos anos os eleitos tornaram-se uma minoria. A eles referia-se um versículo revelado naquela época, no trecho "um grupo daqueles que estão contigo". A finalidade de tal versículo era atenuar o sentimento de obrigação associado às longas vigílias: "Por certo, teu Senhor sabe que te manténs em prece durante menos de dois terços da noite, ou durante a metade, ou um terço dela, tu e também um grupo dos que estão contigo. Deus determina a noite e o dia. Ele sabe que não podereis medi-la ou cumpri-la plenamente, e, por isso, Ele voltou Seu perdão para vós e tornou-a mais leve. Recitai, então, o que vos for possível do Corão".[1]

Os eleitos dentre os Companheiros continuaram com as vigílias da noite, cujo último terço fora mencionado pelo Profeta como particularmente abençoado: "Cada noite, quando resta ainda um terço de escuridão, nosso Senhor – bendito e louvado seja Ele! – desce ao céu mais baixo e diz: 'Quem Me chama, para que Eu possa responder-lhe? Quem Me pede, para que Eu possa dar-lhe? Quem Me pede perdão, para que Eu possa perdoá-lo?'".[3] Foi também nessa época que foram revelados os versículos em que os crentes são assim definidos: "Eles abandonam seus leitos para invocar seu Senhor com temor e esperança, e despendem do que lhes damos por sustento. E nenhuma alma conhece a bem-aventurança oculta de seus olhos que lhes está reservada em recompensa por suas ações".[4]

A distribuição das horas do dia em três partes iguais consagradas respectivamente ao culto divino, ao trabalho e à família só poderia ser aproximativa. Quanto à vida em família, como o Profeta não possuía um aposento próprio, a cada anoitecer ele se dirigia à habitação da esposa a quem caberia a vez de acolhê-lo nas próximas vinte e quatro horas. Durante o dia, ele

---

* Como observado anteiormente, a expressão "ciclo de prosternações" traduz o termo *rakat*, que designa a sequência de movimentos (posição inicial, inclinação, prosternação, posição final sentada) constitutiva de uma parte da prece ritual; esta pode comportar dois, três ou quatro movimentos conforme o momento do dia. (N.T.)

[1] Corão, 73:20. [2] al-Bukhārī XIX, 12 [3] Corão, 32:16-17.

recebia visitas frequentes de suas filhas e de sua tia Ṣafiyyah, ou as visitava. Fāṭimah vinha sempre com seus dois filhos: Ḥasan tinha quase dezoito meses, e o pequeno Ḥusayn, com oito meses, começava a a dar os primeiros passos. O Profeta tinha grande afeição também por sua neta caçula Umāmah, que estava quase sempre junto de sua mãe Zaynab. Conta-se que, uma ou duas vezes, ele a levou à Mesquita em seus ombros, e só a fez descer enquanto recitava os versículos do Corão ou fazia as inclinações e prosternações, para recolocá-la nos ombros assim que retomava a postura em pé.[1] Outro muito amado era o jovem Usāmah, filho de Zayd e de Umm Ayman, que já tinha quinze anos; era muito querido pelo Profeta, assim como seus pais, e, como um neto da casa, estava sempre ali ou nos arredores.

Quase todos as tardes o Profeta visitava Abū Bakr, como já fazia em Meca. Nessas ocasiões, os deveres de família e as exigências de trabalho coincidiam em certa medida, pois o Profeta sempre discutia com Abū Bakr os assuntos de Estado, como também fazia com Zayd e seus dois genros, ʻAlī e ʻUthmān. Aliás, o trabalho permeava toda sua vida, pois voz alguma podia comparar-se à sua para resolver um problema, responder a uma questão ou mediar uma disputa. Mesmo aqueles que não acreditavam em sua missão profética vinham buscar sua ajuda em caso de necessidade, a menos que o orgulho os impedisse. As disputas entre muçulmanos e judeus não eram raras e comumente eram causadas por equivocos intempestivos, como, por exemplo, quando um dos Auxiliares bateu num judeu apenas por causa da maneira como este havia formulado um juramento. "Como podes jurar", gritou-lhe o muçulmano, "por 'Aquele que escolheu Moisés dentre todos os homens', quando o Profeta está presente entre nós?". O judeu foi queixar-se com o Profeta, que manifestou grande descontentamento e repreendeu severamente o agressor. No próprio Corão Deus se dirige a Moisés nos seguintes termos: "Ó Moisés, Eu te escolhi sobre todas as pessoas para Minhas mensagens e Minhas palavras".[2] O Corão também declara: "Por certo, Deus escolheu Adão e Noé, a família de Abraão e a família de ʻImrān sobre toda a gente".[3] Adivinhando o que passava pela mente do homem, o Profeta acrescentou: "Não digas de modo algum que sou melhor que Moisés!".[4] Ele declara igualmente, talvez se refe-

---

[1] Ibn Saʻd VIII, 26. [2] Corão, 7:144. [3] Corão, 3:33.
[4] al-Bukhārī LXV, sura 7.

rindo a algum outro caso de zelo mal colocado: "Que ninguém entre vós diga que sou melhor que Jonas".[1] Em verdade, a Revelação já havia estipulado como parte do credo islâmico: "Não fazemos distinção entre nenhum de Seus Enviados".[2]

Além de inúmeras questões referentes ao bem-estar do conjunto da comunidade, tanto na sua harmonia interna quanto nas suas relações com o resto da Arábia e com os países mais distantes, raramente passava-se um dia sem que o conselho ou a assistência do Profeta não fossem procurados por um ou vários crentes para a solução de problemas puramente pessoais. Por vezes, tratava-se de dificuldades materiais, como no caso recente de Salmān; outras vezes, de questões espirituais, como no dia em que Abū Bakr se apresentou ao Profeta com Ḥanẓalah, um membro da tribo dos Bani Tamīm, que viera viver em Medina. Ḥanẓalah dirigiu-se primeiro a Abū Bakr para lhe expor seu problema, mas Abū Bakr avaliou que, naquelas circunstâncias, a resposta teria de vir da autoridade mais alta. Quando Ḥanẓalah chegou à presença do Profeta, este viu a tristeza que pairava em seu rosto e perguntou-lhe o que o perturbava. Ele respondeu: "Ḥanẓalah é um hipócrita, Mensageiro de Deus!". – "Como assim?", perguntou-lhe o Profeta. "Ó Mensageiro de Deus, quando estamos em tua presença e nos contas do Inferno e do Paraíso é como se o víssemos com nossos próprios olhos. Mas quando estamos longe de tua presença, só pensamos em nossas esposas, nossos filhos e nossos bens, esquecendo quase todo o resto." Em sua resposta, o Profeta explicitou que o ideal é buscar perpetuar a consciência das realidades espirituais sem, no entanto, alterar o teor da vida cotidiana: "Por Aquele que tem minha alma em Suas mãos", ele disse, "se permanecesses sempre como ficas em minha presença, ou como quando te recordas de Deus, os anjos viriam tomar-te pela mão enquanto estás deitado na cama ou enquanto segues teu caminho. Mas, Ḥanẓalah, cada coisa em seu tempo!". E ele repetiu estas últimas palavras três vezes.[3]

O Profeta não evitava responder a tais demandas, mas se tornava cada vez mais necessário que ele fosse poupado de outros temas; tal proteção estando associada a um evento inesperado, que serviu para reafirmar sua posição única e privilegiada. Um dia, o Profeta se dirigiu à casa de Zayd

---

[1] al-Bukhārī LXV, sura 27. [2] Corão, 2:285, cf. Cap. 32, nota 177.
[3] al-Qushayrī XLIX, 2.

para discutir alguns assuntos com ele. Ora, Zayd havia saído e Zaynab, que não esperava qualquer visita, estava vestida casualmente com uma túnica leve. Ao escutar que o Profeta estava à porta, ela quis saudá-lo e se levantou precipitadamente e convidou-o que esperasse pela volta do marido: "Ele não está, ó Mensageiro de Deus", ela disse, "mas entra – que meu pai e minha mãe sejam teu resgate!".[1] Enquanto ela se detinha no umbral da porta, radiante de felicidade pela visita, o Profeta foi ofuscado por sua beleza e, emudecido, deu meia-volta murmurando algumas palavras que ela não pôde entender; ela distinguiu, no entanto, as últimas palavras que ele pronunciara enquanto se afastava: "Glorificado seja Deus, o Infinito! Glória Àquele que dispõe dos corações dos homens!". Quando Zayd voltou para casa, ela lhe informou da visita do Profeta e lhe repetiu a glorificação que escutara. Zayd foi imediatamente ao encontro do Profeta e lhe disse: "Disseram-me que vieste à minha casa. Por que não entraste, tu que és para mim mais que meu pai e minha mãe? Acaso foi por que Zaynab caiu em tua graça? Ela te agrada? Se assim for, eu a deixarei".[2] – "Mantém tua esposa e teme a Deus!", disse-lhe o Profeta com veemência. Em outra ocasião ele havia declarado: "Dentre todas as coisas lícitas, a mais odiosa para Deus é o divórcio".[3] No dia seguinte, quando Zayd voltou para fazer-lhe a mesma proposta, o Profeta insistiu para que ele a mantivesse como esposa. No entanto, Zayd e Zaynab não tinham um casamento feliz, e Zayd não podia mantê-lo por mais tempo, de modo que, por mútuo consentimento, eles se divorciaram. Isto não tornava Zaynab livre para desposar o Profeta, pois, embora o Corão só houvesse vetado aos homens casar com as esposas dos filhos "vindos da própria carne", era um firme princípio social não fazer distinção entre os filhos de nascimento e os adotivos. Além do mais, o Profeta não era uma escolha possível, pois já tinha quatro esposas, o máximo permitido pela lei islâmica.

Alguns meses se passaram até o dia em que, estando o Profeta a entreter-se com uma de suas esposas, a Revelação lhe veio arrebatadoramente. Quando ele voltou a si, suas primeiras palavras foram: "Quem irá contar a Zaynab a

---

[1] Ibn Sa'd VIII, 71.

[2] Ibidem, VIII, 72. Ver Bayḍāwī, a propósito do Corão, 33:37. Sobre o mesmo versículo, também ver os comentários de Ṭabarī, de Jalālayn, de Nīsābūrī etc.

[3] As-Sijistānī 13:3.

boa-nova de que Deus a concedeu a mim em matrimônio desde o Céu?". Salmà, a serva de Ṣafiyyah, há muito considerada um membro da família, correu ao encontro de Zaynab. Quando Zaynab escutou a maravilhosa notícia, prosternou-se em direção a Meca e louvou a Deus. Depois, tirou seus ornamentos de tornozelo e seus braceletes de prata e deu-os a Salmà.

Zaynab aparentava ser jovem mas já tinha quase quarenta anos de idade. Era também uma mulher de grande piedade, que sempre jejuava, orava longamente durante a noite e se mostrava generosa com os pobres. Sabia trabalhar o couro e confeccionava calçados e outros objetos, e tudo o que ganhava distribuía em caridade. Naquele caso, não era apropriado celebrar formalmente a união, pois o matrimônio fora anunciado nos versículos revelados como um laço já firmado: "Nós a demos a ti em casamento".[1] Só restava conduzir a nova esposa ao marido, o que foi feito sem delongas.

Os versículos revelados na ocasião também estabeleciam que, a partir de então, os filhos adotivos conservariam o nome do pai que os gerou, de modo que, desde este dia, Zayd tomou o nome de Zayd ibn Ḥārithah, em lugar de Zayd ibn Muḥammad, como fora chamado desde sua adoção, cerca de trinta e cinco anos atrás. Esta mudança de nome, por outro lado, não anulava sua adoção, nem alterava a afeição e intimidade entre pai e filho adotivo, o primeiro com quase sessenta anos, e o segundo com cinquenta; significava simplesmente que entre os dois não havia qualquer relação de consanguinidade, o que em seguida foi salientado pela Revelação: "Muḥammad não é pai de nenhum homem entre vós, mas é o Mensageiro de Deus e o selo dos Profetas".[2]

Na mesma época, outras Revelações ressaltaram a importante diferença que existia entre o Profeta e seus discípulos. Estes últimos não deveriam chamá-lo pelo nome, como eles mesmos se tratavam entre si. A autorização que Deus dera ao Profeta, por ocasião de seu novo casamento, de desposar mais de quatro mulheres, era válida apenas para ele, não para o resto da comunidade. Por outro lado, suas esposas recebiam o título de "mães dos crentes", e tinham tal posição que, aos olhos de Deus, seria uma abominação que desposassem outro homem depois de terem sido casadas com o Profeta. Quanto aos crentes que lhes desejassem pedir um favor – pois a intercessão das esposas junto ao Profeta era muito valorizada – deveriam

---

[1] Corão, 33:37. [2] Corão, 33:40.

fazê-lo por detrás de um cortinado. A Revelação acrescenta: "Ó crentes, não entreis nas casas do Profeta – a menos que vos seja dada permissão – para tomar uma refeição, sem antes esperardes seu tempo de preparo; mas, se sois convocados, entrai; e após a refeição, parti, sem vos aterdes a conversas familiares. Por certo, isso molestaria o Profeta, e ele teria vergonha de fazer-vos sair; mas Deus não Se envergonha da verdade".[1]

Tais preceitos eram necessários em razão do grande amor que seus discípulos lhe dedicavam e do desejo de permanecerem em sua presença o maior tempo possível. Aqueles que dele se aproximavam não queriam partir. E como alguém poderia repreendê-los se, ao dirigir-se a qualquer um, ele dedicava atenção e presença tão completas que quem as recebia bem imaginava poder gozar de liberdades que seriam recusadas aos demais? Quando o Profeta tomava em suas mãos as de um interlocutor, nunca era ele o primeiro a retirá-las. A fim de proteger o Profeta, outra Revelação introduziu um novo elemento litúrgico, uma graça com a qual os fiéis poderiam exprimir ao Profeta seu amor e beneficiar-se de seu resplendor espiritual sem lhe impor indevidamente suas presenças: "Em verdade, Deus e Seus anjos oram pelo Profeta. Ó vós que credes!, orai por ele e saudai-o permanentemente com a Paz".[2] Pouco tempo após a Revelação desse versículo, o Profeta falou a um de seus Companheiros: "Um anjo veio a mim e disse: 'Se alguém invoca sobre ti bênçãos uma única vez, Deus invoca bênçãos sobre ele dez vezes'".[3]

---

[1] Corão, 33:53. [2] Corão, 33:56. [3] Ad-Dārimī 20:58.

59 A trincheira

Os judeus exilados dos Bani Naḍīr que se estabeleceram em Khaybar estavam determinados a recuperar as terras que haviam perdido. Suas esperanças voltaram-se, sobretudo, ao ataque final que os Quraysh preparavam contra o Profeta. Durante o fim do quinto ano islâmico, que coincidiu com o Ano Novo de 627 da era cristã, Ḥuyay e outros judeus eminentes de Khaybar implementaram seus planos com uma visita secreta a Meca. "Nós nos unimos a vós, com o propósito de aniquilar Muḥammad", declararam a Abū Sufyān, que respondeu: "Para nós, os homens mais queridos são aqueles que nos ajudam contra Muḥammad". E, adentrando o interior da Caaba, Sufyān, Ṣafwān e outros chefes dos Quraysh ali fizeram com os judeus um juramento solene a Deus de que não abandonariam aquela aliança até que seu objetivo final fosse alcançado. Então, os qurayshitas aproveitaram a oportunidade para indagar os judeus sobre a legitimidade de seu conflito com o fundador da nova religião. "Ó judeus", disse-lhes Abū Sufyān, "sois o povo da primeira Escritura e dela tendes o conhecimento. Dizei-nos qual é vossa posição em relação a Muḥammad, e qual é a melhor religião, a nossa ou a dele?". E eles responderam: "Vossa religião é melhor que a dele, e estais mais próximos da verdade do que ele".

Firmado o pacto, os aliados traçaram seus planos. Os judeus se comprometeram a sublevar todos os nômades da planície do Najd que nutriam rancores contra Medina e a comprar mediante suborno a cumplicidade daqueles cujo desejo de vingança não fosse tão pujante. Os Bani Asad não tardaram a se comprometer em ajudá-los; quanto aos Bani Ghaṭafān, também aderiram à confederação e empenharam metade da colheita do tamaral de Khaybar para financiar a guerra. Desse modo, o efetivo das tropas aumentou em quase dois mil homens originários dos clãs ghaṭafãnitas de Fazārah, Murrah e Ashja'. Os judeus conseguiram também um contingente de setecentos guerreiros dos Bani Sulaym; e o número de adesões só não foi maior porque, após o massacre nos poços de Ma'ūnah, formou-se, nesta tribo, um núcleo cada dia mais numeroso de pessoas favoráveis ao Islām. Já os vizinhos ao sul dos Bani 'Āmir permaneceram inquebrantavelmente fiéis ao pacto concluído com o Profeta.

Os Quraysh e seus aliados mais próximos formaram um exército com quatro mil guerreiros. E em vez de duzentos cavaleiros que esperavam reunir, haviam conseguido trezentos, e mais trezentos lhes foram prometidos pelos Ghaṭafān, além do reforço de um ou dois contingentes vindos do sul. O exército reunido partiria para Medina seguindo a rota litorânea ocidental, a mesma que os Quraysh haviam tomado para Uḥud. O segundo exército, cuja força não era tão coesa, deveria cercar Medina pelo leste, isto é, pela planície de Najd. Juntos, os dois exércitos possuíam três vezes o poder que os Quraysh haviam reunido em Uḥud, onde os muçulmanos foram superados em cerca de três mil homens. O que poderiam esperar, agora, contra dez mil?

O exército qurayshita saiu de Meca conforme planejado e, quase simultaneamente, talvez com a conivência de 'Abbās, cavaleiros dos Bani Khuzā'ah partiram a galope em direção a Medina para avisar o Profeta do ataque iminente e informar-lhe detalhes das forças inimigas. Em quatro dias, os emissários chegaram a Medina, deixando ao Profeta apenas uma semana para preparar suas defesas. Depois do alerta dado a todo o oásis, ele dirigiu-se a seus discípulos com palavras de encorajamento, prometendo-lhes a vitória, exortando-os à paciência, à fé em Deus e à obediência. Em seguida, como fizera em Uḥud, reuniu os fiéis em assembleia, onde muitas opiniões foram dadas quanto ao melhor plano de ação a ser adotado. Por fim, foi Salmān que se levantou e declarou: "Ó Mensageiro de Deus, na Pérsia, quando tememos um ataque de cavalaria, cercamo-nos com um fosso; cavemos então um fosso ao redor da cidade". Todos aceitaram esse plano com entusiasmo, pois não queriam repetir a estratégia de Uḥud.

Restava pouco tempo, e todos os esforços deveriam ser mobilizados para que nenhuma brecha perigosa ameaçasse suas defesas. Não foi necessário cavar um fosso contínuo, pois os altos muros das casas fortificadas construídas nos limites da cidade formavam proteção suficiente; também a noroeste, os montes de pedra eram por si mesmos obstáculos naturais intransponíveis; o mais próximo deles, conhecido como Monte Sal', foi incluído dentro das fortificações, pois o terreno à sua frente era um ótimo local de acampamento. Esse lado da trincheira delimitava o flanco norte, formando uma grande curva entre as elevações rochosas e uma parte da muralha oriental da cidade. Este segmento era o mais longo da trincheira, e também o mais importante.

Por ter proposto a estratégia, Salmān sabia exatamente qual a largura e qual a profundidade que o fosso deveria ter e, por haver trabalhado entre os Bani Qurayẓah, ele conhecia todos os utensílios e ferramentas necessários. Não tiveram qualquer dificuldade em conseguir o material. No oásis, entre aqueles que não nutriam nenhuma afeição pelo Profeta, prevalecia a opinião de que, ante o perigo comum que os ameaçava, o pacto com ele representava um trunfo político que não deveria ser negligenciado; assim sendo, todos emprestaram suas ferramentas – enxadões, pás e picaretas – bem como cestos de fibra de tamareira, solidamente trançados, para retirar a terra.

O Profeta atribuiu a cada grupo da comunidade um setor na construção da trincheira, e ele próprio se lançou ao trabalho. Todos se dirigiam às trincheiras pela manhã, logo após a prece da aurora, e só voltavam aos seus lares no crepúsculo. Em um dos primeiros dias, ao chegar à trincheira, Muḥammad começou a entoar uma fórmula que já servira para ritmar a construção da Mesquita:

Ó Deus, não há outro bem senão o bem vindouro.
Perdoa os Auxiliares e os Emigrantes!

Esse clamor foi imediatamente repetido por todos os que ali estavam, o que levou o Profeta a cantar em seguida:

Ó Deus, não há outra vida senão a Derradeira Vida.
Tem misericórdia dos Auxiliares e Emigrantes!

Os muçulmanos continuamente alertavam uns aos outros de que o tempo era curto e o inimigo estava próximo. Quando um dos trabalhadores dava sinais de cansaço ou preguiça, os que estavam próximos dele escarneciam. Salmān, por sua vez, fazia jus à admiração geral; dotado de uma compleição robusta, durante dez anos trabalhara cavando e carregando cargas para os Bani Qurayẓah. "Ele vale por dez", diziam; e uma amável contenda se estabeleceu entre eles: "Salmān é dos nossos", reivindicavam os Emigrantes, argumentando que ele passara muitos anos se mudando de um lugar para outro em sua busca por uma direção espiritual. "Ele é dos nossos", replicavam os Auxiliares, "e nós temos mais direitos sobre ele", o que fez o Profeta declarar: "Salmān é dos nossos, da gente de minha casa".[1]

Das rochas e pedras escavadas, aquelas que poderiam servir de projéteis eram separadas e empilhadas na borda interior da trincheira, e na base do Monte Sal' foram encontradas as melhores pedras. Os homens trabalhavam todos com os torsos nus, e aqueles que não conseguiram cestos confeccionavam sacos amarrando as pontas das próprias vestes, transportando dessa maneira a terra e as pedras que removiam. Desde a primeira hora da manhã, os mais jovens já estavam no canteiro de obras, insistindo em tomar parte no trabalho. Os muito novos eram mandados de volta para casa, mas, com a autorização do Profeta, um bom número deles pôde juntar-se ao grupo para transportar entulho, desde que deixassem o local assim que o inimigo chegasse. Entre os jovens que foram mandados de volta para casa antes da batalha de Uḥud estavam Usāmah, 'Abd Allāh (filho de 'Umar) e seus amigos, com quinze anos; desta vez, porém, deram-lhes permissão, e a outros de mesma idade, para se juntarem aos defensores de Medina, não apenas no trabalho mas também na batalha. Um deles, Barā', do clã Ḥārithah dos Aws, contaria mais tarde como ficara impressionado com a beleza do Profeta, em pé à beira da trincheira, com uma túnica vermelha, o torso polvilhado de poeira e a longa cabeleira negra caindo até os ombros: "Jamais vi alguém tão belo quanto ele". Barā' não tomou consciência apenas da beleza do Profeta, mas da beleza de toda cena e daquele momento. Até mesmo o Profeta regozijou-se ao olhar ao seu redor e ver a gente de sua comunidade em estado de tal simplicidade e tão grande proximidade com a natureza – a proximidade da herança primordial do homem – e começou a entoar um cântico ao qual todos se uniram:

Esta beleza não é a de Khaybar.
Ela é mais inocente, ó Senhor, e mais pura![2]

---

[1] Expressão que designa a família do Profeta.

[2] al-Wāqidī 446.

O Profeta trabalhava tanto ao lado dos Emigrantes quanto dos Auxiliares, servindo-se às vezes de uma pá, às vezes da enxada, às vezes carregando entulho. Em qualquer lugar em que trabalhava, todos sabiam que ele devia ser informado de qualquer dificuldade incomum. Apesar do trabalho árduo, experimentavam por vezes momentos de alegria. Havia um convertido originário dos Bani Damrah, que fazia parte da Gente do Banco que morava na Mesquita, que era um homem de grande devoção, mas nada favorecido de aparência; ele recebera de seus pais o nome de Ju'ayl, que também significa "besourinho". Há pouco tempo, o Profeta mudara seu nome para 'Amr, que significa "vida", "bem-estar espiritual", ou "via da religião", e a visão do damrita cavando o fosso inspirou um dos Emigrantes a compor estes versos:

> Seu nome ele mudou de Ju'ayl para 'Amr,
> e o pobre homem deu sua ajuda neste dia!

Ele repetiu estes versos para 'Amr, e os que o ouviram os repetiram até se tornarem uma canção, pontuada de risadas. O Profeta só juntou sua voz à dos demais nas palavras: "'Amr" e "ajudou", acentuando-as cada vez com mais ênfase, e pouco a pouco reconduziu os fiéis a uma outra canção:

> Senhor, sem Ti jamais teríamos direção,
> Não daríamos esmolas, ou faríamos Tua prece.
> Derrama serenidade sobre nós,
> Dá firmeza a nossos pés para o encontro.
> O inimigo nos oprimiu e nos quis perverter,
> Mas nós os rechaçamos.[1]

O primeiro apelo por ajuda veio de Jābir que, ao cavar o solo, alcançou uma rocha da qual ninguém conseguia tirar sequer uma lasca. O Profeta pediu que lhe trouxessem um pouco de água e, cuspindo no recipiente, recitou uma prece e borrifou a rocha com a água; depois disso, conseguiram despedaçá-la e removê-la como se fosse um banco de areia.[2] Noutro dia, foram os Emigrantes que precisaram de ajuda. Após muitas tentativas vãs de quebrar e extrair uma rocha em seu caminho, 'Umar foi buscar o

---

[1] al-Wāqidī 448-9; Ibn Sa'd II/1, 51.

[2] Ibn Isḥāq 671.

Profeta, que tomou a pá em suas mãos e golpeou a rocha; então, um fulgor como o de um relâmpago saiu da pedra e resplandeceu sobre a cidade e em direção ao sul. O Profeta desferiu mais um golpe, e novamente se produziu um relâmpago que se estendeu em direção a Uḥud e ao norte. Um terceiro golpe fendeu a rocha em numerosos pedregulhos, e outro relâmpago iluminou o leste. Salmān viu as três luzes e perguntou sobre seu significado ao Profeta, que respondeu: "Viste, Salmān? Na primeira luz, vi os castelos do Iêmen; na segunda, vi os castelos da Síria; e na terceira, vi o palácio branco de Kisrah,* em Madā'in. Com a primeira, Deus me abriu o Iêmen; com a segunda, abriu-me a Síria e o Ocidente; e com a terceira, abriu-me o Oriente".[1]

A maioria dos que trabalhavam nas trincheiras não recebia alimentação suficiente, e o trabalho árduo aumentava os clamores de fome. Jābir, em particular, no dia em que pediu ajuda ao Profeta, ficara espantado com sua esqualidez. Naquela tarde, ele pediu à sua mulher que preparasse uma refeição para o Profeta. "Não temos nada além desta ovelha e uma medida de cevada", ela respondeu. Sacrificaram, então, a ovelha e, no dia seguinte, assaram-na, e com a cevada fizeram um pouco de pão. Ao terminar mais um dia de trabalho, quando já havia escurecido, Jābir foi ao encontro do Profeta, que acabara de chegar do trabalho no fosso, e o convidou a partilhar de sua refeição. "O Profeta colou a palma de sua mão à minha", relatou Jābir, "e entrelaçou seus dedos nos meus. Eu queria convidá-lo, sozinho, mas ele ordenou que outro anunciasse: 'Vinde com o Mensageiro de Deus à casa de Jābir. Respondei, pois Jābir vos convida'." Ao escutá-lo, Jābir recitou o versículo recomendado aos crentes em circunstâncias adversas: "Em verdade, nós viemos de Deus, e, em verdade, a Ele retornaremos", e partiu ao encontro da esposa. "Quem os convidou, tu ou o Profeta?", ela lhe perguntou. "Foi ele", respondeu Jābir. "Então, que venham, pois o Profeta sabe mais!", ela disse. As tigelas foram colocadas diante do Profeta, que as abençoou pronunciando o nome de Deus, e só então começou a comer. Dez comensais haviam chegado com o Profeta; então, saciados, eles se retiraram e foram substituídos por outros dez. E isto se repetiu até que

---

* Kisrah, ou Chosroes, é o nome de três reis sassânidas da Pérsia pré-islâmica, que, como o nome César, passou a designar o título de soberano. (N.T.)

[1] al-Wāqidī 450.

todos que haviam trabalhado nas trincheiras estivessem satisfeitos. Terminada a refeição, ainda restavam pedaços de ovelha e de pão.[1]

Noutro dia, o Profeta viu uma menina, a sobrinha de ʻAbd Allāh ibn Rawāḥah, entrar no campo de trabalho com um pequeno bornal nas mãos e a chamou. A menina, depois, relatou: "Quando contei ao Mensageiro de Deus que levava algumas tâmaras a meu pai e meu tio, ele pediu-me que lhe desse as frutas. Eu o atendi e suas mãos não ficaram cheias. Depois, pediu que lhe trouxesse um manto qualquer e o estendesse diante dele; então, o Profeta espalhou as tâmaras sobre superfície e chamou todos que estavam próximos. Os trabalhadores chegavam e se serviam, e a provisão de tâmaras não findava e até aumentava, tanto que o manto permaneceu coberto de tâmaras, mesmo depois dos homens terem retornado ao trabalho".[2]

---

[1] Ibn Isḥāq 672; al-Wāqidī 452. [2] Ibn Isḥāq 672.

60 O cerco

Após o sexto dia, mal haviam terminado de cavar a trincheira, chegaram notícias de que o exército Quraysh já descia o vale de ʿAqīq e se aproximava pelo sudoeste da cidade, enquanto os Ghaṭafān e as outras tribos do Najd vinham do leste e já estavam em Uḥud. Todas as habitações isoladas fora do oásis foram evacuadas e seus ocupantes realojados no interior das muralhas. Segundo instruções do Profeta, um lugar determinado foi atribuído a cada mulher e a cada criança em quartos nos andares superiores das fortalezas. O Profeta, em seguida, montou acampamento com seus homens, cerca de três mil no total, no local previamente escolhido. Sua tenda de cor vermelha foi erguida aos pés do Monte Salʿ; ʿĀ'ishah, Umm Salamah e Zaynab se revezariam em sua companhia.

O exército mequense e seus aliados se estabeleceram em acampamentos separados não muito longe de Uḥud e, para seu pesar, constataram que as plantações do oásis já haviam sido colhidas. Seus camelos, então, só tinham as acácias do vale de ʿAqīq para ruminar, enquanto os dos Ghaṭafān, tinham como pastagem duas espécies de tamarindos das zonas cerradas que cresciam na planície, perto de Uḥud. Já para os cavalos dos dois exércitos, os agressores dispunham apenas da forragem trazida na viagem. Era, portanto, absolutamente necessário derrotar o inimigo o mais rápidamente possível e, com essa intenção, avançaram em direção a Medina. Abū Sufyān era o comandante-em-chefe dos mequenses, mas ele havia ordenado que cada chefe de tribo teria seu turno de honra comandando as operações. Khālid e ʿIkrimah estavam de novo à frente da cavalaria mequense, e ʿAmr fazia parte da tropa de Khālid. Ao se aproximar, ficaram animados ao avistar o acampamento muçulmano montado fora da cidade. Desde o início, temiam que o inimigo se entrincheirasse nas fortalezas, mas, em campo aberto, a simples superioridade numérica deveria garantir-lhes uma vitória esmagadora. No entanto, estando mais próximos, descobriram, estupefatos, que um largo fosso se interpunha entre eles e uma fileira de arqueiros que se alinhava ao longo do outro lado da trincheira. Seria muito difícil para seus cavalos chegar até o fosso e, mais ainda, vencer o obstáculo até o outro lado. Foi então que uma chuva de flechas os informou de que já estavam ao alcance do inimigo, o que os obrigou a retroceder para uma distância segura.

O resto do dia, eles passaram em reuniões e conselhos de guerra, até finalmente decidirem que a melhor possibilidade consistia em forçar os muçulmanos a deslocar grande parte de suas tropas do norte da cidade para reforçar suas defesas em outros pontos. Se o fosso estivesse desguarnecido, não seria muito difícil atravessá-lo. Pensaram, então, nos Bani Qurayẓah, cujas fortalezas bloqueavam o caminho para Medina pelo sudeste. Conforme combinado, Ḥuyay, dos Bani Naḍīr, viera de Khaybar para se juntar às tropas, e insistiu com Abū Sufyān para ser seu embaixador junto a seus correligionários judeus, assegurando-lhe de que conseguiria convencê-los a romper o pacto firmado com Muḥammad; assim, com seu apoio, seria possível atacar a cidade simultaneamente de duas direções. Abū Sufyān ficou entusiasmado com a proposta e exortou Ḥuyay a agir sem demora.

Os Bani Qurayẓah temiam e suspeitavam de Ḥuyay, e o consideravam um portador de má sorte, um homem nefasto que já atraíra a desgraça para seus compatriotas e que faria o mesmo com eles se o permitissem. Eles o temiam ainda mais porque era um obstinado, com um poder de persuasão impressionante difícil de sobrepujar. De fato, quando queria alguma coisa, empenhava-se em vencer toda oposição e não descansava até alcançar seu objetivo. Ele se dirigiu à fortaleza de Ka'b ibn Asad, o chefe dos Qurayẓah, aquele mesmo que firmou o pacto com o Profeta, e à porta anunciou o próprio nome. Ka'b de início recusou-se a abrir. "Maldito sejas, Ka'b, deixa-me entrar!", exclamou Ḥuyay. – "Maldito sejas, Ḥuyay!", replicou Ka'b, sabendo o que o outro queria. "Fiz um pacto com Muḥammad e não o romperei!" – "Deixa-me entrar", recomeçou Ḥuyay, "e conversemos um pouco!" – "Não!", replicou Ka'b. Enfim, como Ḥuyay começou a acusá-lo de não o deixar entrar porque lhe repugnava dividir sua comida com ele, Ka'b ficou tão irritado que abriu a porta. "Maldito sejas, Ka'b!", disse

Ḥuyay, "trago-te uma glória sem-fim e um poder semelhante a um mar enfurecido. Trago-te a força dos Quraysh, dos Kinānah e dos Ghaṭafān, assim como de seus chefes e seus senhores, dez mil homens guarnecidos por mil cavalos. Eles juraram que não terão descanso enquanto não extirparem da terra Muḥammad e todos que o seguem. Desta vez, Muḥammad não escapará." – "Por Deus!", respondeu Ka'b, "tu me trouxeste a vergonha eterna – uma nuvem sem água, só trovões e relâmpagos, nada mais. Maldito sejas, Ḥuyay, vai e deixa-me em paz!" Vendo que perdia terreno, Ḥuyay pôs-se a falar com sua língua eloquente das grandes vantagens que viriam para todos eles se a nova religião fosse aniquilada. Por fim, proferiu o nome de Deus num juramento solene: "Se os Quraysh e os Ghaṭafān voltarem a seus territórios sem derrotar Muḥammad, entrarei contigo em sua fortaleza e meu destino será o teu!". Esse último argumento convenceu Ka'b de que não havia para o Islām qualquer possibilidade de sobrevivência, e aceitou renegar o pacto que seu povo assinara com o Profeta. Ḥuyay pediu para ver o documento e, após lê-lo, rasgou-o em dois. Ka'b foi contar aos membros de sua tribo o que sucedera. "Que vantagem é essa?", perguntaram-lhe, "de, no caso de morreres, que Ḥuyay morra contigo?" E foi assim que a decisão tomada por Ka'b encontrou logo de início uma viva oposição. Entre os Bani Qurayẓah vivia Ibn al-Hayyabān, um ancião judeu da Síria, que viera ao encontro do Profeta anunciado, ao qual anos antes descrevera e cuja vinda imeminente predissera. Muitos judeus Qurayẓah sentiam que Muḥammad tinha de ser o homem, mesmo que poucos estivessem dispostos a considerar um profeta que não fosse judeu, e menos ainda fossem capazes de compreender a gravidade de se opor a um mandatário divino, judeu ou gentio. A maioria deles se opunha simplesmente a desonrar um pacto político; mas quando alguns hipócritas trouxeram notícias que confirmavam o que Ḥuyay dissera, e alguns Qurayẓah foram ver por si mesmos as forças invasoras, a opinião geral começou a pender a favor dos Quraysh e seus aliados. De fato, era uma visão impressionante: olhando desde Medina, a planície do outro lado fosso fervilhava de cavalos e de homens até onde os olhos pudessem alcançar.

Enquanto isso, Khālid e 'Ikrimah examinavam as trincheiras, ainda que a certa distância, para determinar em que ponto poderiam ser mais facilmente transpostas. "Que tipo de artifício é esse?", exclamavam exasperados, "jamais os árabes recorreram a tais astúcias. Certamente há um persa entre eles." Para sua decepção, puderam constatar que o trabalho fora muito bem executado, menos num pequeno trecho onde o fosso era um pouco mais estreito, mas muito bem guarnecido. Uma ou duas tentativas de cruzá-lo fracassaram. Jamais os cavalos defrontaram obstáculo semelhante, e refugavam violentamente diante dele. A situação poderia mudar, mas, naquele momento, o combate deveria limitar-se à troca de flechas.

A notícia da quebra do pacto pelos Bani Qurayẓah não tardou a se espalhar. Na verdade, não se sabia de que parte as notícias vinham, pois muitos hipócritas estavam indecisos quanto a que partido tomar, prontos para trair os segredos de qualquer um dos dois lados. ʻUmar foi o primeiro dos Companheiros a compreender que os judeus eram um inimigo em potencial. Ele foi encontrar o Profeta, que estava sentado em sua tenda em companhia de Abū Bakr. "Ó Mensageiro de Deus", disse-lhe, "contaram-me que os Bani Qurayẓah romperam seu tratado e que estão em guerra conosco." O Profeta ficou visivelmente perturbado com a notícia e enviou Zubayr para verificar sua veracidade. Desejoso de evitar que os Auxiliares se sentissem excluídos dessa missão, chamou Usayd e os dois Saʻd – o dos Aws e o dos Khazraj – e lhes disse: "Ide ver se é verdade. Se for falso, dizei-o claramente, mas se for verdade, fazei-me sabê-lo de modo sutil". Os três homens chegaram à fortaleza dos Qurayẓah pouco tempo depois de Zubayr e constataram que, de fato, o pacto fora rompido. Eles clamaram por Deus para que seus antigos aliados revissem sua decisão, antes que fosse tarde demais, mas os judeus lhes lançaram esta resposta: "Quem é o Mensageiro de Deus? Não há nenhum pacto entre nós e Muḥammad, nem acordo nenhum". Foi em vão que os emissários relembraram o destino dos Bani Qaynuqāʻ e dos Bani Naḍīr. Kaʻb e os outros estavam por demais confiantes na vitória dos Quraysh para querer escutar; então, percebendo que gastavam palavras e tempo, voltaram ao Profeta, e lhe disseram: "ʻAḍal e Qārah", os nomes das duas tribos que haviam traído Khubayb, entregando-o aos homens de Hudhayl. O Profeta compreendeu e glorificou o Senhor: "*Allāhu Akbar*! Deus é Maior! Regozijai-vos, ó muçulmanos!".

Agora era necessário reduzir o efetivo das tropas junto à trincheira e manter uma guarnição no interior da cidade, e o Profeta enviou uma centena de homens para a vigiar a retaguarda. Então, ele foi informado de que Ḥuyay encorajara os Quraysh e os Ghaṭafān a enviar, à noite, mil homens de cada tribo às fortalezas dos Qurayẓah, e, de lá, lançar um ataque ao centro de Medina para tentar romper as fortificações dos muçulmanos e tomar suas mulheres e crianças como reféns. A noite do ataque foi mais de uma vez adiada, por razões diversas, e o plano jamais foi concretizado; ainda assim, tão logo soube do intento, o Profeta enviou Zayd com uma tropa de trezentos cavaleiros para patrulhar as ruas todas as noites, que passavam em vigília glorificando a Deus, fazendo parecer que a cidade era guardada por um grande exército.

Embora, no acampamento, os cavalos não fossem necessários, a ausência dos cavaleiros era sentida, pois as trincheiras tinham de ser guardadas dia e noite, o que obrigava os muçulmanos a aumentar o turno de cada homem. Com o passar dos dias, a tensão aumentava, com Khālid e 'Ikrimah e seus cavaleiros sempre esperando por um descuido. Somente uma vez eles conseguiram atravessar a trincheira, quando 'Ikrimah percebeu que o setor mais estreito estava momentaneamente desprotegido. Ele fez seu cavalo saltar sobre o fosso, seguido por três de seus cavaleiros. Porém, quando um quarto, terminava de atravessar a trincheira, 'Alī e seus homens já haviam voltado ao setor, tornando-o novamente inexpugnável e impedindo a retirada dos cavaleiros que já haviam atravessado o fosso, deixando-os completamente encurralados. 'Amr, um dos invasores, lançou um desafio para o combate individual, ao que 'Alī prontamente se ofereceu, mas 'Amr se recusou, dizendo: "Detestaria matar alguém como tu, pois teu pai e eu fomos companheiros inseparáveis. Recua, pois não és mais que um fedelho imberbe". Mas 'Alī insistiu no desafio; então, 'Amr desceu do cavalo e os dois avançaram um sobre o outro, sendo envolvidos por uma nuvem de poeira que os ocultou da vista de todos. Não tardou até que se ouvisse a voz de 'Alī clamando louvores a Deus, e todos compreenderam que 'Amr fora morto ou ferido. Enquanto isso, 'Ikrimah e seus companheiros aproveitaram a distração criada pelo duelo para arremeter contra o outro lado da trincheira, mas Nawfal, do clã dos Makhzūm, errou o salto e caiu com seu cavalo no fosso. Sob uma chuva impiedosa de pedras, ele gritava: "Ó árabes, a morte é melhor que isto!". Então, os muçulmanos desceram e deram fim à sua vida.

Embora frustrada a primeira tentativa, a travessia do fosso mostrava-se, agora, uma possibilidade a ser considerada, e vários ataques foram lançados no dia seguinte, em diferentes pontos da trincheira, antes mesmo do alvorecer. O Profeta exortou os crentes e lhes prometeu a vitória, desde que fossem perseverantes; e eles permaneceram firmes, apesar do cansaço das longas vigílias. A localização do acampamento fora bem escolhida, pois o aclive que dava acesso ao Monte Sal' era consideravelmente mais alto e mais íngreme que o terreno mais próximo. Depois de várias tentativas de, em vão, avançar contra a trincheira, o inimigo voltou a limitar-se aos ataques dos arqueiros, como nos dias anteriores. Até aquele momento, apenas Sa'd ibn Mu'ādh fora ferido por uma flecha que lhe atingiu uma veia do braço; nas linhas inimigas, a única morte fora a do cavaleiro que caíra no fosso, além de alguns cavalos dos qurayshitas e ghaṭafānitas.

Chegara a hora da prece do meio-dia [*aẓ-ẓuhr*], mas nenhum muçulmano saiu de seu posto ou se descuidou sequer um instante da vigilância, e, passada a hora de costume, alguns crentes que estavam perto do Profeta observaram: "Ó Mensageiro de Deus, nós não fizemos nossa prece" – fato óbvio naquele momento, mas muito perturbador, uma vez que isso jamais ocorrera desde o início do Islām. A resposta do Profeta tranquilizou-os um pouco: "Tampouco eu, por Deus". A hora da prece da tarde [*al-'aṣr*] chegou e se foi com o pôr-do-sol, e o inimigo atacava continuamente. Somente depois da última luz extinguir-se no oeste, os combatentes retornaram a seus acampamentos. Quando o inimigo desapareceu do campo de batalha, o Profeta se retirou da trincheira, deixando Usayd e alguns homens como sentinelas, enquanto ele conduzia os demais nas quatro preces que tinham por fazer. Súbito, naquela mesma noite, Khālid reapareceu com um destacamento de cavaleiros na esperança de encontrar a trincheira desguarnecida, mas Usayd e seus arqueiros os repeliram.

Foi então que chegou outra Revelação que se referia à permanente tensão daqueles dias: "e quando, de terror, vossos olhares se desviam e perdem a firmeza, e vossos corações sobem às vossas gargantas, e tendes, sobre Deus, estranhos pensamentos, aí, então, os crentes terão sido testados e estremecidos por veemente estremecimento".[1]

Entre os muçulmanos, muitos começaram a se perguntar quantos dias mais poderiam aguentar naquelas condições. A comida já era escassa, as noites excepcionalmente frias, e muitos – de fé débil e dúbia – estavam acovardados pela fome, frio e falta de sono, a ponto de se unirem aos hipócritas, que, por sua vez, não cessavam de difundir o desânimo, afirmando ser impossível resistir a tamanho inimigo com apenas um fosso como

---

[1] Corão, 33:10-11.

proteção, e que deveriam, pois, abandonar a trincheira e refugiar-se dentro dos muros da cidade. Por outro lado, a fé dos verdadeiros crentes se fortaleceu pelas privações, e estes foram exaltados pela Revelação, pois, nos momentos de maior aflição, ao avistar a multidão dos clãs contra os quais lutariam, disseram: "Isto é o que Deus e Seu Profeta nos prometeram. E Deus e Seu Mensageiro disseram a verdade". A Revelação dizia ainda: "E isso não lhes acrescentou senão fé e submissão".[1] Assim haviam falado recordando um versículo revelado ao Profeta dois ou três anos antes: "Pensais que entrareis no Paraíso, enquanto ainda não vos chegaram provações iguais às dos que foram antes de vós? A aflição e o infortúnio os tocaram e foram estremecidos a tal ponto que o Profeta e os que creram com ele disseram: 'Quando chegará a ajuda de Deus?'. Ora, por certo, o socorro de Deus está próximo".[2]

O Profeta estava ciente de que, no ânimo de muitos de seus homens, a capacidade de resistência estava a ponto de esgotar-se. Por outro lado, também sabia que conforme os dias passavam, o inimigo igualmente sentia a angústia causada pelas privações. Então, Muḥammad encontrou um meio de enviar em segredo uma carta a dois chefes dos Ghaṭafān, oferecendo-lhes um terço da colheita anual de tâmaras de Medina, para que abandonassem o cerco. Os chefes então responderam: "Dai-nos a metade da colheita". O Profeta se recusou a aumentar a oferta, e eles acabaram por aceitar um terço. Muḥammad convocou 'Uthmān para que elaborasse um tratado de paz a ser assinado entre os muçulmanos e os Ghaṭafān; logo depois, convocou também os dois Sa'd à sua tenda – um deles, o chefe dos Aws, tinha o braço ferido e enfaixado – para contar-lhes seu plano. Eles disseram: "Mensageiro de Deus, isto é algo que tu queres que façamos ou é o que Deus ordenou e tem de ser feito? Ou é algo que fazes por nossa causa?". O Profeta então lhes respondeu: "É algo que faço por vós, e, por Deus, não o faria se não visse que os árabes se uniram contra vós, e vos tem atacado por todos os lados; com tal argúcia, espero acabar com esta ofensiva". Mas o Sa'd ferido respondeu ao Profeta: "Ó Mensageiro de Deus, nós e estas pessoas acreditávamos em deuses junto a Deus, adorávamos ídolos e não a Deus verdadeiramente, nem O conhecíamos. Esses inimigos não tinham a esperança de comer sequer uma tâmara nossa, salvo como convidados ou

[1] Corão, 33:22 [2] Corão, 2:214

pelo comércio. E agora que Deus nos deu o Islām, guiou-nos e fortaleceu-nos contigo e com a Revelação, vamos entregar-lhes nossos bens? Por Deus, não lhes daremos nada mais que a espada, até que Ele decida entre nós". – "Que seja como quereis", respondeu o Profeta, e Sa'd pegou o cálamo e o pano fino de 'Uthmān, e riscou o que fora escrito, dizendo: "Fazei o que quiserdes!".[1]

As negociações, que afinal não se concretizaram, haviam sido mantidas com os chefes dos dois clãs, Fazārah e Murrah. O terceiro aliado dos Quraysh da tribo Ghaṭafān era o clã Ashja', ao qual pertencia Nu'aym, o homem que Abū Sufyān e Suhayl subornaram para tentar dissuadir os muçulmanos de manter a promessa de travar a segunda batalha de Badr com os mequenses. Sua permanência em Medina afetara-o profundamente; agora, com sentimentos confusos, deveria apoiar com seu clã os idólatras qurayshitas. Sua admiração pelos homens da nova religião fora reforçada por sua bravura ante um exército três vezes maior e mais forte. Então, chegou o momento em que, como ele próprio disse, "Deus lançou o Islām em meu coração"; e naquela noite – quase que imediatamente depois de malogrado o projeto de um pacto em separado com os ghaṭafānitas – ele se dirigiu a Medina e depois ao acampamento, onde pediu para ver o Profeta. "O que te trouxe aqui, Nu'aym?", perguntou-lhe o Profeta; ao que ele respondeu: "Vim para declarar minha fé na tua palavra e testemunhar que tu trouxeste a Verdade. Estou às tuas ordens, ó Mensageiro de Deus, ordena-me e eu realizarei teu comando. Meu povo e alguns outros nada sabem sobre meu Islām". – "Com todo o poder que tiveres", replicou o Profeta, "semeia entre eles a inimizade". Nu'aym lhe pediu permissão para mentir e Muḥammad declarou: "Diz o que quiseres, contanto que seja para afastá-los de nós, porque guerra é astúcia e engano".[2]

Nu'aym voltou para a cidade e se dirigiu aos Bani Qurayẓah, que o receberam como a um velho amigo e lhe ofereceram comida e bebida. "Não vim para isso", disse-lhes, "mas para avisá-los de meus temores por vossa segurança e dar-lhes meu conselho". Então, alertou-os de que, caso os Quraysh e os Ghaṭafān falhassem em infligir uma derrota definitiva a seu inimigo, retornariam para casa e deixariam os judeus à mercê de Muḥammad e seus seguidores. Eles deviam, portanto, recusar-se a combater pelos

[1] Ibn Isḥāq 676. [2] Ibn Isḥāq 681; al-Wāqidī 480-1.

Quraysh, até que estes lhes entregassem alguns eminentes qurayshitas como reféns, em garantia de que não bateriam em retirada até que o inimigo fosse subjugado. Seu conselho foi aceito com entusiasmo pelos Bani Qurayẓah, que se viam cada vez mais aflitos pelos mesmos temores. Concordaram em fazer o proposto por Nu'aym, e prometeram nada dizer a seu povo nem aos Quraysh que fora ele quem lhes dera o conselho.

Então, Nu'aym foi ver Abū Sufyān, outrora seu amigo, dizendo-lhe, e aos chefes qurayshitas que estavam com ele, que tinha uma informação muito importante e somente a comunicaria com a condição – que eles prontamente aceitaram – de que não dissessem a ninguém que fora ele o informante. "Os judeus lamentam pelo tratamento que tem sido dado a Muḥammad", disse-lhes, "e foram até ele, dizendo: 'Arrependemo-nos do que fizemos; acaso te agradaria se tomássemos como reféns alguns líderes qurashytas e ghaṭafānitas e os entregássemos a ti para que lhes cortes as cabeças? Assim, lutaríamos contigo contra os que restassem'. E Muḥammad concordou. Assim, se os judeus pedirem alguns de vossos homens como reféns, não lhes deis nenhum." Em seguida, Nu'aym dirigiu-se ao seu povo e a outros clãs Ghaṭafān e contou-lhes o mesmo que contara aos Quraysh.

Após consultá-lo, os líderes dos dois exércitos invasores decidiram nada dizer a a Ḥuyay naquele momento, mas sim tirar a prova do que Nu'aym lhes dissera. Então, enviaram 'Ikrimah aos Bani Qurayẓah com a seguinte mensagem: "Ficai prontos para lutar amanhã, para nos livrarmos de uma vez por todas de Muḥammad". – "Amanhã é sabá, e, de qualquer forma, não lutaremos ao vosso lado contra Muḥammad a não ser que nos entregueis reféns em garantia até que tenhamos acabado com ele, pois tememos que, caso a batalha vos seja adversa, deserteis para vossa terra, abandonando-nos aqui com esse homem, que não podemos enfrentar sozinhos." Quando esta mensagem lhes chegou aos ouvidos, os Quraysh e os Ghaṭafān disseram: "Por Deus, o que Nu'aym nos contou é realmente verdade", e enviaram outra mensagem aos Bani Qurayẓah dizendo que não lhes dariam um homem sequer, e exigindo que obedecessem às ordens para lutar, ao que os judeus responderam que não combateriam enquanto não tivessem os reféns como garantia.

Abū Sufyān dirigiu-se então a Ḥuyay e disse: "Onde está a ajuda que nos prometestes de teu povo? Desertastes e agora pretendeis nos trair". – "Pela Torá, não!", disse Ḥuyay, "o sabá é hoje e não podemos quebrá-lo.

Mas domingo eles lutarão como um fogo devastador contra Muḥammad e seus Companheiros". Mas tão logo Abū Sufyān falou-lhes sobre a exigência dos reféns, Ḥuyay ficou visivelmente desconcertado, e Abū Sufyān, interpretando sua reação como um sinal de culpa, disse: "Juro por al-Lāt que isso não é senão traição, de teu povo e tua, pois creio que participas da traição de teu povo". – "É claro que não", replicou Ḥuyay, "pela Torá que foi revelada a Moisés no dia do Monte Sinai, não sou um traidor." Mas, Abū Sufyān não estava convencido, e, temendo por sua vida, Ḥuyay deixou o acampamento para a fortaleza dos Bani Qurayẓah.

Quanto às relações entre os Quraysh e as tribos do Najd, não foi necessária nenhuma ação por parte de Nu'aym para desestabilizá-las. Quase duas semanas se passaram sem que nenhum resultado fosse alcançado. As provisões de ambos os exércitos estavam quase no fim, e mais e mais cavalos e camelos morriam diariamente pela fome, pelas flechas, ou ambas de uma vez. Os Quraysh não podiam deixar de perceber que os Ghaṭafān e outros beduínos eram, no melhor dos casos, aliados pouco dispostos. Eles participavam da campanha muito mais pelas esperanças do butim do que pela hostilidade em relação à nova religião, e as esperanças que os atraíram ao oásis de Yathrib revelavam-se totalmente vãs. De boca em boca, as recriminações e mútua desconfiança cresciam entre os dois exércitos invasores. Assim, a campanha fracassara virtualmente, até que o Céu estampou sobre ela o selo final do fracasso.

Por três dias, depois das orações habituais, o Profeta suplicou: "Ó Deus, Revelador do Livro, o Justo e imediato no acerto de contas, faz que os confederados fujam, que fujam e estremeçam".[1] E quando tudo terminou, o seguinte versículo foi revelado: "O vós que credes! Lembrai-vos da graça de Deus para convosco, quando um exército vos atacou, então, enviamos contra eles um vento e um exército de anjos, que não podíeis ver".[2]

Por vários dias o clima se mantivera excepcionalmente frio e úmido, mas agora um vento cortante soprava do leste, trazendo torrentes de chuva, que obrigaram todos os homens procurar abrigo. Caiu a noite e uma tempestade despencou sobre a planície. O vento alcançou a força de um tufão, e o que o vento não fez, fizeram mãos invisíveis. Nos dois acampamentos

---

[1] Ibn Sa'd II/1, 53; al-Wāqidī 487.

[2] Corão, 33:9.

dos invasores, nenhuma tenda permaneceu em pé e nenhum fogo aceso, e os homens tiritavam e se encolhiam no chão de frio, aconchegando-se uns aos outros em busca de algum calor.

O acampamento muçulmano estava um tanto resguardado do vento, e nenhuma de suas tendas foi derrubada. Mas a crueldade da intempérie impregnava o ar, o que, juntamente com toda a tensão acumulada pelo cerco, reduziu os crentes a uma fraqueza de ânimo até então impensável. O Profeta orou até o cair da noite, e depois foi até os homens que estavam próximos de sua tenda. Um deles, Ḥudhayfah, filho de Yamān, contou mais tarde o ouviram o Profeta dizer: "Qual de vós se levantará para ver o que aconteceu ao inimigo, e depois voltar para nos contar? Por aquele que o fizer, pedirei a Deus que seja meu companheiro no Paraíso". Mas não houve resposta. "Estávamos tão amedrontados", contou Ḥudhayfah, "e paralisados pelo frio e pela fome que ninguém conseguiu mover-se." Quando o Profeta viu que não haveria nenhum voluntário, ele chamou Ḥudhayfah, que se levantou e foi até ele, impelido por ter sido o escolhido entre todos. "Não pude evitar levantar-me", disse, "quando ouvi meu nome em seus lábios". – "Vai", disse o Profeta, "caminha entre eles, observa o que lhes aconteceu e o que fazem; não faças mais nada até aqui retornares." – "Então fui", disse Ḥudhayfah, "e fiquei entre eles, enquanto o vento e a hoste de Deus faziam seu trabalho". E contou como penetrara facilmente em seu acampamento e abriu passagem entre os qurayshitas encolhidos, até que se aproximou do lugar onde seu líder estava sentado. Passaram aquela noite paralisados pelo frio, e logo que amanheceu, quando o vento diminuiu, Abū Sufyān exclamou em voz alta: "Homens de Quraysh, nossos cavalos e camelos estão morrendo; os Bani Qurayẓah falharam conosco, e fomos informados de que nos pretendem trair; e ainda somos castigados por esse vento que nossos olhos mal podem ver. Parti, então, deste lugar, porque daqui eu me vou". Com estas palavras ele montou seu camelo, tão ávido por partir que se esqueceu de desatar os arreios, o que só fez depois que o animal foi forçado a se levantar com três patas. Mas 'Ikrimah lhe disse: "Tu és o líder e chefe de teu povo. Tão depressa nos abandonas, deixando os homens para trás?". Envergonhado, Abū Sufyān fez mais uma vez seu camelo ajoelhar-se e apeou. O exército desmontou seu acampamento e então partiu, e Abū Sufyān aguardou até que a maioria de seu exército estivesse em marcha. Só então ele partiu, depois de combinar com Khālid e 'Amr que deveriam proteger a retaguarda com um destacamento de duzentos cavaleiros. Enquanto esperavam, Khālid disse: "Qualquer homem sensato sabe agora que Muḥammad não mentiu", mas Abū Sufyān o interrompeu, dizendo: "Tu tens menos direito que qualquer outro a dizer isto". – "Por quê?", replicou Khālid, e ele respondeu: "Porque Muḥammad desprezou a honra de teu pai e matou o chefe de teu clã, Abū Jahl".

Assim que ouviu a ordem de retirada, Ḥudhayfah se dirigiu ao acampamento dos Ghaṭafān, mas encontrou o lugar deserto; o vento também havia corroído sua resistência e já se encontravam no caminho de Najd. Ao retornar ao acampamento muçulmano, encontrou o Profeta em pé fazendo uma oração, protegido do frio pelo manto de uma de suas esposas. "Assim que me viu", disse Ḥudhayfah, "pediu que me sentasse a seu lado, junto a seus pés, e jogou a ponta do manto sobre mim. Logo, comigo assim envolto em seu manto, ele fez a inclinação e as prosternações da prece, e quando pronunciou a saudação final de paz, contei-lhe o ocorrido".[1]

Bilāl fez o chamado para a oração do amanhecer; quando terminaram, a luz ainda tênue do novo dia revelou o vazio da planície que estava além do fosso. O Profeta anunciou que todos os homens podiam voltar para casa, e a maioria deles seguiu rapidamente para a cidade. Mas ele temia que os confederados tivessem deixado espiões, ou mesmo que os Bani Qurayẓah estivessem observando e persuadissem o inimigo a retornar, avisando que a trincheira não estava mais protegida. Por isso, o Profeta enviou Jābir e ʻAbd Allāh, filho de ʻUmar, para seguirem seus Companheiros que já haviam partido e chamá-los de volta. Os dois saíram atrás deles, então, gritando a plenos pulmões, mas nenhum homem virou-se para trás. Jābir seguiu os Bani Ḥārithah por todo o caminho de volta e ficou um tempo gritando-lhes do lado de fora de suas casas, mas ninguém saiu para atendê-lo. Quando finalmente ele e ʻAbd Allāh voltaram para junto do Profeta para contar-lhe seu completo fracasso, Muḥammad riu e partiu de volta para a cidade com seus Companheiros que o esperavam para escoltá-lo.

[1] Ibn Isḥāq 683-4; al-Wāqidī 488-90.

61 Bani Qurayẓah

Os muçulmanos só desfrutaram de algumas horas de repouso. Depois de cumprida a prece do meio-dia, Gabriel se apresentou ao Profeta. Ele estava esplendidamente vestido, com um turbante de brocado de ouro e prata, e um lenço de veludo bordado jogado sobre a sela da mula que montava. "Depuseste tuas armas, ó Mensageiro de Deus", disse-lhe, "mas os anjos não depuseram as suas; estou voltando agora da perseguição ao inimigo. Em verdade, ó Muḥammad, Deus em sua Onipotência e Majestade ordena que avances contra os filhos dos Qurayẓah. Neste momento, estou indo até eles para fazer suas almas estremecerem."[1]

O Profeta ordenou que ninguém fizesse a prece da tarde antes de cercar ao território dos Qurayẓah. O estandarte foi entregue a 'Alī e, antes do pôr-do-sol, todas as fortificações judias estavam cercadas pelo mesmo exército de três mil homens que enfrentara os Quraysh e seus aliados na trincheira.

O assédio durou vinte e cinco noites, ao fim das quais os Qurayẓah enviaram uma mensagem ao Profeta pedindo-lhe que os deixassem consultar Abū Lubābah. Como os Bani Naḍīr, os Bani Qurayẓah foram durante muito tempo aliados dos Aws, e Abū Lubābah era awsita e um dos principais contatos com sua tribo. A pedido do Profeta, ele foi até os Qurayẓah para ver o que queriam, e, lá chegando, viu-se acossado por mulheres e crianças chorosas e famintas, de modo que a severidade de seu julgamento foi abrandada. Quando os Qurayẓah lhe perguntaram se deveriam submeter-se a Muḥammad, ele respondeu afirmativamente, mas, ao mesmo tempo, apontando o dedo para a garganta, como se quisesse adverti-los de que

---

[1] Ibn Isḥāq 684.

a submissão significava seu massacre. Esse gesto contradizia sua própria resposta afirmativa, e poderia ter prolongado o cerco ainda mais. Porém, tão logo fez o gesto, um forte sentimento de culpa veio somar-se ao remorso que já sentia por aquela ocasião em que se recusara a dar a tamareira a um órfão, que estava sob sua guarda, contrariando o pedido do Profeta.[1] Ele contaria depois: "Meus pés não haviam ainda deixado o recinto em que me encontrava, quando me dei conta de ter traído o Mensageiro de Deus". Seu rosto mudou de cor e ele recitou o versículo: "Em verdade viemos de Deus e em verdade a Ele retornaremos". – "O que te atormenta?", perguntou-lhe Ka'b. – "Atraiçoei Deus e Seu Mensageiro", respondeu Abū Lubābah. E, enquanto descia do andar superior em que se dera a conversa, levou a mão à barba molhada pelas lágrimas que vertia. Sentia-se incapaz de voltar por onde entrara e defrontar seus companheiros awsitas e os outros que, ele sabia, esperavam ansiosos para ouvir as notícias e conduzi-lo até o Profeta. Saiu da fortaleza, então, por um portão lateral e se encaminhou à cidade. Lá chegando, foi diretamente à Mesquita e amarrou-se a um dos pilares, declarando: "Daqui não me moverei até Deus perdoar-me pelo que fiz".

O Profeta esperava seu retorno e, ao saber o que acontecia, comentou: "Se ele tivesse vindo a mim, oraria para que Deus o perdoasse; mas como ele agiu desse modo, não cabe a mim libertá-lo enquanto Deus não o perdoar".[2]

Abū Lubābah permaneceu amarrado ao pilar por dez ou quinze dias. Antes de cada prece, ou sempre que necessário, sua filha vinha desfazer suas amarras, que, a seu pedido, eram reatadas ao término de cada oração. Contudo, sua penosa condição foi aliviada por um sonho que teve numa noite durante o cerco. Abū Lubābah sonhou que afundava num pântano de lodo fétido, do qual não conseguia sair, e estava a ponto de morrer sufocado pelo cheiro asqueroso. Então, viu-se numa corrente de água límpida, e nela se banhava e o ar perfumado o envolvia. Ao acordar, pediu a Abū Bakr que lhe dissesse qual o possível significado do sonho, que lhe respondeu: "o corpo representa tua alma, que se encontra num indizível estado de opressão, mas logo te será dada a remissão". Durante aqueles dias amarrado ao pilar, ele viveu na esperança desse alívio.

---

[1] Ver p. 237. [2] Ibn Isḥāq 687; al-Wāqidī 507.

Quanto aos Bani Qurayẓah, Ka'b sugeriu-lhes, sendo que muitos deles acreditavam que Muḥammad era um profeta, que deveriam abraçar sua religião e salvar suas vidas e bens. Eles responderam que preferiam morrer a ter algo além da Torá e da Lei de Moisés. Ka'b lhes fez então outras sugestões, propondo diferentes possibilidades de ação, mas nada lhes parecia aceitável. Havia entre eles, no entanto, três jovens dos Bani Hadl – descendentes, pois, de Hadl, irmão de Qurayẓah – que haviam estado nas fortalezas de seus parentes durante o cerco, e eles reiteraram a primeira proposta feita por Ka'b. Em sua infância, haviam conhecido Ibn al-Hayyabān, um ancião judeu sírio que viera morar entre eles, e repetiam agora suas palavras sobre o profeta esperado: "Sua hora está próxima. Sede os primeiros a reconhecê-lo, ó judeus!, pois ele será enviado para espalhar o sangue e tornar cativas as mulheres e crianças daqueles que se opuserem a ele. Que isso não vos impeça de juntar-se a ele!".[1] Mas a única resposta que receberam foi: "Não abandonaremos a Torá!". Naquela noite, os três jovens deixaram a fortaleza e, tendo comunicado à guarda muçulmana sua intenção de entrar para o Islām, foram prestar juramento de fidelidade ao Profeta. Entre os Bani Qurayẓah, apenas dois membros da tribo seguiram seu exemplo. Um deles era 'Amr ibn Su'dā, que desde o início se recusara formalmente a romper o pacto com o Profeta. Naquele momento, ele propôs que os membros da tribo que não quisessem entrar para o Islām oferecessem ao Profeta um tributo ou um regate, dizendo "mas, por Deus, não sei se ele o aceitaria". Responderam-lhe que era preferível morrer a aceitar pagar tributo aos árabes. Ele deixou, então, a fortaleza e, atravessando os postos de guarda como muçulmano, passou a noite na Mesquita de Medina. Entretanto, ele não foi mais visto depois disso, e nunca se soube de seu destino ou onde terminou seus dias. A seu respeito, o Profeta disse: "Eis um homem que Deus salvou por sua lealdade". Seu outro companheiro, Rifā'ah ibn Samaw'al, conseguiu ludibriar os guardas para refugiar-se com Salmà bint Qays, a tia materna do Profeta, meia-irmã de Āminah, que havia desposado um khazrajita dos Bani an-Najjār. E foi na casa de Salmà que Rifā'ah se converteu ao Islām.

No dia seguinte, a despeito das advertências de Abū Lubābah, os Bani Qurayẓah abriram as portas de suas fortalezas e se submeteram ao Profeta.

---

[1] Ibn Isḥāq 136.

Os homens foram conduzidos para fora dos muros com as mãos atadas nas costas e colocados num lugar que lhes foi reservado de um lado do acampamento. Do outro lado, foram reunidas as mulheres e as crianças, que o Profeta confiou à guarda de 'Abd Allāh ibn Sallām, o antigo chefe dos rabinos dos Bani Qaynuqā'. As armas e armaduras, assim com as vestimentas e artigos domésticos, foram recolhidos de todas as fortalezas e reunidos num mesmo lugar. Os jarros de vinho e o suco de tâmaras fermentado foram abertos e seu conteúdo derramado.

Os clãs dos Aws enviaram uma delegação ao Profeta para pedir-lhe que mostrasse a mesma indulgência que tivera com os Bani Qaynuqā' para com seus antigos aliados, que se haviam aliado aos Khazraj. O Profeta lhes respondeu: "Ficaríeis satisfeitos, homens dos Aws, se um de vós pronunciasse a sentença sobre eles?". Ao que todos eles concordaram. O Profeta então determinou que se buscasse em Medina seu chefe, Sa'd ibn Mu'ādh, que ainda se recuperava de um ferimento e recebia tratamento numa tenda erguida no interior da Mesquita. O Profeta ali o alojara para poder fazer-lhe visitas mais frequentes, e Rufaydah, uma mulher dos Aslam, prestava-lhe cuidados. Alguns membros de seu clã foram encontrá-lo e levaram-no ao acampamento montado num asno. "Trata bem teus confederados, pois se o Mensageiro de Deus te designou para pronunciar a sentença é unicamente para que os trates com indulgência", recomendaram-lhe no caminho. Sa'd, entretanto, era um homem de justiça; como 'Umar, ele não concordara em poupar os prisioneiros em Badr, e a opinião de ambos fora corroborada pela Revelação. Muitos dos qurayshitas libertados pelo pagamento de resgate voltaram a combater os muçulmanos em Uḥud e, novamente, na trincheira; nesta última campanha, a força dos atacantes devia-se muito à hostilidade manifestada pelos judeus exilados dos Bani Naḍīr. Se os tivessem eliminado, em lugar de deixá-los partir para o exílio, o exército invasor seria reduzido à metade, e, sem dúvida, os Bani Qurayẓah teriam permanecido fiéis ao pacto com o Profeta. Assim, as lições do passado não eram favoráveis à indulgência. Além disso, Sa'd integrara a delegação enviada aos Qurayẓah no momento mais crítico e testemunhara sua desprezível astúcia e falsidade quando davam como certa a derrota dos muçulmanos. Certamente, se ele pronunciasse uma sentença muito severa, seria censurado pela maioria dos homens e mulheres de seu próprio clã, os Aws. Mas Sa'd nunca levara em conta tais reprovações, e muito menos agora que tinha certeza de estar próximo da morte e de que o único julgamento que importava era o de Deus. desconsiderando as súplicas dos homens de seu clã, exclamou: "Chegou a hora de Sa'd, na causa de Deus, não se preocupar com a censura dos censores".

Sa'd era um homem de estatura imponente, de bela e majestosa aparência, e, ao ver o Profeta entrar no acampamento, ordenou: "Levantai-vos em honra de vosso senhor!", ao que todos se levantaram e o saudaram com estas palavras: "Pai de 'Amr, o Mensageiro de Deus te designou para julgar o caso de teus confederados". E Sa'd lhes respondeu: "Jurais por Deus e concordais diante d'Ele que a sentença que eu ditar será o veredito a ser executado?". – "Nós juramos", responderam-lhe. – "E será aceita por aquele que está aqui?", disse, lançando um olhar para o Profeta, mas sem pronunciar seu nome, por respeito. "Sim, certamente", declarou o Profeta. "Julgo, então, que os homens sejam mortos, seus bens repartidos e suas mulheres e crianças feitas cativas", disse Sa'd.[1] – "Julgaste com a justiça de Deus, acima dos sete céus!", disse o Profeta.

As mulheres e as crianças foram conduzidas à cidade e lá alojadas, enquanto os homens passaram a noite no acampamento recitando a Torá e exortando-se mutuamente à coragem e à paciência. Na manhã seguinte, o Profeta ordenou que cavassem no pátio do mercado muitas covas – compridas, estreitas e profundas. Os homens, em número de setecentos, ou mais, segundo alguns relatos, foram enviados em pequenos grupos, e cada um foi posto sentado junto à cova que lhe serviria de túmulo. Logo 'Alī, Zubayr e alguns outros Companheiros mais jovens do Profeta os decapitaram, cada um com um só golpe de espada.

Quando chegou o momento de Ḥuyay ser conduzido ao mercado, ele se voltou ao Profeta, que estava sentado ao lado com alguns dos Companheiros mais velhos, e lhe disse: "Não me culpo por ter-me oposto a ti, mas aquele que abandona Deus por Ele será abandonado". Em seguida, dirigiu-se aos Companheiros: "O desígnio de Deus não pode estar errado: é uma sentença, um decreto, um massacre que Deus inscreveu em

---

[1] Sem dúvida, a sentença de Sa'd dirigia-se principalmente à perfídia dos Qurayẓah; de fato, coincide exatamente com a lei judaica concernente ao tratamento de uma cidade sob cerco, mesmo que inocente de traição. "E quando o senhor teu Deus a entregar em tuas mãos, passarás todos os homens pelo fio da espada; mas as mulheres, as crianças, o gado e tudo que se encontrar na cidade, assim como todo o despojo, tomarás para ti" (Deuteronômio, 20:12).

Seu livro contra os filhos de Israel". Então, dirigiu-se para a cova e sua cabeça foi cortada.

Os últimos a morrer foram decapitados à luz de tochas. Um ancião, Zabīr ibn Bāṭā, cujo caso ainda não fora decidido, foi conduzido para a casa em que as mulheres estavam abrigadas. Na manhã seguinte, quando souberam da morte de seus esposos, o som de gritos e lamentações ressoaram por toda cidade. Mas o velho Zabīr as tranquilizou, dizendo-lhes: "Silêncio! Sois as primeiras mulheres do povo de Israel a ficar em cativeiro desde que começou o mundo? Se houvesse algum bem em vossos homens, teriam sido poupados. Permanecei fiéis à religião dos judeus, pois nela devemos morrer e com ela passaremos à Vida Eterna".

Zabīr fora sempre um inimigo do Islām e tinha contribuído em muito para fomentar a oposição contra o Profeta. No entanto, durante as guerras civis em Yathrib, ele poupara a vida de um khazrajita, Thābit ibn Qays, que decidiu devolver-lhe o favor e pediu ao Profeta que salvasse sua vida. "Ele é teu!", disse-lhe o Profeta, mas ao saber que seria poupado, ele declarou: "Um velho como eu, sem mulher e sem filhos, o que fará da vida?". Thābit foi então uma segunda vez ao Profeta, que lhe deu a mulher e os filhos de Zabīr. E este então lhe disse: "Uma família no Ḥijāz, sem nenhum bem, como sobreviverá?". E, novamente, Thābit foi ao encontro do Profeta, que devolveu todas as posses a Zabīr, menos armas e armadura. O ancião, no entanto, estava tão transtornado pela morte de todos os homens de sua tribo, que suplicou: "Por Deus, Thābit, e pelo direito que tenho sobre ti, peço-te que me envies para junto dos meus, pois agora que eles partiram nada me resta de bom nesta vida". Num primeiro momento, Thābit se recusou, mas logo compreendeu que o pedido de seu protegido era verdadeiro e o levou ao local das execuções, onde Zubayr recebeu ordens de decapitá-lo. Sob a tutela de Thābit, a esposa e os filhos de Zabīr foram libertados e tiveram seus bens restituídos.

Todas as outras mulheres e crianças foram divididas, assim como seus bens, entre os que participaram do cerco. A maioria dos cativos foi resgatada pelos Bani Naḍīr de Khaybar. Como parte do que lhe cabia nos despojos, o Profeta escolheu Rayḥānah, filha de Zayd, um naḍīrita, que a dera em casamento a um homem dos Qurayẓah. Era uma mulher de grande beleza e permaneceu como escrava do Profeta até sua morte, cinco anos mais tarde. De início, ele a mandou para sua tia Salmà, em cuja casa Rifāʿah já estava refugiado. Rayḥānah repudiava a ideia de converter-se ao Islām, mas Rifā'ah e seus companheiros dos Bani Hadl falaram-lhe da nova religião, e não demorou muito para que um dos três jovens convertidos, chamado Tha'labah, fosse ao encontro do Profeta para anunciar-lhe que Rayḥānah entrara para o Islām, o que muito o alegrou. Quando ficou comprovado que Rayḥānah não estava grávida, o Profeta ofereceu-lhe a liberdade e quis tomá-la como esposa, mas ela respondeu: "Ó Mensageiro de Deus, deixa-me sob teu poder; isso será mais conveniente para mim e para ti".

62 Após o cerco

Após pronunciar sua sentença contra os Bani Qurayẓah, Sa'd retornou ao seu leito de morte na Mesquita. Antes, porém, pediu a Deus que o deixasse viver se houvesse outros combates a travar contra Seus inimigos; do contrário, que o deixasse morrer. Agora, seu estado piorava rapidamente. Uma noite, pouco após o julgamento, o Profeta encontrou-o aparentemente inconsciente, sentou-se à sua cabeceira e, erguendo-lhe suavemente a cabeça, recostou-a no peito e pôs-se a orar: "Ó Senhor! Sa'd se esforçou no caminho, com fé plena em Teu Mensageiro, sem deixar de fazer nada do que tinha por fazer. Recebe, então, seu espírito junto a Ti, com o melhor acolhimento que dás ao espírito de Tuas criaturas". Sa'd escutou a voz do Profeta e, abrindo os olhos, disse: "A paz esteja convosco! Dou testemunho de que tu entregaste tua mensagem". Uma ou duas horas mais tarde, quando o Profeta já retornara para casa, Gabriel anunciou-lhe que Sa'd havia morrido.

Enquanto conduziam seu féretro ao cemitério, os carregadores se espantaram com a leveza de seu fardo, já que Sa'd era bem corpulento. Quando comentaram isso com o Profeta, ele lhes respondeu: "Além dos homens, um cortejo de anjos o carregavam". O corpo foi depositado na borda da cova e o Profeta conduziu a prece mortuária com uma multidão de homens e mulheres recitando-a atrás dele. No momento em que desciam o corpo para a tumba, o rosto do Profeta subitamente empalideceu e ele exclamou por três vezes *Subḥān Allāh* – "Glória a Deus!" –, fórmula que afirma a Absoluta Transcendência de Deus e que, por vezes, é pronunciada, como nesta circunstância, diante de um limite que deve ser transcendido. Todos os presentes a repetiram e o cemitério inteiro ecoou as glorificações.

Um instante mais tarde, o Profeta pronunciou as palavras da vitória, *Allāhu Akbar* – "Deus é Maior!" –, e, unidas a estas palavras, o cemitério novamente ressoou as glorificações de todos os presentes. Depois, quando lhe perguntaram por que seu rosto empalidecera, o Profeta disse: "A tumba se fechou sobre vosso companheiro, e ele experimentou tamanho arrependimento que, se algum homem pudesse escapar-lhe, Sa'd o teria feito. E depois, Deus lhe concedeu um alívio abençoado".[1]

Foi no amanhecer de um dos dias seguintes, quando estava no aposento de Umm Salamah, que o Profeta anunciou: "Abū Lubābah está perdoado". – "Posso dar-lhe a boa-nova?", ela perguntou. – "Se tu quiseres", o Profeta lhe respondeu. Então, saindo à porta de seu aposento que dava para a Mesquita, perto do pilar ao qual Abū Lubābah estava ainda amarrado, ela gritou: "Abū Lubābah, regozija-te, pois Deus apiedou-se de ti". Os homens que estavam na Mesquita foram imediatamente libertá-lo, mas ele os deteve dizendo: "Não antes que o Mensageiro de Deus me liberte com suas próprias mãos". Assim, pois, quando o Profeta foi à Mesquita orar, passou por Abū Lubābah e desatou os nós que o prendiam ao pilar.

Terminada a prece, Abū Lubābah foi ao encontro do Profeta e disse-lhe que queria fazer uma oferenda como expiação de sua conduta anterior. O Profeta aceitou um terço de seus bens, pois um versículo revelado no momento de seu perdão assim dizia: "Toma esmolas [*ṣadaqah*] de suas riquezas para purificá-los",[2] que se refere, aliás, não somente a Abū Lubābah, mas igualmente a todos os homens de boa vontade que, tendo cometido um pecado, reconhecem espontaneamente sua culpa.

Cinco meses após a campanha da Trincheira, o Profeta soube da aproximação de uma rica caravana qurayshita que retornava da Síria, e Zayd foi enviado para interceptá-la com uma tropa de cento e setenta cavaleiros. Eles se apossaram de todas as mercadorias, inclusive uma grande quantidade de prata que pertencia a Ṣafwān, e aprisionaram a maioria dos viajantes. Entre os poucos que escaparam, estava Abu l-'Āṣ, o ex-genro do Profeta. Quando Abu l'Āṣ se aproximou de Medina, por onde tinha obrigatoriamente de passar para chegar a Meca, foi tomado pelo desejo de rever sua esposa e sua pequena filha Umāmah. Sob risco de vida, ele entrou na cidade, abrigado pela noite, e conseguiu encontrar a casa onde morava Zaynab.

---

[1] al-Wāqidī 529. [2] Corão, 9:103.

Ele bateu à porta, e Zaynab abriu e o deixou entrar. A aurora estava próxima e, ao ouvir o chamado para a prece recitado por Bilāl, Zaynab deixou o ex-marido na casa com Umāmah e foi à Mesquita. Ela tomou seu lugar habitual no meio de suas irmãs e madrastas na primeira fileira das mulheres, logo após os homens. O Profeta pronunciou a louvação inicial, *Allāhu Akbar*, que os homens repetiram depois dele. Aproveitando-se do breve momento de silêncio que se seguiu, Zaynab falou o mais alto que pôde: "Ó meu povo, eu dou proteção a Abu l-'Āṣ, o filho de Rabī'!", e fez a louvação que antecede a prece comunitária.

Quando acabou de pronunciar a saudação final da prece, o Profeta levantou-se e, virando-se para os fiéis, disse: "Entendestes o que escutastes?", ao que um murmúrio afirmativo ressoou pela Mesquita. E continuou o Profeta: "Por Aquele que tem minha alma em Suas mãos, eu não sabia disso até ter escutado o que escutei: que o mais humilde dos muçulmanos tem o poder de conceder proteção, que deve ser respeitada por todos os outros muçulmanos". Então, ele se dirigiu à sua filha e disse: "Recebe-o com toda a honra, mas não permitas que se aproxime de ti como esposo, pois, segundo a lei, tu não mais lhe pertences". Ela contou a seu pai que Abu l-'Āṣ estava muito preocupado com a perda das mercadorias que adquirira na Síria por encomenda de muitos qurayshitas que nele confiaram, pois era um dos homens de melhor reputação de Meca. Então, o Profeta fez chegar a seguinte mensagem aos membros da expedição que se apoderaram dos bens de Abu l-'Āṣ: "Este homem está ligado a nós pelos laços que vós conheceis e tomastes os bens que estavam em sua posse. Se tiverdes a bondade de restituir-lhe, isso me alegraria; mas se não o quiserdes, trata-se de espólio que Deus vos deu e a ele tendes direito incontestável". Responderam-lhe que devolveriam todos os seus bens, e assim o fizeram, incluindo velhos odres de água, pequenas garrafas de couro e até pedaços de madeira. Cada objeto lhe foi devolvido sem exceção; e como percebiam que ele já se inclinava ao Islām, propuseram-lhe: "Por que não te convertes ao Islām e tomas as mercadorias para ti mesmo, já que pertencem aos idólatras?", ao que Abu l-'Āṣ respondeu: "Seria ruim começar meu Islām traindo a confiança que em mim depositaram!". Então, levou todas as mercadorias para Meca e as devolveu a seus proprietários. Depois, voltou a Medina e abraçou o Islām, jurando fidelidade ao Profeta. Assim, pois, Zaynab foi novamente reunida a seu esposo, o que causou grande alegria na família do Profeta e em toda a cidade.

63 Os hipócritas

O sucesso da emboscada de Zayd na rota oriental das caravanas obrigou os Quraysh a se voltarem mais uma vez para a rota ocidental, pela qual tinham clara preferência. Puseram-se, então, a instigar seus aliados do litoral do Mar Vermelho, os Bani al-Muṣṭaliq, um clã dos Khuzā'ah, para que fizessem uma incursão contra Medina, esperando receber reforços das outras tribos da região para retomar a rota do litoral. Porém, a disposição dos outros clãs Khuzā'ah era mais favorável ao Profeta do que imaginavam os mequenses, e a notícia do plano que se tramava chegou a Medina a tempo de os muçulmanos tomarem providências. Foi uma oportunidade de Medina demonstrar que o controle ao longo da rota ocidental não havia enfraquecido, e sim se expandido às regiões nos limites de Meca. Oito dias após ter recebido o aviso, e bem antes que os Bani l-Muṣṭaliq estivessem preparados, o Profeta já havia estabelecido um acampamento fortificado numa das aguadas de seu território. De lá ele avançou e, graças a uma rápida manobra, atacou o grande acampamento dos beduínos, que se renderam sem grande resistência. Um único muçulmano foi morto, e os nômades não perderam mais que dez homens. Umas duzentas famílias foram feitas cativas e cerca de dois mil camelos e cinco mil ovelhas e cabras foram tomados como despojo.

O exército muçulmano montou acampamento no local durante alguns dias, mas sua permanência foi bruscamente interrompida por causa de um incidente deplorável. Uma disputa irrompeu entre dois membros de tribos costeiras, um ghifārita e um juhaynita: num dos poços, por causa de uma discussão por um simples balde, os dois homens partiram para a agressão. O ghifārita, que fora contratado por 'Umar para conduzir seu cavalo, pediu ajuda – "socorro, ó Quraysh!" – enquanto o juhaynita apelou para seus aliados tradicionais, os Khazraj, e os mais exaltados dos Emigrantes e dos Auxiliares correram para o local do incidente. Espadas foram desembainhadas e sangue teria sido derramado se os Companheiros que estavam mais próximos não interviessem nos dois lados. Normalmente as coisas não teriam passado disso, mas um número de hipócritas maior do que o habitual havia tomado parte nessa expedição, pois o território lhes era familiar e bem abastecido de águas, e desde o princípio confiavam numa vitória fácil e num espólio digno do esforço. Os hipócritas não tinham qualquer intenção de mudar de opinião, e continuavam a considerar as expedições de Yathrib uma intromissão dos Khazraj e dos Aws, realizada com a ajuda dos Auxiliares. O acampamento pertencia, portanto, aos filhos de Qaylah; os refugiados qurayshitas estavam ali, como em outros lugares, simplesmente por tolerância. Esse era o estado de ânimo de Ibn Ubayy, que estava com um grupo de amigos mais próximos, no momento em que o alvoroço chegou a seus ouvidos; um deles foi ver o que se passava e, ao voltar, relatou, com toda veracidade, que o homem contratado por 'Umar era o culpado e que fora ele a desferir o primeiro golpe. Esse evento serviu de pretexto para reacender as brasas do rancor que estavam latentes desde a dura provação da Trincheira. Durante os últimos cinco anos, a tensão não cessara de aumentar, até que a presença de Muḥammad e dos outros Emigrantes acabou por colocar toda a Arábia contra eles. Por outro lado, as ricas e hospitaleiras tribos judias que desempenhavam um papel tão importante na comunidade de Yathrib haviam sido eliminadas, duas delas pelo exílio forçado, e a terceira aniquilada. Era claro que as guerras civis no oásis exigiam uma solução, mas Ibn Ubayy estava convencido de que se lhe fosse confiado o poder como rei, ele teria sabido acabar com os conflitos sem envolver seu povo em hostilidades mais perigosas. "E agora esses refugiados miseráveis têm a petulância de impedir o acesso de seus benfeitores aos poços! – Tão longe chegaram?", disse Ibn Ubayy. "Eles querem a precedência sobre nós; excluem-nos de nosso país, e nada se aplica melhor à nossa situação com estes maltrapilhos qurayshitas que o antigo provérbio: 'Engorda teu cão, e ele acabará por se alimentar de ti'. Por Deus, quando voltarmos a Yathrib, o mais elevado e poderoso de nós expulsará o mais baixo e o mais fraco." Um rapaz dos Khazraj chamado Zayd, que estava no grupo, correu para relatar ao Profeta as palavras de Ibn Ubayy. O Profeta empalideceu e ‘Umar, que estava com ele, quis imediatamente cortar a cabeça do traidor. O Profeta ponderou: “O que dirão, ó ‘Umar, que Muḥammad mata seus companheiros?”. Nesse meio-tempo, um dos Auxiliares foi perguntar a Ibn Ubayy se ele realmente dissera o que foi contado. Ibn Ubayy foi imediatamente ao encontro do Profeta e jurou-lhe que nada dissera daquilo. Alguns khazrajitas que estavam presentes e queriam evitar mais problemas corroboraram suas palavras. O Profeta deu o incidente por encerrado, mas sabia que o melhor meio de se evitar conflitos era ocupar a mente dos homens com outras coisas, e deu ordem para que se levantasse acampamento imediatamente.

Jamais o Profeta havia partido a tal hora do dia; passava um pouco do meio-dia e, exceto pelas breves paradas para as preces, a tropa teve de marchar sob o sol da tarde, prosseguindo por toda a noite e o dia seguinte, desde a aurora até o calor tornar-se insuportável. Quando eles finalmente receberam ordens de acampar, os homens estavam tão fatigados que só conseguiram dormir. Durante a marcha, o Profeta confiou a Sa‘d ibn ‘Ubādah – que para os muçulmanos passou a substituir gradualmente Ibn Ubayy como chefe dos khazrajitas – que acreditava que o jovem Zayd dissera a verdade. “Ó Mensageiro de Deus, se quiseres, podes exilá-lo, pois ele é o mais baixo e o mais fraco, e tu és o mais elevado e o mais forte”, disse-lhe Sa‘d, pedindo, no entanto, que o tratasse com gentileza. O Profeta não tinha intenção de voltar a mencionar o incidente, mas, pouco tempo depois dessa conversa, o caso escapou de suas mãos, pois sobre ele desceu a Revelação da sura do Corão intitulada “Os Hipócritas”, na qual um deles é citado – ainda que não nomeado – com as mesmas palavras ditas por Zayd. O Profeta, no entanto, não divulgou tal sura até que tivessem regressado a Medina; ainda assim, cavalgou até Zayd e disse-lhe ao ouvido: “Rapaz, teu ouvido escutou bem e Deus confirmou tuas palavras”.

‘Abd Allāh, o filho de Ibn Ubayy, estava profundamente aflito, pois sabia que o pai efetivamente dissera o que mais tarde negou ter dito. Sabia também que ‘Umar havia sugerido a sentença de morte, e temia que esta fosse pronunciada e executada a qualquer momento. Foi, então, ao encontro do Profeta e lhe disse: “Ó Mensageiro de Deus, disseram-me que é tua intenção decretar a morte de ‘Abd Allāh ibn Ubayy. Se for necessário fazê-lo, ordena-me e eu cortarei sua cabeça. Os Khazraj sabem que não há entre nós homem com maior piedade filial que eu, e temo que, se deres a ordem a outro, minha alma não suportará ver o assassino de meu pai caminhando entre os homens e eu certamente o mataria, e, por matar um crente por causa de um descrente, minha alma entraria no fogo do Inferno". O Profeta, então, tranquilizou-o: "Nada disso ocorrerá, 'Abd Allāh! Vamos tratar teu pai com gentileza e colher o melhor proveito de sua companhia enquanto ele estiver entre nós".[1]

---

[1] Ibn Isḥāq 726-8.

64 O colar

'Ā'ishah e Umm Salamah acompanharam o Profeta nessa última expedição. Aconteceu que, após dois ou três dias de marcha forçada na volta para Medina, enquanto as tropas descansavam ao pôr-do-sol, o colar de ônix que 'Ā'ishah usava desprendeu-se e caiu sem que ela percebesse. Quando se deu conta da perda, já estava muito escuro para procurá-lo, mas 'Ā'ishah não queria partir sem ele. Sua mãe o colocara em seu pescoço no dia de seu casamento, e era um de seus mais preciosos bens. Não havia água naquele local e o Profeta pretendia fazer apenas uma breve parada, mas mudou os planos e ordenou que permanecessem acampados até o dia seguinte. O motivo dessa nova decisão correu de boca em boca, e muitos ficaram indignados ao concluir que todo o exército permanecia naquele lugar inóspito por um mero colar. Alguns Companheiros foram queixar-se a Abū Bakr, que se sentiu muito constrangido e repreendeu a filha pela falta de cuidado com suas coisas. Não havia nenhum poço nas proximidades, e os homens esperavam para encher os odres na próxima parada, pois já haviam consumido toda a água que levavam consigo. Se não dispusessem de água para fazer as abluções, como poderiam fazer a prece da aurora? Foi então que, nas últimas horas da noite, o Profeta recebeu a Revelação do versículo que trata da purificação com terra, o que afetaria consideravelmente a vida prática da comunidade. "Se não encontrardes água, purificai-vos com terra pura, tocando uma superfície limpa com as mãos e em seguida passando no rosto e nos braços como ablução."[1] Só então os ânimos

[1] Corão, 4:43. Em sua edição do *Nobre Alcorão*, Helmi Nasr salienta o caráter simbólico e ritual do ato.

exaltados se acalmaram, e Usayd exclamou: "Esta não é a primeira bênção que a família de Abū Bakr nos traz!".

Já era dia, mas o colar não foi encontrado; e quando a esperança parecia perdida e já se preparavam para partir, o camelo de 'Ā'ishah levantou-se de onde permanecera ajoelhado toda a noite, e o colar estava no solo sob seu ventre.

Alguns dias depois, o exército acampou num vale agradável com vastas extenções planas de areia fina. Como de costume, as duas tendas do Profeta foram erguidas a certa distância das demais, e neste dia correspondia a 'Ā'ishah a vez de estar com ele. Posteriormente, ela relatou como o marido lhe sugeriu que apostassem uma corrida: "Levantei minha túnica até os joelhos e o Profeta fez o mesmo. Em seguida corremos e ele ganhou". – "Esta é minha revanche pela outra corrida", ele disse, "por aquele dia em que ganhaste de mim", referindo-se a um incidente ocorrido em Meca, antes da Hégira. A própria 'Ā'ishah lembrou do que se tratava: "Ele veio à casa de meu pai e eu levava algo nas mãos, e ele me disse: "Deixa-me ver o que tens nas mãos!", mas eu me recusei e sai correndo. Ele me perseguiu, mas não me alcançou".[1]

O colar de 'Ā'ishah continuava com o fecho quebrado e, numa das últimas paradas antes de Medina, soltou-se mais uma vez de seu pescoço. Quando a ordem de marchar já havia sido dada, 'Ā'ishah se afastara do acampamento por necessidades naturais; ao voltar, ela e Umm Salamah subiram em suas liteiras, fecharam as cortinas e descobriram os rostos. Somente então 'Ā'ishah se deu conta de que novamente perdera o colar e, esgueirando-se sob a cortina, voltou caminhando pelo deserto para tentar encontrá-lo. Os homens que encilhavam os camelos acomodaram as liteiras sobre suas corcovas; estavam habituados à diferença de peso entre as duas liteiras – uma ocupada por uma mulher de mais de trinta anos e outra por uma esguia moça de catorze – e nem repararam que, desta vez, uma liteira estava ainda mais leve. Sem desconfiar de nada, eles levaram os camelos para junto do cortejo em marcha. "Reencontrei meu colar", relatou 'Ā'ishah, "e voltei ao acampamento, mas lá não restava viva alma. Fiquei no mesmo lugar em que estava minha liteira, pensando que logo perceberiam minha ausência e voltariam para buscar-me, e, enquanto estava ali sentada, meus olhos pesaram pelo cansaço e adormeci. Ainda estava sentada no

---

[1] al-Wāqidī 427.

mesmo lugar quando Ṣafwān, filho de Mu'aṭṭal,[1] passou por mim. Ele ficara na retaguarda da tropa por algum motivo e não passara a noite no acampamento. Vendo-me sozinha, ele se aproximou e, como me vira muitas vezes antes que o véu nos fosse imposto, reconheceu-me e exclamou: 'Em verdade, viemos de Deus e a Ele retornaremos. Tu és a esposa do Mensageiro de Deus!'." Foi ao escutar o versículo do retorno que 'Ā'ishah despertou e cobriu o rosto com o véu. Ṣafwān ofereceu-lhe seu camelo e acompanhou-a a pé até a próxima parada do acampamento.[2]

No momento em que a tropa parou, a liteira de 'Ā'ishah foi retirada de sua montaria e colocada no chão; como não a viram sair, pensaram que ainda dormia. Assim, grande foi a surpresa quando, no momento em que o período de descanso estava para terminar, viram-na chegar ao acampamento conduzida por Ṣafwān. Era o início de um escândalo que abalaria Medina e que as línguas dos hipócritas não demoraram a fomentar. Naquele momento, no entanto, nem o Profeta, nem 'Ā'ishah, nem a maioria dos Companheiros tinham o menor pressentimento dos transtornos que se armavam.

O espólio foi repartido como de hábito; entre os cativos estava Juwayriyah, filha de Ḥārith, o chefe do clã derrotado, que na partilha foi dada a um Auxiliar que fixou um preço muito alto por seu resgate, o que levou a mulher a procurar o Profeta para pedir-lhe que intercedesse em seu favor. Ele estava nos aposentos de 'Ā'ishah, que lhe abriu a porta e, mais tarde, relatou os eventos nestes termos: "Era uma mulher de grande encanto e beleza. Nenhum homem a olharia sem que sua alma fosse cativada e, quando a vi à porta de meus aposentos, fui tomada pela inquietação, pois sabia que o Profeta veria nela o mesmo que vi. Ela se apresentou a ele, dizendo: "Ó Mensageiro de Deus, eu sou Juwayriyah, a filha de Ḥārith, o chefe de teu povo. Tu conheces a desgraça que se abateu sobre mim, e venho pedir-te ajuda quanto ao meu resgate". – "Queres algo melhor que isso?" – "O que é melhor?", ela lhe perguntou. "Que eu pague teu resgate e te torne minha esposa."[3]

---

[1] Um jovem dos Bani Sulaym que viera viver em Medina e, portanto, contava-se como um dos Emigrantes.

[2] Ibn Isḥāq 732; al-Bukhārī LII, 15; al-Wāqidī 426-8.

[3] Ibn Isḥāq 729.

Juwayriyah aceitou a proposta com alegria, mas antes que o casamento ocorresse, seu pai chegou com os camelos que deveriam servir de resgate. O número era menor do que inicialmente ele tinha a intenção de oferecer, pois, no vale de 'Aqīq, pouco antes de entrar no oásis, ele lançou um último olhar sobre seus belos animais e sentiu tal admiração por dois deles que os separou e os escondeu numa caverna do vale, inconformado com a ideia de perdê-los. Conduziu, então, todos os outros ao Profeta, dizendo: "Ó Muḥammad, tomaste minha filha como cativa e eis aqui o seu resgate". – "Mas onde estão os dois camelos que escondeste em 'Aqīq?", indagou o Profeta, descrevendo em detalhe a caverna em que estavam. Então Ḥārith exclamou: "Eu testemunho que não há divindade senão Deus e que tu, Muḥammad, és Seu Mensageiro", e dois de seus filhos entraram para o Islām junto com ele. Então, Ḥārith mandou buscar os dois camelos e entregou-os com os demais ao Profeta, que lhe devolveu a filha. Ela, por sua vez, também abraçou o Islām e o Profeta a pediu em casamento, e, após as bodas, um novo aposento foi construído para ela.[1]

Quando souberam que os Bani al-Muṣṭaliq tornaram-se parentes do Profeta por matrimônio, os Emigrantes e os Auxiliares liberaram todos os cativos pelos quais um resgate ainda não fora pago, e uma centena de famílias foi assim libertada. "Não conheço qualquer outra mulher", disse 'Ā'ishah, referindo-se a Juwayriyah, "que tenha sido uma bênção maior para seu povo."[2]

---

[1] Ibn Ḥanbal 729. [2] Ibn Isḥāq, ibidem.

65 A mentira

Logo após o retorno a Medina, 'Ā'ishah caiu enferma, e, enquanto se restabelecia, os rumores maledicentes lançados pelos hipócritas contra ela e Ṣafwān circulavam pela cidade. Poucos foram os que deram ouvidos às calúnias, mas entre os que acreditaram nas intrigas estava o primo de 'Ā'ishah, Misṭaḥ, do clã Muṭṭalib. Mas, dessem ou não crédito aos rumores, todos os habitantes de Medina estavam a par das acusações, exceto a própria 'Ā'ishah. Nem por isso ela deixou de perceber certa reserva por parte do Profeta, que não lhe dedicava a mesma atenção afetuosa das outras vezes em que estivera doente. Ele entrava no aposento e se dirigia a quem lá estivesse, dizendo: "Como estais hoje?", incluindo-a entre os demais. Profundamente magoada, mas muito orgulhosa para queixar-se, ela pediu permissão para ficar na casa de seus parentes, onde poderia contar com os cuidados de sua mãe, ao que o Profeta respondeu: "Como quiseres".

É nestes termos que a própria 'Ā'ishah relata os eventos: "Fui à casa de minha mãe sem nada saber do que se dizia, e fiquei curada de minha enfermidade vinte dias mais tarde. Então, numa tarde em que saí com a mãe de Misṭaḥ – que era irmã da mãe de meu pai –, enquanto caminhávamos lado a lado, ela tropeçou em seu manto e imprecou: 'Que assim tropece Misṭaḥ!', ao que eu lhe disse: 'Por Deus!, não se deve dizer isso de um dos Emigrantes que combateu em Badr!' – 'Ó filha de Abū Bakr!', ela me respondeu, 'será que as notícias ainda não chegaram a ti?' – 'Que notícias?', perguntei. Só então ela me falou das difamações e de como algumas pessoas as andavam repetindo. – 'Como pode ser?', exclamei. 'Por Deus, é a verdade!', foi a resposta. Voltei para casa em lágrimas, sem conseguir parar de chorar, a ponto de pensar que meu pranto romperia meu fígado. 'Que Deus tenha piedade de ti!', repreendi minha mãe, 'todos não param de falar e tu não me disseste uma palavra sequer!' – 'Minha filhinha', ela respondeu, 'não deixes que isso aflija teu coração, pois é muito raro que uma mulher bonita e casada com um homem que a ama escape aos mexericos das outras esposas e aos boatos dos invejosos.' Apesar de seu consolo, não consegui dormir durante toda aquela noite, nem conter as lágrimas".[1]

Na verdade, quaisquer que pudessem ser os motivos do ciúme de uma ou outra esposa do Profeta, eram todas mulheres piedosas e dignas, e nenhuma contribuiu de modo algum na difusão da mentira. Pelo contrário, elas defenderiam 'Ā'ishah e falaram em seu favor. Entre os caluniadores, estava uma parenta próxima do Profeta, sua prima Ḥamnah, irmã de Zaynab, que propagava a mentira pensando que assim favoreceria os interesses da irmã. Muitos, de fato, acreditavam que, se não fosse por 'Ā'ishah, Zaynab seria a favorita do Profeta; e Zaynab sofria muito com esse zelo equivocado que sua irmã lhe devotava. Outro dos difamadores, além de Misṭaḥ, era o poeta Ḥassān ibn Thābit, e por trás de todos estavam, como sempre, Ibn Ubayy e os outros hipócritas, que haviam iniciado e fomentado a intriga.

O Profeta aguardou uma Revelação, mas, como esta não lhe vinha, pôs-se a interrogar não somente suas esposas, mas também as pessoas próximas. Usāmah, que tinha a mesma idade de 'Ā'ishah, interveio energicamente em sua defesa: "Tudo isso não é senão mentira", disse ele, "dela só conhecemos boas coisas"; e também sua mãe, Umm Ayman, foi igualmente enfática em seu elogio a 'Ā'ishah. 'Alī, por sua vez, observou: "Deus não te impôs restrições, e existem muitas mulheres além dela. Assim, interroga sua criada e ela te dirá a verdade". O Profeta, então, mandou chamar Burayrah, a serva, e lhe perguntou: "Já viste alguma vez algum comportamento de 'Ā'ishah que te parecesse inadequado?". E ela respondeu: "Por Aquele que te enviou com a Verdade, dela só sei boas coisas. E se fosse de outro modo, Deus informaria Seu Mensageiro. A única falta que posso apontar em 'Ā'ishah é que ainda é muito jovem e que, quando amasso o pão e lhe peço para vigiá-lo, ela muitas vezes adormece e seu cordeirinho de estimação vem comê-lo. Mais de uma vez a repreendi por isso".

Então, a próxima vez em que o Profeta foi à Mesquita para a prece, ele subiu ao púlpito e, tendo orado a Deus, dirigiu-se a todos, dizendo: "Ó meu

---

[1] al-Bukhārī LII, 15

povo, o que dizeis daqueles que injuriam a mim e aos membros de minha família? Por Deus, só conheço coisas boas e piedosas da gente da minha casa e do homem do qual falam, que jamais entrou na minha casa sem que eu estivesse com ele". Em seguida, Usayd levantou-se para falar: "Ó Mensageiro de Deus! Se tais homens forem dos Aws, nós cuidaremos deles; e se forem nossos irmãos Khazraj, basta uma ordem tua, pois merecem ter as cabeças e as línguas cortadas". Mas antes que Usayd pudesse terminar, Sa'd ibn 'Ubādah já estava de pé e aos brados, pois entre os envolvidos estava Ḥassān, membro dos Khazraj, assim como muitos outros que urdiram desde o início os boatos e calúnias que correram de boca em boca. "Por Deus, tu mentes!", ele gritou, "não irás matá-los, não podes fazê-lo! Jamais falarias assim se fosse um de tua gente." – "Por Deus, és tu o mentiroso!", replicou Usayd. "Certamente os mataremos, e tu és um hipócrita, que conspira e se compromete com os hipócritas." Quando as duas tribos estavam prestes a engalfinhar-se, o Profeta fez um sinal para que se acalmassem e permanecessem no recinto, e, descendo do púlpito, tranquilizou-os e os dispensou com saudações de paz.

Se 'Ā'ishah soubesse que o Profeta a havia defendido em público desde o púlpito, ela certamente se sentiria reconfortada, porém, ela nada soube além de que o Profeta fizera perguntas a outros sobre seu caso, levando-a a crer que ele mesmo não sabia o que pensar a seu respeito, o que muito a afligia. Ela não esperava que ele, por si mesmo, olhasse para dentro de sua alma, pois sabia que o conhecimento que ele tinha das coisas ocultas vinha-lhe de outro mundo. "Conheço somente o que Deus me dá a conhecer", o Profeta costumava dizer. Ele não procurava ler os pensamentos dos homens; ainda assim, ela esperava que ele soubesse que sua afeição e devoção jamais lhe permitiriam nada daquilo de que a acusavam.

De qualquer modo, não era suficiente que o Profeta estivesse convencido da inocência de 'Ā'ishah e de Ṣafwān. A situação era muito séria e tornava-se absolutamente necessária uma prova que convencesse o conjunto da comunidade. Nesse sentido, 'Ā'ishah se mostrara até aqui a menos útil de todos os envolvidos. Já era tempo de romper o silêncio. Nada do que ela dissesse seria suficiente para debelar a crise, mas o Corão havia prometido que as questões colocadas durante o período da Revelação receberiam uma resposta.[1] Nesse caso, o Profeta não deixou de fazer perguntas – as mesmas

---

[1] Corão, 5:101.

repetidas para diferentes pessoas. Porém, para que o Céu pudesse dar a resposta prometida, talvez fosse necessário que a questão fosse enunciada pela pessoa mais diretamente envolvida.

"Eu estava com meus pais", conta 'Ā'ishah, "e havia chorado durante duas noites e um dia, e quando estávamos sentados juntos, uma mulher dos Auxiliares perguntou se poderia juntar-se a nós. Convidei-a a entrar e ela sentou-se e chorou comigo. Logo depois, chegou o Profeta e sentou-se ao meu lado, o que não fizera desde que as pessoas começaram a dizer as coisas que diziam de mim. Já havia passado um mês e ele ainda não recebera do Céu nenhuma mensagem a meu respeito. Após ter pronunciado o testemunho 'não há divindade senão Deus', ele disse: 'Ó 'Ā'ishah, contaram-me certas coisas sobre ti; se és inocente, Deus com certeza proclamará tua inocência; mas, se praticaste algum mal, pede perdão a Deus e arrepende-te ante Ele, pois, em verdade, se um servo confessa seu pecado e dele se arrepende, Deus o perdoará'. Quando ele acabou de falar, minhas lágrimas cessaram, e eu disse a meu pai: 'Responde ao Mensageiro de Deus por mim'. – 'Não sei o que dizer', respondeu ele. Quando pedi a mesma coisa à minha mãe, ela repetiu a mesma resposta. Eu era então uma menina de poucos anos e sabia recitar pouca coisa do Corão. Então eu disse: 'Bem sei que ouviste o que essa gente diz, e que isso entrou em tua alma e que acreditaste; se eu dissesse que sou inocente – e Deus sabe que sou – não acreditarias em mim; já se eu confessasse que cometi o que Deus sabe que não cometi, tu acreditarias'. Depois, tentei recordar o nome de Jacó, mas não consegui, e disse: 'Mas repetirei o que disse o pai de José: 'Não me cabe senão a digna paciência; Deus, o Auxiliador, me defenderá do que alegais'.[1] Então retirei-me e fui dormir em minha cama, esperando que Deus confirmasse minha inocência. Não que pensasse que Ele enviaria uma Revelação por minha causa, pois me julgava muito insignificante para que minha condição fosse mencionada no Corão; mas esperava que o Profeta tivesse durante seu sono uma visão que me inocentasse.

"Ele permaneceu sentado entre nós e estávamos todos presentes quando lhe veio a Revelação; tomado pelas dores que lhe sobrevinham nestes momentos, pérolas de suor escorriam de seu corpo, apesar do dia frio de inverno. Em seguida, já aliviado dessa pressão, disse em voz vibrante de alegria:

---

[1] Corão, 12:18.

'Ó 'Ā'ishah, louva a Deus, pois Ele te declarou inocente'. Minha mãe disse-me então: 'Levanta e vai junto ao Mensageiro de Deus', mas eu repliquei: 'Por Deus, não! Não me levantarei nem irei até ele; somente Deus, e nenhum outro, louvarei!'".[1]

As palavras do Corão inocentando 'Ā'ishah são as seguintes: "Certamente, os que espalharam a calúnia são um grupo coeso de vós... Quando difundistes com as línguas e dissestes com as bocas o que não tínheis ciência, supúnheis ser trivial, enquanto que para Deus é uma atrocidade. Por que não dissestes quando ouvistes a calúnia: 'Não nos é admissível falar disso. Glorificado sejas! É uma monstruosa infâmia'? Deus vos exorta a não reincidir em falta semelhante, se sois crentes".[2]

Os versículos revelados concerniam igualmente a toda questão do adultério, e prescreviam a pena de açoitamento tanto aos que o praticassem como aos que difamassem mulheres honradas. Esta sentença foi aplicada a Misṭaḥ, a Ḥassān e à Ḥamnah, que espalharam a infâmia explicitamente e reconheceram a culpa. Os hipócritas haviam sido ainda mais insidiosos, ainda que de maneira implícita, mas não reconheceram ter qualquer papel na difamação, e o Profeta preferiu não continuar com o caso, deixando-os nas mãos de Deus.

Abū Bakr tinha o hábito de fazer doações em dinheiro a seu parente Misṭaḥ, que era muito pobre. Porém, depois desse incidente, ele declarou: "Por Deus, nunca mais darei qualquer coisa a Misṭaḥ e jamais lhe concederei um favor depois do que ele disse contra 'Ā'ishah e do desgosto que nos causou com sua traição". Outra Revelação, no entanto, veio modificar tal resolução: "E que os dotados, dentre vós, do favor e da prosperidade não prestem juramento de nada conceder aos parentes, aos necessitados e aos emigrantes no caminho de Deus. Que os perdoem e sejam indulgentes. Não desejais que Deus vos perdoe? E Deus é Indulgente e Misericordiador".[3]

"Certamente desejo muito o perdão de Deus", exclamou Abū Bakr, e foi ao encontro de Misṭaḥ, levando-lhe o que tinha costume de lhe dar e disse: "Juro que nunca retirarei isto de ti!". O Profeta também, depois de um tempo, passou a manifestar grande generosidade para com Ḥassān, e casou Ḥammah, a viúva de Muṣ'ab, com Ṭalḥah, de quem teve dois filhos.

---

[1] al-Bukhārī LII, 15 [2] Corão, 24:11, 15-17. [3] Corão, 24:22.

66 O dilema dos Qurayshi

O Profeta cumpriu o jejum do Ramadã em Medina e lá permaneceu durante o mês que se seguiu. Uma noite, no fim do mês, ele sonhou que entrava na Caaba com a cabeça raspada e com a chave do Santuário nas mãos. Na manhã seguinte, contou seu sonho aos Companheiros e convidou-os a cumprir a Pequena Peregrinação (*al-'Umrah*).* Imediatamente começaram os preparativos para partir o mais rápido possível. Todos se cotizaram para angariar setenta camelos destinados ao sacrifício no recinto sagrado, cuja carne seria distribuída aos pobres de Meca. O Profeta decidiu levar consigo uma de suas esposas, e Umm Salamah foi a sorteada. Entre os peregrinos estavam duas mulheres dos Khazraj, Nusaybah e Umm Manī', que também haviam estado presentes no segundo juramento de 'Aqabah.

Cada peregrino portava uma espada e o que mais pudesse ser útil para a caça, mas, antes de partir, 'Umar e Sa'd ibn 'Ubādah sugeriram que deveriam ir completamente armados, já que os Quraysh poderiam aproveitar a ocasião para uma cilada, apesar do mês sagrado. Mesmo assim, o Profeta recusou a proposta, dizendo: "Não levarei armas; meu único propósito é a Peregrinação". Na primeira parada, pediu que lhe trouxessem os camelos do sacrifício e ele mesmo consagrou um dos animais: virando-o na direção de Meca, fez uma marca sobre seu flanco direito e adornou-o com guirlandas ao redor do pescoço; em seguida, ordenou que consagrassem todos os camelos

---

* A *'al-Umrah*, a visita piedosa ao Templo de Meca, diferentemente da Grande Peregrinação (*al-Ḥajj*), pode ser feita a qualquer momento, durante todo o ano. Ela comporta essencialmente sete circunvoluções ao redor da Caaba e sete percursos rituais entre as colinas de Ṣafā e Marwah (N.T. francês).

do mesmo modo. Então, enviou na frente um homem dos Khuzā'ah, do clã de Ka'b, para que obtivesse notícias da reação dos Quraysh.

Com a cabeça descoberta, o Profeta usava a antiga veste tradicional do peregrino de duas peças de pano sem costura, uma cingida ao redor da cintura para cobrir a parte inferior do corpo e a outra recobrindo os ombros. Ele se consagrou para a Peregrinação completando dois ciclos de prosternações, e, depois, pronunciou o clamor do peregrino: *Labbayk Allāhumma Labbayk*! ("Aqui estou a Teu serviço, ó Deus!"). A maioria dos que o acompanhavam seguiu seu exemplo, mas alguns preferiram esperar até que tivessem avançado mais na viagem, pois a condição de peregrino implicava certas restrições com respeito à caça.

Ao saber que os peregrinos haviam deixado Medina, os Quraysh ficaram apreensivos, como o Profeta antevira, e convocaram imediatamente uma reunião da assembleia. Jamais haviam estado diante de tão grande dilema. Como guardiões do Santuário, se impedissem mais de mil peregrinos árabes de se aproximar da Casa Sagrada, estariam cometendo uma violação flagrante das leis sobre as quais se fundava a grandeza de sua própria condição. Por outro lado, se deixassem seus inimigos entrar em Meca pacífica e tranquilamente, seria um imenso triunfo moral para Muḥammad. A notícia se espalharia por toda a Arábia e estaria em todas as línguas, consumando o fracasso do recente ataque a Medina. Talvez, o que era pior ainda, a realização dos antigos rituais pelos peregrinos servisse para legitimar a nova fé e confirmar sua pretensão de ser "a religião de Abraão". Levando em consideração todas essas coisas, estava fora de questão deixá-los entrar. "Por Deus, tal coisa não pode acontecer", disseram eles, "enquanto nos restar um único olho com algum reflexo de vida!"

Quando os peregrinos alcançaram 'Usfān, o batedor em missão de reconhecimento voltou e anunciou-lhes que os Quraysh haviam mandado Khālid à frente de uma tropa de duzentos cavaleiros para impedir sua aproximação. O Profeta perguntou se havia um guia capaz de conduzi-los por outro caminho, e um homem dos Aslam levou-os na direção do litoral, e depois por uma senda tortuosa até o desfiladeiro que dava acesso a Ḥudaybiyah, uma grande planície abaixo de Meca, no limite do território sagrado. Esse desvio os manteve longe da vista de Khālid, mas, em dado momento, quando já era muito tarde para as tropas Quraysh mudarem de posição, a poeira levantada pelos peregrinos chamou sua atenção e, compreendendo o que tinha acontecido, eles voltaram para Meca a todo galope para avisar os Quraysh que os muçulmanos estavam a caminho.

Para a Peregrinação, o Profeta escolhera montar Qaṣwā', sua camela preferida, que, ao chegar à beira do desfiladeiro, parou e se ajoelhou. As rochas ao redor ressoaram as vozes dos peregrinos que gritavam "*Hal*! *Hal*!", o comando que usavam para fazer os camelos se levantarem, mas o animal ali permaneceu como se tivesse criado raízes. "Qaṣwā' é teimosa", disseram, mas o Profeta compreendeu que era um sinal de que não deveriam prosseguir por essa rota até Ḥudaybiyah, ao menos naquele momento. "Ela não é teimosa, é outra a sua natureza, ela está sendo detida por Aquele que deteve o elefante", respondeu. E, referindo-se aos Quraysh, acrescentou: "Qualquer concessão que hoje me seja exigida em honra às leis de Deus, eu a concederei".[1] Em seguida, deu um comando a Qaṣwā', que se ergueu prontamente e levou-o até o limite do desfiladeiro, na borda da planície de Ḥudaybiyah, seguido pelos outros peregrinos. O Profeta ordenou que acampassem, embora não houvesse água naquele lugar, salvo por uma ou duas cavidades nas rochas com água acumulada no fundo, que formavam uma cisterna natural. Como os peregrinos reclamavam de sede, o Profeta chamou Nājiyah, o aslamita que guardava os camelos do sacrifício, e pediu-lhe que trouxesse um balde e coletasse toda a água que conseguisse no fundo da cavidade maior. Depois de fazer a ablução, o Profeta lavou a boca e cuspiu a água de volta no balde. Em seguida, tirando uma flecha da aljava, disse a Nājiyah: "Retorna até a cisterna da qual tiraste esta água e despeja o conteúdo deste balde, depois agita a água com esta flecha". O homem fez o que lhe foi pedido e, ao contato da flecha, uma água límpida e fresca começou a brotar tão rápida e abundantemente que ele mal teve tempo para sair da cisterna, a ponto de quase ficar submerso. Então, os peregrinos se reuniram ao redor do reservatório e cada um pode beber até saciar-se, e o mesmo fizeram os animais.

Havia entre os peregrinos um ou dois hipócritas, e um deles era Ibn Ubayy; ele estava sentado tomando água, quando um membro de seu clã o interpelou: "Maldito sejas, pai de Ḥubāb! Não chegou o momento de reconhecer teus erros? Depois do que viste, do que mais precisas para rever tua posição?". – "Já vi algo semelhante antes", respondeu-lhe; ao que seu

---

[1] Ibn Isḥāq 741; al-Wāqidī 587

interlocutor começou a recriminá-lo com tanta veemência que, para evitar mais conflitos, Ibn Ubayy pegou seu filho e foi ao encontro do Profeta para dizer-lhe que tinha sido mal compreendido. No entanto, antes mesmo que começasse a falar, o Profeta lhe perguntou: "Onde viste algo semelhante ao que presenciaste hoje?". – "Jamais vi nada igual!" – "Então por que disseste o contrário?", retrucou o Profeta. – "Peço perdão a Deus!", exclamou Ibn Ubayy. – "Ó Mensageiro de Deus!", disse então seu filho Ḥubāb, "pede o perdão para meu pai!", e o assim fez o Profeta.[1]

Tendo aplacado a sede, os peregrinos puderam também comer à saciedade, graças aos camelos e carneiros que lhes foram presenteados por dois chefes beduínos, cuja tribo já havia sido guardiã do Santuário em outros tempos, os Bani Khuzā'ah, que incluía os clãs dos Aslam, Ka'b e Muṣṭaliq. Todos esses clãs, sem exceção, estavam agora propensos à mensagem do Profeta, pois, mesmo para os que ainda não haviam abraçado o Islām, havia um ganho político nessa aliança, que os Bani Khuzā'ah necessitavam para contrabalançar o pacto que seus maiores inimigos, os Bani Bakr, tempos antes haviam selado com os Quraysh. Tal situação logo iria influenciar decisivamente a sequência dos eventos. No momento, no entanto, os Khuzā'ah e os Bakr não estavam em guerra, e os Khuzā'ah eram tolerados pelos Quraysh, ainda que sob suspeita. Um de seus mais eminentes líderes, Budayl ibn Warqā', encontrava-se em Meca no momento em que chegaram as notícias de que os peregrinos estavam acampados em Ḥudaybiyah. Acompanhado de alguns membros de seu clã, ele foi ao encontro do Profeta para informá-lo da atitude dos Quraysh: "Eles juram por Deus que não deixarão o caminho livre entre ti e a Casa de Deus enquanto um único de seus combatentes estiver vivo". – "Não viemos aqui para lutar, viemos para fazer as circunvoluções ao redor da Casa, mas combateremos quem se interpuser em nosso caminho. Eu lhes darei o tempo necessário, se assim o desejarem, para que tomem suas precauções e nos deixem o caminho livre", declarou o Profeta.

Budayl e seus companheiros voltaram a Meca onde os Quraysh os receberam com um silêncio lacônico. Quando se ofereceram para contar o que Muḥammad lhes dissera, 'Ikrimah, filho de Abū Jahl, respondeu que não queria ouvi-lo; porém, 'Urwah, um de seus aliados da tribo dos Thaqīf,

[1] al-Wāqidī 589.

cuja mãe era mequense, contestou-o dizendo que tal atitude era absurda. Ṣafwān, então, dirigiu-se a Budayl: "Dize-nos o que viste e o que escutaste". E ele os informou das intenções pacíficas de Muḥammad e explicou que o Profeta estava disposto a dar tempo aos Quraysh para se prepararem para a chegada dos peregrinos. ʻUrwah interveio, dizendo: "Budayl é o portador de uma concessão amigável que ninguém poderia rejeitar sem aviltar a si mesmo. Aceitai por enquanto os rumores que nos foram comunicados, mas enviai-me para trazer uma confirmação direta de Muḥammad, e observarei atentamente aqueles que o acompanham e serei para vós um informante fidedigno que lhes trará informações seguras".

Os Quraysh aceitaram sua oferta, mas já haviam enviado como informante e emissário o homem que comandava todas as tribos beduínas, designadas coletivamente como os Ahābīsh. Este homem era Ḥulays, dos Bani l-Ḥārith, um dos clãs dos Kinānah, o mesmo homem que repreendera Abū Sufyān pelas mutilações cometidas em Uḥud. Quando o Profeta o viu chegar, ele soube – por sua postura e maneiras, e pelo que dele ouvira falar, que se tratava de um homem piedoso, com grande respeito pelas coisas sagradas. Assim, ordenou que levassem ao seu encontro os animais do sacrifício; e, quando os setenta camelos foram solenemente perfilados diante de Ḥulays, com suas marcas de consagração e seus ornamentos de festa, ele ficou tão impressionado que, sem ao menos dirigir a palavra ao Profeta, voltou diretamente aos Quraysh e lhes assegurou de que as intenções dos peregrinos eram inteiramente pacíficas. Exasperados, os mequenses disseram-lhe que ele não passava de um homem do deserto, um nômade, que não tinha capacidade para avaliar a situação. Esse foi um grave erro tático, do qual se dariam conta mais tarde. "Ó qurayshitas", declarou-lhes com severidade, "por Deus, não foi para isto que concordamos em ser vossos aliados, nem foi para isto que juramos convosco nosso pacto. Acaso aquele que vem honrar a Casa de Deus deve ser impedido? Por Aquele em cujas mãos se encontra minha alma, deixai Muḥammad fazer o que veio fazer, ou levarei comigo os Ahābīsh, todos eles." – "Paciência, Ḥulays, até que alcancemos as condições que nos sejam aceitáveis", responderam-lhe.

Nesse meio-tempo, ʻUrwah, o thaqīfita, chegara ao acampamento dos peregrinos e já mantinha conversações com o Profeta. Sentado frente a frente com o Mensageiro de Deus, ele começou a tratá-lo como a um igual, tocando-lhe a barba enquanto lhe falava; mas Mughīrah, um dos Emigrantes que estava por perto, bateu-lhe na mão com a superfície plana de sua espada e a afastou. Alguns instantes mais tarde, quando ele estava prestes a tocar novamente a barba do Profeta, Mughīrah deu-lhe um golpe ainda mais forte, dizendo: "Afasta agora tua mão do Mensageiro de Deus, enquanto ainda a tens". A partir daí, 'Urwah se absteve de mais familiaridades em relação ao Profeta, mas após ter conversado longamente, permaneceu ainda muitas horas no acampamento. Ele havia prometido aos Quraysh ser seu informante, além de seu emissário, e pôs-se a observar tudo o que podia. No entanto, aquilo que mais o impressionou foi o que não esperava ver, coisas que jamais vira; e quando retornou a Meca, declarou aos Quraysh: "Ó meu povo! Fui enviado como embaixador junto aos reis – a César, a Chosroes e ao Negus –, mas jamais vi um soberano cujos súditos o honrassem como os Companheiros de Muḥammad o honram. Se ele ordena qualquer coisa, a ordem já foi cumprida; quando faz sua ablução, eles disputam uns com os outros para recolher a água; quando fala, suas vozes se calam; e jamais o encaram, mas baixam os olhos em respeito a ele. Ele vos oferece uma concessão amigável; aceitai, pois, o que dele vier!".[1]

Enquanto 'Urwah ainda estava no acampamento, o Profeta deu um de seus camelos como montaria a um homem do clã de Ka'b, chamado Khirāsh, e o enviou como mensageiro aos Quraysh. Porém, ao chegar a Meca, 'Ikrimah cortou os tendões de seu camelo, e o sangue do emissário só não foi derramado porque Ḥulays e seus homens intervieram e obrigaram os Quraysh a deixá-lo partir. "Ó Mensageiro de Deus!", disse ele ao retornar ao acampamento, "manda alguém que tenha mais proteção do que eu!" O Profeta convocou 'Umar, mas este lhe disse que os Quraysh há muito conheciam sua hostilidade em relação a eles, e nenhuma pessoa de seu clã, os Bani 'Adī, era forte o bastante para defendê-lo. "Mas indicarei alguém muito mais poderoso em Meca do que eu, mais rico em laços de parentesco e portanto melhor protegido: é 'Uthmān ibn 'Affān", acrescentou 'Umar. O Profeta enviou, então, 'Uthmān, que foi bem recebido por seus parentes dos 'Abdu Shams e também pelos de outros clãs. Os Quraysh reiteraram sua recusa em permitir que os acampados em Ḥudaybiyah se aproximassem da Caaba, mas o convidaram pessoalmente a fazer as circunvoluções da peregrinação, oferta que ele recusou. Os Quraysh, aliás, já

[1] al-Bukhārī LIV, 15; al-Wāqidī 593-600.

haviam enviado uma mensagem a Ibn Ubayy fazendo-lhe a mesma proposta, mas ele também se recusou: "Não darei nenhuma volta ao redor da Casa enquanto o Mensageiro de Deus não tiver completado as suas". Tal resposta foi relatada ao Profeta, que ficou muito satisfeito.

67 “Uma evidente vitória”

Foi durante a ausência de ‘Uthmān em Meca que o Profeta mergulhou num estado comparável ao que sentia quando recebia a Revelação, mas, desta vez, manteve a plena posse de suas faculdades. Ele deu instruções a um de seus Companheiros, que percorreu o acampamento proclamando: “O Espírito Santo desceu sobre o Mensageiro e ordenou a fidelidade. Aproximai-vos, em Nome de Deus, e prestai-lhe juramento”.[1] O Profeta sentara-se sob uma acácia cuja folhagem primaveril começava a pintar-se de verde, e, um a um, os Companheiros se apresentaram diante dele e juraram fidelidade. O primeiro a se aproximar foi Sinān, que pertencia à mesma tribo que a família de Jaḥsh, os Bani Asad ibn Khuzaymah. O arauto não havia anunciado nada de específico quanto à natureza do pacto, de modo que Sinān declarou: “Ó Mensageiro de Deus, juro fidelidade ao que há em tua alma”, juramento que foi repetido por aqueles que vieram em seguida. Depois foi o Profeta quem falou: “Eu juro a fidelidade de ‘Uthmān”, e estendeu a própria mão esquerda como se fosse a mão de seu genro, e tomando-a com a mão direita fez o juramento. Houve apenas um dentre os presentes que não atendeu ao apelo: era um dos hipócritas, Jadd ibn Qays, que se escondeu atrás de seu camelo, mas não passou despercebido.

Os Quraysh enviaram então Suhayl com dois membros de seu clã, Mikraz e Ḥuwayṭib, para concluir um tratado. Eles conferenciaram com o Profeta e os Companheiros escutaram o tom de suas vozes elevar-se ou diminuir, conforme o ponto a ser negociado. Quando enfim chegaram a um acordo, o Profeta pediu para ‘Alī transcrever os termos, começando pela

---

[1] al-Wāqidī 604.

fórmula corânica de consagração: *Bismi Llāhi r-Raḥmāni r-Raḥīm*, "Em Nome de Deus, o Bom, o Misericordioso",* mas Suhayl se opôs, dizendo: "Quanto a *Raḥmān*, não sei o que é, mas escreve *Bismik Allāhumma*, 'Em Teu Nome, ó Deus!', como costumavas fazer". Alguns Companheiros exclamaram: "Por Deus, não escreveremos outra coisa senão *Bismi Llāhi r-Raḥmāni r-Raḥīm*", mas o Profeta os ignorou, e disse: "Escreve *Bismik Allāhumma*", e ditou-lhe em seguida o tratado: "Estes são os termos da trégua assinada entre Muḥammad, o Mensageiro de Deus, e Suhayl, filho de 'Amr"; mas Suhayl protestou novamente: "Se soubéssemos que és o Mensageiro de Deus não teríamos proibido tua entrada na Casa e nem te teríamos combatido; escreve, em vez disso, 'Muḥammad, o filho de 'Abd Allāh'". 'Alī já havia escrito as palavras "o Mensageiro de Deus" e o Profeta lhe disse para riscá-las. Mas 'Alī respondeu que não poderia fazer tal coisa, então o Profeta pediu-lhe que lhe apontasse as palavras e riscou-as com as próprias mãos., e sob as ordens do Profeta, 'Alī escreveu em seu lugar: "o filho de 'Abd Allāh".

O documento continuava nestes termos: "Todos concordam em desfazer-se do fardo da guerra por dez anos, durante os quais os homens estarão a salvo e não sofrerão qualquer violência de parte a parte, com a condição de que qualquer um dos Quraysh que for ao encontro de Muḥammad, sem autorização de seu chefe, será devolvido por Muḥammad; mas se qualquer um dos que estão com Muḥammad for para junto dos Quraysh, este não será devolvido. Não haverá subterfúgios nem traição. Quem quiser unir-se em aliança e pacto a Muḥammad poderá fazê-lo, e quem desejar unir-se aos Quraysh poderá fazê-lo". Naquele momento, estavam presentes alguns chefes dos Khuzā'ah que visitavam os peregrinos no acampamento, e um ou dois representantes dos Bakr que chegaram com Suhayl. No mesmo instante em que se fazia a leitura desta cláusula do tratado, os membros do Khuzā'ah se levantaram de um salto e declararam: "Estamos unidos a Muḥammad em sua aliança e em seu pacto". Em seguida, os homens dos Bakr declararam: "Estamos unidos aos Quraysh em sua aliança e em seu pacto". Mais tarde, os dois engajamentos foram ratificados pelos chefes das duas tribos. O tratado foi concluído com estas palavras: "Tu, Muḥammad, deverás afastar-te de nós por este ano e não entrarás em Meca contra a

* Essa é literalmente a tradução proposta por Lings. Há, porém, outras traduções possíveis às quais nos reportamos na nota do tradutor na p. 72. (N.T.)

nossa vontade enquanto estivermos presentes. Mas, durante o ano seguinte, nós sairemos de Meca e tu entrarás com teus Companheiros, onde permanecerão por três dias, sem portar outras armas senão as dos viajantes, com as espadas embainhadas”.[1]

Em virtude da visão do Profeta, os Companheiros davam como certo o sucesso da expedição. Porém, quando souberam dos termos do tratado e compreenderam que, após chegarem às portas do recinto sagrado, deveriam retornar aos seus lares sem cumprir o rito e de mãos vazias, a decepção foi quase insuportável. Mas o pior estava por vir: quando todos estavam ainda sentados, num silêncio arredio e explosivo, escutou-se um arrastar de correntes, e um rapaz entrou no acampamento assustado e cambaleando, com os pés encadeados. Era Abū Jandal, um dos filhos mais jovens de Suhayl. Seu pai o aprisionara por causa de sua conversão ao Islām, temendo que escapasse para Medina. Seu irmão mais velho ‘Abd Allāh estava entre os peregrinos e avançou para dar-lhe as boas-vindas, quando Suhayl tomou a corrente em volta do pescoço do prisioneiro e golpeou-lhe o rosto com violência. Depois, voltou-se para o Profeta e lhe disse: “Nosso acordo já estava concluído antes que este homem viesse ao teu encontro”. – “Isto é verdade”, concordou o Profeta. “Devolve-o para nós, então”, reivindicou Suhayl. “Ó muçulmanos”, gritou Abū Jandal com todas suas forças, “serei devolvido aos idólatras para que eles me persigam por causa de minha religião?” O Profeta chamou Suhayl à parte e lhe pediu, como um favor pessoal, que deixasse seu filho em liberdade, mas Suhayl manteve-se inabalável em sua recusa. Seus dois companheiros, Mikraz e Ḥuwayṭib, haviam permanecido em silêncio até então, mas, sentindo que esse incidente não era bom augúrio para o futuro da trégua, resolveram intervir: “Ó Muḥammad, nós lhe concedemos proteção em teu nome”. Isso significava que abrigariam o rapaz e o afastariam de seu pai, e cumpriram a promessa. “Sê paciente, Abū Jandal, certamente Deus te concederá, assim como àqueles que estão ao teu lado, um alívio e uma saída. Nós aceitamos os termos de uma trégua com essas pessoas e fizemos uma promessa solene, do mesmo modo que eles conosco; agora, não podemos faltar com nossa palavra”, disse-lhe o Profeta.

Desta vez, ‘Umar não pôde conter-se por mais tempo. Levantou-se num impulso, foi para junto do Profeta e perguntou: “Tu não és o Profeta

[1] Ibn Isḥāq 747-8.

de Deus?". – "Certamente!", foi a resposta. – "Não estamos do lado da verdade e nossos inimigos no erro?"; ao que o Profeta novamente assentiu. "Então, por que cedermos tão vergonhosamente contra a honra de nossa religião?", protestou 'Umar. "Sou o Mensageiro de Deus", o Profeta respondeu, "e jamais Lhe desobedecerei. Ele me dará a vitória." – "Mas não nos disseste que deveríamos ir à Casa e dar voltas ao seu redor?", insistiu 'Umar. – "Certamente, mas acaso disse que seria este ano?", respondeu o Profeta. 'Umar reconheceu que não. "É certo que irás à Casa, e farás as circunvoluções", acrescentou o Profeta. No entanto, 'Umar continuava fervendo de indignação e foi ao encontro de Abū Bakr para desabafar. Colocou-lhe exatamente as mesmas questões que acabara de apresentar ao Profeta e, mesmo não tendo escutado as respostas anteriores, Abū Bakr respondeu-lhe praticamente nos mesmos termos que o Profeta, acrescentando: "Agarra-te, então, a teus estribos, pois, por Deus, ele tem razão". Essa atitude impressionou 'Umar e, apesar de seus sentimentos continuarem turbulentos, simplesmente não lhes deu mais expressão; e quando o Profeta convocou-o a inscrever seu nome no tratado, ele o fez em silêncio. O Profeta fez também que assinassem seus nomes o filho de Suhayl, 'Abd Allāh e outros muçulmanos, como 'Alī, Abū Bakr, 'Abd ar-Raḥmān ibn 'Awf e Maḥmūd ibn Maslamah.

A amargura geral parecia ter passado, mas quando Suhayl e os outros deixaram o acampamento levando consigo o jovem Abū Jandal em lágrimas, os ânimos voltaram a incendiar-se. O Profeta, que até aquele momento estivera à parte com os Companheiros que haviam assinado o tratado, deixou-os para se reunir ao grupo principal de peregrinos. "Levai e sacrificai vossos animais, e raspai vossas cabeças", disse-lhes. Ninguém se moveu, e o Profeta repetiu a ordem uma segunda e depois uma terceira vez, sem obter outra reação que olhares aturdidos e um silêncio estupefato. Não se tratava de uma rebelião, mas, tendo visto suas esperanças desmoronarem, os peregrinos estavam por demais perplexos com esta ordem de fazer algo que eles sabiam ser ritualmente incorreto, pois, segundo a tradição de Abraão, os sacrifícios deveriam ser feitos dentro do território sagrado, assim como o ritual de raspar a cabeça. O Profeta ficou consternado com a desobediência flagrante, e se retirou para sua tenda onde relatou a Umm Salamah o que acabara de ocorrer. "Segue adiante, e não fales com ninguém até teres cumprido teu sacrifício", ela aconselhou. O Profeta se dirigiu, então, ao camelo que ele próprio consagrara e o sacrificou, pronunciando em voz alta, para que todos pudessem ouvir: "*Bismi-Llāh, Allāhu Akbar*!". Imediatamente, todos se levantaram e correram para fazer seu sacrifício, com tanto empenho em obedecer que tropeçavam e caíam uns sobre os outros; e quando o Profeta chamou Khirāsh – o homem dos Khuzā'ah enviado como emissário a Meca antes de 'Uthmān – para que ele viesse raspar-lhe a cabeça, muitos Companheiros seguiram seu exemplo e puseram-se a raspar as cabeças uns dos outros com tanto vigor que Umm Salamah temeu, como mais tarde relataria, que pudessem ferir-se. Alguns deles, no entanto, contentaram-se em cortar apenas algumas mechas, pois sabiam que tal prática era tradicionalmente aceitável como substitutivo. O Profeta, que se retirara para sua tenda com Khirāsh, logo reapareceu com a cabeça raspada e proclamou: "Que Deus tenha piedade dos que rasparam suas cabeças!". Ao que os que tinham apenas cortado algumas mechas indagaram: "E daqueles que cortaram seus cabelos, ó Mensageiro de Deus!?". O Profeta repetiu uma segunda vez o que acabara de dizer e as mesmas vozes se levantaram para protestar com mais veemência. Depois que o Profeta repetiu uma terceira vez o que dissera e que um terceiro protesto se elevou, ele acrescentou: "E daqueles que cortaram seus cabelos!". Quando lhe perguntaram, em seguida, por que razão no início ele só havia pedido por aqueles que haviam raspado a cabeça, ele respondeu: "Porque não duvidaram!".

De volta à sua tenda, o Profeta recolheu seus exuberantes cabelos negros do solo e depositou-o sobre um arbusto de mimosa que havia perto do acampamento. Ao ver isso, os peregrinos se lançaram ao redor do arbusto, cada um tentando pegar um pouco do cabelo do Profeta para conservá-lo como suporte e lembrança da bênção. Nusaybah não estava disposta a ser superada pelos homens e, abrindo caminho entre eles, alcançou o arbusto e colheu algumas mechas, que conservou como um tesouro até o dia de sua morte.

O solo do acampamento estava coberto pelos cabelos dos peregrinos, até que, subitamente, uma forte rajada de vento os lançou em direção a Meca, para dentro do território sagrado. Todos se regozijaram, pois viram no vento o sinal de que, por suas intenções, sua peregrinação fora aceita por Deus, e compreenderam por que o Profeta lhes dissera que cumprissem os sacrifícios.

Estavam no caminho de volta para Medina quando 'Umar foi tomado pelo remorso, e sua inquietude tornou-se insuportável quando cavalgou até o Profeta para conversar, e este – assim lhe pareceu – mostrou-se reservado e distante. 'Umar cavalgou até a vanguarda da caravana, repetindo para si mesmo: "'Umar, que tua mãe chore por seu filho!". Ele contaria mais tarde que a vergonha que sentiu por colocar em dúvida a sabedoria do Profeta foi tão intensa que temeu que uma Revelação especial descesse do Céu para condená-lo. Suas apreensões atingiram o limite quando escutou um galope atrás de si, e o cavaleiro o convocou para que se juntasse ao Profeta. No entanto, toda a angústia se dissipou no instante em que viu o semblente do Profeta, radiante de contentamento. "Desceu sobre mim uma sura que me é mais preciosa que tudo que se encontra sob o sol", ele lhe disse.

A nova Revelação afirmava peremptoriamente que a expedição dos que agora regressavam deveria ser considerada vitoriosa, pois começava com estas palavras: "Por certo, Nós te asseguramos uma evidente vitória";[1] e mencionava, também, o recente pacto de fidelidade: "Deus ficou satisfeito com os crentes, quando, sob a árvore, com apertos de mão, comprometeram-se a apoiar-te; então, Ele soube o que havia em seus corações e fez descer sobre eles o Espírito da Paz; e os recompensou com uma vitória próxima".[2] O contentamento divino aqui mencionado não é nada menos que a promessa do *Riḍwān*[3] para aqueles que reafirmaram seu pacto, e é por isso que esta bem-aventurada reafirmação de fidelidade beatífica é conhecida como "Pacto do *Riḍwān*". Quanto ao descenso da *Sakīnah*,[4] o Espírito da Paz, é igualmente mencionado em outro versículo: "É Ele que fez descer o Espírito da Paz nos corações dos crentes para que acrescentassem fé a sua fé... Para que Ele fizesse entrar os crentes e as crentes em Jardins em que fluem rios, onde permanecerão eternamente, e lhes remisse todas as más ações. E isso é um magnífico triunfo para Deus".[5]

A visão do Profeta que havia originado tal expedição é igualmente invocada nesta sura: "Deus confirmou com a verdade o sonho de Seu Mensageiro: 'Certamente, entrareis em segurança na Mesquita Sagrada, se Deus quiser, sem temor, com a cabeça raspada ou os cabelos cortados'. Então, Ele sabia o que vós não sabíeis, e vos concedeu, além disto, uma vitória próxima".[6]

---

[1] Corão, 48:1. [2] Corão, 48:18.

[3] Ver p. 138: *Riḍwān* é a aceitação final e absoluta de uma alma por Deus e a posse desta alma por Ele mesmo, para Sua satisfação. É a última beatitude.

[4] *Sakīnah* (*Shekinah*, em hebraico) é geralmente traduzido por "Presença Divina".

[5] Corão, 48:4-5. [6] Corão, 48:27.

68 Após Ḥudaybiyah

Abū Baṣīr, dos Bani Thaqīf, era um jovem de uma família originária de Ṭā'if que se estabeleceu em Meca como confederada dos Bani Zuhrah. Ele entrara para o Islām, fora aprisionado pelos parentes e depois escapara a pé para Medina, lá chegando pouco depois do regresso do Profeta de Ḥudaybiyah. Foi seguido por um emissário dos Quraysh que exigiu que o entregassem. Com as mesmas palavras de conforto que dissera a Abū Jandal, o Profeta o fez compreender que, pelo tratado, estava obrigado a entregá-lo ao emissário. Os Companheiros, inclusive 'Umar, já estavam mais ou menos resignados às condições do tratado, de modo que, ao verem-no partir, escoltado pelo emissário dos Quraysh e por um escravo liberto que o ajudava, os muçulmanos presentes repetiram com serenidade as palavras do Profeta: "Sê paciente! Deus certamente te concederá um alívio e uma saída".

As esperanças de Abū Baṣīr se realizaram muito antes de qualquer expectativa. Apesar de sua juventude, não lhe faltava engenhosidade e, na primeira parada para descanso, ele se apossou da espada do emissário e o matou; vendo isto, o escravo liberto, de nome Kawthar, fugiu para Medina. Ele entrou na Mesquita sem que ninguém o detivesse e jogou-se aos pés do Profeta, que ao vê-lo exclamou: "Este homem acaba de testemunhar algo terrível!". Kawthar conseguiu dizer, com voz ofegante e entrecortada, que seu companheiro fora morto e que ele mesmo, por pouco, escapara do mesmo destino, quando Abū Baṣīr entrou no recinto com a espada desembainhada na mão: "Ó Profeta de Deus", disse, "tua obrigação foi cumprida. Tu me devolveste a eles, e Deus me libertou". – "Ai de sua mãe!",[1] exclamou o Profeta. "Que bom incitador seria para a guerra, se houvesse outros homens com ele!". No entanto, se os Quraysh enviassem mais emissários para reclamar seu retorno, o Profeta continuaria obrigado a atendê-los, como fizera da primeira vez. Porém, semelhante ideia não passava pela mente de Abū Baṣīr; ele sequer pôde entender o que acabara de ser dito, e sugeriu que, com a permissão do Profeta, as armas e a armadura do morto, bem como seus camelos, deveriam ser tratados como butim, divididos em cinco partes e distribuídos segundo a lei. "Se eu agisse assim", disse o Profeta, "pensariam que não cumpri as condições às quais me submeti por juramento." Então, virou-se para o atemorizado sobrevivente dos mequenses: "Os despojos tomados de teu companheiro são da tua conta", disse. "Leva este homem de volta àqueles que te enviaram", acrescentou o Profeta, apontando para Abū Baṣīr. Ao ouvir estas palavras, Kawthar empalideceu: "Ó Muḥammad, temo pela minha vida. Minha força não é bastante para levá-lo, e não tenho as mãos de dois homens". Assim, os muçulmanos haviam cumprido sua parte, mas o representante dos Quraysh recusara-se a guardar o prisioneiro. Então, voltando-se para Abū Baṣīr, o Profeta disse: "Vai aonde quiseres!".

Abū Baṣīr dirigiu-se para o litoral do Mar Vermelho, com as palavras "se houvesse outros homens com ele" ressoando em seus ouvidos. Ele não foi o único a notar naquelas palavras uma autorização e um conselho velados. 'Umar também observara o incidente com atenção, e fez as palavras do Profeta chegarem aos muçulmanos em Meca, juntamente com a informação do paradeiro de Abū Baṣīr obtida com aliados das tribos costeiras que passavam por Medina. Em Meca, Abū Jandal, o filho de Suhayl, não era tão bem guardado pelos seus protetores quanto o era por seu pai; afinal, o tratado assinado com os muçulmanos causara certo relaxamento na vigilância sobre os jovens muçulmanos prisioneiros, pois Muḥammad demonstrara claramente que, se fugissem para Medina, manteria sua palavra e os devolveria aos Quraysh. Foi assim que Abū Jandal conseguiu escapar para juntar-se a Abū Baṣīr, seguido por outros jovens, como Walīd, o irmão de Khālid. Com eles, Abū Baṣīr se estabeleceu num ponto estratégico na

[1] Elipse frequentemente empregada da expressão: "ele é tão irascível que sua mãe logo terá de chorar sua morte!".

rota das caravanas que iam de Meca para a Síria. Seus companheiros o reconheceram como seu líder, a quem respeitavam e obedeciam espontaneamente. Era ele quem dirigia as preces e lhes dava conselhos sobre questões rituais e outros aspectos da religião, pois muitos deles eram recém-convertidos. Os Quraysh se rejubilaram com o restabelecimento da segurança de sua rota favorita para o norte, mas os setenta jovens insurgentes que se haviam reunido sob o comando de Abū Baṣīr derrubaram por terra suas presunções. Após sofrerem a perda de muitas vidas e muitas mercadorias, os Quraysh acabaram escrevendo uma carta ao Profeta pedindo-lhe que acolhesse os rebeldes no seio de sua comunidade e se comprometendo a não exigir mais sua devolução a Meca. O Profeta, então, enviou uma carta a Abū Baṣīr para dizer-lhe que agora podia voltar para Medina com seus companheiros. Neste ínterim, porém, o jovem chefe caiu gravemente doente e, quando recebeu a mensagem, a morte já lhe estava próxima. Ele leu a carta do Profeta e morreu com ela nas mãos. Seus companheiros rezaram sobre seus despojos e o sepultaram; depois construíram uma mesquita no lugar de sua tumba. Só então foram juntar-se ao Profeta em Medina.[1]

Na viagem para Medina, quando passavam pelas correntes de lava, o camelo de Walīd tropeçou bruscamente, lançando seu cavaleiro ao solo. Na queda, Walīd feriu o dedo numa pedra e, enquanto o enfaixava, dirigiu um pequeno verso ao próprio dedo:

> Não és senão um dedo a verter sangue,
> sem nenhuma outra ferida na via de Deus.

No entanto, o corte infeccionou e o pequeno machucado tornou-se mortal. Walīd teve ainda forças para escrever uma carta a seu irmão Khālid, apressando-o a entrar para o Islām.

Durante todo este período, uma única mulher muçulmana conseguiu escapar de Meca e refugiar-se em Medina: era Umm Kulthūm, a meia-irmã de 'Uthmān, filha de sua mãe Arwà e de 'Uqbah, que morrera no caminho do retorno de Badr. Porém, logo chegou uma Revelação que proibia a devolução de qualquer mulher crente aos incrédulos. Assim, quando os dois irmãos de Umm Kulthūm vieram resgatá-la, o Profeta recusou-se a devolvê-la, o que os Quraysh aceitaram sem protestar, pois no tratado nada era mencionado sobre as mulheres. Em seguida, Zayd, Zubayr e 'Abd

[1] al-Wāqidī 624-9; al-Bukhārī LIV; Ibn Isḥāq 751-3.

ar-Raḥmān ibn 'Awf pediram-na em casamento, e o Profeta aconselhou-a a desposar Zayd, o que não tardou a acontecer.

No decorrer do mês que se seguiu à conclusão do tratado, 'Ā'ishah e seu pai sofreram uma grande perda, que foi seguida por um evento muito feliz. Umm Rūmān ficou doente e morreu. Enterraram-na em Baqī', onde o Profeta orou por ela e desceu-a ao túmulo. Inevitavelmente, a notícia de sua morte chegou a Meca e aos ouvidos de seu filho, 'Abd al-Ka'bah, e é provável que essa aflição o tenha impulsionado a tomar a atitude que, sem dúvida, já vinha considerando havia algum tempo. Seja como for, após a morte da mãe, ele chegou a Medina e se converteu ao Islām, e quando fez seu juramento de fidelidade, o Profeta mudou seu nome para 'Abd ar-Raḥmān.

Ele não foi o único a abraçar o Islām durante este período. À medida que as semanas e os meses se passavam, podia-se ver mais e mais claramente por que o Corão declarara que a trégua fora "uma evidente vitória". Os habitantes de Meca e de Medina podiam agora se reencontrar em paz e conversar livremente uns com os outros, e assim, no curso dos dois anos que se seguiram, a comunidade muçulmana mais do que dobrou.

Pouco tempo após o retorno dos peregrinos a Medina, foi revelado um versículo que alegrou a todos: "É possível que Deus estabeleça laços de afeição entre vós e aqueles que considerais inimigos".[1] Estas palavras pareciam referir-se, em geral, às numerosas conversões que se produziam naquele momento; mas alguns acreditavam que elas se referiam mais particularmente a um relacionamento estreito e imprevisto que estaria a ponto de se estabelecer entre o Profeta e um dos chefes Quraysh.

Alguns meses antes de Ḥudaybiyah, chegou da Abissínia a notícia da morte de 'Ubayd Allāh ibn Jaḥsh, primo e cunhado do Profeta. Ele era cristão antes de entrar para o Islām e, pouco tempo após sua emigração para a Abissínia, retornara ao cristianismo. Isto havia afligido muito sua esposa Umm Ḥabībah, filha de Abū Sufyān, que permaneceu muçulmana. Ao cabo de quatro meses após a morte de seu marido, o Profeta enviou uma mensagem ao Negus pedindo-lhe que aceitasse ser seu mandatário e ratificasse o matrimônio entre ele e a viúva, se ela o consentisse. O Profeta não enviou uma mensagem diretamente a Umm Ḥabībah, mas ela teve um sonho no qual a abordavam chamando-a de "mãe dos crentes", cuja interpretação

---

[1] Corão, 60:7. [2] Ver p. 73.

parecia indicar que se casaria com o Profeta. No dia seguinte, ela recebeu uma mensagem do Negus que confirmava seu sonho e foi ao encontro de seu parente Khālid ibn Sa'īd[2] para que ele a acompanhasse; Khālid e o Negus legitimaram o compromisso na presença de Ja'far e de outros membros da comunidade muçulmana; depois o Negus ofereceu um festim de núpcias em seu palácio, e todos os muçulmanos foram convidados.

O Profeta mandou dizer a Ja'far que ficaria feliz se ele e os demais muçulmanos da Abissínia viessem viver em Medina. Assim, Ja'far pôs-se imediatamente a fazer os preparativos para a viagem, e o Negus lhes deu duas embarcações. Ficou decidido que Umm Ḥabībah viria nessa viagem e, em Medina, começaram a construir um novo aposento para ela junto aos das outras esposas.

O Negus não foi o único governante a receber uma carta do Profeta naquela época. Quando o Profeta, durante a Trincheira, rompeu a rocha que parecia inabalável, os castelos do Iêmen apareceram-lhe na luz que brilhou ao primeiro golpe de sua enxada, e na luz produzida pelo terceiro e último golpe ele teve a visão do palácio branco de Chosroes, em Madā'in. Quanto à certeza que lhe foi dada a respeito da futura expansão do Islām, ele a relacionou com essas duas luzes, pois o Iêmen estava então sob domínio da Pérsia. Foi por isso que ele se sentiu impelido a escrever ao monarca persa para lhe dar a conhecer sua missão profética e convidá-lo ao Islām. Não nutria grandes esperanças quanto ao sucesso de tal mensagem, mas achava necessário enviá-la a Chosroes e oferecer-lhe a possibilidade de escolher a via correta antes de tomar outras providências.

Já a luz do segundo golpe lhe revelara os castelos na Síria, e o Profeta teve a certeza de que o Islām também se estenderia às suas terras e ao Ocidente. No momento certo, enviaria uma carta também a Heráclio, o imperador romano, concebida nos mesmos termos que a carta para Chosroes, e uma similar ao Muqawqis de Alexandria, o governante do Egito.

Chosroes já havia escutado diversos rumores relativos ao crescente poder do rei árabe de Yathrib, que afirmava ser um profeta. Então, enviou uma ordem a Bādhān, seu vice-rei no Iêmen, pedindo-lhe informações mais precisas e detalhadas sobre Muḥammad. Bādhān despachou imediatamente dois emissários a Medina para que observassem por si mesmos o que se passava e voltassem com as notícias. Seguindo um costume em voga na corte da Pérsia, eles rasparam a barba e deixaram crescer longos bigodes.

O Profeta ficou chocado com sua aparência: "Quem vos ordenou tal coisa?", exclamou. – "Nosso senhor", disseram referindo-se a Chosroes. – "Meu Senhor ordenou-me que deixasse crescer a barba e aparasse o bigode", respondeu o Profeta. Depois, despachou-os dizendo-lhes que voltassem no dia seguinte. À noite, Gabriel veio e comunicou-lhe que uma rebelião ocorrera na Pérsia naquele mesmo dia, que Chosroes fora morto e que agora seu filho reinava em seu lugar. Quando os emissários voltaram, o Profeta deu-lhes a notícia e pediu-lhes que informassem seu senhor, Bādhān, o vice-rei. Então acrescentou: "Dizei-lhe que minha religião e meu império se estenderão muito além do reino de Chosroes; e repeti para ele minhas palavras: 'Entra para o Islām e eu te confirmarei no que possuis, e te nomearei rei de teu povo e do Iêmen'".

Os emissários voltaram a Ṣan'ā' sem saber o que pensar e transmitiram a mensagem a Bādhān, que declarou: "Veremos o que acontecerá. Se o que ele disse é verdade, é porque é um profeta enviado por Deus". Ora, antes mesmo que ele tivesse tempo de enviar um mensageiro para a Pérsia para elucidar o caso, outro emissário enviado por Siroes, o novo xá, chegou com a notícia do que ocorrera e exigiu de Bādhān e de seu séquito um juramento de fidelidade. Em vez de responder, Bādhān abraçou o Islām, assim como os dois emissários que haviam voltado de Medina e outros persas que estavam com eles. Depois, enviou uma mensagem a Medina, e o Profeta confirmou sua soberania sobre o Iêmen. Esse foi o começo do cumprimento do que fora revelado no primeiro clarão da Trincheira.

A carta que o Profeta enviou a Madā'in chegou após a morte de Chosroes e, consequentemente, foi entregue a seu sucessor, cuja única resposta foi rasgá-la em pequenos pedaços. "Dessa mesma forma, ó Senhor, arrancai dele o seu reino!", disse o Profeta quando lhe contaram de sua reação.

No decorrer das semanas que se seguiram ao retorno dos peregrinos, houve um atentado contra a vida do Profeta com métodos até então jamais empregados contra ele. Em todas as gerações dos judeus da Arábia podia-se encontrar um ou dois adeptos da ciência da magia, e um destes ainda vivia em Medina. Chamava-se Labīd, especialista em feitiçarias, e instruíra suas filhas na sutil arte por temer que seus conhecimentos morressem com ele. Labīd acabara de receber uma grande soma como pagamento para lançar sobre o Profeta o mais mortal dos feitiços que fosse possível. Com esse propósito, ele juntou algumas mechas de cabelo do Profeta, que ele próprio ou uma de suas filhas encontraram, talvez por intermédio de alguém inteiramente inocente do que tramavam. Fez então onze nós nos cabelos e suas filhas sopraram imprecações sobre cada um. Em seguida, ele amarrou o pacote de cabelos a um broto de tamareira-macho, que tinha a bainha externa revestida de pólen, e jogou tudo num poço profundo. O sortilégio só poderia ser rompido se alguém desfizesse os nós.

O Profeta percebeu que alguma coisa estava muito errada. Ele começou a ter perdas de memória, e imaginava ter feito coisas que em realidade não fizera. Sentia-se extremamente fraco e, quando lhe davam algo para comer, não tinha nenhum apetite. Ele rezou para Deus lhe dar a cura e, durante o sono, tornou-se consciente de que duas pessoas estavam junto dele, uma a sua cabeceira e a outra a seus pés. Ele escutou uma informar à outra a causa exata do seu mal e o nome do poço em que estava o feitiço.[1] Quando despertou, recebeu a visita de Gabriel, que lhe falou da veracidade do sonho e lhe recitou duas suras do Corão, uma composta de cinco e a outra de seis versículos. O Profeta, então, disse para ʻAlī ir ao poço e recitar sobre ele as duas suras que haviam sido reveladas. Cada versículo fazia desatar um nó. E, quando todos os onze foram desatados, o Profeta recobrou toda sua força física e mental.[2]

A primeira das duas suras é a seguinte:

Diz: "Refugio-me no Senhor da Alvorada
Contra o mal daquilo que Ele criou,
E contra o mal da escuridão quando anoitece,
E contra o mal das [mulheres] sopradoras de nós,
E contra o mal do invejoso quando inveja".[3]

A segunda sura é:

Diz: "Refugio-me no Senhor dos homens,
O Rei dos homens,
O Deus dos homens,
Contra o mal do sussurrador furtivo

---

[1] al-Bukhāri LIX, 10.

[2] Bayḍāwī, comentando Corão, 113:4. Mas, segundo outras fontes, particularmente al-Bukhārī, o Profeta já estava curado ao despertar de seu sonho.

[3] Corão, 113.

Que sussurra perfídias no peito dos homens,
Seja ele dos *jinn*, seja ele dos homens".[1]

Estas suras estão colocadas no final do Corão. Chamadas "as duas evocações de refúgio", os muçulmanos recitam-nas frequentemente para se proteger do mal sob todas as suas formas.

O Profeta ordenou que soterrassem o poço e, para substituí-lo, cavaram outro nas proximidades. Chamou então Labīd, que confessou ter-lhe jogado um feitiço em troca de pagamento, mas o Profeta não tomou nenhuma atitude contra ele.

[1] Corão, 114. Segundo certas autoridades, estas duas suras, que foram recitadas nesta ocasião, teriam sido já reveladas antes da Hégira, quando o Profeta se encontrava ainda em Meca.

69 Khaybar

Graças à trégua assinada com Meca, os muçulmanos puderam concentrar-se nos perigos ao norte. A principal ameaça era Khaybar, uma cidade povoada por judeus, cuja maioria era implacavelmente hostil ao Islām. Era quase certo que tenha sido de Khaybar que o feiticeiro Labīd recebeu o pagamento por seu feitiço, embora seja possível que fosse obra de um único indivíduo. Mas outros motivos muito mais evidentes e gerais justificavam uma ação contra os Bani Naḍīr exilados e seus parentes khaybaritas. Não se tratava de temer que eles invadissem Yathrib, pois, com exceção de um ou dois homens, eles não tiveram nenhuma participação direta na campanha da Trincheira. No entanto, haviam feito de tudo para encorajar os Quraysh a atacar, e foi sob sua influência que os Ghaṭafān, então aliados dos muçulmanos, passaram para as fileiras dos Quraysh. Os khaybaritas foram, assim, os grandes responsáveis pelos Ghaṭafān estarem praticamente em guerra com o oásis. Medina não poderia conhecer uma paz completa enquanto Khaybar mantivesse seus propósitos.

Assim, há muito tempo sabia-se que cedo ou tarde uma intervenção seria necessária; o momento havia chegado, pois o Profeta estava quase certo de que a "vitória próxima" prometida pela recente Revelação – uma vitória que traria também um rico espólio – não poderia ser outra senão a conquista de Khaybar. Esta vitória, no entanto, não deveria ser partilhada por todos os que professavam o Islām. A Revelação deixara claro que os beduínos que não haviam respondido à convocação para a Pequena Peregrinação o fizeram por motivos mercenários: uma vez que na peregrinação não existia nenhuma expectativa de pilhagem, o esforço não valia a pena. Os beduínos, portanto, não deveriam participar da conquista de uma comunidade que, sem dúvida, era uma das mais ricas de toda a Arábia.

Já se podia prever que a expedição teria um contingente reduzido, o que permitiu, aliás, que os planos fossem mantidos em segredo até o último momento. De resto, mesmo quando o projeto se fez conhecer, foi de boca em boca, transmitido mais como uma brincadeira jocosa que como um fato. Khaybar tinha a reputação quase proverbial de ser uma fortaleza inexpugnável. Os Quraysh e outros inimigos do Islām esperavam que a notícia fosse verídica, porque assim Muḥammad sofreria uma terrível derrota; mas alguns temiam ser apenas um boato, pois sabiam que o Profeta não era um louco. Quanto aos habitantes de Khaybar, sua confiança era tal que eles se recusavam a dar crédito aos rumores. Nem mesmo se deram ao trabalho de pedir ajuda a seus aliados, até chegarem notícias fidedignas de Medina de que Muḥammad se preparava para marchar. Foi só então que Kinānah, que exercia praticamente a função de chefe, dirigiu-se aos Ghaṭafān, prometendo-lhes a metade da colheita anual de tâmaras se eles enviassem reforços. Os Ghaṭafān aceitaram e prometeram um contingente de quatro mil homens. Os judeus de Khaybar tinham o hábito de vestir todos os dias suas armaduras e passar em revista seus combatentes, cujo número chegava a dez mil. Com a ajuda ghaṭafānita, Khaybar disporia de catorze mil homens, enquanto, segundo as notícias de Medina, o exército dos atacantes não disporia de mais que mil e seiscentos guerreiros.

Antes que o Profeta desse o sinal para a partida, um dos awsitas chamado Abū ʿAbs foi até ele com um problema. Ele possuía um camelo como montaria, mas suas vestimentas estavam em farrapos e não tinha qualquer fonte de subsistência que lhe permitisse partir em guerra e deixar para sua família meios de sobreviver, sem mencionar o fato de precisar de roupas novas. Havia muitos outros que se encontravam em situação semelhante, apesar de este ser um caso de penúria extrema. Muito havia sido gasto na peregrinação e todo o butim acumulado fora distribuído pelo número crescente de convertidos pobres e deserdados que afluíam a Medina, vindos de toda parte. O Profeta deu a Abū ʿAbs um manto feito de um belo tecido, que era tudo o que tinha disponível no momento; um ou dois dias mais tarde, quando já estavam a caminho, ele observou que Abū ʿAbs vestia um manto rústico e surrado e lhe perguntou: "Onde está o manto que te dei?". – "Eu o vendi por oito dirrãs. Depois comprei dois dirrãs de tâmaras para minha provisão de viagem, deixei dois dirrãs para minha família e comprei este por quatro dirrãs", respondeu-lhe Abū ʿAbs. O Profeta pôs-se a rir e lhe disse: "Ó pai de 'Abs, tu e teus companheiros sois verdadeiramente pobres. Mas, por Aquele em cujas mãos está minha alma, se permanecerdes a salvo e viverdes mais algum tempo, tereis abundância de provisões, para ti e vossas famílias. Tereis abundância de dirrãs e escravos, e isso não será bom para vós!".[1]

Em certo ponto da marcha, entre uma parada e outra para descanso, o Profeta deteve o exército e chamou um homem do clã dos Aslam, conhecido como Ibn al-Akwa', que era dotado de uma bela voz. "Desmonta do camelo, e canta-nos uma canção de pastoreio", disse-lhe. Era costume entre os beduínos cantar para seus camelos enquanto viajavam pelo deserto. Cantavam poemas seguindo antigas melodias, monótonas, pungentes e lastimosas; e foi com as cadências serenas e melancólicas de uma delas que Ibn al-Akwa' começou a entoar algumas palavras que o Profeta lhes ensinara enquanto cavavam na Trincheira:

> Ó Deus, sem Ti jamais teríamos sido guiados,
> Jamais teríamos dado esmolas nem recitado a Tua prece.

Quando ele terminou, o Profeta lhe disse: "Que Deus tenha misericórdia de ti!". Ao que 'Umar protestou: "Acabaste de tornar o fato inevitável, ó Mensageiro de Deus! Poderias ter-nos deixado desfrutar mais tempo da sua música!". 'Umar queria dizer, como todos tinham conhecimento, que o Profeta acabara de predizer o próximo martírio, pois, por experiência, sabiam que quando o Profeta invocava a Misericórdia divina sobre alguém, era porque provavelmente não lhe restava muito tempo de vida.

Ao completar dois dias e meio, faltava apenas uma tarde de marcha para alcançar seu objetivo. O importante agora era ocupar uma posição que formasse uma barreira entre os habitantes de Khaybar e seus aliados Ghaṭafān. Com esse plano em mente, o Profeta convocou um guia que, ao cair da noite, os conduziu a um espaço aberto diante dos muros da cidade. Estava muito escuro, pois a jovem lua crescente já se havia posto, e a aproximação dos muçulmanos foi tão silenciosa que ninguém da cidade se apercebeu, e nenhum pássaro ou animal doméstico deu o alerta. O silêncio só foi rompido com o cantar dos galos. Naquela manhã, o chamado à oração foi feito em voz baixa no acampamento muçulmano e, cumprida a

---

[1] al-Wāqidī 636.

prece, eles contemplaram em silêncio aquele "Jardim do Ḥijāz" que a luz do nascente pouco a pouco revelava aos seus olhos, destacando gradualmente a silhueta das fortalezas acima dos ricos tamarais e dos campos dourados de trigo. O sol se ergueu, e quando os camponeses saíram da cidade com suas pás, enxadas e cestos, ficaram estupefatos ao se deparar face a face com um exército imóvel e silencioso. "Muḥammad e seus soldados!", gritaram, correndo de volta para as muralhas. "*Allāhu Akbar*!", exclamou o Profeta em tom de triunfo, e, fazendo um jogo de palavras com as letras do nome da cidade, acrescentou: "*Kharibat Khaybar*!" (Khaybar está aniquilada!). Em seguida, selou solenemente a derrota dos sitiados recitando um versículo revelado que anuncia o castigo divino: "Quando ele [o castigo] descer às suas moradas, que dolorosa será a manhã dos que foram admoestados!".[1] No entanto, em vez de dizer "ele descer", o Profeta disse: "nós descermos".

Os judeus convocaram rapidamente um conselho de guerra e decidiram, apesar da advertência de um de seus chefes, confiar em suas fortificações. "Não há comparação possível", diziam, "entre as fortalezas de Yathrib e nossas próprias cidadelas, que se erguem como montanhas." A decisão de combater em grupos separados revelava, na verdade, sua principal fraqueza: a falta de unidade. O que a Revelação dissera ao Profeta a respeito dos judeus de Yathrib aplicava-se também aos khaybaritas: "A dissensão alastra-se entre eles. Tu os supões unidos, enquanto seus corações estão dispersos".[2] Era uma desgraça para eles confrontar-se subitamente com um exército que, ainda que pouco numeroso, estava impregnado da disciplina infundida pelo versículo: "Em verdade, Deus ama aqueles que combatem em Seu caminho, em fileiras cerradas como se fossem edificações compactas";[3] um exército formado por homens cujas almas se deleitam na promessa contida nas palavras reveladas: "Quantas vezes, uma pequena tropa venceu uma multidão, com a permissão de Deus! E Deus está com os perseverantes".[4]

No primeiro dia em que o Profeta atacou a fortaleza mais próxima, as guarnições das outras cidadelas nada fizeram para impedir o assalto dos atacantes, e permaneceram trancados atrás de suas muralhas, cada uma

---

[1] Corão, 37:177. [2] Corão, 59:14. [3] Corão, 61:4.
[4] Corão, 2:249.

preocupada apenas em reforçar as próprias fortificações. Essa tática reduziu a disparidade de número dos efetivos, mas pôs à prova a resistência dos muçulmanos, que teriam de sustentar uma longa campanha em território estrangeiro e muitas batalhas em lugar de uma única. Os homens de Khaybar estavam entre os melhores arqueiros da Arábia. Jamais os muçulmanos haviam precisado tanto de seus escudos, e desde o início da campanha as mulheres do acampamento estiveram continuamente ocupadas tratando dos ferimentos por flechas. Entre as esposas do Profeta, e pela segunda vez consecutiva, Umm Salamah fora sorteada para acompanhá-lo; também sua tia Ṣafiyyah, Umm Ayman, Nusaybah e Umm Sulaymn, mãe de Anas, lá estavam para cuidar dos feridos e das provisões de água na retaguarda.

Muitos dias se passaram sem resultados tangíveis. No decorrer da sexta noite, no entanto, quando 'Umar assumiu o comando da guarda, um espião foi capturado no interior do acampamento e, em troca de sua vida, deu preciosas informações sobre as características das diversas fortalezas, indicando qual poderia ser tomda mais facilmente. Ele sugeriu que começassem pela menos protegida, que guardava em seus espaçosos porões grande quantidade de armas, entre as quais engenhos de guerra que haviam servido no passado para tomar de assalto outras fortalezas, pois, como Yathrib, Khaybar passara por guerras civis. No dia seguinte, a fortaleza foi conquistada e as máquinas de guerra recuperadas para serem utilizadas em outros assaltos: uma catapulta para lançar rochas e dois grandes testudos em forma de tartaruga, que mantinham os homens ao abrigo de uma sólida carapaça, permitindo que chegassem à muralha e abrissem uma brecha. As fortalezas mais fáceis caíram uma a uma, graças a tais artefatos. Foi um castelo fortificado chamado Na'īm que ofereceu a maior resistência. A guarnição que o defendia saiu para atacar em grande número e, nesse dia, os muçulmanos foram rechaçados. "Amanhã, darei o estandarte a um homem amado por Deus e por Seu Mensageiro", declarou o Profeta. "Deus nos dará a vitória por suas mãos; ele não é dos que dão as costas para fugir."

Nas campanhas precedentes, o Profeta havia utilizado como estandartes panos relativamente pequenos, mas, desta vez, levara para Khaybar um grande estandarte negro feito com um manto que pertencera a 'Ā'ishah. Chamavam-no "a Águia", e foi este estandarte que o Profeta entregou a 'Alī; depois, orou por ele e pelos outros Companheiros, pedindo a Deus que lhes desse a vitória. Após mais um dia de sangrentos combates, no curso do qual Zubayr e Abū Dujānah – o turbante rubro – desempenharam papel decisivo, ʿAlī conduziu seus homens numa investida final que forçou a guarnição a recuar até o fundo da fortaleza, deixando os muçulmanos com o domínio dos portões. A fortaleza se rendeu, mas, antes, muitos de seus homens escaparam para outras fortalezas por uma passagem secreta escondida nos fundos.

"Onde estão os Bani Ghaṭafān?", perguntavam-se os habitantes de Khaybar, sem obter resposta. De fato, os Ghaṭafān se puseram a caminho com um exército de quatro mil homens, como haviam prometido. Mas, à noite, após um dia de marcha, eles escutaram uma voz estranha – não sabiam se vinha do céu ou da terra – que troou por três vezes: "Vosso povo! Vosso povo! Vosso povo!". Os homens logo imaginaram que suas famílias estavam em perigo e fizeram o caminho de volta imediatamente, para saberem, ao chegar, que nada de mal havia acontecido. Uma vez de volta ao lar, não quiseram tornar a partir, convencidos de que chegariam a Khaybar muito tarde para tomar parte na derrota do inimigo.[1]

A mais inexpugnável das fortalezas de Khaybar era conhecida como Cidadela de Zubayr. Encravada no cimo de um espigão rochoso e inteiramente cercada de altas falésias, suas portas só eram acessíveis por um caminho muito íngreme. A maior parte dos combatentes que havia fugido das outras fortalezas se incorporou à guarnição da cidadela, que se mantinha firme atrás de suas muralhas. O cerco estava no terceiro dia, quando um judeu de outra fortaleza foi até o Profeta e lhe disse que a cidadela possuía recursos secretos que lhe permitiria resistir ao sítio por tempo indeterminado; mas ele só revelaria o segredo com a condição de que sua própria vida, seus bens e sua família estivessem a salvo. O Profeta aceitou a condição e o homem lhe mostrou onde cavar para cortar o fluxo de um riacho subterrâneo que serpeava por baixo do rochedo sobre o qual se construíra a cidadela. Como a fonte subterrânea nunca secava, não havia reservatórios de água. De fato, quando o curso do riacho foi interrompido, a sede os obrigou a sair e lutar, e após um violento combate, eles foram derrotados.

A última fortaleza a opor resistência foi a de Qamūs, que pertencia à família de Kinānah, um dos mais ricos e poderosos clãs dos Bani Naḍīr. Alguns de seus membros estavam estabelecidos ali havia muito tempo, enquanto

---

[1] al-Wāqidī 651-2; Ibn Isḥāq 757.

outros, entre os quais o próprio Kinānah, haviam chegado recentemente, após serem exilados de Yathrib. Eram eles, sobretudo, que haviam contado com a ajuda dos Ghaṭafān, e o descumprimento da promessa de seus aliados causou-lhes uma dolorosa decepção; e as más notícias trazidas por todos os que se refugiaram em Qamūs só aumentou seu desânimo e desmoralização. Eles resistiram por catorze dias, ao cabo dos quais Kinānah enviou uma mensagem ao Profeta dizendo que desejava negociar a rendição. Saíram da fortaleza o chefe e alguns membros de sua família, e logo ficou acordado que nenhum homem da guarnição, nem os membros de sua família, seriam justiçados ou feitos prisioneiros, desde que deixassem Khaybar e que todas as suas posses se tornassem propriedade dos vencedores. O Profeta, então, acrescentou mais uma cláusula, segundo a qual a obrigação de salvar-lhes a vida e de deixá-los em liberdade não teria efeito se qualquer um deles tentasse subtrair uma parte que fosse de seus bens. Kinānah e os outros concordaram, e o Profeta chamou então Abū Bakr, 'Umar, 'Alī e Zubayr, e também dez judeus para que testemunhassem o acordo.

Entretanto, logo tornou-se evidente, tanto aos judeus quanto aos muçulmanos, que muitas riquezas estavam sendo escondidas. Onde, afinal, estava o famoso tesouro que os Bani Naḍīr haviam trazido de Medina e que haviam ostentado pelas ruas da cidade em sua partida? O Profeta interrogou Kinānah a este respeito, e ele respondeu que, desde a chegada dos Bani Naḍīr a Khaybar, todo o tesouro fora vendido para comprar mais armas, armaduras e reforçar as fortificações. Ora, mesmo os judeus sabiam que ele estava mentindo e ficaram ainda mais apreensivos, pois muitos deles reconheciam que estavam na presença de um profeta. Eles não se consideravam obrigados a segui-lo, porque, afinal, ele não era um deles e não fora enviado a eles, mas certamente sabiam que seria inútil tentar enganá-lo. Um deles, que só queria o bem-estar de Kinānah, pediu-lhe que nada ocultasse, pois tinha certeza que o Profeta saberia. Kinānah repreendeu-o furiosamente, mas o tesouro foi descoberto em menos de um dia, e Kinānah foi justiçado juntamente com um de seus primos que fora cúmplice da dissimulação, e os demais familiares foram feitos prisioneiros.

Após a queda de Qamūs, as duas últimas fortalezas se renderam sob as mesmas condições. Pouco tempo depois, os judeus de Khaybar confabularam e enviaram uma delegação a Muḥammad sugerindo que, por sua experiência na produção e gestão das fazendas e pomares, o Profeta os autorizasse a permanecer em suas casas, e em troca lhe pagariam uma renda anual equivalente à metade de toda produção. O Profeta concordou, mas estipulou que caso decidisse bani-los no futuro, eles deveriam partir. Logo começaram os rumores de que os muçulmanos pretendiam estender sua campanha até Fadak, um pequeno mas rico oásis situado a nordeste. Quando os judeus de Fadak se inteiraram dos termos impostos a Khaybar, enviaram uma mensagem oferecendo sua rendição nas mesmas condições. Desse modo, Fadak passou a ser propriedade do Profeta, como ocorria a todos os bens não obtidos por força das armas.

Quando chegaram a um acordo definitivo e o exército vitorioso pôde descansar, a viúva de Sallām ibn Mishkam assou um cordeiro e envenenou toda a carne com uma poção mortal, concentrando o veneno especialmente nas paletas, pois fora informada que o Profeta preferia a paleta a qualquer outra parte do animal. Quando a iguaria ficou pronta, ela a levou até o acampamento e colocou-a diante do Profeta, que agradeceu pelo prato e convidou os Companheiros presentes a cear com ele.

Sentado com o Profeta, estava um khazrajita de nome Bishr, filho de Barā', aquele que conduzira os muçulmanos de Yathrib ao segundo encontro de 'Aqabah, e que fora o primeiro a cumprir a prece ritual voltando-se em direção a Meca. Quando o Profeta pegou um pedaço de carne, Bishr fez o mesmo e o engoliu, mas o Profeta imediatamente cuspiu o que tinha na boca, dizendo aos outros comensais: "Tirai vossa mão! Esta paleta revelou-me que está envenenada". Ele, então, convocou a viúva e lhe perguntou se havia envenenado a carne. "Quem lhe contou?", ela perguntou. "A própria paleta", respondeu o Profeta; "e por que fizeste isto?" – "Sabes muito bem o que fizeste ao meu povo", ela respondeu, "mataste meu pai, meu tio e meu marido. Então, pensei: 'Se for um rei, morrerá envenenado; se for um profeta, será alertado do veneno'". Bishr tinha o rosto pálido-acinzentado, e não demorou a morrer; ainda assim, o Profeta perdoou a mulher.[1]

Essa mulher não era a única a ter perdido um pai e um marido nas mãos dos muçulmanos. Entre os aprisionados por causa da traição de Kinānah ao pacto de rendição por ter sonegado as riquezas dos Bani Naḍīr estava sua viúva, Ṣafiyyah, filha de Ḥuyay, aquele que persuadira os Bani Qurayẓah a romper o tratado com o Profeta e que com eles fora condenado à morte

[1] al-Bukhārī LI, 28.

após a batalha da Trincheira. Ela tinha dezessete anos e seu casamento com Kinānah ocorrera um ou dois meses antes de o Profeta partir de Medina, e, enquanto durou, não foi um casamento feliz. Diferentemente de seu pai e seu marido, Ṣafiyyah era de natureza profundamente piedosa. Desde a mais tenra infância, ouvira falar de um profeta cuja vinda estava próxima, e isto nutria sua imaginação. Depois, contaram-lhe de um árabe de Meca, um qurayshita que afirmava ser o profeta e, mais tarde, chegaram as notícias de que ele partira para Qubā'. Isto se passou sete anos antes, quando Ṣafiyyah tinha apenas dez anos, e ela se lembrava bem de seu pai e de seu tio partindo para Qubā' em segredo para tentar provar que o homem em questão era um impostor; mas o que ficara gravado em sua memória fora o retorno de ambos, tarde da noite, em estado de completo abatimento. Pelo que disseram, parecia-lhes evidente que o homem que acabara de chegar era mesmo o profeta anunciado, mas estavam determinados a se opor a ele, e a mente da menina ficou confusa.[1]

Imediatamente após seu casamento, e pouco tempo antes que o Profeta chegasse a Khaybar, Ṣafiyyah teve um sonho: viu uma lua brilhante suspensa no céu, e sob ela a cidade de Medina; a lua, então, deslocou-se até Khaybar, onde caiu em seu colo. Ao despertar, ela contou o sonho a Kinānah, e seu marido deu-lhe uma bofetada no rosto, dizendo: "Isto só pode significar que desejas o rei do Ḥijāz, Muḥammad!". A marca do golpe recebido era ainda visível quando ela foi levada prisioneira diante do Profeta. Ele lhe perguntou o que acontecera e ela contou-lhe tudo, inclusive o sonho. Ora, havia um certo Diḥyah, dos Bani Kalb, que entrara para o Islām logo depois de Badr, que reclamara Ṣafiyyah como parte de sua cota no butim de Khaybar, e o Profeta concordara. No entanto, ouvindo o relato do sonho, ele chamou Diḥyah[2] e disse-lhe que aceitasse sua prima no lugar de Ṣafiyyah. Depois, disse a ela que estava disposto a libertá-la e lhe ofereceu duas possibilidades: permanecer com a religião de seus pais e retornar para junto dos judeus, ou entrar para o Islām e tornar-se sua esposa. "Escolho Deus e Seu Mensageiro", ela respondeu; e o casamento ocorreu na primeira parada no retorno a Medina.

---

[1] Ibn Isḥāq 354-5.

[2] Este era um homem de grande beleza sobre o qual o Profeta disse: "De todos os homens que já vi, aquele que mais se parece com Gabriel é Diḥyah al-Kalbī" (Ibn Sa'd IV, 184).

A campanha ainda não havia terminado, pois, em vez de voltar pelo itinerário direto que haviam tomado na ida, o Profeta fez um desvio em direção a oeste e cercou as fortalezas judias de Wādi l-Qurà, que se haviam coligado a Khaybar. Após três dias de cerco, eles se submeteram às mesmas condições de rendição que os outros judeus.

Ibn al-Akwa', o aslamita que entoara canções para os muçulmanos na marcha em direção ao norte, fora morto em Khaybar durante o ataque à cidadela. Foi sua própria espada que, de algum modo, voltou-se contra ele, ferindo-o mortalmente. Um dos Auxiliares observou que, tendo sido morto daquele modo, ele não poderia contar-se entre os mártires. "Mente quem fala assim", disse o Profeta. "Na verdade, ele passeia entre os jardins do Paraíso com tal liberdade e desenvoltura quanto um nadador através das águas."[1] Outra questão sobre o martírio foi levantada em Wādi-l-Qurà, onde Karkarah, o escravo negro do Profeta, foi morto por uma flecha enquanto desmontava de um camelo. Neste caso, entretanto, o Profeta respondeu: "Neste exato momento, ele arde na Geena sob um manto que roubou em Khaybar e que se tornou um manto de chamas".[2]

Muito frequentemente, o Profeta repetia aos fiéis que o privilégio de viver com ele em sua comunidade trazia grande responsabilidade, porque Deus era Justo e julgaria seus primeiros crentes mais severamente que aqueles que viveram em épocas piores, nas quais era mais difícil resistir ao mal. "Em verdade, vós viveis em uma época em que qualquer um que omite um décimo da lei se condenará. Mas virá a época em que quem cumprir um décimo da lei se salvará."[3]

---

[1] al-Wāqidī 662. [2] Ibn Isḥāq 765. [3] At-Tirmidhī XXXI, 79.

70 “A quem tu amas mais?”

Quando o exército vitorioso voltou a Medina após uma ausência de sete semanas, Ja‘far e seus companheiros já haviam retornado da Abissínia. Ele havia partido com a idade de vinte e sete anos e agora era um homem de quarenta. Há treze anos não via o Profeta, apesar de estarem em constante comunicação. O Profeta abraçou-o com força e beijou-lhe os olhos. Então disse: “Não sei o que me alegra mais, se é a volta de Ja‘far ou a vitória sobre Khaybar”. Ja‘far trouxe consigo sua esposa Asmā’ e seus três filhos – Abd Allāh, Muḥammad e ‘Awn, que haviam nascido na Abissínia.

Com eles veio também Umm Ḥabībah; seus aposentos já estavam prontos, e sua união com o Profeta foi celebrada com um segundo banquete de núpcias. Ela tinha então trinta e cinco anos e todas as outras esposas, com exceção de ‘Ā’ishah, já a conheciam de Meca. Além disso, era cunhada de Zaynab, e tornara-se íntima de Sawdah e Umm Salamah, com as quais convivera desde os primeiros dias que passaram juntas na Abissínia. Sua chegada já era esperada, e não causou grande perturbação entre as outras esposas. O mesmo não se deu com a imprevista inclusão da jovem e bela Ṣafiyyah à família do Profeta. Na sua chegada a Medina, o Profeta alojou-a temporariamente em uma das casas do sempre hospitaleiro Ḥārithah. Tendo ouvido falar de sua beleza, ‘Ā’ishah perguntou a Umm Salamah sobre a nova companheira. “De fato, ela é muito bonita, e o Mensageiro de Deus a ama muito”, declarou Umm Salamah. ‘Ā’ishah foi então à casa de Ḥārithah e lá entrou acompanhada por um grupo de mulheres que foram visitar a recém-casada. Com o rosto coberto pelo véu, ‘Ā’ishah não revelou sua identidade e ficou a certa distância, porém próxima o bastante para comprovar por si mesma a verdade do que dissera Umm Salamah. Em seguida, ela deixou a casa, mas o Profeta, que estava presente, reconheceu-a e foi ao seu encontro. "O que achaste dela, 'Ā'ishah?", perguntou-lhe. "Vi uma judia como qualquer outra judia", respondeu 'Ā'ishah. "Não fales assim", disse o Profeta, "pois ela abraçou o Islām e comprovou seu Islām".

Ṣafiyyah era particularmente vulnerável entre as outras esposas por causa de seu pai. "Filha de Ḥuyay!" era uma forma respeitosa de dirigir-se a ela, mas podia tornar-se um insulto dependendo do tom de voz; e foi por essa razão que Ṣafiyyah, em lágrimas, procurou o Profeta, porque uma de suas novas companheiras quis humilhá-la dessa maneira. O Profeta lhe disse: "Responde-lhes: 'meu pai é Aarão, e meu tio é Moisés'".

Dentre as esposas, Ṣafiyyah era em idade a mais próxima de 'Ā'ishah, mais ainda que Ḥafṣah, que tinha vinte e dois anos. Isto, de início, aumentou os temores de 'Ā'ishah mas, transcorridas algumas semanas, certa simpatia surgiu entre as duas esposas mais jovens, e Ḥafṣah também tornou-se amiga da recém-chegada. "Éramos dois grupos", diria 'Ā'ishah mais tarde, "um formado por mim, Ḥafṣah, Ṣafiyyah e Sawdah; o outro por Umm Salamah e as outras esposas."

'Ā'ishah tinha então dezesseis anos, e era madura para sua idade em alguns aspectos, mas em outros não. Seu rosto, e quase sempre sua língua, deixava transparecer claramente seus sentimentos. Certa ocasião, o Profeta lhe disse: "Ó 'Ā'ishah, de mim, nada consegues ocultar, sei quando estás enfadada comigo e quando estás contente". – "Ó tu, que me é mais querido que meu pai e minha mãe, como o sabes?" – "Quando estás contente, tu juras 'Por certo que não, pelo Senhor de Muḥammad!', mas quando estás irritada dizes: 'Por certo que não, pelo Senhor de Abraão!'".[1] Em outra ocasião, quando o Profeta se atrasou um pouco para encontrá-la, ela lhe perguntou: "Onde estavas até agora?". – "Ó bela pequena, eu estava com Umm Salamah", ele lhe respondeu. – "Não ficas demais com Umm Salamah?" – e, ao vê-lo sorrir sem lhe responder, completou: "Ó Mensageiro de Deus, responde-me: se te encontrasses entre duas encostas de um vale, uma que já houvesse servido de pasto, e outra ainda intocada; a qual delas levaria teu rebanho para pastar?". – "Para a encosta intocada", respondeu o Profeta. – "Assim deve ser", ela disse, "e eu não sou como suas outras esposas.

---

[1] Ibn Sa'd VIII, 47.

Cada uma delas teve um marido antes de ti, exceto eu." E o Profeta sorriu, sem dizer palavra.[1]

'Ā'ishah sabia que não podia ter o Profeta só para si. Ela era uma mulher, e ele, como uma vintena de homens. A Revelação assim dissera: "Em verdade, tua natureza é de imensa magnitude".[2] É como se ele mesmo fosse todo um mundo, comparável ao mundo exterior e em alguns aspectos misteriosamente uno com ele. 'Ā'ishah muitas vezes observou como, ao soar dos trovões, mesmo distantes, o rosto do Profeta mudava de cor; do mesmo modo, uma poderosa rajada de vento o afetava sensivelmente; mais de uma vez, ele foi visto saindo sob chuva com a cabeça, os ombros e o peito descobertos para compartilhar o gozo da terra ao receber a munificência do céu sobre a pele.

O fato de o Profeta ser diferente dos outros homens, no entanto, não impedia 'Ā'ishah de ser ciumenta, mas ela sabia que o ciúme, diferentemente do amor, era somente para esta vida. A propósito do Paraíso, a Revelação prometera mais de uma vez: "E arrancaremos o rancor que houver em seus corações".[3] Um dia, 'Ā'ishah perguntou ao Profeta: "Ó Mensageiro de Deus, quais serão suas esposas no Paraíso?". – "Tu estarás entre elas", ele respondeu, e ela guardou estas palavras como um tesouro precioso até o fim de sua vida, e também as que foram ditas em outra ocasião: "Gabriel está aqui e te envia saudações de paz". Ao que ela respondia: "A paz esteja com ele, assim como a misericórdia de Deus e Suas bênçãos!".[4]

A respeito do ciúme, ela diria anos mais tarde: "De nenhuma outra esposa do Profeta eu tinha tanto ciúme como de Khadījah, pois ele a mencionava constantemente, e porque Deus lhe havia anunciado que ela agora habitava uma mansão de pedras preciosas no Paraíso. E cada vez que ele sacrificava um carneiro, enviava uma boa porção aos que dela eram mais próximos. Muitas vezes eu lhe disse: 'É como se jamais tivesse existido no mundo outra mulher além de Khadījah'".[5]

As percepções e reações de 'Ā'ishah eram extremamente rápidas e vivazes. Pouco tempo depois do cerco de Khaybar, ou talvez um pouco antes, Hālah, a mãe de Abu l-'Āṣ, veio a Medina para visitar seu filho, sua nora Zaynab e sua neta Umāmah. Ora, certo dia em que o Profeta se encontrava nos aposentos

---

[1] Ibn Sa'd VIII, 55.

[2] Corão, 68:4. Na versão de Helmi Nasr: "és de magnífica moralidade".

[3] Corão, 7:43 e 15:47. [4] Ibn Sa'd, VII, 55. [5] al-Bukhārī LXIII, 20.

de 'Ā'ishah, bateram à porta e uma voz de mulher pediu permissão para entrar. O Profeta empalideceu e pôs-se a tremer. Percebendo a causa de sua reação, 'Ā'ishah foi invadida por uma onda de ciúmes e se derramou em repreensões, pois sabia que na voz de Hālah ele ouvira a de sua irmã Khadījah. O Profeta logo depois confirmou essa interpretação, dizendo que a forma como ela pediu permissão para entrar fora idêntica à de sua primeira esposa.[1]

Sawdah, então mais amadurecida, cedeu a 'Ā'ishah seu dia com o Profeta, certa de que seria de seu agrado, pois não havia dúvida para ninguém da comunidade, inclusive suas esposas, que dentre suas esposas vivas o Profeta amava mais a 'Ā'ishah. Tal convicção unânime não se formara por meras conjecturas, mas por alusões feitas pelo Profeta. De fato, de tempos em tempos um ou outro de seus Companheiros lhe perguntava: "Ó Mensageiro de Deus, a quem amas mais no mundo?". E mesmo que não recebessem sempre a mesma resposta – pois muitos eram os que gozavam de seu imenso amor: suas filhas e os filhos delas, 'Alī, Abū Bakr, Zayd e Usāmah, entre outros –, o Profeta às vezes mencionava 'Ā'ishah, mas jamais qualquer outra esposa. Ora, como recomendava o Corão, sempre que alguém queria pedir algum favor ao Profeta costumava oferecer-lhe um presente em apoio ao pedido. Porém, em Medina, também começava a converter-se em costume fazer a oferta quando o Profeta estivesse nos aposentos de 'Ā'ishah, pois supunha-se que ele estaria mais feliz e consequentemente mais disposto a conceder o favor. Tal hábito começou a gerar certo mal-estar na família do Profeta, a ponto de Umm Salamah ir procurá-lo, em seu próprio nome e de suas companheiras, para pedir-lhe que anunciasse que qualquer um que desejasse lhe dar um presente deveria fazê-lo sem se importar em qual aposento ele estava. Como o Profeta não lhe respondeu, ela formulou a demanda uma segunda vez, e de novo ele ficou em silêncio. Ela insistiu uma terceira vez, e então o Profeta declarou: "Não me aborreças a propósito de 'Ā'ishah, pois em verdade a Revelação nunca vem a mim quando estou sob o teto de nenhuma esposa, exceto se esta é 'Ā'ishah".[2] Umm Salamah disse-lhe então: "Arrependo-me e peço perdão a Deus por ter-te molestado". As outras esposas, no entanto, inconformadas com a situação, procuraram Fāṭimah para pedir-lhe que interferisse e dissesse ao Profeta: "Tuas esposas solenemente suplicam por Deus para que lhes faças justiça

[1] Ibidem.

[2] al-Bukhārī LI, 8.

em relação à filha de Abū Bakr". Fāṭimah aceitou o pedido relutantemente, mas adiou a tarefa por alguns dias até que sua prima Zaynab, a filha de Jaḥsh, insistiu novamente no assunto. Então ela foi até seu pai e repetiu-lhe o pedido de suas esposas. "Minha filhinha, tu não amas aquilo que eu amo?", ele lhe perguntou. Ao que ela respondeu afirmativamente, e ele acrescentou: "Então ama-a", referindo-se a 'Ā'ishah. Depois lhe perguntou: "Foi Zaynab que te enviou, não é verdade?" – "Zaynab e as outras." – "Juro que foi Zaynab que pôs isso em movimento!", disse o Profeta. E, tendo Fāṭimah admitido, ele sorriu.

Fāṭimah foi contar às esposas o que havia ocorrido. "Ó filha do Mensageiro de Deus, não foste de nenhuma utilidade para nós!", elas exclamaram, e a pressionaram para que insistisse com o Profeta, mas ela se recusou. Então as esposas se voltaram para Zaynab: "Vai tu, então!". E ela foi falar com o Profeta, que pediu a 'Ā'ishah que falasse com ela, e 'Ā'ishah apresentou argumentos contra os quais Zaynab nada pôde responder. O Profeta procurava ser justo e equânime com suas esposas e encorajava os demais a fazerem o mesmo; mas não podia ser responsável pela forma como os outros tratavam suas próprias esposas, nem sua sensibilidade lhe permitia interferir nesses assuntos. A ele cumpria receber com gratidão o presente ofertado e deixar o resto a critério do doador. Quando Zaynab se retirou, ele disse à 'Ā'ishah: "Verdadeiramente tu és a filha de Abū Bakr!".[1]

O ciúme era inevitável no lar do Profeta e ele se esforçava para não lhe dar importância. Um dia, entrou numa sala em que estavam reunidas suas esposas e alguns outros membros da família. Levava nas mãos um colar de ônix que haviam acabado de ofertar-lhe e, segurando-o bem à vista, declarou: "Eu o darei a quem mais amo dentre todos!". Algumas esposas começaram sussurrar ironicamente entre si: "Ele vai dá-lo à filha de Abū Bakr". No entanto, após um longo momento de incerteza, ele chamou a pequena Umāmah, sua neta, e pendurou o enfeite em seu pescoço.

O amor que tinha por seus netos, filhos de 'Alī e de Fāṭimah, não era menor. "Ḥasan e Ḥusayn são os mais queridos para mim", ele costumava dizer. Usāmah também era considerado um neto, e mais de uma vez o Profeta tomou-o pela mão e, dando a outra mão a Ḥasan, fazia esta prece: "Ó Deus, eu os amo; ama-os Tu também!".[2]

---

[1] al-Bukhārī LI, 8; Ibn Sa'd VIII, 123. [2] Ibn Sa'd IV/1, 43.

71 Após Khaybar

A campanha de Khaybar foi seguida de seis expedições relativamente pequenas, duas das quais, conduzidas respectivamente por 'Umar e Abū Bakr, foram lançadas contra os clãs hostis da tribo dos Hawāzin, cujo território era a principal via de acesso ao Iêmen. As outras foram dirigidas para o leste e para o norte, contra os clãs Ghaṭafān. Duas destas pretendiam restringir o avanço dos Bani Murrah, cujo território fazia fronteira com o oásis de Fadak, que agora pertencia ao Profeta. Os judeus de Fadak, que se tornaram arrendatários das terras, pediam proteção contra os beduínos. No entanto, a força desses saqueadores foi subestimada em Medina; somente trinta homens foram enviados na primeira expedição e quase todos acabaram mortos. O Profeta enviou imediatamente uma segunda força com duzentos homens e, desta vez, os inimigos fugiram após considerável perda de vidas. Alguns foram capturados, com um pequeno butim de camelos e cabras. O jovem Usāmah, com dezessete anos, foi autorizado a participar desta expedição. Ele já estivera entre aqueles que combateram por trás da trincheira, mas esta era a primeira vez que participava verdadeiramente de todas as ações. Durante o combate, um homem dos Murrah zombou de Usāmah por sua juventude, mas não tardaria a se lamentar por isso. Decidido a provar seu valor, Usāmah, provocado até a fúria, lançou-se em perseguição ao homem pelo deserto aberto, apesar das ordens dadas antes do início da batalha de permanecer em grupo. Ele alcançou o inimigo e o feriu; então o murrahita gritou: *lā ilāha illā Llāh*! ("Não há divindade senão Deus!"). Mas apesar de seu testemunho do Islām, Usāmah desferiu-lhe um golpe mortal.

A expedição era comandada por Ghālib ibn 'Abd Allāh,[1] e logo após a batalha seu primeiro pensamento foi: "Onde está Usāmah?". Como todos da comunidade, ele sabia da afeição do Profeta pelo filho de Zayd. Malgrado a vitória que conquistaram, estavam todos extremamente inquietos até uma hora depois do anoitecer, quando Usāmah voltou ao acampamento. Ghālib o repreendeu severamente. "Persegui um homem que me havia insultado", explicou o rapaz, "e quando o alcancei e finquei-lhe a lâmina na carne, ele gritou *lā ilāha illā Llāh*." – "E nesse momento embainhaste tua espada?", perguntou Ghālib. "Não antes de fazê-lo beber um trago da morte", exclamou Usāmah. Ao ouvir aquela declaração, o acampamento soou uma torrente de imprecações indignadas, e Usāmah, tomado pela vergonha, escondeu a cabeça sob as mãos. Durante o caminho de volta, ele foi incapaz de comer um bocado que fosse. Um versículo bem conhecido dos mais velhos já havia sido revelado dando conta de um ou dois casos em que um crente, estando a ponto de matar um descrente, ouviu este professar o Islām; e o crente, exasperado pela ideia de ser privado do butim da armadura e das armas que pensava já ser seu, contestou: "Tu não és um crente!", e o matou. No caso de Usāmah, o motivo fora a honra e não o ganho material, mas o princípio era o mesmo. O versículo revelado dizia: "Ó vós que credes, ao combater no caminho de Deus, sabei discernir, e não digais a quem vos dirige a saudação do Islām: 'Não és um crente!', buscando com isso os efêmeros bens da vida terrena, pois junto a Deus há abundantes tesouros. Assim éreis antes, mas agora Deus vos agraciou com o Islām. Discerni apropriadamente, pois, em verdade, Deus é o Conhecedor de tudo o que fazeis".[2]

Assim que a tropa chegou a Medina, Usāmah foi ao encontro do Profeta, que o estreitou nos braços afetuosamente, para depois perguntar-lhe o que havia sucedido na campanha. Usāmah contou-lhe tudo que se passara desde sua partida, e quando ia contar que havia matado seu adversário, o Profeta o interrompeu: "Ó Usāmah, tu o mataste depois dele dizer *lā ilāha illā Llāh*?". – "Ó Mensageiro de Deus", respondeu-lhe Usāmah, "ele o disse somente para escapar da morte!" – "E então", continuou o Profeta, "abriste-lhe o coração para saber se ele dizia a verdade ou se mentia!"

---

[1] Membro dos Bani Layth, um clã dos Kinānah.

[2] Corão, 4:94.

– "Nunca mais matarei um homem que tenha dito *lā ilāha illā Llāh*", afirmou Usāmah, que anos mais tarde ainda comentaria: "Quisera ter entrado para o Islām naquele dia",[1] pois o Profeta afirmara que a entrada na religião apagava todos os pecados passados.

Após seu retorno de Khaybar, o Profeta ficou em Medina durante nove meses. A despeito de algumas pequenas expedições, a trégua concluída no sul e a vitória conquistada no norte fizeram desses meses um período de relativa paz e prosperidade, ainda que as riquezas advindas da conquista do "Jardim do Ḥijāz" tenham causado também alguns novos problemas.

Certa manhã, quando ia ao encontro do Profeta e já se aproximava de sua casa, 'Umar ouviu vozes femininas se elevarem num tom que considerou impróprio à presença do Mensageiro de Deus. Eram as esposas do Profeta, mulheres qurayshitas, ou seja, Emigrantes, o que confirmava a opinião de 'Umar de que se estavam deixando contaminar pelos maus costumes das mulheres de Medina, que eram conhecidas havia gerações por serem menos comedidas e mais atrevidas que as de Meca. O Profeta detestava recusar um pedido, o que elas bem sabiam, e agora lhe pediam com insistência algumas vestes que integravam o espólio que a ele cabia. Um grande cortinado dividia parte do aposento e, quando escutaram a voz de 'Umar pedindo permissão para entrar, o silêncio se fez imediatamente, e as mulheres esconderam-se atrás da cortina com tal rapidez que, quando 'Umar entrou, só encontrou o Profeta, que ria a ponto de não conseguir falar. "Possa Deus encher tua vida de risos, ó Mensageiro de Deus!", saudou-o 'Umar. "Foi maravilhoso", respondeu o Profeta, "a rapidez com que as mulheres silenciaram e desapareceram atrás deste cortinado assim que ouviram tua voz!" – "É teu direito", disse-lhe 'Umar, "e não meu, impor-lhes respeito, e não eu." Depois, dirigindo-se às mulheres: "Ó inimigas de si mesmas, temeis a mim e não ao Mensageiro de Deus?". – "É isso mesmo", responderam-lhe, "porque tu és mais severo e rigoroso que o Mensageiro de Deus." – "Isso é verdade, ó filho de Khaṭṭāb!", disse-lhe o Profeta sorrindo, e acrescentou: "Por Aquele em cuja mão está minha alma, se Satanás soubesse que viajas por um caminho, por certo escolheria outro para não te encontrar!"[2]

---

[1] al-Wāqidī 725.

[2] al-Bukhārī LXII, 6.

As riquezas recém-adquiridas e o consequente conforto da situação encorajaram até a própria Umm Ayman a pedir um favor ao Profeta. Há algum tempo ela sentia necessidade de ter um camelo, e foi ao Profeta para pedir-lhe uma montaria. Mirando-a com um olhar grave, ele lhe disse: "Eu te farei montar no filho de um camelo". – "Ó Mensageiro de Deus", ela exclamou, pensando que ele se referia a uma cria, "isso não é apropriado para mim!" – "Só te farei montar ser for no filho de um camelo", ele repetiu.[1] E a discussão prosseguiu até que um sorriso apareceu no rosto do Profeta, fazendo-a compreender que era somente uma brincadeira, pois todo camelo é necessariamente filho de um camelo.

Noutro dia, no entanto, 'Umar encontrou o Profeta menos bem-humorado, com o queixo apoiado na palma da mão. "Ó 'Umar", ele disse, "elas me pedem o que não tenho." Dias antes, quando estavam a caminho de Khaybar, falando-lhes sobre o aumento de riquezas que a prometida vitória traria a Medina, ele dissera: "Isso não será bom para vós!". E foi como ele disse, tanto em sua própria casa como nas outras famílias. Até então, o Profeta e os seus viviam em total frugalidade. 'Ā'ishah relatou que antes de Khaybar jamais soube o que era comer tâmaras até sentir-se saciada. A pobreza daqueles que, em número cada vez maior, buscavam auxílio na casa do Profeta não permitia que suas esposas lhe pedissem senão o estritamente necessário, às vezes nem isto. As coisas de que não necessitavam eram distribuídas, ou mesmo vendidas, e o dinheiro obtido era dado em caridade. Agora o Profeta podia dar-se ao prazer de presentear suas esposas, e elas, por sua vez, não demoraram a aprender a pedir-lhe mais, o que criava sérios problemas, pois a equidade exigia que tudo que fosse dado a uma delas fosse dado igualmente às outras.

Ao mesmo tempo, elas encontraram outras meios de se aproveitar de sua indulgência. Um dia, 'Umar censurou sua esposa, ao que ela lhe respondeu com rispidez; e quando ele a reprendeu novamente, ela replicou dizendo que as esposas do Profeta costumavam responder-lhe como queriam, e que ela podia fazer o mesmo. "E há uma entre elas", acrescentou, referindo-se à própria filha, "que da manhã ao anoitecer diz tudo o que pensa sem hesitar." Perturbado, 'Umar foi ao encontro de sua filha Ḥafṣah, que não negou a veracidade do que dissera sua mãe. "Não tens nem a graça de 'Ā'ishah, nem

---

[1] Ibn Sa'd VIII, 163.

a beleza de Zaynab", disse-lhe 'Umar, esperando com isso abalar a excessiva autoconfiança da moça; e vendo que suas palavras não surtiam qualquer efeito, acrescentou: "Estás tão segura de que podes provocar o desgosto do Profeta, sem que Deus lance sobre ti a Sua cólera?".[1] Depois, dirigiu-se à sua prima, Umm Salamah, e lhe perguntou: "É verdade que afrontas o Mensageiro de Deus e lhe respondes em tom desrespeitoso?". – "Ora, por todas as maravilhas", disse Umm Salamah, "que direito tens de te interpores entre o Mensageiro de Deus e suas esposas? Sim, por Deus, nós lhe falamos francamente o que pensamos; se ele o permite, é assunto dele, e se nos proíbe, nos encontrará mais obedientes do que jamais seremos a ti."[2] 'Umar sentiu que tinha ido longe demais e que a repreensão recebida era justa; mas ficou claro que nem tudo ia bem no lar do Profeta.

Um corretivo repentino, entretanto, iria produzir-se por um evento totalmente inesperado. A carta do Profeta endereçada ao Muqawqis convidando-o ao Islām foi respondida com evasivas; mas, com a mensagem, o governante do Egito enviou um generoso presente de mil medidas de ouro, vinte túnicas de fino tecido, uma mula, uma asna, e, coroando a oferenda, duas escravas cristãs coptas escoltadas por um velho eunuco. As duas eram irmãs, Māriyah [Maria] e Sīrīn, ambas muito belas, especialmente Māriyah, cuja beleza excepcional deixou o Profeta maravilhado. Ele deu Sīrīn a Ḥassān ibn Thābit e alojou Māriyah na casa vizinha, a mesma em que Ṣafiyyah morara enquanto seus aposentos eram construídos junto à Mesquita. Ali, o Profeta visitaria Māriyah noite e dia, até que suas esposas se mostraram tão ciumentas que a concubina se sentiu constrangida, e o Profeta teve de hospedá-la na parte alta de Medina. De início, 'Ā'ishah e as outras esposas ficaram aliviadas, mas logo perceberam que esta mudança apenas piorara a situação, pois o Profeta continuava a visitar Māriyah com a mesma frequência, e a distância das casas só prolongava ainda mais a ausência do marido.

As esposas sabiam que o Profeta estava em seu pleno direito – direito reconhecido desde Abraão, e mesmo antes. Não eram elas mesmas, com exceção de Ṣafiyyah, descendentes da união de Abraão com a escrava Agar? Além disso, a lei revelada a Moisés corroborara esse direito, e o próprio Corão permitira expressamente ao amo tomar sua escrava por concubina,

---

[1] Ibn Sa'd VIII, 131. [1] Ibn Sa'd VIII, 137.

desde que ela consentisse livremente. No entanto, as esposas bem conheciam a extrema sensibilidade do Profeta e juntas passaram a pressioná-lo e a atormentá-lo na vida doméstica com reações que deliberadamente não procuravam mais disfarçar. Ḥafṣah, em particular, com a cumplicidade de 'Ā'ishah, dera expressão a sentimentos tão turbulentos que o Profeta foi induzido a jurar-lhes que não mais veria Māriyah.

Foi então que lhe veio a Revelação que ficou conhecida como Sura da Proibição,[1] pois começa como uma reprimenda dirigida ao Profeta por ter privado Māriyah de fazer parte de sua vida: "Ó Profeta, por que te proíbes o que Deus tornou lícito para ti? Buscas, com isso, agradar a tuas mulheres?".[2] Em seguida, depois que a Revelação o absolveu formalmente de seu juramento, a sura dirige-se a Ḥafṣah e a 'Ā'ishah, mas sem mencionar seus nomes: "Se arrependidas ambas vos voltardes a Deus, Ele vos remirá, pois vossos corações se inclinaram a isso; e se confabulardes contra ele, sabei que Deus é seu Protetor, e Gabriel e os íntegros entre os crentes, e também os anjos o auxiliarão".[3] Quanto ao versículo seguinte, é dirigido a todas as esposas: "Quiçá, se ele se divorciar de vós, seu Senhor lhe dê em troca mulheres melhores que vós, submissas a Deus, crentes, devotas, penitentes, dadas ao serviço divino e ao jejum, viúvas ou virgens".[4]

A sura termina com exemplos da história sagrada de duas mulheres ímpias e de duas mulheres que alcançaram a perfeição:

> Deus propõe um exemplo dos que renegam a Fé: a mulher de Noé e a mulher de Lot. Ambas estavam sob a autoridade de dois homens íntegros dentre Nossos servos, e elas os traíram; e eles de nada lhes valeram diante de Deus. Foi-lhes dito: "Entrai ambas no Fogo com os demais que aí entram!". E Deus propõe um exemplo dos crentes: a mulher do Faraó, quando ela disse: "Meu Senhor, edifica para mim uma morada junto a Ti no Paraíso, e salva-me do Faraó e de suas obras, e salva-me dos iníquos"; e Maria, filha de 'Imrān, que se manteve virgem; e nela insuflamos algo de Nosso Espírito, e ela deu testemunho das palavras de seu Senhor e de Suas escrituras, e foi das devotas e piedosas.[5]

Após recitar estes versículos às suas esposas, o Profeta deixou-as sozinhas para que refletissem, e retirou-se para uma varanda coberta, a única habitação que possuía, a exceção dos aposentos das esposas. O boato de

---

[1] Corão, 66.
[2] Corão, 66:1.
[3] Corão, 66:4.
[4] Corão, 66:5.
[5] Corão, 66:10-12.

que se divorciara de suas esposas se espalhou por Medina e naquela mesma noite chegou aos ouvidos de 'Umar. Ao alvorecer do dia seguinte, como de hábito, o Profeta foi à Mesquita, e, imediatamente após a prece e antes que 'Umar pudesse falar-lhe, voltou para sua varanda. 'Umar foi a procura de Ḥafṣah e a encontrou chorando. "Por que choras?", perguntou-lhe, acrescentando antes que ela pudesse responder; "não te preveni de que isto aconteceria? O Mensageiro de Deus divorciou-se de ti?" – "Não sei", ela respondeu, "ele está recluso em sua varanda." A Mesquita dava acesso ao aposento, e para lá 'Umar retornou. Um grupo de fiéis, alguns em lágrimas, estava sentado ao redor do *mimbar*, o púlpito em que se faz a pregação, e 'Umar sentou-se com eles por um momento; mas, incapaz de conter por mais tempo seus sentimentos, dirigiu-se para a porta da varanda guardada por um jovem negro abissínio, servidor do Profeta. "Pede-lhe permissão para que 'Umar possa entrar", disse ao rapaz, que entrou e saiu do aposento, dizendo: "Eu lhe falei de ti, mas ele nada respondeu". 'Umar retomou seu lugar na Mesquita, mas logo voltou para pedir novamente permissão de entrar. E, também desta vez, o rapaz disse-lhe que o Profeta nada respondera. O mesmo aconteceu uma terceira vez, mas justamente quando 'Umar se preparava para partir, o servo chamou-o e lhe disse que o Profeta lhe permitira entrar. 'Umar encontrou-o deitado sobre uma esteira de junco. Seu dorso parcialmente desnudo deixava ver claramente as marcas que as fibras de palha haviam deixado na pele. Ao lado do leito havia uma almofada de couro estofada com fibras de palmeira, sobre a qual ele se apoiava ligeiramente virado. Seus olhos estavam abatidos e pareciam não notar a presença de 'Umar. "Ó Mensageiro de Deus", disse 'Umar, "repudiaste tuas esposas?" O Profeta ergueu os olhos para 'Umar. "Não", respondeu-lhe, "não as repudiei." – "*Allāhu Akbar*!", exclamou 'Umar com uma voz que pôde ser ouvida nas casas vizinhas. Umm Salamah contaria mais tarde: "Eu não parava de chorar, e quando me perguntavam: 'O Mensageiro de Deus te repudiou?', eu respondia: 'Por Deus, eu não sei!'. Esta situação prosseguiu até 'Umar ir ao encontro do Profeta. Quando nós escutamos seu grito de glorificação – e neste momento estávamos todas em nossos aposentos – soubemos que o Mensageiro de Deus havia respondido 'não' àquela pergunta". De fato, não havia senão uma pergunta na mente de todos, e todos sabiam que 'Umar estava especialmente preocupado por causa de sua filha.

"Fiquei ali, em pé", relatou 'Umar, "imaginando em que estado se encontrava o Mensageiro de Deus, e lhe disse: 'Nós, homens dos Quraysh, estávamos acostumados a dominar nossas esposas com mão firme, mas quando viemos a Medina, encontramos um povo cujas esposas dominam seus homens'." Ele viu um sorriso esboçar-se no rosto do Profeta, e assim continuou, contando-lhe o que dissera a Ḥafṣah como advertência, e novamente o Profeta sorriu, o que o encorajou a sentar-se. Mais uma vez 'Umar ficou estarrecido com o despojamento da habitação: uma esteira sobre o solo, três almofadas de couro e nada mais. Sugeriu ao Profeta que deveria permitir-se um pouco mais de conforto e, para ilustrar sua ideia por contraste, mencionou os gregos e os persas. O Profeta, então, interrompeu-o: "Tens alguma dúvida, ó filho de Khaṭṭāb, de que eles receberam os benefícios antecipados nesta vida terrena?".

Isto se passou na lua nova, e o Profeta fez suas esposas saberem que não desejava vê-las enquanto não transcorresse um mês. Quando novamente a lua minguou até desaparecer por completo, ele se dirigiu primeiro ao aposento de 'Ā'ishah. Feliz, mas surpresa em vê-lo, ela lhe disse: "Só se passaram vinte e nove noites". – "Como sabes?", ele lhe perguntou. "Porque as contei; e como as contei!" – "Mas este é um mês de vinte e nove dias", disse o Profeta. Ela havia esquecido que, às vezes, o mês lunar tem vinte e nove dias em lugar de trinta. O Profeta, então, comunicou-lhe uma Revelação que acabara de receber e que o obrigava a propor-lhe uma escolha entre duas possibilidades. Ele acrescentou que já pedira a Abū Bakr que o ajudasse e aconselhasse sua filha na escolha. "Não!", protestou 'Ā'ishah, "ninguém te ajudará no que concerne a mim, ou a mim no que concerne a ti. Dize-me do que se trata, ó Mensageiro de Deus." – "Deus exige que faças tua escolha", declarou o Profeta, e, em seguida, começou a recitar os versículos recém-revelados: "Ó Profeta, diz para tuas esposas: 'Se desejardes vida terrena e seus adornos, dizei e Eu vos darei de seus bens, e vos deixarei partir livres e decorosamente. Mas se desejardes Deus e Seu Mensageiro, assim como a Vida Futura [a Derradeira Morada], por certo, Deus preparou magnífica recompensa para as que dentre vós desejam o bem".[1] 'Ā'ishah disse então: "Em verdade, desejo a Deus e Seu Mensageiro, assim como a Vida Futura". E não houve uma só dentre todas as esposas que não tenha dado a mesma resposta.

---

[1] Corão, 33:28-29.

72 A Pequena Peregrinação e suas consequências

Os meses se passaram até quase completar um ano da assinatura do tratado de Ḥudaybiyah. Era chegado o momento de se dirigirem a Meca, conforme a promessa feita pelos Quraysh de que o Profeta e seus Companheiros poderiam entrar livremente na Casa Sagrada para cumprir o ritual da Pequena Peregrinação. Eram cerca de dois mil peregrinos, e todos que haviam participado da tentativa no ano anterior estavam presentes, com exceção dos que haviam morrido ou sido mortos em batalha. Dos que não haviam estado presentes em Ḥudaybiyah, um era Abū Hurayrah, da tribo dos Bani Daws.[1] Ele havia chegado a Medina com outros membros de sua tribo durante a campanha de Khaybar e, como estava em extrema pobreza, juntou-se à Gente do Banco (*Ahl aṣ-Ṣuffah*). Quando se converteu ao Islām, seu nome foi mudado para ʻAbd ar-Raḥmān, mas continuaram a chamá-lo de Abū Hurayrah, "o homem gatinho", ou literalmente, "o pai de um gatinho", pois, a exemplo do Profeta, gostava muito de gatos e sempre tinha por perto um filhote com o qual brincava. Ele logo ganhou a estima do Profeta que, nessa época, confiou-lhe a guarda de alguns camelos destinados ao sacrifício.

Quando viram que os peregrinos haviam alcançado o limite do território sagrado, os Quraysh evacuaram todo o vale de Meca e se retiraram para as colinas ao redor. Seus chefes reuniram-se sobre o Monte Abū Qubays, de onde podiam avistar a Mesquita e toda a região circundante. Dali, eles puderam ver uma longa fila de peregrinos surgir do desfiladeiro a noroeste de Meca que conduz ao vale abaixo da cidade. Seus ouvidos podiam escutar

---

[1] Ver p. 83-4.

um murmúrio confuso que rapidamente foi se fazendo reconhecível como a antiquíssima invocação do peregrino: *Labbayk Allāhumma Labbayk*, "Eis-me aqui, ó Deus, a Teu serviço!".

A longa fila de homens vestidos de branco com as cabeças descobertas tinha à frente o Profeta montado em sua camela Qaṣwā', guiada por 'Abd Allāh ibn Rawāḥah, que caminhava ao seu lado; alguns iam montados em camelos e outros seguiam a pé. A procissão chegou à Casa Sagrada pelo caminho mais curto. Cada homem usava um pano sem costuras como a parte superior de sua vestimenta, como um manto, até que, na entrada da Mesquita, o Profeta ajeitou um dos lados do pano passando-o sob seu braço direito de maneira a deixar o ombro descoberto, e cruzando as duas pontas sobre o ombro esquerdo, uma caindo para frente e a outra para as costas. Os outros peregrinos imitaram seu exemplo. Sempre montado em sua camela, ele se dirigiu para o ângulo sudoeste da Caaba e tocou respeitosamente a Pedra Negra com seu cajado. Em seguida, deu as sete voltas ao redor do Templo, e depois se encaminhou para a pequena colina de Ṣafā, indo e vindo entre esta e a colina de Marwah por sete vezes, até terminar o percurso em Marwah, onde vários animais estavam separados para o sacrifício. Lá o Profeta imolou um camelo, e Khirāsh raspou-lhe a cabeça como fizera um ano antes em Ḥudaybiyah. Assim se completou o ritual da Pequena Peregrinação.

O Profeta retornou, então, para a Mesquita com a intenção de entrar na Caaba, apesar de estar abarrotada de ídolos. As portas estavam trancadas e a chave era guardada por um membro do clã 'Abd ad-Dār. O Profeta enviou um peregrino para pedi-la, mas os chefes dos Quraysh mandaram o encarregado responder que isso não estava incluído no acordo, pois entrar na Casa Sagrada não fazia parte do rito da Peregrinação. Nenhum muçulmano entrou na Caaba naquele ano. No entanto, no momento em que o sol ia atingir seu zênite, o Profeta ordenou que Bilāl subisse no teto da Caaba e fizesse o chamado à oração. Sua poderosa voz encheu todo o vale de Meca até flutuar acima do cume das colinas ao redor, ecoando primeiro a magnificação ["Deus é Maior!"], e depois os dois testemunhos do Islām: "Testemunho que não há divindade senão Deus. Testemunho que Muḥammad é o Mensageiro de Deus". Do alto do Monte Abū Qubays, os chefes Quraysh puderam avistar Bilāl claramente, e se enfureceram ante a visão daquele escravo negro sobre o teto da Casa Sagrada. Mas, sobretudo, compreenderam que testemunhavam um triunfo de seu inimigo de consequências incalculáveis, e arrependeram-se amargamente de ter assinado um tratado que, apenas um ano antes, parecia-lhes totalmente favorável.

Os peregrinos passaram três dias na cidade desocupada. A tenda do Profeta foi erguida no pátio da Mesquita. Durante a noite, os mequenses que haviam abraçado o Islām em segredo desciam as colinas, e muitos encontros felizes foram celebrados. 'Abbās, cujo Islām era tolerado pelos Quraysh, passou abertamente a maior parte desses três dias em companhia do Profeta. Foi nessa ocasião que 'Abbās lhe ofereceu em casamento sua cunhada, Maymūnah, que enviuvara havia pouco tempo, e o Profeta a aceitou. Maymūnah e Umm al-Faḍl eram irmãs, e com elas, na família de 'Abbās, vivia também sua meia-irmã Salmà, viúva de Ḥamzah, assim como sua filha 'Umārah. 'Alī sugeriu que a filha de Ḥamzah, que era sua prima, não deveria ficar entre os idólatras, ao que o Profeta e 'Abbās assentiram; e ficou decidido que Fāṭimah levaria 'Umārah consigo em sua liteira.

Quando o prazo de três dias estava a ponto de findar, Suhayl e Ḥuwayṭib desceram do Monte Abū Qubays e foram até o Profeta, que estava sentado com Sa'd ibn 'Ubādah e alguns outros Auxiliares, e lhe disseram: "Teu tempo terminou, afasta-te então de nós!". O Profeta respondeu: "Que prejuízo vos poderia causar dar-me mais algum tempo para que eu possa celebrar entre vós meu casamento e oferecer-vos um banquete?". – "Não queremos participar de teu banquete", declararam, "afasta-te de nós! Solenemente te ordenamos, por Deus, ó Muḥammad, e pelo pacto que há entre nós, que abandones nossa terra. Esta foi a terceira noite e ela acaba de passar." Sa'd ficou furioso com a falta de cortesia, mas o Profeta o conteve, dizendo: "Ó Sa'd, nada de palavras hostis com aqueles que vieram visitar nosso acampamento". Em seguida, ordenou aos peregrinos que deixassem a cidade antes do cair da noite, com exceção de seu servo Abū Rāfi', a quem pediu que ficasse para acompanhar Maymūnah. Pouco depois, o casamento foi consumado em Sarif, a alguns quilômetros da Casa Sagrada.

Esta nova aliança estabeleceu uma relação imprevista com o inimigo. Maymūnah e Umm al-Faḍl, assim como suas duas meias-irmãs Salmà e Asmā', eram todas filhas da mesma mãe. Maymūnah e Umm al-Faḍl, no entanto, tinham outra meia-irmã por parte de pai chamada 'Aṣmā',[1] que

[1] Apesar de transcrito com as mesmas letras latinas, este nome, que começa com a letra *'ayn* seguido de *ṣād*, além do diacrítico "a" entre estes, não deve ser confundido com a pronúncia do outro nome *Asmā'*, que começa com as letras *alif* e *sīn*, diferindo consideravelmente do som do nome anterior.

era viúva do grande Walīd dos Makhzūm. Ela era mãe de Khālid, que agora se tornara sobrinho do Profeta em razão do novo casamento.

Certa vez, pouco depois do regresso a Medina, o Profeta foi acordado de uma sesta do meio-dia pelo ruído de uma discussão um tanto acalorada. Ele reconheceu as vozes de ‘Alī, Zayd e Ja‘far, e era evidente que os três estavam em desacordo e que quanto mais discutiam mais distantes ficavam de um entendimento. Abrindo a porta do aposento em que estavam, o Profeta os interpelou, perguntando qual a causa da discussão. Eles explicaram que se tratava de uma questão de honra, cada um pretendendo ter mais direito que o outro de ser o guardião de ‘Umārah, a filha de Ḥamzah que, desde a chegada de Meca, ficara o tempo todo na casa de ‘Alī. "Aproximai-vos", disse-lhes o Profeta, "e eu julgarei entre vós." Quando estavam todos sentados, ele se voltou para ‘Alī e perguntou-lhe o que tinha a dizer. "Ela é filha de meu tio", ele respondeu, "e fui eu quem a trouxe de Meca; assim, mais que qualquer outro, tenho direitos sobre ela." O Profeta, então, dirigiu-se a Ja‘far, que declarou: "Ela é filha de meu tio, e a irmã de sua mãe está em minha casa". Sua esposa Asmā’ era de fato tia materna de ‘Umārah. Quanto a Zayd, limitou-se a dizer simplesmente: "Ela é a filha de meu irmão", pois o Profeta fizera um pacto de fraternidade entre Ḥamzah e Zayd quando chegaram a Medina, e Ḥamzah deixara um testamento no qual confiava a Zayd todos os seus negócios. Claramente cada um estava convencido de ter, mais que os outros, direito à honra em questão. Assim, antes de pronunciar seu julgamento, o Profeta disse a cada um palavras de elogio. Foi nessa ocasião que ele disse a Ja‘far: "És o mais parecido comigo na fisionomia e no caráter".[1] Foi apenas após ter elogiado e alegrado cada um que o Profeta manifestou sua decisão, favorável a Ja‘far: "Tu tens mais direitos sobre ela. A irmã da mãe é como uma mãe". Ja‘far não disse uma palavra, mas levantou-se rapidamente, e começou a dançar ao redor do Profeta. "Ja‘far, o que estás fazendo?", espantou-se o Profeta. Ele respondeu: "É assim que eu vi os abissínios fazerem para honrar seus reis. Quando o Negus dava a um homem um bom motivo para se rejubilar, ele se levantava e dançava ao seu redor!".

Pouco tempo depois, o Profeta arranjou o casamento entre ‘Umārah e seu próprio filho adotivo, Salamah, que era também primo de ‘Umārah,

---

[1] Ibn Sa‘d IV/1, 24.

pois seu pai, Abū Salamah, era filho de Barrah, irmã de Ḥamzah. Nesta ocasião, escutaram o Profeta dizer: "Agora minha retribuição a Salamah foi equivalente ao favor recebido?", referindo-se à dívida que tinha com Salamah, que lhe concedeu a própria mãe em matrimônio, Umm Salamah, e que agora a dívida estava quitada, pois dera uma esposa a Salamah.

Os mais eminentes dos Quraysh haviam presenciado a entrada do Profeta em Meca, com duas exceções importantes: Khālid e 'Amr não se encontravam nem em Abū Qubays, tampouco acamparam em nenhuma das outras colinas que circundavam Meca. Ambos decidiram deixar a cidade bem antes da chegada do Profeta, cada qual por um motivo diferente e independentemente. No entanto, os dois partilhavam a mesma opinião de que o tratado de Ḥudaybiyah fora uma grande vitória moral para o Profeta, e que sua entrada em Meca marcava o fim de sua resistência a ele. Mas a hostilidade de 'Amr para com o Islām não havia diminuído, enquanto Khālid estava dividido, já havia muitos anos, entre dois sentimentos. Exteriormente, ele não manifestava esse dilema, e seu valor de guerreiro sempre o impulsionou a estar na linha de frente em cada ação dos Quraysh contra Muḥammad. Mais tarde, ele relataria que tomara parte nas batalhas de Uḥud e da Trincheira com o incômodo sentimento de que a luta era inútil e que Muḥammad triunfaria no final; e ainda que, quando o Profeta escapou de suas tropas pelo caminho de Ḥudaybiyah, que ele exclamara: "Este homem goza de uma proteção inviolável!". Desde então, ele não mais atacou o Islām. Logo depois, ocorreu a surpreendente vitória de Khaybar.

Para Khālid, considerações de diferente natureza também contavam, pois, à revelia de sua vontade, tinha forte empatia pelo Profeta, e a carta que seu irmão mais novo Walīd lhe escrevera antes de morrer fizera-o saber que o Profeta frequentemente perguntava por ele, e que inclusive havia comentado com o irmão: "Melhor seria para Khālid se colocasse seu extraordinário vigor a serviço do Islām, contra os idólatras; assim, nós lhe daríamos precedência sobre os demais". Ao que Walīd observou: "Vê, pois, meu irmão, o que tens perdido!".

Havia outros laços familiares ainda mais estreitos que influenciavam Khālid: 'Aṣmā', sua mãe, que já havia muito tempo era favorável ao Profeta, havia recentemente se convertera, e sua tia, Maymūnah, tornara-se esposa do Profeta. Pouco tempo após esse casamento, Khālid teve um sonho no qual se encontrava num país extremamente árido e fechado por todos os lados, e, deste lugar confinado, era transportado para uma região verde e fértil, com pastagens que se estendiam por toda parte. Acreditando tratar-se de um tipo de visão, e tendo decifrado a essência de seu significado, ele decidiu ir a Medina, no entanto, não queria ir sem companhia. Não haveria alguém com o mesmo ânimo que ele? Além de 'Amr, que não foi encontrado, seus companheiros de armas mais próximos eram 'Ikrimah e Ṣafwān. Ele sondou ambos, mas Ṣafwān lhe disse: "Mesmo que todos os outros Quraysh decidissem seguir Muḥammad, não o seguiria jamais". 'Ikrimah lhe deu uma resposta semelhante, e Khālid lembrou-se de que ambos haviam perdido os pais em Badr, onde Ṣafwān perdera também um irmão. Então, sozinho, ele se pôs a caminho, porém, assim que deixou sua casa, encontrou 'Uthmān, filho de Ṭalḥah, do clã 'Abd ad-Dār, o homem que anos antes escoltara cortesmente Umm Salamah de Meca a Medina. 'Uthmān era amigo íntimo de Khālid, mais do que Ṣafwān e 'Ikrimah; mas a recente experiência com os outros dois amigos levara Khālid a manter-se circunspecto, ainda mais por lembrar que 'Uthmān perdera o pai, dois tios e quatro irmãos na batalha de Uḥud. Eles cavalgaram lado a lado, em silêncio, durante algum tempo. Depois, Khālid decidiu falar e, subitamente, com um olhar penetrante, declarou: "Nossa situação não é melhor do que a da raposa em sua toca. Basta derramar um balde d'água para fazê-la sair!". Ele percebeu que 'Uthmān havia compreendido o sentido de suas palavras e, assim, confiou-lhe seu destino e o porquê; e 'Uthmān, compartilhando gradualmente os mesmos pensamentos, decidiu acompanhá-lo. Khālid concordou em esperar que 'Uthmān retornasse para pegar algumas roupas e provisões e, bem cedo, na manhã seguinte, os dois tomaram juntos o caminho para Medina.

Quanto a 'Amr, sua atitude em relação ao Islām permanecia a mesma que a de Ṣafwān e 'Ikrimah, mas ele percebia com mais clareza que os dois a precariedade da situação, e, reunindo em torno de si alguns jovens, dos Saḥm e de outros clãs, que o consideravam seu líder, persuadiu-os a partir com ele para a Abissínia. Ele os fez ver que, se Muḥammad triunfasse na inevitável e iminente disputa pelo poder, teriam asilo seguro; e se fossem os Quraysh os vitoriosos, poderiam voltar em segurança para Meca: "É preferível estar sob a autoridade do Negus que sob a de Muḥammad", disse, ao que todos assentiram.

'Amr era um homem politicamente hábil e de grande tenacidade, e não desanimava facilmente. Se, por um lado, falhara completamente na tentativa de destruir a boa impressão que Ja'far e seus Companheiros haviam causado no Negus, por outro, empenhara-se ativamente em tranquilizar o soberano abissínio e jamais cessara de manter contatos amistosos com ele no decorrer dos anos, sempre evitando fazer qualquer menção aos refugiados muçulmanos. Mas agora já haviam deixado o país e voltaram a Medina, levando consigo, assim concluía 'Amr equivocadamente, toda a parcialidade do Negus em favor da nova religião. Na sua primeira audiência, o rico presente de couro que levaram foi bem aceito, e o Negus parecia tão bem disposto que 'Amr resolveu ir direto ao assunto e pedir-lhe asilo. Mas, ao fazê-lo, referiu-se ao Profeta com desdém, o que provocou uma súbita e violenta explosão de verdadeira cólera. 'Amr ficou totalmente desconcertado: as palavras do Negus deixavam claro que o melhor meio de 'Amr ser aceito na corte da Abissínia era – muito mais que dar presentes de couro – tornar-se seguidor de Muḥammad. Assim, fugira do Islām apenas para descobrir que este já havia alcançado o lugar em que ele mesmo buscara encontrar refúgio; e com o fracasso de seus planos, sua resistência começou a desmoronar. "Ó rei, dais testemunho disso?", perguntou 'Amr, aludindo à missão profética de Muḥammad. "Sim, dou testemunho diante de Deus", repondeu o Negus. "Faz o que te digo, ó 'Amr, e submete-te! Sua é a Verdade e, por Deus, triunfará sobre toda opinião que se lhe contraponha, do mesmo modo que Moisés triunfou sobre o faraó e suas hostes!"[1]

A história não registrou os nomes dos companheiros de 'Amr, nem a decisão que tomaram; sabe-se somente que ele tomou um barco que se dirigia a um porto da costa do Iêmen, onde comprou um camelo e provisões, e seguiu para o norte. Quando alcançou Haddah, uma das primeiras paradas na rota costeira entre Meca a Medina, ele encontrou Khālid e 'Uthmān, e os três seguiram juntos o resto da viagem.

Em Medina, eles foram recebidos com alegria; de seu encontro com o Profeta, Khālid disse: "Seu rosto resplandecia de luz quando retribuiu minha saudação de Paz". E foi ele o primeiro a jurar fidelidade: "Dou testemunho de que não há divindade senão Deus, e que tu és Seu Mensageiro". – "Louvado seja Deus, que te tem guiado!", disse o Profeta; "Sempre vi em ti uma inteligência que, eu esperava, te conduziria ao bem." – "Ó Mensageiro de Deus", respondeu Khālid, "por certo viste em

[1] al-Wāqidī 743.

quantos campos de batalha eu me lancei contra ti em obstinada resistência à verdade. Pede, então, a Deus que me perdoe por tudo o que fiz!" – "O Islām apaga tudo o que passou", declarou o Profeta. "Mesmo isso tudo?", insistiu Khālid, visivelmente perturbado em sua consciência. Então, o Profeta pronunciou esta prece: "Ó Deus, perdoa Khālid por todos os obstáculos que quis colocar em Teu caminho!".[1] 'Uthmān e 'Amr vieram em seguida fazer o juramento. Mais tarde 'Amr relatou que fora incapaz de erguer os olhos até o rosto do Profeta, tão profunda a veneração que sentiu naquele momento.

Hishām, primo de 'Umar[2] e irmão de 'Amr, escapara de Meca para Medina pouco tempo depois da batalha da Trincheira. Desde então, reunira-se a seu sobrinho 'Abd Allāh, filho de 'Amr. 'Abd Allāh, que tinha então dezesseis anos, era um devoto piedoso e praticante do jejum; dava mostras promissoras de vir a ser um dos Companheiros mais instruídos, e sempre guardava de memória as palavras do Profeta, que lhe deu permissão para registrá-las por escrito. Tanto 'Abd Allāh quanto Hishām haviam orado para que 'Amr se fizesse muçulmano, e sua reunião em Medina foi motivo de grande júbilo para os três.

Houve outras duas ocasiões de muita alegria no decorrer daquele mês: a conversão de 'Aqīl, irmão de Ja'far e de 'Alī, e a de Jubayr, filho de Muṭ'im. A fé que havia brotado no coração de Jubayr quando veio resgatar alguns cativos de Baḍr crescera tanto que não podia mais ser ignorada. Quanto a 'Aqīl, o Profeta lhe disse no momento do juramento: "Eu te amo com dois amores, por teu parentesco próximo comigo e pelo amor que sempre vi em meu tio por ti".[3]

A primeira metade daquele mesmo ano de alegrias, o oitavo depois da Hégira, foi também de luto e desolação. A primeira morte na família do Profeta foi a de sua filha Zaynab. Ele esteve com ela em seu último momento e dedicou palavras de consolo a seu genro e sua netinha. Depois, deu instruções a Umm Ayman, a Sawdah e a Umm Salamah para que preparassem o corpo para o funeral. Quando as abluções foram cumpridas, o Profeta despojou-se de uma peça de roupa que usava sob o manto e lhes disse que cobrissem sua filha com ela antes de envolvê-la na mortalha. Em seguida, conduziu a prece aos mortos e orou sobre sua tumba.

---

[1] al-Wāqidī 741-9. [2] Ver p. 163-4. [3] Ibn Sa'd IV/2, 30.

Khadījah fora a única das esposas que lhe dera filhos, e o povo de Medina ansiava que uma criança do Profeta nascesse em sua cidade. Entre as atuais esposas, somente duas, Umm Salamah e Umm Ḥabībah, haviam gerado filhos de seus primeiros maridos. A cada matrimônio, os medinenses acalentavam novas esperanças, que pouco a pouco se esvaíam, já que nenhuma das esposas estava destinada a tornar-se mãe de um filho do Profeta. No entanto, agora, após a morte de sua filha mais velha, parecia que suas preces seriam atendidas: Māriyah, a concubina copta do Profeta, esperava uma criança. Ela se tornou o centro das atenções do povo de Medina, pois todos sabiam da profunda afeição que o Profeta lhe devotava e procuravam dar-lhe provas de gentileza, cobrindo-a de favores e cuidados.

73 Síria

Três meses após retornar da Pequena Peregrinação, o Profeta enviou quinze homens como emissários de paz do Islām a uma das tribos da frontreira da Síria. No entanto, suas saudações amistosas foram retribuídas com uma saraivada de flechas e, obrigados a entrar em combate, os emissários foram mortos, com exceção de um.

Outra fatalidade ocorreu na mesma época, menor por ter provocado apenas uma morte, porém maior em suas repercussões políticas. Um emissário enviado a Bostra pelo Profeta foi interceptado e morto por um chefe da tribo dos Ghassān. Tal ato não podia permanecer impune, apesar do risco de que os ghassānitas, na maioria cristãos, pudessem persuadir o representante de César a enviar-lhes reforços.

O Profeta mobilizou um exército de três mil homens e confiou seu comando a Zayd, e deu instruções detalhadas de que se Zayd fosse morto Ja'far tomaria seu lugar, e 'Abd Allāh ibn Rawāḥah foi designado o terceiro na sucessão de comando. No caso de os três caírem em combate, os homens se incumbiriam de eleger seu comandante. O Profeta entregou a Zayd um estandarte branco e, com alguns Companheiros, escoltou o exército até o início do aclive que dava acesso ao Passo do Adeus, o desfiladeiro que se abre entre as montanhas, um pouco ao norte de Uḥud.

'Abd Allāh levava consigo na garupa um órfão do qual era tutor. Enquanto cavalgavam, o jovem ouviu-o recitar alguns versos que havia composto, em que expressava o desejo de ser deixado na Síria quando a tropa regressasse ao lar. "Ao escutar esses versos, comecei a chorar", relatou mais tarde o rapaz, "e ele me cutucou com seu chicote, dizendo: 'Que mal faz a ti, infeliz, se Deus me concede o martírio para que eu possa descansar deste mundo, de seus trabalhos e preocupações, suas penas e adversidades, e tu regresses são e salvo sobre esta sela?'. Mais tarde, durante a parada da noite, ele orou dois ciclos de prosternações, seguidos de uma longa súplica. Depois me chamou. 'Aqui estou a teu serviço', eu lhe respondi. 'Se Deus o quiser', disse-me, 'terei o meu martírio'".[1]

Quando o exército chegou à fronteira síria, soube que não apenas as tribos do norte se haviam reunido em grande número, mas que também o representante de César lhes havia enviado um grande contingente das tropas imperiais. Dizia-se que o exército inimigo totalizava cem mil combatentes. Ainda que considerasse tais números um enorme exagero, Zayd decidiu deter o avanço da tropa e convocar um conselho de guerra. A maioria dos homens era partidária de que se enviasse imediatamente um mensageiro ao Profeta para informá-lo da gravidade da situação e deixá-lo decidir se lhes enviaria mais reforços ou lhes ordenaria voltar a Medina. No entanto, 'Abd Allāh opôs-se energicamente a tal proposta e, com um argumento incontestável que fora usado antes em Uḥud, e que ainda o seria muitas e muitas vezes, terminou seu discurso com estas palavras: "Temos diante de nós a certeza de uma alternativa entre dois termos que são igualmente bons, a vitória ou o martírio, o que nos reuniria a nossos irmãos para sermos seus companheiros nos jardins do Paraíso. Avante, pois, ao ataque!".

Foi a resolução de 'Abd Allāh que se impôs, e o exército dos muçulmanos prosseguiu seu avanço em direção ao norte. Eles já se aproximavam da orla meridional do Mar Morto, separados de seu longo e profundo vale apenas pela cadeia de montanhas que se erguem na costa oriental. Algumas horas de marcha bastariam para expô-los à visão de seus inimigos. Qualquer que fosse o número exato da força combinada de árabes e bizantinos, bastou um olhar para que os muçulmanos percebessem que a superioridade numérica de seus oponentes era esmagadora, numa escala que eles jamais haviam enfrentado antes. Além disso, jamais haviam visto magnitude militar semelhante àquela dos esquadrões imperiais perfilados no centro da hoste, flanqueados pelas tropas árabes. A lembrança da grandiosidade do exército dos Quraysh descendo o Monte 'Aqanqal para a planície de Badr parecia irrisória em comparação ao brilho e riqueza das armas e armaduras, dos cavalos ricamente adornados que seus olhos agora contemplavam. Ademais, a

[1] al-Wāqidī 759.

chegada das forças muçulmanas fora prevista pelo inimigo e as legiões estavam prontas para confrontá-los, dispostas em formação de batalha.

Desejoso de evitar o confronto imediato, pois a inclinação do terreno lhe era desfavorável, Zayd ordenou às tropas que se retirassem para o sul até Mu'tah, onde a topografia lhes daria certa vantagem, e lá consolidaram sua posição. Conscientes de sua absoluta superioridade numérica, os inimigos estavam decididos a obter nesse mesmo dia a vitória decisiva e perseguiram os muçulmanos até Mu'tah. Porém, ao ver a aproximação do inimigo, Zayd, contrariando as expectativas, interrompeu a retirada e ordenou o ataque.

Naquele momento, o espaço entre Mu'tah e Medina deixou de existir para o Profeta, e ele teve a visão de Zayd empunhando o estandarte branco e conduzindo seus homens à batalha. Ele o viu receber uma série de ferimentos mortais até finalmente cair ao solo, e viu Ja'far pegar o estandarte e atirar-se ao combate até sucumbir aos ferimentos e entregar-se à morte. Depois foi a vez de 'Abd Allāh tomar o estandarte e investir contra o poderoso inimigo até ser rechaçado e ter a vida ceifada, enquanto seus homens eram obrigados a retroceder em desordem. Outro Auxiliar, Thābit ibn Arqam, retomou o estandarte e, reunindo os muçulmanos ao seu redor, entregou-o a Khālid, que de início recusou a honra, dizendo que Thābit tinha mais direito a ele. "Toma-o, homem!", bradou Thābit, "só o peguei para entregá-lo a ti!" Assim, Khālid assumiu o comando e reorganizou suas fileiras, e conteve o avanço inimigo com tal firmeza que o obrigou a recuar o suficiente para que os muçulmanos pudessem bater em retirada de modo ordenado. Sem dúvida a vitória pertencia ao campo inimigo, mas sem que dela pudessem tirar grande proveito; quanto aos muçulmanos, eles só haviam perdido cinco homens, além de seus três chefes. De certo modo, o comando de Khālid obtivera uma vitória. O Profeta relatou a seus Companheiros a visão que tivera do desenrolar da batalha na qual Zayd, Ja'far e 'Abd Allāh encontravam a morte, e concluiu com estas palavras: "Então, uma das espadas de Deus colheu o estandarte, e Deus lhes abriu caminho", permitindo que os muçulmanos se salvassem; foi assim que Khālid veio a ser chamado "a Espada de Deus".

Enquanto fazia o relato da batalha, as lágrimas corriam dos olhos do Profeta. Chegado o momento, ele dirigiu a prece e deixou a Mesquita rapidamente, sem sequer voltar o rosto à congregação dos fiéis, como sempre fazia. Ele agiu do mesmo modo na prece do crepúsculo e novamente na prece da noite.

Entrementes, ele esteve na casa de Ja'far. "Ó Asmā'", ele disse, "traze-me os filhos de Ja'far." Temerosa pela gravidade estampada no rosto do Profeta, ela foi buscar os três meninos; ele os beijou e novamente seus olhos se encheram de lágrimas. "Ó Mensageiro de Deus", ela disse, "tu que me és mais querido que meu pai e minha mãe, por que choras? Recebeste notícias de Ja'far e de seus Companheiros?" – "Sim", disse-lhe, "hoje eles caíram sob o golpe da morte." Ela soltou um grito de lamentação e as mulheres acorreram a ampará-la. O Profeta voltou à sua casa e ordenou que preparassem as refeições para a família de Ja'far para os dias seguintes: "Suas lágrimas e pesares os deixam muito ocupados", ele explicou, "para que possam prestar atenção às próprias necessidades".

Umm Ayman, Usāmah e os outros membros da família estavam na casa de Zayd. O Profeta já havia expressado suas condolências, e saíra da casa, quando a filha mais jovem de Zayd correu em prantos para a rua e, ao ver o Profeta, lançou-se em seus braços. E ele chorou desconsoladamente, e seu corpo inteiro estremecia de soluços enquanto abraçava a criança contra o peito.

Sa'd ibn 'Ubādah, que por ali passava, buscando palavras de consolo, murmurou: "Ó Mensageiro de Deus, o que é isto?". – "Isto", respondeu o Profeta, "é aquele que ama sentindo saudade de seu bem-amado."[1]

Naquela noite, o Profeta teve uma visão do Paraíso, e viu que Zayd, Ja'far, 'Abd Allāh e outros mártires mortos na batalha lá estavam; e viu Ja'far com asas, voando como um anjo. Ao amanhecer, ele foi à Mesquita e seus Companheiros puderam perceber que o peso da tristeza o abandonara, e, quando terminou a prece, voltou a se dirigir à congregação, como era seu costume. Em seguida, foi ao encontro de Asmā' para relatar-lhe sua visão, o que a reconfortou.

Quando Khālid e seus homens regressaram a Medina, o Profeta pediu que lhe trouxessem Duldul, sua mula branca, que lhe fora presenteada pelo Muqawqis, e, colocando o filho primogênito de Ja'far na sela consigo, foi ao encontro das tropas que voltavam da batalha. Já havia uma multidão de homens e mulheres reunidos ao longo do percurso e, à medida que os

---

[1] Ibn Sa'd III/1, 32.

soldados entravam na cidade, os medinenses lançavam-lhes insultos nos ouvidos e terra nos olhos. "Desertores!", gritava a multidão, "fugistes do combate na senda de Deus?" – "Não!" declarou o Profeta, "eles não são de modo algum desertores, mas aqueles que combateram e voltarão a combater, se Deus quiser!"[1]

A derrota infligida aos muçulmanos em Mu'tah encorajou os árabes do norte a resistir ao novo Estado islâmico e, durante o mês seguinte, chegou a notícia de que as tribos dos Balī e dos Quḍā'ah já se concentravam na fronteira síria, com a intenção de marchar para o sul. Desta vez, no entanto, parecia não haver possibilidade de receberem reforços das legiões de César. O Profeta enviou 'Amr à frente de trezentos homens com instruções para entrar em combate onde fosse necessário e reunir o maior número possível de aliados. Ao designar 'Amr para comandar a expedição, o Profeta possivelmente levou em conta os estreitos laços de parentesco que o uniam a um dos inimigos, já que sua mãe pertencia à tribo dos Balī. Com marchas noturnas ininterruptas e acampando em lugares retirados, 'Amr soube evitar a atenção das tribos locais e chegou à fronteira síria em dez dias. O inverno chegara cedo naquele ano, e os homens de Meca e Medina, desabituados ao clima tão ao norte, puseram-se a buscar lenha para o acampamento. 'Amr, porém, proibiu-os de acender uma única fogueira, e calou os descontentes, dizendo: "Recebestes ordens de ouvir e obedecer; portanto, resignai-vos!".

Dando-se conta de que o inimigo era mais numeroso do que havia previsto e que não havia esperanças de receber ajuda local, 'Amr enviou um homem dos Juhaynah para pedir reforços ao Profeta, que imediatamente ordenou que um contingente de duzentos homens marchasse sob o comando de 'Abū 'Ubaydah. Como era um dos Companheiros mais íntimos e um dos que havia combatido em todas as campanhas, Abū 'Ubaydah esperava assimir o comando do exército; mas 'Amr argumentou que os recém-chegados eram somente uma força auxiliar e que ele próprio seria o comandante-em-chefe. O Profeta recomendara expressamente a Abū 'Ubaydah que deveria haver perfeita cooperação entre os dois contingentes e que nenhum desacordo se interpusesse entre os comandos, de modo que o veterano se eclipsou diante de 'Amr, dizendo: "Se *tu* desobedeceres a

---

[1] al-Wāqidī 765.

mim, por Deus, *eu* obedecerei a *ti*!". Ao saber do ocorrido, o Profeta invocou bênçãos sobre Abū 'Ubaydah.

'Amr atravessou a fronteira síria com seus quinhentos homens e, conforme avançava, o inimigo batia em retirada. À exceção de uma breve troca de flechas, não houve resistência. Os muçulmanos entraram nos acampamentos que seus inimigos acabavam de abandonar e, na ausência dos clãs hostis, os simpatizantes do Islām – indivíduos e grupos – ousaram manifestar-se. 'Amr pôde afirmar, numa carta ao Profeta, que a influência do Islām fora plenamente restabelecida na fronteira síria.

Esta influência crescia rapidamente também entre as tribos que cercavam o oásis de Yathrib. As razões dessa expansão não eram apenas de ordem espiritual: o Profeta ganhara a reputação de ser um inimigo perigoso e imprevisível, tanto quanto um aliado poderoso, leal e generoso; em comparação, outras alianças começaram a parecer menos vantajosas e mais arriscadas. Em muitos casos, as motivações políticas e religiosas estavam inextrincavelmente entrelaçadas. Porém, havia também outro fator, de ação lenta, mas poderosa e profunda, que nada tinha a ver com a política, e que independia dos esforços sistemáticos dos crentes em expandir a mensagem do Islām: a excepcional serenidade e dignidade dos que praticavam a nova religião. O Corão, o Livro da Unidade Divina, era, ao mesmo tempo, o Livro da Misericórdia e o Livro do Paraíso. A recitação de seus versículos, aliada aos ensinamentos do Mensageiro de Deus, imbuía os crentes da certeza de terem ao seu alcance, mediante o cumprimento de certas condições dentro de suas capacidades, a satisfação eterna de todos os desejos possíveis. A felicidade resultante era uma questão de fé. O Profeta repetia constantemente: "Tudo vai bem com o crente, quaisquer que sejam as circunstâncias".[1]

Nesse meio-tempo, na Síria, tinha lugar um acontecimento que ainda não chegara aos ouvidos do Profeta, ao qual se devia, ao menos em parte, o êxito da campanha de 'Amr. De qualquer modo, tal fato explicava por que as tribos árabes hostis contra as quais lutaram só puderam contar com suas próprias forças, sem nenhum apoio das tropas imperiais.

Heráclio havia recebido notícias da vitória de seu exército contra os persas e da recuperação da Santa Cruz, que estes haviam levado de

---

[1] An-Nasā'ī XXI,13.

Jerusalém. Ele se encontrava em Homs, de onde partiu a pé em peregrinação para a Cidade Sagrada, em ação de graças a Deus pela recuperação de tudo o que fora perdido. Uma noite, na Cidade Santa, o imperador teve um sonho extraordinariamente vívido, que lhe mostrou claramente que os anos de soberania bizantina sobre a Síria e a Palestina estavam contados. Na manhã seguinte, seus acompanhantes ficaram surpresos com a expressão preocupada de seu semblante, e às suas perguntas, Heráclio respondeu: "Em uma visão noturna, contemplei o reino vitorioso de um homem circunciso". E então lhes perguntou sobre a circuncisão e os povos que a praticavam. Seus generais e outros oficiais presentes responderam que os judeus eram os únicos circuncidados, e, enquanto tentavam convencê-lo a marchar contra eles, um emissário do governador de Ghassān entrou acompanhado de um beduíno. "Este homem, ó rei", disse-lhe o emissário, "é um dos árabes, um povo de pastores de cabras e camelos. Ele fala de um prodígio que está acontecendo em seu país; ordena-lhe então que vos conte". E Heráclio disse a seu intérprete que interrogasse o beduíno, e este declarou: "Surgiu entre nós um homem que afirma ser um profeta. Alguns o seguiram e creram, enquanto outros se opuseram a ele. Muitos combates têm sido travados entre uns e outros, em muitos lugares, e nesse estado de coisas eu os deixei". Então, Heráclio ordenou a seus seguidores que comprovassem se o homem era circuncidado ou não, e quando lhe disseram que sim, o imperador exclamou: "Por Deus, é a visão que tive, e não o que vós dissestes!". Em seguida, ordenou ao seu chefe de polícia que procurasse em terras próximas um membro da mesma tribo daquele que alegava ser um profeta.

Ora, aconteceu que Abū Sufyān, o chefe do clã dos 'Abdu Shams, não se encontrava em Meca na ocasião em que os muçulmanos vindos de Medina completaram a Pequena Peregrinação, pois aproveitara o armistício para viajar à Síria com um ou dois mercadores qurayshitas. Ele estava em Gaza com seus companheiros, quando foram abordados pelos agentes do imperador e imediatamente levados para Jerusalém. Conduzidos à presença do imperador, foi-lhes perguntado qual deles tinha parentesco mais próximo com o homem que alegava ser um profeta. Abū Sufyān respondeu que era ele o mais próximo, e Heráclio ordenou-lhe que se aproximasse e se sentasse diante dele, dizendo aos demais: "Vou interrogá-lo, e se ele mentir, refutai-o!". Quando lhe perguntaram sobre seu primo hāshimita,

Abū Sufyān, buscando minimizar sua importância, respondeu: "Não há muito com o que se preocupar; ele não é assim tão importante quanto tem sido dito!". Mas o imperador interrompeu-o impacientemente e colocou-lhe uma série de questões mais concretas até que, tendo recebido para cada questão uma resposta precisa, ele mesmo resumiu suas conclusões nestes termos: "Eu te interroguei sobre sua linhagem, e asseveraste que era das mais puras e dos melhores dentre vós; e Deus não elege profetas senão das linhagens mais nobres. Em seguida, perguntei se algum de seus parentes já manifestou pretensões semelhantes às dele, e afirmaste que não. Perguntei se ele foi despojado de alguma autoridade e soberania, e se sua pretensão profética era um meio de recuperá-la, e também me disseste que não. Perguntei sobre seus seguidores, e me disseste que são os fracos, os pobres, os escravos, jovens e mulheres; ora, são estes mesmos que, em todas as épocas, têm seguido os profetas. Também perguntei se algum de seus discípulos o abandonou, e repondeste que não; ora, assim é a doçura da fé: uma vez que entra no coração, não o abandona jamais. Então perguntei se ele era uma pessoa falsa, e novamente a resposta foi negativa. Certamente, se o que me disseste é a verdade, ele me vencerá aqui, onde me encontro agora, e queira Deus, possa eu estar com ele para lavar-lhe os pés. Agora, podes voltar aos teus afazeres!".[1]

O Profeta havia escrito a Heráclio uma carta semelhante àquelas que enviara aos governantes da Pérsia e do Egito, exortando-o a abraçar o Islām. E esta carta, que fora entregue por Diḥyah al-Kalbī ao governador de Bostra, acabou chegando a Jerusalém pouco tempo depois que Abū Sufyān, a despeito de sua intenção, convenceu o imperador de que o árabe pretendente à profecia era realmente um profeta autêntico. A carta de Medina era a confirmação, mas, para reforçar sua certeza, Heráclio escreveu tudo o que descobrira, inclusive o relato de sua visão, e enviou a um homem de Constantinopla, em cujo juízo e sabedoria confiava. A resposta veio assim redigida: "Ele é o profeta que nós esperamos. Não há dúvida. Segue-o e crê nele!". Foi em Homs, para onde voltara após sua estada em Jerusalém, que Heráclio recebeu a resposta. Depois de lê-la, convidou os mais eminentes bizantinos da cidade para se reunirem em seu palácio, e ordenou que a sala fosse trancada. Depois, dirigiu-se a eles desde uma câmara superior, dizendo:

---

[1] Aṭ-Ṭabarī 1564; ver também al-Bukhārī I, 6.

"Romanos, se aspirais ao êxito e à direção correta, e se quereis que vossa soberania permaneça firme, jurai fidelidade a este profeta!". Eles compreenderam o sentido daquelas palavras, pois tinham conhecimento da carta do Profeta, e, como se fossem um só homem, todos se voltaram e correram para as portas, que em vão tentavam abrir. Constatando a repulsa que sentiam, Heráclio desistiu de fazê-los crer como ele cria, e chamando-os de volta os acalmou: "O que acabo de dizer foi apenas para provar a força de vossa fé, e agora sei que ela se mantém firme". E todos se prosternaram ante ele, em tranquila concórdia. Heráclio continuava certo de que a Síria seria inevitavelmente conquistada pelos seguidores do Profeta. Ainda assim, no momento, sentia-se obrigado a guardar suas convicções para si.

74 A violação do armistício

Apesar do tratado, alguns homens dos Bakr persistiam em sua inimizade com os Khuzā'ah, e, pouco depois da campanha de 'Amr na Síria, um clã dos Bakr lançou um ataque noturno contra eles, matando um de seus menbros. Nos combates que se seguiram, alguns dos quais ocorreram dentro do território sagrado, os Quraysh ajudaram seus aliados fornecendo-lhes armas, e um ou dois qurayshitas chegaram a participar do combate, acobertados pela escuridão da noite. Os Bani Ka'b, dos Khuzā'ah, enviaram imediatamente uma delegação a Medina para informar o Profeta do que sucedia e pedir sua ajuda. Ele lhes assegurou que poderiam contar com seu apoio e enviou-os de volta a seu território. Após a partida do grupo, o Profeta foi ao encontro de 'Ā'ishah, que, pela expressão de seu rosto, logo percebeu sua ira. Ele pediu água para fazer sua ablução e, enquanto jogava a água sobre seu corpo, escutou-o pronunciar estas palavras: "Que ninguém me ajude se eu não ajudar os filhos de Ka'b!".[1]

Enquanto isso, os mequenses, preocupados com as possíveis consequências dos últimos eventos, enviaram Abū Sufyān, que retornara da Síria, para fazer todo o necessário para apaziguar o Profeta. No caminho, ele encontrou o grupo dos Khuzā'ah que já voltava a seu território e temeu ter chegado tarde demais. Seus temores aumentaram quando estava diante do Profeta e viu seu semblante impenetrável. "Ó Muḥammad", ele disse, "eu estava ausente quando a trégua de Ḥudaybiyah foi assinada, assim, reafirmemos nosso pacto e prolonguemos sua duração". O Profeta não deu importância a seu pedido e replicou com a pergunta: "Acaso fizestes algo

[1] al-Wāqidī 791.

para romper o pacto?". – "Que Deus não o permita!", respondeu contrangido Abū Sufyān. "Tampouco nós o fizemos", disse-lhe o Profeta, "temos respeitado a trégua desde que ela foi firmada em Ḥudaybiyah. Não modificaremos o tratado, nem aceitaremos que seja substituído por outro." Ele claramente não estava disposto a dizer mais, e assim Abū Sufyān foi ao encontro de sua filha, Umm Ḥabībah, e esposa do Profeta, na esperança de que ela aceitasse intervir em seu nome. Pai e filha não se viam há quinze anos, e se encontraram em sua casa. O melhor lugar para se sentar era o tapete do Profeta, mas, quando Abū Sufyān se apressou a acomodar-se, sua filha rapidamente o retirou. "Filhinha, tu achas que este tapete é bom demais para mim, ou eu sou bom demais para ele?" – "Este é o tapete do Profeta", ela lhe respondeu, "e tu és um idólatra, um homem impuro." E acrescentou: "Meu pai, és o senhor dos Quraysh e seu chefe, como é possível que não tenhas abraçado o Islām e continues a adorar pedras que nada podem ver ou ouvir". – "Maravilha das maravilhas!", exclamou ele com ironia, "deveria eu abandonar o que meus pais adoraram para seguir a religião de Muḥammad?" E vendo que não obteria qualquer ajuda da filha, ele procurou Abū Bakr e outros Companheiros para que intercedessem em seu favor para que o pacto fosse renovado, pois Abū Sufyān estava seguro de que o Profeta, mesmo sem ter dito nada, considerava que o pacto fora anulado pelos recentes ataques. Mas, se alguns homens influentes outorgassem proteção geral de homem a homem, seria evitado um novo derramamento de sangue, o que teria praticamente o mesmo efeito que a renovação do pacto. Abū Sufyān sugeriu essa alternativa a Abū Bakr, que se limitou a responder: "Concederei proteção apenas no âmbito estabelecido pelo Mensageiro de Deus".

Os demais Companheiros deram respostas semelhantes, e, finalmente, Abū Sufyān se dirigiu à morada de 'Alī, talvez superestimando a importância dos laços de parentesco, pois ambos eram bisnetos de dois irmãos, Hāshim e 'Abdu Shams. No entanto, 'Alī o recebeu com estas palavras: "Pobre de ti, Abū Sufyān! O Mensageiro de Deus decidiu não atender ao teu pedido e ninguém pode falar-lhe em favor de algo a que ele se opõe". Os Companheiros conheciam bem o teor do versículo revelado: "Consulta-os sobre os seus assuntos; e quando tomares uma decisão, coloca tua confiança em Deus";[1] e eles sabiam por experiência que, quando o

[1] Corão, 3:159.

Profeta chegava a uma resolução, como ocorrera claramente nesta ocasião, era inútil tentar dissuadi-lo. Então, Abū Sufyān recorreu a Fāṭimah, que estava com seu filho Ḥasan sentado no chão diante dela, e lhe disse: "Ó filha de Muḥammad, pede a teu filho que conceda proteção de homem a homem para que ele se torne para sempre o senhor dos árabes". Fāṭimah respondeu-lhe que as crianças não podiam dar proteção, e, em desespero, Abū Sufyān se voltou novamente para 'Alī, suplicando que lhe sugerisse o que fazer. "Vejo somente uma possibilidade", respondeu 'Alī, "que te apresentes e dês tu mesmo a proteção que pedes. Tu és o senhor de Kinānah!" – "E de que isto me serviria?", perguntou Abū Sufyān. "Por Deus, creio que de nada", respondeu 'Alī, "mas não vejo outra coisa que possas fazer." Abū Sufyān se dirigiu, então, à Mesquita onde proclamou em alta voz: "Vede, eu concedo a proteção de homem a homem, e creio que Muḥammad deixará de me apoiar!". Voltando-se em seguida para o Profeta, disse-lhe: "Ó Muḥammad, penso que tu não recusarás minha proteção!". Mas o Profeta disse simplesmente: "É o que *tu* pensas, Abū Sufyān!",[1] e o chefe umayyada voltou para Meca desolado e cheio de temores.

O Profeta começou os preparativos para uma campanha de guerra, e Abū Bakr lhe perguntou se ele também deveria se preparar, ao que o Profeta respondeu que sim, acrescentando que iriam contra os Quraysh. "Não teremos de esperar que o tempo da trégua termine?", perguntou Abū Bakr. "Eles já nos traíram e quebraram o pacto", disse o Profeta, "e agora eu vou atacá-los. Entretanto, guarda segredo do que acabo de dizer, deixa um pensar que o Mensageiro de Deus vai à Síria, o outro que o viu em Thaqīf e um terceiro que está com os Hawazīn. Ó Deus, faz que os Quraysh nos percam de vista, que não tenham notícia de nós e de nossos planos, a fim de que possamos surpreendê-los e cair sobre eles em seu próprio território!"

Em resposta a esta prece, chegou-lhe do Céu a revelação de que um Emigrante chamado Ḥāṭib de algum modo soubera do segredo e escrevera uma mensagem aos Quraysh, avisando-os do ataque iminente, e que uma mulher dos Muzaynah se dirigia a Meca levando a carta escondida em sua cabeleira. O Profeta ordenou a 'Alī e Zubayr que a encontrassem, e eles o fizeram. Sem encontrar o que buscavam em sua bagagem, eles ameaçaram revistá-la, e só então ela lhes deu a carta. Ao tê-la em mãos, o

[1] Ibn Isḥāq 807-8; al-Wāqidī 794.

Profeta chamou seu autor e lhe perguntou: "O que te levou a fazer isso, ó Ḥāṭib?". – "Ó Mensageiro de Deus", ele respondeu, "creio firmemente em Deus e em Seu Mensageiro. Minha crença não mudou e nenhuma outra tomou seu lugar. Mas, em Meca, sou um homem sem posição nem parentes influentes; quis ganhar o favor dos mequenses para meu filho e minha família, que estão entre eles." – "Ó Mensageiro de Deus", exclamou 'Umar, "deixa-me cortar-lhe a cabeça! Este homem é um hipócrita!", ao que o Profeta lhe disse: "Como sabes disso, ó 'Umar? Talvez Deus tenha observado os homens de Baḍr e tenha dito: 'O que quer que façam, eles já estão perdoados".[1]

O Profeta começou a enviar emissários às tribos com a ajuda das quais pensava poder confiar, pedindo a todas para estar em Medina no início do mês seguinte, que era o mês de Ramadã. Os beduínos responderam com fidelidade a esse apelo e, no dia marcado, o exército era o maior que já saíra de Medina. Nenhum muçulmano saudável ficou para trás. Havia setecentos Emigrantes com trezentos cavaleiros, e quatro mil Auxiliares com quinhentos cavaleiros, o que, com as tribos que vieram para Medina e aquelas que se juntariam a eles no caminho, elevava os efetivos a cerca de dez mil homens. Os cavaleiros montavam camelos e conduziam seus cavalos pela brida e, salvo alguns Companheiros muito próximos do Profeta, ninguém sabia quem era o inimigo que iriam combater.

Quando estavam quase na metade do caminho, eles se encontraram 'Abbās, Umm al-Faḍl e seus filhos. 'Abbās havia decidido que chegara o momento de ele e sua família deixarem Meca e irem viver em Medina. O Profeta convidou-os a se juntar à expedição, o que eles fizeram, para alegria de Maymūnah, que acompanhava o Profeta.

Umm Salamah também estava com o Profeta e, numa das paradas, disseram-lhe que dois qurayshitas estavam no acampamento e queriam falar com ela. Um era seu meio-irmão, 'Abd Allāh, filho de seu pai e da tia do Profeta, 'Ātikah; o outro era o poeta Abū Sufyān – filho de Ḥārith, o mais velho dos tios do Profeta, a quem Ḥalīmah havia aleitado –, acompanhado de seu filho, o pequeno Ja'far. Estes dois qurayshitas haviam mantido estreitos laços com o Profeta até o começo da Revelação, e então se voltaram contra ele. Agora, eles buscavam seu perdão, pedindo a Umm Salamah que

[1] Ibn Isḥāq 809-10.

intercedesse em seu favor. Ela foi ao encontro do Profeta e lhe disse: "O irmão de tua esposa, filho de tua tia, está aqui, e também o filho de teu tio, que é teu irmão de leite". – "Não tenho motivo para vê-los", respondeu o Profeta, "e no que concerne ao meu irmão", referindo-se a 'Abd Allāh, o irmão de Umm Salamah, "ele me disse em Meca[1] o que já sabes; e quanto ao filho de meu tio, ele lançou a desonra sobre mim!" De fato, Abū Sufyān o havia ridicularizado com poemas caluniosos. Ainda assim, Umm Salamah pediu em seu favor, mas foi em vão, e quando ela foi comunicar-lhes o resultado do encontro, Abū Sufyān declarou: "Ou ele me recebe ou tomarei meu filho pela mão e nos embrenharemos no deserto até morrer de sede e de fome. E tu" – referindo-se ao Profeta – "és o mais miserável e sofredor dos homens, por negar meu parentesco contigo". Quando ela repetiu tais palavras para o Profeta, ele se deixou abrandar[2] e aceitou recebê-los em sua tenda, onde ambos fizeram sua profissão de fé; desde então eles se fizeram bons em seu Islām.

Um dia, durante a marcha, o Profeta viu uma cadela encolhida ao largo do caminho amamentando suas crias recém-nascidas. Temendo que o animal fosse molestado por algum de seus soldados, ele pediu a Ju'ayl dos Damrah que permanecesse ao lado dos animais e os protegesse até que o exército tivesse passado. Ju'hayl recebera do Profeta o nome de 'Amr, mas muitos continuavam apegados ao seu antigo nome.[3]

Em Qudayd, o exército se reuniu aos Bani Sulaym, que contavam com novecentos cavaleiros. "Ó Mensageiro de Deus", declarou um de seus arautos, "pensas que somos hipócritas, mas somos teus tios por parte de mãe" – fazendo alusão a 'Ātikah, a mãe de Hāshim, que pertencia à sua tribo. "Viemos a ti para que nos ponhas à prova. Somos tenazes na guerra, valorosos no combate e firmes em nossas selas."

Assim como os guerreiros vindos de Medina, eles traziam desmontados e dobrados seus estandartes e bandeiras. Pediram permissão ao Profeta para montá-los e entregá-los aos escolhidos de suas fileiras; mas ainda não chegara o momento de desfraldar bandeiras, e os guerreiros sequer sabiam qual era seu destino.

---

[1] No dia em que o Profeta reuniu seu clã para anunciar a Revelação, Abū Sufyān declarou que jamais reconheceria Muḥammad como profeta, mesmo que os anjos o confirmassem.

[2] al-Wāqidī 811. [3] al-Wāqidī 804.

Desde a partida de Medina, o Profeta ordenara a um arauto que percorresse as fileiras, proclamando por todo o exército: "Quem quiser manter o jejum, que o faça, e quem quiser quebrar o jejum, que o quebre". No Ramadã, é lícito romper o jejum em viagens, desde que os dias perdidos sejam compensados posteriormente. O Profeta e muitos outros fiéis jejuaram até chegar a certa distância do território sagrado, e então ele recomendou que se quebrasse o jejum; mais tarde, ao montar acampamento em Marr aẓ-Ẓahrān, ele explicou que era preciso recobrar as forças para o encontro com o inimigo, o que atiçou a curiosidade de alguns a um ponto quase insuportável. De Marr aẓ-Ẓahrān podia-se alcançar Meca em um dia de marcha acelerada, ou em dois dias em passo mais lento. Mas, considerando-se a trégua, parecia improvável aos homens que fossem lutar contra os Quraysh. O local em que acampavam ficava no caminho que levava ao território das tribos hostis dos Hawāzin. Seria possível que, depois de apossar-se do jardim setentrional do Ḥijāz, o Profeta queria agora conquistar seu jardim meridional, a até então inexpugnável cidade de Ṭā'if, o centro de adoração de al-Lāt?

Constatando que a pergunta "quem é o inimigo?" passava de boca em boca entre as tropas, Ka'b ibn Mālik se prontificou a perguntar ao Profeta. No entanto, ele não ousou fazê-lo diretamente. Indo à procura do Profeta, ele o encontrou sentado fora de sua tenda; então, ajoelhou-se à sua frente e recitou quatro versos melodiosos que acabara de compor para a ocasião. O poema dizia que os homens estavam prestes a desembainhar suas espadas e ainda se indagavam a qual inimigo suas lâminas estavam destinadas, e que, se as espadas tivessem voz, fariam a mesma pergunta. A resposta do Profeta, no entanto, foi apenas um sorriso, e Ka'b retornou para junto de seus companheiros sem nada poder esclarecer.

O desejo dos muçulmanos de conhecer seu destino não passava de mera curiosidade ociosa em comparação à impaciência dos Quraysh e Hawāzin para saber a resposta à mesma pergunta. O territótio da grande tribo dos Hawāzin estendia-se principalmente pelas encostas montanhosas que dominavam a extremidade meridional da planície do Najd. A cidade de Ṭā'if fora erigida numa dessas encostas, e foram os Thaqīf, os habitantes de Ṭā'if e guardiões de seu templo, que tomaram a iniciativa de enviar uma mensagem urgente a todos os clãs aparentados dos Hawāzin, advertindo-os de que um exército de dez mil homens partira de Yathrib em direção ao sul, e que deveriam preparar-se para o pior. A maioria dos clãs respondeu imediatamente, e as tropas começaram a se concentrar estrategicamente ao norte de Ṭā'if.

Os Quraysh bem que gostariam de pensar que fosse Ṭā'if que estivesse ameaçada em lugar de Meca, mas tinham plena consciência de que haviam rompido o pacto. Tal fato e a recusa do Profeta de renovar o tratado levavam sua inquietude a um grau próximo do desespero. O Profeta sabia disso e, para exacerbar os temores dos adversários, ordenou a seus homens que se espalhassem pelo terreno e que cada um acendesse uma fogueira tão logo houvesse escurecido. Naquela noite, além dos confins do território sagrado, dez mil fogueiras podiam ser avistadas, fazendo chegar rapidamente a Meca a notícia de que o exército de Muḥammad era muito maior do que imaginavam. Após rápida deliberação, os Quraysh aceitaram a oferta de Abū Sufyān de ir ao encontro do Profeta mais uma vez. Com ele foram Ḥakīm, o sobrinho de Khadījah, que tudo fizera para tentar impedir a batalha de Badr, e Budayl, dos Khuzā'ah, que ajudara o Profeta em Ḥudaybiyah e que recentemente acompanhara alguns de seus irmãos de clã a Medina quando o pacto acabara de ser rompido. Ao se aproximar do acampamento, quando já podiam escutar os resmungos dos camelos, avistaram um homem montado numa mula branca que vinha em sua direção. Era 'Abbās, que se afastara em segredo do acampamento na esperança de encontrar alguém que pudesse levar aos Quraysh uma mensagem. Era imperioso, ele pensava, que os Quraysh enviassem uma delegação ao Profeta antes que fosse tarde demais. Depois de se reconhecerem e se saudarem mutuamente, 'Abbās conduziu-os à tenda do Profeta, e Abū Sufyān tomou a palavra: "Ó Muḥammad, vieste com uma estranha variedade de homens, alguns conhecidos e outros desconhecidos, contra aqueles de teu sangue!". Mas o Profeta logo o interrompeu: "És tu o transgressor, tu rompeste o pacto de Ḥudaybiyah e instigaste o ataque contra os Bani Ka'b, profanando, assim, o lugar sagrado de Deus e Seu Santuário". Abū Sufyān tentou mudar de assunto, declarando: "Ai de mim! Oxalá tivesses dirigido tua cólera e tua estratégia contra os Hawāzin! Pois eles são parentes mais distantes de ti e inimigos mais ferozes". – "Tenho esperança", disse-lhe o Profeta, "de que o meu Senhor me concedará tudo isto: a vitória sobre Meca, o triunfo do Islām nesta cidade e a completa derrota dos Hawāzin, e que Ele me dará seus bens como espólio e seus familiares como escravos."

Em seguida, dirigiu-se aos três homens: "Testemunhai que não há divindade além de Deus e que sou o Seu Mensageiro". Ḥakīm e Budayl fizeram naquele momento sua profissão de fé, mas Abū Sufyān limitou-se a testemunhar: "Não há divindade senão Deus", e se calou. Quando lhe disseram para pronunciar o segundo testemunho, ele respondeu: "Ó Muḥammad, ainda subsiste em minha alma escrúpulo a esse respeito; concede-me um prazo". O Profeta disse então a seu tio 'Abbās que acolhesse os visitantes em sua tenda para o pernoite. Na aurora, o apelo à prece ressoou por todo o acampamento e, ao escutá-lo, Abū Sufyān foi arrebetado. "O que é isso?", perguntou. "A prece", respondeu-lhe 'Abbās. "E com que frequência a fazem?", continuou Abū Sufyān. E quando soube que eram cinco preces a cada vinte e quatro horas, ele exclamou: "Por Deus, é demais!". Então, ele viu os fiéis se aglomerarem em torno do Profeta, acotovelando-se para serem tocados pelas gotas de água aspergidas de sua ablução ou para pegar um pouco da água da qual ele se servira. "Ó Abu l-Faḍl", ele comentou espantado, "jamais vi semelhante soberania!" – "Maldito sejas", retorquiu 'Abbās, "submete-te e crê!" – "Leva-me a ele!", disse Abū Sufyān, e, terminada a prece, 'Abbās o reconduziu ao Profeta, e ele deu testemunho da natureza profética de Muḥammad, de que ele era verdadeiramente o Mensageiro de Deus. E 'Abbās falou em particular ao Profeta: "Ó Mensageiro de Deus, bem sabes como Abū Sufyān ama a honra e a glória. Concede-lhe então algum favor!". – "Eu o farei", aquiesceu o Profeta e, indo ao encontro do chefe 'umayyada, disse-lhe para retornar aos Quraysh e dizer-lhes: "Aquele que entrar na casa de Abū Sufyān estará em segurança, bem como aquele que ficar com as portas trancadas em sua própria casa, e também aquele que buscar refúgio na Mesquita".[1]

[1] al-Wāqidī 818.

75 A conquista de Meca

As tendas do acampamento já haviam sido desmontadas e colocadas sobre os camelos de carga quando o Profeta finalmente ordenou que lhe fossem trazidos os estandartes e bandeiras. Ele montou-os um a um, e os entregou nas mãos de cada portador que havia escolhido. Disse a 'Abbās que acompanhasse Abū Sufyān até a extremidade mais estreita do vale e lá permanecesse com ele para que visse por si mesmo o tamanho do exército muçulmano; depois, ele teria tempo suficiente para levar sua mensagem aos Quraysh, pois um homem sozinho poderia alcançar Meca por um caminho mais curto que aquele que o exército precisaria percorrer.

"Quem é aquele ali?", perguntou Abū Sufyān apontando para o homem que cavalgava à frente do exército. "É Khālid, o filho de Walīd", respondeu 'Abbās, e, no momento em que passava diante deles, Khālid pronunciou três vezes a glorificação [*takbīr*] *Allāhu Akbar*. Com Khālid cavalgavam os Sulaym, seguidos por Zubayr com seu turbante amarelo, à frente de uma tropa de quinhentos cavaleiros, integrada por Emigrantes e outros homens. Como Khālid, ele proferiu três vezes a fórmula de glorificação ao passar diante de Abū Sufyān, e a tropa inteira a repetiu em uníssono, num clamor que preencheu todo o vale até o topo das montanhas. À medida que os contingentes passavam, um após outro, Abū Sufyān perguntava quem eram, e a cada resposta maior era sua surpresa, ora porque eram tribos de territórios até então muito distantes da esfera da influência dos Quraysh, fosse por terem sido até pouco tempo atrás hostis ao Profeta, como o caso do clã ghaṭafānita dos Ashja', cujo estandarte era levado por Nu'aym, que fora amigo pessoal de Abū Sufyān e de Suhayl.

"De todos os árabes", exclamou Abū Sufyān, "esses eram os inimigos mais ferrenhos de Muḥammad!" – "Deus colocou o Islām em seus corações", comentou 'Abbās, "tudo aconteceu pela graça de Deus!"

O último dos esquadrões era o do Profeta, inteiramente composto por Emigrantes e Auxiliares. O brilho do aço de suas armaduras dava à tropa de guerreiros um tom verde-escuro uniforme, pois estavam totalmente cobertos pelo metal, armados dos pés à cabeça, apenas com seus olhos visíveis. O Profeta dera seu estandarte a Sa'd ibn 'Ubādah, que chefiava a tropa, e ao passar diante dos dois homens postados à beira do caminho, gritou: "Ó Abū Sufyān, este é o dia do massacre! O dia em que o inviolável será violado! O dia da humilhação dos Quraysh perante Deus!". O Profeta estava no centro da tropa, montado em Qaṣwā', e conversava com Abū Bakr e Usayd que cavalgavam ao seu lado. "Ó Mensageiro de Deus", gritou-lhe Abū Sufyān quando o Profeta passou perto dele, "ordenaste o massacre de teu povo?"; e após repetir-lhe as palavras de Sa'd, acrescentou: "Por Deus, suplico, em nome de teu povo, pois és de todos os homens o de maior piedade filial, o mais misericordioso, o mais benevolente!". – "Este é o dia da misericórdia", declarou o Profeta, "o dia em que Deus exaltou os Quraysh!" Então, 'Abd ar-Raḥmān ibn 'Awf e 'Uthmān, que também seguiam ao lado do Profeta, disseram-lhe: "Ó Mensageiro de Deus, nós não estamos seguros de que Sa'd deixará de lançar um ataque inesperado e violento contra os Quraysh". O Profeta, então, enviou uma mensagem a Sa'd para que ele cedesse o estandarte a seu filho Qays, um homem de temperamento relativamente pacífico, e lhe entregasse o comando do esquadrão; afinal, honrar o filho era honrar o pai e, nas mãos de Qays, o estandarte continuaria sendo de Sa'd. Entretanto, ele se recusou a obedecer sem uma ordem direta do Profeta. Então, desatando o turbante vermelho que envolvia seu capacete, o Profeta o enviou a Sa'd como sinal, e o estandarte foi imediatamente entregue a Qays.[1]

Quando o exército terminou de passar, Abū Sufyān voltou a Meca o mais rápido que pôde e, colocando-se diante de sua casa, gritou com todas as forças para ser ouvido pela multidão cada vez mais numerosa que se concentrava ao seu redor: "Ó qurayshitas, eis que chegou Muḥammad com uma força à qual não podereis resistir! Muḥammad está aqui com dez mil homens armados, e me concedeu o favor e a garantia de que quem

[1] al-Wāqidī 819-22.

entrar em minha casa estará a salvo". Então, Hind saiu da casa e, puxando o marido pelos bigodes, gritou: "Matai este inútil saco de gordura de homem! Tu, miserável protetor de um povo!". – "Ai de ti!", imprecou Abū Sufyān, e voltou a advertir os que estavam à sua volta: "Não deixeis que esta mulher vos engane contra vosso bom senso, pois chegou até vós algo contra o qual não podereis resistir. Mas quem entrar na casa de Abū Sufyān estará em segurança!". – "Que Deus te destrua!", gritaram-lhe. "De que nos serve tua casa se somos tantos?" – "E quem se trancar em sua própria casa também estará protegido", ele respondeu, "e também quem estiver na Mesquita!" Com estas palavras, a multidão começou a dispersar-se para buscar refúgio, alguns em suas casas, outros na Mesquita.

O exército parou em Dhū Ṭuwā, não muito longe de Meca, donde era possível avistá-la. Este era o lugar em que, dois anos antes, Khālid fora retido para impedir a aproximação dos peregrinos. Agora, no entanto, não havia qualquer sinal de resistência. Era como se a cidade estivesse vazia, como na ocasião de sua visita no ano anterior, mas, desta vez, sem o limite de três dias de permanência. No instante em que Qaṣwā' parou, o Profeta inclinou a cabeça até que sua barba quase tocasse a sela, em sinal de agradecimento a Deus. Em seguida, ordenou que as tropas se alinhassem, e entregou a Khālid o comando da ala direita e a Zubayr o da ala esquerda. Sua própria tropa, que estava ao centro, foi dividida em duas, uma que seria conduzida por Sa'd e seu filho, e a outra, na qual se encontrava o Profeta, por Abū 'Ubaydah. Quando ordenado, as tropas deveriam separar-se e entrar na cidade por quatro pontos, Khālid chegaria pelo vale abaixo, e os outros três desceriam as colinas pelas diferentes passagens.

Bem acima das tropas já reunidas, nas encostas do Monte Abū Qubays, podia-se avistar duas silhuetas que apenas os olhos mais aguçados poderiam distinguir como sendo a de um ancião de costas recurvadas apoiado em um cajado, e de uma mulher que o guiava e amparava. Eram Abū Quḥāfah e Quraybah, o pai e a irmã de Abū Bakr. Naquela manhã, quando se teve a notícia de que o Profeta chegara a Dhū Ṭuwā, o ancião cego pediu à filha que o conduzisse às encostas da montanha e de lá descrevesse o que via. Na época em que era jovem e vigoroso, ele havia escalado uma outra montanha, situada do lado oposto de Meca, para ver chegar o exército de Abrahah e seu elefante.* Agora, já velho, e há tanto tempo cego, ele

* Ver cap. 7, "O ano do elefante", p. 36 . (N.T.)

queria ter ao menos algum vislumbre, através dos olhos da filha, da hoste de dez mil homens na qual marchavam seu filho e seus dois netos. Qurаybah descreveu o que via como uma massa densa e negra, e seu pai explicou-lhe que se tratava da cavalaria enfileirada em formação cerrada, esperando ordens. Depois, ela viu a massa negra dividir-se em quatro divisões distintas, e seu pai disse-lhe que deviam voltar para casa imediatamente. Estavam a caminho quando uma tropa de cavaleiros os ultrapassou a galope, e um dos soldados se inclinou na sela e arrancou um colar de prata que Quraybah levava no pescoço. No mais, não sofreram nenhum dano, e chegaram em casa sãos e salvos.

Abū Quḥāfah e Quraybah não estavam sozinhos no Abū Qubays. Em outro ponto do Monte, ʻIkrimah, Ṣafwān0 e Suhayl reuniram uma tropa de qurayshitas junto com alguns de seus aliados dentre os Bakr e os Hudhayl. Todos estavam determinados a lutar, e quando viram a tropa de Khālid dirigir-se para a entrada na parte baixa da cidade, eles desceram a montanha e se lançaram ao ataque. No entanto, nada puderam contra Khālid e seus homens, que os colocaram em fuga após abaterem uns trinta homens, sofrendo a perda de apenas dois muçulmanos. ʻIkrimah e Ṣafwān dispararam a cavalo para o litoral, enquanto Suhayl correu para casa e lá se trancou.

O combate estava quase terminado quando o Profeta entrou pelo estreito de Adhākhir, na parte alta de Meca. Ao olhar para baixo, em direção à praça do mercado, pôde ver o reluzir das espadas desembainhadas. "Não vos proibi de lutar?", perguntou, consternado. Mas quando lhe explicaram o que acontecera, declarou que Deus decidira as coisas do melhor modo.

Dali, ele avistou também sua tenda de couro vermelho, que Abū Rāfiʻ armara perto da Mesquita para abrigá-lo. Ele a indicou para Jābir que estava ao seu lado e, após recitar uma prece de louvor e agradecimento, começou a descer para o vale. "Não entrarei em nenhuma casa", ele afirmou.

Umm Salamah, Maymūnah e Fāṭimah esperavam-no na tenda, e pouco antes de sua chegada Umm Hāniʼ juntou-se a elas. A lei islâmica estipulara claramente que os casamentos entre mulheres muçulmanas e homens pagãos estavam dissolvidos, o que se aplicava ao casamento de Umm Hāniʼ com Hubayrah, que havia previsto a queda de Meca e partira para viver em Najrān. Porém, dois dos parentes de Umm Hāniʼ por casamento – um dos quais era irmão de Abū Jahl –, que haviam acabado de tomar parte no combate contra Khālid, foram para sua casa em busca de refúgio. ʻAlī também foi à sua casa para saudá-la, e, lá encontrando os dois makhzūmitas, desembainhou sua espada disposto a matá-los naquele mesmo instante, apesar da proteção formal que ela lhes havia concedido. Umm Hānī', porém, jogou um manto sobre eles e, interpondo-se entre os homens e 'Alī, declarou: "Por Deus, terás de matar-me primeiro!", com o que 'Alī deixou a casa. Em seguida, ela saiu, não sem antes deixá-los trancados em casa, para interceder por eles junto ao Profeta. Ela encontrou primeiramente Fāṭimah, que foi quase tão intransigente quanto 'Alī: "Concedes tua proteção a idólatras?", ela questionou. Mas as censuras de Fāṭimah foram logo interrompidas pela chegada do Profeta. Ele saudou sua prima com grande afeição e, ao saber o que acontecia, disse-lhe: "Isto não ocorrerá! A quem concederes proteção, nós a concederemos também; nós protegeremos a quem tu protegeres".

O Profeta cumpriu o rito da grande ablução e orou fazendo os oito ciclos de prosternações [*rakat*], e em seguida repousou por uma ou duas horas. Então pediu que lhe trouxessem Qaṣwā', vestiu sua cota de malha e seu elmo e cingiu sua espada; mas levava nas mãos um cajado e sua viseira estava erguida. Alguns dos que haviam cavalgado com ele de manhã estavam alinhados diante da tenda e o escoltaram à Mesquita, enquanto ele conversava com Abū Bakr, que o acompanhava.

Ele seguiu diretamente para o canto sudeste da Caaba e tocou reverencialmente a Pedra Negra com o cajado, enquanto pronunciava a fórmula de glorificação *Allāhu Akbar*!, que foi repetida pelos que estavam com ele; depois, por todos os muçulmanos que estavam na Mesquita, e toda Meca ressoou as glorificações, até o Profeta erguer a mão e restaurar o silêncio. Então ele completou as sete voltas em torno da Casa Sagrada, com Muḥammad ibn Maslamah puxando Qaṣwā' pela brida. Tal honra havia sido concedida a um khazrajita quando da Pequena Peregrinação, e era conveniente que agora fosse concedida a um awsita.

Em seguida, o Profeta voltou-se para os ídolos que rodeavam a Caaba, dispostos num grande círculo, em número de trezentos e sessenta no total. Cavalgando entre eles e a Caaba, repetia o versículo revelado: "A Verdade chegou e a falsidade desvaneceu-se. Certamente, a falsidade está sempre destinada a perecer!".[1] Toda vez que apontava seu cajado para um dos ídolos, este tombava de bruços, e assim foi, um após o outro.[2] Depois de

[1] Corão, 17:81. [2] al-Wāqidī 832.

completar o círculo, o Profeta desceu de seu camelo e foi orar na Estação de Abraão que, naquela época, era contígua à Caaba. Em seguida, dirigiu-se ao poço de Zamzam, onde 'Abbās lhe deu de beber, e confirmou para sempre o direito tradicional dos filhos de Hāshim a dar de beber aos peregrinos. No entanto, quando 'Alī lhe trouxe a chave da Caaba e 'Abbās pediu-lhe que concedesse também à sua família o direito de custódia da Casa Sagrada, o Profeta respondeu: "Só vos dou aquilo que perdestes, não aquilo que seria uma perda para outros".[1] Chamou então o homem dos 'Abd ad-Dār, 'Uthmān ibn Ṭalḥah, que fora ao seu encontro em Medina com Khālid e 'Amr, e, entregando-lhe a chave, confirmou o direito tradicional de seu clã à guarda do Santuário. 'Uthmān pegou a chave reverentemente e, seguido pelo Profeta, abriu a porta da Casa Sagrada. Usāmah e Bilāl os seguiram e, fazendo sinal para que entrassem, o Profeta disse para 'Uthmān trancar a porta atrás deles.

Salvo o ícone da Virgem Maria e o Menino Jesus e o de um ancião que diziam ser Abraão, as paredes no interior da Caaba estavam repletas de pinturas de deidades pagãs. Colocando sua mão sobre o ícone em sinal de proteção, o Profeta disse a 'Uthmān para que providenciasse que todas as outras pinturas fossem apagadas, com exceção daquela de Abraão.[2]

Ele permaneceu algum tempo no interior do Santuário e, em seguida, pegou a chave de 'Uthmān e abriu a porta. Ainda no umbral e com a chave nas mãos, o Profeta declarou: "Louvado seja Deus, que cumpriu Sua promessa, ajudou Seu servo e derrotou os clãs. Tão somente Ele!". Aos mequenses que haviam se refugiado na Mesquita, aos poucos se juntaram grande número daqueles que, num primeiro momento, trancaram-se em suas casas; agora eles se sentavam em grupos, em vários pontos da Mesquita, perto da Caaba. Então, o Profeta se dirigiu a eles: "O que tendes a dizer, o que pensais de tudo isso?". E eles responderam: "Dizemos e pensamos o que é justo: um nobre e generoso irmão, filho de um nobre e generoso irmão! A ti pertence o comando". O Profeta lhes dirigiu então as mesmas palavras de perdão que, segundo o que relata a Revelação, José disse a seus irmãos quando foram ao seu encontro no Egito: "Certamente, eu lhes direi

---

[1] al-Wāqidī 832; Ibn Isḥāq 821

[2] al-Wāqidī 834, e al-Azraqī I, 107; este último afirma que este gesto é mencionado na história de Ibn Isḥāq, ainda que Ibn Hishām não o tenha mencionado. Outras versões dizem que todas as pinturas foram apagadas, sem menção às duas exceções.

o que disse meu irmão José: 'Que hoje não haja qualquer reprimenda a vós! Deus vos perdoe, e Ele é o mais Misericordioso dos misericordiosos"'.[1]

Abū Bakr havia deixado a Mesquita para visitar seu pai e voltou trazendo Abū Quḥāfah pela mão, seguido de sua irmã Quraybah. "Por que não deixaste este ancião em sua casa", perguntou-lhe o Profeta, "para que eu fosse visitá-lo?" – "Ó Mensageiro de Deus", respondeu Abū Bakr, "é mais apropriado que ele venha a ti, e não que tu vás até ele." O Profeta tomou o ancião pela mão e, fazendo-o sentar-se diante de si, convidou-o a pronunciar os dois testemunhos da fé islâmica, e ele o fez naquele instante.

Tendo ordenado que Ḥubal, o maior dos ídolos caídos, fosse destoçado e que todos os pedaços fossem queimados, o Profeta fez proclamar por toda a cidade que quem possuísse um ídolo em casa deveria destruí-lo. Em seguida, ele se retirou para a colina de Ṣafā, que ficava próxima da cidade, onde fizera a primeira pregação para sua família. Lá ele recebeu a homenagem de grande parte de seus inimigos, homens e mulheres, que agora queriam converter-se ao Islām. Eles vinham às centenas. Entre as mulheres, estava Hind, a mulher de Abū Sufyān, coberta por um véu, pois temia que o Profeta a condenasse à morte antes de haver abraçado o Islām, e disse: "Ó Mensageiro de Deus, louvado Aquele que fez triunfar a religião que hoje escolhi para mim". Então ela descobriu o rosto e disse: "Hind, a filha de 'Utbah". – "Sê bem-vinda!", saudou-a o Profeta. Entre aqueles que foram até Ṣafā, estava Umm Ḥakīm, a esposa de 'Ikrimah; convertida ao Islām, que pediu imunidade para o marido, e o Profeta a concedeu, apesar de 'Ikrimah ainda estar em guerra com ele. Então, Umm Ḥakīm partiu à procura do marido para reconduzi-lo a Meca.

O Profeta lançou um olhar sobre aqueles que estavam reunidos diante dele e, dirigindo-se ao seu tio, perguntou: "Ó 'Abbās, onde estão os filhos de teu irmão, 'Utbah e Mu'attib? Eu não os vi". Estes eram os dois filhos ainda vivos de Abū Lahab. 'Utbah, pressionado pelo pai, havia repudiado Ruqayyah, e parecia que os dois estavam com medo de se expor. "Trazei-os a mim!", disse o Profeta. 'Abbās, então, foi buscar seus sobrinhos, e ambos abraçaram o Islām e fizeram o juramento de fidelidade. O Profeta tomou cada um por uma mão e, caminhando entre eles, levou-os até o venerável local especialmente consagrado às súplicas, chamado de al-Multazam, que

[1] Corão, 12:92.

é a parte da parede da Caaba entre a Pedra Negra e a porta do Santuário. Lá ele fez uma longa prece, e, vendo a alegria que irradiava de seu rosto, 'Abbās perguntou-lhe a razão, ao que o Profeta respondeu: "Pedi ao meu Senhor que me desse os dois filhos de meu tio, e Ele os deu para mim!".[1]

Dos três maiores santuários do paganismo, o mais próximo de Meca era o templo de al-'Uzzah, em Nakhlah. Então, o Profeta enviou Khālid para destruir este centro de idolatria. Quando percebeu que as tropas muçulmanas se aproximavam, o guardião do templo estendeu sua espada à estátua da deusa, invocando-a para que ela mesma se defendesse e matasse Khālid, caso contrário, ele se tornaria monoteísta. Khālid demoliu o templo e seu ídolo, e, ao voltar para Meca, o Profeta lhe perguntou? "Não viste nada?". – "Nada!", respondeu-lhe Khālid. "Então não a destruíste", concluiu o Profeta; "volta e a destrói!". Khālid partiu de novo para Nakhlah, e chegou a tempo de ver sair das ruínas do templo uma mulher negra de aspecto selvagem, inteiramente nua, com uma longa e revolta cabeleira. "Um arrepio percorreu minha espinha", relataria depois Khālid. Pondo-se a gritar "'Uzzah, teu destino é ser renegada, e não venerada!", e desembainhou a espada e ceifou-lhe a vida. Ao retornar, disse ao Profeta: "Louvado seja Deus que nos salvou da morte! Antigamente, costumava ver meu pai dirigir-se a al-'Uzzah com oferendas de cem camelos e cabras. Ele os sacrificava e permanecia três dias em seu templo, e voltava para nós radiante pelo que havia feito!".[2]

A maioria dos mequenses havia prestado juramento, mas Suhayl não estava entre eles. Porém, algum tempo depois de ficar refugiado em sua casa, ele enviou seu filho 'Abd Allāh para interceder em seu nome junto ao Profeta, pois, a despeito da anistia geral, ele custava a crer que esta se aplicava ao seu caso. Quando 'Abd Allāh apresentou seu pedido ao Profeta, este respondeu imediatamente: "Ele está em segurança, sob a proteção de Deus, que venha, pois, a mim!". Depois disse aos que o cercavam: "Nada de olhares severos para Suhayl, se o encontrardes! Deixai-o sair livremente, pois, por minha vida, ele tem inteligência e sentido de honra, e não deverá permanecer cego à verdade do Islām". Suhayl, então, pôde ir e vir sem problemas; todavia, não abraçou o Islām.

---

[1] Ibn Sa'd IV/1, 41-2.

[2] al-Wāqidī 873-4.

Quanto a Ṣafwān, seu primo 'Umayr obteve do Profeta um prazo de dois meses de indulto para ele; partiu então a sua procura e o encontrou esperando um barco em Shu'aybah, que era então o porto de Meca. Ṣafwān estava desconfiado e recusou-se categoricamente a mudar seus planos, e 'Umayr retornou ao Profeta, que lhe entregou seu turbante listrado de tecido iemenita para que o desse ao primo como prova de sua segurança. Só então Ṣafwān se convenceu a voltar para Meca para buscar por si mesmo novas garantias. "Ó Muḥammad", declarou Ṣafwān, "'Umayr disse-me que se eu aceitar uma coisa" – referindo-se à conversão ao Islām – "tudo seria perfeito, mas que, se não, tu me darias um prazo de dois meses." – "Fica aqui!", disse-lhe o Profeta. "Não antes que me dês uma resposta clara", insistiu Ṣafwān. "Terás quatro meses de prazo", respondeu o Profeta; e Ṣafwān aceitou permanecer em Meca.

'Ikrimah foi o último dos três a se apresentar diante do Profeta após a conquista de Meca, mas o primeiro deles a entrar para o Islām. Ele havia decidido embarcar para a Abissínia na costa de Tihāmah e, quando ia embarcar, o capitão do navio lhe disse: "Submete-te a Deus!". – "O que tenho de fazer?", perguntou 'Ikrimah. "Diz: não há divindade além de Deus!", respondeu o homem, explicando que, por temer os naufrágios, não aceitava nenhum passageiro que não pronunciasse tal testemunho. As quatro palavras, *lā ilāha illa Llāh*, entraram então na alma de 'Ikrimah, que, desde aquele instante, soube que poderia pronunciá-las com sinceridade. Finalmente, ele desistiu de embarcar, já que seu único motivo para fazê-lo era precisamente evitar pronunciar tais palavras e escapar à mensagem de Muḥammad que se resumia na fórmula *lā ilāha illa Llāh*. Se ele podia aceitar essa mensagem a bordo de um barco, poderia aceitá-la também em terra firme. "Nosso Deus no mar é nosso Deus na terra", disse a si mesmo. Logo depois, sua esposa o encontrou e lhe disse que o Profeta garantira sua segurança em Meca, e eles retornaram imediatamente. O Profeta sabia que 'Ikrimah estava voltando e disse a seus Companheiros: "'Ikrimah, filho de Abū Jahl, vem até nós como crente. Portanto, não insulteis seu pai, pois insultar os mortos pode apenas ofender os vivos, e não alcança os mortos".

Ao chegar a Meca, 'Ikrimah foi imediatamente ao encontro do Profeta, que o saudou com alegria e, uma vez que já estava formalmente convertido ao Islām, disse-lhe: "Hoje tudo que me pedires eu te concederei". – "Eu te peço", disse-lhe 'Ikrimah, "que ores a Deus para que me perdoe por toda inimizade que lancei contra ti", e o Profeta orou como lhe foi pedido. Em seguida, 'Ikrimah falou-lhe do dinheiro que despendera e das batalhas que travara para impedir que os homens seguissem a verdade, e afirmou que doravante gastaria o dobro e combateria com esforço redobrado na causa de Deus. E ele cumpriu a promessa.

76 A batalha de Ḥunayn e o cerco de Ṭā'if

A última campanha empreendida pelo Profeta assegurou o sucesso definitivo sobre os Quraysh, mas não dissuadiu os Hawāzin de continuar consolidando suas forças. A notícia da fácil conquista de Meca e a destruição de todos os seus ídolos só aumentaram seus temores, assim como a aniquilação do templo de al-'Uzzah, o santuário-irmão de seu próprio templo dedicado a al-Lāt. Transcorridas duas semanas da conquista de Meca, os Hawāzin conseguiram reunir um exército de aproximadamente vinte mil homens no vale de Awṭās, ao norte de Ṭā'if.

Deixando um homem dos 'Abdu Shams encarregado de Meca, e confiando a Mu'ādh ibn Jabal, um khazrajita jovem mas bem instruído, a missão de ensinar aos novos convertidos todo o necessário à prática da religião, o Profeta colocou-se em marcha com seu exército, agora reforçado por um contingente de mais dois mil qurayshitas. Destes últimos, a maior parte já havia feito o juramento de fidelidade, mas alguns, entre eles Suhayl e Ṣafwān, não haviam ainda se convertido ao Islām e lá estavam apenas para defender sua cidade contra os Hawāzin. Antes de colocar-se em marcha, o Profeta mandou pedir a Ṣafwān que lhe emprestasse as cem armaduras que possuía, junto com as armas que lhes correspondiam. "Muḥammad", perguntou-lhe Ṣafwān, "trata-se de dá-las ou de emprestá-las?" – "É um empréstimo que deverá ser restituído", respondeu-lhe o Profeta. Diante disso, Ṣafwān atendeu o pedido e forneceu também os camelos para o transporte do equipamento, que foi entregue ao Profeta quando o exército chegou ao seu último acampamento na frente de batalha.

Os clãs dos Hawāzin reunidos para combater os muçulmanos eram Thaqīf, Naṣr, Jusham e Sa'd ibn Bakr. Seu comandante-em-chefe era um homem de trinta anos, um naṣrita chamado Mālik, que apesar de sua juventude já adquirira reputação por sua grande bravura e nobre magnanimidade. Contrariando o conselho de alguns anciãos, ele ordenou aos combatentes que levassem consigo suas mulheres e crianças, e até mesmo seus rebanhos, pensando que os homens combateriam com maior empenho tendo seus familiares na retaguarda. Ele enviou três batedores para lhe trazer informações sobre o exército de Meca que se aproximava, mas eles voltaram muito antes do esperado, quase sem fala, estranhamente perturbados e abatidos, com as articulações de todo o corpo enfraquecidas pelo terror, algumas a ponto até mesmo de se deslocarem. "Vimos guerreiros brancos montados em cavalos malhados", acabou por dizer um deles, "e imediatamente ficamos neste estado que vês agora!" – "Não estamos lutando contra gente terrena", disse um outro, "mas contra gente do Céu. Crê no que te dizemos e segue nosso conselho, retira-te! Pois se nossos homens virem o que vimos, padecerão do mesmo que nós." – "Que a vergonha caia sobre vós!", gritou Mālik. "Sois os covardes deste acampamento!", e, vendo o estado de miséria física e moral em que se encontravam, ordenou que fossem detidos longe do resto das tropas, temendo que seu pânico pudesse contaminar todo o exército. Depois, dirigindo-se aos outros, pediu-lhes: "Mostrai-me um homem de coragem!". Mas o homem designado, depois de ver os terríveis cavaleiros na vanguarda da hoste inimiga, voltou no mesmo estado que os outros: "Só olhar para eles é insuportável!", ele declarou com voz ofegante. Mālik, no entanto, recusou-se a ouvir e, ao cair da noite, deu ordem ao exército para avançar até o vale de Ḥunayn, por onde o inimigo seria obrigado a passar. Ao chegar no desfiladeiro de Ḥunayn, Mālik ordenou uma parada, no ponto em que começa a descida até o leito do vale. De ambos os lados, havia ravinas e reentrâncias, algumas com largas entradas que podiam ser vistas do alto, mas imperceptíveis desde baixo. Em uma ou duas destas entradas ele posicionou grande parte da cavalaria, com ordens de só atacar o inimigo ao seu sinal. O restante do exército foi distribuído ao longo do caminho, nas proximidades do alto do desfiladeiro.

Naquela noite, o Profeta montou acampamento não muito longe da outra extremidade do vale e, tendo cumprido a oração da aurora com seus homens, ele os saudou e lhes garantiu a vitória se fossem firmes e pacientes. O céu estava carregado de nuvens e ainda bastante escuro quando o exército começou a descer ao fundo do vale. Mais uma vez, Khālid estava na vanguarda, comandando a cavalaria dos Sulaym e outros contingentes, seguido pelos muçulmanos da nova tropa mequense. O Profeta, montado em Duldul, encontrava-se no meio do exército, com o mesmo esquadrão de Emigrantes e Auxiliares, mas desta vez cercado por um número maior de membros de sua família que em qualquer ocasião anterior; lá estavam seus primos Abū Sufyān e 'Abd Allāh, que se haviam unido a ele no caminho para Meca, os dois filhos mais velhos de Abbās, Faḍl e Qitham, bem como os dois filhos de Abū Lahab. Na retaguarda do exército vinham os mequenses que ainda não haviam abraçado o Islām.

A vanguarda do exército tinha quase chegado ao fundo do vale quando, no lusco-fusco da alvorada, os cavaleiros perceberam o exército estacionário dos Hawāzin postado na vertente oposta logo acima deles. Era um espetáculo impressionante, mais ainda porque na retaguarda do inimigo estavam agrupados milhares de camelos, alguns sem montaria e outros montados por mulheres, que, na semi-obscuridade da aurora, pareciam integrar a hoste. O caminho estava obstruído naquela direção, mas, antes mesmo que fosse possível receber ou dar novas instruções, Mālik fez sinal para atacar. Os esquadrões dos Hawāzin avançaram subitamente de seus barrancos, precipitando-se sobre Khālid e seus homens. A investida foi tão violenta e repentina que Khālid nada pôde fazer para reagrupar os Bani Sulaym que, oferecendo pouca ou nenhuma resistência, deram meia-volta e fugiram em desordem, dispersando as fileiras dos mequenses que vinham logo atrás deles, que passaram a segui-los em fuga desenfreada, subindo o penhasco que tinham acabado de descer. Nessa retirada caótica, cavalos e camelos desembestaram, obstruindo as passagens mais estreitas do desfiladeiro; mas o Profeta estava numa parte um pouco mais larga, no lado direito do caminho, onde pôde manter posição com um pequeno grupo dos que cavalgavam com ele na retaguarda – Abū Bakr, 'Umar e outros Emigrantes, alguns Auxiliares e todos os homens de sua família que o acompanhavam. O filho de Ḥārith, Abū Sufyān, estava de pé a seu lado, segurando o anel da brida de Duldul.

O Profeta chamou outros homens para se unirem a ele, mas suas palavras foram abafadas no tumulto da batalha. Então, ele se voltou para 'Abbās, que tinha a voz excepcionalmente potente, e pediu-lhe que fizesse a convocação, gritando: "Ó Companheiros da Árvore! Ó Companheiros da Acácia!".* As respostas vieram imediatamente de todos os lados – "*Labbayk*!" – "Aqui estamos a teu serviço!" – gritavam Auxiliares e Emigrantes enquanto acudiam ao chamado. Ele foi rapidamente cercado por trezentos homens que, cerrando fileiras no desfiladeiro, rechaçaram momentaneamente o assalto inimigo. 'Abbās continuou com seus apelos e muitos dos que tinham fugido voltaram para lutar. O Profeta ficou de pé em seus estribos, para que todos o vissem e também para que pudesse ver melhor o que se passava. Viu que o inimigo se preparava para um novo ataque, e começou a orar: "Ó Deus, peço-Te que mantenhas Tua promessa!". Depois, pediu a seu irmão adotivo algumas pedras e as atirou em direção ao rosto do inimigo, como fizera em Badr, e subitamente a sorte da batalha mudou de lado, sem razão aparente – ao menos para os crentes, mas não para o inimigo, que já sentira antes o terrível impacto daquela força invisível em seus batedores. Foi então que os seguintes versículos foram revelados: "Deus vos socorreu em muitos campos de batalha, e, no dia de Ḥunayn, quando vos admiráveis do vosso grande número, e este de nada vos valeu; e a terra, por ampla que fosse, pareceu estreita para vós, e voltastes as costas para fugir. Deus fez então descer Sua serenidade sobre Seu Mensageiro e sobre os crentes, e fez descer um exército de anjos que não podíeis ver e puniu os renegadores da Fé. Tal é o castigo dos incrédulos! E Deus se voltará para quem Ele quiser e os remirá; pois Deus é Indulgente e Misericordioso".[1]

A derrota foi tremenda: Mālik lutou com grande valentia, mas acabou batendo em retirada com os Thaqīf para refugiar-se nos muros de Ṭā'if. A força principal dos Hawāzin foi perseguida até Nakhlah, sofrendo muitas baixas. De lá, retornaram ao seu acampamento em Awṭās, mas o Profeta enviou tropas para desalojá-los, obrigando-os a dispersar-se e fugir para as montanhas.

Os muçulmanos perderam muitos homens no início da batalha, em particular os Bani Sulaym, que haviam sofrido o primeiro e mais duro golpe da emboscada. Mas, depois da primeira investida, houve relativamente poucas baixas. Um dos mortos era Ayman, o irmão mais velho de Usāmah, que fora mortalmente ferido enquanto estava ao lado do Profeta.

---

* Foi sob uma acácia em Meca que muitos deles juraram fidelidade ao Profeta. Ver cap. 67, "Uma indiscutível vitória". (N.T.)

[1] Corão, 9:25-27.

As mulheres e as crianças Hawāzin que estavam na retaguarda do exército foram feitas cativas, e quatro mil onças de prata foram acrescentadas ao espólio de camelos, carneiros e cabras, que o Profeta confiou a Budayl, dando-lhe instruções de levar todos os bens, inclusive os prisioneiros, ao vale próximo de Ji'rānah, a cerca de vinte quilômetros de Meca.

As divisões dos Hawāzin compreendiam um contingente dos Bani Sa'd ibn Bakr, o clã com o qual o Profeta passara sua fase de aleitamento e sua primeira infância. Ora, aconteceu que uma das mais velhas cativas começou a repreender seus raptores dizendo: "Por Deus, sou irmã de vosso chefe!". Mesmo sem acreditar em suas palavras, eles a conduziram ao Profeta. "Ó Muḥammad, eu sou tua irmã", ela insistiu. O Profeta olhou-a com espanto: era uma anciã de setenta anos ou mais. "Podes provar o que dizes?", ele perguntou; e ela imediatamente lhe mostrou a marca de uma mordida: "Tu me mordeste", disse ela, "quando eu te levava ao vale de Sarar. Estávamos com os pastores. Teu pai era meu pai, e tua mãe era minha mãe". O Profeta viu que ela dizia a verdade: era Shaymā', uma de suas irmãs de leite. Então, estendendo-lhe um tapete, pediu-lhe que se sentasse. Os olhos do Profeta se encheram de lágrimas quando pediu notícias de Ḥalīmah e de Ḥārith, seus pais adotivos, e ficou sabendo que ambos haviam morrido na plenitude da vida. Depois de conversarem, o Profeta ofereceu-lhe a possibilidade de ficar com ele ou retornar para os Bani Sa'd; ela quis converter-se ao Islām, mas escolheu ficar com seu clã. O Profeta lhe deu um valioso presente e, tendo intenção de conceder-lhe ainda mais, disse-lhe para permanecer no acampamento junto aos seus, e que voltaria a vê-la assim que retornasse, e partiu para Ṭā'if com o exército.

Os Thaqīf tinham acumulado provisões suficientes para subsistir durante um ano, e estavam também bem equipados para resistir aos engenhos de guerra que o Profeta ordenou usar contra eles quando todos os outros meios haviam falhado. Além do mais, eram excelentes arqueiros. Houve muitas e violentas batalhas com flechas, mas meio mês se passara e os muçulmanos não estavam mais próximos da conquista da cidade que no início do cerco. O único resultado foi a conversão de alguns homens ao Islām, pois o Profeta anunciara por um arauto que todo escravo dos Thaqīf que se unisse aos muçulmanos seria libertado. Vinte escravos encontraram meios de sair da cidade e, chegando ao acampamento, fizeram o juramento de fidelidade. Quase mais uma semana se passou, quando o Profeta teve um sonho em que recebia uma cuia de manteiga, e então um galo aparecia e a bicava até entorná-la. "Não acho que hoje obterás deles o que desejas", disse-lhe Abū Bakr, com o que o Profeta concordou. Talvez já tivesse chegado à conclusão de que o cerco não era o melhor meio de triunfar sobre os Thaqīf. Qualquer que fosse o motivo, ele deu ordens de abandonar o cerco e partir para Jiʿrānah. Enquanto o exército se afastava da cidade, alguns homens pediram ao Profeta que amaldiçoasse seus habitantes. Sem responder, ele levantou as mãos em súplica e disse: "Ó Deus, guia os Thaqīf e traze-os a nós!".

Entre os que haviam sido mortos nos muros de Ṭā'if estava ʻAbd Allāh, o meio-irmão de Umm Salamah e primo do Profeta, que se convertera ao Islām havia pouco tempo.

77 Reconciliações

Quando o exército chegou a Ji'rānah, os cativos, aproximadamente seis mil mulheres e crianças, estavam reunidos em uma grande área cercada, tentando abrigar-se do sol. A maior parte estava vestida miseravelmente e o Profeta encarregou um homem dos Khuzā'ah de ir a Meca e comprar roupas novas para cada cativo com parte da prata do butim. Havia ali cerca de vinte e quatro mil camelos; quanto ao número de carneiros e cabras, ninguém tentou contá-los, mas estimava-se ser quarenta mil, mais ou menos.

Muitos combatentes estavam impacientes para receber sua parte do espólio de guerra, mas o Profeta não queria ainda comprometer-se e iniciar a distribuição de modo definitivo, pois esperava que os Hawāzin enviassem uma delegação para propor um trato generoso. Havia, no entanto, uma parte da distribuição que ele não quis protelar. O quinto do butim que lhe correspondia deveria ter o mesmo destino que o dinheiro recebido das esmolas; e uma Revelação recente havia instaurado uma nova categoria de pessoas com direito a estes fundos: "aqueles cujos corações devem ser reconciliados". O versículo revelado dizia: "As ajudas caridosas [*sadaqāts*] são tão somente para os pobres e necessitados, para os encarregados de arrecadá-las, para aqueles cujos corações devem ser harmonizados [com o Islām], para alforriar os escravos e os cativos, para os endividados, para os combatentes na causa de Deus e para o viajante em dificuldades – este é o preceito de Deus. E Ele é Onisciente e Sábio".[1] Um exemplo imediato de homens "cujos corações devem ser reconciliados", era o dos qurayshitas

[1] Corão, 9:60.

recentemente convertidos ao Islām por força das circunstâncias, quando seu mundo – aquele do paganismo árabe – ruiu ante a instauração da nova religião em Meca. O Profeta, então, fez um donativo a Abū Sufyān de uma centena de camelos, e quando este pediu que seus dois filhos Yazīd e Mu'āwiyah não fossem esquecidos, a cada um foi dado outra centena, de modo que a família de Abū Sufyān recebeu trezentos camelos. O gesto não passou despercebido pelos demais, e quando Ḥakīm, o sobrinho de Khadījah, recebeu uma centena de camelos, pediu-lhe mais duzentos, o que o Profeta lhe concedeu imediatamente. Neste caso, como no de Abū Sufyān, a menor hesitação ou má vontade seria contrária ao propósito da doação. No entanto, o Profeta disse a Ḥakīm: "Estes bens são como uma pastagem verde. Quem os tomar para exercer a munificência da alma colherá bênçãos; mas quem os tomar para o orgulho da alma, nada colherá; será como aquele que come e não se sacia. Dar é melhor que receber; começa por dar aos membros de tua família que dependem de ti". – "Por Aquele que te enviou com a Verdade, jamais aceitarei nada de algum outro homem depois de receber de ti!", declarou Ḥakīm, determinado a ser, no futuro, um daqueles que nunca pedem. Assim, ele só ficou com cem camelos, renunciando aos que havia reclamado a mais.[1]

Incluídos nessa mesma categoria de beneficiários estavam os hesitantes, isto é, os que ainda não haviam decidido converter-se ao Islām. Alguns deles também receberam uma centena de camelos, como Ṣafwān e Suhayl. Ambos haviam combatido em Ḥunayn, e quando um dos mequenses não-convertidos da retaguarda expressou sua satisfação com a fuga inicial dos muçulmanos, Ṣafwān o repreendeu severamente: "Se devo ter um chefe acima de mim, prefiro que seja um dos Quraysh a um dos Hawāzin!". Após ter recebido seus cem camelos, Ṣafwān acompanhou o Profeta enquanto cavalgava pelo vale de Ji'rānah, para avaliar as terras que faziam parte do espólio. Havia muitos vales laterais que surgiam do vale principal, e em um deles as pastagens eram excepcionalmente exuberantes, razão pela qual estava repleto de camelos, ovelhas e cabras, sob o cuidado dos pastores. Vendo Ṣafwān maravilhado com o cenário, o Profeta lhe perguntou: "Este vale te agrada?". E quando Ṣafwān assentiu com entusiasmo, ele acrescentou: "É teu, com tudo que há nele".

---

[1] al-Wāqidī 945.

– "Dou testemunho", disse Ṣafwān, "de que nenhuma alma pode ser tão generosa senão a de um profeta; e que não há divindade senão Deus, e que tu és Seu Mensageiro".

Suhayl também foi ao vale de Ji'rānah, onde suas últimas dúvidas foram dissipadas, quer pela retomada de suas relações com seu filho 'Abd Allāh, tanto por haver testemunhado a misteriosa vitória em Ḥunayn, por sua experiência ante a presença miraculosa do Profeta e sua magnanimidade, como por todos estes fatores juntos. Ao converter-se ao Islām, ele o fez sem reservas, e três anos depois, quando 'Abd Allāh foi morto em batalha e Abū Bakr dirigiu ao pai enlutado palavras de consolo, Suhayl respondeu: "Contaram-me que o Profeta disse: 'O mártir intercederá por setenta dos seus'. Tenho esperança de que meu filho, quando o fizer, comece por mim".

Dos outros que abraçaram o Islām em Ji'rānah estavam alguns líderes dos Makhzūm, entre os quais os dois irmãos de Abū Jahl: Hishām, o meio-irmão de Khālid e irmão do jovem Walīd, que havia falecido por um corte no dedo, e Zuhayr, o segundo filho de 'Ātikah, tia do Profeta, cujo irmão encontrara o martírio recentemente em Ṭā'if. Cerca de dez anos antes, fora Zuhayr o primeiro a desafiar Abū Jahl e falar na assembleia a favor da anulação do banimento dos Bani Hāshim e dos Bani l-Muṭṭalib. Sua mãe, 'Ātikah, tornara-se muçulmana antes de seus dois filhos.

O exército muçulmano permaneceu vários dias no vale sem que nenhuma delegação dos Hawāzin os procurasse, e o Profeta decidiu, então, distribuir a cada homem sua parte no espólio. Ele havia acabado de fazê-lo quando a delegação chegou, e nela estava o irmão de Ḥārith, seu pai adotivo. Catorze dos membros da delegação já eram muçulmanos e o restante acabou por se converter; então, insistindo que toda a tribo dos Hawāzin devia ser considerada parente de adoção do Profeta, apelaram à sua generosidade. "Nós te embalamos em nossos braços e te aleitamos em nossos peitos", disseram. O Profeta respondeu-lhes que os havia esperado até pensar que não mais viriam, e que os espólios já haviam sido distribuídos. Então, apesar de já saber a resposta, o Profeta perguntou o que lhes era mais precioso, seus filhos e esposas, ou suas posses, ao que eles responderam: "Devolve-nos nossos filhos e esposas", e o Profeta disse: "Aqueles que estão em meu poder e no dos filhos de 'Abd al-Muṭṭalib vos pertencem, e pedirei aos outros homens em vosso favor. Quando eu tiver terminado de dirigir a congregação na oração do meio-dia, dizei: 'Pedimos ao Mensageiro de Deus que interceda por nós junto aos muçulmanos, e pedimos aos muçulmanos que intercedam por nós ao Mensageiro de Deus'".[1]

Eles assim o fizeram, e o Profeta dirigiu-se à congregação e explicou que os Hawāzin estavam pedindo que seus filhos e esposas lhes fossem devolvidos. Os Emigrantes e os Auxiliares imediatamente entregaram seus cativos ao Profeta. Quanto às tribos, algumas fizeram o mesmo e outras se recusaram, mas foram persuadidas a deixar seus cativos partir em troca de uma futura compensação. E assim foram todos devolvidos ao seu povo, com exceção de uma jovem mulher que era parte do espólio de Sa'd dos Zuhrah, primo materno do Profeta, que preferiu ficar com seu captor.

O Profeta deu à Shaymā', sua irmã de leite, mais alguns camelos, algumas ovelhas e cabras, e se despediu; e quando a delegação estava partindo, pediu-lhes notícias de seu líder Mālik. Eles responderam que Mālik se unira aos Thaqīf em Ṭā'if. "Dizei-lhe", pediu o Profeta, "que se vier a mim como muçulmano, eu lhe devolverei sua família e suas posses e ainda lhe darei mais cem camelos". O Profeta havia deliberadamente alojado a família de Mālik com sua tia 'Ātikah em Meca, e excluíra suas posses da divisão do butim.

Quando a mensagem chegou a Mālik em Ṭā'if, ele nada disse aos Thaqīf, receoso de que o aprisionassem se suspeitassem de suas intenções; achando um modo de sair à noite da cidade, dirigiu-se ao acampamento e se converteu ao Islām. O Profeta colocou-o no comando da numerosa e crescente comunidade muçulmana dos Hawāzin, com instruções de não dar trégua aos Thaqīf. Desse modo, o fim do cerco de Ṭā'if foi apenas um breve pausa. Outro tipo de cerco, menos enérgico porém mais implacável, tomaria seu lugar.

O Profeta sabia bem que, apesar da religião poder por si mesma operar sobre as almas, tal poder dependia de ser aceita com certo grau de compromisso, e não apenas nominalmente. Foi para remover as barreiras a esse compromisso, como o sentimento de amargura ou frustração, que o princípio de dar àqueles "cujos corações devem ser reconciliados" foi revelado; mas, no início, este conceito não foi entendido por muitos dos Companheiros mais antigos do Profeta, sem falar dos demais. Além do que já foi mencionado, valiosos presentes e favores foram dados a alguns

[1] Ibn Isḥāq 877

beduínos eminentes, cujo Islām era bastante questionável, enquanto homens do deserto mais merecedores foram esquecidos. Sa'd dos Zuhrah perguntou ao Profeta por que ele dera cem camelos a 'Uyaynah dos Ghaṭafān e cem a Aqra' dos Tamīm, mas nenhum ao devoto Ju'ayl dos Damrah, que era, ademais, extremamente pobre. O Profeta respondeu: "Por Aquele em cujas mãos está a minha alma, Ju'ayl vale mais que uma infinidade de homens como 'Uyaynah e Aqra'; mas reconciliei suas almas para que pudessem submeter-se melhor a Deus, enquanto que a Ju'ayl confiei-lhe à própria submissão[1] que ele já cumpriu".[2]

Não houve mais objeções da parte dos Emigrantes; mas, ao fim da permanência do Profeta em Ji'rānah, era crescente a animosidade dos quatro mil Auxiliares. Muitos deles estavam empobrecidos, e de um butim tão abundante cada homem recebera apenas quatro camelos ou seu equivalente em carneiros e cabras. Esperavam receber bons resgates pelos cativos, mas haviam sacrificado a parte que lhes cabia, sem hesitação, para agradar ao Profeta. Enquanto isso, testemunhavam a concessão de ricos presentes a dezesseis homens influentes dos Quraysh e a quatro chefes de outras tribos. Todos estes beneficiários eram homens ricos, mas nenhum dos Auxiliares havia recebido um único presente do Profeta. O mesmo se deu com os Emigrantes; mas isso não servia de consolo para os cidadãos de Medina, pois a maioria dos favores fora concedida a homens dos Quraysh, ou seja, a parentes próximos dos Emigrantes. "O Mensageiro de Deus se juntou ao seu povo", os Auxiliares comentavam entre si. "Na hora da batalha somos nós seus companheiros, mas quando os espólios são divididos, seus companheiros são seu próprio povo e sua família. De boa vontade, gostaríamos de saber a origem dessa prática: se procede de Deus, nós a aceitamos com resignação; mas se não for mais que um pensamento do Mensageiro de Deus, então lhe pediremos que nos favoreça também".

Quando os ânimos já estavam bastante exaltados, Sa'd ibn 'Ubādah foi ao Profeta e contou-lhe o que se passava em suas mentes e o que diziam suas línguas. "E qual é tua posição, ó Sa'd?", perguntou-lhe o Profeta. "Ó Mensageiro de Deus", ele respondeu, "penso como eles. Precisamos saber de onde provém tal atitude." O Profeta pediu-lhe que reunisse todos os Auxiliares em um dos abrigos usados para acolher os cativos, e alguns dos

---

[1] "Islām." [2] al-Wāqidī 948.

Emigrantes também se juntaram a eles, com a permissão de Sa'd. Então, o Profeta foi até eles, e depois de louvar e agradecer a Deus, falou-lhes: "Homens dos Auxiliares, chegaram-me notícias de que estais profundamente descontentes comigo em vossas almas. Não vos encontrei perdidos e Deus vos guiou?; pobres, e Deus vos enriqueceu?; inimigos uns dos outros, e Deus os reconciliou em vossos corações?" – "Sim, por certo", responderam. "Deus e Seu Mensageiro são os mais generosos e os mais benevolentes." – "Não ireis contestar-me?", ele protestou. "Como poderíamos fazê-lo?", disseram-lhe, perplexos. "Se desejásseis", respondeu o Profeta, "poderíeis dizer-me, com toda a razão, e seríeis dignos de crédito: 'Vieste até nós desonrado, e nós te honramos; abandonado, e nós te socorremos; proscrito, e te abrigamos, desamparado, e te consolamos'. Ó Auxiliares, estais indignados em vossas almas pelas coisas deste mundo com as quais tenho reconciliado os corações dos homens para que se submetam a Deus, enquanto entreguei vosso próprio Islãm a vós mesmos? Não estais contentes com que os outros levem consigo camelos e carneiros, enquanto levais para vossas casas o Mensageiro de Deus? Se todos os homens do mundo, fossem em uma direção, e vós, os Auxiliares, em outra, eu seguiria o caminho dos Auxiliares. Que Deus tenha misericórdia dos Auxiliares, de seus filhos e dos filhos de seus filhos". Eles choraram até que seus rostos ficaram encharcados de lágrimas, e disseram em uníssono: "Estamos satisfeitos com o Mensageiro de Deus, com nossa parte e com nosso lote".[1]

[1] Ibn Isḥãq 886.

78 Após a vitória

Partindo de Ji'rānah, o Profeta cumpriu a Pequena Peregrinação e voltou a Medina. Pouco antes de sua chegada, ele foi alcançado por 'Urwah dos Thaqīf, o homem que em Ḥudaybiyah ficara tão impressionado com a reverência dos muçulmanos a seu líder.[1] 'Urwah estivera no Iêmen durante a última batalha, e os relatos que lhe chegaram da vitória miraculosa em Ḥunayn amadureceram sua intenção de prestar juramento ao Profeta. Feito isto, ele pediu permissão para retornar a Ṭā'if e convidar seu povo ao Islām. "Eles te matarão", disse o Profeta. "Ó Mensageiro de Deus", prosseguiu 'Urwah, "sou-lhes mais querido do que seus primogênitos." – "Eles te matarão", reiterou o Profeta. Mas quando 'Urwah pediu sua permissão pela terceira vez, ele lhe disse: "Então vai, se é tua vontade". E foi como o Profeta dissera: cercaram a casa de 'Urwah com arqueiros e em seguida feriram-no mortalmente. Enquanto agonizava, sua família perguntou-lhe o que pensava de sua morte, e ele lhes respondeu: "É uma Graça que Deus me concede em Sua Generosidade"; e pediu-lhes que o enterrassem junto aos outros mártires mortos recentemente no cerco de Ṭā'if, e assim o fizeram. Ao saber de sua morte, o Profeta comentou: "'Urwah é como o homem de *Yā-Sīn*.[2] Chamou seu povo para junto de Deus e eles o assassinaram".[3] O homem era Ḥabīb, um carpinteiro da Antióquia, que conclamou seu povo a aceitar a mensagem de Jesus quando já haviam afugentado o apóstolo Pedro e os demais. Eles o mataram, e então, nas palavras do Corão: "Foi-lhe dito: Entra no Paraíso. E ele disse: Ah!, quem dera meu povo soubesse do perdão de meu Senhor para mim, e da honra que,

---

[1] Ver p. 345-6. [2] A sura 36 do Corão. [3] al-Wāqidī 961.

em Sua Generosidade, fez descer sobre mim!”.[1] Após a morte de ‘Urwah, seu filho e seu sobrinho deixaram Ṭā’if e partiram para Medina, onde se reuniram ao Profeta e se converteram ao Islām, e foram acolhidos por seu primo Mughīrah, que era um dos Emigrantes.

A morte de ‘Abd Allāh ibn Rawāḥah em Mu’tah privou o Profeta não apenas de um de seus valorosos Companheiros, mas também de um poeta notável, pois a beleza de seus versos só era comparável à da poesia de Ḥassān e de Ka‘b ibn Mālik. Segundo a opinião geral, havia naquele tempo dois poetas árabes que eclipsavam todos os demais. Um deles era Labīd;[2] o outro era Ka‘b, filho de um dos maiores poetas da geração anterior, Zuhayr ibn Abī Salmà. Apesar de ser um dos Muzaynah, Ka‘b passara a maior parte de sua vida entre os Ghaṭafān e, assim, não esteve sob a influência islâmica que era tão forte em sua própria tribo. Seu irmão Bujayr convertera-se ao Islām após Ḥudaybiyah, mas Ka‘b rejeitava veementemente a nova religião e escreveu versos satíricos contra o Profeta, que por sua vez avisou a todos que quem matasse o ofensor estaria prestando um serviço à causa de Deus. Bujayr já havia, em vão, implorado ao irmão que fosse ao Profeta e lhe pedisse perdão. “Ele não mata quem vai a ele arrependido”, dissera-lhe antes; e agora, após a conquista de Meca, completou suas mensagens anteriores com os seguintes versos:

> Somente para Deus, não para ‘Uzzah ou Lāt,
> podes escapar, se escapar puderes,
> no dia em que não haverá escapatória, nem fuga para os homens,
> salvo para aquele cujo coração for puro na submissão a Deus.

Com as novas e numerosas conversões ao Islām que aconteciam em toda parte, Ka‘b sentiu como se a terra se fechasse sobre ele, e, temendo por sua vida, partiu para Medina, para a casa de um amigo dos Juhaynah com quem fez sua profissão de fé. No dia seguinte, ele se juntou à congregação na Mesquita para a oração da alvorada; depois dirigiu-se ao Profeta e, pondo sua mão na dele, disse: “Ó Mensageiro de Deus, se Ka‘b, filho de Zuhayr, viesse a ti arrependido e convertido ao Islām, pedindo-te que lhe concedas imunidade, tu o receberias?”. E quando o Profeta lhe respondeu que sim, Ka‘b disse: “Ó Mensageiro de Deus, eu sou Ka‘b, filho de Zuhayr”.

---

[1] Corão, 36:26-27. [2] Ver p. 136.

Imediatamente um dos Auxiliares se interpôs e pediu permissão para cortar-lhe a cabeça, mas o Profeta disse: "Deixa-o em paz, pois ele veio arrependido e não é mais como era". Então Ka'b recitou um poema que compusera para a ocasião. Era no tradicional estilo beduíno, com esplêndida dicção e melodia, com muitas descrições vívidas da natureza; mas o essencial era o pedido de perdão. Terminava com uma passagem de louvor ao Profeta e aos Emigrantes, com os versos:

O Mensageiro é uma luz, fonte de luz;
uma cimitarra indiana, espada desembainhada entre as espadas de Deus.
Em meio aos Companheiros Quraysh, quando, no vale de Meca,
escolheram o Islãm, os homens disseram: "Parti!".
Eles partiram, mas não como fracos, nem como covardes em fuga,
bambeando sobre suas montarias e pobremente armados;
mas como heróis, orgulhosos e de nobre porte, vestidos
para o combate com reluzentes malhas do tecido de David. [1]

Quando terminou, o Profeta tirou seu manto listado iemenita e o colocou sobre os ombros do poeta, em reconhecimento à sua maestria na linguagem.[2] Mas, depois, comentaria com um dos Companheiros: "Ele poderia ter falado bem dos Auxiliares, pois, certamente, eles o merecem!". O comentário chegou aos ouvidos de Ka'b, que compôs outro poema em elogio aos Auxiliares, destacando seu valor e sua bravura na batalha, obtendo a garantia da proteção e da generosidade dos anfitriões.[3]

Faltava pouco para o nascimento da criança de Māriyah. Salmà, que assistira Khadījah no parto de todos os seus filhos, era agora uma senhora idosa. Vinte e cinco anos se passaram desde que ajudara a trazer Fāṭimah ao mundo; ainda assim, ela insistiu em fazer o mesmo com o novo filho do Profeta; e quando o parto parecia iminente, ela mudou-se para o bairro em que Māriyah vivia, na parte alta de Medina.

A criança nasceu à noite, e logo depois Gabriel veio ao Profeta e saudou-o como nunca o fizera: "Ó pai de Ibrāhīm". Imediatamente após o nascimento, Salmà enviou seu marido Abū Rāfi' para contar ao Profeta que tivera um filho varão; e na manhã seguinte, após a oração da alvorada na

---

[1] Segundo o Corão (34:10), David inventou a armadura de malhas de ferro.

[2] Ibn Isḥāq 893. [3] Ibn Hishām 893

Mesquita, o Profeta anunciou o nascimento aos Companheiros, e rematou: "E dei-lhe o nome de meu pai: Ibrāhīm". Houve grande regozijo em Medina, seguido de uma forte rivalidade entre as mulheres dos Auxiliares, que disputavam para ser a ama-de-leite do menino. A escolha recaiu sobre a esposa de um ferreiro que vivia perto da mãe do bebê. O Profeta visitava seu filho quase todos os dias, e com frequência ali fazia sua sesta.

Algumas vezes Ibrāhīm era levado à casa de seu pai. 'Ā'ishah conta que certa vez o Profeta se aproximou com o filho nos braços e disse: "Vê como se parece comigo!". – "Não vejo semelhança", ela respondeu. "Não percebes quão clara e vistosa é a sua pele?", disse o Profeta. "Todos que são alimentados com leite de ovelha ficam assim, com a pele vistosa e rechonchudos", ela respondeu, pois soubera que um dos pastores fora encarregado de levar todos os dias leite fresco para a ama do menino.

Após seu retorno de Meca, o Profeta permaneceu seis meses em Medina, durante os quais enviou diversas expedições menores contra os idólatras. Uma delas, sob o comando de 'Alī, foi para combater a tribo de Ṭayy, cujo território ficava a nordeste de Medina. Anteriormente, 'Alī fora enviado para destruir o templo de Manāt em Qudayd, no Mar Vermelho, de modo que, dos três principais centros de idolatria da Arábia, restava apenas o santuário de al-Lāt em Ṭā'if. O templo de Fuls era o centro de idolatria dos Ṭayy que não eram cristãos; e o principal objetivo da presente expedição era destruir esse templo. Ṭayy era a tribo do poeta Ḥātim,[1] e seu filho 'Adī, que era cristão como o pai, sucedera-o na chefia da tribo após sua morte.

Com a súbita chegada de 'Alī e seus homens, 'Adī fugiu com seus familiares mais próximos, com exceção de uma de suas irmãs, que foi aprisionada com outros membros de sua tribo. Ao ser levada diante do Profeta em Medina, ela se jogou a seus pés e implorou por liberdade. "Meu pai sempre libertava os cativos", ela disse, "alojava bem os hóspedes, alimentava com fartura os famintos e confortava os aflitos. Nunca deu as costas àqueles que buscavam um favor. Eu sou a filha de Ḥātim." O Profeta respondeu-lhe com palavras amáveis e, voltando-se para os que o cercavam, disse: "Deixai-a ir, pois seu pai sempre amou os costumes nobres, e Deus igualmente os ama".

Nesse meio-tempo, um homem de sua tribo veio pedir sua libertação, e o Profeta colocou-a sob seu cuidado, presenteando-a com um camelo e

[1] Ver p. 58.

belos vestidos. Ela foi em busca de seu irmão ʿAdī e o persuadiu a ir a Medina, e lá ele abraçou o Islām, jurando fidelidade ao Profeta, que o confirmou como chefe de Ṭayy. Dali em diante, ʿAdī provou ser um aliado influente e fiel.

Foi durante esse mesmo período, no começo do mês de Rajab, que a notícia da morte do Negus chegou ao Profeta. Naquele dia, depois da prece ritual na Mesquita, ele se voltou à congregação e disse: "Hoje morreu um homem de retidão. Portanto, levantai-vos e orai pelo vosso irmão Ashamah".[1] E ele os dirigiu na prece fúnebre. Mais tarde, chegariam da Abissínia alguns relatos de que uma luz fora vista brilhando dia e noite sobre o túmulo do rei.[2]

---

[1] al-Bukhārī. LXIII, 37. [2] Ibn Isḥāq 223

79 Tabūk

Não muito tempo após a batalha de Ḥunayn, o imperador Heráclio restituiu a Santa Cruz a Jerusalém, e este fato consumou a vitória dos bizantinos sobre os persas – vitória que a Revelação anunciara e sobre a qual dissera: "Neste dia os crentes se regozijarão".[1] Certamente, havia motivos para se alegrarem, também porque os persas haviam sido forçados a retirar suas tropas da Síria e do Egito. Mas, no caso da Síria, um perigo parecia ter sido substituído por outro, pois a única ameaça restante para o novo Estado Islâmico parecia vir daquela direção. Em Medina, cresciam os rumores de que Heráclio adiantara um ano de pagamento para suas tropas, tendo em vista uma longa campanha contra Yathrib. Dizia-se inclusive que os bizantinos já haviam avançado até Balqā' pelo sul, e reunido as tribos árabes dos Lakhm, Judhām, Ghassān e 'Āmilah. Tais relatos eram não apenas exagerados, mas o inverso da verdade, pois as tribos árabes da Síria e das zonas limítrofes não se preparavam para atacar; quanto ao imperador Heráclio, seus movimentos rumo ao sul e, afinal, a própria defesa da Síria, haviam sido inibidos por sua visão do "reino vitorioso de um homem circunciso", e por sua crença de que este homem era verdadeiramente o Mensageiro de Deus. Ele já havia desistido de fazer seu povo aceitar essa crença, mas, quando estava prestes a voltar para Constantinopla, seu real senso de responsabilidade levou-o a propor a seus generais assinar um tratado com o Profeta, dando-lhe a província da Síria com a condição de que não avançasse mais para o norte. Porém, o assombro e a aversão de seus generais a tal proposta o fez abandoná-la, sem, no entanto, mudar suas

---

[1] Corão, 30:4.

convicções. No regresso para casa, chegou a uma passagem conhecida como "Portas da Cilícia",* e ao voltar-se para o sul, disse: "Ó terra da Síria, de ti me despeço pela última vez!".[1]

O Profeta também tinha certeza de que Deus abriria a Síria ao Islām; de qualquer modo, seja porque achou que chegara o momento, seja porque queria dar às tropas o treinamento necessário para o que seria a inevitável campanha a nordeste, ele anunciou uma expedição contra os bizantinos e reuniu o maior e mais bem equipado exército que jamais comandara. Até então sua prática sempre fora não revelar de início qual era seu objetivo, e manter em segredo os preparativos o quanto fosse possível. Desta vez, porém, não houve qualquer intento de guardar segredo, e ordens foram remetidas a Meca e às tribos aliadas para que enviassem a Medina imediatamente todos os seus cavaleiros e guerreiros disponíveis para a campanha da Síria.

Era o começo de outubro do ano de 630 da era cristã. A estação era sempre quente, mas naquele ano a seca e o calor eram mais opressivos do que o usual. Também era a estação em que se podia comer muitos frutos maduros, e, assim, havia duas razões para não se querer participar da expedição, além de uma terceira: a extraordinária reputação das legiões imperiais. Os hipócritas e muitos dos muçulmanos menos devotos apresentaram ao Profeta diversas desculpas, pedindo-lhe permissão para ficar em casa, e muitos beduínos fizeram o mesmo. E também quatro homens de boa-fé, Ka'b ibn Mālik, dois outros Khazraj e um homem dos Aws, que não decidiram deliberamente ficar em casa, nem inventaram desculpas; mas lhes pareceu tão desaconselhável deixar Medina naquela estação que se sentiram incapazes de começar os preparativos; e foram adiando a tarefa de um dia para o outro, até que amanheceu o dia em que era tarde demais e as tropas já haviam partido. Mas a maioria iniciou os preparativos sem demora, e os homens mais ricos competiram entre si para ver quem contribuiria com mais dinheiro. 'Uthmān sozinho deu o suficiente para prover montaria e equipamento para dez mil homens. Mesmo assim, não havia o suficiente para todos que desejavam partir, e a Revelação[2] subsequente honrou a memória dos "sete que choravam" – cinco Auxiliares indigentes

---

* Cilícia é o nome da antiga província romana próxima de Tarso, no sudeste da Ásia Menor, atual Síria e Turquia, também conhecida como Pequena Armênia. (N.T.)

[1] Aṭ-Ṭabarī 1568. [2] Corão, 9:92.

e dois beduínos dos Muzaynah e Ghaṭafān – que o Profeta relutantemente dispensou porque não havia como lhes dar montarias, e eles partiram com lágrimas nos olhos.

Com a chegada de todos os contingentes de beduínos, o exército somou trinta mil homens, com dez mil cavaleiros. O acampamento foi montado fora da cidade e ficou a cargo de Abū Bakr, até que, estando tudo pronto para a partida, o Profeta tomou a frente e o comando.

Ele havia encarregado ʻAlī de tomar conta de sua família, mas os hipócritas espalharam boatos de que o Profeta o considerava um estorvo e estava aliviado em afastá-lo de sua presença. Ao ouvir tais rumores, ʻAlī ficou tão angustiado que vestiu sua armadura, empunhou suas armas e alcançou o Profeta na primeira parada da tropa, pedindo-lhe permissão para acompanhá-lo. Contou-lhe dos comentários que ouvira, e o Profeta lhe disse: "Eles mentem. Ordenei que ficasses para proteger o que deixei para trás. Retorna, pois, e me representa perante a minha e a tua família. Não te alegras, ó ʻAlī, de ser para mim o que Aarão foi para Moisés? Mas lembra-te que, depois de mim, não haverá outro profeta?".[1]

Certa manhã, durante a marcha para o norte, o Profeta se atrasou em sua ablução. Os homens já estavam alinhados e esperaram por ele para a prece do alvorecer, até temerem que o sol nasceria antes que pudessem fazê-la. Assim, todos concordaram que ʻAbd ar-Raḥmān ibn ʻAwf dirigiria a oração, e já haviam terminado um dos dois ciclos da prece [*rakat*] quando o Profeta apareceu. ʻAbd ar-Raḥmān estava a ponto de voltar-se para se juntar às fileiras dos fiéis, mas o Profeta fez um gesto para que prosseguisse, e ele próprio se uniu à congregação. Quando todos pronunciaram a saudação de paz que finaliza a oração, o Profeta se levantou e completou o ciclo que lhe faltava, e, tendo terminado, disse a ʻAbd ar-Raḥmān: "Fizeste bem, pois certamente um profeta não deve morrer até que tenha feito a oração dirigida por um homem piedoso de seu povo".[2]

Enquanto isso, em Medina, cerca de dez dias após o exército ter partido, Abū Khaythamah dos Khazraj, um dos quatro fiéis que ficara para trás, passeava em seu jardim entre as sombras das árvores num dia abrasador. Havia ali duas tendas borrifadas com água, onde cada uma de suas esposas o esperava com comida e jarros de cerâmica com água fresca. Ele parou no

[1] Ibn Isḥāq 897. [2] al-Wāqidī 1012.

umbral de uma das tendas e disse: "O Mensageiro de Deus está sob a luz cegante do sol, açoitado por ventos ardentes, e Abū Khaythamah está em sua casa, descansando à sombra, com comida preparada para ele por duas belas mulheres!". Então, voltando-se para suas esposas, disse: "Por Deus, não entrarei em nenhuma tenda enquanto não tiver alcançado o Mensageiro de Deus! Preparai as minhas provisões". Elas o fizeram, e ele partiu velozmente em seu camelo ao encontro do exército.

No meio do caminho entre Medina e Jerusalém, o Profeta disse ao anoitecer: "Amanhã, se Deus quiser, chegaremos à nascente de Tabūk. Não a alcançaremos até o sol estar alto e abrasador. E quem lá chegar primeiro não deve tocar sua água até que eu esteja com ele". Mas os dois primeiros homens a chegar não resistiram e começaram a beber, e quando a maior parte do exército os alcançou, a nascente não era mais que um delgado fio de água. O Profeta repreendeu severamente os dois homens, e disse aos outros para juntarem o quanto de água conseguissem com as mãos em concha e enchessem um velho odre de couro. Quando haviam coletado o suficiente, o Profeta lavou suas mãos e sua face e entornou o restante sobre a pedra que cobria a bica da nascente; depois, passou suas mãos sobre a pedra e orou a Deus como era de Seu agrado. Então, com um som de trovão a água jorrou em torrente; e continuou a jorrar abundantemente, mesmo após todos os homens saciarem a sede. Ele se voltou para Mu'ādh,[1] que estava ao seu lado, e lhe disse: "Que tu vivas, Mu'ādh, para ver este lugar tornar-se um vale cheio de jardins". E assim foi, como ele predisse.

O Profeta ficara triste e desapontado com a ausência dos quatro crentes que não marcharam com a tropa, e não menos com Abū Khaythamah, que os alcançou alguns dias depois de chegarem a Tabūk. Ao avistar o cavaleiro solitário que se aproximava, antes que fosse reconhecível, o Profeta disse algo como uma prece: "Que seja Abū Khaythamah!". Então, quando o homem chegou até ele e o saudou, o Profeta exclamou: "Ai de ti, Abū Khaythamah!"; mas depois de saber o que acontecera, ele o abençoou.

O exército ficou vinte dias acampado em Tabūk. Era evidente que os rumores de perigo de uma ofensiva dos bizantinos eram completamente infundados. Por outro lado, ainda não era chegada a hora da prometida conquista da Síria. Mas, durante aqueles dias, o Profeta selou um tratado

---

[1] Ver p. 421.

de paz com a comunidade cristã e judaica que vivia na cabeceira do golfo de 'Aqabah e ao longo da costa leste, e em troca de um tributo anual, eles teriam a proteção do Estado islâmico. Então, ele retornou a Medina com a maior parte do exército, e enviou Khālid com quatrocentos e vinte cavaleiros para Dūmat al-Jandal, a nordeste de Tabūk. Esta importante fortaleza ficava na estrada que, desde Medina, dava acesso ao Iraque e também a uma das principais rotas para a Síria. Ukaydir, seu governante cristão, foi surpreendido por Khālid enquanto caçava; feito prisioneiro, foi levado a Medina, onde jurou fidelidade ao Profeta e abraçou o Islām.

80 Após Tabūk

O retorno de Tabūk, como o de Badr, foi cheio de tristeza: outra filha do Profeta, Umm Kulthūm, morrera durante sua ausência; e desta vez também o marido não estava presente. O Profeta orou em seu túmulo, e tentou consolar 'Uthmān dizendo que se tivesse tido outra filha lhe teria dado em matrimônio.

Muitos hipócritas que não tomaram parte na expedição agora procuravam o Profeta com suas desculpas; ele as aceitou, mas advertiu-os de que Deus conhecia seus pensamentos mais profundos e secretos. Quanto aos três crentes que ficaram em Medina e se recusaram a combater, recomendou que se mantivessem afastados até que Deus decidisse seu caso, e deu ordens para que ninguém lhes dirigisse palavra. Por cinquenta dias eles viveram como proscritos; mas no quinquagésimo dia, após a prece da alvorada, o Profeta anunciou na Mesquita que Deus deles se apiedara. Nas palavras da Revelação: "Ele remiu os três que ficaram para trás; e eles se sentiram tão culpados que a terra, por ampla que fosse, se lhes pareceu estreita, e estreitas, também, suas almas, e souberam que não havia rufúgio de Deus senão n'Ele mesmo. E então, absolveu-os para que se voltassem a Ele arrependidos. Pois, por certo, Deus é Compassivo, Misericordioso".[1] A congregação regozijou-se, e muitos deles saíram correndo da Mesquita para dar as boas-novas aos três homens. O mais jovem deles, Ka'b ibn Mālik, foi encontrado na tenda solitária que erguera para si fora da cidade. Anos depois ele contou o que ocorrera: "Ouvi o tropel de um cavalo vindo em minha direção e uma voz gritou – 'Boas-novas, Ka'b' –, e lancei-me ao

[1] Corão, 9:118.

chão, prostrando-me a Deus, pois a boa notícia que esperava só poderia ser aquela. Fui até a Mesquita para saudar o Profeta; sua face brilhava enquanto me dizia: 'Rejubila-te!, pois este é o melhor dia que viveste desde que tua mãe te trouxe ao mundo!' Então, perguntei-lhe: 'Ó Mensageiro de Deus, isso vem de ti ou de Deus?' – 'Vem de Deus', ele respondeu. Foi então que percebi que, quando o Mensageiro de Deus estava feliz com boas notícias, sua face sempre resplendia o brilho da lua".[1]

Desde sua conversão ao Islām, Mālik, o líder dos Hawāzin, não deu um dia de trégua aos idólatras. Os Bani Thaqīf ainda podiam orgulhar-se da inexpugnabilidade de Ṭā'if; mas estavam agora cercados de comunidades muçulmanas por todos os lados, e sabiam que qualquer caravana que enviassem seria provavelmente atacada e pilhada. Não podiam nem mesmo deixar seus camelos e ovelhas pastarem em campo aberto sem o risco perdê-los para os homens de Mālik, que, ademais, a todos fizeram saber que matariam qualquer homem dos Thaqīf que caísse em suas mãos, salvo se abandonasse o politeísmo. Após alguns meses, os Thaqīf concluíram que não tinham outra opção senão enviar uma delegação ao Profeta, dizendo que aceitariam o Islām, e pedindo garantias de segurança para seu povo, seus animais e suas terras.

O retorno de Tabūk se deu no começo do Ramadã, e no mesmo mês chegou a delegação de Ṭā'if. Foram recebidos com hospitalidade e uma tenda foi erguida para eles perto da Mesquita. Evidentemente, sabiam que se seguissem o Islām seu território estaria sob proteção do Estado islâmico. Mas o Profeta não aceitou alguns de seus pedidos secundários. No início, pediram permissão para manter al-Lāt pelos próximos três anos antes de destruí-la, e, quando o Profeta recusou, reduziram o prazo para dois anos, e depois para um, até chegar a apenas um mês de prorrogação, o que também foi recusado. Então eles lhe imploraram que não os obrigasse a destruir eles mesmos seus ídolos e que fossem dispensados das cinco orações. O Profeta insistiu que deveriam fazer as orações, dizendo: "Não há bem algum em uma religião que não tenha preces canônicas"; mas concordou em poupá-los de destruir seus ídolos com as próprias mãos; então ordenou a Mughīrah, sobrinho de 'Urwah, que voltasse a Ṭā'if com a delegação e destruísse al-Lāt, levando consigo Abū Sufyān para ajudá-lo.

---

[1] Ibn Isḥāq 912.

Após aceitar o Islām, a delegação jejuou o período restante do Ramadã em Medina e logo voltou para Ṭā'if. Abū Sufyān juntou-se ao grupo em Meca, mas foi Mughīrah quem destruiu o ídolo, sem a ajuda de ninguém. Seu clã tomou certas medidas para protegê-lo, temendo que sofresse o mesmo destino que 'Urwah; mas ninguém tentou vingar a destruição da deusa, apesar das lamentações da multidão de mulheres que chorava sua perda.

Dois dos homens que mais lamentaram a rendição da cidade não eram nem seus cidadãos, nem devotos de sua "senhora". Quando o Profeta marchou contra Meca, Abū 'Āmir, pai de Ḥanẓalah, e Waḥshī, o lanceiro, buscaram refúgio em Ṭā'if, que até então lhes parecia inexpugnável. Onde encontrariam refúgio agora? Abū 'Āmir fugiu para a Síria, e lá morreu, "sem morada, exilado e solitário",[1] cumprindo, assim, a maldição que inadvertidamente lançara sobre si mesmo. Waḥshī ainda hesitava quanto a seu destino, quando um homem dos Thaqīf garantiu-lhe que o Profeta não mataria ninguém que abraçasse o Islām. Assim, ele partiu para Medina, e, dirigindo-se ao Profeta, fez formalmente seu testemunho de fé. Logo que terminou, um dos fiéis presentes o reconheceu como o assassino de Ḥamzah, e gritou: "Ó Mensageiro de Deus, este é Waḥshī!". – "Deixa-o em paz", disse o Profeta, "pois o Islām de um só homem me é mais querido que a morte de mil infiéis." Então seus olhos pousaram na face negra à sua frente. "Tu és realmente Waḥshī?", perguntou, e, quando o homem assentiu, o Profeta acrescentou: "Senta-te e conta-me como mataste Ḥamzah". Quando o lanceiro terminou seu relato, o Profeta disse: "Ai!, afasta-te, que eu nunca mais veja teu rosto diante de mim!".[2]

Um mês depois da expedição de Tabūk, o primo de Abū 'Āmir, Ibn Ubayy, ficou muito doente, e após algumas semanas tornou-se evidente que sua vida chegaria ao fim. Os relatos tradicionais diferem quanto ao seu estado espiritual na hora da morte, mas todos são unânimes em afirmar que o Profeta dirigiu a oração mortuária em sua intenção, e orou junto a seu túmulo. De acordo com uma tradição,* quando o Profeta já se preparava para

---

[1] Ver p. 183. [2] Ibn Isḥāq 566.

* "Tradição" corresponde, aqui, ao termo já dicionarizado ao português *hadith* (pl. *hadiths*), ou rigorasamente transliterado do árabe *ḥadīṯ* (pl. *aḥādīṯ*); refere-se aos ditos, sentenças ou tradições do Profeta Muḥammad, transmitidos à parte do Corão, que formam a *Suna* (ár. *Sunnah*) ou Tradição, sua vida e práticas diárias. Os chamados *hadiths qudsī*, "sentenças sagradas", referem-se aos ditos pelos quais o Profeta transmitia diretamente as palavras de

a oração, 'Umar foi até ele e protestou contra a concessão de tamanha graça a um hipócrita, ao que o Profeta lhe respondeu sorrindo: "Fica atrás de mim, 'Umar. Foi-me dado escolher, e fiz minha escolha. Foi-me dito: 'Quer peças o perdão de Deus para eles, quer não o peças, Deus não os perdoará, ainda que implores setenta vezes'.[1] Soubesse que Deus o perdoaria se rogasse mais de setenta vezes, aumentaria o número de minhas súplicas".[2] Então, ele dirigiu a oração fúnebre, acompanhou o féretro até o cemitério e ficou ao lado do túmulo. Pouco tempo depois, foi revelado um versículo em referência aos hipócritas: "E quando um deles morrer, não ores nunca em sua intenção, nem te detenhas em seu túmulo, pois, em verdade, renegaram a Deus e a Seu Mensageiro, e morreram na iniquidade".[3] Mas, de acordo com outras tradições,[4] este versículo já constava da Revelação imediatamente posterior ao retorno de Tabūk; por outro lado, já não era mais aplicável a Ibn Ubayy, pois o Profeta o visitara quando caiu enfermo, e compreendeu que a iminência da morte o transformara. Ele pediu ao Profeta que lhe desse uma peça de sua roupa para ser sua mortalha, e que acompanhasse seu corpo até o sepulcro, no que foi atendido; e então acrescentou: "Ó Mensageiro de Deus, espero que ores junto ao meu corpo, e que peças a Deus que perdoe meus pecados". Novamente o Profeta assentiu, e após sua morte fez como havia prometido. O filho de Ibn Ubayy, 'Abd Allāh, esteve presente em todos esses momentos.

Os Thaqīf não foram a única tribo a enviar embaixadores ao Profeta. De todas as partes da Arábia, muitos outros chegaram a Medina no "ano das delegações", como foi chamado o nono ano da Hégira. Alguns vinham de diferentes partes do Iêmen, trazendo inclusive cartas de quatro príncipes himyaritas que anunciavam sua aceitação do Islām e seu repúdio ao politeísmo e aos idólatras. O Profeta respondeu cordialmente e reforçou as obrigações do Islām, pedindo que tratassem bem seus mensageiros, encarregados de coletar impostos obrigatórios a muçulmanos, cristãos e judeus, e especificando que "um judeu ou cristão que mantenha sua religião não será obrigado a se afastar dela, mas pagará a devida taxa (...) e

---

Deus, ou melhor, em que Deus fala em primeira pessoa, distintos, portanto, dos chamados *hadiths nabawī*, em que o Profeta fala por si mesmo. (N.T.)

[1] Corão, 9:80. [2] Ibn Isḥāq 927. [3] Corão, 9:84.

[4] Mirkhond, *Rawḍat aṣ-Ṣafā'*, II, vol.2, pp. 671-2, citando fontes mais antigas. Ver também al-Bukhārī XXIII, 76.

terá a proteção de Deus e Seu Mensageiro".[1] Uma Revelação recente referia-se ao respeito às diferenças religiosas: "Para cada um de vós, designamos uma lei e um caminho; e se Deus[2] o desejasse poderia tê-los feito um só povo (...) Rivalizai, pois, entre vós nas boas obras! A Deus todos vós retornareis, e Ele vos inteirará de vossas divergências".[3]

Nem todas as delegações foram efetivas: 'Āmir ibn Ṭufayl, o responsável pelo massacre em Bi'r Ma'ūnah, era agora o chefe dos Bani 'Āmir e, pressionado por sua tribo, teve de ir a Medina. Homem vaidoso e arrogante, pediu, em troca de sua conversão ao Islām, que o Profeta o nomeasse seu sucessor. "Isso não cabe nem a ti, nem a teu povo", respondeu o Profeta. "Então, dá-me os nômades e fica tu com os sedentários", disse 'Āmir. "Não!", respondeu o Profeta, "mas em tuas mãos colocarei o comando da cavalaria, pois és excelente ginete." Isso não era o bastante para o chefe beduíno. "Não terei nada mais?", ele desdenhou, acrescentando enquanto dava as costas para sair: "Encherei toda a terra com cavaleiros e soldados contra ti", e se retirou. Então, o Profeta orou: "Ó Deus, guia os Bani 'Āmir e resgata o Islām de 'Āmir, filho de Ṭufayl!". E 'Āmir foi acometido por uma infecção e morreu antes de chegar à sua casa. Sua tribo mandou outra delegação e um pacto foi enfim concluído. O poeta Labīd foi um dos enviados, e em Medina abraçou o Islām. Conta-se que depois disso quis abandonar a poesia. "Em troca, Deus deu-me o Corão", ele disse. No entanto, ele continuou a compor versos até o fim da vida, colocando seus dons a serviço da religião.

Aproximava-se a época da Peregrinação, e o Profeta indicou Abū Bakr para liderá-la. Ele saiu de Medina com trezentos homens, mas logo após sua partida, veio uma importante Revelação que deveria ser ouvida por todos os que faziam a peregrinação a Meca, muçulmanos e politeístas. "Ninguém a transmitirá em meu lugar, senão um homem de minha casa", disse o Profeta, e mandou que 'Alī calvalgasse a toda pressa e alcançasse os peregrinos. Ele deveria recitar os versículos revelados no vale de Mina, e também deixar claro que, depois daquele ano, não se permitiria que ninguém desnudo circundasse a Casa Sagrada, e que os politeístas estariam fazendo a peregrinação pela última vez.

---

[1] Ibn Isḥāq 956. [2] Ver nota 1, p. 75. [3] Corão, 5:48.

Quando ʻAlī alcançou os demais, Abū Bakr lhe perguntou se ele viera assumir o comando da expedição, mas ʻAlī respondeu que não; seguiram juntos, e Abū Bakr conduziu as orações e fez a pregação. No dia da celebração, quando todos os peregrinos estavam reunidos no vale de Mina para sacrificar seus animais, ʻAlī proclamou a Mensagem Divina. Essencialmente, esta dizia que os idólatras teriam quatro meses de trégua para ir e vir em segurança, mas, depois disso, Deus e Seu Mensageiro estariam livres de qualquer obrigação para com eles. A guerra lhes seria declarada, e eles, mortos ou cativos onde quer que fossem encontrados.[1] Duas exceções foram feitas: quanto aos idólatras que já tinham um tratado com o Profeta e o vinham cumprindo honradamente, o acordo seria mantido até o final de sua validade; e se qualquer idólatra buscasse proteção, esta lhe seria dada, e ele seria conduzido a um lugar seguro e instruído no Islām. Havia também um versículo que parecia ser dirigido especialmente aos recém-convertidos de Meca que poderiam temer que a exclusão dos idólatras os privaria não só de oportunidades comerciais, mas também de receber muitos presentes valiosos: "Ó vós que credes, os idólatras são impuros. Assim, não permitais que se aproximem da Mesquita Sagrada após este ano. E se temeis a pobreza, Deus vos enriquecerá com Seu favor. Em verdade, Deus é Onisciente, Infinitamente Sábio".[2]

O Profeta permaneceu em Medina por quase todo o ano seguinte, que era o décimo desde sua emigração. Ibrāhīm já dava os primeiros passos e começava a falar. Ḥasan e Ḥusayn tinham agora uma irmã mais nova chamada Zaynab, como sua tia, e Fāṭimah estava esperando seu quarto filho. Outros íntimos da casa eram os três filhos de Jaʻfar; eram agora enteados de Abū Bakr, que casara com sua mãe, Asmā', e que também esperava uma criança. Particularmente querida para o Profeta era Umm al-Faḍl, a irmã de Asmā'. Em Meca, era seu costume visitá-la frequentemente, e, desde que ʻAbbās se mudara para Medina, o Profeta voltou a ser um visitante habitual de sua casa. Seu filho mais velho, Faḍl, por cujo nome a mãe passou a ser conhecida, tornara-se homem adulto, e gozava de prestígio e especial consideração. Em mais de uma ocasião, quando

[1] A ausência dos Nomes de Misericórdia de Deus demonstra a natureza rigorosa desta mensagem, que abre diretamente a Sura do Arrependimento (9), a única sura do Corão que não começa com *Bismi Llāhi r-Raḥmāni r-Raḥīm.*

[2] Corão, 9:28.

cabia a Maymūnah receber o Profeta, ela convidou seu sobrinho Faḍl para estar em sua companhia.

As delegações continuaram a chegar, como no ano anterior, e uma delas era a dos cristãos de Najrān, que queriam estabelecer um pacto com o Profeta. Eram do rito bizantino, e no passado haviam recebido ricos subsídios de Constantinopla. Os delegados, em número de sessenta, foram recebidos pelo Profeta na Mesquita, e, chegada a hora de fazer suas preces, o Profeta permitiu que orassem ali mesmo, o que fizeram, orientados para o leste.

Durante sua permanência, muitos pontos de doutrina foram abordados nas audiências, e houve alguns desacordos entre eles e o Profeta a respeito da figura de Jesus. Foi então que veio a seguinte Revelação: "Certamente o exemplo de Jesus, ante Deus, é como o de Adão. Ele o criou do pó;[1] e em seguida disse-lhe: 'Sê!', e então foi. Esta é a Verdade vinda de teu Senhor, não sejas, pois, dos contestadores. E àqueles que querem argumentar contigo acerca de Jesus depois do conhecimento que te chegou, dize-lhes: 'Vinde, convocaremos nossos filhos e vossos filhos, nossas mulheres e vossas mulheres, e a nós mesmos e a vós mesmos. Então, imprecaremos todos e invocaremos o castigo de Deus sobre os que mentem".[2] O Profeta recitou esta Revelação aos cristãos e, para abrandar a discussão da maneira sugerida no versículo, convidou-os para estar com ele e sua família. Eles disseram que pensariam a respeito, e, no dia seguinte, ao encontrar o Profeta, viram que 'Alī estava com ele, e atrás dele estavam Fāṭimah e seus dois filhos. O Profeta usava um grande manto e o estendeu de modo a envolver todos juntos. Por isso, os cinco são conhecidos reverencialmente como "as pessoas do Manto". Quanto aos cristãos, disseram que não estavam dispostos a transformar suas diferenças em imprecações e ofensas, e o Profeta fez com eles um tratado favorável, segundo o qual, em troca do pagamento de impostos, teriam proteção total do Estado Islâmico para si, para suas igrejas e para suas posses.

A tranquila felicidade dos primeiros meses daquele ano chegou ao fim com a enfermidade de Ibrāhīm. Logo ficou claro que ele não sobreviveria. Sempre cuidado por sua mãe e sua irmã, Sīrīn, o Profeta o visitava constantemente, e esteve com ele em seus últimos momentos. Quando a criança

---

[1] É preciso subentender aqui as palavras "no útero de sua mãe", pois não se trata absolutamente de que Jesus tenha sido criado adulto como Adão o foi. O paralelo entre as duas criações baseia-se na intervenção divina direta que houve em ambas as gerações.

[2] Corão, 3:59-61.

deu seu último suspiro, ele a pegou nos braços e lágrimas correram dos seus olhos. Sua proibição das lamentações excessivas e ruidosas havia gerado a falsa noção de que qualquer expressão de pesar ou aflição deveria ser desencorajada, e essa ideia equivocada ainda permanecia em muitas mentes. "Ó Mensageiro de Deus", disse 'Abd ar-Raḥmān ibn 'Awf, "isto é o que proibiste. Quando os muçulmanos o virem chorar, eles também chorarão." O Profeta seguia chorando, e quando conseguiu falar, disse: "Certamente não foi isto o que proibi. Estas são demonstrações de ternura e misericórdia, e aquele que não é misericordioso não terá misericórdia. Ó Ibrāhīm, se a promessa de um reencontro não fosse certa, e se não fosse este o caminho que todos temos de trilhar, e se o último de nós não fosse alcançar o primeiro, certamente teríamos de lamentar tua perda com dor ainda maior. Ainda assim, a dor por ti nos aflige, ó Ibrāhīm! Os olhos choram e o coração se entristece, mas nada dizemos que possa ofender o Senhor".[1]

Ele dirigiu palavras de consolo a Māriyah e Sīrīn, assegurando-lhes que Ibrāhīm estava no Paraíso. Então, tendo-as deixado por algum tempo, ele retornou acompanhado de 'Abbās e Faḍl. O homem mais jovem lavou o corpo e o envolveu na mortalha enquanto os outros dois mais velhos observavam sentados. Em seguida, o corpo da criança foi levado ao cemitério em seu pequeno ataúde. O Profeta dirigiu a prece mortuária, e pediu novamente por seu filho à beira da sepultura, enquanto Usāmah e Faḍl desciam o corpo. Mesmo depois que o recobriram com terra, ele ali permaneceu; em seguida, pediu um odre de água e ordenou que molhassem o terreno da sepultura. A terra tinha ficado um pouco irregular, e, tendo notado isso, ele disse: "Quando um de vós fizer algo, que o faça com perfeição". E, nivelando a terra com as mãos, o Profeta disse de sua própria ação: "Isto não traz nenhum bem ou mal, mas consola a alma do aflito".[2]

Ele havia ressaltado mais de uma vez a necessidade de ter como objetivo a perfeição em cada um de nossos atos terrenos, e muitos de seus ditos indicam que esse objetivo deve ser pouco mundano e totalmente desapegado. Diz-se que 'Alī assim resumiu esta orientação do Profeta: "Trabalha para este mundo como se fosses viver para sempre, e para o outro como se fosses morrer amanhã". Assim, estar sempre pronto para partir é não ter

[1] Ibn Sa'd I/1, 88-9. [2] Ibidem.

apego às coisas terrenas. "Sê neste mundo como um estrangeiro ou como um passante",[1] dizia o Profeta.

No dia da morte de Ibrāhīm, pouco após seu funeral, houve um eclipse solar; mas quando algumas pessoas começaram a atribuí-lo à dor do Profeta, ele disse: "O sol e a lua são dois sinais de Deus. Sua luz não é enfraquecida pela morte de nenhum homem. Se os virdes eclipsados, deveis orar até que recuperem sua luz".[2]

---

[1] al-Bukhārī LXXX1, 3.

[1] Ibn Sa'd, ibidem.

81 Os graus

Os motivos espirituais estavam pobremente representados em muitas das conversões que vinham ocorrendo recentemente, e não tardou a chegar a seguinte Revelação: "Os beduínos dizem: 'cremos'. Dize-lhes: 'vós ainda não credes. Mas deveis dizer 'islamizamo-nos [submetemo-nos]', pois a fé ainda não entrou em vossos corações. E se obedecerdes a Deus e a Seu Mensageiro, Ele em nada diminuirá vossas obras. Por certo, Deus é Perdoador, Misericordiador".[1]

Este versículo completou a hierarquia do Islām, fazendo da submissão sem fé o seu grau inferior. Os graus elevados, ou seja, os graus da fé, são o tema – ou melhor, um dos temas – da sura *An-Nur*, "a Luz", revelada ao Profeta alguns meses antes da trégua de Ḥudaybiyah. Deus é "a Luz", Nome que equivale, em parte, a Seus Nomes "a Verdade" e "o Conhecedor". A Verdade é o objeto do conhecimento, e ambos são a Luz que se opõe à escuridão do erro e da ignorância. A Luz é Una, mas se manifesta em diferentes graus de intensidade na Criação, graus de direção irradiados da Verdade e graus de fé irradiados do Conhecimento.

O Corão afirma constantemente, tanto de si como de outras Mensagens reveladas, que são "Luz", e que certamente se lhe poderia chamar "o Livro da Luz", em virtude de suas constantes referências à iluminação orientadora que ele dá, e à iluminação da fé que ele aviva nas almas dos homens. A sura da Luz, que descreve uma série de receptáculos iluminados pela Luz Divina, pode ser interpretada como uma definição de quatro graus de iluminação:

---

[1] Corão, 49:14.

Deus é a Luz dos céus e da terra. Sua luz é como um nicho dentro do qual há uma candeia. A candeia está dentro de um cristal; e o cristal é como uma estrela brilhante; alimentada por uma abençoada oliveira, que não está nem a Oriente nem a Ocidente, cujo azeite quase se ilumina, ainda que não o toque fogo algum. É luz sobre luz! Deus conduz à Sua luz quem Lhe apraz; e propõe aos homens exemplos; e Ele é Onisciente, o Conhecedor de todas as coisas.[1]

Em primeiro lugar, em ordem ascendente, está o nicho, que é iluminado, mas não por si luminoso. Em seguida, está o recipiente cristalino, no qual se vê o brilho do azeite, e, finalmente, a chama em si. A menção aos símbolos evoca outro versículo que começa com a mesma frase: "Propomos aos homens tais exemplos", e acrescenta a razão: "para que possam refletir";[2] e toda a Sura da Luz é claramente um chamado à reflexão.

Muitos comentadores do Corão, inclusive os mais antigos, têm afirmado que o nicho é o peito do crente, e que o cristal é seu coração. 'Abd Allāh, o filho de 'Abbās, provavelmente repetindo o que seu pai ouviu dos lábios do próprio Profeta, disse: "A Luz, a orientação de Deus no coração do crente, é como o puro azeite que brilha antes mesmo que o fogo o tenha tocado, e quando o fogo o toca, aumenta sem cessar seu esplendor. Assim é o coração do crente: age conduzido pela orientação até que lhe chega o conhecimento".[3] Na Sura da Luz, os diferentes graus são indicados de forma simbólica, mais do que direta. Mas em outras passagens, a começar por algumas das primeiras Revelações, o Corão é mais explícito. Em um versículo,[4] a humanidade é dividida em três espécies: "os da direita, os da esquerda e os precursores". Os da direita são os salvos [excelentes], os da esquerda são os condenados [execráveis], e quanto aos dianteiros [precursores], ou seja, os de grau mais elevado, também chamados de "servos de Deus",[5] diz-se que são "os achegados a Deus", sendo este epíteto também usado para os Arcanjos para distingui-los dos Anjos. Outra das primeiras Revelações introduz uma terceira

---

[1] Corão, 24:35.

[2] Corão, 59:21. Interessante observar que a versão citada por Lings traduz por "símbolos", o que Helmi Nasr traduz por "exemplos", e a de Julio Cortes por "similitudes".

[3] Aṭ-Ṭabarī, *Tafsīr*. [4] Corão, 56:7-40.

[5] Corão, 66:6; 89:29. O Corão usa o termo "servos de Deus" com dois sentidos, um totalmente inclusivo – inclusive Satanás é Seu servo – e o outro extremamente exclusivo, como nos versículos supracitados, e também no seguinte, que é dirigido a Satanás: "Por certo, sobre Meus servos não tens poder algum" (17:65).

categoria na hierarquia dos crentes, "os justos", que estão entre os precursores e os da direita. A relação entre estes três graus pode ser inferida pelo que o Corão relata sobre as bênçãos do Paraíso: enquanto aos da direita [os virtuosos] é dada de beber a taça da pura água corrente [da fonte kāfūr], somente os precursores têm acesso direto às fontes mais elevadas, enquanto os justos recebem uma mistura [de Tasnim, a bebida paradisíaca] com a água de uma fonte celestial,* da qual só os achegados provarão, o que sugere que os justos seguem os passos dos precursores.

Graus hierárquicos também estão implícitos na Revelação quando esta se refere ao coração. Falando da maioria, ela diz: "Não estão cegos os seus olhos, mas os corações que seus peitos encerram".[1] O Profeta, por outro lado, como os outros Profetas antes dele, disse que seu coração estava desperto, significando que seus olhos estavam abertos. O Corão indica que, em certa medida, essa possibilidade pode ser compartilhada também por outros, pois algumas vezes se dirige "aos dotados de discernimento".[2] Conta-se que o Profeta dizia de Abū Bakr: "Ele os supera não pelos jejuns e preces, mas em virtude de algo que habita seu coração".[3]

O Profeta frequentemente se referia à superioridade de alguns de seus seguidores sobre outros; como em Meca, no momento da vitória, quando Khālid respondeu insultuosamente a 'Abd ar-Raḥmān ibn 'Awf por tê-lo repreendido diante do Profeta, em que ele disse: "Calma, Khālid, deixa meus Companheiros em paz, pois ainda que tivesses todo o Monte Uḥud em ouro e o gastasses na causa de Deus, não alcançarias o mérito de nenhum deles".[4]

De acordo com a Revelação, as diferenças entre os graus serão maiores no outro mundo do que neste: "Vê como Nós preferimos alguns a outros; em verdade, na Derradeira Vida há distinções de grau e preferências muito maiores".[5] E o Profeta disse: "O povo do Paraíso verá o lugar que está acima deles assim como agora veem o planeta brilhante[6] no horizonte oriental ou no ocidental".[7] As disparidades entre os homens também se refletem na maneira de ensinar, sendo parte dos ensinamentos reservada àqueles poucos que podiam compreender. Abū Hurayrah disse: "Guardei em minha

---

* Corão, 76:5; 83:27. Em colchetes, as variantes propostas na tradução de Helmi Nasr. (N.T.)

[1] Corão, 22:46. [2] Corão, 12:111; 13:19; etc.

[3] al-Ḥakīm at-Tirmidhī, *Nawādir al-uṣūl.* [4] Ibn Isḥāq 853.

[5] Corão, 17:21. [6] Isto é, Vênus. [7] al-Qushayrī LI, 4.

memória dois tesouros de conhecimento que recebi do Mensageiro de Deus. Um deles eu divulguei; mas se divulgasse o outro, cortaríeis esta garganta",[1] disse apontando para o próprio pescoço.

Durante a marcha de retorno a Medina, após as vitórias de Meca e Ḥunayn, o Profeta disse a alguns de seus Companheiros: "Voltamos da Pequena Guerra Santa para a Grande Guerra Santa". E quando um deles perguntou: "Qual é a Grande Guerra Santa, ó Mensageiro de Deus?", ele respondeu: "A guerra contra a alma".[2] A alma do homem decaído está dividida contra si mesma. Sobre seus aspectos inferiores, diz o Corão: "Em verdade, a alma está propensa ao mal [exceto a de quem meu Senhor tem misericórdia]".[3] A sua melhor parte, a consciência, é chamada "a alma que reprova a si mesma";[4] e é esta que, com a ajuda do Espírito, empreende a Grande Guerra Santa contra a alma inferior.

Finalmente existe "a alma apaziguada", que é a totalidade da alma que já não está mais dividida contra si mesma, mas reconciliada, uma vez que a batalha foi ganha. Tais são as almas dos que alcançaram o grau mais elevado, o nível "dos dianteiros, os servos de Deus, os achegados". O Corão se dirige a esta alma perfeita [na Hora da Ressurreição] com as palavras: "Ó alma apaziguada, retorna ao teu Senhor e abandona-te plenamente satisfeita n'Ele, e Ele satisfeito contigo.[5] Entra para junto de Meus servos, adentra Meu Paraíso".[6] A dupla natureza desta bênção lembra a promessa corânica acerca dos dois Paraísos para a alma abençoada, e também a referência do Profeta ao seu próprio estado último como "o encontro com meu Senhor e o Paraíso". Para "a alma em paz", a entrada no "Meu Paraíso" corresponde ao "encontro com meu Senhor", enquanto a entrada "para junto de Meus servos" corresponde ao "Paraíso", que é o segundo Paraíso não-supremo. O Paraíso Supremo, o de Deus, "o encontro com meu Senhor", não é senão o *Riḍwān*. O versículo a seguir fora recentemente revelado: "Deus prometeu aos crentes, homens e mulheres, jardins regados por rios correntes, onde eles habitarão eternamente, moradas de excelência nos Paraísos do Éden. Mas o *Riḍwān* [agrado] de Deus é ainda melhor. Esta é a Infinita Beatitude".[7]

---

[1] al-Bukhārī. III, 42
[2] al-Bayḥaqī, *Zuhd.*
[3] Corão, 12:53.
[4] Corão, 75:2.
[5] Refere-se ao mútuo *Riḍwān*; ver p. 138 e nota 3, p. 353.
[6] Corão, 89:27-30.
[7] Corão, 9:72.

O Profeta também falou sobre o grau supremo que pode ser alcançado durante a vida terrena, e este dito [*hadith*] é um dos que são chamados "tradições sagradas" [*aḥādīṯ qudsī*]*, pois transmitem diretamente as palavras de Deus: "Meu servo se aproxima continuamente de Mim por meio de devoções voluntárias, até que Eu o amo; e quando Eu o amo, Eu sou o ouvido com o qual ele ouve, o olho com o qual ele vê, a mão com a qual ele agarra e o pé com o qual ele caminha".[1]

A principal das devoções voluntárias é o *dhikr Allāh*, que pode ser traduzido como "a recordação de Deus ou a invocação de Deus". Em uma das primeiras revelações foi ordenado ao Profeta: "Recorda-te do nome do teu Senhor, invocando-o; consagra-te a Ele com extrema devoção".[2] Mais tarde, outra Revelação diria: "[Recita o que te foi revelado do Livro e cumpre a oração] Por certo, a oração vos preserva da iniquidade e da abominação; mas a recordação de Deus é ainda maior e mais importante".[3] Com referência à cegueira do coração e à sua cura, o Profeta disse: "Para tudo existe um polimento e um verniz que tira a ferrugem, e o verniz do coração é a recordação de Deus".[4] E quando perguntado quem desfrutaria do grau mais elevado na estima de Deus no Dia da Ressurreição, ele respondeu: "Os homens e mulheres que recordam de Deus, invocando-O continuamente". E quando perguntado se eles estariam acima até mesmo do homem que lutou pela causa de Deus, ele respondeu: "Mesmo que ele tenha manejado sua espada contra os infiéis e idólatras até quebrá-la e manchá-la de sangue, ainda assim, o que recorda a Deus tem um grau mais excelente que o seu".[5]

---

* Ver nota do tradutor na p. 445. (N.T.)

[1] Al-Bukhārī LXXXI, 37.

[2] Corão, 73:8.

[3] Corão, 29:45.

[4] Al-Bayḥaqī, *Da'awāt*.

[5] At-Tirmidhī XLV.

82 O futuro

O Profeta disse: "Os melhores de meu povo são os de minha geração; então, os que vierem depois deles e, depois, os da geração seguinte";[1] e ele se alegrava com os homens e as mulheres que sobressaíam de suas gerações, isto é, aqueles que considerava seus Companheiros. A dez deles que o visitaram em uma ocasião ele prometeu o Paraíso. Estes eram Abū Bakr, 'Umar, 'Uthmān, 'Alī, 'Abd ar-Raḥmān ibn 'Awf, Abū 'Ubaydah, Ṭalḥah, Zubayr, Sa'd dos Zuhrah, e Sa'īd, filho de Zayd al-Ḥanīf. Ele já dera a mesma certeza anteriormente a alguns deles, e os livros com seus ditos registraram muitos de seus grandes elogios aos Dez Prometidos, e a outros a quem ele também dera as boas-novas do Paraíso, como quando afirmou: "Por três almas o Paraíso suspira: 'Alī, 'Ammār[2] e Salmān".[3] Ele disse à Fāṭimah: "Tu és a mais nobre das mulheres do Paraíso, com exceção da Virgem Maria, a filha de 'Imrān".[4] Predizendo o grande papel de 'Alī como um dos principais transmissores de seu conhecimento para as futuras gerações, ele disse: "Eu sou a cidade do conhecimento, e 'Alī é seu portão";[5] e também disse: "Meus Companheiros são como as estrelas: qualquer um deles que sigais, estareis bem guiados".[6]

Ao voltar de Tabūk, os homens comentaram entre si que seus dias de combate haviam terminado; e essa ideia foi tão reforçada pelas numerosas delegações que vinham à procura do Profeta, e que seguiram chegando ao

[1] al-Bukhārī LXII, 1. [2] Ver p. 117. [3] At-Tirmidhī XLVI, 33.

[4] Ibn Ḥanbal III, 64. O Corão conta como os anjos disseram à Maria: "Ó Maria, por certo Deus te escolheu e te purificou, e te escolheu entre todas as mulheres do universo" (3:42).

[5] At-Tirmidhī XLVI, 20. [6] al-Baghawī XXVI, *Manāqib aṣ-Ṣaḥābah*.

longo de todo o ano décimo, que muitos dos crentes começaram a vender suas armas e armaduras. Ao saber disso, o Profeta proibiu-os de fazê-lo, dizendo: "Meu povo não cessará de lutar pela verdade até a futura vinda do Anticristo". E também disse: "Se soubésseis aquilo que sei, riríeis pouco e choraríeis muito";[1] e ainda: "nenhum tempo virá para vós que não seja seguido por outro pior".[2] Ele os avisou de que seu povo certamente seguiria os judeus e cristãos no caminho da degenerescência: "Seguireis aqueles que vos precederam, imitando tão cegamente seus passos que, se descessem à toca de um réptil peçonhento, vós os seguiríeis".[3] E comentando a extrema decadência que a humanidade atingirá antes do fim, ele disse: "O Islām começou como um forasteiro, e tornará a ser um estranho entre vós".[4] Prometeu, contudo, que Deus não os abandonará: "No começo de cada século, Deus enviará para esta comunidade alguém que lhe renovará a religião".[5] Em outra ocasião, seus Companheiros ouviram-no exclamar mais de uma vez: "Ó meus irmãos!"; e então lhe perguntaram: "Ó Mensageiro de Deus, não somos nós teus irmãos?". Ao que ele respondeu: "Sois meus Companheiros. Meus irmãos estão entre aqueles que ainda virão" – em outras versões, "que virão nos últimos dias". O modo como falou dava a entender que se referia a pessoas de grande eminência espiritual.

Ele também profetizou que, apesar dos males dos últimos dias, surgirá um califa que os homens considerariam um *Mahdī*, que significa "o corretamente guiado": "O *Mahdī* será de minha raça e terá testa alta e nariz aquilino. Ele cobrirá a terra de bem e justiça, assim como havia estado cheia de mal e opressão, e reinará por sete anos".[6]

Por último, ao fim ou depois de seu reinado, surgirá o Anticristo, "um homem cego do olho direito, no qual toda a luz foi extinta, como se fosse uma uva",[7] e ele trará grande corrupção sobre a terra, e por seu poder de operar prodígios ganhará muitos homens para sua hoste. Mas haverá certo número de crentes que lutará contra ele. "E quando se reunirem para a luta", disse o Profeta, "enquanto se perfilam para responder ao chamado à prece, então Jesus, o filho de Maria, descerá entre eles e os dirigirá na oração e no combate. E o inimigo de Deus, ao ver Jesus, irá dissolver-se como

[1] al-Bukhārī LXXXI, 27. [2] al-Bukhārī XCII, 14. [3] al-Qushayrī XLVII, 6.
[4] al-Qushayrī I, 232. [5] As-Sijistānī XXXVI, 1. [6] As-Sijistānī XXXV, 4.
[7] al-Qushayrī LII, 20.

o sal na água. Se lhe fosse permitido, ele se dissolveria até perecer; mas Deus o matará pelas mãos de Jesus, que mostrará a todos seu sangue em sua lança".[1]

Ele também lhes falou dos muitos sinais pelos quais os homens saberiam da proximidade das coisas finais; e como um desses sinais, mencionou a altura excessiva dos edifícios que os homens construiriam. Mas tal profecia foi anunciada em uma grande ocasião, que deve ser descrita mais detalhadamente, sob a autoridade de 'Abd Allāh, o filho de 'Umar, que repetiu as palavras de seu pai.

'Umar disse: "Um dia, quando estávamos sentados com o Mensageiro de Deus, veio até nós um homem cujas vestes eram de uma brancura resplandescente e os cabelos extremamente negros; não havia nele qualquer sinal de viagem, apesar de nenhum de nós o conhecer. Ele sentou em frente ao Profeta, joelho com joelho, com as palmas das mãos colocadas sobre as coxas, e disse: 'Ó Muḥammad, dize-me o que é a submissão [*islām*]'. O Mensageiro de Deus lhe respondeu: 'A submissão é testemunhar que não há divindade senão Deus e que Muḥammad é o Seu Mensageiro, cumprir as orações, dar a esmola, jejuar no mês de Ramadã e fazer, se possível, a peregrinação à Casa Sagrada'. Ele disse: 'Tu falaste a verdade', e todos nós ficamos surpresos por ele haver perguntado algo que depois corroborou. Então ele continuou: 'Dize-me o que é a fé (*īmān*)'. O Profeta respondeu: 'Crer em Deus e nos Seus Anjos, no Seus Livros, nos Seus Enviados e no Juízo Final, e crer que todo bem e todo mal só acontece por Sua Providência'. – 'Disseste a verdade', repetiu ele, e em seguida perguntou: 'Dize-me o que é a excelência [beneficência] (*iḥsān*)'. Ele respondeu: 'Louvar a Deus como se O visses, porque se não O vês, Ele certamente te vê'. – 'Disseste a verdade', voltou a responder, e logo perguntou: 'Fala-me sobre a Hora', e o Profeta respondeu: 'O interrogado não saberá mais que o inquiridor'. E novamente: 'Fala-me de seus sinais', ao que o Profeta respondeu: 'Que a escrava dará à luz a sua ama,[2] e aqueles que não eram mais que pastores de

---

[1] al-Qushayrī LII, 9.

[2] Nos últimos dias, uma mulher que dê à luz uma filha se tornará meramente sua escrava, em virtude da falta de respeito dos filhos para com seus pais. A segunda parte do *hadith* prediz não apenas o caos na ordem social, mas também a vitória final do modo de vida sedentário sobre o modo de vida nômade, ou seja, o selo final impresso sobre o assassinato de Abel por Caim.

pés descalços, nus e indigentes construirão edifícios mais e mais altos'. Então o forasteiro partiu, e eu permaneci ali mais um pouco; então o Profeta me disse: 'Ó 'Umar, tu sabes quem era aquele que me inquiria?'. – 'Deus e Seu Mensageiro sabem mais', respondi. E ele disse: 'Era Gabriel, que veio até vós para vos ensinar vossa religião'".[1]

[1] al-Qushayrī I, 1.

83 A Peregrinação da despedida

Quando o Profeta estava em Medina durante o Ramadã, era seu hábito fazer um retiro espiritual na Mesquita durante os dez dias do meio do mês, e alguns Companheiros faziam o mesmo. Mas este ano, cumpridos os dez dias habituais, ele convidou seus Companheiros a prolongar o retiro em sua companhia por mais dez dias, ou seja, até o final do mês, e eles o fizeram. Era durante o Ramadã de cada ano que Gabriel vinha até ele para certificar-se de que nada da Revelação fugira de sua memória; e neste ano, após o retiro, o Profeta confidenciou à Fāṭimah, como um segredo que não deveria ainda ser confiado aos outros: "Gabriel recita o Corão para mim e eu para ele uma vez ao ano; mas neste ano ele o recitou comigo duas vezes. Só posso pensar que é chegada a minha hora".[1]

O mês de Shawwāl passara, e no décimo primeiro mês do ano foi proclamado por toda Medina que o Profeta lideraria pessoalmente a Peregrinação. A notícia foi transmitida às tribos do deserto, e multidões se dirigiram ao oásis, vindas de todas as direções, felizes pela oportunidade de acompanhar o Profeta em todos os passos do caminho. A Peregrinação seria diferente de qualquer outra ocorrida em centenas de anos: desta vez, todos os peregrinos seriam adoradores do Deus Único, e nenhum idólatra profanaria a Casa Sagrada com ritos pagãos. Cinco dias antes do final do mês, o Profeta partiu de Medina à frente de trinta mil homens e mulheres. Todas as suas esposas estavam presentes, cada uma em sua liteira, escoltadas por 'Abd ar-Raḥmān ibn 'Awf e 'Uthmān ibn 'Affān. Abū Bakr estava com sua esposa, Asmā', que, numa das primeiras paradas, deu à luz um menino, ao qual deram o nome

---

[1] al-Bukhārī LXI, 25.

de Muḥammad. Abū Bakr ia mandá-la de volta para Medina, mas o Profeta pediu-lhe que a deixasse fazer a ablução maior, que se consagrasse para a Peregrinação e seguisse com eles como ela mesma planejara.

Após deixarem Medina, ao pôr-do-sol do décimo dia, o Profeta alcançou a passagem pela qual entrara em Meca no dia da vitória, e ali pernoitou. Na manhã seguinte, ele cavalgou, descendo em direção ao Vale de Meca. Tão logo avistou a Caaba, ergueu as mãos em reverência, deixando cair as rédeas de seu camelo, e em seguida segurou-as com a mão esquerda, e, com a direita em posição de súplica, fez sua prece: "Ó meu Deus, enriquece esta Casa com a honra, o louvor, a generosidade, a reverência e a piedade que ela tem recebido dos homens!".[1] Ele entrou na Mesquita e deu sete voltas ao redor da Caaba, e depois orou na Estação de Abraão. Então saiu em direção a Ṣafā e percorreu sete vezes o espaço entre esta e Marwah, e os que estavam com ele se esforçaram ao máximo para gravar na memória as exatas palavras de louvor e oração que ele proferiu em cada estação.

Retornando à Mesquita, ele entrou na Caaba com 'Uthmān dos 'Abd ad-Dār, o guardião das chaves, acompanhado também de Bilāl e Usāmah, como da outra vez. Mas naquela noite, quando visitou 'Ā'ishah em sua tenda, ela notou que o marido estava triste e perguntou o motivo. "Hoje fiz algo", ele disse, "que quisera jamais ter feito. Entrei na Casa, e é possível que um homem de meu sangue nunca mais possa ali entrar" – referindo-se aos anos vindouros –, "e por isso sentirá grande inquietude em sua alma. E nos foi ordenado dar voltas ao seu redor, e não nela entrar".[2]

Novamente, o Profeta recusou hospedar-se em qualquer casa de Meca, apesar dos insistentes convites de Umm Hāni' para que ficasse. Então, no oitavo dia da lua nova, ele cavalgou até o vale de Mina, seguido pelos demais peregrinos, e ali pernoitou. Ao nascer do dia, seguiu para 'Arafah, um amplo vale cerca de vinte quilômetros a leste de Meca, imediatamente fora dos limites do recinto sagrado. 'Arafah fica no caminho para Ṭā'if e é ladeado a norte e a leste pelas montanhas de Ṭā'if. Porém, isolada por estas montanhas, rodeada por todos os lados, há uma colina também chamada 'Arafah, ou "o Monte da Misericórdia". É a parte central deste ponto da peregrinação, que abrange e se estende ao longo de todo o terreno que desce ao vale; e foi nesta colina que o Profeta permaneceu naquele dia.

[1] al-Wāqidī 1097. [2] al-Wāqidī 1100.

Alguns dos mequenses expressaram surpresa por terem chegado tão longe, pois, ainda que os demais peregrinos prosseguissem até 'Arafah, os Quraysh se habituaram a permanecer dentro dos limites do território sagrado, dizendo: "Somos o povo de Deus". Mas o Profeta disse que Abraão estabelecera o Dia de 'Arafah como parte essencial da Peregrinação, e que os Quraysh haviam abandonado essa prática abraâmica. O Profeta enfatizou naquele dia a ancestralidade da Peregrinação, e as palavras "legado de Abraão" eram constantes em seus lábios.

Para inculcar em todas as tribos que, de agora em diante, em toda a comunidade islâmica, não mais haveria derramamento de sangue, e que o respeito à vida e aos bens de todos os homens era sacrossanto, ele enviou como arauto Rabī'ah, o irmão de Ṣafwān, e ordenou que proclamasse com sua voz poderosa à multidão de peregrinos: "O Mensageiro de Deus disse: 'Vedes que mês é este?'". Todos fizeram silêncio, e Rabī'ah respondeu: "É o mês sagrado". Então perguntou: "Vedes que terra é esta?". Novamente fez-se o silêncio, e ele respondeu: "A terra santa". Logo continuou: "Vedes que dia é este?". E ele mesmo respondeu: "O dia da Peregrinação Maior". Então Rabī'ah proclamou, seguindo as instruções do Profeta: "Em verdade Deus tornou inviolável a cada um de vós o sangue e a propriedade de vosso próximo, até que vos encontreis com vosso Senhor, assim como fez inviolável este vosso dia, nesta vossa terra e neste vosso mês".

Quando o sol ultrapassou seu zênite, o Profeta louvou a Deus e fez uma prédica, começando com as palavras: "Escutai-me, ó meu povo, pois não sei se aqui voltarei a encontrar-vos após este ano!". Então, exortou-os a tratar bem uns aos outros e lembrou-lhes de muitas coisas que haviam sido ordenadas e proibidas. E finalmente disse: "Se vos aferrardes firmemente ao que vos leguei, sereis preservados de todo erro; deixo-vos é uma clara orientação, o Livro de Deus e a palavra de Seu Profeta. Ó meu povo, ouvi minhas palavras e compreendei". Então, comunicou-lhes uma Revelação que acabara de receber e que completava o Corão, pois era a última passagem revelada: "Hoje, os renegadores da Fé desesperam por fazer-vos renunciar à vossa religião; então, não os temais, mas temei a Mim! Hoje, inteirei vossa religião e cumpri Minha graça para convosco, e agradei-Me por terdes o Islām como religião".[1]

---

[1] Corão, 5:3.

Ele terminou seu breve sermão com uma seríssima pergunta: "Ó meu povo, comuniquei fielmente minha mensagem a vós?". Um forte murmúrio de assentimento – "Ó Deus, sim!" – surgiu de milhares de gargantas, e as vibrantes palavras *Allāhumma na'm* ressoaram como um trovão por todo o vale. O Profeta levantou seu dedo indicador e disse: "Ó Deus, sê testemunha!".[1]

As preces rituais foram então ofertadas e o resto do Dia de 'Arafah, como é chamado, foi passado em meditação e súplicas. Mas assim que o sol se pôs, o Profeta montou em seu camelo, e levando Usāmah na garupa, seguiu colina abaixo e pelo vale em direção a Meca, seguido pelos peregrinos. Era tradição cavalgar rápido nesse ponto, mas aos primeiros sinais de excesso, ele gritou: "Mais devagar! Mais devagar! Com o espírito tranquilo! E que os mais fortes tenham cuidado com os mais fracos!". Eles passaram a noite em Muzdalifah, que se encontra dentro dos limites sagrados, e ali coletaram pequenos seixos para apedrejar Satanás, que está representado por três pilares em 'Aqabah, no vale de Mina. Sawdah pediu permissão ao Profeta para deixar Muzdalifah nas primeiras horas da madrugada. Sendo ela de grande estatura e mais corpulenta que a maioria das mulheres, sofrera mais com o calor e o esforço da viagem, e estava ansiosa para cumprir o rito de apedrejamento antes da chegada da multidão. E ele a enviou na frente em companhia de Umm Sulaym, ambas escoltadas por 'Abd Allāh, um dos filhos de 'Abbās.

O Profeta fez a oração da alvorada em Muzdalifah, e então conduziu os peregrinos até 'Aqabah, com Faḍl montado na garupa de seu camelo. Foi neste mesmo lugar e neste mesmo dia que, doze anos atrás, ele se encontrara com os seis homens dos Khazraj que lhe haviam jurado fidelidade, preparando, assim, o caminho para o Primeiro e o Segundo pactos de 'Aqabah. Após o apedrejamento, os animais foram sacrificados, e o Profeta chamou um homem para que raspasse sua cabeça, e os peregrinos se reuniram em torno dele, na esperança de colher algumas mechas de seu cabelo. Abū Bakr comentaria posteriormente o contraste entre o Khālid de Uḥud e da Trincheira e o Khālid que agora dizia: "Ó Mensageiro de Deus, uma mecha! Não a dês a ninguém senão a mim, que meu pai e minha mãe sejam teu resgate!".[2] E quando o Profeta deu-lhe a mecha ele a passou pelos olhos e pelos lábios em reverência.

---

[1] Ibn Isḥāq 969.

[2] al-Wāqidī 1108.

Então, o Profeta pediu aos peregrinos que visitassem a Caaba e voltassem para passar aquela noite e as duas seguintes em Mina. Ele esperou até o final da tarde e retornou a Meca acompanhado de suas esposas, menos de 'Ā'ishah, que não estava em estado de pureza ritual. Alguns dias depois, estando ela em condições, ele a enviou para além dos limites do recinto sagrado escoltada pelo seu irmão 'Abd ar-Raḥmān, onde ela tornou a consagrar-se e, dirigindo-se a Meca, circundou a Caaba.

Encerrada a campanha no Iêmen, a tropa de trezentos cavaleiros que o Profeta enviara durante o Ramadã agora se aproximava de Meca pelo sul. 'Alī destacara-se da tropa e cavalgava à frente de seus homens, ansioso por encontrar o Profeta o quanto antes e com ele fazer a Peregrinação, que ele entretanto acabara de completar. Na quinta parte do butim da campanha pertencente ao Estado, havia linho suficiente para vestir toda a tropa, mas 'Alī havia decidido entregar o espólio intacto ao Profeta. Porém, na sua ausência, o homem que ficou no comando da tropa foi persuadido a dar a cada um uma muda de roupa de linho. As novas vestes eram realmente necessárias, pois eles estavam longe de casa há quase três meses. Quando já estavam próximos à cidade, 'Alī cavalgou ao seu encontro e ficou estupefato ao ver a transformação. "Dei-lhes as roupas", declarou o responsável, "para que tivessem melhor aspecto aos olhos do povo." Os homens sabiam que todos em Meca estariam usando suas roupas mais refinadas em honra à Festividade, e ansiavam causar a melhor impressão possível. Mas 'Alī sentiu que não podia tolerar tal liberdade e ordenou que vestissem novamente suas velhas roupas e devolvessem as novas ao quinto do butim. Foi grande o ressentimento que se abateu sobre a tropa; ao saber do ocorrido, o Profeta lhes disse: "Meu povo, não censureis 'Alī, pois ele é demasiado rigoroso em seus escrúpulos no caminho de Deus para ser repreendido". Mas estas palavras não foram suficientes para dissipar o descontentamento da tropa, ou talvez só tenham sido ouvidas por alguns poucos.

No caminho de volta para Medina, um dos cavaleiros da tropa queixou-se de 'Alī com o Profeta, ao que seu semblante mudou de cor. "Não estou mais próximo dos crentes do que vós estais de vós mesmos?", ele perguntou. E quando o homem assentiu, acrescentou: "Daquele que estou mais próximo, 'Alī também está". Mais tarde na mesma jornada, quando pararam em Ghadīr al-Khumm, ele reuniu todo o povo e, tomando 'Alī pela mão, repetiu estas palavras, acrescentando uma prece: "Ó meu Deus, sê amigo de quem for seu amigo, e inimigo de quem for seu inimigo", e os murmúrios contra 'Alī silenciaram.[1]

Uma das delegações enviadas a Medina no ano anterior era a da tribo cristã de Yamāmah, os Bani Ḥanīfah, cujo território estendia-se ao longo da fronteira oriental do Najd. Eles concordaram em abraçar o Islām; mas agora um de seus homens, chamado Musaylimah, afirmava ser também um profeta, e pouco depois do retorno dos peregrinos de Meca, a seguinte carta foi trazida a Medina por dois emissários dos Yamāmah: "De Musaylimah, o Enviado de Deus, a Muḥammad, o Enviado de Deus, que a paz esteja convosco. Foi-me dado compartilhar contigo a autoridade. Metade da terra é nossa, e a outra metade pertence aos Quraysh, apesar de serem um povo transgressor". O Profeta perguntou aos emissários o que pensavam do assunto, e eles responderam: "Nossa opinião é a mesma que a dele". – "Por Deus", disse o Profeta, "se não fosse proibido matar emissários, eu mesmo cortaria vossas cabeças"; e ditou uma carta para que entregassem ao seu senhor: "De Muḥammad, o Mensageiro de Deus, para Musaylimah, o impostor. Paz àqueles que seguem a verdadeira orientação! Em verdade a terra é de Deus; Ele decide qual de Seus servos a herdará, e a decisão final favorecerá os piedosos".[2]

Dois outros impostores surgiram também nessa mesma época: Ṭulayḥah, um chefe dos Bani Asad, e Aswad ibn Ka'b, do Iêmen. O iemenita desfrutou de breve êxito e rapidamente exerceu controle sobre uma grande área, mas sua arrogância logo atraiu a oposição de muitos de seus seguidores, e, ao cabo de alguns meses, foi assassinado. Ṭulayḥah foi por fim derrotado por Khālid e renunciou a todas as suas pretensões, tornando-se uma força para o Islām. Quanto a Musaylimah, quis o destino que fosse trespassado pela lança de Waḥshī, e que a espada de 'Abd Allāh, o filho de Nusaybah, lhe desferisse o golpe de misericórdia. Mas essa derrota se deu muitos meses depois. Naquele momento, enquanto a lua da Peregrinação minguava e se abria o décimo primeiro ano da Hégira, todos estes impostores eram potencialmente perigosos para o Islām; e havia também uma mulher dos Tamīm, chamada Sājah, que reivindicava ser uma profetiza. Mas o Mensageiro de Deus não estava disposto a tomar atitudes imediatas contra

[1] Ibn Kathīr, *al-Bidāyah wa n-nihāyah*, V, 209.

[2] Ibn Isḥāq 965.

nenhum deles. Sua atenção voltava-se para o norte, e nos últimos dias de Ṣafar, o segundo mês do ano, ao final de maio de 632 da era cristã, ele decidiu que chegara a hora de reverter a derrota sofrida em Mu'tah. Depois de ordenar que se fizessem os preparativos para a campanha contra as tribos árabes da Síria que se haviam unido às legiões imperiais no dia em que Zayd e Ja'far foram mortos, o Profeta chamou Usāmah, filho de Zayd, e, apesar de sua juventude, colocou-o à frente do exército de três mil homens fortemente armados.

84 A escolha

O Profeta falava constantemente do Paraíso, e quando o fazia era como se descrevesse o que via diante de si. Tal impressão era corroborada por muitos outros sinais; certa ocasião, por exemplo, ele estendeu a mão como se fosse pegar algo, mas logo a recolheu. Ele nada disse, mas alguns dos que estavam em sua companhia notaram seu gesto e lhe perguntaram o que ocorrera. "Vi o Paraíso", ele respondeu, "e estendi a mão para colher um cacho de uvas de seu jardim. Se o tivesse colhido, teríeis uvas enquanto durasse o mundo."[1] Seus companheiros e familiares se haviam acostumado a pensar nele como alguém que de certo modo já estava no mundo vindouro. Talvez por esta razão, quando ele falava de sua morte e dava a entender que era iminente, como agora passara a fazer com frequência, suas palavras causavam pouco estranhamento. Além do mais, apesar de seus sessenta e três anos, ele ainda tinha o porte e a graça de um homem muito mais jovem, com os olhos brilhantes e poucos fios brancos na negra cabeleira. Porém, certa ocasião, enquanto estava com suas esposas, ele fez uma observação de tão mau augúrio que as levou a indagar qual delas seria a primeira a unir-se a ele na outra vida. Ele respondeu: "A de braços mais compridos será a primeira a unir-se a mim no Paraíso",[2] ao que elas imediatamente começaram a medir seus braços, comparando-se entre si. Presumivelmente, apesar de não haver registro a esse respeito, Sawdah foi a ganhadora deste concurso, pois era a mais alta e a de membros mais compridos entre todas. Zaynab, ao contrário, era uma mulher pequena, com braços delicados, proporcionais à sua estatura. Mas foi Zaynab que

---

[1] al-Bukhārī XVI, 8. [2] Ibn Sa'd VIII, 76-77.

morreu antes de todas, cerca de dez anos depois. Apenas então elas compreenderam que por "aquela de braços mais compridos" o Profeta se referia à mais caridosa, pois Zaynab era extremamente generosa, como sua predecessora de mesmo nome, que fora alcunhada "a mãe dos pobres".

Uma noite, não muito depois de o Profeta ordenar os preparativos para a campanha da Síria, e antes que as tropas partissem, ele chamou um de seus libertos, Abū Muwayhibah, nas primeiras horas da madrugada, e disse: "Foi-me ordenado orar e pedir perdão para a gente do cemitério; acompanha-me". Eles saíram juntos e logo chegaram a Baqī', então o Profeta disse: "Que a Paz seja convosco, ó povo dos túmulos! Alegrai-vos com vosso estado; quão melhor é o vosso que o estado dos agora viventes! As dissenções vêm como ondas em uma noite escura, uma mais forte que a anterior, cada uma pior do que a que passou". Então ele se virou para Abū Muwayhibah e disse: "Ofereceram-me as chaves dos tesouros deste mundo e nele a imortalidade seguida do Paraíso, e foi-me dado escolher entre isto e encontrar-me com meu Senhor e o Paraíso". – "Ó tu que me és mais querido que meu pai e minha mãe", disse Abū Muwayhibah, "toma as chaves dos tesouros deste mundo, com a imortalidade seguida do Paraíso." Mas ele respondeu: "Já escolhi o encontro com o meu Senhor e o Paraíso". Em seguida, pediu o perdão para o povo de Baqī'.[1]

Foi no amanhecer desse mesmo dia, ou talvez no do dia seguinte, que sua cabeça doeu como nunca doera antes, mas, apesar disso, ele foi à Mesquita e dirigiu as orações; depois, subiu ao púlpito e invocou bênçãos sobre os mártires de Uḥud – assim foi narrado mais tarde – como se fosse a última vez que o fazia. Então ele disse: "Existe um servo dentre os servos de Deus ao qual Ele ofereceu a chance de escolher entre este mundo e o que está com Ele, e o servo escolheu o que está com Deus". Ao ouvi-lo, Abū Bakr chorou, pois sabia que o Profeta falava de si mesmo e que a escolha significava morte iminente. O Profeta percebeu que ele entendera o se passava, e, pedindo-lhe que não chorasse, dirigiu-se à assembleia, dizendo: "Ó meu povo, para mim o homem mais benevolente por seu companheirismo e generosidade é Abū Bakr; se me fosse dado escolher entre todos os homens um amigo inseparável este seria Abū Bakr – mas companheirismo e irmandade de fé só são nossos até que Deus nos una em Sua

[1] Ibn Isḥāq 1000.

Presença". Foi na mesma ocasião que, olhando as várias entradas que davam acesso à Mesquita desde as casas particulares que a circundavam, ele disse: "Observai estas portas que invadem a Mesquita. Fechai-as todas com muros, menos a porta de Abū Bakr".[1] Antes de deixar o púlpito, ele disse: "Eu parto antes de vós e sou vossa testemunha. Vosso encontro comigo é no Lago,[2] que, em verdade, estou vendo de onde agora me encontro. Não temo que vós associeis outros deuses a Deus; mas temo por vós neste mundo, que busqueis rivalizar uns com os outros em obter ganhos mundanos".[3]

Da Mesquita, o Profeta voltou aos aposentos de Maymūnah, a quem correspondia a vez de acolhê-lo. O esforço de seu recente discurso à congregação elevara sua febre; e após uma ou duas horas, querendo que 'Ā'ishah soubesse que estava enfermo, foi fazer-lhe uma breve visita. Ela também estava com dor de cabeça, e quando ele entrou em seus aposentos 'Ā'ishah reclamou: "Ai minha cabeça!". – "Não, 'Ā'ishah", disse o Profeta, "é 'ai *minha* cabeça!', a minha." Então, examinou-a com cuidado, procurando em seu rosto o sinal de alguma doença mortal, e nada encontrando ele disse: "Quisera fosse possível ainda estar vivo para poder cuidar de ti, pedir por ti, invocar a Misericórdia sobre ti, orar por ti, até vestir-te a mortalha e sepultar-te". Só então 'Ā'ishah percebeu que ele estava muito doente, e alarmou-se com o tom de sua voz, mas tentou despreocupá-lo, conseguindo até provocar um leve sorriso no rosto do Profeta. Então ele repetiu: "Mas é 'ai *minha* cabeça!', a minha",[4] e voltou para junto de Maymūnah.

Ele tentou agir como se estivesse bem, e continuou dirigindo as orações na Mesquita como de hábito; mas seu estado só piorava, até não conseguir mais ficar em pé para fazer as preces, e pediu à congregação que também eles se sentassem durante a oração. Um dia, ao retornar aos aposentos da esposa a quem cabia recebê-lo, ele lhe perguntou: "Com quem estarei amanhã?", e ela deu o nome da esposa com a qual estaria. "E depois de amanhã?", ele perguntou. E ela lhe respondeu novamente; estranhando a sua insistência, e percebendo que ele estava impaciente para

---

[1] Ibn Isḥāq 1006.

[2] Alimentado pelo Kauthar, o rio celestial, o Lago, ou Represa, é onde os crentes saciam sua sede ao entrar no Paraíso.

[3] al-Bukhārī LXIV, 17. [4] Ibn Sa'd II/2, 10.

estar com 'Ā'ishah, ela comentou com as outras esposas e todas foram até ele e disseram: "Ó Mensageiro de Deus, todas nós cedemos nossos dias de estar contigo para nossa irmã 'Ā'ishah".[1] Ele aceitou a gentileza, mas já estava fraco demais para andar sozinho, e pediu a 'Abbās e 'Alī que o levassem aos aposentos da esposa.

Ele ficou sabendo das duras críticas que faziam à escolha de alguém tão jovem quanto Usāmah para comandar o exército na campanha da Síria, e que, por esta razão, os preparativos estavam sendo negligenciados. Sentiu necessidade de responder às críticas, mas sua febre era intensa; então, ele pediu às suas esposas: "Vertei sobre mim sete odres de água de diferentes poços para que eu possa ir falar aos homens e animá-los". Ḥafṣah levou uma tina aos aposentos de 'Ā'ishah e as outras esposas os odres; e ele sentou-se na tina enquanto elas vertiam a água sobre seu corpo. Depois, ajudaram-no a vestir-se e cobriram-lhe a cabeça; dois homens o conduziram à Mesquita, e, sentado no púlpito, ele se dirigiu aos presentes: "Ó meu povo, apoiai as tropas de Usāmah!, pois, apesar de questionar sua liderança, como o fizestes anteriormente em relação a liderança de seu pai, ele é digno do comando,[2] como seu pai o foi". Ele desceu do púlpito e o ajudaram a voltar para a casa de 'Ā'ishah. Os preparativos foram retomados, e Usāmah partiu com suas tropas até Jurf, a seis quilômetros ao norte de Medina, e ali acamparam.

Pouco tempo depois, ao ouvir o chamado à oração, o Profeta sentiu que não mais poderia dirigir a prece, nem mesmo sentado, e disse às suas esposas: "Dizei a Abū Bakr para dirigir o povo nas orações". Mas 'Ā'ishah temia que seria muito doloroso para seu pai ficar no lugar do Profeta. "Ó Mensageiro de Deus", ela disse, "Abū Bakr é um homem muito sensível, de voz pouco intensa e dado a chorar quando recita o Corão." – "Dizei-lhe que dirija a prece", insistiu o Profeta, como se nada tivesse escutado. Ela tentou de novo, desta vez sugerindo que 'Umar devia tomar seu lugar. "Dizei a Abū Bakr que dirija a prece", ele reiterou. 'Ā'ishah lançou um olhar de apelo à Ḥafṣah, que já começava a falar, quando o Profeta as calou com as palavras: "Sois como as mulheres que estavam com José.[3] Dizei a

---

[1] Ibn Sa'd II/2, 30

[2] Quando, após algum tempo, a campanha se realizou, Usāmah provou a verdade destas palavras.

[3] Referindo-se aos caprichos da esposa de Potifar [cujo nome árabe é 'Abd al-'Azīz], o governante egípcio, e suas amigas.Ver Corão, 12:31-33.

Abū Bakr que lidere o povo nas orações. Que os críticos censurem e os ambiciosos aspirem. Para Deus e os crentes não será de outra maneira".[1] Ele repetiu a última frase três vezes, e Abū Bakr dirigiu as orações enquanto o Profeta ficou acamado.

O Profeta passava a maior parte do tempo deitado, com a cabeça recostada no colo ou no peito de 'Ā'ishah; mas quando Fāṭimah vinha vê-lo, 'Ā'ishah saía para que pai e filha ficassem a sós. Numa destas visitas, 'Ā'ishah viu que ele sussurrava algo para a filha, que começou a chorar; logo depois, ele lhe confidenciou outro segredo e ela sorriu entre lágrimas. Quando Fāṭimah já estava partindo, 'Ā'ishah perguntou-lhe o que ele dissera, e Fāṭimah respondeu que era segredo e que não podia revelar. Mas depois ela diria: "O Profeta contou-me que morreria do mal que o acometia, e por isso chorei; em seguida, disse-me que eu seria a primeira pessoa de sua casa a segui-lo, e por isso me alegrei".[2]

Ele sofreu muita dor durante sua enfermidade; um dia, quando estava muito mal, sua esposa Ṣafiyyah lhe disse: "Ó Profeta de Deus, oxalá tivesse eu o que tu tens!", ao que algumas das outras mulheres trocaram olhares e cochicharam entre si que aquilo era hipocrisia. Ao que o Profeta e lhes disse: "Ide lavar vossas bocas". Perguntaram-lhe por quê, e ele respondeu: "Por difamar vossa companheira. Por Deus, ela disse a verdade de todo coração".[3]

Umm Ayman os ajudava constantemente, e mantinha seu filho informado. Ele já havia decidido não avançar mais e permanecer no acampamento de Jurf até que Deus revelasse Seus desígnios. Certa manhã, as notícias eram tão alarmantes que ele voltou a Medina e, aos prantos, foi ao encontro do Profeta, que naquele dia estava fraco demais para falar, ainda que plenamente consciente. Usāmah debruçou-se sobre ele e o beijou. O Profeta ergueu sua mão, com a palma para cima, para pedir e receber as bênçãos do Céu, depois fez um gesto como se esvaziasse o conteúdo da mão sobre Usāmah, que retornou consternado ao acampamento em Jurf.

O dia seguinte era segunda-feira, dia doze de Rabī' al-Awwal, do décimo primeiro ano do Islām, ou seja, dia oito de junho do ano de 632 da era cristã. Naquela manhã bem cedo, a febre do Profeta cedeu e, apesar de estar extremamente fraco, ao ouvir o chamado para a oração, decidiu ir à

---

[1] Ibn Sa'd II/2, 20. [2] al-Bukhārī LXII, 12. [3] Ibn Sa'd VIII, 91.

Mesquita. A prece já se iniciara quando ele entrou, e as pessoas quase a interromperam pela alegria de revê-lo, mas ele indicou que continuassem. Ele observou os fiéis por um momento e seu rosto brilhou com íntima satisfação ao ver sua conduta piedosa. Então, ainda radiante, continuou a caminhar amparado por Faḍl e Thawbān, um de seus libertos. "Nunca vi o rosto do Profeta mais belo que naquele momento", disse Anas. Abū Bakr havia percebido a comoção nas fileiras atrás de si; sabia que só poderia ter uma causa, e que o homem que agora ouvia aproximar-se tinha de ser o Profeta. Assim, sem voltar a cabeça, ele deu um passo para trás, mas o Profeta pôs sua mão sobre seu ombro e o empurrou para que continuasse à frente da congregação, dizendo: "Dirige tu a oração", enquanto se sentava à direita de Abū Bakr e assim o seguia na recitação.

Grande foi o regozijo por esta aparente melhora. Pouco depois da prece, Usāmah chegou novamente de seu acampamento; temia encontrar o Profeta pior e, ao vê-lo na Mesquita, sua alma encheu-se de júbilo. "Parti, com as bênçãos de Deus", disse-lhe o Profeta; e Usāmah despediu-se e cavalgou de volta para Jurf, onde ordenou a seus homens que se preparassem para marchar para o norte. Nesse meio-tempo, Abū Bakr se despedira para ir à parte alta de Medina. Pouco antes de seu casamento com Asmā', ele ficara noivo de Ḥabībah, a filha de seu amigo Khārijah, o khazrajita em cuja casa se hospedara dez anos antes, quando chegou ao oásis, e a desposara recentemente. Ḥabībah ainda morava em Sunḥ com sua família, onde agora ele a visitava.

O Profeta voltou aos aposentos de 'Ā'ishah ajudado por Faḍl e Thawbān. 'Alī e 'Abbās o acompanharam até lá, mas não ficaram muito tempo; ao saírem, alguns homens que passavam perguntaram a 'Alī como o Profeta estava. "Louvado seja Deus", disse 'Alī, "ele está bem." Mas enquanto retomavam o caminho, 'Abbās tomou 'Alī pela mão e disse: "Juro que reconheci a morte no rosto do Mensageiro de Deus, do mesmo modo que a tenho reconhecido no rosto muitos de nosso clã. Retornemos e conversemos com ele. Se sua sucessão deve recair sobre nós, logo o saberemos; e se for para outro, então devemos pedir-lhe que nos recomende aos muçulmanos, para que sejamos bem tratados". Mas 'Alī disse: "Por Deus, isto jamais farei, pois se ele nos negar a autoridade, ninguém além dele nos irá dá-la".[1]

---

[1] Ibn Isḥāq 1011.

O Profeta já havia retornado ao seu leito e repousava a cabeça no colo de 'Ā'ishah como se todas as suas forças estivessem esgotadas. No entanto, quando seu irmão 'Abd ar-Raḥmān entrou no quarto com um palito de dentes na mão, ela notou que o Profeta o queria pela maneira de olhá-lo. Ela o tomou de seu irmão, mordeu-o um pouco para amaciá-lo e deu-o ao Profeta, que limpou os dentes vigorosamente, apesar de sua fraqueza.

Pouco tempo depois, ele perdeu a consciência, e 'Ā'ishah pensou que já fosse o prenúncio da morte, mas após uma hora ele reabriu os olhos. Então, ela se lembrou do que ele lhe dissera: "Nenhum profeta é levado pela morte antes que lhe mostrem seu lugar no Paraíso e lhe ofereçam a escolha entre viver ou morrer". E ela compreendeu que isso se havia cumprido, e que ele retornara de uma visão da Vida Futura. "Agora ele não nos escolherá!", disse a si mesma; e ouviu-o murmurar: "Com a suprema comunhão no Paraíso, 'com aqueles a quem Deus concedeu Suas bênçãos: os Profetas, os verazes, os mártires e os íntegros. E que excelentes companheiros estes!'".[1] E novamente ela o ouviu murmurar: "Ó Deus, com a suprema comunhão!",[2] e estas foram as últimas palavras que ouviu de seus lábios. Aos poucos sua cabeça foi pesando em seu colo, até que as outras esposas começaram a se lamentar, e 'Ā'ishah deitou sua cabeça sobre um travesseiro e juntou-se às demais nas lamentações.

[1] Corão, 4:69. [2] Ibn Sa'd II/2, 27.

85 A sucessão e o enterro

'Abbās fora o primeiro a perceber os sinais que agora eram evidentes para todos; antes do advento da morte, Umm Ayman mandou avisar seu filho de que o Profeta não demoraria a partir deste mundo. Em Jurf, já haviam levantado acampamento para a iniciar a marcha para o norte, quando Usāmah ordenou que voltassem imediatamente a Medina. Muitos dos Companheiros mais antigos estavam com as tropas, e 'Umar era um eles; ao entrar na cidade e receber a notícia de que a morte já se consumara, 'Umar recusou-se a crer. Ele interpretara erroneamente um versículo do Corão, o que o levou a crer que o Profeta sobreviveria a todos eles e às gerações vindouras; então, foi à Mesquita e dirigiu-se às pessoas assegurando-lhes de que o Profeta estava apenas ausente no Espírito e que logo retornaria. Enquanto ele falava, Abū Bakr chegou a cavalo de Sunḥ, pois as notícias haviam rapidamente se espalhado por todo o oásis. Sem parar para falar com ninguém, ele foi diretamente à casa de sua filha e retirou do rosto do Profeta o manto que o cobria, fitou-o fixamente e o beijou. "Mais querido para mim do que meu pai e minha mãe", ele disse, "provaste a morte que Deus decretou para ti. Depois desta, nenhuma outra morte te tocará." Em reverência, ele voltou a cobrir seu rosto com o manto e saiu ao encontro da multidão de homens aos quais 'Umar continuava a falar. "Calma, 'Umar!", ele disse enquanto se aproximava, "ouve o que tenho a dizer!" 'Umar não lhe deu atenção e continuou falando, mas ao reconhecer a voz de Abū Bakr, o povo se afastou de 'Umar e começou a ouvir o que o homem mais velho lhes tinha a dizer. Após louvar a Deus, ele falou: "Ó meu povo! Aqueles que se habituaram a adorar Muḥammad – sabei que verdadeiramente ele morreu; e aqueles que se habituaram a adorar a Deus –

estai certos de que verdadeiramente Deus é o Vivente e jamais morre". Então ele recitou os seguintes versículos, que haviam sido revelados após a batalha de Uḥud: "Muḥammad não é senão Mensageiro; de fato, outros Mensageiros o precederam e passaram. Se ele morresse ou fosse morto, tornaríeis à incredulidade? Mas quem tornar à incredulidade em nada prejudicará a Deus; e Deus recompensará os agradecidos".[1]

Foi como se as pessoas jamais tivessem escutado ou sabido da revelação deste versículo antes de Abū Bakr tê-lo recitado naquele dia. Dele o ouviram, e esteve nos lábios e no coração de todos que o repetiram. 'Umar contaria depois: "Quando ouvi Abū Bakr recitar aquele versículo, fiquei tão estupefato que caí no chão. Minhas pernas não mais me sustentavam e me dei conta de que o Mensageiro de Deus de fato havia morrido".

'Alī retirou-se para sua casa, e com ele seguiram Zubayr e Ṭalḥah. Os demais Emigrantes reuniram-se em torno de Abū Bakr, inclusive Usayd e muitos de seu clã. Mas a maioria dos Auxiliares, tanto dos Aws quanto dos Khazraj, reunira-se no local de assembleia dos Bani Sā 'idah, cujo chefe era Sa'd ibn 'Ubādah, e chegou a Abū Bakr e a 'Umar a notícia de que naquele lugar estava sendo debatida a sucessão da autoridade, agora que o Profeta morrera. Eles haviam aceitado com alegria sua autoridade; mas, na sua ausência, muitos achavam que os filhos de Qaylah deveriam ser chefiados por um homem de Yathrib, e pareciam prontos a jurar fidelidade a Sa'd.

'Umar insistiu com Abū Bakr que o acompanhasse à assembleia, e Abū 'Ubaydah juntou-se a eles. Sa'd estava doente e deitado no meio do recinto, envolto num manto. Um dos Auxiliares começou a falar à assembleia em nome de Sa'd, e, ao ver entrar os três qurayshitas, o orador incluiu-os em seu discurso. Após a prece de louvor a Deus, ele começou com as seguintes palavras: "Nós somos os Ansar, os Auxiliares de Deus e o exército do Islām; e vós, Emigrantes, sois dos nossos, pois parte de vosso povo estabeleceu-se entre nós". E o orador continuou no mesmo tom, glorificando os Auxiliares, compartilhando a glória com os Emigrantes, mas abstendo-se intencionalmente de reconhecer a posição única e a preeminência de que desfrutavam como a primeira comunidade islâmica. Quando ele terminou e 'Umar ia começar a falar, Abū Bakr se antecipou e tomou ele mesmo a palavra, sutilmente mas com firmeza: reiterou o elogio aos Auxiliares, mas

[1] Corão, 3:144.

salientou que a comunidade islâmica estava agora espalhada por toda a Arábia, e que o conjunto dos árabes não iria acatar a autoridade de ninguém senão de um homem dos Quraysh, pois detinham uma posição única e central na comunidade. Para concluir, ele tomou 'Umar e Abū 'Ubaydah, cada um em uma mão, e disse: "Eu vos ofereço um destes dois homens. Jurai fidelidade a quem escolherdes entre eles". Então, outro dos Auxiliares levantou-se e sugeriu que deveria haver duas autoridades, Quraysh e Ansar, o que acabou gerando uma discussão acalorada, até que finalmente 'Umar interveio, dizendo: "Ó Auxiliares, não sabeis que o Mensageiro de Deus ordenou que Abū Bakr dirigisse as orações?". – "Sim, nós sabemos", responderam. E ele continuou: "Então quem de vós quererá ter precedência sobre ele?". – "Que Deus não permita que ninguém tenha a precedência senão ele!",[1] responderam, ao que 'Umar tomou a mão de Abū Bakr e jurou-lhe fidelidade, seguido por Abū 'Ubaydah e outros Emigrantes que se haviam reunido a eles. Então, todos os Auxiliares presentes juraram fidelidade a Abū Bakr, com exceção de Sa'd, que nunca o reconheceu como califa,[2] e que acabou emigrando para a Síria.

Porém, o que quer que fosse decidido na reunião, seria inaceitável que qualquer outro conduzisse as preces na Mesquita de Medina exceto Abū Bakr, enquanto estivesse entre eles. No dia seguinte ao amanhecer, antes de conduzir a prece, ele tomou assento no púlpito e 'Umar se levantou e se dirigiu à congregação, pedindo que declarassem sua fidelidade a Abū Bakr, descrevendo-o como "o melhor dentre vós, o Companheiro do Mensageiro de Deus, 'o segundo dos dois que estavam na caverna'".[3] Uma das últimas Revelações relembrara o privilégio de Abū Bakr ter sido o único Companheiro a estar com o Profeta naquele momento crucial;[4] e numa só voz toda a congregação jurou-lhe fidelidade – exceto 'Alī, que o fez mais tarde.[5]

---

[1] Ibn Sa'd II/2, 23.

[2] Em árabe *Khalīfah*, o título inteiro sendo *Khalīfat Rasūl Allāh*, "Sucessor do Enviado de Deus".

[3] Corão, 9:40.

[4] Ver p. 170 e ss.

[5] Após a morte de Fāṭimah, alguns meses mais tarde, 'Alī disse a Abū Bakr: "Sabemos bem de tua preeminência e do que Deus te conferiu, e não temos ciúme de nenhum dos benefícios que Ele te concedeu. Mas tu nos confrontaste com um fato consumado, não nos deixando escolha, e sentimos que teríamos algum direito neste assunto pelo nosso parentesco com o Mensageiro de Deus". Então os olhos de Abū Bakr encheram-se de lágrimas, e ele disse:

Abū Bakr louvou e agradeceu a Deus, e em seguida dirigiu-se à congregação, dizendo: "Foi-me dada autoridade sobre vós, e não sou o melhor de vós. Se agir certo, apoiai-me; e se agir errado, corrigi-me. Ser sincero com respeito à verdade é lealdade, e a indiferença pela verdade é traição. O fraco dentre vós será forte comigo até que eu lhe tenha assegurado seus direitos, se Deus quiser; e o forte dentre vós será fraco comigo até que eu lhe faça cumprir os direitos dos outros, se Deus quiser. Obedecei-me enquanto eu obedecer a Deus e a Seu Mensageiro. Mas se eu desobedecer a Deus e a Seu Mensageiro, não me deveis nenhuma obediência. Levantai-vos para orar, e que Deus tenha misericórdia de vós!".[1]

Depois da prece, os membros da casa e da família do Profeta decidiram que deveriam prepará-lo para o enterro, mas discordavam quanto ao modo de fazê-lo. Então Deus fez cair sobre eles um sono, durante o qual cada homem ouviu uma voz dizer: "Lavai o Profeta sem despi-lo de suas vestes". E eles foram até os aposentos de 'Ā'ishah, que estava vazio, e Aws ibn Khawlī, um khazrajita, pediu permissão para representar os Auxiliares no rito funerário, dizendo: "Ó 'Alī, imploro-te, por Deus e por nossa associação com Seu Mensageiro!", e 'Alī permitiu que ele entrasse no aposento. 'Abbās e seus filhos, Faḍl e Qitham, ajudaram 'Alī a virar o corpo, enquanto Usāmah jogava água sobre ele, ajudado por Shuqrān, um dos libertos do Profeta. 'Alī passava sua mão sobre cada parte do longo manto de lã. "Mais querido a mim que meu pai e minha mãe", ele disse, "como és excelente na vida e na morte!" Mesmo após um dia, o corpo do Profeta parecia estar simplesmente imerso no sono, só que sem respiração ou pulso, sem calor ou flexibilidade.

Agora, porém, os Companheiros passaram a discordar quanto ao lugar em que deveria ser sepultado. A muitos parecia apropriado que seu túmulo fosse próximo dos de suas três filhas, de Ibrāhīm e dos Companheiros que ele próprio sepultara e pelos quais fizera as preces fúnebres, no Baqī al-Gharqad; enquanto outros achavam que seu túmulo deveria ser na

---

"Por Aquele em cujas mãos está minha alma, preferiria que tudo estivesse bem entre os familiares do Mensageiro de Deus e eu, mais que o bem-estar entre minha própria família e eu". Naquele dia na Mesquita, na oração do meio-dia, ele desculpou publicamente 'Alī por ainda não tê-lo reconhecido como califa, e 'Alī, por sua vez, afirmou o direito de Abū Bakr e lhe jurou fidelidade (al-Bukhārī LXIV, 38).

[1] Ibn Isḥāq 1017.

Mesquita; mas Abū Bakr lembrou-se de tê-lo ouvido dizer que "não há profeta que não seja enterrado no lugar em que morreu"; e assim o túmulo foi escavado no quarto de 'Ā'ishah, onde ele dera seu último suspiro, perto do catre em que jazia.

Então todo o povo de Medina foi vê-lo e orar junto dele. Chegavam em pequenos grupos, que se alternavam em fazer a prece mortuária; primeiro os homens, um turno após o outro, depois as mulheres, e depois as crianças. Naquela noite, ele foi colocado em seu túmulo por 'Alī e pelos outros que ajudaram a prepará-lo para o funeral.

Grande era a dor na Cidade da Luz, como agora Medina era chamada. Os Companheiros repreendiam-se uns aos outros por chorar, mas todos choraram. "Não choro por ele", disse Umm Ayman, quando lhe perguntaram por suas lágrimas. "Acaso não sei que ele foi a lugar muito melhor que este mundo? Choro porque as notícias procedentes do Céu nos foram cortadas."[1] Certamente, era como se uma grande porta tivesse sido fechada. Mas eles lembravam que ele dissera: "O que tenho eu a ver com este mundo? Eu e este mundo somos como um caminhante e uma árvore sob a qual ele se abriga. Então ele prossegue seu caminho e a deixa para trás".[2] Isto ele disse para que cada um pudesse dizê-lo de si mesmo; e se agora a porta estava fechada, voltaria a abrir-se para os crentes na hora da morte. Eles ainda tinham nos ouvidos o som de suas palavras: "Parto antes de vós e sou vossa testemunha. Seu encontro comigo é no Lago". Tendo comunicado sua mensagem neste mundo, ele partiu para cumpri-la na Outra Vida, onde continuará a ser, para eles e para outros, mas sem as limitações da vida terrena, a Chave da Misericórdia,[3] a Chave do Paraíso, o Espírito da Verdade, a Felicidade de Deus.

> Em verdade, Deus e Seus anjos oram pelo Profeta.
>
> Ó vós que credes, orai por ele e saudai-o permanentemente com a Paz.[4]

---

[1] Ibn Sa'd II/2, 83-84. [2] Ibn Mājah XXXVII, 3.

[3] Este e os demais títulos que o seguem foram tirados de litanias tradicionais dos nomes do Profeta.

[4] Corão, 33:56.

Nota sobre a pronúncia e a transliteração dos nomes árabes

Conservamos da obra original todas as sugestões do autor para a transliteração de nomes próprios, adotando letras/símbolos romanizados para cada um dos sons do árabe e suas peculiaridades, de uso mais difundido na sua transliteração para as línguas ocidentais ou europeias.

Talvez a impressão acústica mais saliente do árabe seja sua qualidade "gutural", assim como a qualidade "grave", "pesada", de quatro consoantes: o *Ṣād*, o *Ḍād*, o *Ṭā'* e o *Ẓā'*, cuja transliteração aparece como uma letra com um ponto embaixo para diferenciá-las das consoantes *s*, *d* e *t* comuns e de *dh*, respectivamente. No caso do *Ẓā'*, por razões práticas de transliteração, em vez de representá-lo por um *DH* maiúsculo ou um *Dh* com um ponto embaixo, mantivemos a opção mais utilizada e sugerida pelo autor de transliterá-lo como *Ẓ* (para iniciar nomes) ou *ẓ* (demais posições). Destaque-se, porém, que esta letra não tem som de z. Sem correspondentes no português, temos também os sons interdentais *Th*, *Dh* e o próprio *Ẓ*.

Na tabela a seguir, todos os sons ausentes no português estão marcados com um asterisco. Letras árabes que têm correspondência fonética similar no português aparecem sem asterisco na coluna da transliteração adotada. Já a coluna da pronúncia tenta introduzir uma breve noção das qualidades sonoras de cada letra. Na escrita árabe, não existe diferença entre letras maiúsculas e minúsculas, mas uma distinção se faz necessária, na transliteração adotada, para marcar o início de nomes próprios e títulos de obras. Na última coluna de cada letra do alfabeto, ilustramos a transliteração da pronúncia com alguns exemplos de nomes próprios árabes encontrados em várias páginas desta obra.

Seguindo as convenções do autor, o apóstrofo (') denota a letra *hamzah* – a consoante inicial do nome 'Aḥmad, por exemplo. A *hamzah* inicial nos nomes foi omitida na transliteração, aparecendo a forma Aḥmad em vez de 'Aḥmad, Umm em vez de 'Umm, Bani Asad em vez de Bani 'Asad. Nas demais posições, a *hamzah* é transliterada: Qubā', Ṭā'if. Por isso, tenha-se em conta que as vogais que aparentemente iniciam nomes como Umm, Asad, Aws, Abū, Ibn etc., não estão realmente sozinhas, mas precedidas por uma consoante que não está transliterada, a *hamzah*, já que a estrutura de sílaba do árabe não permite começar uma palavra com vogal. As vogais foram a ssim transliteradas: *a* / *i* / *u* para as breves e *ā* / *ī* / *ū* para as longas.

Quando, em nomes compostos, o primeiro termina com vogal e o artigo definido *al-* é parte integrante do segundo nome, a primeira letra do artigo é elidida na juntura, permitindo uma leitura corrida dos dois nomes: Bani l-Ḥārith em vez de Bani al-Ḥārith. Nos demais casos, se a letra final do primeiro nome for consoante, o *al-* permanece na juntura: Ibn al-Hayyabān, Umm al-Faḍl. Se a vogal final do primeiro nome for longa, o recurso da juntura com o al- do segundo a torna breve, lida e transliterada aqui como Abu l-Qāsim em vez de Abý al-Qāsim, Dhu l-Qarnayn em vez de Dhý al-Qarnayn. Nos demais casos, ela permanece transliterada como longa: Abū Ṭālib, Abū Bakr, Dhū Ṭuwā. No caso de Ibn, foi transliterado com letra minúscula quando presente no meio de nomes compostos e mantido sem vogal breve final nas junturas, quando o nome seguinte começa com *al-* ou consoante: 'Amr ibn al-'Āṣ, Sa'd ibn Mu'ādh.

Em nomes compostos com 'Abd, acrescentamos uma vogal breve nas junturas se o nome seguinte começar com consoante ('Abdu Manāf, e não 'Abd Manāf, 'Abdu Shams, e não 'Abd Shams), ou sem vogal se o nome seguinte vem com o artigo al- ('Abd al-Ka'bah em vez de 'Abdu l-Ka'bah, 'Abd al-Muṭṭalib em vez de 'Abdu l-Muṭṭalib). No caso do nome divino Allāh, sua primeira letra é também omitida na transliteração (como em bismi Llāh), exceto quando é precedido por 'Abd ('Abd Allāh em vez de 'Abdu Llāh), quando começa expressões (Allāhu Akbar!) ou quando simplesmente aparece isolado.

No árabe, as consoantes são divididas em letras "solares" e letras "lunares", cuja ideia vem do fato de a palavra *shams* (sol) começar com uma letra do primeiro grupo (*sh*), e a palavra *qamar* (lua) começar com uma letra do segundo grupo (*q*). Assim, quando o artigo definido *al-* precede um nome começando com uma das "letras solares" (*sh*, *t*, *ṭ*, *th*, *dh*, *ẓ*, *d*, *ḍ*, *r*, *z*, *s*, *ṣ*, *l*, *n*), o *l* do artigo assimila-se à primeira consoante da palavra seguinte e o *l* é elidido. A transliteração mostrará a consoante duplicada (a primeira em minúscula e a segunda em maiúscula), separada por hífen: 'Abd ad-Dār, e não 'Abd al-Dār; Ḥārith ibn as-Simmah, e não al-Simmah; 'Abd ar-Raḥmān, e não al-Raḥmān. No caso das letras "lunares" (*q*, *b*, *j*, *kh*, *gh*, *ḥ*, ' , ' , *f*, *k*, *m*, *w*, *y*, *h*) o artigo definido *al-* ligado a elas não perde o *l*, não havendo, portanto, duplicação: 'Abd al-Muṭṭalib, Dūmat al-Jandal, Wādi-l-Qurà.

Veja nas páginas seguintes a tabela com os caracteres e letras romanizadas para cada letra árabe grafada.

Tabela de transliteração e pronúncia das letras árabes

Letra árabe	Nome	Dicas de pronúncia	Transliteração	Exemplo
ا	*Alif*	*A* longo, como em *gelado*.	*Ā/ā*	Hāshi m
ب	*Bā'*	Como em *beco*.	*B/b*	Zubayr
ت	*Tā'*	Como em *talo*.	*T/t*	Tabūk
ث	*Thā'*	Som interdental (ponta da língua entre os dentes), como no inglês *think*, *three*, *with*.	(*) *Th/th*	Thābit
ج	*Jīm*	Como em *janta*.	*J/j*	Najran
ح	*Ḥā'*	*H* aspirado e surdo, com o som emitido pela laringe, no fundo da garganta.	(*) *Ḥ/ḥ*	Muḥammad
خ	*Khā*	Como o *j* espanhol de *Julio*.	(*) *Kh/kh*	Khadījah
د	*Dāl*	Como em *dava*.	*D/d*	Daws
ذ	*Dhāl*	Som interdental (ponta da língua entre os dentes), como no inglês *the*, *this*, *that*.	(*) *Dh/dh*	Hudhayfah
ر	*Rā'*	*R* vibrante como no espanhol *Ramón*, ou uma das variantes possíveis do *r* no português.	*R/r*	Ruqayyah
ز	*Zayn*	Como em *doze*.	*Z/z*	Zubayr
س	*Sīn*	Como em *sábado*.	*S/s*	Asad
ش	*Shīn*	Como em *chinês*.	*Sh/sh*	Shammās
ص	*Ṣād*	*S* enfático, retração da raiz da língua contra o palato. A impressão acústica é a de uma consoante *s* "pesada".	*(*) Ṣ/ṣ*	Ṣafwān
ض	*Ḍād*	*D* enfático, retração da raiz da língua contra o palato. A impressão acústica é a de uma consoante *d* "pesada".	*(*) Ḍ/ḍ*	Naḍīr
ط	*Ṭā'*	*T* enfático, retração da raiz da língua contra o palato. A impressão acústica é a de uma consoante *t* "pesada".	*(*) Ṭ/ṭ*	Ṭālib
ظ	*Ẓā'*	Som interdental como *dh*, mas enfático, com a retração da raiz da língua contra o palato. A impressão acústica é a de uma consoante *dh* "pesada". Note-se que não é um *z* enfático, mas um som interdental enfático, embora o símbolo utilizado seja um *z* com um ponto embaixo.	*(*) Ẓ/ẓ*	Ḥanẓalah

ع	*'Ayn*	Som gutural e sonoro emitido com a laringe comprimida.	(*) '	'Abbās
غ	*Ghayn*	Não é pronunciado como *g* de gato, mas do fundo da garganta, emitindo-se um *r* vibrante profundo, similar ao "gargarejo" ou o *r* francês de *chèrie*.	(*) *Gh/gh*	Mughammis
ف	*Fā'*	Como em *fato*.	*F/f*	Nufayl
ق	*Qāf*	Um *k* gutural e oclusivo.	(*) *Q/q*	Qāsim
ك	*Kāf*	Como em *casa*.	*K/k*	Kinānah
ل	*Lām*	Como no português *lama*. O *l* final e antes de uma consoante não é vocalizado *u* como no português *mal/maldade*, mas é similar ao *l* espanhol em *alma*, *último*, *miel*.	*L/l*	Ḥubal Kalb
م	*Mīm*	O *m* final e antes de uma consoante não é nasalizado como no português *um*, mas se mantém a pronúncia bilabial, apertando os lábios, como em *meu*.	*M/m*	Qāsim
ن	*Nýn*	O *n* final e antes de uma consoante não é nasalizado como em *mundo*, mas o toque da ponta da língua se mantém atrás da gengiva superior, como em *anel*.	*N/n*	Raḥmān Sunh
و	*Wāw*	Como *u* longo, é um pouco mais estendido do que em *duna*. Como ditongo, em *paulada/quase/aquário*.	*ū/Ū vogal longa* *w/W ditongo*	Makhzūm Nawfal
ي	*Yā'*	Como *i* longo, em saída. Como ditongo, em *cai/glória/muito*.	*Ī/ī vogal longa* *y/Y ditongo*	Zabīd Shaybah
ه	*Hā'*	*H* levemente aspirado como no inglês *hand*, ou uma das variantes possíveis do *r* no português, como em *rede*.	*H/h*	Suhayl
ء	*Hamzah*	Com uma leve contração na garganta, um leve soluço.	(*) '	Abwā'
ى	*Alif maqṣýrah (grafia)*	Com som de *a*, uma grafia de *ā* final com acento fraco em alguns nomes.	*à*	Salmà
ة	*Tā' marbýṭah (grafia)*	Sempre precedido por *a*, marca o feminino no final dos nomes árabes. Diante de pausa, isolado, convencionou-se marcá-lo com *ah*, mas, seguido por outra palavra em um nome composto, é transliterado como *at*.	*ah*	Ḥalīmah Laylat al-Qadr

Fontes consultadas

Obras Biográficas e Históricas

Este livro baseou-se principalmente nos escritos dos seguintes três autores dos séculos VIII e IX:

Ibn Isḥāq — As referências são da edição de *Wüstenfeld do Sīrat Rasūl Allāh*, uma biografia do Profeta escrita por Muḥammad ibn Isḥāq na recensão anotada por ʻAbd al-Mālik ibn Hishām.

Ibn Saʻd — As referências são da edição de Leiden do *Kitāb aṭ-Ṭabaqāt al-Kabīr*, de Muḥammad Ibn Saʻd.

Al-Wāqidī — As referências são da edição de Marsden Jones do *Kitāb al-Maghāzī*, uma crônica das campanhas do Profeta, por Muḥammad ibn ʻUmar al-Wāqidī.

Além destas, há referências ocasionais a:

Al-Azraqī = Edição de Wüstenfeld do *Akhbār Makkah*, uma história de Meca por Muḥammad ibn ʻAbd Allāh al-Azraqī.

Aṭ-Ṭabarī = A edição de Leiden do *Ṭa'rīkh ar-Rusul wa l-Mulūk* (A História dos Enviados e dos Reis), por Muḥammad ibn Jarīr aṭ-Ṭabarī, cujo comentário do Corão, *Tafsīr*, também é citado.

As-Suhaylī = A edição do Cairo de *ar-Rawḍ al-unuf*, um comentário sobre Ibn Isḥāq, por ʻAbd ar-Raḥmān ibn ʻAbd Allāh as-Suhaylī.

Coleções de ditos do Profeta

As referências aos oito tradicionalistas seguintes do século IX são feitas de acordo o sistema usado por Wensinck em seu *Handbook of Early Muḥammadan Tradition*.

al-Bukhārī, Muḥammad ibn Ismā'īl

al-Qushayrī, Muslim ibn al-Ḥajjāj

at-Tirmidhī, Muḥammad ibn 'Īsà

Ibn Ḥanbal, Aḥmad ibn Muḥammad

an-Nasā'ī, Aḥmad ibn Shu'ayb

as-Sijistānī, Abū Dā'ūd

ad-Dārimī, 'Abd Allāh ibn 'Abd ar-Raḥmān

Ibn Mājah, Muḥammad

Há também referências ocasionais aos seguintes tradicionalistas do século XI, cujas coleções não se incluem no manual de Wensinck:

Al-Bayhaqī = Aḥmad ibn al-Ḥusayn al-Bayhaqī, *Kitāb as-Sunan al-Kubrà*.

Al-Baghawī = Ḥusayn ibn Maḥmūd al-Farrā' al-Baghawī, *Mishkāt al-Maṣābīḥ*.

Caligrafias em árabe nesta edição

capa: Caligrafia da *Shahadah*, Turquia, 1897. *Lā ilāha illā Llāh Muḥammadun rasūlu Llāh* [Não há divindade senão Deus e Muḥammad é seu Profeta]

contracapa: Ornamento da Mesquita Azul de Istambul: octógono em caligrafia kúfica com os nomes do Profeta e de seus dez Companheiros e líderes muçulmanos (ver início do Cap. 82)

pág. 2: Caligrafia do nome "Muhammad", por Hattat Aziz Efendi (1871-1934) no estilo thuluth.

pág. 3: Acima, o nome islâmico do autor: Abu Bakr Siraj ad-Din; abaixo, a fórmula islâmica de saudação ao Profeta: *Salla Allāhu alayhi wa sallām* [Que a prece e a saudação de Deus estejam com ele].

Índice dos nomes de PESSOAS (exceto Muḥammad), LUGARES (exceto Arábia, Caaba, Meca e Medina), TRIBOS (exceto Quraysh) e LIVROS (exceto Corão)*

A

Aarão 148, 373, 440

al-ʿAbbās b. ʿAbd al-Muṭṭalib (tio do Profeta) 40, 51, 61, 77, 79, 107, 141, 158, 159, 185, 197, 198, 203, 213, 216, 220, 235, 242, 243, 300, 387, 406, 409, 411, 412, 416, 417, 423, 424, 448, 450, 453, 464, 471, 473, 475, 478

ʿAbd Allāh (filho do Profeta) 61

ʿAbd Allāh b. al-ʿAbbās (primo do Profeta) 220, 453, 464

ʿAbd Allāh b. ʿAbd Allāh b. Ubayy 184, 248, 273, 330

ʿAbd Allāh b. ʿAbd al-Muṭṭalib (pai do Profeta) 27, 28, 29, 34, 35, 39, 47, 49, 73, 74

ʿAbd Allāh b. Abī Bakr 106, 169, 170, 171, 188

ʿAbd Allāh b. Abī Umayyah 94, 106, 406, 423, 426

ʿAbd Allāh b. ʿAmr b. al-ʾĀṣ 392

ʿAbd Allāh b. ʿAmr b. Ḥarām 245, 269

Abd Allāh b. Jaʿfar 372

ʿAbd Allāh b. Jaḥsh 62, 77, 121, 163, 188, 193, 194, 195, 221, 263, 266, 269

ʿAbd Allāh b. Jubayr 249, 255, 256

ʿAbd Allāh b. Judʿān 52, 53, 89

ʿAbd Allāh b. Masʿūd 74, 200, 211, 234, 235

ʿAbd Allāh b. Rawāḥah 184, 207, 213, 214, 305, 386, 394, 395, 396, 397, 434

ʿAbd Allāh b. Sallām 186, 226, 321

ʿAbd Allāh b. Suhayl 107, 163, 205, 350, 351, 418, 429

ʿAbd Allāh b. Ubayy 155, 184, 185, 207, 226, 227, 228, 243, 245, 248, 265, 273, 274, 283, 284, 329, 330, 337, 343, 347, 445, 446

ʿAbd Allāh b. ʿUmar 163, 247, 302, 317, 459

ʿAbd Allāh b. Umm Maktūm 197, 246

ʿAbd Allāh b. Unays 276

ʿAbd Allāh b. Zayd al-Ḥārithī 187

ʿAbd Allāh b. Zayd al-Māzinī 466

ʿAbdu ʿAmr. *ver* ʿAbd ar-Raḥmān b. ʿAwf

* O artigo definido *al-*, que foi omitido no texto (ver nota da p. 32), consta no índice nos casos em que normalmente integra o prefixo do nome próprio. A letra *b* é a abreviatura tanto de *ibn* (filho) quanto de *bint* (filha), e Abī, a forma genitiva de Abū.
Os nomes de lugares estão em itálico.

'Abd ad-Dār (clã dos Quaraysh) 20, 37, 121, 131, 156, 162, 197, 202, 214, 251, 252, 254, 263, 386, 390, 416, 462
'Abd ad-Dār b. Quṣayy 20
'Abd al-Ka'bah ('Abd ar-Raḥmān b. Abī Bakr) 106, 258, 357
'Abdu Manāf (clã dos Quraysh) 37, 97, 133, 143, 144
'Abdu Manāf b. Quṣayy 19, 20, 91
'Abd al-Muṭṭalib (subclã dos Quraysh) 77, 78, 198, 429
'Abd al-Muṭṭalib b. Hāshim (avô do Profeta) 22, 23, 24, 25, 27, 28, 29, 30, 31, 32, 34, 35, 37, 39, 40, 43, 46, 47, 48, 55, 62, 73
'Abd b. Quṣayy 28
'Abd ar-Raḥmān b. Abī Bakr 357, 465, 474
'Abd ar-Raḥmān b. 'Awf 61, 72, 73, 96, 112, 212, 351, 356, 412, 440, 450, 454, 457, 461
'Abdu Shams (clã dos Quraysh) 27, 52, 62, 73, 91, 98, 107, 108, 140, 163, 194, 198, 201, 204, 214, 224, 346, 400, 421
'Abdu Shams b. Abdu Manāf 22, 62, 91, 404
'Abd al-'Uzzah b. 'Abd al-Muṭṭalib. *ver* Abū Lahab
Abel 43, 459
Abissínia 36, 38, 52, 118, 119, 125, 134, 136, 142, 153, 154, 156, 163, 192, 231, 287, 357, 358, 372, 390, 391, 419, 437
Abraão 13, 14, 15, 16, 17, 18, 25, 32, 33, 51, 65, 66, 108, 111, 147, 174, 183, 245, 294, 342, 351, 373, 381, 416, 462, 463
Abrahah 36, 37, 38, 413
Abū 'Abs b. Jabr 363
Abū Aḥmad b. Jaḥsh 163
Abū 'Āmir b. Ṣayfī 183, 184, 245, 251, 264, 445
Abu l-'Āṣ b. ar-Rabī 105, 213, 220, 224, 326, 327, 374
Abū Ayyūb b. Zayd 178, 188
Abū 'Azīz b. 'Umayr 213
Abu l-Bakhtarī b. Hishām 130, 133
Abū Bakr aṣ-Ṣiddīq 53, 71, 73, 74, 89, 106, 116, 117, 130, 131, 132, 141, 142, 150, 153, 154, 163, 167, 169, 170, 171, 172, 173, 176, 188, 190, 191, 199, 201, 206, 210, 229, 231, 233, 246, 253, 258, 279, 280, 282, 288, 294, 295, 309, 319, 332, 336, 340, 351, 368, 375, 376, 377, 384, 404, 405, 412, 413, 415, 417, 423, 426, 429, 440, 447, 448, 454, 457, 461, 464, 469, 471, 473, 475, 476, 477, 478, 479
Abū Barā' b. Mālik 279, 281
Abū Baṣīr b. Asīd 354, 355
Abū Dharr al-Ghifārī 82, 83
Abū Dhu'ayb 42
Abū Dujānah b. Kharashah 249, 253, 254, 257, 258, 367
Abu l-Ḥakam 'Amr (Abū Jahl b. Hishām) 88, 90, 127, 132, 202
Abū Hudhayfah b. 'Utbah 107, 134, 163, 205, 212
Abū Hurayrah ('Abd ar-Raḥmān ad-Dawsī) 385, 454
Abū Jābir 'Abd Allāh b. 'Amr 159
Abū Jahl b. Hishām (Abu l-Ḥakam) 88, 89, 94, 96, 97, 98, 109, 117, 125, 127, 129, 130, 132, 133, 134, 140, 146, 162, 164, 166, 198, 202, 205, 207, 210, 211, 212, 221, 226, 230, 251, 317, 344, 414, 419, 429
Abū Jandal b. Suhayl 350, 351, 354, 355
Abū Khaythamah 'Abd Allāh b. Khaythamah 440, 441
Abū Lahab b. 'Abd al-Muṭṭalib (tio do Profeta) 48, 61, 63, 77, 78, 104, 105, 106, 112, 129, 130, 131, 134, 142, 166, 198, 216, 417, 423

Abū Lubābah b. Abd al-Mundhir 237, 318, 319, 320, 326
Abū Mas'ūd at-Thaqafī 97
Abū Muwayhibah 469
Abu l-Qāsim 58, 88
Abū Qays b. Abī Anas 86
Abū Qubays, Monte 16, 25, 52, 197, 198, 385, 386, 387, 389, 413, 414
Abū Quḥāfah b. 'Āmir 53, 142, 188, 413, 414, 417
Abū Rāfi' (escravo de al-'Abbās) 216, 235, 387, 414, 435
Abū Ṣabrah b. Abī Ruhm 107, 121, 163, 205
Abū Salamah b. 'Abd a-Asad 62, 77, 95, 106, 107, 121, 134, 162, 163, 230, 276, 286, 287, 389
Abū Sufyān b. Ḥarb 62, 98, 108, 140, 193, 217, 218, 219, 224, 242, 251, 253, 254, 263, 264, 265, 272, 287, 288, 299, 306, 307, 313, 314, 316, 345, 357, 400, 401, 403, 404, 407, 409, 411, 412, 417, 428, 444, 445
Abū Sufyān b. al-Ḥārith 61, 104, 106, 136, 196, 198, 199, 201, 202, 203, 216, 406, 423
Abū Ṭalḥah al-Anṣārī 235
Abū Ṭālib b. 'Abd al-Muṭṭalib (tio do Profeta) 28, 47, 48, 49, 51, 54, 61, 77, 78, 80, 81, 96, 104, 121, 129, 130, 134, 136, 140, 141, 142, 144, 147, 162, 203, 230
Abū 'Ubaydah b. Jarrāḥ 72, 260, 261, 398, 413, 457, 476, 477
Abū 'Umārah. *ver* Ḥamzah b. 'Abd al-Muṭṭalib
Abū Umayyah 94
Abū Wahb b. 'Amr 64
Abu l-Walīd 92
al-Abwā' 47
'Ād (tribo) 85, 152
'Aḍal (tribo) 309
Adão 16, 45, 148, 266, 294, 449
Aḍāt 163
'Addās 144, 145
Adhākhir 414
'Adī (clã dos Quraysh) 53, 108, 198, 346
'Adī b. Ḥātim 436, 437
'Adī b. an-Najjār (subclã dos Khazraj) 177
'Afrā' b. 'Ubayd 214, 219
Agar 13, 14, 16, 24, 381
Ahābīsh (tribos) 345
Aḥmad (o Profeta) 73
'Ā'ishah b. Abī Bakr (esposa do Profeta) 106, 153, 154, 167, 188, 189, 190, 191, 230, 231, 233, 234, 258, 268, 271, 287, 306, 332, 333, 334, 335, 336, 337, 338, 339, 340, 356, 366, 372, 373, 374, 375, 376, 380, 381, 382, 384, 403, 436, 462, 465, 470, 471, 472, 473, 474, 478, 479
al-Akhnas b. Sharīq 146, 202, 278
al-'Awn 209
Alexandria 358
'Alī b. Abi l'Ās 224
'Alī b. Abī Ṭālib (primo e genro do Profeta) 61, 64, 71, 77, 78, 104, 140, 147, 163, 167, 168, 174, 183, 197, 198, 201, 207, 214, 229, 230, 236, 252, 254, 256, 258, 262, 266, 283, 294, 310, 318, 322, 337, 348, 351, 360, 366, 368, 375, 376, 387, 388, 392, 404, 405, 414, 416, 436, 440, 447, 448, 449, 450, 457, 465, 471, 473, 476, 477, 478, 479
'Alī b. Umayyah 205, 212
'Āmilah (tribo) 438
al-Amīn, o Justo (o Profeta) 55, 62, 63, 66, 73, 167
Āminah b. Wahb (mãe do Profeta) 34, 39, 40, 42, 46, 320
'Āmir (clã dos Quraysh) 106, 107, 130, 146, 202, 213, 219, 281
'Āmir b. Fuhayrah 117, 169, 171, 191, 279, 280
'Āmir b. al-Ḥaḍramī 198, 205

'Āmir b. Lu'ayy 146
'Āmir b. Ṣa'sa'ah (tribo Hawāzin) 51, 279, 300, 447
'Āmir b. Ṭufayl 447
'Ammār b. Yāsir 117, 457
'Amr (clã dos Aws) 172, 173, 176
'Amr b. 'Abd al-Wudd 306
'Amr b. Abī Sufyān 217, 218
'Amr b. al-'Āṣ 119, 120, 122, 163, 265, 310, 316, 389, 390, 391, 392, 398, 399, 403, 416
'Amr b. Asad 57
'Amr b. al-Ḥaḍramī 198, 204, 205
'Amr b. Jamūḥ 269
'Amr b. Nufayl 108
'Amr b. Ar-Rabī 220
'Amr b. S'ad 322
'Amr b. Su'dā 320
'Amr b. Umayyah ad-Damrī 279, 280, 303, 407, 431
'Amr b. Umayyah ath-Thaqīf 143
Anas b. Mālik 235, 253, 366
Anas b. Naḍr 259
Anṣār *ver* Auxiliares
Anticristo 458
Antióquia 433
'Aqabah 152, 159, 161, 200, 464
  golfo de 174, 442
  pacto de 155, 161, 163, 177, 178, 185, 187, 245, 253, 341, 369, 464
'Aqanqal, Monte 201, 203, 204, 395
'Aqīl b. Abī Ṭālib 54, 61, 104, 203, 213, 220, 392
'Aqīq 172, 306, 335
al-Aqra' 431
'Arafah
  dia de 463, 464
  Monte 462
  vale de 462
al-Arqam b. 'Abdi Manāf 95, 96, 105, 127
Arwà b. 'Abd al-Muṭṭalib (tia do Profeta) 78, 105, 107, 121, 143
Arwà b. Kurayz 143, 356
al-'Āṣ b. Wā'il 163
Asad (clã dos Quraysh) 32, 34, 53, 55, 57, 130, 133, 142, 189, 198, 202, 204, 466
Asad b. Hāshim 47
Asad b. Khuzaymah (tribo) 62, 108, 163, 188, 276, 299, 348
As'ad b. Zurārah 156, 157, 158, 160, 177, 185
Ashamah *ver* Negus
Ashja' (clã dos Ghaṭafān) 287, 300, 313, 411
'Āṣim b. Thābit 252, 277
Aslam (clã) 321, 342, 344, 364
Asmā' b. Abī Bakr 106, 167, 169, 171, 188, 190
Aṣmā' b. al-Hārith 387
Asmā' b. Umays 79, 121, 372, 387, 388, 397, 448, 461, 473
al-Aswad b. 'Abd al-Asad 207
al-Aswad b. Ka'b 466
al-Aswad b. Nawfal 105, 141
'Ātikah b. 'Abd al-Muṭṭalib (tia do Profeta) 55, 94, 106, 132, 197, 406, 429, 430
'Ātikah b. 'Āmir 106
'Ātikah b. Murrah 407
Auxiliares (Anṣār) 179, 182, 183, 186, 190, 193, 196, 197, 200, 203, 206, 207, 210, 212, 213, 220, 223, 227, 228, 230, 235, 237, 241, 242, 243, 244, 245, 247, 248, 251, 254, 257, 258, 271, 274, 285, 288, 289, 294, 301, 303, 309, 329, 330, 334, 335, 339, 371, 387, 396, 406, 412, 423, 424, 430, 431, 432, 435, 439, 476, 477, 478
'Awf b. al-Hārith 72, 73, 177, 207, 208, 210, 214
'Awn b. Ja'far 372

Aws (tribo) 21, 85, 86, 87, 155, 156, 158, 159, 160, 173, 176, 180, 181, 182, 183, 197, 214, 218, 226, 237, 239, 243, 244, 246, 251, 252, 265, 267, 271, 274, 277, 283, 302, 309, 312, 318, 319, 321, 329, 338, 363, 439, 476

Aws b. Khawlī 478

Awṭās, vale de 421, 424

al-ʻAwwām b. Khuwaylid 57

Ayman b. ʻUbayd 58, 424

ʻAyyāsh b. Abī Rabī'ah 163, 164, 166, 221

B

Bādhān 358

Badr 199, 201, 202, 203, 204, 205, 209, 214, 216, 217, 222, 225, 226, 227, 229, 231, 234, 237, 238, 239, 241, 244, 245, 246, 251, 259, 260, 265, 268, 277, 278, 279, 287, 288, 289, 291, 313, 321, 336, 356, 370, 390, 392, 395, 406, 409, 424, 443

Baḥīrà 48, 49, 55

Bakr (tribo) 344, 403, 414

Balī (tribo) 398

Balqā' 438

Baqīʻ al-Gharqad, cemitério 185, 286, 357, 469, 478

al-Barā' b. ʻAzib 302

al-Barā' b. Ma'rūr 158, 160, 369

Barakah. *ver* Umm Ayman Barakah

Barrah b. ʻAbd al-Muṭṭalib (tia do Profeta) 55, 62, 77, 95, 106, 121, 389

Beca, vale de 14, 15, 16

beduíno 41, 42, 43, 83, 142, 156, 170, 171, 238, 263, 276, 283, 315, 328, 344, 362, 364, 377, 400, 406, 431, 435, 439, 440, 447, 452

Bíblia 181

Bilāl 116, 117, 142, 187, 191, 212, 247, 249, 271, 290, 317, 327, 386, 416, 462

Bishr al-Barā' 369

bizantino 21, 395, 400, 401, 438, 439, 441, 449

Bostra 40, 48, 55, 74, 394, 401

Buʻāth 155, 182

Budayl b. Warqā' 344, 345, 409, 410, 425

Bujayr b. Zuhayr 434

al-Burāq 147, 148

Burayrah 337

C

Caim 43, 459

Canaã 14, 16

César 346, 394, 395, 398

Chosroes 304, 346, 358, 359

Confederados 20, 52

Constantinopla 401, 438, 449

cristãos 33, 34, 48, 55, 120, 121, 144, 174, 187, 381, 394, 436, 442, 446, 449, 458, 466

Cristo *ver* Jesus Cristo

D

Damdam al-Ghifārī 196, 197, 198

Damrah (clã dos Kinānah) 279, 303, 407, 431

David 435

Daws (tribo) 83, 84, 385

Deuteronômio 322

Dhu l-Qarnayn 114

Dhū Ṭuwā 413

Diḥyah al-Kalbī 370, 401

Duldul 397, 423

Dūmat al-Jandal, oásis de 291, 442

Duʻthur b. al-Ḥārith 239

E

Éfeso 114

Egito, egípcios 13, 358, 381, 401, 416, 438, 471

Elias 148

Emigrantes 179, 183, 186, 193, 194, 196, 197, 199, 200, 203, 223, 228, 231, 242, 243, 246, 251, 254, 263, 285, 288, 301, 302, 303, 329, 334, 335, 336, 345, 379, 405, 406, 411, 412, 423, 424, 430, 431, 432, 434, 435, 476, 477

Enoch 148

Esaú 15

Europa 33

Evangelho 33

F

Fadak 369, 377

al-Faḍl b. al-'Abbās (primo do Profeta) 220, 423, 448, 449, 450, 464, 473, 478

Fākhitah *ver* Umm Hāmi'

Faraó 382, 391

Fāṭimah (filha do Profeta) 58, 167, 188, 229, 231, 235, 236, 242, 269, 286, 287, 294, 375, 376, 387, 405, 414, 435, 448, 449, 457, 461, 472, 477

Fāṭimah b. 'Amr (avó do Profeta) 28, 64

Fāṭimah b. Asad 47, 61, 147

Fāṭimah b. al-Khaṭṭāb 109, 126

Fazārah (tribo) 300, 313

Fihr (clã dos Quraysh dos Arredores) 224

Fuls, templo 436

G

Gabriel, Arcanjo 68, 71, 75, 76, 110, 111, 113, 140, 147, 148, 149, 167, 189, 206, 210, 223, 236, 239, 278, 282, 318, 325, 359, 360, 370, 374, 382, 435, 460, 461

Gaza 22, 400

Gênesis 13, 14, 15, 56

Ghadīr al-Khumm 465

Ghālib b. 'Abd Allāh 378

Ghassān (tribo) 394, 400, 438

Ghaṭafān (tribo) 238, 279, 283, 287, 289, 299, 300, 306, 308, 309, 312, 313, 314, 315, 317, 362, 363, 364, 367, 368, 377, 411, 434, 440

Ghaziyyah b. 'Amr 253

Ghifār (tribo) 82, 196, 328

Gog 115

gregos 64, 384

H

Habbār b. al-Aswad 224

Ḥabīb 433

Ḥabībah b. Khārijah 473

Haddah 391

Hadl (tribo) 320, 324

Ḥafṣah b. 'Umar (esposa do Profeta) 163, 231, 232, 241, 287, 373, 380, 382, 383, 384, 471

Hajūn, Monte 133

Ḥakam 194, 195

Ḥakīm b. Ḥizām 58, 105, 130, 198, 204, 205, 409, 428

Hālah b. Khuwaylid 62, 374

Hālah b. Wuhayb (tia-avó do Profeta) 34, 40

Ḥalīmah b. Abī Dhu'ayb 42, 43, 44, 45, 46, 60, 61, 406, 425

Ḥamnah b. Jaḥsh 163, 189, 269, 337, 340

Ḥamzah b. 'Abd al-Muṭṭalib (tio do Profeta) 46, 47, 51, 57, 77, 79, 88, 89, 90, 91, 96, 105, 107, 127, 129, 130, 141, 163, 173, 183, 207, 217, 222, 242, 244, 252, 254, 263, 264, 266, 268, 269, 387, 388, 389, 445
Ḥanīfah (tribo) 466
Ḥanẓalah b. Abī 'Āmir 184, 245, 248, 249, 251, 254, 255, 264, 266, 267, 445
Ḥanẓalah b. Abī Sufyān 217
Ḥanẓalah at-Tamīmī 295
Ḥarb b. Umaymah 62, 98
al-Ḥārith (clã dos Kinānah) 345
al-Ḥārith b. 'Abd al-Muṭṭalib (tio do Profeta) 25, 39, 61, 106, 203, 406, 423
al-Ḥārith b. 'Abd al-'Uzzah 42, 45, 46, 425, 429
al-Ḥārith b. 'Abū Durār 334, 335
al-Ḥārith b. 'Amir 201
al-Ḥārith b. Fihr (clã dos Quraysh) 72
al-Ḥārith b. Hishām 164
al-Ḥārith al-Muzaynī 256, 270
al-Ḥārith b. as-Simmah 258, 261, 266, 279
Ḥārithah (clã dos Aws) 247, 248, 274, 302, 317
Ḥārithah b. Nu'mān 236, 372
Ḥārithah b. Sharāḥīl 58, 59
Ḥārithah b. Surāqah 208, 215, 259
al-Ḥasan b. 'Alī (neto do Profeta) 242, 286, 294, 376, 405, 448
Hāshim (clã dos Quraysh) 26, 32, 51, 53, 54, 55, 57, 60, 62, 77, 129, 130, 132, 133, 134, 142, 145, 167, 198, 202, 203, 210, 216, 263, 400, 416, 429
Hāshim b. 'Abdi Manāf (patriarca dos Hāshim) 20, 21, 22, 32, 47, 91, 257, 404, 407
Ḥassān b. Thābit 337, 338, 340, 381, 434
Ḥāṭib b. 'Amr 107, 154, 405
Ḥātim aṭ-Ṭayy 59, 436
Hawāzin (tribo) 31, 32, 42, 51, 279, 377, 408, 409, 421, 423, 424, 425, 427, 428, 429, 430, 444
Ḥawrā, vila de 196
Hebron 15
Heráclio 358, 399, 400, 401, 402, 438
Ḥijāz 31, 33, 36, 39, 60, 108, 323, 365, 370, 379, 408
Ḥijr Ismā'īl 24, 25, 47, 60, 88, 89, 147, 223
himyaritas 446
Hind b. Abī Umayyah. *ver* Umm Salamah b. Abī Umayyah
Hind b. 'Amr 269
Hind b. 'Utbah 98, 217, 242, 252, 253, 263, 264, 413, 417
Ḥirā', Monte 67, 101, 111, 146
Hishām b. al-'Āṣ 163, 164, 166, 392
Hishām b. 'Amr 130, 132, 133
Hishām b. al-Walīd 221, 429
Ḥizām b. Khuwaylid 58, 105
Homs 400, 401
Ḥubāb b. al-Mundhir 203, 246, 254, 343
Ḥubal (ídolo pagão) 18, 26, 28, 29, 31, 32, 256, 259, 260, 264, 417
Hubayrah b. Abī Wahb 54, 136, 147, 414
Ḥudaybiyah 342, 343, 344, 346, 354, 386, 409, 433
  tratado de 357, 385, 386, 389, 403, 434, 452
Ḥudhayfah b. al-Yamān 316, 317
Hudhayl (tribo) 276, 277, 309
Ḥulayl b. Ḥubshiyah 19
al-Ḥulays b. 'Alqamah 263, 345, 346
Ḥunafā' 32
Ḥunayn 422, 433, 438, 455
al-Husayn b. 'Alī (neto do Profeta) 286, 294, 376, 448
Huṣayn b. Sallām *ver* 'Abd Allāh b. Sallām
Ḥuwayṭib b. 'Abd al-'Uzzah 348, 350, 387
Ḥuyay b. Akhṭab 282, 283, 284, 299, 307, 309, 314, 322, 369, 373

I

Ibn al-Akwa‘ 364, 371
Ibn ad-Dughunnah 142, 154
Ibn al-Hayyabān 86, 308, 320
Ibn Qami’ah 259, 265
Ibrāhīm (filho do Profeta) 435, 436, 448, 449, 450, 451, 478
Iêmen 18, 21, 22, 33, 36, 38, 85, 169, 192, 193, 304, 358, 359, 377, 391, 433, 446, 465, 466
‘Ikrimah b. Abī Jahl 210, 221, 251, 256, 306, 308, 310, 314, 316, 344, 346, 390, 414, 417, 419
Império Romano 21, 52
‘Imrān 294, 382, 457
‘Iram 85, 152
Iraque 22, 58, 93, 108, 174, 238, 241, 442
Isaac 13, 14, 15, 17, 25, 181
Isāf (ídolo pagão) 26
Isfahan 174
Isfandiyār 131
Ismael 13, 14, 15, 16, 17, 18, 24, 25, 31, 51, 66, 67, 181
Israel, povo de 32, 199, 323
Iyās b. Mu‘ādh 87, 156

J

Jabbār b. Salmà 280
Jābir b. ‘Abd Allāh 245, 248, 269, 272, 289, 290, 303, 304, 317, 414
Jacó 56, 339
Jadd b. Qays 348
Ja‘far b. Abī Sufyān 406
Ja‘far b. Abī Ṭālib 54, 61, 77, 78, 79, 104, 107, 121, 122, 123, 124, 134, 147, 357, 358, 372, 388, 391, 392, 394, 396, 397, 448, 467
Jaḥsh b. Ri’ā 62, 163, 276, 348
Jamīlah b. ‘Abd Allāh 184, 245, 248, 255
Jayy, vila de 174
Jedá 64
Jericó 285
Jerusalém 83, 147, 148, 150, 151, 158, 159, 179, 195, 400, 401, 438, 441
Jesus Cristo 19, 33, 34, 55, 102, 111, 122, 123, 147, 148, 416, 433, 449, 458
jinn 115, 145, 289, 360
Ji‘rānah 426, 427, 429, 431, 433
João, evangelista 34
Jonas 144, 145, 295
José do Egito 35, 148, 339, 416, 471
Ju‘ayl *ver* ‘Amr b. Umayyah ad-Damrī
Jubayr b. al-Muṭ‘im 153, 221, 222, 242, 392
judeus 17, 21, 33, 50, 55, 85, 86, 87, 114, 115, 152, 160, 173, 174, 175, 179, 180, 181, 182, 185, 186, 192, 194, 196, 214, 225, 227, 228, 240, 241, 267, 268, 273, 282, 283, 288, 291, 294, 299, 307, 308, 309, 313, 314, 320, 321, 323, 359, 362, 363, 365, 367, 368, 371, 373, 377, 400, 446, 458
Judhām (tribo) 438
Juhaym b. aṣ-Ṣalt 202
Juhaynah (tribo) 196, 199, 238, 328, 398, 434
Juḥfah 202
Jumaḥ (clã dos Quraysh) 109, 112, 116, 136, 140, 142, 153, 193, 198, 202, 204, 222
Jurf 471, 472, 473, 475
Jurhum (tribo) 18, 26, 82
Jusham (tribo) 421
Juwayriyah b. al-Ḥārith (esposa do Profeta) 334, 335

K

Ka'b (clã dos Khuzā'ah) 342, 344, 346, 403, 409
Ka'b b. Asad 307, 308, 309, 319, 320
Ka'b b. al-Ashraf 225, 226, 239, 240
Ka'b b. Lu'ayy 146
Ka'b b. Mālik 159, 261, 408, 434, 439, 443
Ka'b b. Sharāḥīl 59
K'ab b. Zuhayr 434, 435
Kalb (tribo) 58, 59, 60, 174, 188, 291, 370
Karkarah 371
Kawthar 354
Khabbāb b. al-Aratt 126
Khadījah b. al-Khuwaylid (esposa do Profeta) 55, 56, 57, 58, 60, 61, 62, 68, 69, 70, 71, 75, 79, 86, 104, 105, 129, 130, 133, 140, 141, 153, 198, 202, 204, 220, 229, 374, 375, 393, 409, 428, 435
Khālid b. Ḥizām 105
Khālid b. Sa'īd 73, 107, 357
Khālid b. al-Walīd 221, 251, 252, 256, 265, 306, 308, 310, 311, 316, 342, 355, 356, 388, 389, 391, 396, 397, 411, 413, 414, 416, 418, 423, 429, 442, 454, 464, 466
Khallād b. 'Amr 269
Khārijah b. Zuhayr 473
Khath'am (tribo) 36
al-Khaṭṭāb b. Nufayl 108, 109, 125, 273, 379, 384
Khawlah b. al-Ḥakīm 153, 232, 233, 235
Khaybar 29, 51, 147, 285, 299, 300, 302, 307, 323, 362, 363, 364, 365, 366, 367, 368, 370, 371, 372, 374, 377, 379, 380, 385, 389
Khaythamah Abū Sa'd 244, 245, 267
Khazraj (tribo) 21, 47, 85, 86, 87, 152, 155, 156, 158, 159, 160, 173, 176, 177, 180, 181, 182, 183, 184, 187, 193, 203, 207, 208, 226, 227, 243, 244, 245, 246, 249, 251, 253, 260, 265, 271, 274, 276, 277, 279, 309, 320, 321, 323, 329, 330, 338, 341, 369, 415, 421, 439, 440, 464, 473, 476, 478
Khirāsh b. Umayyah 346, 352, 386
Khubayb b. 'Adī 277, 278, 309
Khunays b. Hudhāfah 163, 231
Khuwaylid b. Asad 55, 57
Khuzā'ah (tribo) 18, 19, 32, 82, 272, 300, 328, 342, 344, 349, 352, 403, 409, 427
Khuzaymah b. al-Ḥārith 279
Kinānah (tribo) 36, 51, 243, 264, 279, 308, 345, 378, 405
Kinānah b. Abu l-Ḥuqayq 363, 367, 368, 369, 370
Kinānah b. ar-Rabī 224
Kindah (tribo) 194
Kulthūm b. Hidm 173

L

Labīd b. al-A'ṣam 359
Labīd b. Rabī'ah 136, 137, 361, 362, 434, 447
Lakhm (tribo) 108, 438
al-Lāt (ídolo pagão) 31, 36, 116, 143, 315, 408, 421, 436, 444
Layth (tribo) 254, 378
Liḥyān (tribo) 276
Lot 382

M

Madā'in 304, 358, 359
Magog 115
Mahdī 458
Maḥmūd b. Maslamah 351
Mahya'ah 191
Majannah 191

Makhzūm (clã dos Quraysh) 27, 28, 29, 54, 65, 88, 94, 95, 96, 98, 106, 117, 134, 136, 140, 162, 163, 194, 195, 202, 221, 259, 310, 388, 429
Makhzūm b. Yaqazah 19, 20, 97
Mālik b. 'Awf 422, 430, 444
Mālik b. an-Najjār (subclã dos Khazraj) 177
Mālik b. Sinān 244, 261, 271, 273
Manāt (ídolo pagão) 31, 436
Maria (Virgem Maria) 33, 45, 102, 122, 123, 148, 382, 416, 457, 458
Māriyah, a copta (concubina do Profeta) 381, 382, 393, 435, 450
Mar Morto 395
Marr aẓ-Ẓahrān 408
Mar Vermelho 14, 31, 82, 142, 171, 174, 193, 196, 197, 238, 241, 328, 355, 436
Marwah 16, 89, 341, 386, 462
Matta 144
Ma'ūnah 279, 300, 447
Maymūnah b. al-Hārith (esposa do Profeta) 79, 107, 387, 389, 406, 414, 449, 470
Maysarah 55, 56, 57
Mediterrâneo 15
Messias 33
Mikraz b. Ḥafṣ 348, 350
Mina, vale de 152, 159, 245, 447, 448, 462, 464, 465
Miqdād b. 'Amr 199
Misṭaḥ b. Uthāthah 336, 337, 340
moabitas 18, 26, 31
Moisés 69, 111, 147, 149, 200, 294, 315, 320, 373, 381, 391, 440
Mosul 108, 174
Mu'ādh b. al-Hārith 177, 210
Mu'ādh b. Jabal 421, 441
Mu'attib b. Abī Lahab 417
Mu'āwiyah b. Abī Sufyān 428
Mu'awwidh b. al-Ḥārith 207, 210, 214
Mubashshir b. 'Abd al-Mudhir 245
Mughammis 37
al-Mughīrah (subclã dos Quraysh) 162
al-Mughīrah b. 'Abd Allāh 27, 29, 65, 82, 88
al-Mughīrah b. Shu'bah 345, 434, 444, 445
Muhājirah *ver* Emigrantes
Muḥammad b. Abī Bakr 462
Muḥammad b. Ja'far 372
Muḥammad b. Maslamah 239, 282, 415
Muḥārib (tribo) 238
Mukhayrīq 267
al-Multazam (parede da Caaba) 417
al-Mundhir b. Amr 279
Muqawqis 358, 381, 397
Murrah (tribo) 300, 313, 377
Muṣ'ab b. 'Umayr 121, 156, 157, 158, 185, 197, 213, 246, 251, 263, 269, 340
Musaylimah b. Ḥabīb 466
al-Muṣṭaliq (clã dos Khuzā'ah) 328, 335, 344
Mu'tah 396, 398, 434, 467
al-Muṭ'im b. 'Adī 133, 146, 153, 154, 166, 221, 242, 392
al-Muṭṭalib (clã dos Quraysh) 53, 62, 129, 132, 134, 198, 202, 336, 429
al-Muṭṭalib b. 'Abdi Manaf 22, 133, 207
Muzāḥam 184
Muzaynah (tribo) 253, 256, 269, 405, 434, 440
Muzdalifah 464

N

Naḍīr (tribo) 225, 226, 239, 282, 283, 284, 299, 307, 309, 318, 321, 323, 362, 367, 368, 369, 421
Naḍr b. al-Ḥārith 131, 202, 214
Nā'ilah (ídolo pagão) 26
an-Na'īm 366
Najd 33, 36, 51, 62, 238, 239, 241, 244, 247, 276, 289, 299, 300, 306, 315, 317, 408, 466
Nājiyah b. Jundub 343
an-Najjār (clã dos Khazraj) 21, 176, 177, 187, 207, 236, 320
Najrān 33, 414, 449
Nakhlah, vale de 31, 145, 193, 198, 204, 418, 424
Naṣībīn 145
Naṣr (tribo) 422
Nawfal (clã dos Quraysh) 52, 133, 146, 201, 277
Nawfal b. 'Abd Allāh 194, 310
Nawfal b. 'Abdi Manāf 22, 23, 133
Nawfal b. Asad 32
Nawfal b. al-Ḥārith 203, 213, 216, 220
Nawfal b. Khuwaylid 105, 141
Negus 36, 119, 120, 121, 122, 123, 124, 125, 163, 346, 357, 358, 388, 390, 391, 437
Nestor 55, 56
Nínive 144, 145
Noé 111, 112, 294, 382
Nu'aym b. 'Abd Allāh 125
Nu'aym b. Mas'ūd 287, 288, 313, 314, 315, 411
Núbia, deserto da 171
Nufayl b. 'Abd Allāh 108
Nufayl b. Ḥabīb 36, 37, 38, 39
Nufaysah 57
Nusaybah b. Ka'b 253, 259, 341, 352, 366, 466

P

Palestina 21, 22, 39, 400
Pedra Negra 25, 53, 65, 83, 88, 273, 386, 415, 418
Pedro, apóstolo 433
Pentecostes 34
Pérsia, persas 131, 141, 174, 185, 202, 291, 300, 304, 308, 358, 359, 384, 399, 401, 438
Potifar 471
Povo do Perfume 20, 52

Q

Qamūs 368
Qaradah 241
al-Qārah (tribo) 309
al-Qāsim (filho do Profeta) 58, 61
al-Qaṣwā' 171, 176, 177, 178, 207, 343, 386, 412, 413, 415
Qaylah 21, 156, 173, 174, 329, 476
Qayn (tribo) 59
Qaynuqā' (tribo) 182, 186, 225, 226, 227, 228, 309, 321
Qays b. Sa'd 412
al-Qitham b. al-'Abbās 220, 423, 478
Qubā' 162, 172, 173, 174, 176, 179, 370
Quḍā'ah (tribo) 398
Qudayd 407
Qudayd, no Mar Vermelho 31, 436
Quraybah b. Abī Quḥāfah 188, 413, 414, 417
Qurayẓah (tribo) 174, 186, 225, 226, 283, 291, 301, 302, 307, 309, 313, 314, 315, 316, 317, 318, 320, 321, 322, 323, 325, 369
Quṣayy b. Kilāb 19, 20, 28, 34, 41, 52, 91, 93, 97, 155
Qutaylah b. Nawfal 34, 35, 55

R

ar-Rabīʻ b. Umayyah 327
Rāfiʻ b. Khadīj 247
Rajīʻ, fonte 277
Rānūnā', vale de 176
Rawḥā' 237, 272
Rayḥānah b. Zayd 323
Rifāʻah b. Samaw'al 320, 323
Rubayyiʻ b. an-Naḍr 215, 259
Rufaydah al-Aslamiyyah 321
Ruqayyah (filha do Profeta) 58, 61, 63, 104, 108, 121, 134, 143, 163, 196, 214, 229, 231, 286, 417
Rustum 131

S

Sabá, rainha de 36
Saʻd b. Abī Waqqāṣ 77, 80, 197, 209, 249, 252, 257, 265, 430, 431, 457
Saʻd b. Bakr (tribo) 42, 43, 44, 61, 421, 425
Saʻd b. Khaythamah 244
Saʻd b. Muʻādh 156, 157, 160, 197, 200, 203, 210, 239, 243, 246, 260, 311, 321, 322
Saʻd b. ʻUbādah 184, 193, 243, 244, 273, 330, 338, 341, 397, 431
Ṣafā 16, 89, 95, 127, 341, 386, 417, 462
Ṣafiyyah b. ʻAbd al-Muṭṭalib (tia do Profeta) 46, 57, 60, 78, 121, 253, 268, 269, 294, 297, 366
Ṣafiyyah b. Ḥuyay (esposa do Profeta) 369, 370, 372, 373, 381, 472
Ṣafwān b. al-Muʻaṭṭal 334, 336, 338
Ṣafwān b. Umayyah 222, 223, 241, 242, 262, 277, 288, 299, 326, 345, 390, 419, 421, 428, 463
Sahl b. ʻAmr 177
Sahlah b. Suhayl 107
Saḥm (clã dos Quraysh) 52, 119, 163, 221, 390
Saʻīd b. al-ʻĀṣ 73
Saʻīd b. Zayd 109, 126, 196, 197, 457
Sājah 466
as-Sakb 246, 265
Sakrān b. ʻAmr 107, 153
Salʻ, Monte 301, 302, 306, 311
Salamah b. Abī Salamah 162, 388, 389
Salamah b. Hishām 221
Sālim (clã dos Khazraj) 176
Salimah (clã dos Khazraj) 159, 208, 245, 272, 274
Salīṭ b. ʻAmr 107
Sallām b. Mishkam 369
Salmà (serva) 60, 297, 435
Salmà b. ʻAmr 21, 22, 220
Salmà b. Qays 320, 323
Salmà b. Umays 79, 387
Salmān al-Fārisī 174, 185, 291, 295, 300, 301, 304, 457
Salmo 14, 15
Salomão 190
Samuel, livro de 211
Samurah b. Jundub 247
Ṣanʻā' 36, 38, 39, 359
Sara 13, 14
Sarar, vale de 425
Sarif 387
Satanás 45, 161, 229, 277, 379, 453, 464
Saul 211
Sawād b. Ghaziyyah 206
Sawdah b. Zam'ah (esposa do Profeta) 107, 153, 154, 167, 188, 189, 213, 215, 219, 231, 372, 373, 375, 392, 464, 468
Shāmah 191
Shammās b. ʻUthmān 121, 259, 261, 263, 271, 273
Shaybah b. Hāshim *ver* ʻAbd al-Muṭṭalib b. Hāshim
Shaybah b. Rabī'a 98, 140, 144, 201, 202, 207, 217, 226, 242

Shaykhayn 247, 248
Shaymā' b. al-Ḥārith 425
Shiloh 55, 56
Shu'aybah, porto de 419
Shuqrān 478
Sidrat al-Muntah 148
Sinai, Monte 315
Sinān b. Abī Sinān al-Asadī 348
Ṣirār 290
Síria 18, 21, 22, 39, 40, 48, 51, 52, 55, 56, 58, 73, 86, 93, 108, 150, 158, 172, 174, 192, 193, 196, 199, 238, 284, 304, 308, 326, 327, 355, 358, 394, 399, 400, 402, 403, 405, 438, 439, 441, 445, 467, 469, 471, 477
  fronteira 33, 228, 291, 395, 398, 399
Sīrīn 381, 449, 450
Siroes (xá da Pérsia) 359
Suhayl b. 'Amr al-'Āmirī 107, 146, 153, 163, 202, 205, 213, 219, 287, 313, 348, 349, 350, 351, 355, 387, 411, 414, 418, 421, 428, 429
Suhayl b. 'Amr an-Najjārī 177
Sulāfah b. Sa'd 252
Sulaym (tribo) 238, 279, 280, 300, 334, 407, 411, 423, 424
Sumayyah b. Khubbāṭ 117
Sunḥ 174, 473, 475

T

Tabūk 438, 441, 443, 444, 445, 457
Ṭafil 191
aṭ-Ṭā'if 31, 36, 143, 144, 145, 193, 354, 408, 409, 421, 424, 425, 426, 429, 430, 433, 436, 444, 445, 462
Ṭalḥah b. 'Abd Allāh 251, 252
Ṭalḥah b. 'Ubayd Allāh 74, 141, 172, 188, 196, 197, 258, 259, 262, 272, 340, 390, 457, 476
Ṭālib b. Abī Ṭālib 54, 61, 104, 198
Tamīm (tribo) 295, 431, 466
Tan'īm 277, 278
Taym (clã dos Quraysh) 52, 53, 71, 74, 89, 142
Taym b. Murrah 19, 20
Ṭayy (tribo) 58, 188, 225, 436, 437
Thābit b. Arqam 396
Thābit b. ad-Daḥdāḥah 237, 267
Thābit b. Qays 323
Tha'labah (tribo) 238, 267
Tha'labah b. Sa'yah 324
Thaqīf (tribo) 31, 36, 97, 143, 144, 145, 146, 243, 344, 354, 405, 408, 421, 424, 425, 430, 433, 444, 445, 446
Thawbān 473
Thawr 169, 170
Tihāmah 419
Torá 115, 181, 314, 315, 320, 322
Ṭu'aymah b. 'Adī 201, 222, 242
aṭ-Ṭufayl b. 'Amr 83, 84
Ṭulayb b. Umayr 105, 121, 143, 163
Ṭulayḥah b. Khuwaylid 466

U

'Ubādah b. aṣ-Ṣāmit 227
'Ubayd Allāh b. al-'Abbās 220
'Ubayd Allāh b. Jaḥsh 77, 108, 121, 134, 262, 357
'Ubaydah b. al-Ḥārith 207, 209, 279
Ubayy b. Khalaf 109, 136, 222, 261, 264
Uḥud, Monte 242, 245, 247, 248, 251, 253, 256, 258, 259, 261, 265, 268, 270, 271, 272, 273, 274, 276, 277, 279, 286, 287, 290, 291, 300, 302, 304, 306, 321, 345, 389, 390, 394, 395, 454, 464, 469, 476
Ukaydir b. 'Abd al-Malik 442
'Ukāẓ 58, 272
'Ukkāshah b. Mihṣan 209
Umāmah b. Abi l-'Āṣ 224, 294, 326, 374, 376

'Umar b. al-Khaṭṭāb 109, 117, 125, 127, 129, 130, 136, 141, 163, 164, 196, 199, 208, 211, 223, 229, 231, 232, 233, 246, 249, 253, 257, 264, 265, 273, 274, 282, 288, 303, 309, 321, 328, 330, 341, 346, 350, 352, 354, 355, 364, 366, 368, 377, 379, 380, 383, 384, 392, 406, 423, 446, 457, 459, 471, 475, 476, 477

'Umārah b. Ḥamzah 89, 387, 388

Umaymah b. 'Abd al-Muṭṭalib (tia do Profeta) 62, 77, 121, 163, 188, 269

'Umayr b. Abī Waqqāṣ 77, 197, 209

'Umayr b. al-Humān 208, 209

'Umayr b. Wahb 204, 222, 223, 419

Umayyad, omíada (subclã dos Quraysh) 62, 104, 108, 121, 405, 410

Umayyah b. 'Abdi Shams 27, 62

Umayyad 'Affān 73

Umayyah b. Khalaf 109, 112, 116, 117, 136, 140, 142, 154, 193, 198, 202, 205, 212, 222, 261

Umm Ayman Barakah 47, 58, 63, 79, 167, 188, 230, 235, 268, 294, 337, 366, 380, 392, 397, 472, 475, 479

Umm al-Faḍl b. al-Ḥārith 61, 79, 158, 216, 220, 387, 406, 448

Umm Ḥabībah b. Abī Sufyān (esposa do Profeta) 108, 121, 357, 358, 372, 393, 404

Umm Ḥakīm al-Bayḍā' b. 'Abd al-Muṭṭalib (tia do Profeta) 73

Umm Ḥakīm b. al-Ḥārith 417

Umm Hāni' b. Abī Ṭālib 54, 147, 150, 414, 462

Umm Jamīl b. Ḥarb 104, 131

Umm Kulthūm (filha do Profeta) 58, 61, 63, 104, 167, 188, 231, 235, 443

Umm Kulthūm b. Suhayl 107, 163

Umm Kulthūm b. 'Uqbah 356

Umm Manī' b. 'Amr 341

Umm Rūmān b. 'Āmir 106, 188, 189, 357

Umm Salamah b. Abī Umayyah (esposa do Profeta) 106, 121, 134, 162, 230, 271, 286, 287, 306, 326, 332, 333, 341, 351, 352, 366, 372, 373, 375, 381, 383, 389, 390, 392, 393, 406, 414, 426

Umm Sulaym b. Milḥan 235, 253, 366, 464

Unays (condutor do elefante) 38, 39

Unays b. Junādah 82

'Uqbah b. Abī Mu'ayt 74, 143, 198, 214, 222, 356

'Urwah b. Mas'ūd 344, 345, 346, 433, 444, 445

Usāmah b. Zayd 79, 106, 188, 214, 247, 294, 302, 337, 375, 376, 377, 378, 397, 416, 424, 450, 462, 464, 467, 471, 472, 473, 475, 478

Usayd b. Ḥuḍayr 156, 157, 160, 243, 309, 311, 333, 338, 412, 476

Usayrim b. Thābit 267

'Usfān 342

'Ushayrah 193

'Utaybah b. Abī Lahab 63

Utbah (aliado de 'Abbās) 220

Utbah b. Abī Lahab 63, 417

Utbah b. Rabī'ah 91, 92, 97, 98, 107, 121, 134, 140, 144, 198, 201, 202, 204, 205, 207, 212, 217, 226, 242, 279, 417

'Uthmān b. 'Abd Allāh 194, 195

'Uthmān b. 'Affān (genro do Profeta) 73, 100, 104, 108, 121, 134, 136, 137, 143, 163, 196, 214, 231, 233, 294, 312, 346, 348, 352, 356, 412, 416, 439, 443, 457, 461

'Uthmān b. Maẓ'ūn 109, 136, 153, 232, 233, 235, 249

'Uthmān b. Ṭalḥah 162, 390, 391, 392, 416, 462

'Uyaynah b. Ḥiṣn 431

al-'Uzzah (ídolo pagão) 31, 116, 117, 259, 260, 418, 421

W

Wādi l-Qurà 174, 228, 371
Wahb b. 'Abdī Manaf az-Zuhrī (patriarca dos Zuhrah) 34
Wahb al-Muzanī 256, 269
Waḥshī (escravo abissínio) 242, 254, 263, 445, 466
al-Walīd b. al-Mughīrah 65, 66, 82, 89, 96, 97, 98, 134, 136, 137, 143, 221, 388, 411
al-Walīd b. 'Utbah 198, 204, 207, 217, 242
al-Walīd b. al-Walīd 221, 251, 355, 356, 389, 429
Waraqah b. Nawfal 32, 34, 35, 48, 55, 57, 69, 86, 108, 116
Wuhayb b. 'Abdi Manāf az-Zuhrī 34, 35

Y

Yajaj, vale de 224
Yalyal, vale de 203, 204
Yamāmah 94, 466
Yanbū', vale de 193
Yāsir b. 'Āmir 117
Yathrib (*Medina*) 21, 22, 23, 29, 31, 39, 46, 58, 84, 85, 86, 87, 113, 147, 152, 155, 156, 158, 159, 162, 163, 164, 167, 169, 171, 172, 173, 181, 182, 183, 184, 191, 193, 199, 200, 217, 218, 223, 225, 226, 235, 238, 279, 287, 292, 315, 323, 329, 358, 362, 365, 366, 368, 369, 399, 408, 438, 476
Yazīd b. Abī Sufyān 428

Z

Zabīd, porto de 52
Zabīr b. Bāṭā 323
Zam'ah b. al-Aswad 133
Zam'ah b. Qays 153
Zamzam 15, 16, 18, 24, 26, 27, 47, 416
tenda de 216
Zayd b. 'Amr 108, 109, 196, 457
Zayd b. Arqam 329, 330
Zayd b. ad-Dathinnah 323
Zayd b. Ḥārithah (filho adotivo do Profeta) 58, 59, 60, 61, 71, 78, 79, 105, 106, 140, 163, 173, 183, 188, 214, 224, 226, 241, 247, 249, 277, 278, 294, 295, 297, 326, 328, 356, 375, 378, 388, 394, 395, 396, 397, 467
Zaynab (filha do Profeta) 58, 61, 62, 105, 213, 220, 224, 294, 326, 327, 374, 392
Zaynab b. 'Alī 448
Zaynab b. Jaḥsh (esposa do Profeta) 62, 163, 188, 287, 296, 297, 306, 337, 372, 376, 381, 468, 469
Zaynab b. Khuzaymah 279, 286
Zaynab b. Maẓ'ūn 109, 163
zoroastristas 174
az-Zubayr, cidadela de 367
az-Zubayr b. 'Abd al-Muṭṭalib (tio do Profeta) 28, 51, 53, 61
az-Zubayr b. al-'Awwān 60, 77, 78, 121, 163, 188, 197, 201, 249, 252, 253, 254, 258, 268, 309, 322, 323, 356, 367, 368, 405, 411, 413, 457, 476
Zuhayr b. Abī Salmà 434
Zuhayr b. Abī Umayyah 106, 132, 133, 429
Zuhrah (clã dos Quraysh) 20, 34, 53, 72, 74, 77, 126, 146, 197, 199, 202, 211, 249, 278, 354
Zuhrah b. Kilāb 19, 34

Índice das fontes citadas

al-Azraqī, Muḥammad b. ʻAbd Allāh 416

al-Bayḍāwī, ʻAbd Allāh b. ʻUmar 360

al-Bayḥaqī, Aḥmad ibn al-Ḥusayn 455

al-Bukhārī, Muḥammad b. Ismā'īl 45, 67, 68, 69, 102, 131, 137, 138, 148, 149, 153, 154, 170, 177, 189, 206, 215, 222, 235, 258, 260, 293, 294, 295, 334, 337, 340, 346, 356, 360, 369, 374, 375, 376, 379, 401, 437, 446, 451, 455, 457, 458, 461, 468, 470, 472, 478

ad-Dārimī, ʻAbd Allāh b. ʻAbd ar-Raḥmān 298

al-Farrā' al-Baghawī, Ḥusayn b. Maḥmūd 457

Ibn Ḥanbal, Aḥmad b. Muḥammad 104, 148, 172, 266, 335, 457

Ibn Hishām, ʻAbd al-Malik 52, 75, 189, 262, 416, 435

Ibn Isḥāq, Muḥammad 17, 20, 21, 25, 35, 40, 44, 53, 57, 66, 67, 68, 69, 81, 84, 86, 88, 93, 97, 108, 109, 116, 118, 124, 127, 128, 131, 132, 139, 144, 147, 148, 150, 153, 156, 182, 183, 185, 186, 191, 201, 206, 208, 212, 214, 223, 240, 249, 250, 255, 258, 264, 265, 266, 290, 291, 303, 305, 313, 317, 318, 319, 320, 331, 334, 335, 343, 350, 356, 367, 370, 371, 405, 406, 416, 430, 432, 435, 437, 440, 444, 445, 446, 447, 454, 464, 466, 469, 470, 473, 478

Ibn Kathīr, Ismā'īl b. ʻUmar 466

Ibn Mājah, Muḥammad 479

Ibn Sa'd, Muḥammad 45, 52, 55, 57, 60, 63, 73, 74, 79, 83, 107, 121, 173, 186, 189, 190, 201, 223, 229, 231, 232, 233, 235, 236, 257, 258, 271, 287, 294, 296, 303, 312, 315, 322, 325, 370, 373, 374, 376, 380, 381, 387, 388, 392, 397, 412, 413, 418, 431, 450, 451, 468, 470, 471, 472, 474, 476, 477, 479

Mirkhond, Muḥammad 446

an-Nasā'ī, Aḥmad b. Shu'ayb 399

al-Qushayrī, Muslim b. al-Hajjāj 138, 149, 234, 266, 289, 292, 295, 454, 458, 459, 460

as-Suhaylī ʻAbdu ʻAmr, ʻAbd ar-Raḥmān b. ʻAbd Allāh 104

aṭ-Ṭabarī, Muḥammad b. Jarīr 78, 97, 149, 220, 401, 439, 453

at-Tirmidhī, Muḥammad b. ʻĪsà 16, 70, 148, 371, 457

at-Tirmidhī, al-Ḥakīm 454

al-Wāqidī, Muḥammad b. ʻUmar 222, 237, 240, 243, 244, 245, 246, 248, 249, 255, 257, 258, 260, 261, 262, 264, 265, 267, 270, 273, 278, 280, 289, 302, 303, 304, 305, 313, 315, 317, 319, 326, 333, 334, 343, 344, 346, 348, 356, 364, 367, 371, 379, 391, 392, 395, 398, 403, 405, 407, 410, 412, 415, 416, 418, 428, 431, 433, 440, 462, 464

Os Quraysh do Vale

(Fihr é descendente direto de Ismael por linhagem masculina. Seus outros descendentes, que passaram a ser conhecidos como Quraysh das Redondezas, não constam nesta árvore.)

Os nomes dos fundadores de clãs estão em letras maiúsculas, e são seguidos pelos nomes de um ou mais dos descendentes que eram intimamente ligados ao Profeta ou que tiveram importância histórica.

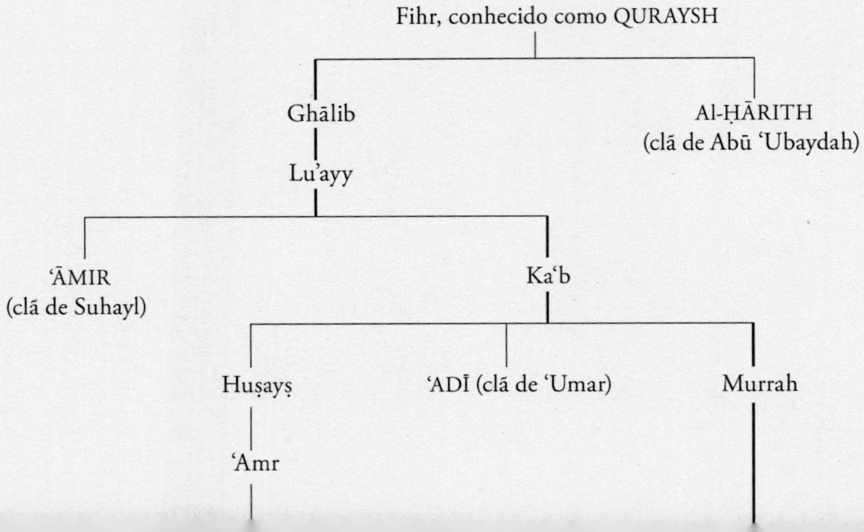

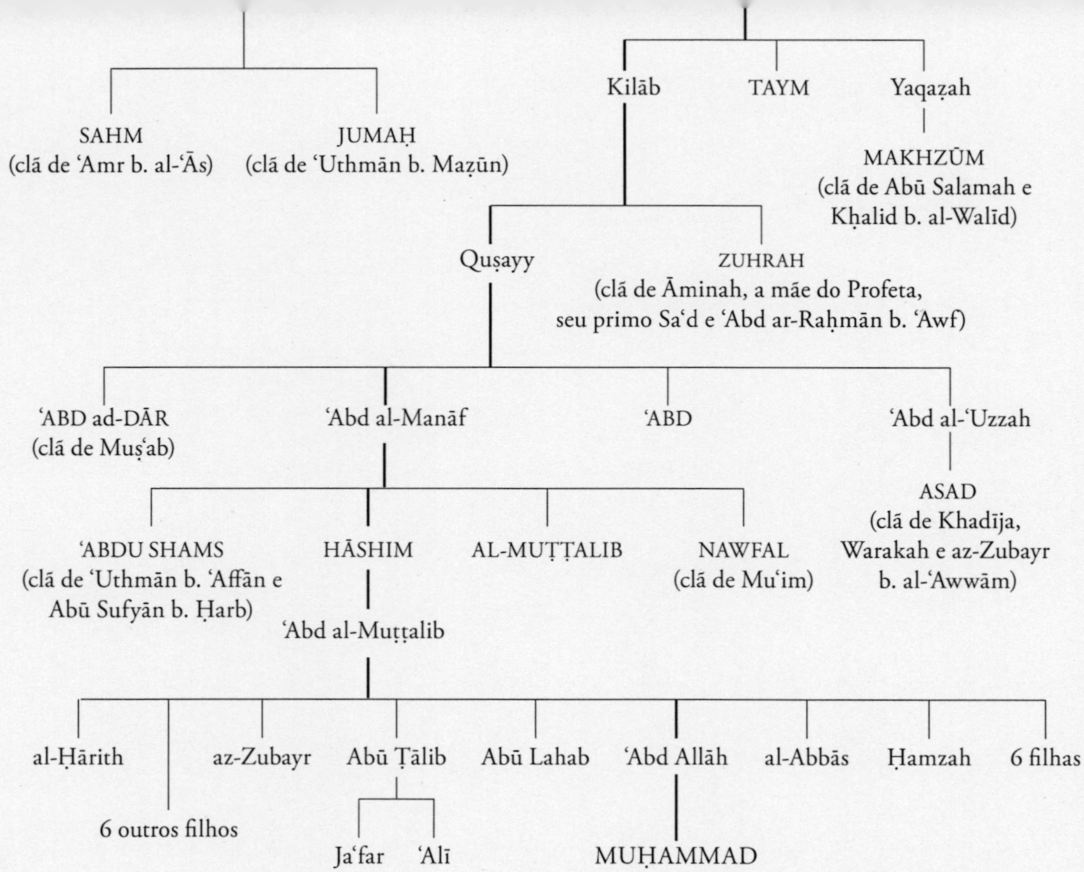
Kilāb
TAYM
Yaqaẓah
SAHM
(clã de ʻAmr b. al-ʻĀs)
JUMAḤ
(clã de ʻUthmān b. Maẓūn)
MAKHZŪM
(clã de Abū Salamah e
Kḥalid b. al-Walīd)
Quṣayy
ZUHRAH
(clã de Āminah, a mãe do Profeta,
seu primo Saʻd e ʻAbd ar-Raḥmān b. ʻAwf)
ʻABD ad-DĀR
(clã de Muṣʻab)
ʻAbd al-Manāf
ʻABD
ʻAbd al-ʻUzzah
ASAD
(clã de Khadīja,
Warakah e az-Zubayr
b. al-ʻAwwām)
ʻABDU SHAMS
(clã de ʻUthmān b. ʻAffān e
Abū Sufyān b. Ḥarb)
HĀSHIM
AL-MUṬṬALIB
NAWFAL
(clã de Muʻim)
ʻAbd al-Muṭṭalib
al-Ḥārith
6 outros filhos
az-Zubayr
Abū Ṭālib
Jaʻfar
ʻAlī
Abū Lahab
ʻAbd Allāh
MUḤAMMAD
al-Abbās
Ḥamzah
6 filhas

ARREDORES DE MECA

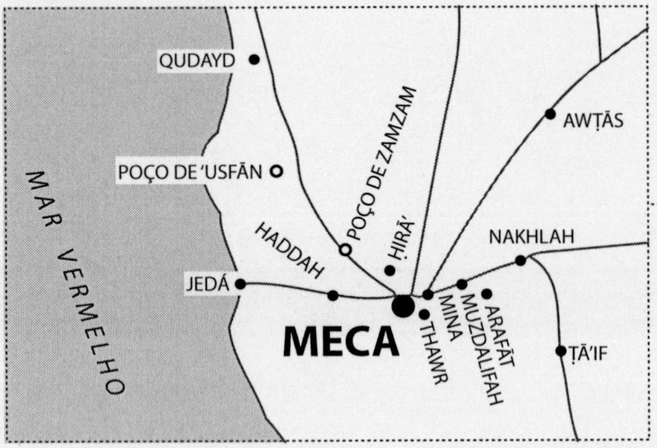

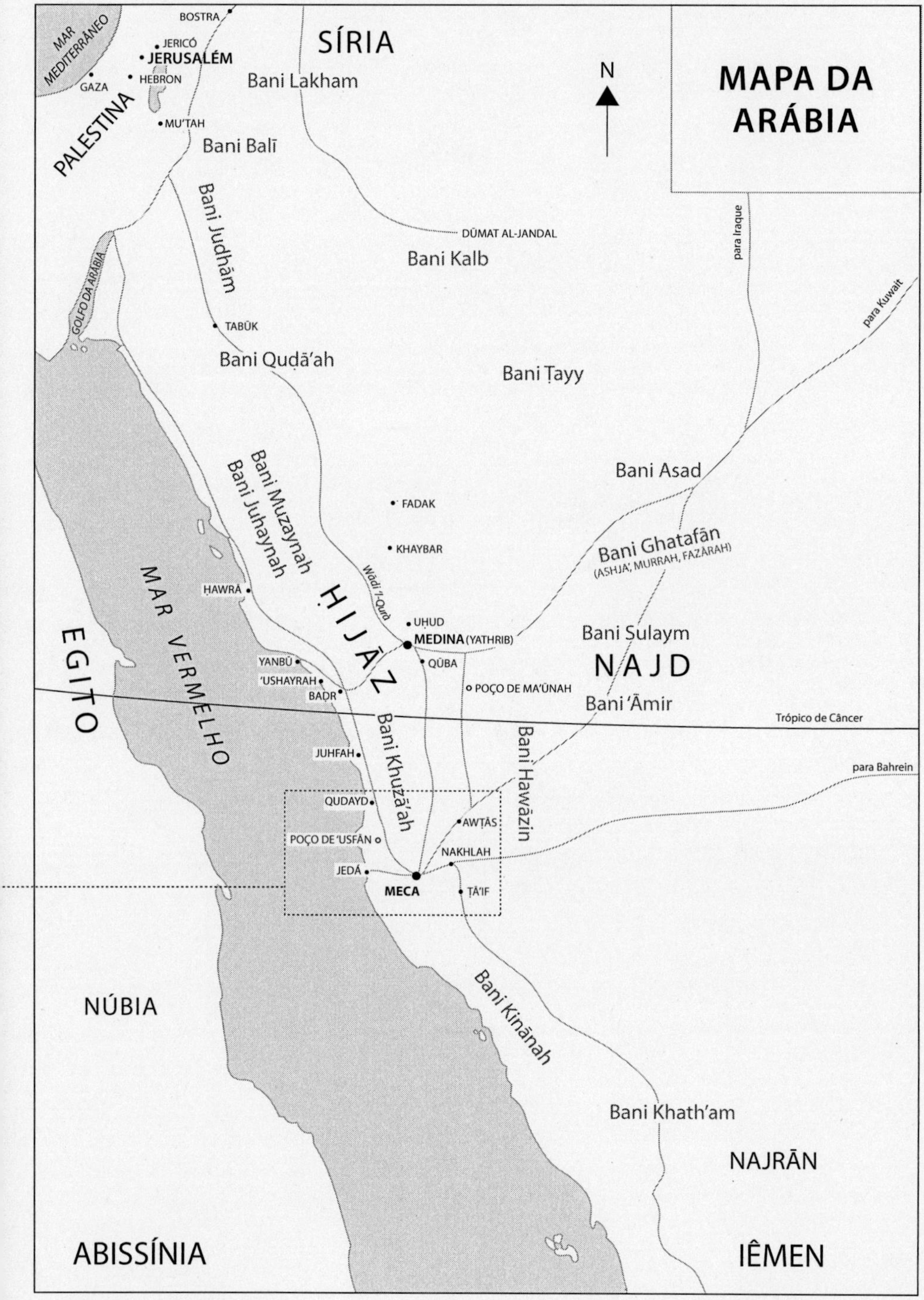
MAPA DA ARÁBIA
N
MAR MEDITERRÂNEO
BOSTRA
JERICÓ
JERUSALÉM
GAZA
HEBRON
MU'TAH
PALESTINA
SÍRIA
Bani Lakham
Bani Balī
Bani Judhām
GOLFO DA ARÁBIA
DŪMAT AL-JANDAL
Bani Kalb
para Iraque
para Kuwait
TABŪK
Bani Quḍā'ah
Bani Ṭayy
Bani Muzaynah
Bani Juhaynah
Bani Asad
FADAK
KHAYBAR
Wādī 'l-Qurā
Bani Ghatafān
(ASHJA', MURRAH, FAZĀRAH)
ḤAWRĀ
MAR VERMELHO
ḤIJĀZ
UḤUD
MEDINA (YATHRIB)
Bani Sulaym
EGITO
YANBŪ
QŪBA
NAJD
'USHAYRAH
BADR
POÇO DE MA'ŪNAH
Bani 'Āmir
Trópico de Câncer
Bani Khuzā'ah
Bani Hawāzin
JUHFAH
para Bahrein
QUDAYD
AWṬĀS
POÇO DE 'USFĀN
NAKHLAH
JEDÁ
MECA
ṬĀ'IF
Bani Kinānah
NÚBIA
Bani Khath'am
NAJRĀN
ABISSÍNIA
IÊMEN

Sobre o autor

MARTIN LINGS (1909-2005), conhecido no mundo árabe como Abu Bakr Siraj Ad-Din, nasceu na Inglaterra e graduou-se na Universidade de Oxford em 1932. Em 1939, foi para o Egito, onde lecionou literatura inglesa por doze anos na Universidade do Cairo. Em 1952, quando todos os cidadãos britânicos foram demitidos do serviço governamental egípcio, Lings retornou para a Inglaterra e para a vida acadêmica, agora na Universidade de Londres, onde graduou-se em árabe e obteve o doutorado em 1959 com uma tese sobre o grande sheikh argelino Aḥmed Al-Alawi (1869-1834).

Em 1955, Lings foi contratado pelo Museu Britânico como encarregado especial dos manuscritos árabes, tornando-se, em 1970, Conservador dos Manuscritos Orientais. De 1974 a 1976, foi consultor do Festival do Mundo Islâmico em Londres, no qual organizou, com a colaboração de Titus Burckhardt, a monumental exposição "As artes do Islām". Em 1977, viajou para Meca, a convite da Universidade Rei Abd al-Aziz para participar de uma conferência sobre Educação Islâmica.

Dentre suas obras sobre mística e arte islâmica, traduzidas para vários idiomas, destacam-se *The Quranic Art of Calligraphy and Illumination*, *The Holy Qur'an: tranlations of selected verses* e *A arte sagrada de Shakespeare* (Polar Editorial).

Outros títulos publicados:

Filosofia viva
Jacob Needleman / David Appelbaum

A arte sagrada no Oriente e no Ocidente
Titus Burckhardt

A Linguagem dos Pássaros
Farid ud-Din Attar

Gulistan, o jardim das rosas
Saadi de Shiraz

O Jardim e a Primavera:
a história dos quatro dervixes
Amir Khusru / Amina Shah

Mutus Liber, o livro mudo da alquimia
Altus / José Jorge de Carvalho

Princípios Gerais do Sufismo
Sirdar Ikbal Ali Shah

Poemas Místicos: Divan de Shams de Tabriz
Jalal ud-Din Rumi

Dos nomes divinos
Dionísio (Pseudo-Dionísio Areopagita)

A Sabedoria Divina
Jacob Boehme

Ciência, Sentido e Evolução /
Seis Pontos Teosóficos
Basarab Nicolescu / Jacob Boehme

Teologia cristã e pluralismo religioso
John Hick

Tao Te King
Lao Tsé

Wu Wei, a sabedoria do não-agir
Henri Borel

O Simbolismo na Mitologia Grega
Paul Diel

Isagoge: introdução às Categorias de Aristóteles
Porfírio de Tiro

Diálogo entre civilizações:
o Irã contemporâneo e o Ocidente
Muhammad Khatami

Este livro foi composto em Adobe Garamond Pro e impresso pela Psiset Gráfica, em papel Pólen Natural 80gr. para a Attar Editorial, em outubro de 2023.